DICTIONNAIRE DES CINEASTES

GEORGES SADOUL

Nouvelle édition revue et augmentée
par Émile Breton

à ma petite chouette
pour ta fin de bac

tant d'efforts tant de labeur
tant de crise de nerfs
tant de cauchemars
de fin de session

tant de découvertes
En espérant que
te permette de
celles que tu

Bravo! Youppi!
ma p'tite

xoxox

MICROCOSME / SEUIL

ISBN 2-02-011516-6

(ISBN 1974 : 2-02-000300-7)
(ISBN 1982 : 2-02-006103-1)

PRÉFACE

Nous avons ici entendu le mot *cinéaste* suivant la définition donnée par Louis Delluc, déclarant en 1922 réserver le mot qu'il venait de créer *à ceux : animateurs, réalisateurs, artistes, industriels qui font quelque chose pour l'industrie artistique du cinéma.*

Le présent ouvrage (qui exclut les acteurs et actrices) contient un millier d'articles, consacrés à des réalisateurs, scénaristes, photographes, décorateurs, musiciens, producteurs, historiens, inventeurs, etc. Il faudrait 10 000 articles (au minimum) non pour un *Who's who* international (qui devrait comprendre au moins 100 000 noms), mais pour citer tous ceux qui, depuis 1895, ont contribué au rapide essor universel de l'art du film. Ce dictionnaire ne prétend être en rien « exhaustif ». Voulant être accessible à tous, par son format et par son prix, il n'a pu prendre le même parti que, par exemple, le monumental Film Lexicon italien, dont les six premiers volumes (jusqu'à la lettre S) contiennent 40 ou 50 000 articles (acteurs compris).

La nécessité d'opérer un choix nous a conduits à préférer, parfois arbitrairement, tel cinéaste à un autre, d'importance équivalente, mais nous nous sommes efforcés de faire figurer ici une soixantaine de nations sans nous limiter aux cinémas les plus connus en France. Vingt-cinq années consacrées à l'histoire du cinéma, de nombreux voyages d'étude sur quatre continents, des collaborateurs dévoués, la référence à d'excellents ouvrages français et étrangers n'empêcheront pas les erreurs et les lacunes dans un livre qui contient environ 20 000 dates et titres de films. Certaines omissions sont (à tort ou à raison) volontaires. D'autres non. Si on ne voulait livrer au public qu'une œuvre parfaite, on ne pourrait jamais faire imprimer un manuscrit. Or la publication est le meilleur moyen de provoquer les compléments et les rectifications. Nous en appelons donc à nos lecteurs, pour qu'ils nous permettent de donner un jour, grâce à eux, une édition revue et corrigée... Nos prédécesseurs n'ont pas procédé autrement.

Voici les méthodes retenues. La date des films est en principe (et sauf erreur) celle de leur première représentation publique, non celle de leur conception, mise en chantier, début ou fin de tournage, présentation privée, etc. En cela, nous avons suivi les historiens de la littérature qui retiennent comme date essentielle d'un livre, celle de sa première édition, de sa révélation au public.

Chacun de nos articles (s'il n'est pas réduit à quelques lignes) se compose d'une définition critique, suivie d'une *biofilmographie.* Toutes ont dû être très abrégées, et beaucoup n'énumèrent pas tous les films d'un auteur abondant.

Les filmographies des réalisateurs sont les clefs de ce dictionnaire. Pour les autres cinéastes, nous citons seulement les titres des films

et les noms des réalisateurs auxquels il faut se reporter pour trouver éventuellement des détails supplémentaires.
Ce parti a été retenu pour faciliter la consultation, mais ne signifie pas que nous ayons prétendu trancher la vieille querelle des « auteurs de films ». L'auteur principal peut être dans certains cas, moins le metteur en scène qu'une « star » (tel Douglas Fairbanks), un producteur (tel Zanuck), un scénariste (tel Zavattini), ou même l'écrivain adapté (tel Victor Hugo), etc.
Un film est presque toujours création collective, et chaque collaborateur, du moindre technicien aux plus fameuses vedettes, pour une part petite ou grande, est un de ses auteurs. Et l'on peut considérer comme auteurs principaux certains grands acteurs comiques des films qu'ils n'ont pas eux-mêmes mis en scène. Aussi trouvera-t-on ici des articles (trop succincts) consacrés à Buster Keaton, Max Linder, Harry Langdon, etc.
Dans les articles consacrés aux réalisateurs importants, nous avons donné d'assez nombreuses citations d'interviews, de propos, de critiques. Nous avons dû parfois les « condenser », en respectant leur esprit. Dans leurs filmographies, nous avons (si possible) donné les titres originaux, dans la langue du pays, et le titre français qui n'est souvent pas une traduction littérale, mais le titre choisi (bien ou mal) par un distributeur.
Pour pouvoir publier un livre de large diffusion, il fallait accepter de limiter le nombre de ses articles, et donc éliminer certaines catégories de cinéastes. On ne trouvera pas ici des techniciens dont nous savons pourtant la grande importance (monteurs, ingénieurs du son, cadreurs, etc.). Nous avons cité peu de producteurs et aucun exploitant, distributeur, exportateur, etc. J'ai même dû (la mort dans l'âme) omettre la plupart de mes confrères français ou étrangers.
Souhaitons que, tel qu'il s'est trouvé être, le présent volume puisse rendre service aux cinéphiles, à cette élite de spectateurs qui se compte désormais par milliers dans le monde.

Georges Sadoul, 1965.

Avertissement

Premier (chronologiquement) en France, ce *Dictionnaire des cinéastes* ne pouvait être l'œuvre que du dernier des « encyclopédistes », un historien scrupuleux qui avait grandi avec le cinéma lui-même : Georges Sadoul qui avait pu voir, dans tous les pays, les films dont il parlait (qu'on songe par exemple à ce qu'il écrivait en 1961 de cinéastes aussi différents que le Portugais Oliveira, le Japonais Ozu, ou le Brésilien Mauro, alors inconnus en France), qui avait, curieux et passionné, assisté à la naissance de nouvelles cinématographies. Une telle aventure individuelle reste sans équivalent.

Cependant, pour que cet ouvrage demeure un petit livre pratique et toujours vivant comme le voulait Georges Sadoul, il fallait procéder à des mises à jour. Au cours des rééditions successives, le texte original a été intégralement conservé, à l'exception de trois retouches concernant Samuel Fuller, Douglas Sirk et Jacques Tourneur qui ont été rédigées lors d'une précédente réédition (effectuée en 1981, en collaboration avec Michel Marie) : dans ces trois cas, un blanc sépare le texte primitif de l'ajout. Pour cette quatrième édition, comme pour les précédentes, les notices existantes ont été revues et complétées et de nouveaux réalisateurs présentés. Ils ont été choisis dans un esprit de continuité par rapport à l'œuvre de Georges Sadoul, c'est-à-dire en tenant compte non seulement du cinéma européen mais aussi des pays d'Afrique, d'Asie et d'Amérique latine, par exemple.

Pour ce travail, nous avons bénéficié d'une richesse et d'une variété de livres sur le cinéma qu'on était loin de connaître auparavant, ainsi que de la documentation de plus en plus précise que contiennent les dossiers de presse accompagnant la sortie des films.

Émile Breton, 1989.

AAES Erik DÉC DAN (Nordby 27 avril 1899 | 1966) Un des meilleurs décorateurs mondiaux, comme en attestent ses travaux avec Dreyer : *Dies iræ, Ordet.* Renoir et Cavalcanti : *Yvette, En rade, M. Puntila, la Petite Marchande d'allumettes.* A limité depuis 1929 ses travaux au cinéma danois.

ABBAS Khwaja Ahmad PR SC RÉ INDE (Panipat 7 juin 1914 |) Cinéaste militant, apporta à l'Inde quatre films clefs avec, 1946, *les Enfants de la terre (Dharti Ke Lal)* tableau de la famine au Bengale. 1956 *L'Étranger (Pardesi)* CO-PR INDE-URSS. 1964 *le Rêve et la Cité.* 1966 *le Palais céleste, Bombay en pleine nuit.* 1969 *Sept Indiens.* 1980 *The Naxalites.* Également scénariste, il a notamment écrit pour Raj Kapoor *le Vagabond* (1951), *Monsieur 420* (1955), *Bobby* (1973).

K. A. Abbas

ABOULADZÉ Tenguiz RÉ URSS (Koutaissi, Géorgie, 31 janv. 1924 |) Réalisateur géorgien, a débuté en CO-RÉ avec Tchkeidze. 1956 *le Petit Ane de Magdana* primé à Cannes, au sympathique esprit « néo-réaliste ».
Il a ensuite évolué vers une expression poétisée des légendes géorgiennes et de leurs survivances dans la réalité contemporaine, et connut en 1987 le succès international avec *le Repentir,* apologue sur un dictateur géorgien dont le cadavre en décomposition empêche ses concitoyens de vivre.
RÉ (principaux films) : 1968 *la Prière.* 1971 *Un collier pour mon aimée.* 1973 *Un musée sous le ciel.* 1977 *l'Arbre du désir.* 1987 *le Repentir.*

ABOU SEIF Salah RÉ ÉG (12 avril 1915 |) Avec Youssef Chahine, son cadet, il est le meilleur réalisateur égyptien contemporain. Le sens de la vie populaire et de la vérité humaine caractérise ses meilleurs films : *le Monstre, la Sangsue, Mort parmi les vivants.* Débute au cinéma comme monteur en 1932, devient réalisateur après la guerre. Il a dirigé plus de 30 films depuis 1947 et au début des années soixante, responsable du secteur public du cinéma, professeur à l'École des Hautes Études cinématographiques du Caire, il devait jouer un rôle décisif dans l'orientation du cinéma égyptien. Après la sortie de *Procès 68,* film d'une remarquable lucidité sur le pouvoir et la corruption, il perdit, à la mort de Nasser, toute fonction officielle, mais il a poursuivi son œuvre, exprimant ainsi sa ligne de conduite : « Je considère que dans nos pays, le meilleur metteur en scène est celui qui dit son mot dans une forme compréhensible mais qui échappe aux censeurs parce que, après tout, qu'est-ce qu'un metteur en scène qui ne tourne pas de film ? Il n'est que par les films qu'il réalise. » (interview in « Cinéma 79 » n° 241).
RÉ (principaux films) : 1947 *Toujours dans mon cœur (Daiman el Qalbi).* 1948 *les Amours d'Antar et Abla.* 1949 *la Ruelle de Bahlawan.* 1950 *l'Épervier (El Sakr)* CO-PR ital, INT Samal Gamal. 1951 *Ton jour viendra (Lak Youm Ya Zalem).* 1952 *l'Ouvrier Hassan (Osta Hassan).* 1953 *Raya et Sikina.* 1954 *le Monstre (El Wahche),* INT Anwar Wazdi, Samal Gamal. 1956 *la Sangsue,* INT Carioca ; *le Costaud (El Petewa).* 1957 *l'Oreiller solitaire (El Wisadat Oulkhalia).* 1958 *Sans issue (El Tarik el Masdoud).* 1959 *Je cherche la liberté (Ena Horra), Entre ciel et terre.* 1960 *Mort parmi les vivants (Bedaya wa Nehaya).* 1962 *Lettre d'une inconnue.* 1966 *Cairo 30.* 1967 *la Seconde Epouse.* 1968 *Procès 68 (Al Ghadia).* 1969 *Une certaine douleur.* 1970 *l'Aube de l'Islam (Fajr el Islam).* 1973 *les Bains de Malatiti* ou *Une Tragédie égyptienne.* 1975 *le Menteur.* 1976 *Dans un océan de miel.* 1977 *le Porteur d'eau est mort.* 1981 *Al Padisiyya* (Irak).

Salah Abou Seif

Lang, tournage de « la Femme dans la lune ».

ACHARD Marcel SC FR (Sainte-Foy-lès-Lyon 5 juil. 1900 | 3 août 1974) Académie française. Avec son charme et sa fantaisie, il renouvela après 1925 la comédie boulevardière et créa pour elle une nouvelle tradition.
RÉ Jean Choux : 1931 *Jean de la lune.* RÉ Lubitsch : 1934 *la Veuve joyeuse.* RÉ Anatole Litvak : 1936 *Mayerling.* RÉ Pierre Chenal : 1937 *Alibi.* RÉ *Marc Allégret : 1937 Gribouille* ; 1938 *Orage* ; 1945 *Félicie Nanteuil.* RÉ Max Ophüls : 1953 *Madame de.* RÉ Duvivier : 1959 *la Femme et le Pantin.*
RÉ : 1949 *Jean de la lune* (nouvelle version). 1950 *la Valse de Paris.*

ACHAREKAR DÉC INDE (Bombay 14 nov. 1905 |) L'un des meilleurs décorateurs indiens. A collaboré avec Mehboob pour *Aan* et Raj Kapoor pour *Monsieur 420.*

ADAM Jean-François RÉ FR (1938 | 1980) *M comme Mathieu* et *le Jeu du solitaire* ont révélé un cinéaste original, au tempérament insolite. « Une sorte de clinicien introspecteur » selon G. Colpart, à la thématique parfaitement définie et exigeante, à la mise en scène presque carcérale. *Retour à la bien aimée,* où Jacques Dutronc relaie Sami Frey, confirme cette inspiration et le talent du réalisateur à travers une exemplaire continuité.
RÉ : 1970 *M comme Mathieu.* 1976 *le Jeu du solitaire.* 1978 *Retour à la bien aimée,* INT Isabelle Huppert, Jacques Dutronc.

ADRIAN Gilbert A. COST DÉC US (1903 | 1959) Un des meilleurs décorateurs américains au début du parlant. Exact, luxueux, sophistiqué, son style s'accorda avec les films en costumes de Greta Garbo et George Cukor.
RÉ Goulding : 1928 *Anna Karénine.* RÉ Lubitsch : 1934 *la Veuve joyeuse.* RÉ Mamoulian : 1934 *la Reine Christine.* RÉ Clarence Brown : 1935 *Anna Karénine.* RÉ Cukor : 1935 *David Copperfield.* RÉ Z. Leonard : 1936 *The Grand Ziegfeld.* RÉ S. Van Dyke : 1936 *Camille (le Roman de Marguerite Gautier).* 1938 *Marie-Antoinette.*

AGOSTINI Philippe PH FR (Paris 11 août 1910 |) Avec les images qu'il réalisa pour Bresson, Daquin, Carné, Grémillon, Ophüls, ce directeur de la photographie imposa un style durant les années 1940-1950. Il est depuis 1958 passé à la mise en scène.
RÉ Benoit-Lévy : 1934 *Itto.* RÉ Autant-Lara : 1942 *Lettres d'amour.* 1943 *Douce.* RÉ Bresson : 1943 *les Anges du péché.* 1945 *les Dames du bois de Boulogne.* RÉ Carné : 1946 *les Portes de la nuit.* RÉ Ophüls : 1951 *le Plaisir.* RÉ Dassin : 1954 *Du rififi chez les hommes.*
RÉ : 1958 *le Naïf aux quarante enfants.* 1960 *le Dialogue des carmélites.* 1963 *la Soupe aux poulets.*

AGRADOOT RÉ INDE Pseudonyme collectif du réalisateur N. B. Agrami (1924 |), de l'opérateur Bibhuti Lata (1915 |), etc. Attentifs aux sentiments, aux hommes, à la vie contemporaine, on peut les placer parmi les meilleurs réalisateurs du Bengale, le cinéma indien ayant le plus grand intérêt. Ont réalisé notamment :
RÉ : 1949 *le Premier Vœu (Santralpa),* SC Sailen Roy, PH B. Lata, INT Jahar Ganjuilly, Annup Hinar. 1950 *Vidy Sagar,* film biographique. 1951 *Compagnon de route (Sahajatri), Babla, Kar Pape, Andhi, Agni Parikha, Anupama, Saber Uparay, Shilpi.*

AKAD Lüfti Ömer RÉ TUR (Istanbul 1916 |) Considéré par tous les cinéastes turcs comme le véritable fondateur d'un cinéma moderne car, beaucoup moins assujetti que ses prédécesseurs Ertügrül et Gelenbevi au théâtre et à la littérature, il donna à l'image la première place, dans des récits menés sans emphase. Il aborda, avec bonheur, tous les genres, de *Frappez la putain* (1948) au *Prix* (1976), sa dernière mise en scène de cinéma avant son passage à la télévision.
RÉ (principaux films) : 1952 *Au nom de la loi.* 1955 *le Mouchoir blanc.* 1962 *la Bicyclette à trois roues.* 1966 *la Loi des frontières.* 1967 *la Légende du mouton noir* (SC Yilmaz Güney, *from* Nazim Hikmet). 1972 *la Rivière, Gökce, la fleur.* 1973 *la Mariée.* 1974 *les Noces.*

AKERMAN Chantal RÉ BELG (Bruxelles 6 juin 1950 |) « *Jeanne Dielman* est l'aboutissement de mes recherches précédentes, formelles aux USA, narratives en Europe. C'est pour moi la rencontre d'un sujet et d'une forme. » Ainsi Chantal Akerman résume-t-elle, à propos de son premier long métrage, son itinéraire géographique et cinématographique. C'est dire du même coup ce qui fait le prix de ce minutieux inventaire des gestes de la vie quotidienne d'une femme, cette autre façon de dire l'imminence du désordre dans l'ordre immuable de la répétition et qui l'imposa dès son premier film.
RÉ : 1968 *Saute ma ville* CM. 1971 *l'Enfant aimé* CM. 1972 *Hôtel Monterey.* 1973 *la Chambre* CM, *Le 15/8* CM. 1974 *Je, tu, il, elle.* 1975 *Jeanne Dielman, 23 Quai du Commerce, 1080 Bruxelles.* 1978 *les Rendez-vous d'Anna.* 1980 *Dis-moi* CM. 1982 *Toute une nuit.* 1983 *les Années 80.* 1984 *l'Homme à la valise, Un jour Pina a demandé, J'ai faim, j'ai froid* (sketch de Paris vu par... 20 ans après), *Lettre d'une cinéaste* CM. 1985

Chantal Akerman

Golden Eighties. 1986 *Letters Home, le Marteau* CM. 1988 *Histoires d'Amérique, Food, Family and Philosophy.*

ALAOUIE Borhane RÉ LIBAN (Sud Liban, 1941 |). Études cinématographiques à Bruxelles (Institut national supérieur des arts du spectacle), des courts métrages et un long métrage, *Kafr Kassem,* sur un massacre dans un village de la Palestine occupée, qui le fait connaître. Dans les conditions difficiles d'un Liban déchiré par la guerre civile, il s'efforce de faire de son cinéma un moyen de communication – d'abord entre des communautés affrontées – et ce sera *Beyrouth la rencontre,* rencontre impossible, entre deux garçons du même âge.
RÉ : 1971 *Affiche contre affiche* CM, *Forrière* MM. 1974 *le Massacre de Kafr Kassem.* 1980 *Il ne suffit pas que Dieu soit avec les pauvres.* 1981 *Beyrouth la rencontre.* 1985 *Lettre du temps de guerre.* 1987 *Risala... min zahen el Arb.*

ALASSANE Mustapha RÉ NIG (1942 |) Cet ancien élève du Canadien Norman McLaren, a tourné le premier western parodique africain, *le Retour d'un aventurier* (1967), quelques courts métrages, un dessin animé et plusieurs longs métrages. 1971 *les Contrebandiers.* 1972 *Femmes, village, argent.* 1978 *Toula ou le génie des eaux* CO-RÉ Anna Soehring. 1985 *Kankamba (l'Indiscret inconscient).*

ALDO G. R. (Aldo Graziati) PH ITAL FR (Scorze 1er janv. 1902 | Albara di Painiga 14 nov. 1953) Avec ses images admirablement composées où contrastaient le noir et le blanc, il fut le plus grand opérateur italien de l'après-guerre. Après avoir été en France photographe de plateau, il fut imposé par Visconti dans *La Terra Trema.* Après avoir été le collaborateur d'Orson Welles *(Othello)* et de De Sica *(Miracle à Milan, Umberto D),* il mourut dans un accident d'auto pendant la réalisation de *Senso.*

ALDRICH Robert RÉ US (Eranston, Rhode Island, 9 août 1918 |) Son style est puissant, convaincu, un peu théâtral. Ses idées toujours généreuses se sont particulièrement bien exprimées dans *Attack, le Grand Couteau, Bronco Apache* et cette noire parodie du « film noir », *En quatrième vitesse.* Il a dit de lui-même : « J'ai été assistant pendant dix ans et j'ai eu la chance de travailler avec les plus grands : Chaplin, Renoir, Milestone, Losey, Cromwell, etc. [...] Je peins des caractères héroïques. Je suis contre l'idée d'un destin tragique, chaque homme doit agir, même s'il est brisé. Le sacrifice volontaire est le comble de l'intégrité morale. Le suicide est un geste de révolte : il faut payer le prix de la lutte. [...] Je répugne à montrer des personnages méprisables sans nuancer ; il s'agit moins de trouver des excuses que des explications. [...] J'ai une faiblesse pour le langage fleuri, mais pendant les répétitions je prends conscience de ce qu'il peut avoir d'excessif, et j'humanise. [...] L'Amour avec un grand A n'a jamais été dépeint dans mes films. Il est la base de la vie, de l'homme, mais l'attachement que celui-ci peut avoir pour une façon de vivre, ou pour une cause, peut être plus durable que l'attachement pour une femme. »
ASS : 1942 Jean Renoir. 1945 William Wellman. 1946 Albert Lewin : *Bel-Ami.* 1947 Lewis Milestone. 1949 Joseph Losey. 1952 Charles Chaplin.
RÉ : 1953 *The Big Leaguer.* 1954 *World for Ranson (Alerte à Singapour), Apache (Bronco Apache), Vera Cruz.* 1955 *Kiss me deadly (En quatrième vitesse). The Big Knife (le Grand Couteau).* 1956 *Attack, Autumn Leaves (Feuilles d'automne),* INT Joan Crawford, Cliff Robertson. 1957 *The Garment Jungle (Racket dans la couture),* terminé et signé par Vincent Sherman. 1959 *The Angry Hills (Trahison à Athènes),* INT Robert Mitchum, Stanley Baker. 1961 *El Perdido.* - EN ITAL : 1962 *Sodome et Gomorrhe.* 1963 *Qu'est-il arrivé à Baby Jane ? (What happened to Baby Jane ?).* 1964 *Chut, chut chère Charlotte.* 1966 *le Vol du Phénix.* 1967 *The Dirty Dozen.* 1968 *The Legend of Lylah Clare (le Démon des femmes), The Killing of Sister George, Wathever happened to aunt Alice (Qu'est-il arrivé à tante Alice).* 1969 *Too late the hero*

Robert Aldrich

(Trop tard pour les héros). 1970 The Grissom Gang (Pas d'orchidées pour Miss Blandish). 1972 Fureur apache. 1973 l'Empereur du Nord. 1974 Plein la gueule. 1975 la Cité des dangers. 1977 Bande de flics. 1979 Un rabbin au Far West. 1981 All the Marbles (Deux Filles au tapis).

ALEKAN Henri PH FR (Paris 10 fév. 1909|) Il fut la grande révélation d'après-guerre. Cet opérateur, parfait dans sa diversité, sait passer du documentarisme de *la Bataille du rail* au raffinement de *la Belle et la Bête*. Il s'est depuis spécialisé dans la couleur. Formé par Shuftan.
En 1984, dans un livre, *Des lumières et des ombres* (éditions Le Sycomore) où il replaçait sa longue pratique dans une réflexion de portée générale sur le rôle de la lumière dans les arts plastiques, il écrivait : « Éclairer, en photographie, au cinéma, au théâtre, c'est donner physiquement à voir, "illuminer", ou, mieux, "luminer" (mot à imposer) c'est donner à penser, à méditer, à réfléchir, c'est aussi émouvoir. Ce sont deux actes, l'un technique, l'autre artistique, intimement amalgamés, qui font surgir du néant, de l'obscurité, par la volonté des artistes manipulateurs de la lumière, les images offertes aux spectateurs. » C'est cette exigence envers son métier qui fait qu'à quatre-vingts ans il restait, pour les réalisateurs beaucoup plus jeunes que lui avec qui il travaillait, d'Amos Gitai à Wim Wenders, le « maître de la lumière ».
Principaux films : PH de Clément : 1946 *la Bataille du rail*. 1947 *les Maudits*. Carné : 1950 *la Marie du port*. 1951 *Juliette ou la Clef des songes*. Cocteau : 1946 *la Belle et la Bête*. Y. Allégret : 1949 *Une si jolie petite plage*. Gance : 1960 *Austerlitz* (CO-PH). Delannoy : 1961 *la Princesse de Clèves*. - A CUBA : Gatti : 1963 *l'Autre Cristobal*. Terence Young : 1966 *Mayerling*. Losey : 1970 *Deux Hommes en fuite*. Raoul Ruiz : 1981 *le Territoire*. Alain Robbe-Grillet : 1982 *la Belle Captive*. Wim Wenders : 1987 *les Ailes du désir*. Pierre Etaix : 1989 *J'écris dans l'espace*. Amos Gitai : 1989 *Berlin-Jérusalem*.

Henri Alekan

ALEXANDROV Gregory V. RÉ URSS (Ekaterinburg 23 fév. 1903|Moscou 1985) Le maître soviétique de la comédie musicale, dont il fixa le genre avec *les Joyeux Garçons*, grand succès dans le monde entier par ses trouvailles originales, assimilant avec bonheur certaines acquisitions des cinémas américain et allemand, comme une certaine technique du dessin animé. Il avait été auparavant, dix années durant, le fidèle lieutenant et collaborateur de son ami S. M. Eisenstein. Il poursuivit le succès des *Joyeux Garçons* avec d'autres comédies, telles que *Volga Volga*, *le Cirque*, *le Printemps* dont sa femme Liouba Orlova fut aussi la vedette. Plus tard, il aborda les problèmes contemporains dans *Rencontre sur l'Elbe* et donna une biographie historique du compositeur Glinka. Sa verve entraînante et sa truculence l'ont depuis 1930 placé parmi les cinéastes de classe internationale.
CO-RÉ et CO-SC avec S. M. Eiseinstein : *Octobre*, *la Ligne générale*, *Que Viva Mexico*.
RÉ : 1930 *Romance sentimentale* (à Paris), 1933 *l'Internationale* DOC. 1934 *les Joyeux Garçons*. 1936 *le Cirque*. 1938 *Volga Volga*. 1940 *la Voie lumineuse (Svetly Pout)*. 1943 *Une seule famille*. 1944 *Ceux de la Caspienne*. 1947 *le Printemps (Vesnoi)*, MUS Dounaievsky, INT Orlova, Tcherkassov.

Alexandrov

1949 *Rencontre sur l'Elbe (Vstretcha na Elbe),* PH Tissé, MUS Chostakovitch, INT Orlova, Davidov. 1952 *le Compositeur Glinka,* PH Tissé ; *D'hommes à hommes (Tchelovieku Tcheloviek)* DOC LM. 1962 *Rousky Souvenirs.* 1966 *Lénine en Suisse.* 1977-1979 il travaille au montage de la version de *Que Viva Mexico* qui lui paraît la plus proche du projet original d'Eisenstein.

ALEXEIEFF Alexandre ANIM FR (Kazan, Russie, 5 août 1901 | Paris août 1982) L'œuvre complète de ce très grand animateur tiendrait en deux heures de projection, mais elle représente trente années de recherches très neuves et fièrement obstinées. Graveur et illustrateur de talent, il eut l'idée, après 1930, de créer « l'écran d'épingles », percé par des milliers d'aiguilles, que l'on peut plus ou moins enfoncer dans la surface plane et dont on module le relief avec des projecteurs. Ainsi put-il réaliser la *Nuit sur le mont Chauve* en alliant à la musique de Moussorgsky. ses gravures animées, pleines de finesse dans le détail et d'un fantastique puissant. Renvoyé ensuite aux films publicitaires, il sut faire de ces courts métrages minute des poèmes plastiques, modulant les formes par la lumière, le mouvement et la couleur. Pendant la guerre, au Canada, avec sa collaboratrice Claire Parker, il recréa un écran d'épingles et réalisa les gravures animées d'*En passant.* De retour en France, il dut à nouveau, quinze ans durant, se consacrer aux films publicitaires avant de donner à Orson Welles la remarquable préface du *Procès* tout en réalisant *le Nez,* gravures animées d'après Gogol. Pour la seule invention de son écran d'épingles, technique révolutionnaire aux perspectives infinies, il mériterait de passer à la postérité. Mais il est aussi un grand artiste comme ses pairs, les créateurs du « huitième art » et de ses genres : Émile Raynaud, Émile Cohl, Norman McLaren, Zeman, Trnka.

Alexeieff

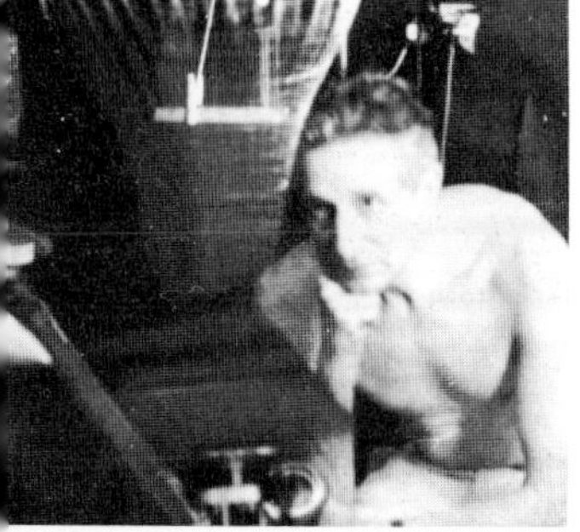

1933 *Une nuit sur le mont Chauve,* épingles, MUS Moussorgsky. 1935 *la Belle au bois dormant,* marionnettes, SC J. Aurenche, MUS Poulenc. CM publicitaires : *Lingner Werke, l'Orchestre automatique.* 1936 *Parade des chapeaux* RM, *le Trône de France.* 1937-1939 *Crème Simon, les Vêtements Sigrand, Huilor,* MUS Auric, *l'Eau d'Évian, les Fonderies Martin,* MUS Milhaud, *les Oranges de Jaffa,* MUS Auric, *les Cigarettes Bastos, les Gaines Roussel, Cenpa.* - AU CANADA : 1943 *En passant* (chants folkloriques, épingles). 1951 *Fumées* (pendule composé). 1952 *Masques.* 1954 *Nocturne, Pure beauté,* MUS F. Seyrig, *Rimes.* 1955 *le Buisson ardent, Sève de la terre,* films publicitaires. 1956-1958 *Bain d'X,* MUS Seyrig, *Osram,* MUS Seyrig, *Quatre temps,* MUS Avenir de Monfreid ; *Cent pour cent,* MUS Enrique Soto ; *Cocinor,* générique, MUS Kosma ; *Constance,* MUS Seyrig, *Anonyme,* MUS Seyrig. 1962 Générique et préface du *Procès,* RÉ Orson Welles. 1963 *le Nez, from* Gogol. 1980 *Trois Thèmes.*

ALGAR James DOC US (Modesto, US, 1914 |) Spécialiste des films de montage (généralement truqués) sur les animaux, pour le compte de Walt Disney. 1950 *la Vallée des castors.* 1953 *le Désert vivant.* 1954 *la Grande Prairie.* 1957 *les Secrets de la vie.* 1962 *Jaguar, seigneur de l'Amazone.* 1963 *The Incredible Journey.* 1967 *The Gnome Mobile.*

ALLÉGRET Marc RÉ FR (Bâle, Suisse, 22 déc. 1900 | 3 nov. 1973) Il débuta par le documentaire, en accompagnant André Gide au Congo, puis donna en 1930-1940 des films soignés et remar-

Marc Allégret

qués, tels que *Mam'zelle Nitouche, Lac aux dames, Sous les yeux d'Occident, Orage, Entrée des artistes.* Grand découvreur de talents, il donna leur première vraie chance à Simone Simon, Jean-Pierre Aumont, Michèle Morgan, Gérard Philipe, Danièle Delorme, Brigitte Bardot, etc.
RÉ : 1927 *Voyage au Congo* DOC. 1931 *Mam'zelle Nitouche,* INT Raimu, Janie Marèse, Alerme. 1932 *Fanny.* 1934 *Lac aux dames.* 1935 *les Beaux Jours,* INT Simone Simon, J.-P. Aumont, Raymond Rouleau. 1936 *Sous les yeux d'Occident, from* Joseph Conrad. 1937 *Gribouille* INT Raimu, Michèle Morgan. 1938 *Orage,* INT Charles Boyer, Michèle Morgan, Jean-Louis Barrault, *Entrée des artistes.* 1942 *l'Arlésienne.* 1943 *les Petites du quai aux fleurs,* INT Gérard Philipe, Danièle Delorme, Louis Jourdan, Daniel Gélin. 1945 *Félicie Nanteuil.* 1946 *Pétrus.* 1948 *Blanche Fury.* 1949 *Lunegarde.* 1950 *Maria Chapdelaine.* 1951 *Avec André Gide* MM DOC. 1953 *Julietta,* INT Dany Robin, Jean Marais, Jeanne Moreau. 1955 *Futures vedettes,* INT Jean Marais, Brigitte Bardot, *l'Amant de lady Chatterley.* 1956 *En effeuillant la marguerite,* INT Brigitte Bardot. 1958 *Sois belle et tais-toi.* 1959 *Un drôle de dimanche.* 1963 *l'Abominable Homme des douanes.* 1966 *Lumière* DOC, *Expo 1900* DOC. 1969 *le Bal du comte d'Orgel.*

ALLÉGRET Yves RÉ FR (Paris, 13 oct. 1907 | janv. 1987) Frère de Marc, il ne réussit à s'imposer qu'après la guerre où il devint le meilleur spécialiste du « film noir » avec *Une si jolie petit plage, Dédée d'Anvers, Manèges.* Son savoir-faire et ses qualités généreuses se manifestèrent ensuite dans des réussites comme *les Miracles n'ont lieu qu'une fois, les Orgueilleux, la Meilleure Part.*
RÉ : 1932 *Ténériffe* CM. 1936 *Vous n'avez rien à déclarer* CO-RÉ Léo Joannon. 1946 *les Démons de l'aube,* INT G. Marchal, Simone Signoret. 1948 *Dédée d'Anvers,* INT Simone Signoret, Pagliero, B. Blier. 1949 *Une si jolie petite plage.* 1950 *Manèges.* 1951 *les Miracles n'ont lieu qu'une fois.* SC Sigurd, INT Jean Marais, Alida Valli. 1952 *Nez de cuir, la Jeune Folle.* 1953 *les Orgueilleux.* 1954 *Mam'zelle Nitouche.* 1956 *la Meilleure Part.* 1957 *Méfiez-vous fillette.* 1958 *la Fille de Hambourg.* 1959 *l'Ambitieuse.* 1961 *le Chien de pique.* - EN HONGRIE : 1963 *Germinal.* 1966 *Johnny Banco.* 1970 *l'Invasion.* 1975 *Mords pas, on t'aime.*

ALLEN Woody ACT RÉ US (1935 |) Acteur de théâtre d'abord, jouant ensuite dans ses propres films le rôle d'un ahuri souffreteux, il fut d'abord, avec bien des facilités et des nonchalances « le » nouveau comique américain, petit bonhomme fasciné/traumatisé par les femmes, victime des innombrables agressions de la vie urbaine. Il devait s'imposer, à la fin des années soixante-dix, comme l'un des cinéastes américains les plus exigeants. Approfondissant en effet sa réflexion sur le difficile rapport aux autres, il épurait dans le même temps son écriture cinématographique structurant ses récits à partir d'une parole ordonnant le rythme cinématographique comme dans le remarquable *Une autre femme.*

Woody Allen

RÉ : 1970 *Take the Money and run (Prends l'oseille et tire-toi).* 1971 *Bananas.* 1972 *Tout ce que vous avez toujours voulu savoir sur le sexe sans jamais oser le demander.* 1973 *Woody et les Robots.* 1975 *Guerre et Amour.* 1977 *Annie Hall.*

1978 *Intérieurs.* 1979 *Manhattan.* 1980 *Stardust Memories.* 1982 *A Midsummer Night's Sex comedy (Comédie érotique d'une nuit d'été).* 1983 *Zelig* (id.), *Broadway Danny Rose* (id.). 1985 *The Purple Rose of Cairo (la Rose pourpre du Caire).* 1986 *Hannah and her sisters (Hannah et ses sœurs).* 1987 *Radio Days* (id.), *September* (id.). 1988 *Another Woman (Une autre femme), le Complot d'Œdipe* (sketch de *New York Stories*).

ALLIO René RÉ FR (Marseille 1924 |) Peintre, il vient au cinéma par le théâtre (décorateur au Théâtre de la Cité de Roger Planchon, puis scénographe). Lecteur attentif de Brecht, il s'attache, comme il l'a écrit, à élaborer « un mode de récit qui [...] cherche à donner à chaque instant, au spectateur, sa liberté de jugement ». Et cela, qu'il traite, comme dans ses premiers films, d'une prise de conscience ou d'une révolte individuelle, ou qu'il aborde avec *les Camisards* un épisode de l'histoire de France.
RÉ : 1965 *la Vieille Dame indigne*, d'après une nouvelle de Brecht. 1967 l'*Une et l'Autre.* 1968 *Pierre et Paul.* 1970 *les Camisards.* 1973 *Rude journée pour la reine.* 1976 *Moi, Pierre Rivière...* 1980 *Retour à Marseille.* 1981 *l'Heure exquise* (TV). 1984 *le Matelot* 515. 1988 *Un médecin des lumières.*

ALMENDROS Nestor PH FR (Barcelone 1930 |) Opérateur-réalisateur à Cuba *(Gente en la playa)* interdit par la censure. En France, débuts dans *Paris vu par...* Cet opérateur des chaudes lumières d'été (on lui doit la photographie du *Genou de Claire* de Rohmer) a notamment collaboré à la plupart des derniers films de Rohmer et de Truffaut avant de partager son temps entre la France et les États-Unis. Il devait revenir à la mise en scène en 1984 avec *Mauvaise Conduite* CO-RÉ Armando Jimenez Leal, documentaire réalisé en France sur la répression de l'homosexualité à Cuba, et en 1988 *Nadie Escuchada* CO-RÉ Jorge Ulla.
Principaux films : 1968 *More* RÉ Schroeder. 1974 *Général Idi Amin Dada* RÉ Schroeder. Collaboration aux USA : 1976 *les Moissons du ciel* RÉ Malick. 1977 *En route vers le sud* RÉ Nicholson. 1978 *Kramer contre Kramer* RÉ Benton.

ALMODOVAR Pedro RÉ ESP (Ciudad Real, 1950 |). Figurant, employé des PTT, provincial parti à la conquête de la capitale, il a appris son métier de cinéaste sur le tas (c'est le cas de le dire, si l'on en croit le nombre considérable de films d'amateur que lui attribuent ses admirateurs), en super 8, et c'est un long métrage en ce format *(Folle, folle, folleme, Tim/Baise, baise, baise-moi, Tim)* qui fit de lui un personnage en vue d'un Madrid en quête de nouvelles figures de la modernité à consacrer. Il enregistre alors des disques, écrit pour les journaux, fait du théâtre et tourne – en professionnel – des films à l'agressivité frénétique, pochades délirantes exécutées en deux coups d'une caméra qu'aucune vulgarité ne fait reculer. Pourtant – et notamment avec *Femmes au bord de la crise de nerfs* – son amour des comédiennes, sa virtuosité à nouer et dénouer les fils d'une intrigue, à croiser les destins de ses personnages dans le temps d'une séquence, pourraient bien en faire autre chose qu'un personnage à la mode : un cinéaste du dandysme angoissé.
RÉ (principaux films) : 1983 *Entre tenebras (Dans les ténèbres).* 1984 *Que he hecho yo para merecer hesto (Qu'ai-je fait pour mériter ça?).* 1988 *Matador* (id.). 1986 *la Ley del deseo (la Loi du désir).* 1988 *Mujeres al borde de un ataque de niervos (Femmes au bord de la crise de nerfs).*

ALOV Alexandre RÉ URSS (Kharkov 1923 | Riga 1983) Un des meilleurs réalisateurs de la génération venue au cinéma après la Seconde Guerre mondiale. Formé à l'Institut du cinéma de Moscou (VGIK), notamment par Igor Savtchenko, réalisa en collaboration avec Naoumov des films qui eurent surtout pour sujet la guerre civile ou le conflit de 1941-1945. Avec Naoumov il avait terminé en 1951 la réalisation de *Tarass Chevtchenko* de Savtchenko, mort pendant le tournage. En 1966 leur film *Sale Histoire*, pamphlet sur les rapports de l'intelligentsia et du pouvoir fut interdit par la censure.
RÉ : 1954 *Jeunesse turbulente, from* R. V. Belaiev, *la Vieille Citadelle.* 1957 *Pavel Kortchaguine, from* Ostrovsky, INT Vassili Navonoi. 1958 *le Vent.* 1961 *Paix à celui qui vient au monde (le Commando de la dernière chance).* 1963 *Pièce de monnaie.* 1975 *Till Ulenspiegel,* remake *from* « Till Ulenspiegel » de Charles de Coster. 1979 *Téhéran 43* CO-PR URSS-FR. 1983 *le Rivage, from* Iouri Bondarev.

ALTMAN Robert RÉ US (Kansas City 1925 |) Après le grand succès en 1970 d'un film-farce (MASH) sur la guerre de Corée et le violent antimilitarisme de soldats décontractés, qui dut sans doute beaucoup plus de son impact à un scénario corrosif de Ring Lardner Jr qu'à une mise en scène assez molle, Robert Altman, avec plus ou moins de bonheur mais une joyeuse détermination, s'est attaché à « passer au papier-verre » l'Amérique et ses mythes.
RÉ : 1971 *Images.* 1972 *John McCabe.* 1970 *Brewster McCloud.* 1972 *Nous*

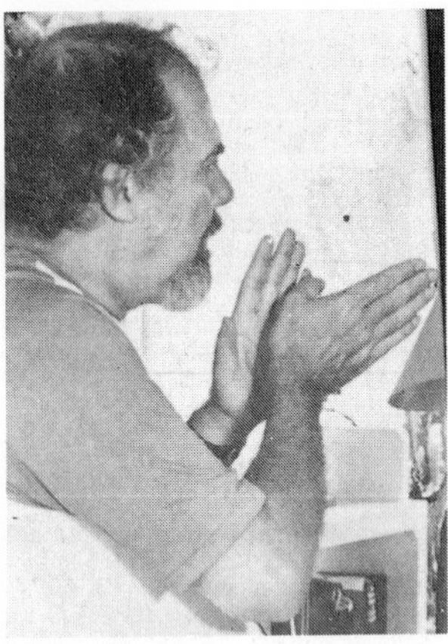
Robert Altman

sommes tous des voleurs, le Privé. 1974 *California Split.* 1975 *Nashville.* 1976 *Buffalo Bill et les Indiens.* 1977 *Trois Femmes.* 1978 *Un mariage.* 1979 *Quintet, Un couple parfait, Health.* 1980 *Popeye.* 1982 *Reviens, Jimmy Dean, reviens.* 1983 *Streamers.* 1984 *The Utterly Monstrous Mind-roasting Summer of O.C. and Stiggs, Secret Honor.* 1985 *Laundromat, Fool for Love* (id.). 1986 *Beyond Therapy* (id.). 1987 une séquence (nº 6) d'un film qui en comptait dix : *Aria.* 1987 *Basements.* Également producteur à partir de 1976.

AMADORI Luis Cesar RÉ ARG (Pescara, Italie, 28 mai 1902 | 10 mai 1977) Abondant réalisateur argentin, au sommet de sa renommée pendant le règne de Peron.
RÉ : 1947 *Albeniz.* 1948 *le Mendiant de minuit,* etc.

AMBROSIO Arturo PR ITAL (Turin 1869 | Rome 1960) Pionnier du cinéma italien, qui produisit les premières grandes mises en scène historiques à l'italienne, avec *les Derniers Jours de Pompéi,* 1908, etc.

AMIDEI Sergio SC ITAL (Trieste 30 oct. 1904 | 14 avril 1981) Il s'imposa par *Rome, ville ouverte,* qu'il avait écrit dans la clandestinité avec Rossellini, et devint un des meilleurs scénaristes italiens, pour De Sica, Zampa, Lizzani, Monicelli, Ferreri, Scola, etc.

ANDERSON Lindsay RÉ CRIT GB (Bangalore, Inde, 17 avril 1923 |) Critique, théoricien, réalisateur, il a été le principal animateur, après 1957, du mouvement *Free Cinema,* continuant, reprenant et critiquant le documentarisme de Grierson. Il contribua à incliner le cinéma anglais vers la réalité, notamment avec son reportage sur le marché de Covent Garden : *Tous les jours excepté à Noël,* et connut un vif succès dès son premier long métrage : *This Sporting Life (le Prix d'un homme).* Cofondateur de la revue « Séquence » (1947-1951). Critique de « Sight and Sound », « The Times », « New Statesman », « Left Review ».
RÉ CM : 1948 *Meet the Pioneers.* 1950 *Idlers that Work.* 1951 *Three Installations.* 1953 *Wakefield Express.* 1954 *O Dreamland,* PH John Flechter, *Trunk Conveyor, Green and Pleasant Land, Henry,* PH Walter Lassaly. 1955 *Twenty Pounds a Ton, Secret Mission, The Impostor Land.*
CO-SC et CO-RÉ avec Guy Brenton : *Thursday's Children.*
En 1956, montage *Together* RÉ Lorenza Mazetti.

Lindsay Anderson avec Lilian Gish pendant le tournage des « Baleines d'août ».

RÉ : Films TV série *Robin Hood.* 1957 *Every Day except Christmas.* 1958 films TV ; *March to Aldermaston,* film sur le désarmement nucléaire. 1959-1960 activités théâtrales. 1963 *This Sporting Life (le Prix d'un homme).* 1969 *If.* 1973 *O Lucky Man (le Meilleur des mondes possibles).* 1975 *Célébration.* 1982 *Britannia Hospital* (id.). 1987 *The Whales of August (les Baleines d'août).* (US). Depuis 1969 dirige le Royal Court Theatre.

ANDONOV Ivan RÉ ACT BULG (1934 |) D'abord comédien, puis réalisateur de films d'animation utilisant les techniques les plus variées, du papier collé à l'introduction d'acteurs dans des

décors dessinés. Il aborde la fiction avec *Un amour difficile,* sur le poids de la société sur un couple, et ne cessera de développer un anticonformisme désenchanté qui parfois trouvera refuge dans une poésie cinématographique un peu surannée.
RÉ (principaux films) : de 1963 à 1972, dix films d'animation (*le Stand de Tir, Dans l'embarras, Mélodrame,* etc.). 1974 *Un amour difficile.* 1979 *la Cerisaie.* 1982 *Magie blanche.* 1984 *Un charme dangereux.* 1986 *Rêveur.*

ANDRADE Joaquim Pedro de RÉ BRÉS (Rio de Janeiro 1932 | 10 sept. 1988) Une dizaine de courts métrages, trois longs métrages depuis 1959, dont le plus connu en France, *Macunaima,* d'après un roman de Mario de Andrade, épopée politico-bouffonne sur les aventures d'un « Noir merveilleux » du sertão, gnôme goulu et débordant de vitalité qui, transformé par miracle en Blanc, s'essaiera à la guérilla urbaine (1969). 1974 *Guerre conjugale.*

ANGELOPOULOS Théodore RÉ GR (Athènes, 1935 |) Acteur, critique, directeur de production, cet ancien élève de l'IDHEC réalise en 1970 son premier long métrage. C'est de la reconstitution d'un fait divers qu'il y est question, mais l'histoire d'un pays qui perd son sang, la Grèce, est déjà présente : c'est elle, l'histoire, qui deviendra le sujet même des films suivants d'Angélopoulos, fresques travaillant le temps d'une mémoire à retrouver. Il a ainsi, film après film, bâti en quelques années, une des œuvres les plus significatives et les plus cohérentes, sur la crise des idéologies et la recherche de nouveaux ancrages individuels.
RÉ : 1965 *Formix Story* LM inachevé. 1968 *l'Émission (I Ekpombi)* CM. 1970 *la Reconstitution (Anaparastassi).* 1972 *Jours de 36 (Imeres tou 36).* 1975 *le Voyage des comédiens (O Thiassos).* 1977 *les Chasseurs (I Kynighi).* 1981 *Alexandre le Grand (O Megalexandros).* 1983 *Athènes, retour sur l'Acropole* MM. 1984 *le Voyage à Cythère (Taxidi sta Kithira).* 1986 *l'Apiculteur (O Melissokomos).* 1988 *Paysage dans le brouillard (Topio stin omichli).*

ANKEJSTERNE Johan PH DAN (Randers 1886 | 1959) Le plus grand opérateur du cinéma danois à ses débuts (1911-1920), travailla pour August Blom et Benjamin Christensen. On lui doit les inoubliables images de *la Sorcellerie à travers les âges.*

ANNAUD Jean-Jacques RÉ FR (Draveil, 1er oct. 1943 |). Il a fait l'école de la rue de Vaugirard et l'IDHEC, mais la vraie grande école de ce cinéaste

Jean-Jacques Annaud pendant le tournage de « Coup de tête »

Jean-Jacques Annaud, « le Nom de la rose » avec Sean Connery

dont le premier long métrage obtint l'oscar du meilleur film étranger, fut le spot publicitaire à la télévision : quatre-vingts par an en moyenne de 1970 à 1975. Après ses deux premiers films ancrés dans l'histoire ou la réalité française (*la Victoire en chantant,* pamphlet anticolonialiste et *Coup de tête,* eau-forte férocement burinée sur les milieux du football) il vise le marché international. Non sans raisons : si son premier film, joyeusement fait pour amener les Français à réfléchir sur leur histoire, avait été couronné à Hollywood, il avait fait un « bide » en France. Et, dès *la Guerre du feu,* le succès, dans son pays comme à l'étranger, lui est acquis.

RÉ : 1976 *Noirs et Blancs en couleurs* (a.t. *la Victoire en chantant*), SC Georges Conchon. 1979 *Coup de tête*, SC Francis Veber. 1981 *la Guerre du feu, from* J.H. Rosny aîné. 1986 *le Nom de la rose, from* Umberto Eco. 1988 *l'Ours.*

ANNENKOV Georges DÉC FR (Petropavlovsk, Russie, 1891 | 1974) Venu en France avec Chagall et Pougny, après avoir dirigé en URSS la pantomime de masse « la Prise du Palais d'hiver », il devint un décorateur de cinéma habile et raffiné, dont le tempérament s'accorda avec Max Ophüls : *la Ronde, Lola Montès.*

ANOUILH Jean SC FR (Bordeaux 23 juin 1910 |) Auteur dramatique fort connu par ses pièces noires et roses, fit diverses incursions dans le cinéma, comme scénariste.
RÉ : Christian-Jaque : 1936 *les Dégourdis de la onzième.* RÉ Cloche : 1947 *Monsieur Vincent.* RÉ J. Duvivier : 1948 *Anna Karénine.* RÉ J. Grémillon : 1948 *Pattes blanches.* RÉ R. Pottier : 1950 *Caroline chérie.*
RÉ : 1943 *le Voyageur sans bagages.* 1952 *Deux sous de violettes.*
Plusieurs de ses pièces ont été portées à l'écran, notamment : *la Valse des toréadors* (1962) RÉ J. Guillermin. *Beckett* (1964) RÉ P. Grenville.

ANSCHÜTZ Ottomar INV ALL (Lissa, Pologne, 16 mai 1846 | Berlin 30 mai 1907) Un des inventeurs de la prise de vues. Il prend, après 1882, des photos successives d'hommes et d'animaux en mouvement, qu'il anime ensuite dans son « Électrotachyscope », breveté en 1887, perfectionné en 1890.

ANSTEY Edgar DOC GB (Watford 1907 | 1987) En 1930, fonde avec John Grierson l'école documentaire anglaise, et lui apporte plusieurs œuvres de valeur comme :
1934 *Granton Frawler* (sur la pêche). 1935 *Housing Problems* (sur le problème du logement).
Chef de production à la Shell Film Unit pendant la guerre. En 1949 il crée la Film Unit of the British Transport Films. Il a produit de remarquables documentaires, notamment *Terminus* et *Snow.*

ANTHEIL George MUS US (Trenton, US, 8 juin 1900 | 1961) Musicien d'avant-garde, élève à Paris de Stravinsky, il débute au cinéma avec : 1924 *Ballet mécanique*, morceau « bruitiste », pour le film de Fernand Léger. Il ne donna pourtant à Hollywood, après 1940, que des partitions assez traditionnelles, notamment à C. B. De Mille et Stanley Kramer.

Antoine

ANTOINE André RÉ FR (Limoges, 31 janv. 1858 | Le Pouliguen 19 oct. 1943) Il vint trop tard dans sa carrière dans un septième art encore trop jeune, pour pouvoir exercer sur le cinéma une influence comparable à celle qu'eut sur le théâtre ce créateur de la « mise en scène » au sens moderne du terme. Tant qu'il dirigea des films, en 1916-1922, il dut se borner à adapter des œuvres célèbres et se vit refuser pour la distribution *l'Hirondelle et la Mésange*, scénario original, interprété par des acteurs professionnels, dont Alcover, et non professionnels. Le film a été reconstitué en 1987 par Henri Colpi pour la Cinémathèque française. La saisissante vision de Paris pendant la guerre qu'il donna dans *le Coupable* ou le lyrisme de *la Terre* font penser que *les Frères corses, Mademoiselle de La Seiglière* et *les Travailleurs de la mer* furent des œuvres importantes, hélas disparues. Mais les meilleurs cinéastes français de 1920 ne comprirent pas combien le créateur du Théâtre libre, parti des théories scéniques de Zola, annonçait l'avenir du cinéma et notamment le néo-réalisme italien quand il écrivait, avant de se retirer définitivement des studios : « L'ouvrage dramatique reste inexorablement soumis à la synthèse ; au cinéma au contraire, la multiplicité des détails s'impose pour des suggestions qui ne sont restreintes par aucun obstacle. [...] On est parti à faux, dès l'origine, en adoptant des méthodes théâtrales pour un art qui ne ressemble à rien. [...] Le royaume de demain sera celui des artistes plastiques plutôt que des littérateurs. [...] À la scène, la vision reste fixe. Au cinéma, elle est perpétuellement mobile. Un de ses apports inestimables est de centraliser les mouvements, les expressions, les attitudes à l'infini, suivant des distances et des formats changeants, par la multiplication des tableaux et les déplacements incessants du spectateur. [...] Il deviendra nécessaire que les artistes de cinéma s'astreignent à ignorer l'opérateur. C'est au contraire lui qui doit les suivre pas à pas, surprendre leurs aspects. [...] Le perfectionnement qui va s'imposer est l'indispensable suppression, *même et surtout pour les intérieurs*, de tout travail dans nos studios. [...] Par là, on marquerait enfin la différence éventuelle du cinéma qui est *création* vivante, aérée, avec le théâtre, dont le principe est au contraire l'imitation de la nature. »

1916 *les Frères corses, from* Dumas père. 1917 *le Coupable, from* Coppée. 1918 *les Travailleurs de la mer, from* Victor Hugo, *Israël.* 1920 *Mademoiselle de La Seiglière.* 1921 *la Terre, from* Zola. 1922 *l'Hirondelle et la Mésange, l'Arlésienne, from* Daudet. 1930-1940 critique de cinéma au « Journal ».
Son fils, André-Paul Antoine, a été scénariste pour Duvivier, Christian-Jaque, P. Chenal, R. Bernard, etc.

ANTONIONI Michelangelo RÉ ITAL (Ferrare 29 sept. 1912|) Un des plus importants cinéastes qui se soient révélés au début du demi-siècle. Inquiet et minutieux, distant et brûlant, il a su exprimer en profondeur les inquiétudes et les angoisses contemporaines. Formé comme critique et comme scénariste dans le milieu néo-réaliste, il débuta par une série de documentaires où apparaissent déjà sa vision du monde et même ses obsessions : *Gente del Pô, N.U., L'Amorosa Mensogna.* Dans ses premiers longs métrages, il se cherche encore, mais s'affirme avec *Le Amiche*, en adaptant Pavese à propos duquel il a dit : « Mon métier est de mettre en scène, mais c'est aussi le métier de vivre, d'avoir des rapports avec mes semblables, de faire des expériences. » Né dans la bourgeoisie, et la connaissant bien, c'est dans ce milieu qu'il a situé presque tous ses films, à l'exception du *Cri*, quête désespérée d'un ouvrier dans des plaines nordiques noyées de brume, et des milieux ou circonstances allusivement mais précisément définis. Avec *L'Avventura*, qui fut son premier grand succès et qui imposa internationalement son nom, il entreprit une trilogie que vinrent compléter *la Nuit* et *l'Éclipse*, centrée autour de la femme contemporaine, incarnée tour à tour par Jeanne Moreau et Monica Vitti. Il a ainsi défini ses préoccupations et ses constantes inquiétudes : « Mes opinions, mes erreurs, qui sont ce qu'il y a de plus personnel dans mes expériences, transmettront mon message, si je suis sincère.

Antonioni

Antonioni, « le Cri »

Être sincère implique faire une œuvre un peu autobiographique. L'expérience qui a le plus contribué à faire de moi un metteur en scène, c'est celle du milieu bourgeois, dont je suis issu. [...] J'aime d'abord et surtout la femme. Peut-être est-ce parce que je la comprends le mieux. J'ai été élevé parmi les femmes et au milieu d'elles. On me reproche de tout regarder à distance. C'est ma façon de raconter, pas du tout délibérée. Cette « distanciation » est peut-être aussi de la pudeur. Il m'arrive d'imaginer une scène émouvante, mais je ne la réalise pas. Peut-être est-ce parce que je suis ému avant les autres.

Antonioni « le Désert rouge » avec Monica Vitti.

Peut-être aussi parce que je suis du Nord, de Ferrare, une ville où l'on est terriblement renfermé : « L'un de mes soucis, quand je tourne, est de suivre le personnage jusqu'à ce que je sente la nécessité de le lâcher. Le jeu reprend sa valeur par le cadrage, qui est un fait plastique. Les tons gris et les ciels bas sont souvent caractéristiques de mes films... En essayant de faire comprendre à l'acteur ce qu'il doit faire, on risque de rendre son jeu mécanique, ou de le transformer en un second metteur en scène. [...] J'attache une importance énorme à la bande sonore, aux sons naturels, aux bruitages, plus qu'à la musique. » « Notre drame, c'est l'incommunicabilité qui nous isole les uns des autres. Sa permanence nous égare et nous empêche de résoudre les problèmes par nous-mêmes. Je ne suis pas un moraliste. Je n'ai ni la prétention ni la possibilité de trouver une solution. Mais peut-être les critiques ont-ils raison et non l'auteur. Vous, et pas moi. Car sait-on jamais ce qu'on dit soi-même ? »

ASS : RÉ Carné : 1942 *les Visiteurs du soir.*

SC : RÉ Rossellini : 1942 *Un Pilota ritorna.* RÉ De Santis : 1947 *Chasse tragique.* RÉ Fellini : 1952 *Lo Sceicco Bianco.* CM DOC : 1943-1947 *Gente del Pô.* 1948 *N. U. (Netezza Urbana).* 1949 *L'Amorosa Menzogna, Superstizione, Sette Canne un Vestito.* 1950 *La Villa dei Mostri, La Funivia del Faloria.*

RÉ : 1950 *Cronaca di un Amore (Chronique d'un amour).* 1952 *I Vinti* CO-SC Antonioni, PH Enzo Serafin, INT Anna-Maria Ferrero, Franco Interlenghi, Peter Reynolds, Fay Compton, Etchika Choureau. 1953 *La Signora senza Camelie (la Dame sans camélias),* INT Lucia Bose, Andrea Cecchi, Gino Cervi, Alain Cuny, *Tentato Suicido,* épisode de *L'Amore in Città.* 1955 *Le Amiche (Femmes entre elles).* 1957 *Il Grido (le Cri).* 1960 *L'Avventura.* 1961 *La Notte (la Nuit).* 1962 *l'Éclipse.* 1964 *le Désert rouge.* 1965 *I Revolti,* un épisode non mis en circulation et détruit par les producteurs. 1967 *Blow up.* 1969 *Zabriskie Point* CO-SC Antonioni, Sam Shepheard, Fred Garner, Tonino Guerra et Claire Peploe, PH Alfio Contini, INT Mark Frechette, Daria Halprin, Rod Taylor, Paul Fix, MUS les Pink Floyds, 1972 *Chung kuo (la Chine).* 1975 *Profession : reporter,* SC Mark Peploe. DIAL M. Peploe, Peter Woller, M. Antonioni, PH Luciano Tovoli, INT Jack Nicholson, Maria Schneider, Ian Hendry, Jenny Runacre. 123 mn. 1980 *le Mystère d'Oberwald* TV (sorti en salle en 1987). 1982 *Identificazione di una donna (Identification d'une femme).*

1976 Publication aux Éd. Einaudi d'un scénario non réalisé, traduit en français (Éd. Albatros, 1977) avec une préface d'Aldo Tassone sous le titre *Techniquement douce.*

ARAKÉLIAN Hagop MAQUILLEUR FR (Ekarinodar, Russie, 9 oct. 1894 | 11 nov. 1977) Élève du grand Chakhatouny, il était depuis 1930 le meilleur maquilleur français. Créa l'extraordinaire visage du monstre, pour Jean Marais, dans *la Belle et la Bête.* Créa aussi (pour sa part) Brigitte Bardot, car il fut son maquilleur pour ses premiers succès.

Il a aussi fondé le département de maquillage à l'IDHEC en 1946.

ARCADY Jean (A. Brachalinoff) ANIM FR (Sofia, Bulgarie, 12 janv. 1912 |) Exceptionnel technicien de l'animation et des effets spéciaux, apporta beaucoup aux dessins animés et aux films sur l'art.

ARCAND Denys RÉ CAN (Deschambault, 1941 |). Du documentaire socio-politique à la fiction, celui qui est devenu le cinéaste canadien le plus connu du grand public dans le monde a gardé le même regard : celui d'un moraliste ironique.

RÉ : 1963-1969 cinq courts métrages documentaires pour l'Office national du film de Canada. 1969 *On est au coton.* 1970 *Québec, Duplessis et après.* 1971 *la Maudite Galette.* 1972 *Réjeanne Padovani.* 1974 *Gina.* 1975 *la Lutte des travailleurs d'hôpitaux.* 1981 *le Confort et l'Indifférence.* 1982 *Empire Inc.* 1984 *le Crime d'Ovide Plouffe.* 1985 *le Déclin de l'Empire américain.* 1988 *Jésus de Montréal.*

ARNOLD Jack RÉ US (New Haven US 14 oct. 1912 |) Ancien acteur de Broadway, dirigea et produisit de nombreux westerns ou policiers, mais réussit assez bien, et suivant la valeur de leur scénario, les science-fiction. RÉ : 1953 *It came from outer Space.* 1955 *l'Étrange Créature du lac noir, Tarantula.* 1959 *la Souris qui rugissait.* 1963 *A Global Affair.* 1968 *Hello, downthere.* A partir de 1970 travaille essentiellement pour la télévision mais réalise encore quelques films, dont : 1977 *Black Eye.*

ARNSTAM Lev (s'écrit aussi Arnchtam) RÉ URSS (Dniepropetrovsk 1905 | 1979) Venu de la musique, réalisa deux excellents films avec *les Amies* et *Zoïa.*

ARRATA Ubaldo PH ITAL (Ovada 23 mars 1897 | Rome déc. 1947) Opérateur italien, formé en 1918-1930, travailla avec Max Ophüls : *La Signora di Tutti* (1934), Rossellini, à qui il donna les images de *Rome, ville ouverte* (1944-1945).

ARZNER Dorothy RÉ US (San Francisco 3 janv. 1900 | 1er oct. 1979) La seule réalisatrice qui se soit, entre 1927 et 1943, imposée à Hollywood, avec notamment *Nana* (1934).

ASHBY Hal MONT RÉ US (Ogden, 1933 | 27 déc. 1988) Monteur d'abord (apprentissage chez Walt Disney), puis réalisateur, il eut un grand succès avec son assez racoleur *Harold et Maude*, mais il prouva, notamment avec un film sur Woody Guthrie *(Bound for Glory)* et le corrosif *Good bye, Mister Chance*, qu'il valait mieux que ces facilités. RÉ : 1970 *The Landlord* (*le Propriétaire*). 1971 *Harold et Maude.* 1973 *The last Detail* (*la Dernière Corvée*). 1975 *Shampoo.* 1976 *Bound for Glory* (*En route pour la gloire*). 1978 *Coming Home* (*Retour*). 1979 *The Hamster of Happiness, Being There* (*Bienvenue Mr Chance*). 1982 *Lookin' to get Out, Rolling Stones* (id.). 1986 *Eight Millions Ways to Die* (*Huit Millions de façons de mourir*).

ASQUITH Anthony RÉ GB (Londres 9 nov. 1902 | fév. 1968) Avec Alfred Hitchcock, il a été la plus forte personnalité qui se soit imposée durant les années 1930 dans le cinéma anglais dès ses débuts. Raffiné, intelligent, fou de cinéma, il oscilla entre deux pôles, le documentarisme et le cinéma-théâtre, recherchant toujours, non pas les sujets « internationaux » style Korda, mais une authenticité nationale anglaise. Après un premier essai burlesque, *Shooting Stars*, il s'affirma dans ses recherches de contrepoint audiovisuel et d'une réalité anglaise avec *Un cottage à Dartmoor* et *Tell England*, contant un épisode de guerre en 1917 dans les Dardanelles. Puis il s'imposa internationalement comme un maître du cinéma-théâtre dans une remarquable adaptation du *Pygmalion* de Bernard Shaw. Sans doute donna-t-il son chef-d'œuvre, à la fin de la guerre, avec *le Chemin des étoiles.* Ensuite l'évolution du cinéma le dépassa un peu dans les deux genres qu'il affectionnait et où il continua de donner des œuvres consciencieuses et intelligentes. Fils de Lord Asquith (Premier ministre, 1906-1916), il est assistant à Londres et Hollywood. RÉ : 1928 *Shooting Stars* CO-RÉ Bramble, INT Annette Benson, Donald Galthrop. 1929 *Underground (Un cri dans*

A. Asquith et Sophia Loren. Photo de travail des « Dessous de la millionnaire ».

A. Asquith, « Ordre de tuer ».

le métro). 1930 *A Cottage on Dartmoor.* 1931 *Tell England.* 1935 *For ever England.* 1936 *Moscow Nights (Nuits moscovites),* vers. fr. A. Granovski, INT Laurence Olivier, Penelope Dudley Ward. 1938 *Pygmalion.* 1940 *Freedom Radio, French without Tears,* INT Ronald Culver, David Tree. 1941 *Quiet Wedding,* INT Derek Farr, Margaret Lockwood. 1942 *Uncensored,* INT Eric Portman. 1943 *We dive at Dawn (Plongée à l'aube),* INT John Mille, Eric Portman ; *The Demi Paradise (l'Étranger),* INT Laurence Olivier, 1944 *Fanny by Gaslight,* INT James Mason, Phyllis Calvert 1945. *The Way to the Stars (le Chemin des étoiles).* 1948 *The Winslow Boy (Winslow contre le Roi),* SC T. Rattigan et A. de Grunwald, INT Robert Donat, Cedric Hardwicke. 1950 *la Femme en question,* INT Dirk Bogarde, Jean Kent. 1951 *The Browning Version (l'Ombre d'un homme).* 1952 *The Importance of being earnest (Il importe d'être constant), from* Oscar Wilde, INT Michael Redgrave, Joan Greenwood. 1955 *The Young Lovers (Évasion),* INT Odile Versois, David Knight. 1956 *Court Martial,* INT David Niven, Margaret Leighton. 1958 *Orders to kill (Ordre de tuer),* INT Eddie Albert, Paul Massey. 1959 *Libel (la Nuit est mon ennemie).* 1960 *les Dessous de la millionnaire (The Millionaress).* 1963 *Sept Heures avant la frontière (Guns of Darkness), V.I.P. (Hôtel international).* 1965 *la Rolls Royce jaune.*

ASSAYAS Olivier RÉ SC FR (Paris, 1955 |). Critique, découvreur (le numéro spécial « Hong Kong » qu'il a réalisé pour les « Cahiers du Cinéma » avec Philippe Tesson est un modèle d'enthousiaste érudition), scénariste, Olivier Assayas a, dès son premier long métrage sur un sujet convenu, les désarrois de l'adolescence, affirmé son sens du récit et de la restitution d'une atmosphère.
RÉ : 1986 *Désordre.* 1988 *l'Enfant de l'hiver.*

ASTRUC Alexandre RÉ FR (Paris 13 juil. 1923 |) Inquiet, dominé par le souci de la recherche formelle et des rapports humains, il réalisa à trente ans son premier film, *le Rideau cramoisi,* et devint le précurseur de la Nouvelle Vague avec *les Mauvaises Rencontres, l'Éducation sentimentale,* et même *la Proie pour l'ombre* (dont il fut l'auteur complet) ; il dut accepter une certaine « règle du jeu » sans jamais se départir d'une certaine rigueur passionnée. Comme jeune critique, il avait en 1948 défini les servitudes du cinéma : « L'art du film est pour le moment celui de ne rien dire. Ce qu'il dit, il le dit mal ou il se tait. Les vrais auteurs des films sont

Astruc

les producteurs. Pour un auteur [...] tous les sujets sont pris par la bande. Imaginez Mallarmé obligé de se déguiser en Béranger pour rassurer son monde... » Et il ajoutait : « Le cinéma n'a d'avenir que si la caméra finit par remplacer le stylo. » Hélas, l'inventeur de la « caméra-stylo » ne put utiliser un appareil qu'il avait pressenti mais qui appartient toujours à la science-fiction. De 1967 à 1989 il a essentiellement travaillé pour la télévision, réalisant treize émissions documentaires, portraits ou adaptations d'œuvres littéraires. Ainsi, en 1967, il donna le titre de « Caméra stylo » à une série de quatre émissions consacrées à Borges, Proust, Valéry, Rimbaud.
D'abord journaliste : « Combat », « l'Écran français », puis ASS RÉ de Marc Allégret et de Marcel Achard.
RÉ : 1948 *Aller et Retour* CM 16 mm. 1949 *Ulysse ou les Mauvaises Rencontres* CM 16 mm. 1953 *le Rideau cramoisi.* 1955 *les Mauvaises Rencontres.* 1958 *Une vie.* 1961 *la Proie pour l'ombre.* 1962 *l'Éducation sentimentale,* librement inspirée de Flaubert. 1963 *le Puits et le Pendule* TV. 1964 *Évariste Gallois* TV. 1966 *la Longue Marche.* 1968 *Flammes sur l'Adriatique.* 1976 *Sartre par lui-même* CO-RÉ Michel Contat. 1989 *Une fille d'Eve, from* Balzac TV.

AUBERT Louis PR FR (Mayenne 1879 | Les Sables d'Olonne 17 mai 1944) Pionnier de l'industrie comme exploitant, distributeur, producteur, il suivit toujours sa devise : « Le cinéma, c'est très simple, deux tiroirs, l'un pour les recettes, l'autre pour les dépenses. »

AUDIARD Michel SC FR (Paris 15 mai 1920 | 1985) Brillant dialoguiste français de style boulevardier, a poursuivi après 1950 la tradition d'Henri

Jeanson. A collaboré avec Hunebelle, Delannoy, La Patellière. S'est décidé, à partir de 1968, à mettre lui-même en films ses mots d'auteur. Et cela a donné : 1968 *Faut pas prendre les enfants du Bon Dieu pour des canards sauvages.* 1969 *Elle boit pas, elle fume pas, elle drague pas, mais elle cause,* et *Une Veuve en or.* 1970 *le Cri du cormoran le soir au-dessus des jonques.* 1971 *le Drapeau noir flotte sur la marmite.* 1972 *Elle cause plus... elle flingue.* 1973 *Bons Baisers à lundi.* 1974 *Comment réussir quand on est c... et pleurnichard.* 1974 *Vive la France.*

AUDRY Jacqueline RÉ FR (Orange 25 sept. 1908 | 30 juin 1977) Une des rares réalisatrices françaises ; adapta Colette avec goût et délicatesse. Presque tous ses longs métrages eurent pour scénariste Pierre Laroche, son mari. RÉ : 1943 *les Chevaux du Vercors* DOC. 1945 *les Malheurs de Sophie.* 1949 *Gigi.* 1950 *Minne l'ingénue libertine,* INT D. Delorme, Frank Villard. 1951 *Olivia.* 1954 *Huis clos, from* Sartre. 1956 *Mitsou, from* Colette. 1957 *la Garçonne.* 1959 *l'École des cocottes.* 1962 *les Petits Matins.* 1963 *Cadavres en vacances.* 1966 *Fruits amers.* 1970 *le Lis de mer* (inédit).

AUGUST Joseph PH US (1890 | 1947) Formé par Thomas Ince et W. S. Hart, photographe habituel de John Ford, 1925-1945, et célèbre surtout par ses images du *Mouchard.*

AURENCHE Jean SC FR (Pierrelatte 11 sept. 1904 |) Avec son collaborateur habituel Pierre Bost, un des meilleurs scénaristes adaptateurs français de l'après-guerre dont ils ont marqué un style, notamment dans les films écrits pour Autant-Lara.

Jean Aurenche en 1944

RÉ Christian-Jaque : 1936 *les Dégourdis de la onzième* CO-SC Jean Anouilh. 1962 : *Madame Sans-Gêne,* PR Robert Richebé.
SC : RÉ Autant-Lara : 1942 *Lettres d'amour, le Mariage de Chiffon.*
CO-SC avec Pierre Bost (outre leurs films pour Autant-Lara) RÉ Jean Delannoy : 1946 *la Symphonie pastorale.* 1950 *Dieu a besoin des hommes.* RÉ René Clément : 1948 *Au-delà des grilles.* 1952 *Jeux interdits.* 1956 *Gervaise.* 1966 *Paris brûle-t-il ?* Pour Bertrand Tavernier il écrivit les scénarios de *l'Horloger de Saint-Paul* (1974). *Que la fête commence* (1975). *Le Juge et l'Assassin, Coup de Torchon* (1976).

AURIC Georges MUS FR (Lodève 15 fév. 1899 | 1983) Le plus célèbre musicien de cinéma français, fondateur du « Groupe des Six », a beaucoup apporté aux films de Cocteau, René Clair, Cavalcanti, Ophüls, Vadim, et à divers films réalisés en Grande-Bretagne.
RÉ Cocteau : 1930 *le Sang d'un poète.* 1948 *les Parents terribles.* RÉ René Clair : 1931 *A nous la liberté.* RÉ Marc Allégret : 1934 *Lac aux dames.* 1938 *Orage, Entrée des artistes.* RÉ Delannoy : 1943 *l'Éternel Retour.* 1946 *la Symphonie pastorale, Notre-Dame de Paris.* RÉ Calvalcanti : 1945 *Au cœur de la nuit.* RÉ Crichton : 1947 *Hue and Cry (A cor et à cri).* 1951 *De l'or en barres.* RÉ Cornelius : 1949 *Passeport pour Pimlico.* RÉ Wyler : 1953 *Vacances romaines.* RÉ John Huston : 1953 *Moulin-Rouge.* RÉ Ophüls : 1955 *Lola Montès.* RÉ Clouzot : 1956 *le Mystère Picasso.* RÉ Dassin : 1957 *Celui qui doit mourir.* RÉ Vadim : 1958 *les Bijoutiers du clair de lune.* RÉ Duvivier : 1962 *la Chambre ardente.*

AURIOL Jean-Georges (Huyot) CRIT FR (Paris 8 janv. 1907 | Paris 2 avril 1950) Mort prématurément ; fondateur de la « Revue du cinéma » 1928-1932, puis 1946-1949, dont la formule sera reprise et continuée par les « Cahiers du cinéma ».

AUTANT-LARA Claude RÉ FR (Luzarches 5 août 1903 |) Il avait débuté très jeune comme décorateur de L'Herbier et Renoir, puis comme réalisateur d'avant-garde, mais il dut, entre 1926 et 1941, accepter surtout des besognes, avant de pouvoir s'imposer internationalement avec *le Diable au corps.* Il est donc naturel qu'il ait écrit : « Le réalisateur doit se considérer comme entouré d'ennemis. J'entends cela dans le sens où, engagé dans une entreprise où le goût d'un seul devrait prévaloir, il se trouve entouré de gens qui n'ont d'autre idée que de lui imposer leur

Autant-Lara. Photo de travail de « Occupe-toi d'Amélie ».

« Douce », avec Marguerite Moreno (à gauche).

« Le Diable au corps », avec Gérard Philipe.

propre goût. » Lorsqu'il put ressortir de l'ombre, pendant la guerre, après deux films charmants et désuets, *le Mariage de Chiffon* et *Lettres d'amour*, sa *Douce* fut bien amère, qui dans la nuit pétainiste lança son « familles bourgeoises, je vous hais ». Une âpreté rageuse contre la morale conformiste domina ses œuvres de 1945-1955. La dénonciation de la guerre récente à travers une guerre ancienne est la clef du *Diable au corps*, qui reste son chef-d'œuvre. Il désarticula la Belle Époque et ses pantins dans *Occupe-toi d'Amélie*, s'en prit avec violence aux cagots et aux bourgeois louis-philippards dans *l'Auberge rouge* et dit avec une colère ricanante les sinistres jours de l'occupation avec *la Traversée de Paris*. Pas plus qu'aucun cinéaste il n'atteignit toujours le succès. Il fut surtout un adaptateur, sachant qu'il pouvait, sous le couvert d'une œuvre connue, dire davantage peut-être, compte tenu d'une censure intellectuelle qu'il ne cessa de dénoncer. Et pour réaliser un projet qui lui tenait depuis dix ans à cœur : *Tu ne tueras point* (le cas de l'Objecteur), il dut accepter plusieurs films commerciaux.

ASS de L'Herbier : 1920 *le Carnaval des vérités*, *l'Homme du large*. 1921 *Villa Destin*. 1922 *Don Juan et Faust*. 1924 *l'Inhumaine*. 1928 *le Diable au cœur*. Jean Renoir : *Nana*. René Clair : 1924 *Paris qui dort*. 1926 *le Voyage imaginaire*.

RÉ : 1925 *Fait divers* CM, INT Antonin Artaud. 1925-1929 *Construire un feu*, *from* Jack London CM, INT José Davert. 1933 *Ciboulette*, SC Prévert. 1942 *le Mariage de Chiffon*, SC Aurenche, PH Isnard et Agostini, MUS Jean Wiener, INT Odette Joyeux, A. Luguet, J. Dumesnil, Le Vigan, *Lettres d'amour*, SC Aurenche, PH Agostini, INT Odette Joyeux, François Périer. 1943 *Douce*. 1945 *Sylvie et le fantôme*, INT Odette Joyeux, François Périer. 1947 *le Diable au corps*. 1949 *Occupe-toi d'Amélie*. 1951 *l'Auberge rouge*. 1953 *le Bon Dieu sans confession*. 1954 *le Blé en herbe*, *from* Colette, INT Nicole Berger, Edwige Feuillère, P.-M. Beck, *le Rouge et le Noir*, *from* Stendhal. 1955 *Marguerite de la nuit*, *from* Mac Orlan, INT Michèle Morgan, Yves Montand. 1956 *la Traversée de Paris*. *1958 En cas de malheur*, *le Joueur*, *from* Dostoïevski, INT Gérard Philipe. 1959 *la Jument verte*. 1960 *les Régates de San Francisco*, *le Bois des amants*. 1961-1963 *Tu ne tueras point*. 1962 *Monte-Cristo*. 1963 *le Meurtrier*, *le Magot de Joséfa*. 1965 *Journal d'une femme en blanc*. 1966 *Une femme en blanc se révolte*. 1967 *le Franciscain de Bourges*. 1969 *les Patates*. 1973 *Lucien Leuwen* (TV). 1977 *Gloria*.

AVERY Tex ANIM US (Dallas US 1918 | 1980) Après 1940, sans abandonner les animaux et un graphisme à la Disney, il révolutionna les dessins animés par la liberté de sa fantaisie, ses gags quasi surréalistes, son humour grinçant, sa ricanante férocité, dans des courts métrages (peu nombreux) fondés sur la poursuite et une lutte à mort, menés sur un curieux rythme syncopé.

BAC André PH FR (Paris 14 déc. 1905 |) Excellent opérateur français, collabora avec Grémillon : 1946 *le 6 juin à l'aube.* Daquin : 1949 *le Point du jour.* Autant-Lara : 1949 *Occupe-toi d'Amélie.* 1951 *l'Auberge rouge.* Yves Robert : 1960 *la Famille Fenouillard.* 1962 *la Guerre des Boutons.* 1963 *Bébert et l'Omnibus.*

BACHELET Jean PH FR (Azans 8 oct. 1894 | mars 1977) Il débuta avant 1914 en Russie et fut avant tout l'opérateur de Jean Renoir, pendant sa meilleure époque, de *Nana* à *la Règle du Jeu.*

BACON Lloyd RÉ US (San Jose 16 janv. 1889 | Burbank 15 nov. 1955) Un des plus abondants réalisateurs d'Hollywood, formé par Mack Sennett ; il fut fameux pour *42e Rue,* qui valait surtout pour la chorégraphie de Busby Berkeley.

BACSO Peter RÉ HONG (1928 |). Scénariste à sa sortie de l'école de cinéma de Budapest, dramaturge, puis enseignant dans cette même école, il aborde la mise en scène en 1963 et tourne dès lors un film par an. Visant le plus large public, dans une écriture qui n'hésite pas devant la charge, c'est le plus souvent par le biais de la comédie qu'il aborde les sujets les plus graves : dénonciation du stalinisme (l'un de ses meilleurs films reste *le Témoin*), tensions dans la société hongroise. Il est devenu directeur du studio Dialog en 1982.
RÉ (principaux films) : 1963 *En été, c'est simple.* 1968 *A bout portant.* 1969 *le Témoin.* 1971 *le Temps présent.* 1974 *les Étincelantes.* 1977 *le Loup de feu.* 1979 *Parlons plutôt d'amour.* 1982 *l'Offense.* 1983 *Gueuse de vie.* 1986 *Valse sur peaux de banane.* 1988 *Titania, Titania.*

BADRAKHAN Ahmed RÉ ÉG (18 sept. 1909 | 1969) Un des fondateurs du cinéma égyptien, spécialiste depuis 1932 des mélodrames et des films chantants, il aborda après 1952 divers grands sujets patriotiques. Il a dirigé 37 LM. 1954 *Dieu est avec nous.* 1955 *Mustafa Kemal.*

BAKY Josef von RÉ ALL (Hongrie 23 mars 1902 | 1966) Abondant réalisateur allemand, connu surtout par : 1941 *Annelie.* 1943 *le Baron de Münchhausen.*

BALAZS Bela SC THÉORICIEN HONG (Szeged 4 août 1884 | Prague 17 mai 1949) Un des plus grands théoriciens du cinéma. Insiste dès 1924 sur l'importance du cinéma comme nouvelle forme autonome de l'art, et du montage comme « micro-physionomie ». D'abord poète, romancier, librettiste pour Bela Bartok. Après l'échec de la révolution hongroise de 1919, vit en Autriche et en Allemagne puis, après Hitler, en URSS, 1933-1945. SC : RÉ Berthold Viertel : 1926 *Aventures d'un billet de 10 marks.* RÉ Félix Basch : *1 + 1 = 3,* CO-SC H. Kösterlitz. RÉ Alfred Abel : 1929 *Narkose.* RÉ Pabst : 1931 *l'Opéra de quat'sous* CO-SC Ernö Vajda et Léo Lassia. RÉ Leni Riefenstahl : 1932 *la Lumière bleue,* INT Riefenstahl, CO-RÉ Balasz. RÉ Geza Radvanyi : 1947 *Quelque part en Europe.*
PRINC LIVRES : 1924 « Der sichtbare Mensch » (« l'Homme visible »). 1925 « Der Geist der Film ». 1949 « Der Film ». Ces deux derniers ouvrages ont été traduits en français et publiés aux Éd. Payot sous les titres « l'Esprit du cinéma » (1977) et « le Cinéma » (1979).

BALCON Sir Michael PR GB (Birmingham 19 mai 1896 | oct. 1977) Le producteur qui a le plus apporté au cinéma britannique. Donne sa chance en 1926 à Hitchcock, avec *The Lodger,* produit ses meilleurs films anglais ; puis, prenant en main « Ealing Studios » et choisissant Cavalcanti comme directeur artistique, forme la génération d'après-guerre avec Charles Frend, Robert Hamer, Crichton, Mackendrick, Harry Watt, Cornelius, etc.

BALDI Gian Vittorio DOC ITAL (Lugo di Romagna 30 oct. 1930 |) Il a cherché à saisir l'homme sur le vif, « à découvrir et à reproduire la beauté qui se trouve dans chaque geste naturel et le dialogue spontané ».
D'abord critique.
RÉ : 1958 *Il Pianto delle Zitelle, Via dei Cessati Spiriti.* 1960 *La Casa delle Vedove.* 1961 *Il Bar di Gigi.* 1962 *Luciano* (premier LM). 1964 *les Adolescentes* ou *la Fleur de l'âge.* 1968 *Fuoco.* 1972 *la Notte dei fiori.* 1974 *l'Ultimo Giorno di scuola prima delle vacanze di natale.* 1977-1978 *la Memoria e gli Anni.*

BAN Frigyes RÉ HONG (Kösice, Slovaquie, 1902 | Budapest 1962) A dirigé 33 LM de 1939 à 1966 parmi lesquels on doit retenir l'excellent *Un lopin de terre* (1948), un des meilleurs films réalisés en Hongrie après la guerre.

BAÑOS Ricardo de RÉ ESP (Barcelone 27 août 1882 | 8 août 1939) Pionnier et fondateur du cinéma espagnol. RÉ : 1906 *Secrets de confession.* 1910 et 1921 *Don Juan Tenorio.* 1912 *les Amants de Teruel.* 1919 *la Gitane blanche,* INT Raquel Meller. 1933 *El Relicario.*

BANTON Travis COST US (Texas 18 aout 1894 | 1958) L'un des plus extravagants costumiers des années 1925-1945 ; travailla pour Borzage, Lubitsch, Ophüls, et surtout pour Sternberg au temps de Marlène Dietrich : 1930 *Morocco.* 1931 *X 27.* 1932 *Shanghaï Express.* 1934 *l'Impératrice rouge.*

BARATIER Jacques RÉ FR (Montpellier 8 mars 1918 |) Épris de recherche et d'idéal, venu du documentaire, il donna à la Tunisie le poétique *Goha,* 1958, salué à Londres comme la première grande réussite du cinéma arabe. Dirigea ensuite : 1962 *la Poupée.* 1963 *Dragées au poivre, l'Or du duc.* 1967 *le Désordre à vingt ans.* 1970 *la Décharge.* 1974 *Vous intéressez-vous à la chose ?* 1975 *la Ville bidon* (version modifiée de *la Décharge*). 1985 *l'Araignée de satin.*

BARBARO Umberto CRIT THÉORICIEN ITAL (Acireale 3 janv. 1902 | Rome 1959) Donna son nom au « néo-réalisme » italien dès 1942, tendance qu'il avait beaucoup contribué à déterminer, par son enseignement au Centre expérimental depuis sa fondation en 1937. Traducteur de Poudovkine, Eisenstein, Balasz, il a laissé des ouvrages théoriques importants.

BARDEM Juan Antonio RÉ ESP (Madrid 2 juin 1922 |) Celui qui, avec son ami Berlanga, tira le cinéma espagnol du néant et lui donna une place internationale. Sincère, vigoureux, il sut mieux qu'aucun autre (sinon Buñuel) exprimer la réalité de son pays dans *Comicos, la Vengeance,* et surtout *Mort d'un cycliste* et *Grand-Rue.* En 1955, à Salamanque, le jeune cinéaste dressait ce bilan : « Après soixante ans, le cinéma espagnol est politiquement inefficace, socialement faux, intellectuellement infirme, esthétiquement nul, industriellement rachitique. Maintenant nous voulons lutter pour un cinéma national avec amour, sincérité et honneur. » Plus tard, il ajoutait : « Sans doute un metteur en scène ne peut-il espérer à lui seul changer le monde. Du moins, il doit y contribuer. Il doit tendre tous ses efforts vers un cinéma positif, utile, qui dévoilera la réalité de telle sorte qu'il la fera évoluer... Le génie espagnol est réaliste en littérature comme en peinture. Pour moi, le cinéma est enraciné dans le réel. Il témoigne d'une époque. Il faut dire le plus possible, le plus sobrement possible. En un mot, fuir le baroque, retrouver le classicisme. » « Un artiste ne peut se décraciner ; je ne peux parler que de ce que je connais bien : l'Espagne. »

Fils des comédiens Rafael Bardem et Mathilde M. Sampiero. Ingénieur agronome, en 1947 diplômé de l'Institut des investigations et expériences cinématographiques (IIEC) de Madrid. S'impose comme SC en 1951 avec *Bienvenue Mr Marshall* RÉ Berlanga. 1948 *Paseo sobre una guerra antigua* DOC CM, CO-RÉ Berlanga. 1951 *Esa Pareja feliz (le Couple heureux)* CO-RÉ Berlanga.

Bardem

« Mort d'un cycliste », avec Lucia Bose.

RÉ : 1954 *Comicos, Felices Pascuas.* 1954 *Mort d'un cycliste.* 1956 *Grand-Rue (Calle Mayor).* 1957 *la Vengeance.* 1959 *Sonatas, from* Valle Inclan. 1960 *A las cinco de la tarde (A 5 heures de l'après-midi).* 1963 *Une femme est passée (Nunca pasa nada).* 1965 *les Pianos mécaniques.* 1979 *les Sept Jours de janvier.* 1982 *l'Avertissement* CO-PR BULG-RDA-URSS.

BARKER Reginald RÉ US (Écosse 1886 | Hollywood 25 sept 1937) Le meilleur auteur des productions Thomas Ince, un de ceux qui firent du western un grand art, en dirigeant de grands classiques comme : 1914-1917 W. S. Hart dans la série des *Rio Jim.* 1915 Charles Ray dans *Un lâche.* 1916 *Pour sauver sa race (The Aryan).* 1918 *Carmen du Klondyke* (cf. TH. INCE).

BARKER William G. PH RÉ GB (1867 | 1951) Pionnier du cinéma anglais, dès 1897 ; exceptionnel opérateur d'actualités, puis réalisateur de longs métrages à grande mise en scène.

BARNET Boris RÉ URSS (Moscou 16 juin 1902 | Riga janv. 1965) Le meilleur auteur soviétique de comédies. Tendre, lyrique, plein d'humour et de justesse dans son observation, de chaleur humaine, il a donné son chef-d'œuvre avec *Okraïna,* 1933. Après avoir donné des œuvres importantes comme *la Jeune Fille au carton à chapeau* et *la Maison de la rue Troubnaia,* il s'est ainsi caractérisé en 1959 : « Je ne suis pas un homme de théories, mais je prends la matière de mes films dans la vie. Bien ou mal, j'ai toujours essayé de montrer l'époque contemporaine, l'homme vrai des temps soviétiques. Mais ce n'est pas facile, et l'on peut à ce propos évoquer un peintre japonais. Jusqu'à quarante ans, il peignit des natures mortes. Entre 40 et 60 ans, des oiseaux. Ensuite, des hérons et des canards. Il lui fallut attendre ses cent ans pour se trouver digne d'aborder les hommes. Mais est-on toujours sûr d'avoir autant de temps devant soi ? Pour moi, j'aime les choses drôles dans un drame, et les éléments tragiques dans la comédie. C'est question de proportions, pas toujours faciles à trouver. » D'abord boxeur, puis formé par Koulechov.

Boris Barnett

ACT : RÉ Koulechov : 1924 *les Aventures de Mr West au pays des Bolcheviks.* – EN ALL : RÉ Ozep : 1929 *le Cadavre vivant.* RÉ : 1926 *Miss Mend* CO-RÉ Ozep. 1927 *la Jeune fille au carton à chapeau.* 1928 *Moscou en octobre (Moskva V Oktiabr), la Maison de la rue Troubnaia.* 1931 *le Dégel (Ledolom),* PH Kotelnikov et Kirillov, INT V. Marinitch, A. Joukov. 1933 *Okraïna.* 1936 *Au bord de la mer bleue.* Ou *Samago sinego Moria.* 1939 *Une nuit de septembre (Notch V Sentiabr,* la Vie de Stakhanov), SC Tchekine, PH Naoumov, Straj, INT Abkhadzé, N. Krioukov, etc. 1940 *le Vieux Cavalier.* 1942 *la Tête merveilleuse.* 1943 *Ceux de Novgorod.* 1947 *Personne ne le saura (Podvig Razvedtchika),* PH Demoutzky, INT Kadotchinikov, Izmaïlova. 1950 *Un été prodigieux (Chtchedroie Leto),* SC Pomentchikov et Daleky, PH Michourine, INT N. Krioutchkov, N. Arkhipova, etc. 1952 *Concert des maîtres de l'art ukrainien.* 1955 *Liana.* 1957 *le Poète,* SC Valentin Kataiev, INT Dvoretsky, Isolda Izirtzkaïa, N. Krioukov. 1958 *le Lutteur et le Clown* CO-RÉ Youdine. 1960 *le Vieux Jockey* (réalisé en 1940). 1961 *Anouchka.* 1962 *Alenka* SC Antonov, PH Tchernykh, INT N. Ovodova, E. Garine, V. Choukchine. 1963 *la Petite Gare,* SC B. Barnet et R. Pogodine.

BARON Auguste INV FR (Paris 1853 | Paris 1er juin 1938) Inventeur remarquable, mais peu chanceux, du cinéma parlant (1896-1899) et du cinéma à plusieurs écrans : Cinématorama, 1896. Multirama, 1912.

BARONCELLI Jacques de RÉ FR (Bouillargues 25 juin 1881 | Paris 12 janv. 1951) L'un des premiers français à considérer le cinéma comme un art. Il fut surtout un bon adaptateur *(le Père Goriot, Ramuntcho)* et eut le sens de la nature et de la mer *(Pêcheurs d'Islande).* Marquis de Baroncelli Javon, descendant d'une noble famille italo-provençale, d'abord journaliste, avant d'avoir un coup de foudre pour le cinéma, après *Forfaiture.*
De 1915 à 1947, RÉ plus de 80 films dont : 1915 *la Maison de l'espoir* (1er film). 1917 *le Roi de la mer,* INT

Jacques de Baroncelli, à droite, 1924.

Gabriel Signoret. 1919 *Ramuntcho.* 1921 *le Père Goriot.* 1923 *Nêne,* INT Sandra Milovanoff. 1924 *Pêcheurs d'Islande, from* Pierre Loti, INT Charles Vanel. 1929 *la Femme et le Pantin, from* Pierre Louys, INT Conchita Montenegro. 1934 *Crainquebille, from* Anatole France. 1937 *Michel Strogoff, from* Jules Verne. 1942 *la Duchesse de Langeais, from* Balzac, INT Edwige Feuillère, Pierre-Richard Wilm. 1948 *Rocambole, from* Ponson du Terrail, INT Pierre Brasseur, Sophie Desmarets. Il était le père de Jean de Baroncelli (Paris 25 mars 1918 |), critique cinématographique du journal « le Monde ».

BARRETO Vitor de Lima RÉ BRÉS (1906 | 1982) A connu une gloire universelle et méritée, grâce à *O Cangaceiro,* épopée des bandits d'honneur brésiliens.
RÉ : CM 1950 *Painel.* 1951 *Santuario.* LM 1953 *O Cangaceiro.* 1961 *la Première Messe.* SC *Quele do Pajeu.* 1950 RÉ *Anselmo Duarte.*

Lima Barreto, « O Cangaceiro ».

BARROS José Leitao de RÉ PORT (Lisbonne 1896 | 1967) Les meilleurs films de ce Portugais : 1928 *Nazare* DOC ; 1929 *Maria do Mar* ; 1942 *Alla Arriba* ont valu par leur belle photographie et leur emploi des extérieurs, et parfois d'acteurs non professionnels. Mais il dut aussi accepter de médiocres commandes officielles : 1945 *la Reine morte.* 1946 *Camoens,* etc.

BARSACQ Léon DÉC FR (Crimée 18 oct. 1906 | déc. 1979) Il est l'un des français qui ont su le mieux contribuer à créer une « atmosphère ». Pour Renoir : *la Marseillaise.* Carné : *les Enfants du paradis.* Leenhardt : *les Dernières Vacances.* René Clair : *le Silence est d'or, la Beauté du diable, les Belles de nuit, les Grandes Manœuvres, Porte des Lilas.*

BARTOSCH Berthold ANIM FR (Bohême 29 déc. 1893 | 1968) D'origine austro-hongroise, réalisa en 1934 *l'Idée,* d'après les gravures de Franz Masereel où il employa, avant Disney, l'animation multiplane.

BARUA Pramatesh Chandra RÉ INDE (1903 | Calcutta 29 nov. 1951) Fondateur, après 1925 à Calcutta, du « New Theatre Ltd ». Il est l'initiateur de l'art du film au Bengale, formant Nitin Bose, Bimal Roy, Debaki Bose, etc., qui adaptèrent parfois ses pièces ou ses mises en scène.
RÉ : 1935 *Devdas.* 1936 *le Salut (Mukti).* 1937-1940 *Son droit (Adhikar), la Vie (Zindigi), Prija Banhabi, from* R Probodh Sanyil.

BARZMAN Ben SC US (Toronto 12 oct. 1910 |) Le meilleur scénariste de la « génération perdue » américaine. Il apporta beaucoup aux premiers films d'Edward Dmytryk : *Crossfire, Donnez-nous aujourd'hui,* et à ceux de Losey dont il fut le collaborateur habituel en Europe. Il s'y était réfugié après 1948 et il continua de collaborer à de nombreux films produits par Hollywood sous des pseudonymes divers, avant de pouvoir reprendre son nom en 1963.

BASS Saul ANIM US (Neden 1920 |) Spécialiste des génériques en dessins animés graphiques, ceux qu'il a fournis notamment à Preminger surpassaient souvent par leur art et leur poésie les grandes productions dont ils étaient la préface.
Génériques pour *le Tour du monde en 80 jours, West Side Story, Spartacus,* etc. Pour Preminger : *Carmen Jones, Exodus, l'Homme aux bras d'or, Sainte Jeanne, Autopsie d'un meurtre,* etc. Pour Hitchcock ; *Vertigo, Psychose.*

RÉ : 1964 *The Searchin eye, From there to there.* 1968 *Why Man Creates.* 1974 *Phase IV.* 1984 *Quest* CM.

BATCHELOR Joy VOIR HALAS JOHN

BAUER Evgueny RÉ URSS (1865 | Crimée, août 1917) Raffiné, exaspéré, décadent, il fut, en Russie tsariste, le premier artiste à se consacrer au cinéma, à une époque où travaillaient seuls des artisans dociles aux commandes commerciales (Voznesensky). Il fut un spécialiste des drames mondains et fantastiques, souvent interprétés par Mosjoukine. D'abord peintre, puis décorateur de cinéma, enfin réalisateur.
RÉ : 1913 *le Bossu K, Gloire sanglante, Passion coupable*, etc. 1914 *la Vie dans la mort* CO-SC Valery Briousov, INT Mosjoukine, *Enfants de la grande ville, les Larmes, les Témoins muets, l'Armoire de la mort.* 1915 *Le Chant de l'amour triomphant, les Valets de cœur, Ailes brûlées, Digne de la nation.* 1916 *Vie pour Vie, from* Georges Ohnet, *la Reine de l'écran, Nina, Chaînes brisées.* 1917 *le Toscin, Vers le bonheur, le Mensonge, Marionnette du destin, le Révolutionnaire, la Mort du cygne, le Roi de Paris.*

BAZIN André CRIT FR (Angers 18 avr. 1918 | Nogent-sur-Marne 10 nov. 1958) Le meilleur critique français de l'après-guerre. L'amour du cinéma le brûlait comme une flamme et lui faisait, pour le répandre, parcourir la France et le monde. Quand on le sut condamné (et qu'il le sut), on conjura cet homme décharné de prendre quelque repos. Il refusa et eut raison, car son activité dévora moins sa vie qu'elle ne la prolongea. Il mourut en plein travail de critique et de théoricien, après avoir partout suscité enthousiasmes et vocations. Plus qu'aucun autre, il fut le père spirituel de la Nouvelle Vague, qui se leva sitôt qu'il eut disparu. Même à propos d'un film médiocre, et même si l'on était en désaccord avec lui, ses propos furent remarquablement féconds. « Il était plus qu'un critique. Si le verbe de Louis Delluc fut l'âme du cinéma français, l'âme de Bazin a fait de lui le Delluc de demain. » (H. Langlois.) « Il avait le délicat et fulgurant pouvoir d'arriver au cœur des choses et des œuvres, d'en saisir par intuition tous les aspects. » (Fellini.) « Il m'avait ouvert certains aspects de mon œuvre ignorés de moi-même. » (Buñuel.) « Il faisait partie de la très petite cohorte des êtres utiles. » (J. Renoir.) « Il rendit heureux. » (Claude Roy.) « Il faisait bon vivre avant sa mort. » (Truffaut.) Fondateur des « Cahiers du cinéma » en 1952 avec Doniol-Valcroze.

André Bazin

BECKER Jacques RÉ FR (Paris 15 sept. 1906 | Paris 21 fév. 1960) La probité même. Longtemps assistant de Jean Renoir, il poursuivit la voie réaliste de son maître sur un ton personnel, aigu, minutieux. A sa manière, il commença par entreprendre une sorte de tableau naturel et social de la France, en en peignant avec une touche exacte et très sûre les paysans du Centre dans *Goupi mains rouges*, la haute couture parisienne dans *Falbalas*, un couple amoureux de travailleurs faubouriens dans *Antoine et Antoinette*, la folle jeunesse de Saint-Germain-des-Prés dans *Rendez-vous de juillet*, la vie quotidienne des apaches 1900 dans *Casque d'or*, son œuvre plastiquement la plus parfaite, hommage au temps de Louis Feuillade. Il s'essaya aux comédies légères, dut accepter diverses besognes dont il se tira avec conscience et honneur. Puis avant sa mort, il retrouva toute sa force dans *le Trou*, œuvre puissante et convaincue. Il a ainsi défini son art et ses conceptions : « L'efficacité d'un film est subordonnée à l'application d'une logique rigoureuse dans la conduite du récit. Dans un vrai film, tout doit être convaincant, le moindre détail suspect détruit la valeur de l'ensemble. » « Les sujets ne m'intéressent pas en tant que sujets. L'histoire (l'anecdote, le conte) m'importe un peu plus. Seuls les personnages, qui deviennent *mes* personnages, m'obsèdent au point d'y penser sans cesse. Ils me passionnent comme me passionnent les

Jacques Becker.

Becker, « Casque d'or », avec Simone Signoret et Reggiani.

gens que je croise au hasard de mes journées, et dont je suis curieux, au point de me surprendre à lorgner des inconnus. » « On a eu tort de croire tout crûment que j'ai cherché à tout prix à être « social », cette impression est causée par le fait que dans mes films on s'intéresse d'assez près aux personnages. C'est mon côté un peu entomologiste : ça se passe en France, je suis français, je travaille sur des Français, je regarde des Français, je m'intéresse aux Français. » 1931-1939 ASS : Jean Renoir.
RÉ : 1935 *le Commissaire est bon enfant* MM, CO-RÉ Pierre Prévert. 1939 *l'Or du Cristobal* (non signé). 1942 *Dernier Atout,* INT Raymond Rouleau. 1943 *Goupi mains rouges.* 1945 *Falbalas,* INT Raymond Rouleau, Micheline Presle, Françoise Lugagne. 1947 *Antoine et Antoinette.* 1949 *Rendez-vous de juillet.* 1951 *Édouard et Caroline,* SC Becker et A. Wademant, INT Daniel Gélin, Anne Vernon. 1952 *Casque d'or.* 1953 *Rue de l'Estrapade.* 1954 *Touchez pas au grisbi, Ali-Baba et les 40 voleurs,* INT Fernandel. 1957 *les Aventures d'Arsène Lupin,* INT Robert Lamoureux. 1958 *Montparnasse 19,* SC Ophüls et Becker, INT Gérard Philipe, Anouk Aimée, Lilli Palmer. 1960 *le Trou.*

BEINEIX Jean-Jacques RÉ FR (Paris, 1946 |). Par le chemin sage et classique de l'assistanat (de Becker à Zidi), d'un court métrage au suspense bien tenu (et dramatiquement cocasse) et d'un premier long métrage croisant avec bonheur des idées « dans le vent » et les souples mouvements d'une caméra comme montée sur planche à roulettes, comment peut-on en arriver à la mégalomanie autodestructrice d'une superproduction comme *la Lune dans le caniveau ?* C'est un mystère que seul peut expliquer l'insatiable soif de sang frais du cinéma français des années 80, et de producteurs prêts à jouer au poker sur un seul « coup » de conquête de tous les marchés. Un coup à tuer un talent. Beineix a sans doute une solide santé de cinéaste, car il a tourné d'autres films après ça, et, qu'on aime ou non son emphase toujours un peu marquée d'ingénue fraîcheur, on doit bien reconnaître son aptitude à s'emparer de sujets forts, et à en faire du spectacle.
RÉ : 1971 *le Chien de monsieur Michel* CM. 1980 *Diva, from* Dellacorta. 1983 *la Lune dans le caniveau, from* David Goodis. 1985 *37°2 le matin, from* Philippe Djian. 1989 *Roselyne et les Lions.*

BEK-NAZARIAN Amo RÉ URSS (Arménie 1892 | 1965) Le père du cinéma arménien, qu'il fonda après avoir été acteur à Moscou et dirigé plusieurs films en Géorgie.
RÉ : 1923 *Au poteau d'infamie.* 1926 *Natella, Namus.* 1927 *Zare* (1er film arménien). 1928 *la Maison sur un volcan.* 1933 *l'Homme aux décorations.* 1935 *Pepo.* 1938 *Zanguezour.* 1943 *David Beck.* 1948 Anaït. 1955 *la Nouvelle Demeure.*

BELLOCCHIO Marco RÉ ITAL (Piacenza 1939 |) « L'unique cinéaste qui, peu après la moitié de la décennie 60, semblait devoir imposer de manière absolue [...] a fait surgir le doute que l'impétueuse iconoclastie de son premier film allait rester sans suite. » Ainsi le critique italien Lino Micciché résumait-il pour « Cinemato » le fulgurant départ et le piétinement de Marco Bellocchio. Rien n'est venu depuis lever le doute et le démentiel « familles

(bourgeoises), je vous hais » qu'il poussait avec une sauvagerie mesurant savamment ses effets dans son premier film, s'est mué, semble-t-il, en un scepticisme proprement désespéré : *la Chine est proche* fermant avec un soin méticuleux toutes les portes de l'espoir. Depuis, il n'a cessé, par des voies diverses, pamphlets ou autobiographies détournées, de régler ses comptes avec les institutions, mais c'est dans l'expérience « sur le terrain » - avec d'autres cinéastes - que constitua *Fous à délier* qu'il a sans doute donné le meilleur de lui-même.
RÉ : 1965 *I Pugni in tasca (les Poings dans les poches).* 1967 *la Cina e vicina (la Chine est proche).* 1969 *Amore e rabbia (la Contestation).* Bellocchio a réalisé le cinquième sketch de ce film, les autres étant dus à Carlo Lizzani, Pasolini, Bertolucci et Godard. 1972 *In nome del padre, Sbatti il Mostro in prima pagina (Viol en première page).* 1975 *Nessuno o tutti (Fous à délier)* CO-RÉ Silvano Agosti, Sandro Petraglia et Stefano Rulli. 1976 *Il Gabbiano (la Mouette) from* Tchekhov. 1977 *la Marche triomphale,* SC M. Bellocchio, PH Franco di Giacomo, MUS Nicola Pievami, INT Franco Nero, Michele Placido, Miou-Miou, Patrick Dewaere. 1980 *Salto nel vuoto (le Saut dans le vide).* 1982 *Gli Occhi e la Bocca (les Yeux et la Bouche).* 1984 *Henri IV.* 1986 *le Diable au corps, from* Radiguet.

BELLON Yannick RÉ FR (Biarritz 6 avr. 1924|) Documentaliste, mais aussi monteuse, à l'œil aigu, intelligent et vif. Elle réalisa en 1971 un long métrage, *Quelque part quelqu'un,* longue promenade désenchantée dans une grande ville et dans la vie de quelques passants qui l'habitent, et tourna ensuite des films axés sur des « faits de société ».
RÉ CM : 1948 *Goémons.* 1950 *Colette.* 1953 *Varsovie quand même.* 1956 *Un matin comme les autres.* 1957 *le Bureau des mariages.* 1958 *le Second Souffle.* 1960 *Zaa, le petit chameau blanc.* LM : 1972 *Quelque part quelqu'un.* 1974 *la Femme de Jean.* 1976 *Jamais plus jamais.* 1978 *l'Amour violé.* 1981 *l'Amour nu.* 1984 *la Triche.* 1989 *les Enfants du désordre.*

BENACERRAF Margot RÉ VEN (Caracas 14 août 1926|) Après son DOC : *Reveron,* donna en 1958 un remarquable long métrage : *Araya,* le meilleur film jamais réalisé au Venezuela.

BEN AICHA Sadok RÉ TUN (Tunisie 1936|) Monteur, réalisateur de courts métrages, il signe avec *Mokhtar* (1968), œuvre assez alambiquée mais qui a valeur de témoignage sur les jeunes intellectuels, son premier long métrage.
RÉ : 1965 *la Lettre* CM. 1967 *Combat de chameaux* CM. 1968 *Mokhtar.* 1977 *le Mannequin.*

BENAMMAR Abdellatif RÉ TUN (Tunis 1943|) Des courts métrages, un long métrage sur deux couples (un ouvrier tunisien en France et sa compagne française, un cinéaste tunisien et son amie française) de grands thèmes, dans une facture qui doit beaucoup à Lelouch.
RÉ : 1970 *Une si simple histoire.* 1971 *Baal Babylone* CM. 1973 *Kairouan* CM. 1974 *Sejnane* (ex *le Père*). 1980 *Aziza* CO-PR TUN-TV ALG.

BENANI Hamid RÉ MAR (1940|) Élève de l'IDHEC, plusieurs courts métrages, un long métrage : 1970 *Traces,* sur l'itinéraire d'un adolescent, qui malgré des références un peu trop « plaquées » à la psychanalyse, constitue un témoignage tout en violence feutrée sur le poids de la religion et des traditions. Devenu directeur du festival de Rabat en 1986, il a commencé à tourner en 1989 *la Prière de l'absent, from* Tahar ben Jelloun.

BENAZERAF José RÉ FR (Casablanca 1922|) Avant que ne déferle la vogue des « sex-films » a fait : 1963 *le Cri de la chair, la Drogue du vice,* jusqu'à ce que, introduisant les poncifs à la mode de « l'incommunicabilité » *(l'Enfer sur la plage)* d'abord, de la « révolution » ensuite (ne voit-on pas dans *le Désirable et le Sublime* des « gauchistes » de mai 68 enchaînés dans une cave de l'Odéon ?) il soit assez curieusement tenu par certains pour une sorte de poète de l'inavouable.

BEN BARKA Souhayl RÉ MAR (1942|) Études en sociologie d'abord, puis de cinéma au Centro Sperimentale de Rome. Fut assistant de Valentino Orsini et Pasolini avant de tourner quelques courts métrages pour la TV italienne. Son premier long métrage au Maroc, *les Mille et Une Mains* fut remarqué pour son lyrisme qu'on pourrait dire dénonciateur dans l'évocation de la misère des lissiers marocains et de leurs enfants. Il n'a, depuis, cessé de manifester sa volonté d'accéder à une audience internationale sur des thèmes profondément nationaux.
RÉ : 1972 *les Mille et Une Mains.* 1975 *la Guerre du pétrole n'aura pas lieu.* 1977 *Noces de sang,* INT Jamila, Irène Papas, Laurent Terzieff. 1982 *Amok.*

BENE Carmelo RÉ ITAL (1935|) Cet acteur, metteur en scène de théâtre, cinéaste, producteur, fut en France en

tout cas, la révélation italienne des années soixante, avec deux films qui sortirent presque en même temps : *Notre-Dame des Turcs* et *Capricci*. Deux films au baroque exacerbé, dans lesquels Carmelo Bene se mettait lui-même en scène avec une délectation qu'il est difficile d'imaginer si l'on n'a pas vu au moins une de ces fêtes narcissiques où les signes cinématographiques utilisés ne sont que les traces de fantasmes orchestrés en opéra bouffe. La surprise passée, c'est son troisième film, *Don Giovanni*, témoignant d'une bien plus grande maîtrise dans l'élaboration et l'ordonnancement de ces signes, qui eut moins de succès.
RÉ : 1969 *Nostra signora dei Turchi (Notre-Dame des Turcs)*, *Capricci*. 1970 *Don Giovanni*. 1972 *Salomé*. 1973 *Un Amleto di menó (Un Hamlet de moins)*.

BENEDEK Laszlo (dit Lasló) RÉ US (Budapest 5 mars 1907|) Un des notables cinéastes de l'après-guerre et de la « génération perdue » d'Hollywood. Il réalisa deux films d'une grande importance, sur les vieux et sur les jeunes.
AUX USA : 1951 *la Mort d'un commis voyageur* et 1954 *l'Équipée sauvage (The Wild One)*, mais il s'adapta mal à l'Europe, où il vit depuis 1953. - EN ALL : 1959 *Des enfants, des mères et un général*. - EN FR : 1960 *Recours en grâce*. 1966 *Name, the Killer whole*. 1968 *The Daring Game*. 1970 *The Night Visitors*.

Laszlo Benedek

BENOIT-LÉVY Jean RÉ FR (Paris 25 avril 1888|Paris 2 août 1959) L'apôtre du cinéma éducatif en France (400 CM, 1920-1940). Fit débuter Jean Epstein et réalisa avec Marie Epstein plusieurs mises en scène, dont leur célèbre *Maternelle* (1933). 1934 *Itto*. 1937 *la Mort du cygne*.

BÉRARD Christian DÉC FR (Paris 1902|Paris 13 fév. 1949) Le plus grand décorateur du théâtre français des années 1935-1949, apporta beaucoup à trois films de son ami Jean Cocteau : 1946 *la Belle et la Bête*. 1948 *l'Aigle à deux têtes, les Parents terribles*.

Christian Bérard, 1948.

BERGALA Alain RÉ FR (1943|). Animateur, pédagogue, critique, il a su, abordant la mise en scène, donner des films où l'attention au quotidien, la sûreté de conduite d'un récit se sont nourris de sa grande connaissance du cinéma des autres.
RÉ : 1980 *le Mauvais Œil* CM. 1983 *Faux-Fuyants* CO-RÉ Jean-Pierre Limosin. 1987 *Où que tu sois*. 1988 *Incognito* TV.

BERGLUND Sven INV SUÈDE (Stockholm 20 juil. 1881|Berlin 10 mai 1937) Paraît avoir été le premier avec Eugène Lauste à enregistrer en 1906-1911 le son sur pellicule par un procédé optique. Après des démonstrations à Stockholm, 1921, et Berlin, 1922, fonde la Filmfototon, absorbée en 1928 par la Tobis. Poursuivit après 1933 à Berlin des recherches sur le film en relief. Se suicida, sans doute pour échapper à la Gestapo.

BERGMAN Ingmar RÉ SUÈDE (Upsala 4 juil. 1918|) Le plus fameux réalisateur suédois des années cinquante. Hanté par l'incompréhension du couple, par le Diable et le Bon Dieu, il a prolongé ses maîtres Sjöstrom et Stiller avec un sens rare du récit romanesque, du lyrisme poétique, de l'atmosphère, de l'humour, de la mélan-

colie. Après avoir été scénariste pour Sjöberg et Molander, ce fils d'un pasteur de la cour royale débuta comme réalisateur dans des films influencés par Carné et le réalisme poétique français. Il s'affirma bientôt avec *la Prison* et *la Soif* où apparut, avec une inquiétude presque métaphysique, le thème du couple et de son incommunicabilité tragique. Les femmes tinrent un rôle important dans ses œuvres, *Jeux d'été, l'Attente des femmes, Une leçon d'amour, Monika*, etc. Il était déjà mondialement célèbre quand la France le découvrit enfin avec *Sourires d'une nuit d'été*, et prit pour un charmant vaudeville 1900 cette satire corrosive et profonde. On le prit au sérieux après *le Septième Sceau* dont les propos philosophiques restaient un peu simplets. Le thème de la vieillesse, qu'il avait traité sur un ton tragi-comique dans *la Nuit des forains*, domina *les Fraises sauvages*, peut-être son chef-d'œuvre. Après quoi, sa quarantaine coïncida avec une certaine incertitude, mais il retrouva pleinement sa force avec *A travers le miroir.* Il s'est ainsi défini, dans divers propos (ici condensés) : « Que je sois croyant ou incroyant, païen ou chrétien, je veux être un des artistes de la cathédrale qui se dresse sur la plaine, parce qu'une partie de moi-même survivra dans la totalité triomphante, dragon ou démon, peu m'importe. » « Quand j'étais plus jeune, le travail était pour moi un jeu excitant [...] aujourd'hui changé en un combat amer... Mon plaisir est de faire des films avec les états d'âme, les émotions, les images, les rythmes et les caractères que je porte en moi. Mon moyen d'expression est le film, non la parole écrite. » « Le visage humain est le point de départ de notre travail. La caméra doit intervenir comme un observateur totalement objectif. Le moyen d'expression le plus beau de l'acteur est son regard. La simplicité, la concentration, la conscience des détails, telles doivent être les constantes de chaque scène et de chaque ensemble. « Mon premier commandement : Sois toujours intéressant. Le public a le droit d'exiger de moi une sensation, une émotion, une joie, un renouveau de vitalité. Tous les moyens sont permis, sauf ceux qui conduisent à l'échec, les chemins dangereux étant finalement les seuls praticables. La rigueur et le vertige sont nécessaires à notre inspiration. »
Formé par le théâtre (il y est metteur en scène depuis 1945), débuta comme SC pour Sjöberg : 1944 *Tourments.* Molander : 1946 *la Femme sans visage* ; 1949 *Quand la ville dort.*
RÉ : 1945 *Crise (Kris), from* TH Leck Fisher, INT Inga Landgré, Stig Olin. 1946 *Il pleut sur notre amour (Det Regnar pa var Karlek), from* TH Oscar

Ingmar Bergman

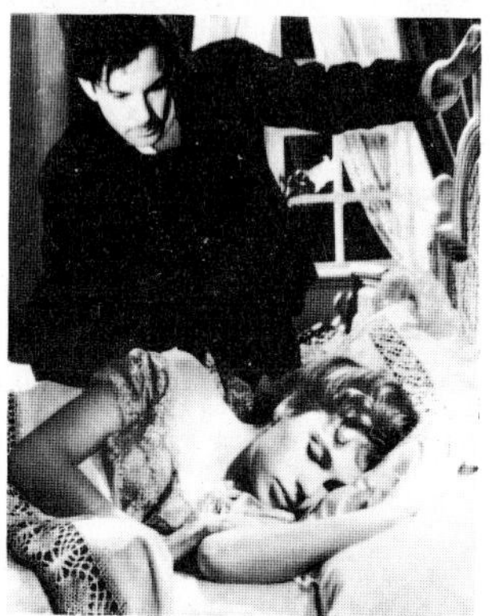

« Sourire d'une nuit d'été ».

« le Septième Sceau ».

Braathen. 1947 *Bateau pour les Indes ou Éternel mirage (Skepp till Indialand), from* TH Martin Söderhjeim, INT Holger Löwenadler, Birger Malmsten, Gertrud Fridh, *Musique dans les ténèbres (Musik i Morker).* 1948 *Ville portuaire (Hamnstad), from* Olle Landsberg, INT N. C. Jönsson, Bengt Eklund, Mimi Nelson. 1949 *la Prison (Fangelse), la Soif ou la Fontaine d'Aréthuse (Torst), Vers la félicité (Till Gladje),* SC Bergman, PH Fischler, INT M. B. Nilsson, Stig Olin, Victor Sjöström, Birger Malmsten. 1950 *Cela ne se produirait pas ici (Sänt händer inte har), Jeux d'été (Sommarlek).* 1952 *l'Attente des femmes (Kvinnors Vantan),* SC Bergman PH Fischer, INT Anita Björk, M. B. Nilsson, Eva Dahlbeck, Gunnar Björnstrand, *Monika.* 1953 *la Nuit des forains (Gyclarnas Afton).* 1954 *Une leçon d'amour (En Lektion I Karlek),* INT Eva Dahlbeck, Gunnar Björnstrand, Harriet Andersson. 1955 *Rêves de femmes (Kvinnodrom), Sourires d'une nuit d'été (Sommarnattens Leende).* 1956 *le Septième Sceau (Det Sjunde Inseglet).* 1958 *les Fraises sauvages (Smulstronstallet), Au seuil de la vie (Nara Livet), from* Ulla Isaakson, PH Max Vilen, INT Ingrid Thulin, Eva Dahlbeck, Bibi Andersson, Max von Sydow. 1959 *le Visage (Ansiktet),* INT Max von Sydow, Ingrid Thulin, Bibi Andersson, *la Source (Jungfrukallan),* SC Ulla Isaksson et Bergman, PH Nykvist, INT M. von Sydow, Birgitta Pettersson. 1960 *l'Œil du diable (Djavulens Oga),* SC Bergman, PH Fischer, INT Bibi Andersson, Nils Poppe, etc. 1961 *A travers le miroir.* 1962 *les Communiants.* 1963 *le Silence.* 1964 *Toutes ses femmes.* 1965-1966 *Persona.* 1967 *Daniel* (l'un des huit sketches du film *Stimulantia,* inédit en France). 1968 *Vargtimmen (l'Heure du loup), Skammen (la Honte), le Rite* (16 mm). 1969 *une Passion* SC I. Bergman, INT Liv Ullmann, Bibi Andersson. 1972 *Cris et Chuchotements.* 1974 *Scènes de la vie conjugale.* 1975 *la Flûte enchantée, from* Mozart. 1976 *Face à face.* 1977 *l'Œuf du serpent.* 1978 *Sonate d'automne.* 1979 *Mon île, Faro 1979.* 1980 *De la vie des marionnettes.* 1982 *Fanny et Alexandre.* 1983 *Après la répétition.*

BERKELEY Busby RÉ CHOR US (Los Angeles 29 nov. 1895 | 14 mars 1976) Le plus grand chorégraphe américain des années trente-quarante. Il adapta magistralement au cinéma le style de music-hall à la Ziegfeld en utilisant toutes les ressources des travellings et angles de la prise de vues. Il fut, bien plus que leurs réalisateurs, l'auteur de *42e Rue* ou *Chercheuses d'or 1933,* chefs-d'œuvre de la comédie musicale, genre dont il fut au cinéma le véritable inventeur. Débuta en réglant les danses pour les films d'Eddie Cantor.

Busby Berkeley

CHOR : RÉ Léo McCarey : 1930 *Whoopee.* 1931 *Palmy Days.* 1932 *Kid from Spain.* RÉ Lloyd Bacon : 1933 *42e Rue.* 1934 *Scandales romains, Wonder Bar.* 1937 *Chercheuses d'or.* RÉ Mervyn Le Roy : 1933 *Chercheuses d'or, 1933.* 1954 *Rose-Marie.* RÉ Ray Enright : 1934 *Dames.* RÉ Archie Mayo : 1936 *Chercheuses d'or 1935.* RÉ Robert Z. Leonard : 1937 *Hollywood Hotel.* 1941 *Ziegfeld Girl.* 1962 *Jumbo.*

BERLANGA Luis Garcia RÉ ESP (Valence 12 juin 1921) Celui qui, avec son ami Bardem, donna naissance au nouveau cinéma espagnol, avec *Bienvenue Mr Marshall.* Il a le sens de la satire, et il poursuit dans ses meilleurs films, *Placido* en premier lieu, la grande tradition picaresque, avec sa vie, son grouillement, son désordre, sa surcharge. Il a dit de lui-même : « Je veux seulement montrer la bonté de l'homme

Berlanga

à travers le social et l'humain. Comme homme je suis un libéral, comme personne un chrétien, comme créateur un anarchiste. Ce qui me plaît, c'est de faire des films. J'aime vivre et qu'on me laisse la paix. » Ce dernier souhait ne s'est pas toujours réalisé pour ses films, qui ont eu souvent quelques ennuis de censure. Formé comme son ami Bardem par l'Institut du cinéma de Madrid.
RÉ : 1948 *Paseo sobre una guerra antigua* CM 16 mm. 1949 *El Circo*, 16 mm. 1951 *Esa Pareja feliz* CO-SC et CO-RÉ avec Bardem. 1952 *Bienvenue Mr Marshall.* 1956 *Calabuig*, SC Berlanga, Leonardo Martin, PH F. Sempere, INT Edmond Gwenn, Valentina Cortese, Franco Fabrizi, Juan Calvo. 1957 *Los Jueves Milagro (les Jeudis miraculeux)*, INT Richard Basehart, José Isbert, interdit jusqu'en 1961. 1962 *Placido.* 1964 *El Verdugo (le Bourreau).* 1969 *Vivian los novios.* 1973 *Grandeur nature.* 1980 *Patrimoine national.* 1985 *la Vaquilla.*

BERLIN Irving (Isaac Baline) MUS US (Russie 11 mai 1888 | New York 22 sept. 1989) Le plus célèbre auteur américain de chansons et d'opérettes, fournit son entraînante musique en 1935-1936 aux grands succès du couple dansant Fred Astaire-Ginger Rogers, *Top Hat* et *Suivez la flotte*, RÉ Sandrich.

BERNARD Guy MUS FR (Chauny 19 mai 1907 |) Un des meilleurs musiciens de films français, fameux notamment par sa partition de *Guernica*, contrepoint d'Éluard, Picasso et Alain Resnais.
RÉ Leenhardt : 1946 *Naissance du cinéma.* 1948 *les Dernières Vacances.* RÉ Marcel Cravenne : 1946 *Danse de mort.* RÉ Yannick Bellon : 1948 *Goémons* CM. 1954 *Varsovie quand même.* RÉ Nicole Vedrès : 1947 *Paris 1900.* RÉ Resnais : 1950 *Guernica.* RÉ Jean Vidal : 1954 *Zola.*

BERNARD Raymond RÉ FR (Paris 10 oct. 1891 | janv. 1978) Les meilleures réussites de ce cinéaste honnête, consciencieux et qualifié, furent *les Misérables* et des grands spectacles comme *le Miracle des loups.* Fils de Tristan Bernard, il débute en 1917 par l'adaptation de pièces de son père.
RÉ : 1919 *le Petit Café, from* Tristan Bernard, INT Max Linder. 1924 *le Miracle des loups.* 1927 *le Joueur d'échecs.* 1929 *Tarakanova.* 1932 *les Croix de bois.* 1934 *les Misérables.* 1937 *Marthe Richard*, INT Edwige Feuillère, Stroheim. 1939 *les Otages.* 1946 *Un ami viendra ce soir.* 1953 *la Dame aux camélias*, INT Edwige Feuillère. 1957 *le Septième Commandement.*

BERNARD-AUBERT Claude RÉ FR (Durtal 26 mai 1930 |) Outrancier, sincère, exprima sa révolte contre la guerre d'Indochine (qu'il avait faite), dans son meilleur film, *Patrouille de choc* (1957), journal d'un combattant. RÉ : 1959 *les Tripes au soleil, Match contre la mort.* 1961 *les Lâches vivent d'espoir.* 1962 *A fleur de peau.* 1963 *A l'aube du troisième jour.* 1967 *le Facteur s'en va-t-en guerre.* 1973 *l'Affaire Dominici.* 1977 *l'Aigle et la Colombe.* 1980 *Charlie-bravo.* 1987 *Adieu, je t'aime.* Sous des pseudonymes divers il a réalisé dans les années soixante-dix des films « X ».

BERNARD-DESCHAMPS Dominique RÉ FR (Bordeaux 1892 | 1966) Au cinéma dès 1914, réalisa ses meilleurs films après 1930.
RÉ : 1932 *le Rosier de Madame Husson*, INT Fernandel. 1938 *M. Coccinelle.* Aida le Prof. Chrétien à mettre au point, après 1935, son « Hypergonar », base du cinémascope.

BERNHARDT Curtis ou Kurt RÉ ALL US (Worms 15 avr. 1889 | 1981) Ayant appris son métier à Berlin, il usina ensuite des mélodrames en style UFA à Paris, Londres et surtout Hollywood.
RÉ EN ALL : 1928 *Schinderhannes.* 1931 *la Dernière Compagnie.* 1933 *le Tunnel.* - EN FR : 1934 *l'Or dans la rue.* - EN GB : 1936 *le Vagabond bien-aimé.* - AUX US : 1945 *Dévotion (la Vie passionnée des sœurs Brontë).* 1946 *A Stolen Life (la Voleuse).* 1951 *la Femme au voile bleu.* 1952 *la Veuve joyeuse.* 1953 *Miss Sadie Thomson (la Belle du Pacifique).* 1954 *Beau Brummel.* 1956 *Gaby.* 1964 *Kisses for my President.*

BERRI Claude RÉ FR (Paris 1934 |) Révélé en 1967 avec l'histoire attendrissante d'un enfant juif et d'un pétainiste sous l'Occupation, il s'attache ensuite

Claude Berri tournant « Un moment d'égarement ».

à des sortes de chroniques drôles/émues de la vie quotidienne et mène, parallèlement, une carrière de producteur.
RÉ : 1964 *la Chance et l'Amour* (sketch), *les Baisers* (sketch). 1966 *le Vieil Homme et l'Enfant.* 1970 *le Cinéma de papa.* 1972 *Sex Shop.* 1975 *le Mâle du siècle.* 1977 *la Première Fois, Un moment d'égarement.* 1980 *Je vous aime.* 1981 *le Maître d'école.* 1983 *Tchao Pantin.* 1985-1986 *Jean de Florette, Manon des sources.*

BERTHOMIEU André RÉ FR (Rouen 16 fév. 1963 Paris 10 avr. 1960) Le plus abondant des réalisateurs français. Plus de 60 films (1926-1960). Compta dans sa carrière quelques bonnes réussites dont : 1929 *Pas si bête.* 1936 *le Mort en fuite,* etc.

BERTOLUCCI Bernardo RÉ ITAL (Parme 1940|) Le plus doué sans doute et le plus imprévisible de la génération italienne des années soixante. « Tourner un film, je crois que cela signifie en vérité mettre un peu d'ordre dans le chaos qui est en moi et que je redoute

Bertolucci et Marlon Brando, « le Dernier Tango à Paris ».

jusqu'au moment où le cinéma me donne le moyen au moins partiellement de m'en libérer. C'est pourquoi après le chaos de *Partner,* je me suis senti attiré presque abstraitement par l'ordre du *Conformiste.* Et quand je dis ordre j'associe aussitôt le mot harmonie et à harmonie j'associe classique », déclarait en 1970 à une revue italienne « Il Dramma », celui que Pasolini au lendemain de son premier film « public » *Prima della rivoluzione,* tenait déjà pour un maître du « cinéma-poésie ». En fait, c'est écartelé entre les tentations du baroque (la « mise en opéra » de *la Stratégie de l'araignée,* le jeu exacerbé de Brando du *Dernier Tango à Paris*) et les exigences du classicisme que Bertolucci trouve toute sa vigueur d'expression. Et ce cheminement peut avoir valeur d'exemple qui va du stendhalien subjectivisme de *Prima della rivoluzione* et *Partner,* à cette « non-autobiographie » dont il parle à propos du *Conformiste,* le terme s'appliquant mieux encore sans doute à *Dernier Tango,* douloureuse réflexion « extérieure » sur l'âge mûr non assumé, le laminage de la vie.
RÉ : 1962 *La Commare secca,* SC Pasolini. 1964 *Prima della rivoluzione.* 1968 *Partner,* SC Bertolucci, d'Amico, *from* « le Double » de Dostoïevski, PH Ugo Piccone, MUS Ennio Morricone, INT Pierre Clémenti, Tina Aumont, Stefania Sandrelli. 1969 *Amore et Rabbia (la Contestation)* un sketch avec Julian Beck et le Living Teater. A noter, en 1969 également, la collaboration de Bertolucci au scénario de *Il était une fois dans l'Ouest,* de Sergio Leone. 1970 *Strategia del ragno (la Stratégie de l'araignée), le Conformiste,* SC Bertolucci, *from* roman d'Alberto Moravia, PH Vittorio Storaro, MUS Delerue, INT Jean-Louis Trintignant, Stefania Sandrelli, Dominique Sanda, Pierre Clémenti, Gastone Moschin. 1972 *Ultimo Tango a Parigi (Dernier Tango à Paris).* 1976 *Novecento (1900).* 1978 *la Luna.* 1980 *La Tragedia di un uomo ridicolo,* INT Ugo Tognazzi, Anouk Aimée. 1987 *le Dernier Empereur.*

BERTRAND Paul RÉ FR (Chalon-sur-Saône 4 avr. 1915|) Formé par Trauner, le décorateur habituel de René Clément lui apporta son sens d'un réalisme poétique et pittoresque.

BERTUCELLI Jean-Louis RÉ FR (1942|) Après quelques courts métrages, réalise en 1970, aux confins algéro-tunisiens, *Remparts d'argile,* d'après un scénario du sociologue Jean Duvignaud, un film-enquête sur l'apprentissage de l'indépendance, portrait de jeune femme cherchant à se libérer du poids des traditions, thème qu'il retrouvera, dans un autre contexte, pour son deuxième film, réalisé en 1972, *Paulina 1880* d'après le roman de Pierre Jean Jouve. 1973 *On s'est trompé d'histoire d'amour.* 1975 *Docteur Françoise Gaillard.* 1977 *l'Imprécateur, from* René-Victor Pilhes. 1982 *Interdit aux moins de treize ans.* 1984 *Stress.*

BESSON Luc RÉ FR (Paris, 18 mars 1959|) Il s'impose à vingt-cinq ans dès son premier film, fable de la survie postnucléaire aux personnages étranges dans leurs rapports minimaux. Et si, en trois films, il s'expose aux ricanements d'une critique étonnamment agressive pour une fois et à la faveur croissante du public, on ne peut dénier à son

Luc Besson

œuvre – car c'est bien de cela qu'il faut parler, même après trois films seulement – une réelle cohérence. C'est aux incertaines frontières de la vie et de la mort que Luc Besson va chercher ses sujets, usant d'un symbolisme immédiatement accessible, celui des profondeurs, marines, terrestres, pour dire l'attraction/répulsion devant l'inconnu, la plus antique fable, depuis Ulysse, dont l'humanité ait joui à se faire peur. Il le fait avec tous les moyens que donne la cinématographie d'aujourd'hui, habitant avec la même maîtrise un décor naturel *(le Grand Bleu)* qu'artificiel *(Subway)*. Et cela sans emphase, dans une écriture qui reste pour le meilleur, celle du documentariste décrivant froidement des comportements que la folie la plus sauvage pourrait seule expliquer. Cette folie qui fait l'homme jouer avec sa mort.
RÉ : 1983 *le Dernier Combat.* 1985 *Subway.* 1987 *le Grand Bleu.*

BEYZAI Bahran RÉ IRAN (Téhéran, 1938 |) Une œuvre personnelle, une petite musique obstinée, celle de la vie quotidienne de gens ordinaires, tels apparaissent les rares films de ce cinéaste iranien qu'on a pu voir en France.
RÉ : 1970 *l'Oncle moustachu* CM, *l'Averse* CM. 1972 *le Voyage.* 1974 *l'Étranger et le Brouillard.* 1977 *le Corbeau.* 1979 *la Ballade de Tara.* 1982 *la Mort de Yazdguerd.* 1986 *Bashu, le petit étranger.* 1986 *Un autre temps peut-être.*

BIBERMAN Herbert J. RÉ US (Philadelphie 4 mars 1900 | New-Jersey 1971) Condamné à la prison pour être un des « Dix d'Hollywood », il dirigea un chef-d'œuvre : *le Sel de la terre* (1953). C'est à 68 ans seulement que l'auteur du *Sel de la terre* put réaliser son deuxième film, *Slaves*, sur l'esclavage au XIXe siècle, qu'il vint présenter en France, écrivant alors : « Je me dis que la pollution ne commence pas dans l'atmosphère. Elle commence dans les relations entre les hommes. Et sur ce sujet, je veux écrire un film. » Il est mort plein de projets, lui qui avait été si longtemps réduit au silence, et qui avait aussi écrit : « C'est mieux de mourir en combattant pour la liberté, car on se montre un homme. »

BIELIK Palo ACT RÉ TS (Banska Bistrica 11 oct. 1910 | 1983) Jadis acteur, il est devenu à Bratislava le meilleur réalisateur slovaque. RÉ DOC : 1944 *l'Ile des cormorans.* 1950 *le Barrage.* 1959 *Capitaine Dabac.*

BILLE August RÉ SUÈDE (1948 |) Peintre attentif de l'enfance dans des films à la mise en scène dépouillée, August Bille n'entend pas pour autant se laisse enfermer dans un genre : Dans une interview à la « Revue du cinéma » nº 443, il a dit : « L'enfance ne m'intéresse pas particulièrement. Elle permet essentiellement d'offrir une vision neuve et dénuée d'hypocrisie du monde. Mettre l'enfance en scène, c'est une façon commode de porter le fer dans la plaie. » Directeur de la photographie sur plusieurs films, il avait réalisé un court métrage *(Kim G.)* et des séries de télévision (dont *The World of Buster*) avant son premier long métrage.
RÉ : 1978 *In my Life* (inédit). 1983 *Zappa.* 1984 *Twist and Shout.* 1987 *Pellé le conquérant.*

August Bille

BIRRI Fernando RÉ ARG (Santa-Fé 13 mars 1925|) Un des plus vigoureux cinéastes argentins de l'après-guerre, orienté vers la critique sociale.
RÉ : 1960 *Tiredie* CM. 1962 *Los Inundados* LM. 1978 *Org.*

BITZER Billy PH US (Boston 21 avr. 1874|Hollywood 1944) Un des plus grands opérateurs de tous les temps. Débute dès 1899, entre à la Biograph et y devient le cameraman de Griffith, dont il photographiera tous les chefs-d'œuvre, avec un rare sens de la plastique, de l'humanité.

BLACKBURN Maurice MUS CAN (Québec 1914|) Il composa pour McLaren les partitions de *Blinkity Blank, Fantasy, Lignes verticales et horizontales,* utilisant le son synthétique.

BLACKTON Stuart RÉ PR US GB (Sheffield 5 janv. 1875|Hollywood 14 août 1941) Ce pionnier américain, trop méconnu, égale en importance artistique Griffith. Comme réalisateur ou comme producteur (pris dans le sens de directeur artistique) des films Vitagraph, on lui doit dès 1906 le « mouvement américain », ainsi nommé en France après ses premiers films utilisant le procédé de prise de vues « image par image ». Si l'on appelle encore aujourd'hui « plan américain » une sorte de gros plan, c'est qu'il fut le premier (dès 1908 et avant Griffith) a en systématiser l'emploi dans le montage de ses films et surtout dans ses *Scenes of True Life.* Renouvelant d'autre part le scénario et le style d'interprétation, ses *Scènes de la vie réelle* exercèrent une influence universelle bien avant 1911, où furent seulement appréciés en Europe les films de Griffith. Il réalisa d'autre part aux US les premières séries d'art. En 1896, fonde avec Albert E. Smith la Vitagraph.
RÉ premier film : 1897 *Voleur sur les toits.* 1898 *Déchirons le drapeau espagnol* et actualités reconstituées sur la guerre de Cuba.
Soit RÉ, soit PR : 1903 *A Gentleman of France,* INT Kyrle Belew. 1905 *Sherlock Holmes, Monsieur Beaucaire.* 1906 *Voleurs d'autos, le Tremblement de terre de San Francisco, le Moderne Oliver Twist, Humorous Phases of a Funny Face,* premier dessin animé image par image, technique appliquée ensuite à : 1907 *l'Hôtel hanté, le Dessinateur éclair, la Statue mécanique, Baignade impossible,* etc. Forme la troupe « Vitagraph » avec Florence Lawrence. 1908 *Scenes of True Life, Richard III, Salomé, le Marchand de Venise, Antoine et Cléopâtre, Jules César, le Roi des elfes,* etc. 1909 *Ruy Blas, Saül et David, Napoléon, Washington, le Roi Lear, Oliver Twist, les Misérables,* etc.
ANIM : *la Princesse Nicotine, True Life, l'Honneur des taudis,* etc. Comiques, série des *John Bunny* et des *Cohen.* 1910 *Elektra, la Case de l'oncle Tom, True Life, Capital contre Travail, Cendrillon moderne, Parents adoptifs.* 1911 *la Nouvelle Sténo, Mariage républicain, Dilemme du fiancé.* Fonde à Hollywood un studio Vitagraph dirigé par R. S. Sturgeon et à New York supervise une importante production dirigée par Ralph Ince, George D. Baker, etc. : 1914 *Love Luck and Gazoline, The Christian.* 1915 réorganisation de la Vitagraph. Blackton en est éliminé. *The Battle Cry of Peace.* 1917 série *Country Life.* - EN GB : 1922 *la Glorieuse Aventure,* INT Victor McLaglen, Lady Diana Manners. 1923 *A Gipsy Cavalier,* INT Georges Carpentier ; *la Reine Vierge.* - AUX US : 1925 *Redeeming Sin,* INT Nazimova. 1926 *Passionate Quest* (dernier film). Après 1930, ruiné, finit par montrer pour vivre, costumé en cinéaste 1900, les anciens films accompagnés de boniments comiques, dans de petits music-halls miteux.

Stuart Blackton en famille.

BLAIN Gérard ACT RÉ FR (Paris, 23 oct. 1930|) Acteur emblématique de la « nouvelle vague », visage têtu et regards coulés en biais, mauvais garçon du cinéma italien, engagé à Hollywood qu'il quitte après son premier rôle, il s'est affirmé dans les années 70 comme un des cinéastes les plus exigeants dans le paysage français, conduisant une œuvre solitaire hors de toute mode et compromission, revendiquant Bresson comme son maître. Architecte précis d'espaces contraignants – décors d'HLM ou de pensionnats – où de

fragiles personnages se déchirent à toutes les arêtes, il mène ses histoires exemplaires, sans le moindre effet de caméra démagogique, vers la mort de ses tendres héros, seule réponse de la société à une trop grande demande d'amour.
RÉ : 1970 *les Amis.* 1973 *le Pélican.* 1975 *Un enfant dans la foule.* 1978 *Un second souffle.* 1980 *le Rebelle.* 1987 *Pierre et Djemila.*

BLASETTI Alessandro RÉ ITAL (Rome 3 juil. 1900 | janv. 1987) Le meilleur cinéaste italien, avec Camerini, de la médiocre période 1935-1945. « Il eut le mérite dès 1928 de remuer les eaux stagnantes du cinéma italien. Il réalisa *Sole*, puis *Mil huit cent soixante*, qui marqua le plus haut sommet du cinéma italien pendant la période fasciste où sa *Vieille Garde* marqua sa collusion avec le régime. Mais que fut sa *Couronne de fer* sinon les rêves du petit bourgeois, protagoniste de *Quatre pas dans les nuages*, film qui marqua le retour au caractère dramatique tenace des faits quotidiens ? » (D'après Carlo Lizzani.)
D'abord critique de films, fonde « le Monde du cinéma » où collaborent Barbaro, Vergano, etc.

Blasetti

RÉ : 1929 *Sole*, SC Blasetti, Aldo Vergano, INT Dria Paola, Lia Bosco, Anna Vinci, Marcello Spada. 1930 *Nerone.* 1931 *Résurrection, Terra Madre.* 1932 *Palio, La Tavola dei Poveri.* 1933 *Mil huit cent soixante, Vecchia Guardia.* 1935 *Aldebaran.* 1937 *La Contessa di Parma.* 1938 *Ettore Fieramosca.* 1940 *Un'Avventura di Salvator Rosa (le Masque noir)* SC Corrado Pavolini, Renato Castellani, Blasetti, INT Gino Cervi. 1941 *la Couronne de fer, La Cena delle Beffe.* 1942 *Quatre pas dans les nuages.* 1946 *Un jour dans la vie.* 1948 *Fabiola.* 1950 *Prima Communione (Sa Majesté Monsieur Dupont)*, SC Blasetti, Cesare Zavattini, Suso Cecchi d'Amico, INT Aldo Fabrizi, Gaby Morlay. 1952 *Altri Tempi (Heureuse époque), La Fiammata.* 1953 *Quelques pas dans la vie (Tempi Nostri).* 1954 *Dommage que tu sois une canaille (Peccato che sia una Canaglia).* 1959 *Europa di Notte (Nuits d'Europe).* 1961 *Io Amo, tu Ami (J'aime, tu aimes).* 1963 *les Quatre Vérités.* 1964 *Liola.* 1966 *Lo lo lo et gli altri.* 1967 *la Ragazza del bersagliere.* 1969 *Simon Bolivar.*

BLEIMANN Michael SC URSS (Rostov 1904 | 1973) Scénariste soviétique estimé, collabora avec Ermler : 1937-1939 *le Grand Citoyen.* 1943 *Camarade P.*

BLIER Bertrand RÉ FR (Paris 14 mars 1939 |) D'abord stagiaire auprès de Christian-Jaque, Delannoy et Denis de La Patellière, avant d'être assistant de George Lautner, il réalise en 1962 son premier long métrage, selon les techniques du cinéma-vérité alors en vogue : corrosif portrait d'une dizaine d'adolescents d'horizons sociaux divers. Dix ans plus tard il rencontre le succès public en adaptant à l'écran son roman *les Valseuses*, film insolent et provocateur sur les « loubards » et qui permit à ses trois interprètes, Gérard Depardieu, Patrick Dewaere et Miou-Miou de commencer une longue carrière. Après *Calmos* et *Préparez vos mouchoirs*, Bertrand Blier a retrouvé toute sa verve caustique avec le cynique et désespérant *Buffet froid*, « chronique du jeu de la mort, de l'humour et du hasard en ce début des années quatre-vingt ».
RÉ : 1962 *Hitler, connais pas.* 1966 *la Grimace* CM. 1967 *Si j'étais un espion.* 1972 *les Valseuses.* 1976 *Calmos.* 1978 *Préparez vos mouchoirs* (Oscar 1978 à Hollywood du meilleur film étranger). 1979 *Buffet froid.* 1981 *Beau-père.* 1983 *la Femme de mon pote.* 1984 *Notre histoire.* 1986 *Tenue de soirée.* 1989 *Trop belle pour toi.*

BLIOKH Jacob DOC URSS (Odessa 1895 | Moscou 1957) Donna en 1928 un stupéfiant portrait de ville, avec *le Document de Shanghaï.*

BLOM August RÉ DAN (Copenhague 26 déc. 1869 | Copenhague 10 janv. 1947) Le principal fondateur du cinéma danois à l'époque où il devenait un art, spécialiste des grandes mises en scène ; découvrit des stars comme Asta Nielsen, Olaf Fönss, Psilander, Else Froelich, Betty Nansen, etc.

August Blom

On lui doit notamment : 1910 *Hamlet.* 1911 *Aux portes de la prison.* 1912 *la Fille du gouverneur.* 1913 *Atlantis.* 1914 *Un mariage sous la Terreur.* 1918 *la Favorite du maharadjah.* 1919 *Prometheus.*

BLOMBERG Erik PH RÉ FIN (Helsinki 18 sept. 1913 |) Depuis 1936 le meilleur opérateur finlandais, devint réalisateur. En 1952, *le Renne blanc* le rendit célèbre.

BOETTICHER Bud RÉ US (Chicago 26 juil. 1916 |) Tourna de nombreux westerns, dont son chef-d'œuvre : *Sept hommes à abattre* (1956). Et quelques autres remarquables comme : 1959 *la Chevauchée de la vengeance, le Courrier de l'or.* 1960 *Comanche Station, la Chute d'un caïd (The Raise and Fall of Legs Diamond)* qui se situe parmi les plus belles réalisations du genre film de gangsters. Son premier métier (torero professionnel au Mexique dans les années 30) devait le ramener au cinéma avec *Azzuza* (1959-1970) film sur le matador mexicain auquel il travaillait depuis des années. Ensuite : 1969 *A Time for Dying (Qui tire le premier).* 1976-1985 *My Kingdom For...*

BOISROND Michel RÉ FR (Châteauneuf 9 oct. 1921 |) A dirigé plusieurs succès commerciaux de Brigitte Bardot : 1956 *Cette sacrée gamine.* 1957 *Une Parisienne.* 1959 *Voulez-vous danser avec moi ?*

BOISSET Yves RÉ FR (1939 |) Son propos, ce cinéaste, admirateur des films « noirs » américains, l'a lui-même précisé en ces termes, à la sortie de son troisième fim, *Un condé :* « Telle est une de mes grandes options : faire un cinéma à vocation publique, avec une anecdote très solide, à l'intérieur duquel est rendue possible l'évocation de problèmes sociaux contemporains. *Un condé* est un film américain imbriqué dans la réalité française... » Que dans ce corps à corps rusé entre l'idéologie qui s'infiltre à travers le « policier » et des intentions politiques avouées le cinéaste n'ait pas toujours triomphé, un film comme *l'Attentat,* inspiré de la fameuse affaire Ben Barka en témoigne. Or, il semble bien (*R.A.S.*, film sur les jeunes soldats rappelés en Algérie le prouve) que Boisset soit plus à l'aise avec un cinéma « de témoignage ».
RÉ : 1967 *Coplan sauve sa peau, Cran d'arrêt.* 1970 *Un condé.* 1971 *le Saut de l'ange.* 1972 *l'Attentat.* 1973 *R.A.S.* 1974 *Dupont Lajoie.* 1975 *Folle à tuer.* 1976 *Juge Fayard dit le Shérif.* 1977 *Un taxi mauve.* 1978 *la Clef sur la porte.* 1980 *la Femme flic, Allons z'enfants.* 1981 *Espion lève-toi, le Prix du danger.* 1984 *Canicule.* 1986 *Bleu comme l'enfer.* 1988 *la Travestie.* 1989 *Radio Corbeau.*

BOKOVA Jana RÉ GB (Prague 1946). Études à la Sorbonne, métier de photographe aux États-Unis, c'est en Angleterre que cette réalisatrice tchèque a mené sa carrière, sur les traces de la grande école documentaire. Chacun de ses films, pourtant, bâti après une longue approche, est beaucoup plus qu'un documentaire : un drame, une comédie nourris de quotidien, et plus encore l'histoire d'une rencontre, racontée au fil de la caméra, entre la cinéaste et les personnages qu'elle a aimés, même lorsqu'ils n'avaient, au départ, rien d'aimable.
RÉ : 1973 *Militia Battlefield.* 1978 *Marika and Marevna.* 1979 *I Look Like This.* 1981 *Dallas the Big Store.* 1983 *Sunset People.* 1985 *Tango mio.* 1987 *Hôtel du Paradis* (fiction). 1988 *An Andalucian Journey.*

BOLOGNINI Mauro RÉ ITAL (Pistoia, 1922 |) Précieux, ayant une certaine verve et le goût des belles images ; réalisa son meilleur film avec *le Bel Antonio* (1960) et fut plus apprécié en Italie qu'à Paris. Sa carrière avait commencé en 1953 et l'on doit à cet adaptateur sensible de romanciers très divers, de Théophile Gautier à Alberto Moravia, de Charles-Louis Philippe à Italo Svevo, plus d'une réussite parmi lesquelles on peut citer *Metello* et *Mademoiselle de Maupin*, curieusement jamais sorti en France.
RÉ : 1953 *Ci troviamo in galleria.* 1955 *I Cavalieri della regina (d'Artagnan chevalier de la reine), Gli Innamorati.* 1957 *Marisa la civetta.* 1958 *Giovanni Mariti (Jeunes Maris).* 1959 *La notte brava (les Garçons).* 1960 *Il Bell'Anto-*

nio, La Giornata balorda (Ça s'est passé à Rome), La Viaccia. 1961 *Senilità (Quant la chair succombe).* 1962 *Agostino.* 1963 *La Corruzione.* 1964 *La Donna e una cosa meravigliosa, La Mia Signora, I Tre Volti, Le Bambole.* 1965 *Mademoiselle de Maupin.* 1966 *Le Fate.* 1967 *Arabella* (un épisode de *le Plus Vieux Métier du monde*). 1967-1968 *Capriccio all'italiana.* 1969 *L'Assoluto naturale, Metello.* 1970 *Bubu de Montparnasse.* 1971 *Imputazione di omicidio per uno studente.* 1973 *Libera, amore mio.* 1974 *Fatti di gente per bene (la Grande Bourgeoisie), Per le antiche scale.* 1976 *L'Eredità Ferramonti (l'Héritage).* 1977 *Gran Bollito.* 1978 *Dove vai in vacanza ?* 1981 *la Dame aux camélias.*

BOLVARY Geza von RÉ ALL (Budapest 28 déc. 1897 | 1961) Médiocre spécialiste de l'opérette viennoise. Plus de 50 films, avant, pendant et après Hitler.

BONDARTCHOUK Serge RÉ ACT URSS (Ukraine 1920 |) Il a beaucoup souffert de la guerre à vingt ans, mais a pris comme devise cette phrase de Gorki : « L'homme est fait pour le bonheur comme l'oiseau pour le vol. » Acteur célèbre, il a débuté comme réalisateur avec son poignant *Destin d'un homme.* Il s'est ensuite spécialisé dans les superproductions.
RÉ : 1959 *le Destin d'un homme.* 1965 *Guerre et Paix.* 1970 *Waterloo.* 1975 *Ils ont combattu pour la patrie, from* Cholokhov. 1977 *la Steppe, from* Tchekhov. 1983 *les Cloches rouges, from* John Reed. 1986 *Boris Godounov.*

Bondartchouk dans « le Destin d'un homme ».

BONNARDOT Jean-Claude RÉ FR (Paris 26 déc. 1923 | 1981) Formé par le court métrage, réalisa en Corée *Morambong* (1960), interdit jusqu'en 1964 par la censure malgré ses belles qualités et son humanité, puis montra certaines qualités dans son « policier » *Ballade pour un voyou* (1963) RÉ TV.

BOORMAN John RÉ GB, US (Grande-Bretagne 1933 |) Constructeur de paraboles sur les rapports de l'homme avec la nature et ses semblables.
RÉ : 1965 GB *Catch us if you can (Sauve qui peut).* US 1967 *Point Blank (le Point de non retour).* US 1968 *Hell in the Pacific (Duel dans le Pacifique).* GB 1970 *Leo the Last.* US 1972 *Délivrance.* 1974 *Zardoz.* 1977 *l'Exorciste* II. 1980 *Excalibur.* 1985 *la Forêt d'émeraude.* 1987 *Hope and Glory (la Guerre a sept ans).*

BOROWCZYK Walerian RÉ ANIM POL (Kwilcz 21 oct. 1923 |) Plein de fantaisie un peu tragique, dans ses films para-surréalistes il utilisa souvent l'animation à des fins satiriques avant de se lancer dans le long métrage de fiction à l'érotisme de moins en moins léger.
RÉ avec Lenica (voir ce nom) : 1957 *Il était une fois, les Sentiments récompensés.* 1958 *la Maison.* Puis seul : 1959 *l'École.* 1960 *le Magicien.* EN FR : 1960 *les Astronautes.* 1963 *l'Encyclopédie de grand-maman, M. et Mme Kabal.* 1964 *les Jeux des anges.* 1967 *le Théâtre de M. et Mme Kabal* LM, *Gavotte.* 1968 *Goto, l'île d'amour* SC Borowczyk, PH Guy Durban, INT Pierre Brasseur, Ligia Branice. 1971 *Blanche* SC Borowczyk, *from* Mazeppa de Slowacki, PH Guy Durban, INT Michel Simon, Jacques Perrin, Ligia Branice. 1975 *l'Histoire d'un péché* (POL), *la Bête* (FR). 1980 *Lulu.* 1981 *Docteur Jekyll et les Femmes.* 1983 *l'Art d'aimer.* 1986 *Emmanuelle 5.* 1988 *Cérémonie d'amour.*

BORZAGE Frank (Se prononce Borzagui) RÉ US (Salt Lake City 23 avril 1893 | Hollywood 1962) Un grand homme méconnu, l'égal de ses contemporains John Ford, Howard Hawks ou King Vidor. Il n'eut à vrai dire que dix ou quinze bonnes années dans sa carrière. Venu du cinéma commercial, il finit par y retourner mais connut en 1925-1940 une époque glorieuse. Nul mieux que lui ne sut montrer sur l'écran la chaleur de l'intimité amoureuse, la vie d'un couple profondément uni. Ses amants furent rarement seuls au monde, il les situa dans leur temps qui fut celui de la profonde crise alors vécue par l'Amérique. Il eut, avec le sens des rapports humains, celui de la condition sociale, et se laissa souvent emporter par le lyrisme. Beaucoup de ses œuvres

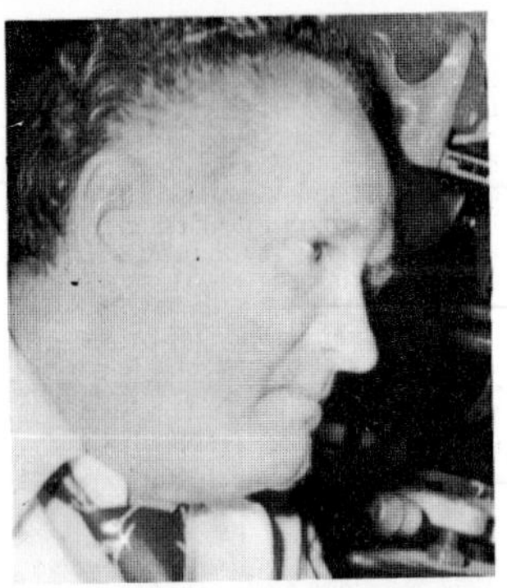
Borzage

manifestèrent la haine de la guerre. Lorsque celle-ci ravagea une seconde fois le monde, il se résigna à fabriquer tout bonnement d'honnêtes produits industriels.
1911-1914 d'abord ACT, cow-boy pour Thomas Ince, INT et RÉ 1916, westerns. RÉ : 1920 *Humoresque.* 1923 *Children of Dust, The Nth Commandment.* 1924 *Secrets*, INT Norma Talmadge. 1925 *Circle.* 1926 *Marriage License.* 1927 *The Seventh Heaven (l'Heure suprême).* 1928 *Street Angel (les Anges de la rue)*, INT Ch. Farrel, J. Gaynor. 1929 *The River (la Femme au corbeau)*, INT Mary Duncan. 1930 *Liliom.* 1932 *Young America, Adieu aux armes.* 1933 *Secrets*, INT Mary Pickford, *A Man's Castle (ceux de la zone).* 1934 *No Greater Glory (Comme les grands), Little Man what now ?.* 1935 *On The Velvet (Sur le velours)*, INT Kay Francis, George Brent. 1936 *Désiré* CO-RÉ Lubitsch, INT Gary Cooper, Marlène Dietrich, *Hearts divided.* 1937 *la Lumière verte, The Big City.* 1938 *Mannequin, Trois camarades.* 1939 *Disputed Passage*, INT Dorothy Lamour, Akim Tamiroff. 1940 *Strange Cargo, Flight Command.* 1943 *Stage Door Canteen (le Cabaret des étoiles), la Sœur de son valet.* 1944 *Till we meet again.* 1946 *Je vous ai toujours aimé.* 1947 *le Bébé de mon mari.* 1948 *Moonrise (le Fils du pendu)*, INT Dane Clark, Gail Russell. 1958 *China Doll.* 1961 *Simon le Pêcheur.* 1963 *l'Atlandide* (terminée par Ulmer).

BOSE Debaki Kumar RÉ INDE (Bengale 25 nov. 1898 | 1971) Le principal fondateur, avec P. C. Barua, de l'école de Calcutta, dont il fut le meilleur cinéaste en 1930-1940. *Sita* fut le premier film indien à recevoir un prix dans un festival international ; auparavant, *Puran Baghat* avait su intégrer les chansons à l'action, et non plus les ajouter comme des attractions. Depuis, ce pionnier a été dépassé par les deux générations de nouveaux réalisateurs bengali, celle de 1940 avec Bimal Roy, et celle de 1950 avec Satyajit Ray.
D'abord militant nationaliste, il se consacre ensuite au cinéma ; d'abord SC : 1925 *les Flammes de la chair.* RÉ : 1929 *Pansahar.* 1931 *Aparadhi, from* P. C. Barua. 1933 *Puran Baghat.* 1934 *Sita.* 1937 *Inquilab.* 1941 *Apnagar.* 1935-1947 *Meerabai, Vidyapathi, Nartaki, Sonera, Sansar, Kusha Laila, Chandra Keshar, Ratna Deep.* 1949 *Kewi (le Poète).* Dans les années soixante il se consacra à la production.

Debaki Kumar Bose

BOSE Nitin RÉ INDE (Calcutta 1901 |) D'abord opérateur de Debaki Kumar Bose, peut-être son parent, il fut un notable réalisateur de l'école de Calcutta en 1930-1940 réalisant, selon M. Garga, « des films sociaux et passionnels, où riches et pauvres se livraient une lutte sans merci, où les bons comme les méchants et les indifférents étaient fortement individualisés ».
1930-1940 *le Président, l'Ennemi (Dushman), la Mère Terre, le Mariage*, etc.
Installé à Bombay, il réalisa jusqu'en 1966 de nombreux films, dont deux seulement sont dignes d'être retenus, si l'on en croit le précieux numéro spécial de « Cinémaction » (Ed. du Cerf) « les Cinémas indiens ». Il s'agit de *Deedar*, mélodrame envoûtant de 1951 et de *Ganga Jamma* sur des bandits de grand chemin (1962).

Joris Ivens

BOSSAK Jerzy RÉ POL (Rostov-sur-le-Don 31 juil. 1912 | 1989) Documentariste précis et émouvant, a contribué depuis 1955 à l'essor du court métrage polonais, en suscitant de jeunes talents. Participa après 1930 au groupe d'avant-garde Start. En 1968, chassé de son poste de directeur d'unité de production en même temps qu'Aleksander Ford, il fut contraint à l'exil, et enseigna au Danemark.
CO-RÉ avec A. Ford. 1944-1945 : *Maidanek* et *la Bataille de Kolberg*, après avoir fondé avec lui la section cinéma de l'armée polonaise en URSS. Puis les CM et MM DOC : 1947 *l'Inondation.* 1949 *la Voie Est-Ouest.* 1951 *la Paix vaincra* CO-RÉ Joris Ivens. 1961 *Septembre 1939*, longs métrages de montage. 1964 *Requiem pour 500 000 morts.* 1967 *Dokumenty Walki.*

BOST Pierre SC FR (Lasalle 5 sept. 1901 | 1975) D'abord romancier, il devint un des meilleurs scénaristes de l'après-guerre en collaboration avec Jean Aurenche (voir ce nom). Leur nom est notamment attaché aux meilleures adaptations que mit en scène Claude Autant-Lara.

BOSUSTOW Stephen PR US (Canada 6 nov. 1911 | 1981) Bien qu'ayant été dessinateur chez Ub Iwerks, Walter Lang et Disney, celui qui fonda en 1943 l'UPA n'est pas l'auteur des dessins animés dont il fut le producteur avisé. En 1946-1950, sa firme renouvela le style des « cartoons » grâce surtout à John Hubley, Peter Burness, Robert Cannon, Art Babbitt, etc. Après leur départ, l'UPA se sclérosa dans le succès commercial et ne se distingua plus guère après 1960 des grandes usines Walt Disney Inc., comme en témoigna son *Aladin*, 1959, RÉ Jack Kinney.

BOTTCHER Jörgen RÉ RDA (Frankenberg, 1931 |) Peintre, graveur (il a fait des études de cinéma à Potsdam après des études de peinture à Dresde), volontiers attiré par la recherche formelle, il pratique un cinéma documentaire qui paraît ne s'intéresser qu'au réel le plus « objectif » : les gestes du travail, de la vie quotidienne dans ce qu'ils ont de plus banal. Mais c'est justement par cette succession de « mises à plat » que se manifeste ici une exigence proche de celle du graveur surchargeant son estampe : et si cette interrogation sans relâche du « visible » n'était qu'une façon d'exprimer une sourde angoisse : est-ce ainsi que les hommes vivent ?
RÉ (principaux films) : 1962 *Drei von vielen, Offenbauer.* 1972 *Wäscherinne.* 1976 *Im Lohngrund.* 1978 *Martha.* 1981 *Verwandlungen.* 1984 *Rangierer, Kurzer Besuch bei Hermann Glockner.*

BOUAMARI Mohammed RÉ ALG (20 janv. 1941 |) « Il faut, a-t-il dit, dépasser le folklore guerrier, l'héroïsme, l'autosatisfaction. Il faut se nourrir du présent, présent riche, complexe, mobilisateur, avec ses contradictions, ses problèmes. Il faut montrer notre société, la montrer aujourd'hui. » (interview avec Karèche Boudjema, in « France-Algérie », mars 1973). Programme tenu dans des films d'une extrême rigueur d'écriture. C'est aussi à l'emphase cinématographique qu'il tord le cou.
RÉ : 1967-1973 Quatre CM. LM : 1972 *le Charbonnier.* 1974 *l'Héritage.* 1976 *Premiers pas.* 1982 *le Refus.*

BOULTING John et Roy RÉ PR GB (Bray 21 nov. 1913 | 1985, pour John) Deux jumeaux qui travaillèrent comme quatre, produisant ou dirigeant de nombreux films, 1940 *Pastor Hall.* 1943 *Desert Victory.* 1944 *Tunisian Victory.* 1948 *le Gang des tueurs (Brighton Rock), from* Graham Greene. 1950 *Ultimatum (Seven Days to Noon).* 1960 *Après moi, le déluge.* 1963 *Heaven above.* 1965 *Rotten to the Core.* 1966 *Chaque chose en son temps.* 1968 *Twisted Inerve.* 1969 *Bread and Cheeses and Kriss, Roy.* 1970 *There's a Gire in my Soup.* 1973 *Soft Beds, Hard pattles.*

BOURGEOIS Gérard RÉ FR (Genève 18 août 1874 | Paris 15 déc. 1944) Venu du théâtre, utilisa admirablement la profondeur du champ et les plans séquence dans son chef-d'œuvre *les Victimes de l'alcool* (1911).

BOURGOIN Jean dit aussi Yves PH FR (Paris 4 mars 1913 |) Formé par Renoir : *la Vie est à nous, la Marseillaise* ; excellent opérateur, devenu bon spécialiste de la couleur. RÉ Tati : *Mon oncle.* RÉ Baratier : *Goha.* RÉ Molinaro : *Une fille pour l'été.* RÉ Becker : *Goupi mains rouges.* RÉ Y. Allégret : *les Démons de l'aube, Dédée d'Anvers, Manèges.* RÉ Cayatte : *les Amants de Vérone, Justice est faite, Nous sommes tous des assassins,* etc. RÉ Orson Welles : *Mr Arkadin.*

BOURGUIGNON Serge RÉ FR (Maignelay 3 sept. 1928 |) Aime l'exotisme et les belles images ; parfois un peu précieux.
RÉ : 1957 *Sikkim, terre secrète* DOC. 1960 *les Quatre Sourires* DOC. 1962 *les Dimanches de Ville-d'Avray.* - AUX US : 1966 *la Récompense, À cœur joie.* 1978-1984 *Mon royaume pour un cheval* DOC-FR.

BOUZID Nouri RÉ TUN (Sfax 1945 |) Études de cinéma à Bruxelles (INSAS), stage avec André Delvaux, prison en Tunisie pendant six ans, assistanat sur les films les plus divers, d'*Aziza* d'Abdellatif Benammar aux *Aventuriers de l'arche perdue* de Spielberg, il a une longue expérience derrière lui quand il aborde le long métrage, et, contre une société bloquée, une colère nourrie aux plus amères sources. Cinéaste à l'écriture fiévreuse, il a donné deux des films les plus provocateurs du cinéma arabe, *l'Homme de cendre* (1986) sur le machisme, *les Sabots en or* (1989) sur le désarroi de l'intelligentsia de gauche.

BOYER François SC FR (Sézanne 30 mars 1920 |) Débuta avec éclat, en fournissant à René Clément le sujet de *Jeux interdits* (1952) et remporta plus tard un grand succès avec *la Guerre des boutons* (1962).

BOYTLER Arcady ACT URSS RÉ MEX (31 août 1895 | 1965) Formé à Moscou par Stanislavski, dirige et interprète en 1916 en Russie la série comique des *Arcady.* S'établit ensuite au Mexique où il réalisa un film de premier ordre : *La Mujer del fuerto* (1933), et fit débuter à l'écran le comique Cantinflas : *l'Aigle et le Soleil* (1938).

BRACH Gérard SC RÉ FR (Montrouge, 23 juil. 1927 |) S'il n'a réalisé au début des années 70 que deux films pleins de promesses qu'on aurait aimé voir se développer, Brach est, avec une trentaine de scénarios originaux, l'un des grands scénaristes français, l'un des seuls à avoir réussi une carrière internationale.
RÉ : 1970 *la Maison.* 1971 *le Bateau sur l'herbe.* SC notamment pour RÉ Polanski : 1964 *Répulsion.* 1973 *What ?* 1987 *Frantic.* RÉ J.-J. Annaud : 1969 *la Guerre du feu.* 1987 *l'Ours.* RÉ Konchalovski : 1984 *Maria's Lovers.* 1986 *le Bayou.* RÉ Antonioni : 1982 *Identification d'une femme.* RÉ Claude Berri : 1966 *le Vieil Homme et l'Enfant.* 1986 *Jean de Florette* et *Manon des Sources.*

BRACHO Julio RÉ MEX (1909 | 26 avril 1978) Venu du théâtre, où il avait été formé par Copeau et Stanislavski, il est devenu durant les années quarante un des bons réalisateurs mexicains et a donné son meilleur film avec *Distinto amanacer.*

BRANDO Marlon ACT RÉ US (États-Unis 1924 |) Cet acteur étonnant a réalisé en 1960 *One eyed Jack (la Vengeance aux deux visages),* western romantique, sophistiqué et vigoureux.

BRAULT Michel RÉ CAN (Montréal 25 juin 1928 |) L'un des « pères » du cinéma canadien et de tout ce qui fut appelé le « cinéma-vérité ». Le plus ouvert, aussi, le plus curieux et le plus inventif. Il a dit de son métier : « Filmer, c'est une façon de s'intéresser aux autres, non pas en tant que cinéaste, ni pour le film, mais en tant qu'être humain. » Et une citation de Jean Rouch le situe : « Tout ce que nous avons fait en France dans le « cinéma-vérité », vient du Canada. C'est Michel Brault qui a apporté une technique nouvelle de tournage que nous ne connaissions pas et que nous copions tous depuis... » En dehors des films qu'il a dirigés, il n'a jamais hésité à mettre ses qualités d'opérateur au service d'autres cinéastes : Rouch, Ruspoli, Jutra, Klein, etc. Il a collaboré de 1947 à 1958 à treize courts métrages : 1958 *les Raquetteurs* (en tant que réalisateur et opérateur, Gilles Groux ayant collaboré avec lui au montage). De 1958 à 1963, vingt courts et longs métrages en tant qu'opérateur.
RÉ : 1962 *Québec, USA ou l'Invasion pacifique* CM. 1963 *les Enfants en silence* CM. *Pour la suite du monde* LM, CO-RÉ Pierre Perrault, PH Michel Brault, Bernard Gosselin. 1964 *le Temps perdu* CM. 1967 *Entre la mer et l'eau douce* LM. 1968 *les Enfants de Néant* MM. 1970 *Éloge du Chiac* CM. 1972 *L'Acadie, l'Acadie* LM. 1974 *les Ordres.* 1976 *le Son des Français d'Amérique.* Dans le même temps (1963-1972) collaboration à 23 CM et LM.

BRAUNBERGER Pierre PR FR (Paris 29 juil. 1905 |) De l'avant-garde 1925 à la Nouvelle Vague, un producteur audacieux et avisé, ayant travaillé avec René Clair, Buñuel, Nicole Vedrès, Resnais, Reichenbach, Jean Rouch, Rivette, Truffaut, etc.

BRDECKA Jiri ANIM TS (Moravie 24 déc. 1917 | 1982) Excellents films animés : 1947 *Amour et Dirigeable.* 1963 *Gallina Vogelbirdae*, et scénarios remarquables : 1957 *les Enfants perdus* RÉ Makovec. 1963 *Un jour un chat,* RÉ Jasny. 1977 *Nick Carter à Prague,* RÉ Lipski.

BRECHT Bertolt SC ALL (Augsbourg 10 fév. 1898 | Berlin 14 août 1956) Le plus grand homme du théâtre contemporain, collabora occasionnellement à des scénarios, mais, hors *M. Puntila,* ne trouva jamais qu'on eût convenablement adapté ses pièces à l'écran. Eut comme disciples aux États-Unis les cinéastes Losey et John Hubley.
SC : RÉ Pabst : 1931 *l'Opéra de quat'sous.* RÉ Dudow : 1932 *Kühle Wampe.* RÉ Fritz Lang : 1943 *les Bourreaux meurent aussi.* RÉ Joris Ivens : 1954 *le Chant des fleuves.* RÉ Cavalcanti : 1956 *Monsieur Puntila et son valet Matti.*

Brecht

BRENON Herbert RÉ US GB (Dublin 13 janv. 1880 | Los Angeles 21 juin 1958) Un des fondateurs d'Hollywood, où il imposa comme stars Nazimova, la nageuse Annette Kellermann, Louise Brooks.

BRESSON Robert RÉ FR (Bromont-la-Mothe, Puy-de-Dôme, 25 sept. 1907 |) Le janséniste du cinéma français, étant entendu qu'il recherche un dépouillement classique fort humain, et fort éloigné de la sécheresse doctrinale. Il débuta, pendant la guerre, avec *les Anges du péché,* drame reclus dans un couvent de religieuses, puis il transposa librement dans l'époque contemporaine un conte de Diderot, *les Dames du bois de Boulogne*, film calciné et éblouissant comme ces terres rares qui donnaient à la lumière du gaz un exceptionnel éclat. Après un long silence, son adaptation de Bernanos, *le Journal d'un curé de campagne*, marqua un tournant dans son œuvre, et des exigences renforcées. Il refusait désormais les acteurs, les décors, un dialogue fleuri pour établir un contact avec la vie, en prise directe, mais par des moyens opposés à ceux du néo-réalisme. Pour saisir l'expression des hommes, il les pliait à une rigoureuse mise en scène et, pour analyser leur comportement et leur caractère, il tendait à les enfermer dans un huis clos. Avec un minimum de moyens, *Un condamné à mort s'est échappé,* son chef-d'œuvre, dit l'essentiel de la Résistance française, son héroïsme et l'atmosphère du temps ; les gestes et les objets dominèrent le film, et plus encore *Pickpocket* où l'on put retrouver les thèmes de *Crime et Châtiment,* ce mystique ayant toujours un sens aigu de la réalité. Avec son *Procès de Jeanne d'Arc* enfin, le plus difficile de ses films, il atteignit le comble du dépouillement. « Un film doit être l'œuvre d'un seul, a-t-il dit, et faire pénétrer le public dans l'œuvre d'un seul. Le cinéma doit s'exprimer non par des images, mais par des rapports d'images. De même un peintre ne s'exprime pas par des couleurs, mais par un rapport de couleurs. Si la première image est neutre et que tout à coup, mise en présence d'une autre, elle vibre, la vie fait irruption. Ce n'est pas tellement la vie de l'histoire, des personnages, c'est la vie du film. A partir du moment où l'image vit, on fait du cinéma. Le cinéma n'est pas un spectacle, c'est une écriture. Vous ne pouvez changer l'être intime de l'interprète : un regard authentique est une chose que vous ne pourrez inventer. Admirable aussi, une certaine expression que vous n'avez pas voulue. Si vous prenez un acteur, vous n'avez aucune surprise. C'est bien pourquoi les producteurs les prennent. Dans un film, ce que je cherche, c'est une marche vers l'inconnu. En tout cas, la donnée c'est la nature, l'homme, ce n'est pas l'acteur. » Et, a écrit André Bazin : « Comme Dreyer, Bresson s'est naturellement attaché aux qualités les plus charnelles du visage qui, dans la mesure même où il ne joue point, n'est que l'empreinte privilégiée de l'être, la trace visible de l'âme. Si Bresson dépouille ses personnages, c'est au sens propre. »
RÉ Fred Zelnick et Maurice Gleize : 1934 *C'était un musicien,* DIAL Bresson, *les Affaires publiques* MM, CO-RÉ Pierre Charbonnier. RÉ Heymann : 1936 *les Jumeaux de Brighton* SC Bresson.
RÉ : 1944 *les Anges du péché.* 1945 *les Dames du bois de Boulogne.* 1951 *le Journal d'un curé de campagne.* 1956 *Un condamné à mort s'est échappé.* 1959

Bresson

« Un condamné à mort s'est échappé ».

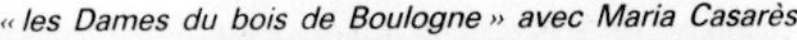

« les Dames du bois de Boulogne » avec Maria Casarès.

Pickpocket. 1963 *le Procès de Jeanne d'Arc.* 1966 *Au hasard, Balthazar.* 1967 *Mouchette.* 1968 *Une femme douce.* 1971 *Quatre Nuits d'un rêveur.* 1974 *Lancelot du lac* FR-ITAL, PH Pasqualino de Santis, MUS Michel Magne, INT Luc Simon, Laura Duke, Condominas, Humbert Balsan, Vladimir Antolek-Oresek, Patrick Bernard. 1977 *le Diable probablement.* 1983 *l'Argent.*

BRISSAUD Jean-Claude RÉ FR (Paris, 17 juil. 1944 |) Professeur de français dans un CES de la banlieue parisienne, c'est par l'enseignement et le « super 8 » qu'il est arrivé à la pratique professionnelle du long métrage, et le titre de son premier film – *Un jeu brutal* – pourrait servir d'emblème à son cinéma, champ clos de combats meurtriers où les plus faibles sont écrasés. Non sans s'être défendus, avec les armes de la douceur entêtée dans ses rêves d'amour. Car c'est le miracle de ce cinéma-là, peuplé de fous dévastateurs, de laisser entendre une petite musique de nuit prometteuse d'aurore. Mais de quoi est fait ce « miracle » qui tient d'abord à l'exacte connaissance des moyens d'expression ? Il le disait fort bien dans un texte sur le film qu'il était en train (mai 1989) de tourner, où il est question d'un professeur (Bruno Cremer) amoureux d'une élève (Vanessa Paradis) : « Quand on parle de cinéma, écrit-il, on parle toujours d'image. Or, d'une part l'image ça n'existe pas, c'est une suite d'images articulées sur un scénario ; d'autre part c'est une suite d'images sur une bande sonore. Pour la scène où Cremer pénètre dans la classe d'une collègue pour emmener Vanessa, j'ai demandé à Georges Prat, après la prise, de faire toute une série de sons seuls pour qu'on entende la clameur de la classe... Et de même que je peux faire un plan simplement pour obtenir les trois secondes qui m'intéressent, je peux faire prendre un son très long dont je sais que je ne retiendrai qu'un bout. Ce son est nécessaire pour donner l'impression que Cremer transgresse. Il déclenche, si on veut, la réprobation du chœur antique, et c'est le son qui traduit cette transgression » (in « Cahiers du cinéma » n° 422).
RÉ : 1976 *la Croisée des chemins* (super 8). 1981 *la Vie comme ça, l'Échangeur* CM TV, *les Ombres* TV. 1983 *Un jeu brutal.* 1987 *De bruit et de fureur.* 1989 *Noce blanche.*

BROCA Philippe de RÉ FR (Paris 1935 |) Plein de savoir-faire intelligent, doué pour les aventures comiques.
RÉ : 1960 *les Jeux de l'amour, le Farceur.* 1961 *l'Amant de cinq jours.* 1962 *Cartouche.* 1963 *l'Homme de Rio.*

1964 *Un monsieur de compagnie.* 1965 *Aventures d'un Chinois en Chine.* 1966 *le Roi de cœur.* 1967 *le Plus Vieux Métier du monde* (1er épisode). 1969 *le Diable par la queue.* 1970 *les Caprices de Marie.* 1971 *la Poudre d'escampette.* 1972 *Chère Louise.* 1973 *le Magnifique.* 1975 *l'Incorrigible.* 1977 *Julie pot de colle.* 1978 *Tendre Poulet.* 1979 *le Cavaleur.* 1981 *Psy.* 1983 *l'Africain.* 1984 *Louisiane.* 1986 *la Gitane.* 1987 *Chouans !*

BROCKA Lino Ortiz RÉ PHIL (San José, 3 avril 1939 |) Étudiant passionné de cinéma, missionnaire mormon chez les lépreux, directeur du Théâtre pédagogique philippin, il commence à tourner des films à petit budget dans les années 70 pour une maison de production philippine avant de créer sa propre société, « Cinémanila », pour laquelle il mettra en scène une quarantaine de films en vingt ans. Mélodrames, policiers, ce sont des films populaires destinés au public philippin, « sa principale préoccupation en tant que réalisateur », dit-il. Nombre d'entre eux sont marqués par des préoccupations sociales, politiques, et c'est par quelques-uns de ceux-ci que Lino Brocka se fait connaître en Europe. Révélation d'un cinéma d'action et tout ensemble de réflexion : c'est dans la trame même de la narration, rapidement enlevée, d'un fait divers, ou dans les composantes d'un mélodrame sur une ascension sociale ratée, qu'est tissé le « message » du film : l'aspiration à la dignité, à la liberté que portent ses héros. Une façon, enfin, de faire un cinéma militant et populaire, c'est-à-dire reçu par ses destinataires mêmes, qu'avaient en vain cherché bien des cinéastes des années 70.

Lino Brocka, « Bayan Ko ».

RÉ (principaux films) : 1970-1972 *Wanted : Perfect mother, Santiago, Cadena de amor.* 1974 *Tatio, Isa.* 1975 *Manille dans les griffes du néon.* 1976 *Insiang.* 1977 *Dung Aw.* 1979 *Jaguar.* 1980 *Bona.* 1982 *Cain and Abel.* 1983 *Hot Property.* 1984 *Bayan Ko.* 1985 *Miguelito.* 1988 *Macho Dancer.* 1989 *l'Insoumis.*

BRONSTON Samuel PR US (Russie 1910 |) Fastueux producteur du *Roi des rois,* du *Cid* et d'autres superfilms milliardaires, il passait pour être commandité par le trust chimique Du Pont de Nemours. En 1963, *la Chute de l'Empire romain* entraîna la sienne.

BROOK Peter RÉ GB (Londres 21 mars 1925 |) Célèbre metteur en scène de théâtre anglais, aborda le cinéma avec : 1953 *l'Opéra des gueux.* 1960 *Moderato Cantabile.* 1963 *le Seigneur des mouches.* 1966 *Marat-Sade.* 1967 *Red, White and Zero.* 1968 *Dites-moi n'importe quoi.* 1970 *King Lear* GB/DAN. 1977 *Rencontre avec des hommes remarquables.* 1983 *la Tragédie de Carmen.* 1989 *Mahabharata.*

BROOKS Mel (Melvin Kaminsky) RÉ US (New York 28 juin 1926 |) Passé par le théâtre, il a fait ses débuts de comique après la guerre comme gagman puis scénariste et a écrit quelques livrets de comédies musicales. Il s'inscrit dans la tradition du burlesque américain « loufoque ».
RÉ : 1968 *The Producers (les Producteurs).* 1970 *le Mystère des douze chaises.* 1974 *Blazing Saddles (le Shérif est en prison), Young Frankenstein (Frankenstein Junior).* 1976 *Silent Movie (la Dernière Folie de Mel Brooks.* 1977 *High Anxiety (le Grand Frisson de Mel Brooks).* 1981 *History of the World, part. I (la Folle Histoire du monde).* 1987 *Spaceballs (la Folle Histoire de l'espace).*

BROOKS Richard RÉ US (Philadelphie 18 mai 1912 |) Un auteur intéressant lorsqu'il est son propre scénariste et dirige comme il l'entend, comme ce fut le cas pour *Graine de violence, Elmer Gantry* ou, malgré ses naïvetés, *le Carnaval des dieux.* Mais il a pu tomber au plus médiocre quand il a dû accepter la règle du jeu hollywoodienne. Il a ainsi défini ses conditions de travail : « Si j'écris un scénario, je n'ai pas le contrôle réel de mon film, car le studio peut, au montage, transformer complètement le film terminé. Je regrette aussi de ne pas pouvoir choisir librement mes acteurs, comme la plupart des réalisateurs américains. » « Votre film ne vaudra pas plus que ce que valait le scénario. Si l'histoire est mauvaise, les acteurs peu-

Richard Brooks et Burt Lancaster, 1960.

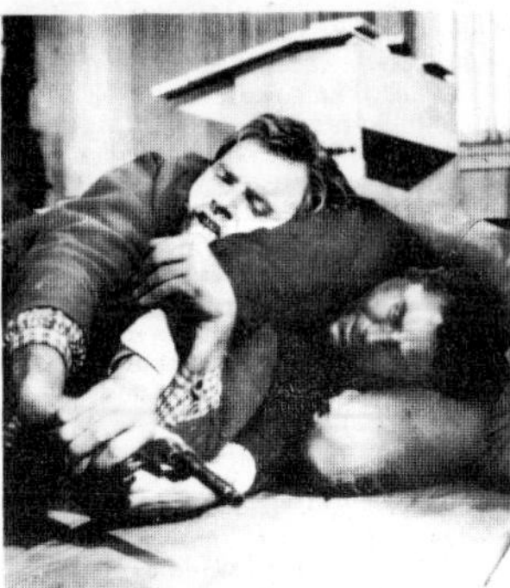
Richard Brooks, « Graine de violence ».

vent être sublimes, la musique magnifique, la couleur à couper le souffle, votre film sera quand même raté. » Romancier, journaliste radio et TV.
SC : 1943-1950 RÉ Arthur Lubin : *White Savage.* RÉ Dmytryk, d'après son roman « The Brick Foxhole » : *Crossfire.* RÉ Jules Dassin : *Brute Force.* RÉ Delmer Daves : *To the Victor.* RÉ John Huston : *Key Largo.* RÉ : 1952 *Deadline USA (Bas les masques),* SC Brooks, PH Milton Kräsner, INT Humphrey Bogart, June Allyson, Ed. Begley. 1953 *Battle Circus (le Cirque infernal),* SC Brooks, INT Humphrey Bogart, June Allyson ; *Take the High Ground (Sergent la Terreur).* 1954 *The Last Time I saw Paris, from* Fitzgerald, INT Elisabeth Taylor, Van Johnson. 1955 *The Blackboard Jungle (Graine de violence).* 1956 *The Last Hunt (la Dernière Chasse).* 1957 *Something of Value (le Carnaval des dieux).* 1958 *The Brothers Karamazov, la Chatte sur un toit brûlant, from* Tennessee Williams, INT Elisabeth Taylor, Paul Newman, Burl Ives. 1960 *Elmer Gantry (le Charlatan).* 1962 *Sweet Bird of Youth (Doux Oiseau de jeunesse),* SC Brooks, from Tennessee Williams, INT Paul Newman, Geraldine Page. 1964 *Lord Jim, from* Conrad. *1967 De sang froid.* 1969 *The Happy Ending.* 1971 *Dollars.* 1975 *Bite the Bullet (la Chevauchée sauvage).* 1977 *A la recherche de Mr Goodbar.* 1982 *Wrong is Right (Meurtres en direct).* 1985 *Fever Pitch (la Fièvre du jeu).*

BROUMBERG Valentina et Zinaïda ANIM URSS (Moscou 2 août 1899 | 1975 et 2 août 1900 | 1983) Leurs dessins animés, depuis 1940 assez traditionnels, ont pour héros des hommes plutôt que des animaux.

BROWN Clarence RÉ PR US (Clinton 10 mai 1890 | 1987) Formé par Maurice Tourneur, un des estimables vétérans d'Hollywood, parfois capable de réelles réussites comme : *la Chair et le Diable* (1927), *la Piste de 98* (1929) ou *l'Intrus* (1949).

BROWNING Tod RÉ US (Louisville 12 juil. 1882 | 1962) Celui qu'on appela parfois « l'Edgar Poe du cinéma » fut en tout cas son « Ange du bizarre » dont les surréalistes admirèrent vers 1925 les fantastiques inventions. Il créa le fim d'horreur américain. Il imposa dans des créations extravagantes Lon Chaney et Bela Lugosi. Il eut un singulier amour pour les monstres, et fonda sur leurs personnages ses meilleures réussites. « Lorsque je travaille à un sujet pour Lon Chaney, devra-t-il dire en 1928, je ne pense jamais à l'intrigue. Celle-ci s'inscrit d'elle-même lorsque j'ai conçu les personnages. *The Unknown* me vint simplement du fait que j'avais eu l'idée d'un homme sans bras. Pour *la Route de Mandalay,* l'idée de départ est simplement celle d'un homme si effroyablement laid qu'il a honte de se montrer à sa propre fille. On peut de cette façon concevoir n'importe quelle histoire. » Venu du music-hall, contorsionniste depuis l'âge de 16 ans, fut pour Griffith un acteur comique, puis son ASS dans *Intolérance.*
RÉ : 1917 *Jim Bludso.* 1918 *The Brazen Beauty (Violence),* INT Priscilla Dean. 1919 *The Wicked Darling (Fleur sans tache),* INT Lon Chaney. 1920 *The Virgin of Stamboul,* INT Priscilla Dean, SC Browning. 1921 *Outside the Law (Révoltée),* INT Lon Chaney, SC PR BROWNING. 1922 *Under the Flags,* INT Priscilla Dean, SC Browning. 1923 *The White Tiger,* INT Priscilla Dean, SC Browning ; *Drifting,* INT Wallace Beery, SC Browning. 1925 *The Unholy Three (le Club des trois),* INT Lon

Tod Browning

Chaney. 1926 *l'Oiseau noir,* INT Lon Chaney, *la Route de Mandalay,* INT Lon Chaney. 1927 *Show (la Morsure),* INT Lon Chaney, *l'Inconnu,* INT Lon Chaney, *Londres après minuit,* INT *Lon Chaney. 1929 West of Zanzibar (le Tallion),* INT Lon Chaney, *Where East is East (Loin vers l'est),* INT Lon Chaney. 1930 *Gentleman Gangster (Outside the Law),* INT Edward G. Robinson. 1931 *Dracula.* 1932 *Freaks.* 1935 *la marque du vampire,* INT Lionel Barrymore. 1936 *les Poupées du diable.* 1939 *Miracles for Sale,* INT Robert Young.

BROWNLOW Kevin RÉ GB (Sussex 1938 |) **MOLLO Andrew** (1930 |) Le nom de ces deux cinéastes est associé à la réalisation d'un premier film qu'ils mirent huit ans à réaliser : *It happened here (En Angleterre occupée)* de 1956 à 1964. Film étonnant où la reconstitution des années quarante est d'une précision remarquable. La presse britannique, unanime, salua l'impact extraordinaire de ce film, qui mène une analyse serrée du fascisme et de sa pénétration idéologique dans une large couche de la société britannique. Leur deuxième film *Winstanley,* œuvre remarquable (quoique peu remarquée, hélas !), renouvelle magnifiquement la conception du film historique. Ce film retrace l'épisode de la révolte des « niveleurs » dont les revendications « collectivistes » menacèrent (en plein milieu du XVIIe) le nouvel ordre établi par Cromwell. « Tout l'effort de mise en scène porte sur un point : montrer que si les personnages du film et leurs problèmes nous sont proches à bien des égards, ils sont en même temps très éloignés de nous. D'où cet acharnement quasi « stroheimien » à réunir les objets vrais, les costumes vrais » note Philippe Pilard. En 1980 Kevin Brownlow a dirigé une série télévisée : *Hollywood, les pionniers* et publié un livre sur ce sujet. 1982 *Unknown Chaplin* TV. 1983-1986 Restauration du film *Napoléon,* d'Abel Gance. 1986 *Buster Keaton* TV. En cours de montage en 1989 : *Harry Langdon.*

BRUNIUS John W. RÉ SUÈDE (Stockholm 26 déc. 1884 | Stockholm 16 déc. 1937) Après Sjöström et Stiller, le meilleur réalisateur suédois du cinéma muet. Devint après 1920 spécialiste des grands films historiques.
RÉ : 1918 *le Chat botté.* 1919 *la Petite Fée de Solbakken.* 1920 *le Moulin en feu (Kvarnen), Dureté d'âme, le Chevalier errant.* 1921 *Sans-Logis.* 1922 *Volonté de fer, les Yeux de l'amour.* 1923 *Vox populi.* 1924-1925 *Charles XII.* 1925 *les Récits de l'enseigne Stal.* 1927 *Gustav Vasa* (tous ces films ont eu pour PH Hugo Edlund). 1930-1934, sept ou huit films.

BRUSATI Franco RÉ ITAL (Milan 1922 |) Journaliste, coscénariste de quelques films des années cinquante (de Luciano Emmer, Franco Rossi, Steno et Monicelli) Brusati, qui écrit aussi pour le théâtre, avait réalisé quelques films sans grand intérêt *le Désordre* (1962), *les Tulipes de Harlem* (1970). A connu le succès en 1974 avec une farce amère, *Pain et Chocolat,* sur un travailleur italien immigré en Suisse. 1981 *Oublier Venise.*

BUCHOVETZKY Dimitri RÉ ALL US FR (Russie 1895 | US 1932) Formé en Russie, il eut son heure d'éclat à Berlin comme spécialiste des films historiques à grand spectacle.
RÉ : 1921 *Danton, les Karamazoff.* 1922 *Othello.* 1923 *Pierre le Grand.* Travailla ensuite à Hollywood et à Paris.

BULAJIC Velko (Se prononce Boulayitch) RÉ YS (Montenegro 23 mars 1928 |) Un des plus brillants cinéastes yougoslaves de la première génération. A réalisé une suite monténégrine avec *Train sans horaire* (1959), *Kozara (Diables rouges face aux SS)* (1962). Sur les thèmes de la guerre de libération nationale, on lui doit en 1966 un très beau *Regard vers la prunelle du soleil,* et en 1970 une CO-PR internationale : *la Bataille de la Neretva.* Egalement : 1964 *Skopje 63,* documentaire sur le tremblement de terre qui avait détruit cette ville et sur sa reconstruction. 1979 *Un homme à détruire.* 1981 *Haute Tension.* 1983 *le Grand Transport.*

BUNUEL Luis RÉ ESP FR MEX (Calanda 22 fév. 1900 | Mexico 1983) D'une infinie tendresse sous une apparente cruauté, intransigeant et compréhensif,

Buñuel en 1963

« Los Olvidados ».

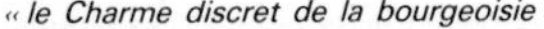

« le Charme discret de la bourgeoisie »

l'honnêteté et la fidélité mêmes à soi-même, à son art, à son idéal, à ses amis. Si Vigo fut le Rimbaud du cinéma, alors il en est le Lautréamont. Aragonais comme Goya (l'un de ses dieux), il quitta l'Espagne et la dictature de Primo de Rivera pour trouver en France la liberté. Il fit à Paris ses premières armes comme assistant de Jean Epstein, qu'il admirait. Mais alors « le surréalisme me révéla que l'homme ne peut se dispenser de sens moral. Je croyais à la liberté totale de l'homme, mais j'ai vu dans le surréalisme une discipline à suivre et il m'a fait faire un grand pas merveilleux et poétique » (avec *Un chien andalou* et *l'Age d'or*). Après avoir rompu avec le surréalisme, dirigé *Terre sans pain*, servi les républicains espagnols, connu un dur exil aux US, accepté de réaliser au Mexique des productions commerciales, il reprit la parole avec *Los Olvidados* et la garda, réalisant avec sa splendide maturité, à Mexico et occasionnellement à Madrid, une série de violents chefs-d'œuvre, *Subida al Cielo, Nazarin, Viridiana, l'Ange exterminateur.* « Je n'ai jamais fait que des films de commande, hors mes trois premiers, a-t-il déclaré. J'en ai fait de mauvais, mais toujours moralement dignes ; j'ai toujours suivi mon précepte surréaliste : « La nécessité de manger n'excuse pas la prostitution de l'art. » Je suis contre la morale conventionnelle, les phantasmes traditionnels, le sentimentalisme, toute la saleté morale de la société. La morale bourgeoise est pour moi l'anti-morale, parce que fondée sur de très injustes institutions : la religion, la patrie, la famille et autres piliers de la société. » Il a ainsi défini sa conception du cinéma : « Il suffirait que la paupière blanche de l'écran puisse refléter la lumière qui lui est propre pour faire sauter l'univers. Mais pour le moment nous pouvons dormir tranquilles, car la lumière cinématographique est sûrement dosée et enchaînée. » « Le cinéma est une arme magnifique et dangereuse, si c'est un esprit libre qui le manie. C'est le meilleur instrument pour exprimer le monde des songes, des émotions, de l'instinct. Il paraît avoir été inventé pour exprimer la vie du subconscient dont les racines pénètrent si profondément dans la poésie. Qu'on ne croie pas pourtant que je suis pour un cinéma exclusivement consacré au fantastique et au mystère [...] Je demande au cinéma d'être un témoin, le compte rendu du monde, celui qui dit tout ce qui est important dans le réel. La réalité est multiple et peut avoir mille significations diverses pour des hommes différents. Je veux avoir une vision intégrale de la réalité ; je veux entrer dans le monde merveilleux de l'inconnu. »

« Le drame privé d'un individu ne peut à mon avis intéresser personne digne de vivre dans son temps. Si le spectateur partage les joies, les tristesses, les angoisses d'un personnage de l'écran, ce ne pourra être que parce qu'il y voit le reflet des joies, des tristesses, des angoisses de toute la société ; donc les siennes propres. Le chômage, l'insécurité, la peur de la guerre, etc., affectent tous les hommes d'aujourd'hui, donc le spectateur. » « Je suis toujours athée, grâce à Dieu... Je crois qu'il faut chercher Dieu dans l'homme, c'est une attitude très simple. » Études à la Cité universitaire de Madrid avec Garcia Lorca, Dali, Rafaël Alberti, Juan Vicens, etc. S'établit après 1925 à Paris.
1926 ASS de Jean Epstein.
RÉ EN FR : 1928 *Un chien andalou.* 1930 *l'Age d'or.* - EN ESP : 1932 *Terre sans pain.* - AU MEX : 1946 *Gran Casino.* 1949 *El Gran Calavera.* 1950 *Los Olvidados, Suzanna la perverse,* SC Jaime Salvador, INT Fernando Soler, Rosita Quintana, Victor Mendosa. 1951 *La Hija del Engano, Una Mujer sin Amor, Subida al Cielo.* 1952 *El Bruto (l'Enjôleuse),* SC Buñuel et Luis Alcoriza, INT Pedro Armendariz, Katy Jurado, *les Hauts de Hurlevent, Robinson Crusoé.* 1953 *El, La Ilusion Viaja en Tranvia,* INT Lilia Prado, Carlos Navarro, Domingo Soler. 1954 *El Rio y la Muerte.* 1955 *Ensayo de un Crimen (la Vie criminelle d'Archibald de la Cruz),* SC Buñuel et Eduarte Ugarte, INT Miroslava, E. Alonso, Rita Macedo. 1956 *Cela s'appelle l'aurore, la Mort en ce jardin,* SC Luis Alcoriza, Raymond Queneau et Buñuel, PH Jorge Stahl Jr, MUS Paul Misraki, INT Simone Signoret, Charles Vanel, Georges Marchal. 1959 *la Fièvre monte à El Pao* SC Buñuel et Sapin, PH Gabriel Figueroa, MUS Paul Misraki, INT Gérard Philipe, Jean Servais, Maria Félix, *Nazarin.* 1960 *la Jeune Fille.* - EN ESP : 1961 *Viridiana.* - AU MEX : 1962 *l'Ange exterminateur.* - EN FR : 1964 *le Journal d'une femme de chambre.*
RÉ AU MEX : 1965 *Simon du désert* SC Luis Buñuel, PH Gabriel Figueroa, INT Claudio Brook, Silvia Pinal. FR-ITAL : 1966 *Belle de jour* SC Luis Buñuel et Jean-Claude Carrière, *from* Joseph Kessel, PH Sacha Vierny, INT Catherine Deneuve, Pierre Clémenti, Michel Piccoli. 1968 *la Voie lactée* SC Luis Buñuel et J.-C. Carrière, PH Christian Matras, INT Laurent Terzieff, Paul Frankeur, Julien Bertheau, ESP-FR-ITAL : 1970 *Tristana* SC Luis Buñuel et Julio Alejandro *from* Benito Perez Galdos, INT Catherine Deneuve, Fernando Rey, Franco Nero. FR-GB : 1972 *le Charme discret de la bourgeoisie* SC Luis Buñuel, J.-C. Carrière, PH Edmond Richard, INT Fernando Rey, Paul Frankeur, Delphine Seyrig, Stéphane Audran. 1974 *le Fantôme de la liberté* SC Luis Buñuel, PH Edmond Richard, INT Adriana Asti, Julien Bertheau, J.-C. Brialy, Adolfo Celi, Paul Frankeur, Michel Londasle. 1977 *Cet obscur objet du désir.*

BUREL Léonce-Henry PH FR (Indret 23 nov. 1892 | mars 1977) De Gance à Bresson, le plus grand peut-être des opérateurs français et l'un de ceux qui apportèrent le plus à l'art du film.
RÉ Pouctal : 1915 *Alsace.* RÉ Abel Gance : 1916 *les Gaz mortels.* 1917 *le Droit à la vie, la Zone de la mort, Mater Dolorosa.* 1918 *la Dixième Symphonie.* 1919 *J'accuse.* 1921-1922 *la Roue.* 1925-1927 *Napoléon.* RÉ Feyder : 1922 *Crainquebille.* 1925 *Visages d'enfants.* 1926 *l'Image.* RÉ Tourneur : 1928 *l'Équipage.* RÉ L'Herbier : 1930 *Nuits de prince.* RÉ Renoir : 1932 *Boudu sauvé des eaux.* RÉ Jean-Benoît Lévy : 1938 *la Mort du cygne.* RÉ Noël-Noël : 1948 *les Casse-Pieds.* 1949 *la Vie enchantée.* RÉ Bresson : 1951 *le Journal d'un curé de campagne.* 1959 *Pickpocket.* 1963 *le Procès de Jeanne d'Arc.* Avait lui-même réalisé deux films. 1920 *la Conquête des Gaules.* 1932 *le Fada.*

BURNESS Peter ANIM US (1910 |) Créa pour l'UPA-Bosustow le curieux personnage de *Mr Magoo* (1949) qui a, depuis, poursuivi ses aventures sans lui.

CABANNE William Christy RÉ US (Saint-Louis 1888 | Philadelphie 15 oct. 1950) Important pionnier du cinéma américain. Formé par Griffith, il a fait débuter à l'écran Douglas Fairbanks : *le Timide* (1915).

CACOYANNIS Michel RÉ GR (Chypre 1922 |) Il fut le premier à faire connaître dans le monde le cinéma grec, dont il a été, dans les années 50, le meilleur cinéaste, avec Kondouros et Tzavellas. Assez influencé par le cinéma anglais, à ses débuts, il sut montrer avec une réelle authenticité nationale Athènes dans *le Réveil du dimanche,* ses quartiers populaires avec *Stella,* une petite île dans *la Fille en noir.* Après quelques hésitations, il connut un grand succès international avec *Électre,* pour avoir su replacer la tragédie d'Euripide sur le sol même de sa patrie et se contenta ensuite d'« écraniser » de grandes œuvres.
ACT à Londres et Paris, puis RÉ en Grèce des films dont il est SC : 1953 *le Réveil du dimanche,* INT Elli Lambetti, Georges Pappas, Dimitri Horn. 1955 Stella. 1957 *la Fille en noir (To Koritsi me ta mavra).* 1958 *Fin de crédit.* 1960

Cacoyannis, « Électre ».

Our Last Spring. 1961 *l'Épave.* 1962 *Électre.* 1965 *Zorba le Grec.* 1966 *Le jour où les poissons...* 1971 *les Troyennes.* 1974 *Attila 74.* 1977 *Iphigénie.*

CAI CHUSHENG RÉ CHINE (1906 | 1968) Le grand réalisateur Chinois des années 1930. Il débuta alors à Shangaï par des films à la technique d'avant-garde, satiriques ou attendris, dont la polémique sociale était vive. Après la guerre, il remporta un immense succès avec l'épopée *le Fleuve coule vers l'est* qui attaquait le régime du Kuo-min-tang, sous lequel il avait pourtant été réalisé. Organisateur du nouveau cinéma chinois en 1948, il mourut victime des persécutions de la Révolution culturelle.
RÉ (principaux films) : 1932 *le Printemps dans le sud.* 1933 *l'Aube dans la cité.* 1934 *Chant des pêcheurs.* 1935 *Femmes nouvelles.* 1936 *les Chevreaux égarés, le Vieux Wang.* A HONG-KONG : 1937 *le Sang éclabousse la ville de Baoshan* CO-RÉ Situ Huimin. 1939 *le Paradis de l'île orpheline.* 1940 *Un avenir radieux.* 1948 *le Fleuve coule vers l'est* ou *les Larmes du Yangzi* CO-RÉ Zheng Junli. 1962 *les Mariés des mers du sud* CO-RÉ Wang Weiyi.

CALMETTES André ACT RÉ FR (Paris 18 avril 1861 | Paris 1942) Il réalisa avec Le Bargy : *l'Assassinat du duc de Guise* (1908), et fut pendant trois ans metteur en scène au Film d'Art, dirigeant Julia Bartet : 1908 *le Retour d'Ulysse.* Mounet-Sully : 1909 *Macbeth.* Madame Lara : 1911 *Camille Desmoulins.* La grande Réjane : 1911 *Madame Sans-Gêne.*

CAMERINI Mario RÉ ITAL (Rome 6 fév. 1895 | 1981) Le meilleur réalisateur italien des années 30 avec Blasetti ; spécialiste des comédies un peu mélancoliques dont les héros sont souvent des petites gens croyant rencontrer la fortune ; il contribua à former De Sica, et évolua après 1940 vers les films historiques, bientôt médiocres. « Il a été le confesseur des classes moyennes, scrutant avec un art toujours plus prudent le cœur des fidèles pour y trouver de menus péchés ; il ne s'est jamais préoccupé de raconter leurs fureurs secrètes, de les placer face aux grands problèmes de l'existence. » (D'après Lizzani.)
Officier de bersaglieri ; études de droit, et 1920-1923, ASS de son cousin Genina.
RÉ : 1923 *Jolly, clown da circo.* 1926 *Maciste contro lo Sceicco,* INT Bartolomeo Pagano. 1927 *Kiff Tebbi,* INT Donatella Neri, Marcello Spada. 1929 *Rotaie.* 1931 *Figaro e la sua gran Giornata.* 1932 *Gli Uomini, che Mascazoni ! (les Hommes, quels mufles !).* 1934 *Il Cappello a tre Punte (le Chapeau à trois pointes), from* Alarcon, INT Leda Gloria, Eduardo et Peppino De Filippo. 1935 *Daró un Milione (Je donnerais un million).* 1936 *Ma non è una cosa seria,* INT De Sica, A. Noris. 1937 *Il Signor Max.* 1938 *Batticuore (Battement de cœur,* vers fr. Decoin). 1939 *les Grands Magasins,* INT A. Noris, De Sica. 1940 *10 000 Dollars, les Fiancés, from* Manzoni, INT Gino Cervi, Dina Sassoli, Ruggero Ruggeri. 1942 *Una Storia d'Amore.* 1943 *T'amero sempre.* 1945 *Deux Lettres anonymes,* INT Clara Calamai, Checchi. 1947 *la Fille du capitaine, from* Pouchkine. 1948 *Molti Sogni per le Strade.* 1950 *Il Brigante Musolino.* 1952 *Une femme pour la nuit, Gli Eroi della Domenica.* 1953 *Ulysse.*

Camerini

1955 *La Bella Mugnaia (Par-dessus les moulins).* 1956 *Suor Letizia.* 1958 *Vacances à Ischia.* 1960 *Chacun son alibi.* 1961 *Via Margretha (la Rue des amours faciles), les Guérilleros (I Briganti Italiani).* 1963 *Kali Yug, la dea della vendetta.* 1964 *le Mystère du temple indien.* 1966 *Crime presque parfait.* 1971 *Io non vede, tu non parli, lei non sente.* 1972 *Don Camillo e Giovanni d'oggi.*

CAMUS Marcel RÉ FR (Chappes 21 avril 1912 | 13 janv. 1982) Longtemps assistant, il débuta avec l'émouvant *Mort en fraude,* sur la guerre d'Indochine, puis remporta un grand succès international avec son pittoresque *Orfeu negro* (1959), mais échoua avec *Os Bandeirantes* (1961) et *l'Oiseau de paradis* (1962). 1967 *Vivre la nuit.* 1970 *Un été sauvage.* 1971 *le Mur de l'Atlantique.* 1976 *Otalia de Bahia.* 1971 *Dernier Refuge.*

CANNON Robert ANIM US (1901 | 5 juin 1964) Renouvela le style du dessin animé, à l'UPA, en créant notamment *Gerald Mc Boing Boing* (1950).

CANTAGREL Marc RÉ FR (Paris 1er déc. 1879 | Paris 6 nov. 1960) Grand spécialiste du film pédagogique et scientifique, dirigea une centaine de courts métrages.

CANUDO Riccioto CRIT FR ITAL (Italie 2 janv. 1879 | Paris 10 nov. 1923) Établi à Paris dès 1902, il a comme principal mérite d'avoir baptisé le cinéma « Septième Art », « parce que l'architecture et la musique, les deux arts suprêmes, avec leurs complémentaires, peinture, sculpture, poésie et danse, ont formé jusqu'ici le chœur hexa-rythmique du rêve esthétique des siècles ». Il fut un théoricien confus et un critique incertain.

CAPELLANI Albert RÉ FR (Paris 1870 | Paris 1931) Un des premiers pionniers du cinéma évoluant vers l'art. Formé au théâtre par André Antoine, il devint, pour Pathé, le principal réalisateur de la SCAGL, adaptant en style illustratif Hugo, Zola, Sue, etc. Son chef-d'œuvre fut *les Misérables.* RÉ : 1906 *Aladin.* 1907 *Don Juan, Cendrillon.* 1908 *le Chat botté, Jeanne d'Arc, l'Homme aux gants blancs.* 1909 *l'Assommoir.* 1910 *Athalie* (De Max), *les Deux Orphelines.* 1911 *Notre-Dame de Paris, les Mystères de Paris, les Misérables.* 1913 *la Glu, Germinal, Patrie.* 1914 *Quatre-vingt-treize.* 1916 *les Épaves de l'amour, le Rêve interdit.* - AUX US pour Nazimova : 1917-1920 *Hors la brume (Out of the Fog), The Red Lantern.*

Capra

CAPRA Frank RÉ US (Palerme 19 mai 1897 | 1989) Celui qui dirigea et écrivit les meilleurs films de Harry Langdon s'imposa de 1932 à 1941 comme le spécialiste de la comédie légère américaine, d'après des scénarios imaginés surtout par Robert Riskin. Il écrivit, à propos de *Mr Smith au Sénat* : « Le sens d'un film, me semble-t-il, n'est pas dans sa vérité ou sa fausseté, mais dans sa persistance comme idée et dans sa popularité auprès du public... Il peut être considéré moins comme un miroir de la vie que comme un document de psychologie humaine, un témoin de l'esprit populaire. » Pour résoudre les injustices sociales, ses fables, souvent imaginées ou traitées par Riskin, comptèrent sur les « bonnes fées » : gangsters *(Lady for a Day),* milliardaires généreux *(Mr Deeds)* ou convertis *(Vous ne l'emporterez pas avec vous),* naïfs convaincus *(Mr Smith au Sénat).* Il fut lui-même avec un certain humour une sorte de Mr Smith, possédant la plus grande foi dans les mythes du « New Deal ». Cet utopiste incarna, jusque dans sa fameuse série documentaire *Pourquoi nous combattons,* les convictions rooseveltiennes ; puis, après 1945, lorsque cette ère fut révolue, ce Sicilien railleur devenu un Américain 100 % ne retrouva plus jamais sa vogue ancienne : sa bonne humeur, son entrain optimiste, sa candeur un peu roublarde, sa confusion, ses qualités comme ses défauts étaient à tout jamais passés de mode dans l'Amérique d'après-guerre.
RÉ : 1923 *Fultah Fisher's Board House, from* Kipling. Pour Harry Langdon : 1926 *Tramp, Tramp, Tramp (Plein les bottes)* RÉ Harry Edwards, CO-SC Capra, *The Strong Man (l'Athlète incomplet).* 1927 *Long Pants (Sa dernière culotte).* Pour Jack Holt : 1928-1931 une dizaine de films secondaires. 1928

Capra, « l'Extravagant Mr Deeds » avec Gary Cooper.

Submarine. 1929 *Flight.* 1931 *Dirigible, The Miracle Woman, Platinum Blonde.* 1932 *Forbidden, American Madness,* SC Riskin. 1933 *The Bitter Tea of General Yen,* INT Barbara Stanwick ; *Lady for a Day.* 1934 *It happened one Night (New York-Miami), Broadway Bill.* 1936 *Mr Deeds goes to Town (l'Extravagant Mr Deeds).* 1937 *Lost Horizon (les Horizons perdus).* 1938 *Vous ne l'emporterez pas avec vous.* 1939 *Mr Smith goes to Washington (Mr Smith au Sénat).* 1941 *Meet John Doe (l'Homme de la rue),* SC Riskin, INT Gary Cooper, Barbara Stanwick. 1941-1944 *Arsenic and Old Lace (Arsenic et vieilles dentelles), from* TH J. Kesselring, Howard Lidnsay et Russel Crouse, INT Cary Grant, Priscilla Lane.
1942-1945 Capra, mobilisé, dirige ou supervise la série de documentaires *Why we fight (Pourquoi nous combattons).* 1946 *It's a Wonderful Life (la Vie est belle),* INT James Stewart, Lionel Barrymore. 1948 *State of the Union (l'Enjeu).* 1950 *Riding High (Jour de chance),* remake de *Broadway Bill,* INT Bing Crosby. 1951 *Here comes the Groom (Si l'on mariait papa),* INT Bing Crosby. 1959 *Un trou dans la tête,* INT Frank Sinatra. 1962 *Pocketful of Miracles (Milliardaire d'un jour),* remake.

CARAX Leos (Alex Dupont) RÉ FR (Suresnes, 21 nov. 1960|) Chu du ciel du cinéma français comme un sombre météorite dont les initiés annonçaient l'arrivée, il a su noircir d'étrangeté des histoires courageusement simples, dont la première, avec une affectation de poésie qui passait bien la rampe, portait la promesse d'un romantisme désespéré de bon aloi. La seconde ressemblait un peu trop à la première. On peut attendre la troisième.
RÉ : 1984 *Boy meets Girl.* 1986 *Mauvais Sang.*

CARBONNAUX Norbert RÉ FR (Neuilly 28 mars 1918|) Bon auteur comique français, qui ne remplit pas tous les espoirs de ses débuts.
RÉ : 1954 *les Corsaires du bois de Boulogne.* 1956 *Courte tête.* 1958 *le Temps des œufs durs.* 1961 *Candide.* 1962 *la Gamberge.* 1967 *Toutes folles de lui.* 1972 *l'Ingénu.*

CARDIFF Jack RÉ PH GB (1914|) Un des meilleurs opérateurs anglais, grand spécialiste de la couleur.
René Clair : *Fantôme à vendre.* Powell et Pressburger : *Question de vie et de mort, les Chaussons rouges.* Lewin : *Pandora.* Huston : *African Queen. Mankiewicz : la Comtesse aux pieds nus.* King Vidor : *Guerre et Paix.* Devient réalisateur en 1958 avec *Tueurs à gages.* 1959 *Fils de forçat.* 1960 *Amants et fils.* 1961 USA *Ma Geisha.* 1962 *le Lion.* 1964 GB-YS *les Drakkars.* 1965 *Young Cassidy, le liquidateur.* 1967 *le Dernier Train du Katanga.* 1968 *la Motocyclette.* 1973 *Penny Gold.* 1974 *The Mutations.* 1979 *A Man, a Woman and a Bank.*

CARLE Gilles RÉ CAN (Maniwaki 1929|) Dessinateur, journaliste : de très nombreux courts métrages (notamment publicitaires) avant son premier long métrage. Une âpreté joyeuse, un ton de polémique fondés sur la justesse de l'observation marquent tous ses films : 1965 *la Vie heureuse de Léopold Z.* 1968 *le Viol d'une jeune fille douce.* 1969 *Red.* 1970 *les Mâles ou l'Éternel masculin.* 1973 *la Vraie Nature de Bernadette, la Mort du bûcheron.* 1974 *les Corps célestes.* 1975 *la Tête de Normande Saint-Onge.* 1977 *l'Ange et la Femme.* 1980 *Fantastica.* 1981 *les Plouffe.* 1984 *Maria Chapdelaine.*

Gilles Carle

CARLO-RIM (Jean-Marius Richard) SC FR (Nîmes 19 déc. 1905|3 déc. 1989) Bon scénariste français. Président de l'Asso-

ciation internationale des auteurs de films.
Entre autres : RÉ Tourneur : 1935 *Justin de Marseille.* RÉ Berthomieu : 1936 *le Mort en fuite.*
CO-RÉ Fernandel : 1942 *Simplet.*
RÉ sur ses SC : 1948 *l'Armoire volante,* INT Fernandel. 1951 *la Maison Bonnadieu.* 1953 *Virgile.* 1955 *Escalier de service.* 1956 *les Truands.* 1963 *Contes* de Maupassant pour la TV.

CARNÉ Marcel RÉ FR (Paris 18 août 1909 |) Un maître du réalisme poétique qui, débutant à trente ans avec *Jenny,* exerça une énorme influence internationale. Exigeant, soigneux, convaincu, souvent grand. Lorsque, fin 1940, les moralistes de Vichy accusèrent *Quai des brumes* d'être coupable de la défaite (en même temps que Gide, Sartre, etc.), il répondit que l'idéal de l'artiste est de devenir le baromètre de son époque sans qu'on puisse le rendre responsable des tempêtes prévues par lui. Dans les films qu'il avait réalisés précédemment sur SC de J. Prévert *(Quai des brumes, le Jour se lève),* il avait métaphoriquement exprimé l'angoisse devant la montée des périls. Après *les Visiteurs du soir,* fable médiévale, les deux hommes atteignirent le sommet de leur art avec *les Enfants du paradis.* Comme jeune journaliste, il avait posé la question : « Quand le cinéma descendra-t-il dans la rue ? », et y avait répondu pour sa part qu'il ne voyait pas « sans irritation le cinéma actuel se confiner en vase clos, fuir la vie pour se complaire dans le décor et l'artifice ». Il demandait qu'on se penchât comme le romancier Dabit sur certains quartiers de Paris. « Populisme, direz-vous ? Le mot, pas plus que la chose, ne nous effraie. Décrire la vie simple des petites gens, rendre l'atmosphère laborieuse qui est la leur, cela ne vaut-il pas mieux que de reconstituer l'ambiance surchauffée des dancings ? » (1932). Comme réalisateur, il suivit un peu le chemin de ses maîtres du Kammerspiel, Sternberg, Lupu-Pick, Murnau, et de Jacques Feyder. Dans tous ses films d'avant 1948, de *Jenny* aux *Portes de la nuit,* on retrouve plusieurs constantes : l'amour impossible, son éternité qui seule apporte le bonheur, mais qui ne peut longtemps se prolonger ; les salauds ont toujours le dessus. Son univers, comme celui de Prévert, est un théâtre où s'affrontent le Bien et le Mal. Ses héros, souvent incarnés par Gabin, sont de braves gens dont la société a fait des criminels, mais non des bandits professionnels, peints par lui comme des canailles. Ils rêvent d'ailleurs où l'amour sera possible et éternel, se heurtant au destin souvent symbolisé par un des protagonistes, mais aussi par le décor lui-même. Cette

Marcel Carné

Carné, « Quai des brumes », avec Jean Gabin et Michèle Morgan.

« les Enfants du paradis », avec J.-L. Barrault et Arletty.

fatalité est en définitive une expression de l'ordre social. Sa conception dramatique ne fut pas immuable. Elle évolua pendant la guerre, où le diable des *Visiteurs du soir* se trouva impuissant devant le cœur battant des amants enlacés... Après l'échec immérité des *Portes de la nuit*, le réalisateur cessa de collaborer avec Prévert, qui allait abandonner le cinéma. Certaines anciennes constantes n'en subsistèrent pas moins dans *la Marie du port, Juliette, l'Air de Paris, les Tricheurs.* Si elles touchèrent moins profondément le public, ce fut sans doute parce qu'elles avaient trop profondément répondu à l'avant-guerre pour convenir aussi bien à l'après-guerre.
Fils d'un ébéniste, d'abord journaliste et critique.
ASS Jacques Feyder : *les Nouveaux Messieurs, le Grand Jeu, Pension Mimosas, la Kermesse héroïque.* René Clair : *Sous les toits de Paris.*
RÉ : 1929 *Nogent, eldorado du dimanche* CM, CO-RÉ Sanvoisin. 1936 *Jenny,* SC J. Prévert et J. Constant, PH Roger Hubert, MUS J. Kosma, INT Françoise Rosay, Albert Préjean, Charles Vanel, Jean-Louis Barrault. 1937 *Drôle de drame.* 1938 *Quai des brumes, Hôtel du Nord,* SC Jeanson, *from* E. Dabit, INT Arletty, Louis Jouvet, Annabella, J.-P. Aumont. 1939 *le Jour se lève.* 1942 *les Visiteurs du soir.* 1943-1945 *les Enfants du paradis.* 1946 *les Portes de la nuit.* 1948 *la Fleur de l'âge,* SC J. Prévert (inachevé). 1950 *la Marie du port,* INT Jean Gabin, Nicole Courcel. 1951 *Juliette ou la Clef des songes,* INT Gérard Philipe. 1953 *Thérèse Raquin.* 1954 *l'Air de Paris,* INT Gabin, Arletty, Lesaffre. 1956 *le Pays d'où je viens.* 1958 *les Tricheurs.* 1961 *Terrain vague.* 1963 *Du mouron pour les petits oiseaux.* 1965 *Trois Chambres à Manhattan.* 1967 *les Jeunes Loups.* 1970 *la Force et le Droit.* 1971 *les Assassins de l'ordre, la Merveilleuse Visite.* 1977 *la Bible de Palerme* DOC, sorti à Cannes en 1984. 1981 *Lourdes* DOC. 1982 *Albi* DOC. 1985 *la Martinique* DOC, *Rome* DOC. 1988 *Bel Eté, from* Maupassant.

CARRIL Hugo del ACT RÉ ARG (Buenos Aires 30 nov. 1912|) Jeune premier et chanteur de charme : 1937 *la Vie de Carlos Gardel, la Vie est un tango,* etc. Il réalisa en 1952 un film tragique, tranchant alors sur toute la production argentine, *le Fleuve de sang (Las Aguas bajan turbias).*

CARTIER-BRESSON Henri DOC FR (Chanteloup, S.-et-M., 1908|) Le plus fameux photographe français contemporain ; réalisa aussi un remarquable court métrage *le Retour* (1945), sur la libération des prisonniers de guerre.

CASERINI Mario RÉ ITAL (Rome 1874|Rome 17 nov. 1920) Fameux réalisateur, 1908-1918, des grandes mises en scène à l'italienne, il adapta aussi quelques sujets boulevardiers. Une centaine de films, dont : 1907 *Otello, Garibaldi.* 1908 *Marco Visconti, Romeo e Giulietta, Giovanna d'Arco.* 1909 *Beatrice Censi, la Dame de Montsoreau, La Gerla di Papà Martin, L'Innominato.* 1910 *Macbeth, Amleto, Il Cid, Federico Barbarossa, Giovanni delle Bande Nere, Lucrezia Borgia, Messalina.* 1911 *Jane Gray, Antigone, Santarellina (Mam'zelle Nitouche), L'Ultimo dei Frontignac, from* « le Roman d'un jeune homme pauvre », d'O. Feuillet. 1912 *Mater Dolorossa, I Mille, Siefried.* 1913 *Florette et Patapon, Il Treno degli Spettri, Ma l'Amor mio non Muore.* 1913 ou 1914 *Nerone e Agrippina.* 1914 *La Gorgona.* 1917 *Amore che uccide, Capitan Fracassa.* 1918 *Madama Arlecchino.* 1920 *Fiore d'amore.*

CASSAVETES John ACT RÉ SC US (New York 1929|1989). Comédien, venu de la mise en scène de théâtre, Cassavetes donna, dès son premier film *Shadows* (1959), la marque de son style, à l'opposé de toute théâtralité : une mise en scène d'une souple élégance, au plus près des personnages et de leurs déplacements, une sensibilité extrême, à travers un regard, un geste saisis au vol, aux non-dits du dialogue. Et si la « jeune école new-yorkaise » dans laquelle on le classa alors devait bientôt éclater, il continua, lui, dans cette voie de l'exploration des sentiments, lançant des personnages fragiles (et souvent plus encore fragilisés par une difficile vie de couple) dans un monde dur aux arêtes vives. Son œuvre est, en ce sens, d'autant plus cohérente que, ayant toujours fonctionné (sauf pour les films dont il n'était que l'interprète) en dehors du système hollywoodien, il a su s'entourer d'une « troupe » d'interprètes et collaborateurs, comme sa femme Gena Rowlands, Seymour Cassel, Ben Gazzara, dont on ne retrouve l'équivalent nulle part ailleurs. « Le cinéma est une aventure, l'une des dernières qui nous restent », avait-il dit à Michael Ventura, lors du tournage de *Love Streams* (cité dans le dossier de presse de ce film). Et c'est sans doute cette aventureuse fièvre qui donne à chacun de ses films son ton d'urgence absolue : ce qu'il dit dans chacun d'eux, sur l'homme, sur la femme, sur leurs déchirements, il fallait qu'il le dise, vite, avec ce sourire un peu las des yeux tristes qu'on lui a si souvent vu.
RÉ : 1959 *Shadows* (id.). 1962 *Too Late Blues (la Ballade des sans-espoir).* 1963 *A Child Is Waiting (Un enfant attend).*

John Cassavetes

1968 *Faces.* 1970 *Husbands (les Maris).* 1971 *Minnie and Moskovitz (Ainsi va l'amour).* 1975 *A Woman under the Influence (Une femme sous influence).* 1976 *The Killing of a Chinese Bookie (le Bal des vauriens/Meurtre d'un bookmaker chinois).* 1978 *Opening Night.* 1980 *Gloria.* 1983 *Love Streams (Torrents d'amour).* 1984 *Big Trouble.*
ACT par ailleurs, de *Taxi* (1953, Gregory Ratoff) à *Tempête* (1982, Paul Mazursky) en passant par *A bout portant* (1964, Don Siegel) et *Rosemary's Baby* (1967, Polanski) dans 24 films dont il n'était pas le metteur en scènes et 4 qu'il avait dirigés.
TH : en 1981 il a mis en scène au City Center Theatre de Los Angeles *Love Streams* de Ted Allan et *Third Day Comes* de Ted Allan et lui-même.

CASTELLANI Renato RÉ ITAL (Finale Ligure, 4 sept. 1913 | Rome 1985) Avant 1945, avec Soldati et Lattuada, brillant « calligraphe » italien.
1941 *Un coup de pistolet.* 1942 *Zaza.* Se rallie ensuite au néo-réalisme et lui apporte une fantaisie désinvolte et picaresque. 1948 *Sous le soleil de Rome.* 1949 *Primavera.* 1952 *Deux sous d'espoir.* Revient au calligraphisme avec 1954 *Roméo et Juliette* ; plusieurs échecs : 1957 *I Sogni nel Cassetto.* 1958 *l'Enfer dans la ville.* 1961 *le Brigand.* 1963 *Mare Matto (la Mer à boire).* 1966 *Sotto il cielo stellato.* 1967 *Questi Fantasmi.* 1971 *Leonardo da Vinci* TV.

CAUVIN André RÉ BELG (Bruxelles 12 fév. 1907 |) D'abord pionnier du film sur l'art : *l'Agneau mystique de Van Eyck* (1933) sur lequel il devait revenir à deux reprises (1939 et 1947), *Memling* (1940), il devint après la guerre un spécialiste de documentaires réalisés au Congo, où il dit l'œuvre coloniale des Belges jusqu'au dernier voyage de leur roi : *Bwana Kikoto* (1955). Il réalisa jusqu'en 1970 une cinquantaine de documentaires et reportages à travers le monde.

CAVALCANTI Alberto RÉ FR GB BRÉS, etc. (Rio de Janeiro 6 fév. 1897 | Paris 1982) Un des plus importants cinéastes contemporains. Son apport fut décisif pour l'avant-garde française, 1925-1930, pour le documentarisme anglais, 1935-1945, et la renaissance du cinéma bésilien, 1949-1952. Il n'eut pas toujours la possibilité de diriger les films comme il le souhaitait, mais les œuvres créées par lui en toute liberté sont caractérisées par leur sensibilité, leur sens des réalités humaines et sociales, leur raffinement plastique, leur intelligence et leur amour passionné du cinéma. Il a débuté comme décorateur pour Marcel L'Herbier et imprima un style nouveau aux constructions de studios, utilisant notamment les plafonds. Devenu réalisateur, il fut assez consciemment un précurseur du réalisme poétique, alliant une fantaisie lyrique, une certaine mélancolie à la description des faubourgs, des milieux populaires, des « ailleurs » : *Rien que des heures, Yvette, En rade, la P'tite Lilie, le Petit Chaperon rouge,* 1926-1930. Après une mauvaise période, il s'établit à Londres et devient le principal collaborateur de Grierson, donnant un nouvel essor au documentarisme, suite logique de l'évolution où était parvenue l'avant-garde continentale. C'est à ce moment qu'il proposa, pour désigner le mouvement, le terme de « néo-réalisme ». Après avoir, en tant que producteur de CM au GPO, découvert et encouragé Lon Lye, Pat Jackson, Harry Watt, Basil Wright, Chick Fowles, Humphrey Jennings, il devint pour Michael Balcon directeur de la production à Ealing Studios, où

Cavalcanti, 1951.

Cavalcanti, « Je suis un fugitif ».

« O Canto do Mar »

il fit passer dans la mise en scène l'esprit du documentaire et son sens des réalités nationales et sociales. Il forma alors les principaux cinéastes anglais de l'après-guerre : Charles Frend, Basil Dearden, Charles Crichton, Robert Hamer. Appelé au Brésil en 1949, il groupa à Sao Paulo tous les talents nécessaires au renouveau du cinéma brésilien. Il réussit à créer un mouvement qui se heurta bientôt aux monopoles étrangers, mais donna une impulsion dont les conséquences ne sont pas encore épuisées. D'autre part, il réalisa dans sa patrie d'origine, pour un temps retrouvée, une œuvre inconnue en Europe, mais d'une grande importance : *O Canto do Mar*. De retour en Europe, il dirigea enfin, avec *M. Puntila et son valet Matti*, le seul film que l'exigeant Bertolt Brecht ait considéré comme une adaptation fidèle de son œuvre.

EN FR : DÉC pour L'Herbier : 1923 *Résurrection*. 1924 *l'Inhumaine, l'Inondation*. RÉ Catelain 1924 *la Galerie des monstres*. RÉ L'Herbier : 1925 *Feu Mathias Pascal*.

RÉ : 1926 *Rien que des heures*. 1927 *Yvette*, SC Cavalcanti, *from* Maupassant, DÉC Erik Aaes, INT Catherine Hessling ; *En rade*. 1928 *le Train sans yeux* SC Delluc, INT Gina Manès ; *la P'tite Lilie* CM, MUS Milhaud, INT Catherine Hessling, Jean Renoir. 1929 *la Jalousie du barbouillé, le Capitaine Fracasse*. 1929-1930 *le Petit Chaperon rouge* CM, MUS Jaubert, INT C. Hessling, J. Renoir, P. Prévert. *Toute sa vie* (premier titre : *l'Appel du cœur*). 1931 *A mi-chemin du ciel, les Vacances du diable, Dans une île perdue, from* J. Conrad, *Victory*. 1932 *le Truc du Brésilien*. 1933 *le Mari garçon, Coralie et Cie, le Tour de chant* CM, INT Gilles et Julien. - EN GB : 1934 *Pett and Pott* CM, MUS W. Leight, INT Valesta Gert, *New Rates*. 1936 *Coal face*, MUS Britten.

PR : 1934-1940 pour le GPO (General Post Office) RÉ Pat Jackson, Lon Lye, CM : *Rainbow Dance, N or NW*. RÉ Harry Watt et Basil Wright : *Night Mail*. RÉ Pat Jackson, Ralph Elton, Humphrey Jeannings. CM pour l'État helvétique : 1937 *Line to Tcherva Hut, We live in two Worlds, Who writes, To Switzerland, Message from Geneve, Four Barriers, Men of the Alps*. 1939 *Midsummer's Days Work*.

PR 1940-1943 pour Ealing Studios (Michael Balcon) LM, RÉ Charles Frend : 1942 *The Foreman went to France*. RÉ Crichton : 1942 *The Big Blocade*.

RÉ : 1942 *Greek Testament, Alice in Switzerland, Went the Day well ?*, SC Graham Greene. 1943 : *Film and Reality*, montage. 1944 *Champagne Charlie*. 1945 *Dead of Night (Au cœur de la nuit), Nicolas Nickleby, from* Dickens. 1947 *They made me a Fugitive (Je suis un fugitif), The First Gentleman*. 1948 *For them that Trepass (A tout péché miséricorde)*. - AU BRÉS : PR pour la Vera Cruz 1949-1952 RÉ Adolfo Celi : *Caicara*. RÉ Lima Barreto : *Painel, Santuario* CM. RÉ John Paynes : *Terra e sempra Terra, Volta Redonda*. RÉ : 1952 *Simao o Caolho (Simon le borgne)*. 1954 *O Canto do Mar (le Chant de la mer), Mulher der Verdade*. - EN AUT : 1956 *M. Puntila et son valet Matti*. - EN ITAL : 1958 *les Noces vénitiennes*. - EN GB : 1960-1961 Films TV. 1967 ISR : *Thus Spoke Theodor Herzl*.

CAVALIER Alain RÉ FR Alain Fressé, dit. (Vendôme 1931 |) L'un des réalisateurs français les plus originaux et les

Alain Cavalier

plus rigoureux, il a tracé sa voie vers un cinéma du dépouillement et de la pudique élégance à travers des difficultés sans nombre et dans l'indifférence du public et trop souvent aussi de la critique. Un film de 1979 (dix-sept ans après son premier long métrage) porte l'amer témoignage du désespoir auquel il avait été réduit. C'est *Ce répondeur ne prend pas de messages,* pathétique renfermement sur soi, sur le silence et le noir absolu. L'échec commercial de ses deux premiers films – tentative novatrice d'inscrire des « thrillers » dans un environnement politique précis – à l'écriture nerveuse, l'avait contraint à accepter ensuite des sujets plus « publics » auxquels il ne manqua pas toutefois d'imposer sa marque, et il mit de longues années avant de voir reconnaître sa place, de tourner des sujets qui devaient lui appartenir complètement, comme *Thérèse.* Il a écrit à propos de ce film qu'une phrase de Pascal l'avait aidé à trouver le ton juste. C'est celle-ci : « Nous ne cherchons jamais les choses mais la recherche des choses ; ainsi, dans les spectacles, les scènes contentes sans crainte ne valent rien, ni les extrêmes misères sans espérance, ni les amours brutaux, ni les sévérités âpres. » Ce qui peut être tenu pour une assez bonne définition du style même du cinéaste.
RÉ : 1958 *Un américain* CM. 1962 *le Combat dans l'île.* 1964 *l'Insoumis.* 1967 *Mise à sac.* 1967 *la Chamade, from* Françoise Sagan. 1975 *le Plein de super.* 1978 *Martin et Léa, ce répondeur ne prend pas de messages.* 1980 *Un étrange voyage.* 1986 *Thérèse.*

CAVANI Liliana RÉ ITAL (12 janvier 1933 |) De *Portier de nuit,* rencontre, vingt-cinq ans après, dans une Vienne de pâtisserie, entre un bourreau de camp de concentration et celle qui fut sa victime, à *Au-delà du bien et du mal,* variations sado-masochistes autour des amours froides de Lou-Andrea Salomé, c'est l'histoire d'une complaisante descente vers l'anecdote des fantasmes. On peut préférer son premier film, un portrait sulfureux et brûlant d'amour de François d'Assise où Lou Castel a peut-être son meilleur rôle, un saint François qu'elle retrouva en 1989 avec Mickey Rourke (et avec moins de bonheur). De 1961 à 1965, elle a réalisé pour la télévision italienne de nombreux documentaires sur l'histoire contemporaine *(Histoire du IIIe Reich, Philippe Pétain, procès à Vichy, l'Ère de Staline, la Femme dans la Résistance,* etc.).
RÉ : 1965 *Francesco d'Assisi.* 1968 *Galileo.* 1969 *les Cannibales.* 1971 *L'Ospite (l'Invitée).* 1973-1974 *Milarepa.* 1974 *Portier de nuit.* 1977 *Au-delà du bien et du mal.* 1981 *la Peau, from* Malaparte. 1982 *Oltre la porta (Derrière la porte).* 1985 *Interno Berlino.* 1989 *Francesco.*

Liliana Cavani, tournage de « la Peau ».

CAYATTE André RÉ FR (Carcassonne 3 fév. 1909 | 1989) Metteur en scène au style traditionnel, il s'imposa par quatre films « judiciaires » pleins d'habileté et de générosité, *Justice est faite, le Dossier noir, Nous sommes tous des assassins,* dont Charles Spaak avait été le scénariste. La meilleure réussite de la série fut *Avant le déluge,* tableau du désarroi de certains milieux pendant la guerre froide. André Bazin devait alors mettre en cause « la cybernétique » de Cayatte : « Ce ne sont pas seulement des films à idées ou à thèse, mais une assez paradoxale entreprise où les mécanismes du cinéma refluent vers le spectateur... Il nous propose un univers juridique et mécaniste, peuplé d'automates ; nous attendons la révolte des robots. » Par la suite, les robots se révoltèrent moins qu'ils ne se détraquèrent.

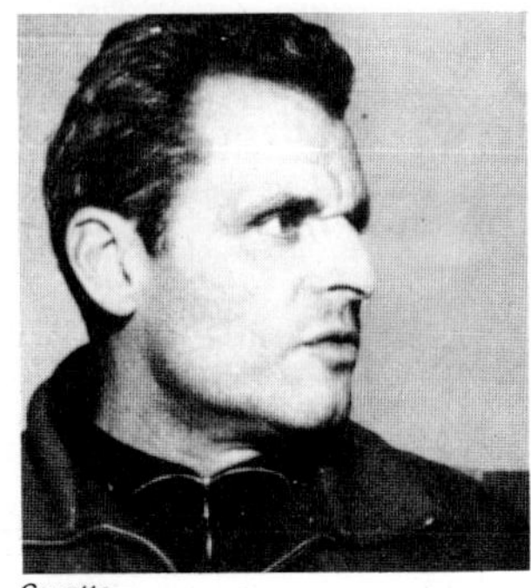

Cayatte

RÉ 1949 *les Amants de Vérone* SC J. Prévert, PH Alekan, DÉC Moulaert, MUS Kosma, INT Pierre Brasseur, Serge Reggiani, Anouk Aimée, Dalio, Martine Carol, Marianne Oswald. 1950 *Justice est faite.* 1952 *Nous sommes tous des assassins.* 1954 *Avant le déluge.* 1955 *le Dossier noir.* 1956 *Œil pour œil.* 1958 *le Miroir à deux faces.* 1960 *le Passage du Rhin.* 1963 *le Glaive et la Balance.* 1964 *la Vie conjugale.* 1965 *Piège pour Cendrillon.* 1967 *les Risques du métier.* 1969 *les Chemins de Katmandou.* 1971 *Mourir d'aimer.* 1973 *Il n'y a pas de fumée sans feu.* 1974 *Verdict.* 1977 *A chacun son enfer.* 1978 *la Raison d'État, l'Amour en question.*

CAYROL Jean SC RÉ FR (Bordeaux 1911 |) Excellent écrivain et poète, a fini par utiliser la caméra avec le même bonheur que le stylo.
SC : RÉ Resnais : 1956 *Nuit et Brouillard.* 1963 *Muriel ou le temps d'un retour.*
RÉ : 1960 *On vous parle* CM. 1961 *Madame se meurt.* 1964 *le Coup de grâce* CO-RÉ Claude Durand. 1966 *la Déesse.*

CECCHI Emilio PR SC ITAL (Florence 14 juil. 1884 | Rome 1966) Écrivain et universitaire connu, appelé (1932-1944) par le banquier L. Toeplitz à la direction artistique de la « Cinès ». Il favorisa les débuts ou la carrière de Camerini, Blasetti, Soldati, Poggioli.

CECCHI D'AMICO Suso SC ITAL (Rome 12 juil. 1914 |) Nerveuse, véhémente, parfois un peu acide, elle est une des meilleures scénaristes italiennes. Elle travailla souvent avec Zavattini, Pagliero, Castellani, De Sica *(le Voleur de bicyclette, Miracle à Milan)*, Zampa, Antonioni *(I Vinti, Le Amiche)*. Elle est l'auteur habituel de Visconti *(Bellissima, Senso, les Nuits blanches, Rocco et ses frères, le Guépard, Vaghe stelle dell'Orsa, l'Innocent)*. Des scénarios également pour Francesco Rosi *(Salvatore Giuliano)*, Monicelli, Bolognini.

CHABROL Claude RÉ FR (Paris 24 juin 1930 |) Personnel, convaincu, truculent, il fit ses débuts avec la sincérité du *Beau Serge* et l'éclat des *Cousins*, 1959, qui le placèrent au premier rang de la Nouvelle Vague. Ne résistant jamais à l'envie de diriger un film : 1960 *A double tour.* 1961 *les Godelureaux.* 1962 *l'Œil du Malin, Ophélia*, il se gaspilla par la suite malgré : 1960 *les Bonnes Femmes* et 1962 *Landru*, en gardant une haute ambition : « Les seuls sujets honnêtes, a-t-il dit, sont à l'image de la réalité. Le probème du cinéaste est double : faire saisir sa pensée au plus grand nombre, ce qui est un problème de forme, et démonter le mécanisme de cette réalité : fuir le sentiment faux, montrer que le propre d'une société aliénée est dans la putréfaction des valeurs fondamentales. »
Après un long purgatoire dans les « tigres », films d'aventures policières où il rentrait ses griffes, non sans lancer parfois de sournois coups de patte, Chabrol a pu revenir, en 1966, avec *le Scandale*, aux sujets qu'il tenait pour sérieux : la mise à nu des bassesses bourgeoises, en des récits soigneusement refermés sur eux-mêmes, aux éclats sourds, ou des comédies policières goguenardes.
RÉ : 1958 *le Beau Serge, les Cousins.* 1959 *A double tour, les Bonnes Femmes.* 1960 *les Godelureaux.* 1961 *les Sept Péchés capitaux (l'Avarice), l'Œil du malin, Ophélia.* 1962 *Landru.* 1963 *les Plus Belles Escroqueries du siècle (l'Homme qui vendit la tour Eiffel).* 1964 *le Tigre aime la chair fraîche.* 1965 *Paris vu par... (La Muette), Marie-Chantal contre Docteur Kha, le Tigre se parfume à la dynamite.* 1966 *la Ligne de démarcation, le Scandale.* 1967 *la Route de Corinthe, les Biches.* 1968 *la Femme infidèle.* 1969 *Que la bête meure, le Boucher.* 1970 *la Rupture, Juste avant la nuit.* 1971 *la Décade prodigieuse.* 1972 *Docteur Popaul, les Noces rouges.* 1973 *Nada.* 1974 *Une partie de plaisir, les Innocents aux mains sales.* 1975 *les Magiciens, Folies bourgeoises.* 1976 *Alice ou la dernière fugue.*

Chabrol

1977 *les Liens de sang.* 1978 *Violette Nozière.* 1980 *le Cheval d'orgueil.* 1983 *le Sang des autres, Poulet au vinaigre.* 1985 *Inspecteur Lavardin.* 1986 *Masques, le Cri du Hibou.* 1988 *l'Escargot noir, Une affaire de femmes.* Il a par ailleurs réalisé de nombreuses dramatiques et des séries pour la télévision.

CHAHINE Youssef RÉ ÉG (Alexandrie 1926|) Le meilleur cinéaste égyptien de la génération de 1952. Il possède un grand sens de l'image, du montage, du suspense. Il a donné des œuvres importantes, *Ciel d'enfer* et *Cairo Station* ou *Gare centrale.* 1945 Stage aux US. Parlant de son film, *Alexandrie... pourquoi ?*, qui est tout autant une radioscopie de l'Égypte des années quarante qu'une autobiographie écrite sur le ton de la passion, il a noté : « Ce que je dis dans ce film est reçu comme une gifle, et bien sûr que je veux que ce soit reçu comme une gifle, je veux déranger. [...] Quand je présente une société que j'ai connue, une société islamique dans laquelle je fais partie d'une minorité, étant donné que je suis chrétien, je dis que cela ne m'a pas du tout empêché de réaliser ce que j'ai eu envie de faire, et je n'en rejette pas la faute sur les autres, comme le font certains esprits simplistes. J'ai toujours dit non, lorsque je n'arrivais pas à faire quelque chose, et je pensais qu'il y avait quelque chose que je ne savais pas et que je devais apprendre. Je l'ai d'ailleurs dit à travers le jeune Yéhia dans le film et c'est un message excessivement important. » (in « Cinemarabe » nº 12). RÉ : 1950 *Papa Amine.* 1951 *le Fils du Nil, le Grand Bouffon,* INT Youssef Wahby ; *la Dame du train.* 1952 *Femmes sans homme* 1953 *Ciel d'enfer, le Démon du désert.* 1955 *les Eaux noires (Seraa fi Mina).* 1956 *Adieu mon amour, C'est toi mon amour,* INT Farid el Atrache. 1957 *Cairo Station.* 1958 *Djemila l'Algérienne.* 1959 *Prends-moi dans tes bras, l'Appel des amoureux.* 1960 *Un homme dans ma vie.* 1962 *Saladin.* 1964 *l'Aube d'un jour nouveau.* 1965 *Auliban le vendeur de bagues.* 1967 *Sables d'or.* 1968 *Al Ard (la Terre).* 1970 *le Choix.* 1972 *le Moineau.* 1976 CO-PR EG-ALG *le Retour du fils prodigue (Awdat al ibn al daal).* 1979 *Alexandrie... pourquoi ?* 1982 *la Mémoire.* 1985 *Adieu Bonaparte* CO-PR ÉG-FR. 1986 *le Sixième Jour, from* Andrée Chédid.

Youssef Chahine

CHALONGE Christian de RÉ FR (Douai 1937|) En 1967, *O Salto,* un film sur les immigrants portugais en France, leur exploitation - et sur l'indifférence de leurs « hôtes ». En 1970, sur un thème « fantastique », *l'Alliance.* Mais ici encore avec renvoi à l'indifférence devant une catastrophe imminente. 1978 *l'Argent des autres.* 1980 *Malevil.* 1982 *les Quarantièmes Rugissants.*

CHAPLIN Charles Spencer RÉ ACT US (Londres 16 avril 1889| Vevey (Suisse) le 25 déc. 1977) Le plus grand génie qu'ait jamais produit le cinéma, justement comparé à Molière par Delluc, et à Shakespeare par Élie Faure. Son enfance, à la fin de l'ère victorienne, ressembla à un roman de Dickens. Il était fils d'un chanteur et d'une chanteuse de music-hall tombés dans la misère. Charles et son frère aîné Sidney connurent les taudis, les nuits passés dans la rue, la mendicité, les orphelinats. Dès l'âge de six ans, il monta sur les planches pour un numéro de danse. Les deux frères, à peine adolescents, furent engagés par Fred Karno, qui conservait les grandes traditions de la pantomime anglaise. Des tournées conduisirent les jeunes garçons dans les

Chaplin vers 1918

music-halls de province, puis aux USA. A la fin de 1913, découvert par Mack Sennett, il accepta sans enthousiasme de signer un contrat. A Hollywood en 1914, il interpréta pour Keystone 35 films comiques, où les poursuites et les tartes à la crème étaient reines. Il y avait adopté, avec quelque hésitation, le type qui le rendit célèbre : chapeau melon, petite moustache, démarche de canard, grandes chaussures, pantalon trop large. Avec les 14 films de l'Essanay, 1915, les gros effets et la férocité passèrent à l'arrière-plan, et il devint le petit homme chômeur, amoureux, aux prises avec les pires et constantes difficultés, desquelles il se tire par son humour, sa dignité, ses trouvailles ingénieuses : *le Vagabond, la Banque, Charlot travaille.* Avec ses douze courts métrages Mutual, 1916-1918, il franchit l'abîme qui sépare le talent du génie. Avec des films vigoureux, gracieux comme des ballets : *le Chef de rayon, le Comte, Charlot patine, Charlot fait une cure,* il se dirige vers une polémique sociale hardie et parfois tragique : *l'Usurier, Easy Street, l'Émigrant, Charlot s'évade.* Il devient aussi célèbre que Sarah Bernhardt et Napoléon, dit Delluc. Après avoir accepté un million de dollars, offerts par la First National, il pousse plus loin encore sa critique sociale avec la trilogie : *Une vie de chien, Charlot soldat, Une idylle aux champs.* Chaque court métrage lui coûte désormais plusieurs mois de travail acharné. Il est devenu pleinement maître de ses moyens dramatiques, qu'il définit alors ainsi : « Je m'efforce d'économiser mes moyens ; dans *Charlot s'évade,* mangeant une glace, je la laisse glisser à travers mon pantalon et elle vient tomber du balcon dans le décolleté d'une dame luxueusement habillée ; un seul fait a suffi pour mettre deux personnes dans l'embarras et provoquer deux rires distincts. Deux éléments de la nature humaine sont visés : la tendance du spectateur à ressentir les mêmes impressions que l'acteur et le plaisir pris par le public à voir la richesse dans la peine. Si j'avais fait tomber la glace dans le cou d'une pauvre femme de ménage, serait née, au lieu du rire, la sympathie. » Une attaque permanente contre les « dignitaires » indignes et la revendication perpétuelle de la dignité pour chaque « petit homme » (qu'il incarne) ont fait de son personnage le frère de chaque autre « petit homme » de cette planète. Il présente son premier long métrage, *le Gosse,* en Europe, où il est reçu en triomphateur. Il songe alors à devenir seulement RÉ avec *l'Opinion publique.*

Chaplin, « le Kid ».

« le Pèlerin »

Puis c'est le retour triomphal de Charlot dans *la Ruée vers l'or*. Dans son avertissement à *l'Opinion publique*, il avait écrit : « L'humanité ne se divise pas en héros et en traîtres, mais simplement en hommes et en femmes. Leurs passions, bonnes ou mauvaises, leur ayant été données par la nature. » Prenant prétexte d'un divorce, les cagots, qui ne lui avaient pas pardonné d'avoir dénoncé leur tartuferie dans *le Pèlerin*, lancent contre lui une affreuse campagne d'opinion. Il est au bord du suicide et du désespoir, puis reprend courage, finit par triompher, mais dans *le Cirque* apparaît une amertume qui ne le quittera plus. Le parlant fait son apparition. Il le refuse. Après trois ans de travail acharné, il termine enfin *les Lumières de la ville*, œuvre parfaite et déchirante, part présenter son film en Europe, y séjourne longtemps, fait le tour du monde. A son retour, il entreprend *les Temps modernes*, qu'inspire directement la crise économique de 1929. Puis, quand le fascisme et la guerre menacent de nouveau le monde, il s'engage plus directement encore avec *le Dictateur*. Pour la troisième fois, il est victime de persécutions. Il abandonne Charlot pour devenir Monsieur Verdoux, lucide et féroce dans le ricanement de son humour noir. Le maccarthysme finit par rendre sa vie impossible à Hollywood, il s'embarque pour l'Europe sans esprit de retour, pour y présenter *Limelight*, drame shakespearien, et déclare alors : « Je crois à la liberté ; c'est toute ma politique ; je suis pour les hommes, telle est ma nature. Je ne crois pas à la technique, à la promenade des caméras autour des narines des stars ; je crois à la mimique, je crois au style. Je n'ai pas de « mission ». Mon but est donner du plaisir aux gens. » Avec sa jeune femme et ses nombreux enfants, il se retire alors en Suisse. Après avoir réalisé à Londres *Un roi à New York*, il a écrit en 1958-1962 ses *Mémoires*, publiés en 1964.

RÉ Pathé-Lehrman 35 films pour la Keystone : 1914 *Making a Living, Between Showers (Charlot et le parapluie).* RÉ SC Chaplin : *Caught in a Cabaret (Charlot garçon de café). The Knock-out (Charlot et Fatty sur le ring), Dough and Dynamite (Charlot pâtissier), His prehistoric Past (Charlot nudiste), Tillie's Punctured Romance.* 1915 Contrat avec l'Essanay, 14 films. Il a déjà réalisé plus de 20 films à la Keystone, et est désormais l'auteur complet de tous ses films. Il a pour partenaires la belle Edna Purviance, Leo White, Wesley Ruggles, etc., et pour opérateur Rollie Toteroh, son collaborateur jusqu'en 1950.

RÉ : *His New Job (Charlot débute), A Night out (Charlot fait la noce), The*

« les Temps modernes »

« la Ruée vers l'or »

Champion (Charlot boxeur), In the Park, Jitney Elopment, The Tramp (Charlot vagabond), By the Sea (Charlot à la plage), Work (Charlot travaille), A Woman (Mam'zelle Charlot), The Bank (Charlot garçon de banque), A Night in the Show (Charlot au music-hall), Police (Charlot cambrioleur), Carmen (Charlot joue Carmen). 1916 Contrat Mutual, 670 000 dollars pour 12 films. Chaplin engage dans sa troupe, outre Purviance, White, Henry Bergman, Albert Austin, Eric Campbell, Lloyd Bacon, etc. *The Floorwalker (Charlot chef de rayon), The Fireman (Charlot pompier), The Vagabond (Charlot musicien), One A. M. (Charlot rentre tard), Triple Trouble (les Avatars de Charlot), The Count (Charlot et le comte), The Pawnshop (l'Usurier), Behind the Screen (Charlot fait du ciné), The Rink (Charlot patine).* 1917 *Easy Street (Charlot ne s'en fait pas), The Cure (Charlot fait une cure), The Immigrant (l'Émigrant), The Adventurer (Charlot s'évade).* 1918 Contrat d'un million avec la First National : *A Dog's Life (Une vie de chien), Shoulder Arms (Charlot soldat).* Mariage avec Mildred Harris. Construction de son propre studio, Lone Star. 1919 *Sunnyside (Une idylle aux champs), A Day's Pleasure (Une journée de plaisir).* Fondation de l'United Artists (Artistes associés), par Chaplin, Griffith, Mary Pickford, Douglas Fairbanks. 1920 Divorce d'avec Mildred Harris. 1921 Premier LM *The Kid (le Gosse), The Idle Class (Charlot et le masque de fer).* Voyage triomphal en Europe. 1922 *Pay Day (Jour de paye).* 1923 *The Pilgrim (le Pèlerin), A Woman of Paris (l'Opinion publique).* 1924 Épouse Lita Grey. 1925 *Gold Rush (la Ruée vers l'or).* 1927 Lita Grey demande le divorce. Violente campagne contre Chaplin, dont les puritains demandent l'expulsion des US. 1928 *The Circus (le Cirque).* 1931 *City Lights (les Lumières de la ville).* Départ pour l'Europe. 1932 Fait le tour du monde. 1936 *Modern Times (les Temps modernes).* 1940 *The Great Dictator (le Dictateur).* 1943 Mariage avec Oona O'Neill, fille de l'écrivain Eugène O'Neill. 1947 *Monsieur Verdoux.* 1952 *Limelight.* En octobre de cette année-là, départ de la famille Chaplin pour l'Europe. 1957 *A King in New York (Un roi à New York).* 1962 Chaplin a son dixième enfant et est nommé docteur honoris causa de l'Université d'Oxford. 1964 Publie ses Mémoires, « Ma vie ». 1966 *la Comtesse de Hong-Kong,* INT Sophia Loren, Marlon Brando.

CHAREF Mehdi RÉ FR (Algérie, 1951 |) Ouvrier, c'est par l'écriture qu'il arrive à la création avec un roman (« le Thé au harem d'Archi Ahmed » [Mercure de France, 1983]), largement autobiographique sur une adolescence banlieusarde, et dédié, dit l'envoi, « à ma mère, même si elle ne sait pas lire ». Le roman a du succès, Costa Gavras veut en faire un film, et laisse finalement Mehdi Charef le réaliser lui-même. Succès encore, non dénué de l'équivoque condescendance de ceux qui aiment bien « se pencher sur »... dans ce cas l'exotisme périphérique. On peut, à ce film d'apprentissage-libération, préférer les films suivants de Charef. Moins bien accueillis que le premier, ils portent pourtant la marque, avec leurs personnages vivant sur des marges un peu folles, d'un vrai créateur d'univers fictionnels dont on peut attendre beaucoup.
RÉ : 1984 *le Thé au harem d'Archimède.* 1987 *Miss Mona.* 1988 *Camomille.*

CHARELL Erik RÉ ALL (Breslau 1894 | 15 juil. 1974) Le producteur Erich Pommer paraît avoir été bien plus responsable du *Congrès s'amuse* (1931), et de sa réussite commerciale, que celui qui signa cette opérette en costumes.

CHAUTARD Émile RÉ ACT FR US (Paris 1881 | Hollywood 1934) Pionnier du cinéma français à « l'Éclair », 1909-1914, rendu fameux avec *le Poison de l'humanité* (1912), il s'établit après 1914 à Hollywood, où il forme Sternberg comme réalisateur.

CHAYEFSKY Paddy SC US (New York 29 janv. 1923 | 1981) Homme de TV et de théâtre bien plus que de cinéma, il lui apporta pourtant beaucoup en 1955-1958. Spécialiste des drames quotidiens influencés par le néo-réalisme, il a dit : « Un écrivain a pour rôle de donner aux spectateurs un brin de signification au dessin par ailleurs incohérent de l'existence. Chaque fibre des rapports humains mérite une étude dramatique. Il est bien plus excitant de savoir les raisons pour lesquelles un homme se marie que celles pour lesquelles il tue son prochain. » Venu de la TV, s'imposa avec : 1955 *Marty.* 1957 *la Nuit des maris (The Bachelor Party)*, dont il fut l'auteur bien plus que le médiocre réalisateur Delbert Mann. 1958 *la Déesse*, dirigée par le vétéran John Cromwell. Sa pièce « Au milieu de la nuit » a été filmée par D. Mann en 1958.

CHENAL Pierre (P. Cohen) RÉ FR (Paris 1903 |) Il manifesta avant 1939 un certain esprit de recherche dans divers films français, alors surestimés : 1934 *la Rue sans nom.* 1935 *Crime et Châtiment,* INT Pierre Blanchar. 1939 *le Dernier Tournant,* puis poursuivit une carrière internationale médiocre, en Argentine, au Chili et en France : 1948 *Clochemerle,* etc.

CHENGUELAIA Georgui RÉ URSS (Géorgie 1937 |) Fils du cinéaste Nikolai Chenguelaïa et de Nato Vachnadze, première vedette du cinéma géorgien, Georgui Chenguelaïa appartient à une véritable « dynastie » du cinéma, puisque son jeune frère Eldar est lui aussi réalisateur. Il est sorti en 1961 du VGIK (Institut du cinéma de Moscou) et son court métrage de diplôme était déjà consacré au peintre naïf géorgien Pirosmanachvili (Pirosmani). Après un moyen métrage : *Allaverdoba* (1962), intrusion d'un personnage taciturne et inquiétant dans une fête populaire, il tourne un épisode du film *Pages du passé* (1965) et passe ensuite au long métrage.

RÉ : 1967 *Il ne voulait pas tuer.* 1969-1971 *Pirosmani.* 1973 *la Mélodie du quartier de Véry.* 1977 *Viens dans la vallée du raisin* ou *l'Eau vive* ou *Notre eau quotidienne* (*Pridi vdolina vinograda*) 1980 *Jeune Fille à la machine à coudre.* 1984 *l'Odyssée d'un jeune compositeur.*

CHENGUELAIA Nikolaï RÉ URSS (Tiflis 1903 | 1943) Excellent cinéaste géorgien. Disciple d'Eisenstein, il est surtout connu par *Elisso* (1928), poème d'amour pour une jeune femme qui anime la révolte de montagnards du Caucase contre les occupants tsaristes, et *les 26 Commissaires* (1933).
RÉ : 1926 Assistant de Jeliaboujski pour *Dina-Dza-Dzou.* 1927 *Gioulli* CO-RÉ L. Pouch, SC N. Chenguelaïa, M. Kalatozov. 1928 *Elisso.* 1933 *les 26 Commissaires* SC Rjechevski. 1937 *la Vallée dorée.* 1939 *Patrie.* 1943 *Dans les montagnes noires.* En 1931 il avait joué dans *Montagnes d'or* de Serge Youtkevitch.

Chen Kaige

CHEN KAIGE RÉ CHINE (Pékin, 1956 |) Fils du réalisateur Chen Huaikai, arraché au lycée à quinze ans par la Révolution culturelle, il est envoyé, comme enfant « d'intellectuel droitier » en rééducation dans une plantation du Yennan. Il ne retrouvera Pékin qu'en 1975 et entrera, en 1978, à l'Institut du cinéma rouvrant ses portes après dix ans d'interruption. Sans doute le réalisateur le plus doué de la génération des années 80, il pratique la mise en scène comme une sorte de somptueuse calligraphie. Ainsi utilise-t-il, par exemple, la nudité d'un terrain de manœuvres comme la page blanche sur laquelle faire évoluer des soldats. Mais il a su mettre cette esthétique au service de sujets d'une âpre violence, puisés dans cette Chine profonde que « l'exil intérieur » à la campagne lui avait fait connaître. Il a ainsi abruptement résumé ses trois premiers films : « Les trois films que j'ai faits peuvent être vus comme une trilogie. Je m'intéresse à l'homme, à ses rapports avec la société. J'adore cette idée de Montaigne qui dit en substance : "Je suis un homme, donc tout ce qui concerne l'homme me touche dans ma chair et mes os." *Terre jaune* s'intéresse aux rapports entre l'homme et la nature. *La Grande Parade* tend à étudier ce qui existe entre l'individu et le groupe. *Le Roi des enfants* constitue, quant à lui, l'analyse des rapports entre l'homme et la culture » (propos recueillis par Lo Xueyen en octobre 1987, cités dans le dossier de presse du *Roi des enfants*). Depuis 1988, il vit à New York.

« la Terre jaune ».

RÉ : 1984 *Terre jaune* (au studio de Quangxi). 1985 *la Grande Parade.* 1987 *le Roi des enfants* (tous deux aux studios de Xian).

CHEPITKO Larissa RÉ URSS (Kiev 1938 | 1979) D'abord actrice à Kiev (1959-1960) elle entra au VGIK (Institut du cinéma) à Moscou, où elle suivit les cours de son compatriote Dovjenko. De celui-ci elle dit : « Il nous enseignait à rester fidèles à nous-mêmes, à faire confiance à nos sentiments, à défendre nos conceptions. Je ne savais pas alors combien c'est difficile ». C'est en effet une œuvre singulièrement âpre que laisse cette jeune femme, qu'elle évoque, de manière très « antonionienne » l'agressivité feutrée qui cimente les rapports d'un couple *(Toi et Moi)* ou

que, jouant sur la rigueur du noir et blanc, elle dessine la trajectoire de deux hommes dans la guerre : l'un vers l'abjection, l'autre vers une rédemption quasi christique *(l'Ascension).* Elle est morte dans un accident d'auto au début du tournage de *Matiora* (d'après le roman de Valentin Raspoutine traduit en français sous le titre « l'Adieu à l'île ») que son mari Elem Klimov devait terminer.
RÉ : 1963 *Chaleur torride, from* « l'Œil du chameau » de Tchinguiz Aïtmatov (tourné en Kirghizie). 1966 *les Ailes.* 1967 *la Patrie de l'électricité* MM. 1971 *Toi et Moi.* 1976 *l'Ascension, from* « Sotnikov » de Vassil Bykov.

CHIARINI Luigi RÉ CRIT ITAL (Rome 20 juin 1900 | 1975) Fondateur en 1935, et directeur jusqu'en 1950, du Centro Sperimentale (école du cinéma de Rome), il a publié de nombreux livres théoriques et dirigé quelques films de la tendance « calligraphique ».
RÉ : 1942 *Via delle Cinque Lune, La Bella Addormentata.* 1943 *La Locandiera.* 1946 *L'Ultimo Amore.* 1948 *Patto col Diavolo.*
LIVRES : 1942 « La Regia ». 1953 « Il Film nella bataglia delle ide ». 1954 « Cinema quinto potere ».

CHODATAIEV Nicolas ANIM URSS (1892 | 1979) Pionnier du dessin animé soviétique, dirigea dès 1925 une curieuse *Révolution planétaire* de style futuriste. Après 1935, il abandonna le cinéma pour la peinture et la sculpture.

CHOMON Segundo de PH FR ESP (Teruel 18 oct. 1871 | Paris 2 mai 1929) Le pionnier qui apporta le plus, avec Méliès, aux truquages : 1902 Coloriage au pochoir. 1906 Image par image (?). De 1905 à 1911, truqueur chez Pathé. Il fut aussi le premier à utiliser le travelling en studio, de façon artistique et expressive, pour la *Cabiria* de Pastrone, 1914.

CHOSTAKOVITCH Dimitri MUS URSS (Saint-Pétersbourg 25 sept. 1906 | 1975) Célèbre compositeur soviétique ; il écrivit plusieurs partitions de films.
RÉ Kozintsev et Trauberg : *Seule*, trilogie des *Maxime*, *Hamlet.* RÉ Youtkevitch : *Montagnes d'or.* RÉ Dovjenko : *Mitchourine.* RÉ Joris Ivens : *le Chant des fleuves.* RÉ Guerassimov : *la Jeune Garde.* RÉ Tchiaoureli : *la Chute de Berlin.*

CHOUB Esfir (ou **Esther**) RÉ URSS (Ukraine 1894 | Moscou 21 oct. 1959) Après Vertov, elle a créé le film de montage en partant exclusivement de documents d'archives, assemblés avec

Esfir Choub

une grande personnalité, leur choix portant la marque d'une forte intelligence. Elle a ainsi prouvé, par une série de longs métrages, que le montage pouvait être à lui seul un moyen de création artistique en partant d'éléments filmés par d'autres. 1923-1924, monteuse au Goskino ; travaille avec Eisenstein à la version russe de *Mabuse.*
RÉ une série de LM : 1927 *la Chute de la dynastie Romanov, le Grand Chemin.* 1928 *la Russie de Nicolas II et de Léon Tolstoï.* 1930 *Aujourd'hui.* 1932 *K. Ch. E. (Komsomol, chef de l'électrification).* 1934 *le Métro pendant la nuit.* 1936-1937 *Espagne* PH Roman Karmen, SC A. Tolstoï et Fadeï. 1937 *le Pays des Soviets.* 1940 *20 Ans de cinéma soviétique* CO-RÉ Poudovkine. 1941 *le Visage de l'ennemi.* 1947 *Du côté de l'Arax.* Elle a laissé un livre de souvenirs : « Kroupnym Planom » (« En gros plan »).

CHOUKCHINE Vassili SC RÉ ACT URSS (1929 | 1974) Acteur, dramaturge, scénariste, réalisateur, Choukchine, mort à la fin du tournage de *Ils ont combattu pour la patrie*, de Bondartchouk où il tenait l'un des rôles principaux est l'un des plus importants cinéastes soviétiques. En cinq films d'une grande liberté de ton, au style fluide, il a tourné, en variations qui font la part à des personnages pleins de sève, autour du même sujet : le passage d'une culture rurale à la civilisation industrielle. Son film le plus riche est sans doute *Petchki lavotchky*, itinéraire d'un paysan sibérien (rôle qu'il interprète) à travers l'URSS, un film sur la langue populaire elle-même malicieuse satire des « nouveaux petits-bourgeois ». Mais celui qui eut le plus de succès en URSS même - au point que se manifesta

à ses obsèques une ferveur comme on n'en avait pas connue depuis la mort de Maïakovski - fut *l'Obier rouge*, histoire d'un « marginal » qui veut retrouver sa place sans la société, d'un prisonnier de droit commun libéré (ici encore rôle tenu par Choukchine) qui retourne dans son village natal de Sibérie. Il a dit, de ce film : « J'ai voulu encore parler ici de la responsabilité de l'homme devant la terre qui l'avait nourri. Nous tous qui vivons aujourd'hui serons responsables de tout ce qui se passe sur notre terre, que ce soit le bien ou le mal. Il faudra payer pour tout : pour le mensonge, pour l'impudence, pour le parasitisme, pour le conformisme, pour la lâcheté, pour la trahison. Payer en totalité. *L'Obier rouge* parle également de tout cela. »
RÉ : 1964 *Un gars comme ça*. 1965 *Votre fils et frère*. 1966 *Des gens étranges*. 1972 *A bâtons rompus (Petchki lavotchky)*. 1973 *l'Obier rouge*.
Trois recueils de ses nouvelles ont été publiés en français : *l'Envie de vivre* (Gallimard), *l'Obier rouge* et autres récits (Éditeurs français réunis), *Conversations sous la lune claire* (Julliard).

CHRÉTIEN Henri INV FR (Paris 1er fév. 1879 | Washington 6 fév. 1956) Il adapta après 1925 son objectif « hypergonar », qui servit pour Autant-Lara : 1925-1929 *Construire un feu*. En 1952, acquis par l'Américain Spiros Skouras, cet objectif anamorphose devint la base du cinémascope, imposant au monde l'écran panoramique.

CHRISTENSEN Benjamin ACT RÉ DAN (Viborg 28 sept. 1879 | Copenhague 3 avril 1959) Débuta au Danemark par des films policiers à l'atmosphère singulière et aux images raffinées : *l'X mystérieux, la Nuit de Noël*, avant de réaliser en Suède le plus étonnant des films fantastiques, *la Sorcellerie à travers les âges*.
RÉ : 1913 *l'X mystérieux (Det Hemmeligheds Fulde)*, INT Christensen. 1915 *la Nuit vengeresse (Haevnens Nat)*. 1922 *la Sorcellerie à travers les âges (Häxan o Häxan)*. - EN ALL : 1924 *Seine Frau, die Unbekannte*. - AUX US : 1926 *The Devil's Circus*. 1927 *Mockery*. 1928 *The Haunted House*. 1929 *The House of Horror, Seven Footprints to Satan*. - AU DAN : 1939 *Skilsmissens Born (l'Enfant du divorce)*. 1940 *Barnet*. 1941 *Gaa med Mig hjem*. 1942 *Damen med de Lyse Handsker*.

CHRISTIAN-JAQUE (Christian Maudet) RÉ FR (Paris 4 sept. 1904 |) Une cinquantaine de films, une douzaine de grandes réussites commerciales, un in-

Christian-Jaque et Louis Jouvet

contestable métier, de la conviction et souvent de la générosité. A donné plusieurs films intéressants : *les Disparus de Saint-Agil, la Chartreuse de Parme, Si tous les gars du monde*, et surtout *Fanfan la Tulipe*. Élève aux Beaux-Arts. D'abord DÉC de films.
RÉ notamment : 1936 *François Ier*, INT Fernandel. 1938 *les Disparus de Saint-Agil*, INT Éric von Stroheim, Michel Simon. 1941 *l'Assassinat du Père Noël*, INT Harry Baur. 1942-1944 *Carmen*, INT Viviane Romance, Jean Marais. 1945 *Sortilèges, Boule de suif*. 1948 *la Chartreuse de Parme, D'homme à hommes*. 1952 *Fanfan la Tulipe, Lucrèce Borgia*. 1956 *Si tous les gars du monde*. 1959 *Babette s'en va-t-en guerre*. 1962 *Madame Sans-Gêne*. 1964 *la Tulipe noire*. 1966 *la Seconde Vérité, le Saint*. 1968 *Emma Hamilton*. 1975 *Docteur Justice*. 1977 *la Vie parisienne*.

CHRISTIE Al PR US (Ontario 24 nov. 1886 | Hollywood 14 avril 1951) Après Mack Sennett, le plus abondant et le plus intéressant PR américain de courts métrages comiques, entre 1910 et 1930, souvent pleins de verve et d'entrain, ayant souvent d'intéressants aspects satiriques.

CHRISTO Christov RÉ BULG (1926 |) Médecin passé au théâtre puis au cinéma, il marque après son premier film sur un sujet historique, la lutte des Bulgares sous le joug ottoman, une prédilection pour des sujets contemporains, traitant de manière sobre de conflits de société à résonances morales.
RÉ (principaux films) : 1969 *l'Iconostase* CO-RÉ Todor Dinov. 1973 *le Dernier Été*. 1974 *Arbre sans racines*. 1979 *la Barrière*. 1984 *l'Interlocuteur de votre choix*. 1985 *le Certificat*.

CHUKRI JAMIL Mohamed RÉ IRAK (1938|). Après des études de cinéma au Caire, un stage à Londres et quelques courts métrages, il est remarqué dès son premier long métrage, *les Assoiffés,* sur un village frappé par la sécheresse, qui vaut plus par ses qualités documentaires que par l'agencement de la fiction.
RÉ : 1972 *les Assoiffés.* 1979 *les Murs.* 1983 *la Grande Question.* 1987 *le Cavalier de la montagne.*

CHYTILOVA Vera RÉ TS (Ostrava, fév. 1929|) De nombreux courts métrages et un long métrage (*Quelque Chose d'autre*, 1963), histoire parallèle de deux femmes, portant la marque d'une sensibilité aiguë, lui donnèrent une place originale (recherche d'une beauté de l'écriture, sens du montage fortement signifiant) dans le jeune cinéma tchèque en train de s'épanouir. L'intervention soviétique de 1968 ayant brisé ces promesses, elle réalisa en 1970 en Belgique *le Fruit du paradis,* et ne put, jusqu'en 1975, recommencer à travailler dans son pays où elle commença alors, avec *le Jeu de la pomme*, une seconde carrière. Le film qui éclaire sans doute le mieux à la fois sa trajectoire et la hauteur de ses exigences à l'égard d'un cinéma de témoignage est celui qu'elle réalisa en 1981 à Bruxelles, *Chytilova Versus Forman*, témoignage passionnant sur notre temps, confrontation entre elle, rentrée au pays, et son ex-condisciple de l'école de cinéma de Prague, travaillant dès lors aux États-Unis, Milos Forman.
RÉ : 1962 *le Plafond* CM, *Un sac de puces* CM. 1963 *Quelque Chose d'autre.* 1965 *les Petites Perles au fond de l'eau.* 1966 *les Petites Marguerites.* 1970 *le Fruit du paradis.* 1976 *le Jeu de la pomme.* 1978 *le Temps est impitoyable.* 1979 *Panelstory.* 1980 *Calamité.* 1981 *Chytilova Versus Forman.* 1984 *Prague, cœur inquiet de l'Europe.* 1983-1985 *l'Après-Midi d'un vieux faune.* 1986 *le Chalet du loup.*

CIAMPI Yves RÉ FR (Paris 9 fév. 1921|29 oct. 1982) Appartenant à la génération 1950, nettement sacrifiée en France, il manifesta la plus grande probité, même dans les difficiles conditions des CO-PR internationales. D'abord cinéaste amateur, puis ASS d'Hunebelle.
RÉ : 1945 *les Compagnons de la gloire* DOC. 1951 *Un grand patron*, INT Pierre Fresnay. 1954 *le Guérisseur.* 1955 *Les héros sont fatigués*, INT Yves Montand, Maria Félix, Curd Jurgens, Jean Servais. - AU JAPON : 1957 *Typhon sur Nagasaki*, INT Danielle Darrieux, Jean Marais. - 1959 *Le vent se lève.* AU JAPON : 1961 *Qui êtes-vous, Mr Sorge ?* - AU SÉNÉGAL : 1962 *Liberté I.* - EN FR : 1965 *le Ciel sur la tête.* 1968 *A quelques jours près.* Puis TV.

CICOGNINI Alessandro MUS ITAL (Pescara 25 janv. 1906|) Un des compositeurs les plus sollicités du néo-réalisme italien ; il collabora avec Blasetti : *Quatre Pas dans les nuages.* De Sica : *le Voleur de bicyclette, Miracle à Milan, Umberto D.* Duvivier, etc.

CIMINO Michael RÉ US (1937|) Après des études d'art dramatique et quelques films publicitaires pour de grandes firmes dont la General Motors, il arrive au cinéma de long métrage dans le sillage de Clint Eastwood, ayant collaboré à l'écriture du scénario de *Magnum Force* (Ted Post 1973) dans lequel joue ce dernier. C'est grâce à Eastwood, qui en sera la vedette, qu'il pourra mettre en scène en 1974 *le Canardeur*, mais c'est le *Voyage au bout de l'enfer* qui lui apporte le succès et les tempétueuses controverses qui n'allaient pas cesser d'accompagner sa carrière. C'est en effet par le choix de ses sujets et la violence d'une mise en scène aux effets appuyés que Cimino allait se distinguer dans un cinéma évitant de plus en plus de se brûler au contact de films qui pouvaient diviser le public. Le naufrage de quelques hommes dans une guerre du Viêtnam, évoquée comme elle pouvait l'être dans une bande dessinée avec ses diaboliques « Jaunes » *(Voyage au bout de l'enfer)*, le massacre d'émigrants pauvres du siècle dernier, « canardés » comme des Indiens par les propriétaires installés *(les Portes du paradis)*, le trafic de drogue dans le « Chinatown » new-yorkais *(l'Année du dragon)*, autant de

Michael Cimino

thèmes qui ne pouvaient que provoquer le rejet d'une partie du public. Et la carrière de Cimino faillit bien s'interrompre après *les Portes du paradis,* car il avait osé s'attaquer à un mythe fondateur des États-Unis. Avec ses héros troubles, son cinéma paroxystique qui ne sait pas facilement trouver les plages de calme qui donnent à un film son rythme, Cimino est un des cinéastes les plus attachants, dans sa quête hystérique d'une impossible fraternité.
RÉ : 1974 *Thunderbolt and Lightfood (le Canardeur).* 1978 *The Deer Hunter (Voyage au bout de l'enfer).* 1979 *Heaven's Gate (les Portes du paradis).* 1985 *Year of the Dragon (l'Année du dragon).* 1987 *The Sicilian (le Sicilien).* 1989 Sortie de la version longue (3 h 40 mn) de *Heaven's Gate.*

CISSE Souleymane RÉ MALI (Bamako 1942 |) Études au VGIK à Moscou, premier long métrage en 1972, une volonté d'aborder directement les problèmes d'une société africaine d'aujourd'hui (la religion, la place de la femme, les rapports de travail) à travers des films de fiction.
Yeelen (la Lumière), œuvre forte aussi bien dans son propos (une fable aux résonances mythiques enracinée dans une très ancienne culture) que dans son écriture donnant le même poids de « réalité » à l'évocation des pratiques magiques qu'à la description du quotidien devait l'imposer comme un des grands cinéastes de ce temps. « L'Afrique, a-t-il dit, a toujours gardé certains secrets, mais le fait qu'elle se soit refermée dessus et qu'elle s'enterre avec est dramatique parce qu'elle pouvait faire avancer l'humanité. J'ai voulu le révéler à nouveau, montrer aux gens qu'il leur est possible d'étudier et de faire avancer ces connaissances. »
RÉ CM : 1965 *l'Homme et les Idoles.* 1966 *Jour d'inspiration.* 1968 *l'Aspirant.* 1972 *Cinq Jours d'une vie.* En 1970-1971, il a réalisé 30 films d'actualités produits par le Centre d'information du Mali (SCINFOM).
LM 1975 *Den Muso (la Jeune Fille).* 1978-1979 *Baara.* 1982 *Finye (le Vent).* 1987 *Yeelen (la Lumière).*

CITTI Franco ACT RÉ ITAL (Rome 1933 |) Inséparable de l'image de Pasolini (il joua dans presque tous ses films, collabora aux scénarios de quelques-uns), Citti passa à la réalisation en 1970 : visages du sous-prolétariat, fables de fange pour dire la soumission /révolte, c'est une partie du monde de Pasolini qu'on retrouve, mais comme à plat, sans décollage au-delà de l'anecdote répétitive.
RÉ : 1970 *Ostia.* 1973 *Storie scellerate.* 1976 *Deux Bonnes Pâtes.*

CIULEI Liviu RÉ ROUM (Bucarest 7 juil. 1923 |) Architecte, décorateur, scénariste, acteur, metteur en scène, il a réalisé avec *les Flots du Danube,* 1960, un film coloré, et mouvementé, la meilleure réussite du jeune cinéma roumain à laquelle il a fait succéder *la Forêt des pendus* (1965). Il devait ensuite se consacrer au théâtre jusqu'en 1972, où, directeur du théâtre Bulandra à Bucarest, il fut limogé pour avoir laissé Lucian Pintilie (qui dut, lui, s'exiler et travailla ensuite en France) monter « le Revizor » de Gogol « comme s'il s'agissait d'une histoire contemporaine » (cité par Mira et Antonin Liehm dans « les Cinémas de l'est » [Éd. du Cerf, 1989]).

CLAIR René (Chomette) RÉ FR US ITAL GB (Paris 11 nov. 1898 | 1981) Le plus français des cinéastes, le cinéaste français le plus connu dans le monde depuis Georges Méliès et Max Linder. Dès *Entr'acte,* son premier film, Léon Moussinac a dit : « Il imposa sa liberté, liberté qui nous est commune à tous, qu'il n'a cessé de défendre. [...] Il me paraît admirable que, dans chacun de ses films, chaque Français puisse reconnaître un peu de soi-même, et l'étranger un peu de la France. » (1951).
Dès sa jeunesse, choisissant pour maître Feuillade, il proclama : « Ce qui est cinéma, c'est ce qui ne peut être raconté. Mais allez faire comprendre cela à des gens (vous, moi, les autres) déformés par quelque trente siècles de bavardages : poésie, théâtre, roman. Il faudrait leur rendre le regard du sauvage ! » Après le coup de cymbales dadaïstes d'*Entr'acte,* il hésita et s'imposa avec *Un chapeau de paille d'Italie,*

René Clair acteur, avec Sandra Milovanoff.

René Clair, « Un chapeau de paille d'Italie ».

« A nous la liberté ».

« le Dernier Milliardaire ».

mettant en images le « bavardage » de Labiche. L'avènement du parlant le désespéra presque. Il posa la question : « Seconde naissance, ou mort ? Si le hasard ne vient pas déjouer les plans des financiers, c'est sur la mort qu'il faut parier, ou tout au moins sur un long sommeil qui lui ressemble. » Pourtant il ajoutait : « Il ne serait pas impossible que se créât un art propre au film parlant », et en donna aussitôt la preuve avec *Sous les toits de Paris*, salué de Berlin à Tokyo comme le plus beau film du monde. Avec *le Million* et *A nous la liberté*, il atteignit déjà à trente ans le sommet de son art. Ce succès grisa moins qu'il n'inquiéta celui qui, en 1927, avait dénoncé l'argent qui opprimait les productions de l'esprit, et ajoutait : « Le cinéma doit donc renoncer à la liberté relative dont jouissent les autres arts. Résignons-nous à n'être que les artisans d'œuvres éphémères. Nous serons sans doute la génération sacrifiée. » L'injuste échec du *Dernier Milliardaire* (1934) le contraignit à un exil que la guerre prolongea. Aucun de ses films anglo-américains, fût-ce *Fantôme à vendre, la Belle Ensorceleuse, C'est arrivé demain*, ne valut ses grandes œuvres françaises. En 1946, ce Parisien retrouva enfin Paris. Son talent entra dans sa seconde maturité, où il laissa davantage parler son cœur. Il évoqua, au seuil de la cinquantaine, l'époque 1900 et l'approche de la vieillesse, avec *le Silence est d'or.* Il dénonça le péril atomique dans le discours philosophique de son « Faust », *la Beauté du diable* ; il montra sans indulgence la mort et la sordidité cachées sous les froufrous de la Belle Époque dans ses *Grandes Manœuvres* ; il exalta l'amitié dans *Porte des Lilas.* Sa valeur, universellement reconnue, finit par forcer une Académie qui, en admettant pour la première fois un cinéaste en son sein, aurait répété : « Rien ne manque à sa gloire, il manquait à la nôtre. »

ACT : RÉ Feuillade : 1920-1923 *Parisette, les Deux Gamines, l'Orpheline.* RÉ Protozanov : *le Sens de la mort, Pour une nuit d'amour.* Journaliste à « l'Intransigeant ». CRIT à « Paris-Journal ».

RÉ : 1924 *Paris qui dort, Entr'acte.* 1925 *le Fantôme du Moulin-Rouge,* INT Albert Préjean, Sandra Milovanoff. 1926 *le Voyage imaginaire* SC Clair, INT Jean Borlin, Albert Préjean. 1927 *la Proie du vent* SC Clair, INT Charles Vanel, Lilian Hall Davis, Jean Murat, *Un chapeau de paille d'Italie.* 1928 *la Tour* DOC CM, PH Périnal et Roudakoff. 1929 *les Deux Timides* SC Clair, *from* Labiche et Michel, INT M. de Féraudy, Pierre Batcheff. 1930 *Sous les toits de Paris.* 1931 *le Million, A nous la liberté.* 1933 *Quatorze juillet* SC Clair, PH Périnal et Page, DÉC Meerson, MUS

Maurice Jaubert, INT Annabella. 1934 *le Dernier Milliardaire.* - EN GB : 1935 *Fantôme à vendre (The Ghost goes West).* 1937 *Break the News (Fausses Nouvelles).* - EN FR : 1939 *Air pur,* interrompu par la guerre. - AUX US : 1941 *The Flame of New Orleans (la Belle Ensorceleuse)* SC Norman Krasna et Clair, PH Rudolf Maté, INT Marlène Dietrich, Bruce Cabot, Roland Young, Misha Auer. 1942 *I married a Witch (Ma femme est une sorcière).* 1944 *It happened tomorrow (C'est arrivé demain).* 1945 *And then they were none (Dix Petits Indiens),* SC Dudley Nichols, *from* Agatha Christie. - EN FR : 1947 *le Silence est d'or.* 1950 *la Beauté du diable.* 1952 *les Belles de nuit,* INT Gérard Philipe, Martine Carol, Gina Lollobrigida. 1955 *les Grandes Manœuvres.* 1957 *Porte des Lilas.* 1960 *la Française et l'Amour,* sketch du mariage. 1961 *Tout l'or du monde* SC Clair, INT Bourvil. 1963 *les Deux Pigeons.* 1966 *les Fêtes galantes.*

CLARKE Shirley RÉ US (New York 1925|) Importante réalisatrice de l'école de New York. Elle s'est imposée par : 1960 *The Connection.* 1963 *The Cool World (Harlem Story).* 1967 *le Portrait de Jason.* 1985 *Ornette : Made in America,* sur et avec le musicien de jazz Ornette Coleman. En 1970, elle avait eu un rôle dans le film d'Agnès Varda : *Lion's Love.*

Shirley Clarke

CLARKE T. E. B. SC GB (Watford 7 juin 1907|) Parfois appelé le Zavattini britannique, il fut l'auteur de quelques grands succès de l'école humoristique anglaise.
RÉ Basil Dearden : 1943 *Half Way House* 1950 *la Lampe bleue.* RÉ Cavalcanti : 1944 *Champagne Charlie.* RÉ Crichton : 1945-1953 *Au cœur de la nuit, A cor et à cri, De l'or en barres, Tortillard pour Titfield.* RÉ Cornelius : 1949 *Passeport pour Pimlico.* 1960 *Amants et fils* RÉ J. Cardiff. 1963 *l'Affaire du cheval sans tête* RÉ Don Chaffey.

CLAYTON Jack RÉ GB (1921|) Débuta par l'honorable réussite de : 1959 *Room at the Top (les Chemins de la haute ville),* auxquels succédèrent les contestables : 1962 *les Innocents.* 1963 *Pumpkin Eater.* 1967 *la Maison de notre mère.* SC Francis Ford Coppola. 1974 USA *Gatsby le magnifique, from* Scott Fitzgerald, INT Robert Redford et Mia Farrow. 1983 *Something Wicked the Way Comes (la Foire des ténèbres).* 1987 *The Lonely Passion of Judith Hearne.*

CLÉMENT René RÉ FR ITAL GB (Bordeaux 18 mars 1913|) Formé par le documentaire, il en garda longtemps l'authenticité. Ce cinéaste précis, recherché, intelligent, déclarait en 1946 à Jean Queval : « Le cinéma est ma vocation, ma vie même. Bien longtemps avant *la Bataille du rail,* j'aurais pu faire mes premières armes dans la mise en scène. L'anecdote et le drame à trois ont fait leur temps. Le cinéma doit apporter une réponse à l'inquiétude sociale du spectateur et il doit y trouver de l'espoir dans la lucidité. C'est une conception qui, je crois, peut s'exprimer par le réalisme esthétique et social. » Son premier long métrage, qui aurait mérité le succès de *Paisá* ou de *Sciusciá,* ne passa guère les frontières et il connut, avec *les Maudits,* un échec non mérité. Après des heures difficiles, Clément, restant sur ses premières positions, réalisa avec entêtement *Jeux interdits,* éliminé de Cannes mais qui triompha à Venise et dans le monde entier. Peut-être ce très grand succès lui profita-t-il moins que ses échecs précédents. Après *Monsieur Ripois* et *Gervaise,* il se tourna vers des coproductions, où d'énormes moyens le desservirent ; mais rien n'exclut qu'à cette deuxième crise succède un nouveau départ. Il reste en tout cas un des meilleurs metteurs en scène qui se soient imposés entre 1945 et 1950.
RÉ : 1937 *l'Arabie interdite 3* CM, *Soigne ton gauche,* INT Jacques Tati. 1942-1943 *Ceux du rail* CM, *la Grande Pastorale* CM. 1946 *la Bataille du rail, la Belle et la Bête* CO-RÉ Cocteau, *le Père tranquille* CO-RÉ Noël-Noël. 1947 *les Maudits.* 1948 *Le Mura di Malapaga (Au-delà des grilles)* SC Zavattini, INT J. Gabin, Isa Miranda, Andrea Cecchi. 1950 *le Château de verre,* INT Michèle Morgan, Jean Marais. 1952 *Jeux interdits.* 1954 *Monsieur Ripois.* 1956 *Gervaise.* 1958 *Barrage contre le Pacifique,*

René Clément

« Jeux interdits »

INT Silvana Mangano, A. Perkins. 1960 *Plein soleil*, INT A. Delon, M. Ronet, Marie Laforêt. 1961 *Quelle joie de vivre*, INT A. Delon, Barbara Lass, Gino Cervi. 1963 *le Jour et l'Heure* SC Roger Vailland, INT Simone Signoret. 1964 *les Félins*. 1966 *Paris brûle-t-il ?* 1969 *le Passager de la pluie*. 1971 *la Maison sous les arbres*. 1972 *la Course du lièvre à travers les champs*. 1975 *la Baby Sitter*.

CLINE Eddie RÉ US (Wisconsin 7 nov. 1892 | 22 mai 1961) Le meilleur auteur comique formé par Mack Sennett, collaborateur de Buster Keaton, 1921-1924, accomplit son chef-d'œuvre avec le délirant *Million Dollars Legs*, pour W. C. Fields.

CLOCHE Maurice RÉ FR (Commercy 17 juin 1907 |) D'abord documentariste, ce réalisateur très abondant (près de quarante films de 1937 à 1973) fut surtout remarqué par son ambitieux *Monsieur Vincent* (1947), INT Pierre Fresnay.

CLOEREC René MUS FR (Paris 31 mai 1911 |) Compositeur favori d'Autant-Lara, notamment pour *Douce*, *le Diable au corps*, *l'Auberge rouge*, *la Traversée de Paris*.

CLOUZOT Henri-Georges RÉ FR (Niort 20 nov. 1907 | Paris 12 janv. 1977) Grand spécialiste du suspense policier, parfois inquiet et trouble, il s'imposa après 1942 par des films à grands effets par son sens de l'atmosphère, le choix des acteurs, sa direction intelligente et un certain goût pour les recherches plastiques, qu'il exprima notamment dans *le Mystère Picasso*. Ses trois premiers films, *l'Assassin habite au 21*, *Quai des Orfèvres* et *le Corbeau*, malgré les réactions émotionnelles que ce dernier suscita, étaient avant tout des « policiers ». On le loua, pour ce film un instant interdit, de s'être orienté vers une critique sociale qu'il voulut affirmer avec *Manon*, qui n'eut pas la valeur du *Salaire de la peur*. « Une fois mon découpage esquissé ou terminé, déclarait-il alors, je vais jusqu'à dessiner chaque plan important. Je ne crois pas aux choses prédéterminées. Film et réalisateur font partie d'un « cosmos » complexe dans lequel l'œuvre doit germer, trouver sa matière, sa pâte. Je suis avant tout un physique. Mon plus grand plaisir, c'est le tournage, le montage... Le dialogue, qui tenait une assez grande place dans mes premiers films, a diminué d'importance. *Le Salaire de la peur* est un film plastique où le dialogue est surtout un fond sonore. J'ai cherché un montage de chocs permanents. Je vise toujours à opposer la lumière à l'ombre. Cela a pu me faire accuser d'être un peu simpliste. Mais je poursuis un effort de simplification pour accentuer les contrastes. [...] Et que nous importent les drames mondains, les drames de l'avant-guerre, même relevés d'épices nouvelles ? Le drame social, le drame de notre temps est là. C'est lui qui nous étreint, lui que nous souhaitons fixer sur pellicule. » Les projets qu'il forma alors furent contrariés par la censure. Avec *les Diaboliques* et *la Vérité*, fut-il certain de ne pas retourner vers un avant-guerre pimenté d'épices nouvelles (ou non) ?

SC de tous ses films et : RÉ Carmine Gallone : 1931 *Un soir de rafle*. RÉ Léon Mathot : 1938 *Ma cousine de Varsovie*, *le Révolté*. RÉ Lacombe : 1941 *le Der-*

Clouzot

Salaire de la peur », avec Vanel et Montand.

Vérité », avec Brigitte Bardot et Sami Frey.

nier des six. RÉ Decoin : 1942 *les Inconnus dans la maison.* RÉ Christian-Jaque : 1956 *Si tous les gars du monde.* RÉ : 1942 *l'Assassin habite au 21*, INT Pierre Fresnay, Suzy Delair, Jean Tissier. 1943 *le Corbeau.* 1947 *Quai des orfèvres.* 1949 *Manon, Retour à la vie*, sketch *le Retour de Jean* SC Clouzot. 1950 *Miquette et sa mère*, INT Danièle Delorme, Bourvil, Louis Jouvet. 1950-1951 *Brésil* DOC inachevé. 1953 *le Salaire de la peur.* 1955 *les Diaboliques*, INT Simone Signoret, Paul Meurisse, Vera Clouzot. 1956 *le Mystère Picasso.* 1957 *les Espions*, INT Curd Jurgens, Gérard Séty, Martita Hunt, Vera Clouzot. 1960 *la Vérité.* 1968 *la Prisonnière.*

COCTEAU Jean RÉ ÉCRIV FR (Maisons-Laffitte 5 juil. 1889 | Milly-la-Forêt 11 oct. 1963) Poète, romancier, peintre, dessinateur, acteur, scénariste, il possédait aussi l'amour du cinéma, et le considérait comme un des moyens d'exprimer « le personnage inconnu qui l'habite ». Du *Sang d'un poète* au *Testament d'Orphée*, la plupart des films qu'il dirigea forment une sorte de journal intime, confidence de ses obsessions et de ses permanentes recherches. Il fut un remarquable maître de ballet dans *la Belle et la Bête*, puis donna dans *les Parents terribles* une critique de la claustration égoïste. Il a dit de lui-même : « Plus je m'efforce d'étudier le métier du film, et plus je m'aperçois que son efficacité est d'ordre intime, confessionnel et réaliste. Un film n'est pas un rêve qu'on raconte, mais un rêve que nous rêvons tous ensemble. » « Rien n'exige plus de vérité que la fiction. Il n'y a de beauté qu'accidentelle ; sinon, c'est le train qui part à une certaine heure et arrive à une certaine heure. » « Nous sommes habités par une nuit beaucoup plus intelligente que nous. Je dois être le domestique de cette force, qui n'est pas de l'inspiration mais de l'*expiration*, qui sort de l'infini nocturne que nous portons en nous. [...] Le rôle du poète est de mettre sa pensée en actes. Imaginez alors comme le film nous sert, qui nous permet de montrer des choses intimes. »
RÉ : 1931 *le Sang d'un poète.* 1946 *la Belle et la Bête* (CONS TECH René Clément). 1948 *les Parents terribles.* 1950 *Orphée.* 1960 *le Testament d'Orphée.* SC et DIAL : 1942 *la Locomotive du bonheur* (RÉ L'Herbier). 1943 *le Baron fantôme*, (RÉ Serge de Poligny). 1943 *l'Éternel Retour* (RÉ Delannoy). 1945 *les Dames du bois de Boulogne* (RÉ Bresson). 1948 *Ruy Blas, from* Victor Hugo (RÉ Pierre). 1950 *les Enfants terribles* (RÉ Melville).

COHL Émile (É. Courte) RÉ ANIM FR (Paris 4 janv. 1857 | Orly 27 janv. 1938)

Émile Cohl

Le créateur de l'animation et de ses divers genres comme un huitième art était caricaturiste, élève de Gill jusqu'en 1907 où il devint metteur en scène chez Gaumont, passant rapidement des films de truquage à l'emploi systématique du mouvement américain (image par image). Il ne fut pas seulement un extraordinaire technicien, créant ou développant divers procédés - dessins qui se font tout seuls, animation de dessins, poupées, objets, découpages, combinaisons avec des prises de vues en direct, etc. -, il fut aussi, par la précision malicieuse de son trait et sa fantaisie loufoque, un grand artiste, le plus direct ancêtre de l'animation moderne telle que la conçut par exemple McLaren après 1940.
Une centaine de CM dont : 1907 *Course aux potirons, la Vie à rebours.* 1908 *Fantasmagorie, le Cauchemar du fantoche, Drame chez les fantoches, les Allumettes animées, le Journal animé, le Petit Soldat qui devient dieu.* 1909 *les Transfigurations, la Lampe qui file, les Joyeux Microbes, Génération spontanée, Don Quichotte, les Lunettes féeriques.* 1910 *le Binettoscope, le Petit Chanteclair, le Tout Petit Faust, Enfance de l'art, Rien n'est impossible à l'homme.* 1911 *Poudre de vitesse, le Retapeur de cervelle, Aventures d'un bout de papier, les Melons baladeurs.* 1912 *les Jouets animés, l'Homme sans tête, Cuisine-Express.* 1913 *le Baron de Crac, Aventures de Maltracé, Monsieur Stop.* - AUX US : 1913-1915 *série des Snookums.* - EN FR : 1918 *les Aventures des Pieds Nickelés.* Dans la misère, après 1925, il meurt dans une maison de retraite, par accident, une bougie ayant mis le feu à sa barbe.

COLLINS Alfred RÉ GB Pionnier anglais ayant en 1903-1905 employé, bien avant Griffith, une syntaxe de montage très moderne, avec très gros plans, travellings, etc., tout en abordant des sujets sociaux : 1903 *Marriage by Motor.* 1905 *Mutiny on a Russian Battleship,* le premier *Potemkine.*

COLPI Henri MONT RÉ FR (Suisse juil. 1921 |) Situé dans la Nouvelle Vague française parmi les amis d'Alain Resnais, il débuta comme RÉ avec *Une aussi longue absence,* Palme d'or à Cannes. MONT RÉ Resnais : *Nuit et Brouillard, Hiroshima mon amour, l'Année dernière à Marienbad.* RÉ Clouzot : *le Mystère Picasso.* RÉ Chaplin : *Un roi à New York.*
RÉ : 1961 *Une aussi longue absence* SC Marguerite Duras et G. Jarlot, PH Marcel Weiss, MUS G. Delerue, INT Alida Valli, Georges Wilson. - EN ROUM : 1963 *Codine.* 1966 *Mona, l'étoile sans nom.* 1969 *Heureux qui comme Ulysse.* 1973 *l'Ile mystérieuse* CO-RÉ J.A. Bardem. 1987 montage, pour la cinémathèque, du film d'André Antoine *l'Hirondelle et la Mésange* (1922) laissé par son réalisateur à l'état de rushes.

COMENCINI Luigi RÉ ITAL (Salo 8 juin 1916 |) Il fut un peu malgré lui orienté vers le gros succès commercial avec *Pain, Amour et Fantaisie,* mais il possède un humour dont témoignent *la Grande Pagaille (Tutti a casa)* et *la Ragazza,* et une sensibilité qui en fera l'un des peintres les plus délicats de l'enfance, celle de milieux riches *(l'Incompris),* aussi bien que des plus pauvres *(Pinocchio* ou *Cuore).*
RÉ : 1937 *La Novelletta* CM. 1948 *Proibito rubare (De nouveaux hommes sont nés).* 1949 *L'Imperatore di Capri.* 1951 *Persiane chiuse (Volets clos).* 1952 *La Tratta delle bianche (la Traite des Blanches),* Heidi (tourné en Suisse). 1953 *Pain, Amour et Fantaisie, La Valigia dei sogni.* 1955 *la Belle de Rome.* 1956 *Finestra sul Luna Park (Tu es mon fils).* 1957 *Mariti in citta.* 1958 *Moglie pericolose.* 1959 *Le Sorprese dell'amore.* 1960 *la Grande Pagaille.* 1961 *A cheval sur le tigre.* 1962 *Il Commissario.* 1963 *La Ragazza di Bube (la Ragazza).* 1964 *La Bugiarda (Une fille qui mène une vie de garçon),* et trois sketches dans des films à épisodes. 1965 *Il Compagno Don Camillo (Don Camillo en Russie).* 1966 *Incompreso (l'Incompris).* 1968 *Italian Secret Service.* 1969 *Infanzia, Vocazione e Prime Esperienze di Giacomo Casanova, Veneziano (Casanova, un adolescent à Venise), Senza sapere niente di lei.* 1970 *I Bambini e noi* TV. 1971 *les Aventures de Pinocchio* (série TV). 1972 *Lo Scopone scientifico (l'Argent de la vieille).* 1974 *Delitto d'amore (Un vrai crime d'amour), Mon Dieu, comment suis-je tombée si bas ?.* 1975 *la Femme du dimanche.* 1976 Trois épisodes dans des

films à sketches. 1977 *Il Gatto (Qui a tué le chat ?)*. 1979 *L'Ingorgo (le Grand Embouteillage)*. 1980 *Voltati Eugenio (Eugenio)*. 1982 *Cercasi Gesú (l'Imposteur)*, *Il Matrimonio di Caterina (le Mariage de Catherine)*. 1984 *Cuore* (id.), *from* de Amicis. 1986 *la Storia* (id.), *from* Elsa Morante. 1987 *Un Ragazzo di Calabria (Un enfant de Calabre)*, *la Bohème* CO-PR FR-ITAL, *from* Henri Murger et Puccini.

COMMANDON Dr Jean RÉ FR (Jarnac 3 août 1877 | 1970) Pionnier, depuis 1908, du cinéma scientifique, microscopique, chirurgical, zoologique, botanique, médical, pédagogique, etc. cent à cent cinquante CM de 1908 à 1940.

CONNELLY Marc SC US (McKeesport 13 déc. 1890 |) Auteur et metteur en scène de théâtre, il contribua à plusieurs grands succès de Hollywood par ses scénarios originaux ou l'adaptation de ses pièces, en premier lieu : 1925 *Jazz*, RÉ James Cruze, et 1936 *Verts Pâturages*, dont il fut le CO-RÉ.

CONWAY Jack RÉ US (Graceville 17 juil. 1887 | Los Angeles 11 oct. 1952) Formé à la Triangle par Griffith, cet honnête artisan de Hollywood réalisa, de 1914 à 1950, une centaine de films, dont : 1928 *Quand la ville dort*, INT Lon Chaney. 1932 *Arsène Lupin*. 1934 *Viva Villa* CO-RÉ Howard Hawks. 1937 *Saratoga*. 1940 *la Fièvre du pétrole (Boom Town)*. 1949 *le Prix du silence (Great Gatsby)*.

COOPER Merian C. RÉ PR US (Jacksonville 24 oct. 1893 | 21 avril 1973) Après avoir fait la guerre avec Schoedsack en Pologne, en Afrique et au Proche-Orient, il s'associa aves lui pour réaliser le DOC *Grass*, puis divers films de fauves, et enfin le prodigieux film de truquages *King-Kong*.
PR 1925 *Grass (Exode)*. 1927 *Chang*. 1929 *les Quatre Plumes blanches*, CO-RÉ Schoedsack, Lothar Mendes, INT Clive Brook, Fay Wray, Richard Arlen. 1931 *Rango*. 1933 *King-Kong*. 1935-1956 PR de John Ford ; depuis 1956, PR du Cinérama.

COPPOLA Francis Ford RÉ PR CO-SC CO-MUS US (Detroit 7 avril 1939 |) Fils du chef d'orchestre et compositeur Carmine Coppola, il a lui-même écrit la comédie musicale *A Delicate Touch*. En 1948, il commence à travailler à la synchronisation de films d'amateur, puis il entre à l'école de cinéma de l'UCLA, avant de s'intégrer à l'équipe de Corman et tourne en Irlande son premier long métrage, *Dementia 13*. Jusqu'en 1968, il travaille comme scénariste, adaptateur et réalisateur de seconde équipe et fonde à cette date l'American Zoetrope, où travailleront en particulier Scorsese, Milius, Lucas, etc... Puis il crée en 1971 avec Bogdanovitch et Friedkin la « Director's Company ». Aussi bien comme producteur que comme réalisateur, il est celui qui a le plus contribué au renouvellement du cinéma américain. Il suffit de voir comment, tout en respectant les lois du genre, notamment l'intensité dramatique, Coppola hausse sa peinture du *Parrain* aux dimensions d'une fresque socio-historique, surtout dans la seconde partie, rare exemple d'une suite supérieure à l'œuvre initiale. Enfin, à partir d'*Apocalypse Now*, c'est une exploration fiévreuse et lyrique de l'Amérique contemporaine et du proche passé où s'enracinent ses mythes qu'il allait se livrer.
RÉ : 1962 *Tonight for sure*. 1963 *Dementia 13*. 1966 *Big Boy*. 1968 *la Vallée du bonheur*. 1969 *les Gens de la pluie*. 1972 *le Parrain* (I). 1974 *Conversation secrète*. 1975 *le Parrain* (II). 1979 *Apocalypse Now*. 1982 *One from the Heart (Coup de cœur)*, *The Outsiders* (id.), *Rumble Fish (Rusty James)*. 1983 *The Cotton Club (Cotton Club)*. 1986 *Peggy Sue got Married (Peggy Sue s'est mariée)*. 1987 *Gardens of Stone (Jardins de pierre)*. 1988 *Tucker* (id.), *New York Stories* (id.), un épisode.

Francis Coppola, Woody Allen et Martin Scorsese « photo de famille » pour « New York Stories ».

CORMAN Roger RÉ US (Detroit 5 avril 1926 |) Le recordman des films B : 60 en dix ans (1954-1964). Intelligent, racé, cultivé, désinvolte, il a excellé dans la science-fiction, l'horreur, le western, les gangsters, le fantastique.

Il est peut-être le successeur en 1960 de ce que fut en 1920 Tod Browning. Entre autres, parmi ses adaptations de Poe : 1961 *le Puits et le Pendule, la Chute de la maison Usher.* 1962 *le Corbeau.* 1963 *le Masque de la mort rouge.* 1966 *les Anges sauvages.* 1967 *l'Affaire Al Capone.* 1968 *Wasn't it for Harry ?* 1970 *Bloody Mama.* 1971 *le Baron rouge.* 1972 *l'Empire de la terreur.*

CORNEAU Alain RÉ FR (Orléans 7 août 1943 |) Diplômé de l'IDHEC (sections montage et réalisation), stagiaire sur *Un homme de trop* RÉ Costa-Gavras, puis assistant de nombreux cinéastes : Corman, Giovanni, Drach. Cinéphile acharné (surtout du « ciné noir » américain), il tourne en 1973 son premier long métrage *Fable des siècles futurs.* Mais c'est en 1975 avec *Police Python 357* que le grand public le découvre. Il a trouvé dans le policier son genre cinématographique mais entend ne pas s'y laisser enfermer, comme en témoigne *Nocturne indien,* film grave, au tempo lent, sur une quête de soi.
RÉ : 1973 *France, société anonyme.* 1975 *Police Python 357.* 1977 *la Menace.* 1979 *Série noire.* 1981 *le Choix des armes.* 1984 *Fort Saganne.* 1986 *le Môme, Dr Augoyard chez les Afghans* TV. 1989 *Nocturne indien.*

CORNELIUS Henry RÉ GB (Afrique du Sud 18 août 1913 | Londres 3 mai 1958) Acteur, monteur, documentariste, producteur à Ealing, il débuta de façon éclatante avec *Passeport pour Pimlico,* mais déclina avec les humoristes britanniques de sa génération avant de disparaître prématurément.
RÉ : 1949 *Passeport pour Pimlico.* 1951 *le Major galopant.*

COS Joachim VOIR ROSAS ENRIQUE

COSTA-GAVRAS RÉ FR (Salonique 1932 |) Réalisateur d'un *Compartiment tueurs* de la facture « policière » la plus traditionnelle, il a ouvert pour le cinéma français une nouvelle direction lorsqu'il appliqua avec *Z* ce mode de narration (fondé sur le « suspense » de l'enquête policière) à des sujets pris dans le champ de la politique. Sur les profits (donner au cinéma de très large audience la possibilité d'aborder des thèmes d'actualité) et les pertes (noyer la réflexion politique sous le spectaculaire) de ce parti pris, les débats ont été assez longs pour qu'il suffise de les signaler ici.
RÉ : 1965 *Compartiment tueurs.* 1967 *Un homme de trop.* 1968 *Z.* 1969 *l'Aveu.* 1972 *État de siège.* 1975 *Section spéciale.* 1979 *Clair de femme.* 1982 *Missing.* 1983 *Hanna K.* 1985 *Conseil de famille.* 1988 *la Main droite du diable.*

Costa-Gavras

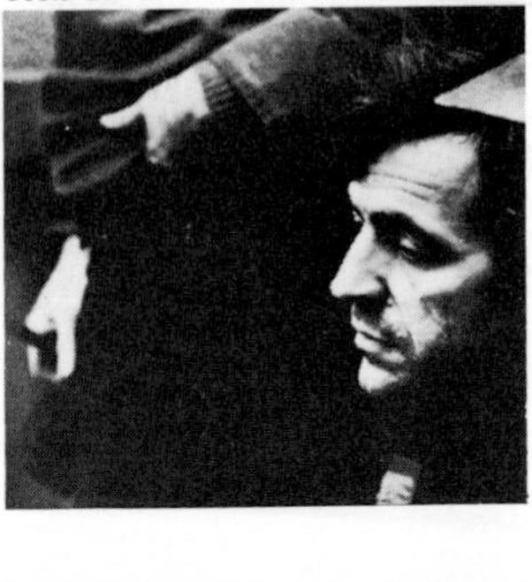

COTTAFAVI Victor RÉ ITAL (Modène 30 janv. 1914 |) Abondant réalisateur, spécialiste des mélodrames et des grandes mises en scène historiques, bizarrement situé, pour ses productions les plus commerciales, par certains « du côté de Racine », « à sa véritable place de météorite : calme bloc ici-bas, chu d'un désastre obscur » (Michel Mourlet). Et, sans doute pour donner raison à ceux-ci, il tourna en 1985 une très intelligente adaptation de Pavese : *le Diable sur les collines.*
Études au Centro Sperimentale. 1939-1948 CO-SC avec Alessandri, Vergano.
RÉ : 1943 *I Nostri Sogni.* 1948 *Lo Sconosciuto di San Marino, la Grande Strada.* 1949 *la Fiamme die non si Spegne.* 1951 *Una Donna a Ucciso.* 1952 *Il Boia di Lilla (Mylady et les Mousquetaires).* 1953 *Traviata 53, le Prince du masque rouge.* 1954 *En amour on pèche à deux, Una Donna libera.* 1955 *Nel Gorgo del Peccato.* 1956 EN ESP : *Fiesta Brava.* - 1958 *la Révolte des gladiateurs.* 1959 *les Vierges de Rome.* 1960 *les Légions de Cléopâtre.* 1961 *Hercule à la conquête de l'Atlantide.* 1963 *Il Taglia del Bosco.* 1965 *I Cento Cavalieri (les Cent Cavaliers).* 1981 *Maria Zef.* 1985 *Il Diavolo sulle colline (le Diable sur les collines).*

COURANT Kurt PH ALL FR US GB (1899 | 1968) Un des meilleurs opérateurs d'avant-guerre, raffiné, sensible. Formé par la grande époque allemande, il s'épanouit dans le réalisme poétique français, avec Renoir et Carné.
EN ALL : RÉ Sven Gade : 1920 *Hamlet.* RÉ Jacoby : 1924 *Quo Vadis ?.* RÉ Fritz Lang : 1929 *la Femme sur la lune.* - EN FR : RÉ Autant-Lara : 1933 *Ciboulette.* - EN GB : RÉ Hitchcock : 1934 *l'Homme qui en savait trop.* - EN FR : RÉ Jef Musso : 1938 *le Puritain.* RÉ Renoir : *la Bête humaine.* RÉ Abel Gance : 1939 *Louise.* RÉ Carné : *le Jour se lève.* RÉ Ophüls : 1940 *De Mayerling à Sarajevo.* - AUX US : RÉ Chaplin : 1947 *Monsieur Verdoux.*

Cousteau, « le Monde du silence ».

COUSTEAU Jacques-Yves RÉ FR (Saint-André 11 juin 1910|) Inventeur d'un scaphandre autonome, il imposa internationalement le cinéma sous-marin et révéla ses merveilleuses découvertes, notamment dans son fameux LM *le Monde du silence.*
1943 *Par 18 mètres de fond.* 1945 *Épaves.* 1947 *Paysages du silence.* 1948-1949 *Autour d'un récif, dauphins et cétacés.* 1950 *Carnets de plongée.* 1956 *le Monde du silence* CO-RÉ Louis Malle. 1964 *le Monde sans soleil.* 1975 *le Voyage au bout du monde.* Pour ces deux derniers films CO-RÉ Philippe Cousteau (1940-1979) son fils. Producteur de séries de télévision sur la mer et la sauvegarde de la nature diffusées dans le monde entier, Jacques-Yves Cousteau a été reçu à l'Académie française en juillet 1989.

COUTARD Raoul PH RÉ FR (1924|) Ce très grand opérateur qui, après deux ou trois films, fut révélé par *A bout de souffle* et donna à la plupart des films de la nouvelle vague leur côté « enlevé » dans la fièvre, a réalisé lui-même, en 1970, au Sud-Vietnam, *Hoah Binh* sur le désarroi d'un enfant abandonné à Saigon. 1980 *la Légion saute sur Kolweizi.* 1983 *S.A.S. à San Salvador, from* Gérard de Villiers : deux hymnes à des victoires guerrières, en même temps que deux débacles cinématographiques qui ne sauraient faire oublier ce que le cinéma des années 60 doit à cet « œil ».

COWARD Noël SC RÉ GB (Teddington 16 déc. 1899|26 mars 1973) Acteur, auteur, dramaturge, parfois appelé le Sacha Guitry anglais, ce Maître Jacques du spectacle sut être tour à tour cynique, cocardier, sentimental, boulevardier et héroïque.
SC : RÉ Hitchcock : 1928 *Easy Virtue.* RÉ Frank Lloyd : 1933 *Cavalcade.* RÉ Lubitsch : 1933 *Design for Living.* RÉ Sydney Franklin : 1934 *Private Lives (les Amants terribles).* CO-RÉ avec David Lean d'après ses SC : 1943 *In which we serve (Ceux qui servent en mer), This Happy Breed.* 1945 *Blithe Spirit (l'Esprit s'amuse).*
SC PR : RÉ David Lean : 1946 *Brief Encounter (Brève rencontre).*

CREVENNA Alfredo RÉ MEX Abondant réalisateur mexicain, remarqué en Europe pour sa violente et excessive *Révolte des pendus* (1955).

CRICHTON Charles RÉ GB AUSTR US (Wallasey 6 août 1910|) Excellent réalisateur de l'école humoristique anglaise, formé par Cavalcanti et le documentarisme, il donna ses œuvres principales avec *A cor et à cri* et *De l'or en barres,* films pleins d'entrain et de verve qui méritèrent pleinement leur succès international. D'abord MONT.
RÉ : 1944 *For those in Peril.* 1945 *Painted Boats, Au cœur de la nuit.* 1947 *Hue and Cry (A cor et à cri).* 1949 *Against the Wind (les Guerriers dans l'ombre).* 1950 *Dance Hall.* 1951 *Another Shore (Un autre rivage), The Lavender Hills Mob (De l'or en barres).* 1952 *Train of Events, Hunted (Rapt).* 1953 *The Titfield Thunderbolt (Tortillard pour Titfield).* 1954 *The Love Lottery (la Loterie de l'amour).* 1955 *The Divided Heart (les Hommes ne comprendront jamais), Man in the Sky (Flammes dans le ciel).* 1958 *Law and Discorder (l'Habit fait le moine),* INT Michael Redgrave. 1959 *Floods of Fear (Froid dans le dos).* 1960 *The Battle of the Sexes (la Bataille des sexes).* 1960 *The Boy who stole a Million.* 1964 *The Third Secret.* 1965 *He, Who rides a Tigger.*
Depuis 1965 il se consacre à la TV où il réalise des épisodes de séries.

Crichton

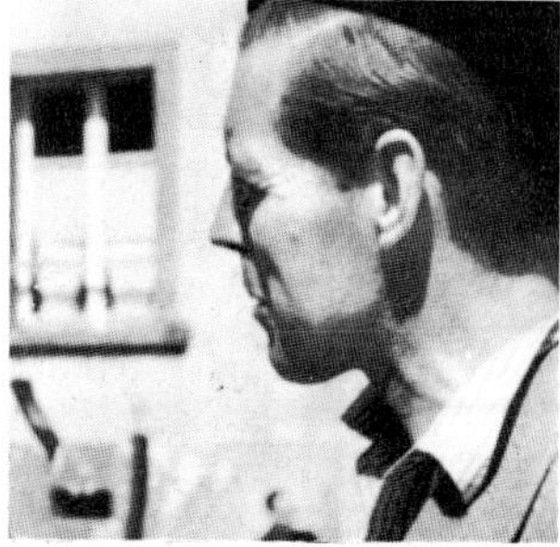

CROMWELL John RÉ US (Toledo 23 déc. 1888 | 26 sept. 1979) Acteur de théâtre, il devint avec le parlant un consciencieux artisan de Hollywood, sachant mettre en scène et diriger les acteurs, abordant parfois *(Femmes en cage, la Déesse)* des sujets pas trop traditionnels.
1929-1960 RÉ une quarantaine de films dont : 1929 *Dummy.* 1930 *Tom Sawyer.* 1935 *Jalna.* 1936 *le Petit Lord Fauntleroy.* 1937 *le Prisonnier de Zenda.* 1939 *Algiers,* remake de *Pépé le Moko.* 1940 *Abe Lincoln in Illinois.* 1945 *le Cottage enchanté.* 1946 *Anna et le roi de Siam,* 1re version. 1950 *Femmes en cage (Caged).* 1951 *le Racket.* 1958 *la Déesse.*

CRONENBERG David RÉ CAN (Toronto, 1945 |). Sacré « maître de l'horreur » après *la Mouche,* hallucinant renversement de situation entre l'homme et l'insecte, ce cinéaste canadien, utilisateur de trucages et effets spéciaux, est pourtant beaucoup plus que cela. Conteur fasciné lui-même par la trouble beauté des monstres qu'il lâche, il est le « metteur en spectacle » de fables modernes aux évidentes résonances morales. « Je pense, a-t-il dit, que je donne quelque chose de beau aux gens. C'est difficile, étrange, bizarre, mélancolique, tragique, peut-être déprimant parfois, mais pas destructeur... Il est important que les gens acceptent les aspects difficiles et étranges de la vie. Ils en ont besoin. C'est pour ça que les enfants aiment tant les films d'horreur. Les enfants ont besoin d'être confrontés à certaines choses : la mort, la séparation, le vieillissement, l'étrangeté, etc. En vieillissant, on se met à se cacher ces choses-là. Je pense que c'est très mauvais et que c'est ainsi qu'on se rend vulnérable » (in « Cahiers du cinéma », n° 416).

David Cronenberg.

RÉ : 1966 *Transfer* CM. 1969 *Stereo.* 1970 *The Parasite Murders (Frissons).* 1976 *Rabid (Rage).* 1979 *The Brood (Chromosome 3).* 1981 *Scanners* (id.). 1983 *Videodrome* (id.). 1983 *The Dead Zone* (id.). 1986 *The Fly* (*la Mouche,* remake du film de Kurt Neumann, 1958). 1988 *Dead Ringers (Faux-semblants).* 1989 *Abyss* (id.).

CROSLAND Alan RÉ US (New York 18 août 1894 | Hollywood 25 juil. 1936) Médiocre réalisateur de 25 ou 30 films, 1915-1936, qui eut la chance de diriger pour la Warner Bros les deux premiers films parlants à grand succès : *Don Juan* (1926) et *le Chanteur de jazz* (1927). Mort dans un accident de voiture.

CRUZE James (Cruz Bosen) RÉ US (Ogden 27 mars 1884 | Hollywood 4 août 1942) Bon réalisateur américain de l'époque muette, où il donna au moins deux films importants, le western épique *la Caravane vers l'Ouest* et *Jazz,* satire quasi expressionniste.

Cruze et sa femme Betty Compson

RÉ : 1918 *Too many Millions,* INT Wallace Reid. 1919 *The Valley of the Giants,* INT W. Reid. 1920 *Terror Island,* INT Harry Houdini. 1921 *Crazy to marry,* INT Roscoe Arbuckle. 1922 *The Dictator.* 1923 *Covered Wagon (la Caravane vers l'Ouest), Ruggles of Red Gap.* 1924 *The Fighting Coward, The City that never sleeps, Merton of the Movies.* 1925 *Beggar on Horseback (Jazz), Pony Express.* 1926 *Mannequin.* 1927 *City gone Wild.* 1929 *Man's Man, Great Gabbo,* INT E. von Stroheim. 1932 *Washington Merry go-around.* 1935 *Helldorado.* 1936 *Sutter's Gold, from* « l'Or » de Blaise Cendrars, INT Edward Arnold, Binnie Barnes. 1937 *The Wrong Road.* 1938 *The Prison Nurse, Gangs of New York, Come on Leathernecks.*

CUKOR George RÉ US (New York 7 juil. 1899 | 24 nov. 1983) Un homme de goût, cultivé, soigneux, sans vrai génie, mais intelligent et honnête, qui compta dans sa carrière plus d'une bonne ou excellente réussite. Venu du théâtre, il s'établit à Hollywood avec le parlant et s'essaya à tous les genres : pièces et répertoire, films à costumes, comédies musicales et légères, adaptations de romans, etc., avec un bonheur inégal, consentant parfois au pire. On lui doit : *Little Women, Dîner à huit heures, Vacances, Comment l'esprit vient aux femmes, la Flamme sacrée, la Diablesse en collant rose*, etc. C'est un homme lucide, modeste et sincère, qui a ainsi décrit les servitudes de son métier : « J'avais passé cinq semaines à surveiller le montage de *la Diablesse.* Le film valait ce qu'il valait, mais au moins il avait un sens ; j'ai eu le malheur de m'absenter ; on a remonté le film d'une façon stupide, et il a tout perdu. Légalement, je n'avais aucun droit de protection. [...] En Europe, un metteur en scène est bien mieux considéré. A Hollywood, quand vous venez de terminer un film, tout le monde se croit en mesure de vous donner son avis. »
Après avoir été acteur et metteur en scène à Broadway, est appelé à Hollywood où il est directeur de dialogues pour Lubitsch, 1930-1932.
RÉ : 1930 *Virtuous Sin, Royal Family of Broadway.* 1931 *Tarnished Lady,* INT Clive Brook, Frederic March. 1932 *One Hour with you* CO-RÉ Ernst Lubitsch. 1933 *Dinner at eight (les Invités de huit heures), Little Women (les Quatre Filles du Dr Marsh).* 1935 *David Copperfield, Sylvia Scarlett,* INT Katharine Hepburn. 1936 *Roméo et Juliette, Camille (le Roman de Marguerite Gautier).* 1938 *Holiday (Vacances).* 1939 *Zaza,* INT Claudette Colbert, Herbert Marshall. 1940 *The Women (Femmes), The Philadelphia Story (Indiscrétions),* INT Katharine Hepburn, James Stewart, Cary Grant. 1941 *Two-faced Woman (la Femme aux deux visages),* INT Greta Garbo. 1942 *Keeper of the Flame (la Flamme sacrée).* 1944 *Gaslight (Hantise), Winged Victory.* 1947 *Othello.* 1948 *A Double Life.* 1949 *Edward my Son (Édouard mon fils), Adam's Rib (Madame porte la culotte).* 1951 *A Life on her Own, born Yesterday (Comment l'esprit vient aux femmes).* 1952 *The Marrying Kind (Je retourne chez maman)* SC Garson Kanin, INT Judy Holliday, Aldo Ray, Sheila Bond. 1953 *The Actress, It should happen to you (Une femme qui s'affiche), A Star is born (Une étoile est née).* 1956 *Bhowany Junction.* 1957 *The Girls* SC Vera Caspary, PH Robert Surters, MUS Cole Porter, INT Gene Kelly, Kay Kendall, Mitzi Gaynor, *Wild is the Wind (Car*

Cukor et Marilyn Monroe

« la Femme aux deux visages » avec Greta Garbo.

« The Philadelphia Story », avec Katharine Hepburn.

sauvage est le vent), INT Anna Magnani. 1960 *Heller in Pink Tights (la Diablesse en collant rose), Let's make love (le Milliardaire)*, INT Marilyn Monroe, Yves Montand. 1962 *The Chapman Report (les Liaisons coupables).* 1964 *My Fair Lady.* 1969 *Justine.* 1972 *Travels with my Aunt (Voyages avec ma tante).* 1975 *l'Oiseau bleu.* 1981 *Rich and Famous (Riches et célèbres).*

CURTIZ Michael (Mihaly Kertesz) RÉ US (Budapest 24 déc. 1888 | Hollywood 10 avril 1962) En cinquante ans de carrière, dans quatre pays, Hongrie, Allemagne, France, US, il réalisa une centaine de films dans tous les genres. Cet homme à tout faire, consciencieux et habile, accepta parfois des besognes, comme la proesclavagiste *Piste de Santa Fé*, mais il compte dans son abondante production quelques réussites honorables : *les Anges aux figures sales, Furie noire, Figures de cire, Mildred Pierce, 20 000 ans sous les verrous*, et une bonne douzaine de grands succès commerciaux, souvent dirigés avec savoir-faire et entrain : *le Capitaine Blood, la Charge de la brigade légère, Robin des bois, Casablanca*, etc.

Michael Curtiz

RÉ (principaux films) : EN HONG : 1912-1919 *le Juif fermier, le Printemps en hiver, Lulu, Histoire d'un sou, le Mauvais Garçon, le Rebouteux, le Dernier Pantin, Fils de personne, le Diable, Judas, le Secret de la forêt, l'Homme de la terre, Samson le rouge, le Colonel.* - EN ALL ET AUT : 1919 *Die Dame mit den Schwarzen Handschuchen, Die Dame mit den Sonnenblumen.* 1920 *Herzogin Satanella.* 1922 *Sodom und Gomorrha*, INT Lucy Doraine, pour tous ces films. 1923 *Samson und Dalila.* 1924 *Die Slavenkönigin, Moon of Israel.*

Curtiz, « les Anges aux figures sales ».

1925 *Célimène, poupée de Montmartre.* 1926 *Fiaker N. 13.* - AUX US : 1926 *The Road of Happiness.* 1927 *The Third Degree.* 1928 *Tenderloin.* 1929 *l'Arche de Noé, Hearts in Exile.* 1930 *Mammy, Damon des Meers (Moby Dick* EN ALL*).* 1931 *God's Gift to Women.* 1933 *20 000 Years in Sing-Sing*, INT Spencer Tracy, Bette Davis, *Mystery of the Wax Museum (Masques de cire).* 1934 *Mandalay the Key.* 1935 *Black Fury (Furie noire), Captain Blood*, INT Errol Flynn, Olivia de Havilland, *Little Big Shot* et *Front Page Woman*, sixième édition, INT George Brent, Bette Davis. 1936 *la Charge de la brigade légère.* 1937 *Kid Galahad.* 1938 *Four's a Crowd, Four Daughters, les Anges aux figures sales, Robin Hood (Robin des bois).* 1939 *Dodge City, The Private Lives of Elizabeth and Essex*, INT Bette Davis, Errol Flynn. 1940 *The Sea Hawk (l'Aigle des mers), Santa Fe Trail (la Piste de Santa Fé).* 1941 *The Sea Wolf.* 1942 *Yankee Doodle Dandy, Casablanca*, INT Ingrid Bergman, Humphrey Bogart, C. Rains. 1943 *Mission to Moscow*, INT Ann Harding. 1944 *Passage to Marseille.* 1945 *Mildred Pierce (le Roman de Mildred Pierce)*, INT Joan Crawford. 1946 *Night and Day.* 1947 *The Unsuspected (le Crime était presque parfait).* 1948 *Romance on the High Seas (Romance à Rio).* 1949 *Flamingo Road (Boulevard des passions)*, INT Joan Crawford. 1950 *Young Man with a Horn (la Femme aux chimères).* 1952 *The Story of Will Rogers.* 1953 *The Jazz Singer (le Chanteur de jazz).* 1954 *The Boy from Oklahoma (l'Homme des plaines), White Christmas (Noël blanc), The Egyptian (l'Égyptien).* 1956 *The Vagabond King (le Roi des vagabonds).* 1957 *The Helen Morgan Story (Pour elle un seul homme).* 1958 *The Proud Rebel* *(le Fier Rebelle)*, INT Alan Ladd, O. de Havilland, *King Creole (Bagarres au King Creole)*. 1959 *The Man in the Net (l'Homme dans le filet), The Hangman (le Bourreau du Nevada)*. 1961 *François d'Assise, les Comancheros.*

CZINNER Paul RÉ ALL GB (Hongrie 1890 | 1972) Dans ses films, presque tous interprétés par sa femme Élizabeth Bergner, il manifesta un sens des nuances psychologiques dans les thèmes du répertoire boulevardier, auquel appartient lui-même le classique *Nju (A qui la faute ?)*, son chef-d'œuvre.
RÉ : EN ALL : 1924 *Nju.* 1927 *Dona Juana.* 1928 *Liebe.* 1929 *Fraülein Else.* 1931 *Ariane.* 1932 *Mélo (Der träumende Mund)*. - EN GB : 1930 *The Way of Lost Souls*, INT Pola Negri. 1934 *Catherine the Great*, INT Douglas Fairbanks Jr. 1936 *As you like it.* 1939 *Stolen Life.* 1957 *The Bolchoi Ballet*, INT Galina Oulanova.

DAGUERRE Louis Jacques Mandé INV FR (Cormeilles 18 nov. 1789 | Bry-sur-Marne 10 juil. 1851) Peintre et entrepreneur de panoramas, bouillonnant homme d'affaires, a racheté en 1829 les procédés de Niepce, mis au point en 1837 le daguerréotype (épreuve unique sur plaque métallique, plus de vingt minutes de pose), dont le brevet fut acheté en 1839 par l'État français et mis dans le domaine public.

DAMIANI Damiano RÉ ITAL (1922 |) Ce cinéaste italien « intimiste » *(l'Ile d'Arturo, Jeux précoces, l'Ile des amours interdites)*, a su utiliser les genres les plus populaires (le western italien avec en 1965 *El Chuncho*, le policier avec en 1971 *Nous sommes tous en liberté provisoire)* pour, très loin du « psychologisme » de ses débuts, renvoyer à une analyse des rapports sociaux. 1975 *Un génie, deux associés, une cloche.* 1977 *Io, ho paura, Goodbye et amen.* 1979 *Un uomo in ginocchio.* 1982 *Amityville 2.* 1985 *Pizza Connection.*

DANIELS William PH US (Cleveland 1895 | juin 1970) Formé à la Triangle, fut, de 1922 à 1962, l'opérateur de nombreux films remarquables (de Stroheim : *les Rapaces* à Dassin : *la Cité sans voiles*).

DAQUIN Louis RÉ FR ALL AUT ROUM (Calais 30 mai 1908 | oct. 1980) Il s'imposa par son talent robuste, sa sincérité, un certain lyrisme, avec *Nous les gosses* (1941). « Je me méfie des formules, elles stérilisent et paralysent, écrivait-il en 1947. Si le « réalisme » est une fin en soi, il ne m'intéresse pas. S'il est le « moyen » qui me permettra de communiquer mes aspirations, mes

Louis Daquin, 1949.

sentiments et mes croyances, alors bravo pour le réalisme. » Il montra la vie quotidienne des petites gens dans *les Frères Bouquinquant* et donna son chef-d'œuvre avec *le Point du jour*, qui aurait pu ouvrir la voie à un fécond néo-réalisme français. Pour ses opinions, il se trouva, après 1950 et son noble *Maître après Dieu*, exclu de la production française et dut poursuivre son œuvre à l'étranger, avec de remarquables adaptations de Maupassant : *Bel-Ami*, Panaït Istrati : *les Chardons du Baragan*, Balzac : *la Rabouilleuse.*
ASS : Gance, Chenal, Duvivier, Grémillon.
RÉ : 1941 *Nous les gosses.* 1943 *Madame et le Mort*, INT Pierre Renoir, Renée Saint-Cyr, *le Voyageur de la Toussaint*, INT Serge Reggiani, Jean Desailly, Jules Berry, 1944 *Premier de cordée.* 1945 *Patrie*, PH Nicolas Hayer, INT Pierre Blanchar, Maria Mauban, Jean Desailly, 1947 *les Frères Bouquinquant.* 1949 *le Point du jour.* 1951 *Maître après Dieu, from* Jan de Hartog, PH Louis Page, INT Pierre Brasseur, Loleh Bellon. - EN AUT : 1954 *Bel-Ami*, sorti en France trois ans plus tard (censure). - EN ROUM : 1957 *les Chardons du Baragan.* - EN RDA : 1960 *la Rabouilleuse* ou *les Arrivistes, from* Balzac. 1964 *la Foire aux cancres. Naissance d'une cité.* De 1970 à 1977, directeur des études à l'IDHEC.

DARDAY Istvan RÉ HONG (Budapest 1940 |) L'« école sociologique » de la nouvelle vague hongroise sortie des studios Bela Balazs dans ce qu'elle a de plus inventif : enquêtes sur le terrain pour préparer des fictions qui seront tournées avec des comédiens et des non-professionnels. A partir de 1979, Darday a co-signé ses films avec la

réalisatrice Györgyi Szalay. Ils ont fondé en 1983 le studio Tarsulas (association dissoute en 1987).
RÉ : des courts métrages et documentaires pour la TV de 1971 à 1974 et 5 longs métrages. 1974 *Voyage en Angleterre.* 1977 *Film-roman* (270 mn). 1979 *Stratégie.* 1983 *Tournant.* 1989 *le Documentaire.* En 1980 Györgyi Szalay avait réalisé, seule, *Ces chers petits.*

DASSIN Jules RÉ US FR ITAL GR GB (Middletown 18 déc. 1911|) Un des cinéastes américains de la « génération perdue ». Après avoir réalisé à Hollywood *les Démons de la liberté, la Cité sans voiles, les Bas-fonds de Frisco,* il fut exilé en Europe par le maccarthysme et y recommença une nouvelle et brillante carrière, avec *Du rififi chez les hommes, Celui qui doit mourir, Jamais le dimanche.* Mais il connut aussi sur le vieux continent divers échecs. Il a ainsi défini son art et ses problèmes, dans un entretien avec Claude Chabrol et François Truffaut : « Ce qui m'intéresse, c'est la vérité. Le cinéma, c'est l'art de la masse, le divertissement le moins coûteux. Un film doit être divertissant. Vous décelez dans mes films un mélange de documentaire et de lyrisme : c'est ma pauvre recherche d'une expression de la vérité, limitée par des *séries noires.* »
1936-1940 ACT au Théâtre juif de New York. - SC pour la radio.
RÉ : 1941 *The Tell-Tale Heart* CM, *from* Edgar Poe, INT Joseph Schildkraut. 1942 *Nazi Agent,* INT Conrad Veidt, *Réunion en France,* INT John Wayne, Joan Crawford. 1943 *Young Ideas,* INT Mary Astor, Herbert Marshall. 1944 *The Canterville Ghost (le Fantôme de Canterville),* INT Charles Laughton, Margaret O'Brien. 1947 *Brute Force (les Démons de la liberté).* 1948 *Naked City (la Cité sans voiles).* 1949 *Thieves Highway (les Bas-Fonds de Frisco).* - EN GB : 1950 *Night and the City (les Forbans de la nuit).* - EN FR : 1955 *Du rififi chez les hommes.* 1957 *Celui qui doit mourir.* 1959 *la Loi, from* Roger Vailland, INT Y. Montand, Gina Lollobrigida. - EN GRÈCE : 1960 *Jamais le dimanche.* 1962 *Phèdre,* SC Dassin, INT Melina Mercouri, Anthony Perkins, Raf Vallone. 1964 *Topkapi,* INT Melina Mercouri, Peter Ustinov. 1966 *10.30 pm Summer.* 1968 *Uptight.* 1970 *la Promesse de l'aube.* 1973 *la Répétition.* 1977 *Cri de femme.* AU CAN 1980 *Circle of Two.*

Jules Dassin

Dassin, « la Cité sans voiles ».

DAVES Delmer RÉ SC US (San Francisco, 24 juillet 1904|17 août 1977) Assez humain, nettement inégal, cet ancien scénariste employa bien son sens du récit dans quelques « films noirs » : 1947 *les Passagers de la nuit (Dark Passage)* et surtout les westerns : 1950 *la Flèche brisée.* 1956 *la Dernière Caravane (The Last Wagon).* 1957 *3 h 10 pour Yuma.* 1959 *la Colline des potences (Hanging Tree).* 1960 *A Summer Place (Ils n'ont que vingt ans).* 1961 *Parrish, Susan Slade.* 1962 *Rome Adventure.* 1963 *le Montagne des neuf Spencers.* 1964 *Youngslood, Hawke.* 1965 *The Battle of the villa fiorita.*

DE ANTONIO Émile RÉ US (1929|) Ce cinéaste américain qui ne travaille que d'après « documents » (c'est à partir d'une masse énorme de documents télévisés sur le procès de McCarthy qu'il réalisa son premier film *Point of Order*) ne croit pas pour autant à un « cinéma-vérité » qui n'aurait

qu'à accumuler des témoignages pour faire éclater une évidence. Et c'est toute sa « méthode » qu'il définit lorsqu'il dit, à propos de son dernier film (dans une interview publiée par « Écran 72 » : « Je ne prétends pas être objectif : je montre ce que je crois être les conditions objectives du fonctionnement de la machine présidentielle et de la société américaine. Mais mon engagement politique consiste à vouloir changer ces conditions. Le concept d'objectivité dans un film est une illusion : on peut être objectif sur la pluie et le beau temps, pas en matière de politique, d'aspirations humaines, de race, de guerre. »
RÉ : 1963 *Point of Order* CO-RÉ Dan Talbot. 1967 *Rush to Judgment (l'Amérique fait appel)* contre-enquête sur l'assassinat du président Kennedy. 1969 *In the Year of the Pig (Vietnam, année du cochon).* 1971 *Milhouse a white comedy (Richard Milhouse Nixon).* 1972 *Painters Painting.* 1976 *Underground.* 1982 *In the King of Prussia.* 1989 *Mr Hoover and me.*

DEARDEN Basil RÉ GB (Westcliffe-on-Sea 1er janv. 1911 | 23 mars 1971) Formé à Ealing par Cavalcanti et le documentarisme, s'affirma après guerre et montra quelque personnalité notamment dans : 1950 *la Lampe bleue.* 1959 *Sapphire (Opération Scotland Yard).* 1962 *Victim.* 1964 *la Femme de paille.* 1965 *Masquerade.* 1966 *Khartoum.* 1968 *Only when I larf (Assassinats en tous genres).* 1970 *The Man who haunted himself.*

DE BOSIO Gianfranco RÉ ITAL (Vérone 1924 |) Travaillant pour le théâtre, longtemps directeur du Teatro Stabile de Turin, de Bosio est l'homme d'un seul film, mais qui compte : *le Terroriste,* film d'action et de réflexion tout à la fois sur la Résistance, dans une Venise hostile et glauque, une œuvre d'intelligence et de sensibilité. Promesse sans lendemain : retourné au théâtre, De Bosio signera, en 1975 un feuilleton télévisé, *Moïse.*

DEBRIE André INV FR (Paris 28 janv. 1891 | 30 mai 1967) Le plus fameux constructeur d'appareils français, qui fabriqua notamment : 1908, caméra Parvo. 1920-1925, tireuses Matipo, Ultra-ralenti, Pied universel. 1926, avec Abel Gance, caméra triple. 1936, appareil Truca. 1949, camion-laboratoire pour enregistrer et projeter instantanément les émissions de TV sur 16 mm.

DECAE Henri PH FR (Saint-Denis 31 juil. 1915 | mars 1987) Donna à la Nouvelle Vague son style de photographie en utilisant la caméra portée et les pellicules ultra-sensibles. Spécialiste du travail dans la rue, il sut aussi donner des images un peu trop raffinées, en style fleurs et plumes.
PH : 1949 *le Silence de la mer* et divers DOC.
RÉ Melville : 1950 *les Enfants terribles.* 1961 *Léon Morin, prêtre.* RÉ Jacques Dupont : 1952 *Crève-Cœur.* RÉ Rouquier : 1957 *S.O.S. Noronha.* RÉ Louis Malle : 1958 *Ascenseur pour l'échafaud.* RÉ Chabrol : 1959 *le Beau Serge, les Cousins.* RÉ Truffaut : 1959 *les Quatre Cents Coups.* RÉ Clément : 1961 *Quelle joie de vivre.* 1963 *le Jour et l'Heure.* RÉ Bourguignon : 1962 *les Dimanches de Ville-d'Avray.* RÉ Baratier : 1963 *Dragées au poivre.* 1965 *le Corniaud.* RÉ Litvak : *la Nuit des généraux.* RÉ Duvivier : 1967 *Diaboliquement vôtre.* RÉ Verneuil : 1969 *le Clan des Siciliens.* RÉ Melville : 1970 *le Cercle rouge.* RÉ Oury : *la Folie des grandeurs.* RÉ Pollack : 1977 *Bobby Dierfield.*

DECOIN Henri RÉ FR (Paris 18 mars 1896 | 5 juil. 1969) Metteur en scène abondant et traditionnel. D'abord sportif, journaliste, scénariste.
RÉ : 1937 *Abus de confiance.* 1942 *les Inconnus dans la maison.* 1946 *la Fille du diable.* 1952 *la Vérité sur Bébé Donge.* 1953 *les Amants de Tolède.* 1955 *Razzia sur la chnouf.* 1958 *la Chatte.* 1959 *Nathalie, agent secret, la Chatte sort ses griffes.* 1960 *le Pavé de Paris, la Française et l'Amour (l'Enfance), Tendre et Violente Elisabeth.* 1961 *Maléfices.* 1962 *le Masque de fer.* 1963 *Casabianca, nid d'espions, les Parias de la gloire.* 1964 *Nick Carter va tout casser.*

DEGELIN Émile DOC BELG (Diest 16 juil. 1926 |) Bon documentariste. RÉ 1955 *Dock.* 1956 *Faits divers,* etc. Moins heureux dans son premier LM : *Si le vent te fait peur* (1959).

DE HAAS Max DOC HOL (Amsterdam 12 sept. 1903 |) Un des meilleurs documentaristes néerlandais, qui, à ses débuts, réalisa un ironique et truculent chef-d'œuvre : *Ballade d'un chapeau haut de forme* (1936).

DEHNY Salah RÉ SYRIE (1925 |) Formé par l'IDHEC, il réalisa en Syrie, en 1958, un intéressant documentaire sur l'érosion. Également critique cinématographique, il devait, dans les années 80, diriger le festival de Damas.
RÉ : 1974 *la Fleur du Golan* CM. 1977 *les Héros naissent deux fois.*

DEKEUKELEIRE Charles DOC BELG (Ixelles 27 fév. 1905 | 1971) Un des meilleurs documentaristes belges, débuta par l'avant-garde, puis dut s'orienter vers les commandes officielles.

RÉ : 1927 *Combat de boxe.* 1928 *Impatience, Flamme blanche.* 1932 *Histoire de Lourdes.* AU CONGO : 1934 *Terres brûlées.* 1938 *le Mauvais Œil.* 1942 *Au service des prisonniers.* 1947 *le Fondateur.*

DELANNOY Jean RÉ FR (Noisy-le-Sec 12 janv. 1908 |) Réalisateur français connaissant bien les traditions de son métier et qui eut quelques moments heureux dans son abondante carrière : *la Symphonie pastorale, Dieu a besoin des hommes, l'Éternel Retour.*
1942 *Pontcarral.* 1943 *l'Éternel Retour.* 1958 *Maigret tend un piège.* RÉ 60 à 70 films depuis 1933. 1960 *la Princesse de Clèves.* 1962 *Vénus impériale.* 1964 *les Amitiés particulières.* 1967 *le Soleil des voyous.* 1970 *la Peau de Torpédo.* Après de nombreux films pour la télévision et un passage à la direction de l'IDHEC, il réalisa en 1982 un édifiant *Bernadette.*

DELERUE Georges MUS FR (Roubaix 1925 |) L'un des musiciens du cinéma les plus productifs, qui s'est notamment fort bien accordé à la sensibilité de Truffaut : plus de cent films en France et aux USA depuis *Un amour de poche* en 1957.

DELLUC Louis SC RÉ CRIT FR (Cadouin 14 oct. 1890 | Paris 22 mars 1924) Fonda en France la critique indépendante et les ciné-clubs ; s'il mourut trop jeune pour donner sa pleine mesure comme réalisateur, il fut un remarquable scénariste, utilisant dans *la Fête espagnole*, dans *Fièvre* et *la Femme de nulle part*, l'unité de lieu et de temps, l'atmosphère, les retours en arrière, les notations psychologiques. Comme animateur et théoricien, il groupa autour de sa personnalité l'école impressionniste française (dite aussi parfois « première avant-garde »), avec Gance, L'Herbier, Germaine Dulac, Jean Epstein. « Il travaillait avec un acharnement qu'il déguisait soigneusement. » (Moussinac.) Il écrivit, comme en se jouant, des aphorismes toujours actuels : « Les maîtres de l'écran sont ceux qui parlent à toute la foule. » « La foule du cinéma, c'est l'univers entier. » « La grande puissance de cet art balbutiant, c'est qu'il est populaire. Le cinéma va partout. Les salles ont été édifiées dans tous les pays, les films ont été tournés dans le monde entier. C'est un grand moyen de converser pour les peuples. » « Le cinéma est une langue internationale, mais qui doit justement servir à répandre et à communiquer la personnalité de chacun. Les Américains y sont américains, les Suédois y restent suédois, les Allemands s'y affirment allemands. Nous demandons aux cinégraphistes français d'être français. » « A chaque instant la vie fait du cinéma, il est temps que le cinéma fasse de la vie. » « Les scénarios actuels sont tristes. Vous n'avez rien à dire ? Promenez-vous. Regardez autour de vous, rêvez. Les rues, les métros, les tramways, les boutiques sont pleins de mille comédies originales et fortes à défier votre talent, gens de talent. » « L'art serait tout à fait inutile si chacun était capable de goûter consciemment la beauté profonde de la minute qui passe... Le cinéma est un acheminement vers cette suppression de l'art, qui dépasse l'art, étant la vie. » « Pris d'après nature » ne signifie pas nécessairement vrai. » « Écoutez votre

Louis Delluc (au centre) avec Ève Francis, Philippe Hériat et Jaque-Catelain.

Delluc, « la Femme de nulle part », avec Ève Francis.

sincérité. Mais il faut reconnaître qu'elle ne parle qu'à ses heures. » « Le film, comme la musique, émeut en se mouvant. » « L'objet de l'art est de faire parler une âme à une autre âme. » « Un mode d'expression ne prend sa valeur que quand il sert à exprimer quelque chose. »
SC : RÉ Germaine Dulac : 1920 *la Fête espagnole.* RÉ Cavalcanti : 1926 *le Train sans yeux.*
RÉ et SC : 1920 *Fumée noire* CO-RÉ René Coiffart ; *l'Américain ou le Chemin d'Ernoa, le Tonnerre* CM, *le Silence,* PH : Chaix, DÉC Francis Jourdain, INT Gabriel Signoret, Ève Francis, A.-F. Brunelle. 1921 *Fièvre.* 1922 *la Femme de nulle part.* 1924 *l'Inondation,* INT Ève Francis, Ph. Hériat, Ginette Maddie.
LIVRES : 1919 « Cinéma et Cie ». 1920 « Photogénie ». 1921 « la Jungle du cinéma », nouvelles ; « Charlot ». 1923 « Drames de cinéma ». Dirige « le Film », 1917-1919. Critique à « Paris-Midi », 1918-1923. Fonde et dirige « Cinéa », 1921-1923.

DELVAUX André RÉ BELG (1926|) Professeur d'allemand, Delvaux est venu tard au cinéma : en 1966 avec *l'Homme au crâne rasé,* un film secret et rigoureux qui eut un grand succès d'estime. « En faisant des films, dit-il, j'ai l'impression de parler avec d'autres personnes [...] Il y a un va-et-vient entre mon film et ce que le public en voit, en fait, en dit. C'est pour moi le meilleur des vases communicants » (*in* « le Monde », 30 déc. 1971.)
RÉ : 1966 *l'Homme au crâne rasé.* 1968 *Un soir un train.* 1971 *Rendez-vous à Bray.* 1973 *Belle.* 1979 *Femme entre chien et loup.* 1980 *To Woody Allen, from* « Europ With Love ». 1983 *Benvenuta.* 1984 *Pélleas et Mélisande.* 1985 *Babel Opéra.* 1988 *l'Œuvre au noir, from* Marguerite Yourcenar.

DEMARE Lucas RÉ ARG (Buenos Aires 14 juil. 1910|1981) Un des meilleurs réalisateurs argentins de la génération de 1940, pour ses films un peu frustes, mais possédant une authenticité nationale certaine tels que : 1942 *la Guerre des gauchos.* 1945 *Pampa Barbara.* 1958 *la Zafra.* 1961 *Hijos de hombre.* 1965 *Los Guerilleros.* 1975 *La Madre Maria.*

DE MILLE Cecil Blount RÉ US (Ashfield 12 août 1881|Hollywood 21 janv. 1959) Hollywood fait homme. Il fut le créateur des grandes mises en scène « à la Cecil B. de Mille », mais excella aussi dans le western, la comédie mondaine, les mélodrames. Plus cultivé que les autres fondateurs d'Hollywood, cherchant les gros succès commerciaux, exploitant la formule : « Du sang, du

Cecil B. De Mille, 1946.

« le Roi des Rois ».

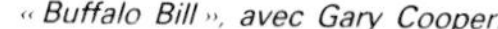
« Buffalo Bill », avec Gary Cooper.

sexe, et la Bible », ce diable d'homme fut un merveilleux conteur. Il allia un réel sens plastique au goût « nouveau riche » et incarna jusqu'à sa mort (à peu près 80 ans), la suprématie de l'industrie du film américain. Il fut à lui seul « The Greatest Show on the Earth », le plus grand spectacle du monde. Ses films les plus connus ont certes été ses superproductions bibliques : *les Dix commandements* (1923 et 1956), *le Roi des Rois* (1926), *le Signe de la croix* (1932), *Samson et Dalila* (1950). Il fut plus inégal dans les reconstitutions historiques, et si Delluc put admirer sa *Jeanne d'Arc* (1917), il frôla souvent le ridicule dans : *Cléopâtre* (1934), *les Croisades* (1935) ou *les Bateliers de la Volga*. Il excella vers 1920 dans la comédie de mœurs : *l'Admirable Crichton*, *le Cœur nous trompe*, *le Fruit défendu*, souvent coupés de somptueux intermèdes dansés. Ses *Damnés du cœur* continrent une critique des pénitenciers ; il fut enfin (on l'oublie trop) un grand auteur de westerns, depuis ses débuts : *The Squaw Man*, *Cameo Kirby*, jusqu'à la fin de sa carrière : *les Conquérants du Nouveau Monde*. Son chef-d'œuvre dans ce genre : *Pacific Express* (1939) fut la bouillonnante épopée des pionniers du rail lancés à la conquête de l'Ouest. Louis Delluc avait écrit de lui en 1922 : « Il me fait penser à une construction d'automobiles de luxe. Quand on fabrique une Rolls, une Cadillac, une Hispano, il est probable qu'on affirme bien haut « n'avoir aucun but que de plaire à ce sacré diable de public et à lui donner ce qu'il demande ». Mais il est également probable que ce parti pris de servilité et d'effacement subit les à-coups de la fantaisie de l'inspiration. [...] Admirablement outillé, entouré de maîtres, armé d'une troupe remarquable de discipline et de photogénie, il cherche le mieux avec une espèce d'audace qui s'ignore, une patience quasi violente, une insistance féconde où se préparent des lendemains brillants, confortables, pratiques, bien machinés et beaux. » Tout ne fut pas beau (et de loin) dans les nombreux films qu'il devait ensuite réaliser. Mais presque tous portèrent en eux une force de la nature que n'a pas retrouvée Hollywood après qu'ait disparu ce « Conquérant du Nouveau Monde ». D'abord théâtre, puis se fixe à Hollywood.

RÉ pour J. Lasky : 1913 *The Squaw Man*. 1915 *The Virginian*, INT Dunstin Farnum, *The Call of the North*, *Cameo Kirby*, *The Man from Home*, *The Rose of the Rancho*, *The Girl of the Golden West*. 1915 *The Warrens of Virginia*, INT Mary Pickford ; *The Unafraid*, *The Captive*, *Wild Goose Chase*, *The Arab*, *Chimmie Fadden*, *Kindling*, *Maria Rosa*, INT Géraldine Farrar, *Carmen* (sa première grande mise en scène), *Tentation*. INT Géraldine Farrar, *The Cheat (Forfaiture)*. 1916 *The Trail of the Lonesome Pine (la Piste du pin solitaire)*, *The Heart of Nora Flynn*, *The Dream Girl*. 1917 *Joan the Woman (Jeanne d'Arc)*, *A Romance of the Redwoods*, *The Little American*, INT Mary Pickford, *The Woman God Forgot (les Conquérants)*, INT Géraldine Farrar, Wallace Reid, *The Devil Stone*, INT G. Farrar, W. Reid, 1918 *Old Wives for New*, INT Elliot Dexter, Florence Vidor ; *We can't have everything (l'Illusion du bonheur)*, *Till I come back to you*, *The Squaw Man (Un cœur en exil)*. 1919 *Don't change your Husband (Après la pluie le beau temps)*, INT Gloria Swanson ; *For Better, for Worse*, INT Gloria Swanson ; *Male and Female (l'Admirable Crichton)*, *from* James Barrie, INT Gloria Swanson, Thomas Meighan. 1920 *Why change your Wife ?*, *Something to think about*. 1921 *le Fruit défendu*, *Fool's Paradise (le Cœur nous trompe)*. 1922 *Saturday Night*, *Manslaughter (le Réquisitoire)*. 1923 *Adam's Rib (la Côte d'Adam)*, *The Ten Commandments (les Dix Commandements)*. 1924 *Triumph*. 1925 *The Golden Bed*, *The Road to Yesterday*. 1926 *The Volga Boatman (les Bateliers de la Volga)*. 1927 *The King of Kings (le Roi des rois)*. 1928 Chicago. 1929 *The Godless Girl (les Damnés du cœur)*, *Dynamite*. 1930 *Madame Satan*, INT Kay Johnson, Lillian Roth. 1932 *The Sign of the Cross (le Signe de la croix)*. 1933 *This Day and Age*. 1934 *Cleopatra*, INT Claudette Colbert. 1935 *les Croisades*. 1936 *The Plainsman (Une aventure de Buffalo Bill)*. 1937 *The Buccaneer (les Flibustiers)*, INT F. March. 1938 *Union Pacific (Pacific Express)*. 1940 *North West, Mounted Police (les Tuniques écarlates)*, INT Gary Cooper, 1942 *Reap the Wild Wind (les Naufragés des mers du Sud)*. 1944 *The Story of Doctor Wassel (l'Odyssée du Docteur Wassel)*, INT Gary Cooper. 1947 *Unconquerea (les Conquérants d'un nouveau monde)*, INT Gary Cooper, Paulette Goddard. 1949 *Samson et Dalila*, INT Heddy Lamarr, Victor Mature, George Sanders. 1952 *The Greatest Show on Earth (le Plus Grand Chapiteau du monde)*. 1956 *les Dix Commandements*.

DE MILLE William RÉ US (Washington 25 juin 1878 | Hollywood 18 mars 1955) Frère aîné du précédent, conquit avant lui la gloire au théâtre, avec Belasco, dirigea quelques films à Hollywood et fut entre 1915-1920 scénariste pour diverses œuvres de son frère.

Jacques Demy

DEMY Jacques RÉ FR (Pontchâteau 5 juin 1931 |) Avec *Lola* (1961), ballet fantaisiste, désinvolte, ému, il apporta à la Nouvelle Vague son « néo-réalisme poétique » - puis dans cette direction : *la Baie des anges* (1963) et *les Parapluies de Cherbourg* (1964), originale comédie musicale comme *les Demoiselles de Rochefort* (1966).
RÉ : 1968 *Model Shop*. 1970 *Peau d'âne*. 1971 *The Pied Pipper (le Joueur de flûte de Hamelin) :* réalisé en Grande-Bretagne ce film est sorti à Paris en 1975. 1973 *l'Événement le plus important depuis que l'homme a marché sur la lune*. 1978 *Lady Oscar*. 1980 *la Naissance du jour* TV, *from* Colette. 1982 *Une chambre en ville*. 1983 *Parking*. 1988 *Trois Places pour le 26*.

DENOLA Georges RÉ FR (188 ? | 1944) Ce primitif français dirigea en 1905-1914 de nombreux films, adaptant pour la SCAGL de Pathé de nombreux sujets du répertoire (Eugène Sue, Hector Malot, Balzac, Octave Feuillet, Jules Mary, etc.), dont il faut détacher un exceptionnel *Rocambole* en épisodes (1913-1914).

DE PALMA Brian RÉ US (Newark 1940 |). Après diverses explorations dans le cinéma expérimental et « underground », il transporte ses fantasmes dans le long métrage commercial, ce qui ne lui réussit pas mal car sa fascination pour des sujets morbides s'accompagne d'une grande virtuosité expressionniste.
RÉ (principaux films) : 1974 *Phantom of the Paradise (le Fantôme du Paradis)*. 1976 *Obsession* (id.). 1978 *The Fury (Furie)*. 1980 *Dressed to kill (Pulsions)*. 1981 *Blow out* (id.). 1984 *Scarface* (remake *from* Howard Hawks). 1987 *The Untouchables (les Incorruptibles)*. 1989 *Casualties of War*.

DEPARDON Raymond RÉ FR (6 juil. 1942 |). Photographe, et des plus grands, cinéaste, et des meilleurs, a suivi un chemin d'approfondissement de son travail sur le réel immédiat, qui l'a conduit du journalisme à l'étrange fiction dans laquelle il s'implique fortement, de *Une femme en Afrique*, « ce sur-place psychologique (qui) fait semblant d'être un récit de voyage... Ce film érotique (qui) fait semblant d'être un film sentimental, ce film malin (qui) fait semblant d'être maladroit » (François Weyergans). Mais, bien avant qu'il aborde la fiction, c'est une certaine remise en cause de son statut de « regardant » qui faisait le prix de chacun de ses films : celui qui est là, derrière la caméra, placé face à toutes les misères du quotidien, sait qu'il ne pourra jamais les soulager. S'il intervient, il n'y a plus de témoignage. Plus de film. Et il met le spectateur dans la même situation, face à l'insoutenable dont il faut soutenir la vue. A ce point d'instable équilibre naît le léger tremblement du pathétique.
RÉ : 1969 *Jan Pallach*. 1973-1976 *Tchad*. 1974 *50,81 %* (inédit jusqu'en 1986). 1977 *Tibesti too, Reporters* (sorti en 1981). 1981 *Dix Minutes de silence pour John Lennon*. 1982 *San Clemente* CO-RÉ Sophie Ristelhueber. 1983 *Faits divers*. 1984 *les Années déclic*. CO-RÉ Roger Ikhlef *Une femme en Afrique (Empty Quarter)*, textes François Weyergans. 1988 *Urgences*.

Raymond Depardon

DERAY Jacques RÉ FR (Lyon 19 fév. 1929 |). De l'étude de caractères contemporains, dont *le Gigolo*, son premier film, portait les belles promesses, au policier à grand spectacle,

Jacques Deray garde le même ton fait de détachement qui ne manque pas d'élégance, et de parfaite maîtrise de son métier. Cela peut, sur un scénario de froide violence *(la Piscine)* donner le meilleur, et sur d'autres d'honnêtes réussites commerciales.
RÉ : 1960 *le Gigolo.* 1961 *Du rififi à Tokyo.* 1963 *Symphonie pour un massacre* (a.t. *les Mystifiés*). 1965 *Par un beau matin d'été.* 1966 *l'Homme de Marrakech, Avec la peau des autres.* 1969 *la Piscine.* 1970 *Borsalino.* 1971 *Doucement les basses !, Un peu de soleil dans l'eau froide.* 1973 *Un homme est mort.* 1974 *Borsalino et Cie.* 1975 *Flic Story.* 1977 *le Gang.* 1978 *Un papillon sur l'épaule.* 1980 *Un homme à abattre.* 1983 *le Marginal.* 1985 *On ne meurt que deux fois.* 1987 *le Solitaire, Maladie d'amour.* 1989 *les Bois noirs.*

DE ROBERTIS Francesco RÉ ITAL (Foggia 16 sept. 1902 | Rome 3 fév. 1959) Officier de marine, il réalisa dans le style documentariste l'excellent *SOS 103* et fit débuter Rossellini, avec *le Navire blanc* (1942). Après avoir organisé à Venise (1943-1945) le cinéma de la République fasciste, il dirigea ensuite quelques films médiocres.

DE ROCHEMONT Louis PR US (Boston 13 janv. 1899 | 23 déc. 1978) Le fondateur et le directeur, de 1934 à 1943, de « la Marche du temps », alliant les actualités authentiques et reconstituées ; contribua, comme producteur de Kazan et d'Hathaway, à orienter après guerre le cinéma américain vers un certain documentarisme (pris en France pour du « néo-réalisme »).
RÉ Hathaway : *la Maison de la 92e rue.* RÉ Kazan : *Boomerang.* Est devenu producteur des grands spectacles du Cinérama.

DE SANTIS Giuseppe RÉ ITAL (Fondi 11 fév. 1917 |) Violent, convaincu, baroque, aux profondes préoccupations sociales et humaines, il fut le meilleur cinéaste de la seconde génération néoréaliste, révélée en 1946-1950. Il remporta alors un prodigieux succès avec *Riz amer*, pourtant inférieur à ses deux chefs-d'œuvre : *Chasse tragique* et *Onze heures sonnaient.* Il écrivait en 1941, comme jeune critique, bientôt assistant de Visconti pour *Ossessione* : « Nous combattons pour un réveil de conscience qui se dirige vers le réalisme. Nous avons appris à scruter les horizons illimités d'une imagination qui s'oppose à jamais à la misérable condition de l'homme, à sa solitude, à ses difficultés d'évasion et qui trouve, même dans l'évasion, la grandiose puissance des échanges humains réciproques. Nos sympathies sont allées depuis toujours

De Santis tournant « Pâques sanglantes ».

De Santis, « Chasse tragique ».

vers un cinéma qui dégagerait l'essence intime de la réalité à travers un enseignement historique. L'art est la réincarnation de l'histoire. Le niveau d'une civilisation ne peut se séparer de la terre qui l'a vue naître. » Ainsi définissait-il, dans des conditions difficiles, sous le fascisme, le néo-réalisme qui allait bientôt naître, et dont il devint un des maîtres après en avoir été un jeune théoricien. Mais après s'être imposé internationalement, il a connu une dure période pour s'être directement opposé aux interdits et avoir tout tenté pour les tourner - pas toujours avec succès. Formé par le Centro Sperimentale, est en 1940-1944 un excellent critique, polémiste et antifasciste, dans « Cinéma ». AS : RÉ Visconti : 1942 *Ossessione.* RÉ Vergano : 1946 *Il Sole sorge ancora.*
RÉ : 1947 *Caccia Tragica (Chasse tragique).* 1949 *Riso Amaro (Riz amer).* 1950 *Non C'è Pace tra gli Ulivi (Pâques sanglantes).* 1951 *Roma Ore II (Onze heures sonnaient).* 1953 *Un Marito per*

Anna Zaccheo (la Fille sans homme), PH Martelli, INT Silvana Pampanini, Massimo Girotti, Amedeo Nazzari, *Giorni d'Amore (Jours d'amour)*, INT Marina Vlady, Marcello Mastroianni, 1956 *Uomini e Lupi (Hommes et Loups)*, INT Silvana Mangano, Yves Montand, Pedro Armendariz. -EN YS : 1958 *La Strada lunga d'un anno (la Route longue d'un an)*. - 1960 *la Garçonnière*. 1964 EN URSS : *Italiani brava gente (Marcher ou mourir)*. 1971 *Un Apprezzato professionista di sicuro avvenire*.

DE SETA Vittorio RÉ ITAL (Palerme 15 oct. 1923|) Sicilien, silencieux et convaincu, formé par le documentarisme indépendant, donna une œuvre importante avec *Bandits à Orgosolo*. CM DOC : 1954 *l'Ile de feu*. 1955 *Pâques en Sicile, Sulfatana, les Paysans de la mer, Parabole d'or*. 1957 *Peschericci*. 1958 *Un Giorno in Barbaglia*. 1959 *les Bergers d'Orgosolo*. 1961 *Bandits à Orgosolo*. 1966 *Un Uomo à Metà (Un homme à moitié)*. 1969 *l'Invitée*. 1972 *Diario di un maestro* TV.

DE SICA Vittorio RÉ ACT ITAL (Sora 7 juil. 1902|Neuilly 13 nov. 1974) Comme réalisateur, il joua un rôle capital entre 1944 et 1952, toujours associé à Zavattini. Il donna au néo-réalisme un chef-d'œuvre, trop imité, *le Voleur de bicyclette*, et s'inséra dans un vaste tableau de l'Italie, après la guerre, avec *Sciuscià, Umberto D. Miracle à Milan*, et plus tard *le Toit*. Son style de réalisation, pour ne pas évoluer, se démoda après 1950. Mais De Sica n'en demeure pas moins celui que caractérisait ainsi André Bazin, en 1954 : « On est impérieusement conduit, pour définir De Sica, au principe même de son art qui est tendresse et amour. Ce qu'ont en tout cas de commun *Miracle à Milan, le Voleur de bicyclette* et *Umberto D*, c'est l'inépuisable amitié de l'auteur pour ses personnages. » « Sa gentillesse napolitaine devient par la vertu du cinéma le plus vaste message d'amour que notre temps ait eu la bonne fortune d'écouter depuis Chaplin. A qui douterait de son importance, il ne serait besoin que de montrer l'empressement de la critique partisane à l'entraîner dans ses camps, car quelle cause pourrait se passer d'amour ? [...] J'ai parlé d'amour. J'aurais aussi bien pu dire de poésie. La poésie n'est que la forme active, créatrice, de l'amour, sa projection sur l'univers. » Ayant trop longtemps abandonné la réalisation pour l'interprétation de films médiocres et contribué à vulgariser le néo-réalisme en produisant *Pain, Amour et Fantaisie*, il revint trop tard à la mise en scène avec

De Sica

De Sica, « Sciuscia ».

le Jugement dernier et *La Ciociara*, dont le gros succès commercial n'excuse pas tous les défauts.

RÉ : 1939 *Rose Scarlatte*, CO-RÉ Giuseppe Amato, INT Renée Saint-Cyr, De Sica. 1941 *Teresa Venerdi, Un Garibaldino al Convento*. 1942 *I Bambini ci guardano (les Enfants vous regardent)*. 1944 - 1946 *La Porta del Cielo*. 1946 *Sciuscià*. 1948 *Ladri di biciclette (le Voleur de bicyclette)*. 1950 *Miracolo a Milano (Miracle à Milan)*. 1952 *Umberto D, Stazione Termini (Station terminus)*. PR Selznick, SC Zavattini, INT Jennifer Jones, Montgomery Clift, Gino Cervi. 1954 *l'Or de Naples*. 1955 *le Toit*. 1960 *La Ciociara*, SC Zavattini, *from* Moravia, PH Gaber Pogany, INT Sophia Loren, Belmondo. 1961 *le Jugement dernier*, SC Zavattini, INT De Sica, M. Mercuri, L. Maggiorani, etc., *Boccacio 70*, sketch avec Sophia Loren. 1963 *les Séquestrés d'Altona*, *from* J.-P. Sartre. 1964 *Hier, aujourd'hui, demain, Mariage à l'italienne*. 1966 *Un monde nouveau* ; *Caccia alla volpe*. 1967 Un sketch de *le Streghe, Woman Times Seven*. 1968 *Amanti*. 1969 *I Girasoli*. 1970 *le Jardin des Finzi Contini*. 1972 *Lo Chiameremo Andrea*. 1973 *Brèves Vacances*. 1974 *le Voyage*.

DESLAW Eugène (Evgueni Tatchenko) RÉ FR (Kiev 8 déc. 1900 | 198?) Notable figure de l'avant-garde française de 1925-1930, qu'il contribua à orienter vers le documentarisme.
RÉ : 1929 *la Marche des machines*. 1930 *la Nuit électrique, Montparnasse*. 1932 *Négatifs* CO-RÉ Jean Darroy. En 1957, il a réalisé des courts métrages expérimentaux.

DEVERS Claire RÉ FR (Paris, 20 août 1955 |). Journaliste, reporter photographe, elle réalise, après l'IDHEC, un film étonnant, d'une violence sans éclat, *Noir et Blanc,* sur les rapports sadomasochistes de deux garçons. Ne serait-ce que parce qu'elle a choisi son sujet à l'opposé de toute complaisance autobiographique et qu'elle a d'emblée trouvé le ton - cadrage serré, montage sur les temps forts du conflit - pour dramatiser ce conflit, sans spectaculaires effets de caméra, on peut attendre beaucoup d'une cinéaste de cette énergie.
RÉ 1982-1984 à l'IDHEC : *Pas à pas, Haut le cœur, Carré dégradé,* 3 CM. 1986 *Noir et blanc*. 1988 *A la mémoire d'un ange* MM TV, *Chimère*. 1989 *Zanzibar*.

DEVILLE Michel RÉ FR (Boulogne-sur-Mer 13 avril 1931 |) Spécialiste de la comédie, il fut une sorte de « néo-boulevardier » d'une fine intelligence, travaillant en complicité avec Nina Companeez, avant de donner toute une suite de films (comédies ou policiers) à l'écriture élégante et glacée, assurés d'un égal succès.
RÉ : 1959 *Une balle dans le canon* CO-RÉ C. Gérard. 1961 *Ce soir ou jamais*. 1962 *Adorable menteuse,* INT Marina Vlady. 1963 *A cause, à cause d'une femme*. 1964 *Lucky Jo*. 1966 *On a volé la Joconde, Martin soldat*. 1967 *Benjamin*. 1968 *Bye bye Barbara*. 1969 *l'Ours et la Poupée*. 1970 *Raphaël ou le débauché*. 1972 *la Femme en bleu*. 1974 *le Mouton enragé*. 1977 *Un apprenti salaud*. 1978 *Dossier 51*. 1980 *le Voyage en douce*. 1981 *Eaux profondes*. 1983 *la Petite Bande*. 1985 *Péril en la demeure*. 1986 *le Paltoquet*. 1988 *la Lectrice*.

DIAMANT-BERGER Henri PR RÉ FR (Paris 9 juin 1895 | 1972) Réalisa ou produisit de 1920 à 1962 plus de cent films dont : *les Trois Mousquetaires* (1921), *Monsieur Fabre* (1951), après avoir publié « le Cinéma » (1918), une des premières monographies de valeur sur le septième art.

DICKINSON Thorold RÉ GB (Londres 16 nov. 1903 |) Un réalisateur anglais de grande valeur, qui s'imposa en 1940 par l'exceptionnelle réussite de

Thorold Dickinson

Gaslight, trop vite retiré des écrans pour permettre un remake américain. Après sa raffinée *Queen of Spades*, il réalisa en Israël, en style semi-documentaire, son intéressante *Colline 24*.
RÉ : 1938 *High Command, Spanish ABC* DOC. 1940 *Gaslight*. 1943 *The Next of Kin*. 1945 *Men of two Worlds (le Sorcier noir)*, INT Eric Portman et Phyllis Calvert. 1950 *Queen of Spades (la Reine des cartes* ou *la Dame de pique)*, INT Anton Walbrook, Edith Evans. 1952 *Secret People*. 1955 *Hill 24 doesn't answer (la Colline 24 ne répond plus)*. 1956-1960 service de cinéma de l'ONU. Ensuite professeur de cinéma à l'Université College de Londres.

DICKSON William Kennedy Laurie INV RÉ GB US (1860 | 1937) Il inventa vers 1890 le film de 35 mm perforé, bien plus qu'Edison, qui surveillait distraitement ses travaux ; il réalisa les premiers films du kinétoscope, 1893-1894, puis ceux de l'American Biograph, dont il était un fondateur (1895-1900).

W.K.L. Dickson, 1886.

DIEGUES Carlos (Cacá) RÉ BRÉS (Maccio, Brésil 19 mai 1940 |) Critique de cinéma d'abord, puis réalisateur, il fut un des militants les plus efficaces - par ses écrits autant que par ses films - d'un « cinema novo » à qui il donna avec *les Héritiers* sa grande chronique nationale.
RÉ : 1963 *Ganga Zumba, from* roman de Joao Felicio dos Santos, INT Antonio Pitanga, Luis Maranhas. 1965 *la Grande Cité.* 1969 *Os herdeiros (les Héritiers)* SC Carlos Diegues. 1973 *Jeanne la Française.* 1976 *Xica da Silva.* 1978 *Pluies d'été.* 1980 *Bye Bye Brazil.* 1984 *Quilombo.* 1987 *Un tren para as estrilas (Rio Zone).*

DIETERLE William ACT ALL RÉ US (Ludwigshafen 15 juil. 1893 | Munich 8 déc. 1972) Formé par Reinhardt, interprète de plusieurs films allemands, il devint après 1930 réalisateur à Hollywood, y collabora avec Reinhardt : 1935 *le Songe d'une nuit d'été,* puis connut une heureuse période de 1936 à 1942 : 1936 *Pasteur, la Vie d'Émile Zola.* 1938 *Blocus.* 1939 *Juarez,* avant de devenir un « director » à tout faire.

DIKONGUE-PIPA Jean-Pierre RÉ CAM (1940 |) Formé à Paris, d'abord journaliste, il réalisa un premier film *Muna Moto* qui dut passer, comme cela arrive trop souvent, par un certain succès en Europe et un prix à Carthage, pour être reconnu en Afrique. Et il dit avoir mis beaucoup de cette expérience, la sienne, dans son second film *le Prix de la liberté,* qui traite des rapports au pouvoir, par le biais de l'histoire d'une jeune fille qui va de la campagne à la ville. Il a dit ceci du cinéma africain, qui devrait être entendu : « Malgré la naïveté qu'on veut bien nous accorder, quand nous parlons de films, je crois que le film africain véhicule beaucoup de choses qui passent inaperçues pour l'œil extérieur. Il faut que l'Occident apprenne à regarder nos films. Nous, on a fait un effort pour comprendre les films américains, italiens ou français tandis que, eux, ne font aucun effort. » (Interview in « Cinémarabe » nº 10/11.)
RÉ : 1965 *Un simple.* 1966 *les Cornes, Rendez-moi mon père* 3 CM inachevés. 1974 *Muna Moto.* 1978 *le Prix de la liberté.* 1982 *Histoires drôles, drôles de gens* CM à sketches, *Canon Kpa-Kum.* 1983 *Badiaga, Music and Music.*

DINDO Richard RÉ SUISSE (1944 |) Méticuleux observateur de la réalité suisse, ce grand documentariste maîtrise de bout en bout, de la conception à la production et à la distribution, les films qu'il a décidé de faire, sur les sujets qu'il a choisis, politiques, sociaux, culturels. Procédant par enquêtes, reconstitutions, interviews confrontées, il est aussi loin de ce qu'on a pu appeler le « cinéma-vérité » que du « documentaire commenté ». Il y a ici un travail de réflexion du cinéaste sur le matériau recueilli qui s'avoue, s'expose dans la démarche même du film, et c'est l'originalité profonde du cinéaste, qui laisse au total une impressionnante – et assez étouffante – image du présent et du passé récent de la Suisse.
RÉ : 1972 *Naive Maler in Der Ostschweitz (Peintre naïf en Suisse de l'Est).* 1973 *Schweizer im Spanischen Bürgerkrieg (Des Suisses dans la guerre d'Espagne).* 1974 *Erschiessung des Lander-Verräters Ernst S. (l'Exécution du conseiller d'État Ernest S.).* 1975 *Hans Staub, fotoreporter, Clément Moreau, Gebrauchsfotograf.* 1976 *Raimon, Lieder gegen die Angst (Raimon, chanson contre l'angoisse).* 1981 *Max Frisch, Journal I-III.* 1983 *Max Haufler, der Stumme (Max Haufler, le muet).* 1985 *El Suizo, un amour en Espagne.* 1987 *Dani, Michi, Renato et Max.*

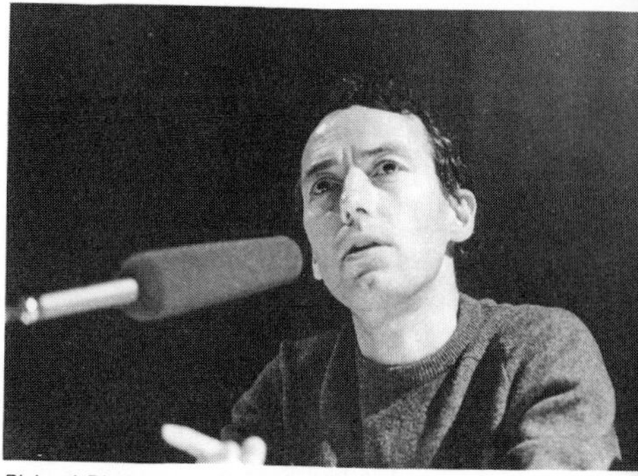

Richard Dindo

DINESEN Robert RÉ DAN (Copenhague 23 oct. 1874 | 1972) Bon réalisateur de la grande période danoise, 1910-1920. Après avoir débuté à l'écran aux côtés d'Asta Nielsen, dirige un nombre considérable de drames mondains ou policiers, avec ses camarades Psilander, Olaf Fönss, Lily Beck, Gulnar Tolnaes, etc. Son chef-d'œuvre : 1911 *les Quatre Diables.*

DISNEY Walt ANIM PR US (Chicago 5 déc. 1901 | 15 déc. 1966) Qualifié unanimement de « génial » vers 1935 par les meilleurs critiques, tombé après 1950 dans le pire discrédit, ce créateur d'un certain style de dessin animé, le « cartoon », ne méritait ni cet excès d'honneur ni cette indignité. Il apporta

Walt Disney, 1949.

énormément à l'animation en 1927-1937, en appliquant l'un des premiers à ses « cartoons » la musique, le son, la couleur, les procédés multiplanes, la combinaison avec les prises de vues photographiques, etc. S'il ne fit que reprendre à Ub Iwerks son *Mickey* la souris, il inventa ou imposa coup sur coup des héros vite célèbres : *Oswald* le joyeux lapin, *Donald* le canard, *Pluto* le chien, *Goofie*, *Ferdinand* le taureau, *les Trois Petits Cochons, le Grand Méchant Loup*, etc. Ses courts métrages de 1928-1938 posséderont un remarquable sens du rythme, des gags, de l'emploi de la musique et des bruits. Ils débordaient d'imagination et de trouvailles et, bien qu'ils fussent le fruit d'une création collective, ils portaient la marque d'un auteur. Après le succès international de son premier long métrage : *Blanche-Neige*, il s'affirma comme un grand businessman. Ses studios étaient devenus des usines à contes pour enfants, employant plusieurs milliers de personnes et tirant un grand revenu de leurs sous-produits - bandes dessinées, albums, magazines, poupées, marques de confiserie, layette, etc. Le dessinateur - réalisateur était devenu un grand capitaine d'industrie. Ses dessins animés de long métrage, produit d'un travail à la chaîne, cessèrent d'avoir une vraie personnalité. Après l'échec artistique du très ambitieux *Fantasia*, le créateur déclina, le brio technique ne compensa plus le foisonnement du mauvais goût (déjà latent dans les *Silly Symphonies*) et, tout en contaminant la terre entière, de l'URSS au Brésil, du Mexique à la Chine, dans les films comme dans le folklore pour touristes, son style se stéréotypait, se décomposait, avant qu'il devînt, seulement après 1950, un producteur avisé.

PR RÉ 1923 premiers CM : *les Quatre Musiciens de Brême, le Petit Chaperon rouge*, etc. 1924 : série *Alice in Cartoonland.* 1926 *Oswald le joyeux lapin*, 26 CM. 1927 *Mortimer Mouse*, premier nom de Mickey. 1928 *Steamboat Willie*, premier DA sonore, avec Mickey, *Plane Crazy* et autres *Mickey.* 1929 *la Danse macabre (Skeleton Dance)*, MUS Saint-Saëns, première *Silly Symphony.* 1932 *Flowers and Trees*, première *Silly Symphony* en couleurs, *Mad Dog*, un des premiers *Pluto.* 1933 *les Trois Petits Cochons, l'Arche de Noé.* 1934 *l'Orchestre de Mickey (Band Concert)*, premier *Mickey* en couleurs, *le Lièvre et la Tortue, Gulliver Mickey, la Cigale et la Fourmi (Grass Hoper and the Ant)*, premiers *Donald Duck.* 1935 *les Trois Petits Chats (Three Orphans Kittens), les Trois Petits Loups.* 1936 *le Rat de ville et le Rat des champs (Country Cousin), Who killed Cock Robin.* 1937 *les Quatre Saisons, le Vieux Moulin, les Nettoyeurs de pendules, Donald et l'aimant, Battle between Classic and Jazz, Blanche-Neige et les Sept Nains (Snow-White and the Seven Dwarfs)*, premier DA LM. 1938 *Ferdinand le taureau, le Vilain Petit Canard.* 1940 *Pinocchio* LM, *Fantasia.* 1941 *Dumbo l'éléphant volant, les Secrets de W. Disney (The Reluctant Dragon).* 1942 *Bambi, Saludos Amigos.* 1944 *les Trois Caballeros* DA. 1946 *la Boîte à musique (Make Mine Music), Mélodie du Sud (Song of the South)* DA et mise en scène. 1947 *Coquin de printemps (Fun and Fancy Free)* DA et mise en scène. 1948 *Melody Time, Melody Cocktail.* 1950 *Cendrillon.* 1951 *Alice au pays des Merveilles.* 1953 *Peter Pan.* 1955 *la Belle et le Clochard (The Lady and the Tramp).* 1959 *la Belle au bois dormant.* 1961 *les 101 Dalmatiens.* 1963 *Merlin l'Enchanteur (The Sword in the Stone).*

PR : 1950 *la Vallée des castors* DOC MM, *l'Ile au trésor* RÉ Byron Haskin. 1952 *Water Birds* DOC, *Alaskan Eskimo* RÉ James Algar. 1953 *le Désert vivant* LM DOC, RÉ James Algar ; *20 000 lieues sous les mers* RÉ R. Fleischer. 1956 *Sur la piste de l'Orégon (West Ward to the waggons)* RÉ W. Beaudine ; *Davy Crockett* RÉ Norman Foster. 1960 *le Signe de Zorro* RÉ N. et L. Foster ; *Mont' là-dessus (The Absent Mind Professor)* RÉ R. Stevenson. 1963 *le Grand Retour* RÉ Arthur Hiller. 1964 *Mary Poppins* RÉ R. Stevenson.

DI VENANZO Gianni PH ITAL (Teramo 18 déc. 1920 | Rome fév. 1966) Formé par Tonti et Martelli, il a été l'opérateur de Lizzani : *Chronique des pauvres amants*, et surtout d'Antonioni : *Femmes entre elles, le Cri, la Nuit, l'Éclipse.*

DMYTRYK Edward RÉ US GB (Grand Forks 4 sept. 1908|) A ses débuts en 1943-1950, il s'imposa comme un bon réalisateur de la « génération perdue », avec *Adieu ma belle, Donnez-nous aujourd'hui* et surtout son remarquable *Crossfire.* Mais il parut ensuite brisé comme créateur et comme homme et poursuivit, après sa rentrée à Hollywood, une abondante carrière de réalisateur commercial, quelquefois hanté par une certaine inquiétude.
RÉ : 1939 *Television Spy,* INT William Henry, Judith Barrett. 1940 *Golden Gloves,* INT James Cagney, Richard Denning. 1941 *The Devil Commands,* INT Boris Karloff, Amanda Duff. 1942 *Counter Espionage,* INT Warren William, Eric Blore. 1943 *Hitler's Children,* INT Tim Holt, Benita Granville. 1944 *Murder, my Sweet (Adieu ma belle),* INT Dick Powell, Claire Trevor. 1945 *Black to Bataan (Retour aux Philippines),* INT John Wayne, Anthony Quinn. 1947 *Crossfire (Feux croisés),* INT Robert Young, Robert Mitchum, Robert Ryan, Gloria Grahame. 1948 *Obsession (l'Obsédée),* INT Robert Newton, Sally Gray. EN GB : 1949 *Give us this Day.* 1950-1951 emprisonné pour « outrage au Congrès ». Fait amende honorable avec le début de la guerre de Corée et accepte de « nommer » plusieurs cinéastes devant la Commission des activités anti-américaines.
RÉ 1952 *The Sniper (l'Homme à l'affût),* INT Adolphe Menjou, Arthur Frank. -EN ISRAËL : 1953 *The Juggler (le Jongleur),* INT Kirk Douglas, Paul Stewart. 1954 *la Lance brisée,* INT Spencer Tracy, *The Caine Mutiny (Ouragan sur le Caine),* INT Humphrey Bogart, José Ferrer, Van Johnson. 1957 *The Raintree County (l'Arbre de vie),* INT Elisabeth Taylor, Montgomery Clift. 1958 *The Young Lions (le Bal des maudits),* INT Marlon Brando, Montgomery Clift. 1959 *Warlock (l'Homme aux colts d'or), The Blue Angel (l'Ange bleu).* 1962 *The Reluctant Saint (Miracle à Cupertino), Walk on the Wild Side (la Rue chaude).* 1965 *Mirage.* 1966 *Alvarez Kelly.* 1967 *Anzio.* 1968 *Shalako.* 1972 *Barbe Bleue.*

DOILLON Jacques RÉ FR (Paris 15 mars 1944|) D'abord monteur de courts et longs métrages, il réalise à partir de 1969 des courts métrages de commande pour le ministère de l'Agriculture et des films sur le sport : *Trial, Bol d'or, Vitesse oblige.* En 1972 il réalise son premier long métrage, grâce au dessinateur Gébé : *l'An 01.* C'est au naturel et à l'intime que Doillon s'attaque dès *les Doigts dans la tête,* démarche qu'il prolonge à merveille dans *la Femme qui pleure, la Drôlesse* et ses films suivants. Fondée sur un découpage rigoureux de l'espace et du cadre, la mise en scène de Doillon est tout entière au service de la parole de ses personnages, saisis en situation d'affrontement, dans un état de crise provoquée.

Jacques Doillon

RÉ : 1972 *l'An 01.* 1974 *les Doigts dans la tête.* 1975 *Un sac de billes.* 1978 *la Femme qui pleure, la Drôlesse.* 1981 *la Fille prodigue.* 1984 *la Pirate, la Vie de Famille.* 1985 *la Tentation d'Isabelle,* 1986 *la Puritaine, Comédie.* 1988 *la Fille de quinze ans.* 1989 *la Vengeance d'une femme.* Il a aussi réalisé cinq films pour la télévision.

DOLINE Boris RÉ URSS (1903|) Le meilleur spécialiste avec Zgouridi des films zoologiques en URSS. Parmi ses meilleures œuvres, on peut citer : *la Loi du grand amour* (1944) et *l'Histoire d'un anneau* (1948), consacrée aux migrations des oiseaux.

DONEN Stanley RÉ PR US (Columbia 13 avril 1924|) Un maître de la comédie musicale américaine des années 1950. Il avait été formé par le maître des années 1930, Busby Berkeley, auquel diverses séquences de son meilleur film, *Chantons sous la pluie,* furent un hommage un peu ironique, mais direct. Voulant refaire avec Gene Kelly ce grand succès dans *Beau fixe sur New York,* il échoua, tandis qu'il manifestait sans lui une verve pleine d'entrain dans *les Sept Femmes de Barberousse,* opérette western, et un raffinement sophistiqué au charme certain dans *Drôle de frimousse.* Il fut moins heureux avec les adaptations de best-sellers. Après 1960, son style chorégraphique commença à dater.
D'abord CHOR : 1945-1949 *Anchors aweigh, Take me out to the Ball Game.* 1949 *On the Town (Un jour à New York)* CO-RÉ Gene Kelly, INT Gene Kelly, Frank Sinatra, Betty Garrett. 1951 *Royal Wedding (Mariage royal),* INT

Stanley Donen

Fred Astaire, Jane Powell. 1952 *Singing in the Rain (Chantons sous la pluie).* 1953 *Give a Girl a Break (Donnez-lui une chance),* INT Debbie Reynolds, Marge et Gower Champion. 1954 *Seven Brides for Seven Brothers (les Sept Femmes de Barberousse).* 1955 *It's always Fair Weather (Beau fixe sur New York)* CO-RÉ Gene Kelly, INT Gene Kelly, Dan Dailey, Cyd Charisse. 1957 *Funny Face (Drôle de frimousse), The Pyjama Game (Pique-nique en pyjama),* INT Doris Day, John Raitt ; *Indiscret,* INT Ingrid Bergman, Cary Grant. 1960 *Once more with feeling (Chérie recommençons),* INT Kay Kendall, Yul Brynner; *Surprise Package (Un cadeau pour le patron),* INT Yul Brynner, Mitzi Gaynor, *The Grass is Greener (Ailleurs, l'herbe est plus verte).* 1962 *Damn Yankees.* 1964 *Charade.* 1965 *Arabesque.* 1967 *Voyage à deux, Bedazzled.* 1968 *Staircase.* 1974 *le Petit Prince.* 1975 *les Aventuriers du Lucky Lady.* 1978 *Movie, Movie.* 1980 *Saturn III.* 1984 *Blame It on Rio (C'est la faute à Rio).*

DONIOL-VALCROZE Jacques CRIT RÉ FR (Paris 15 mars 1920 | 4 oct. 1989) Il fonda avec André Bazin, en 1952, les « Cahiers du cinéma » et devint ensuite un réalisateur intelligent et inquiet avant de se tourner vers la télévision. 1960 *l'Eau à la bouche.* 1961 *le Cœur battant.* 1962 *la Dénonciation.* 1967 *le Viol.* 1969 *la Maison des Bories.* 1972 *l'Homme au cerveau greffé.* 1974 *Une femme fatale.*

DONNER Clive RÉ GB (Londres 1926 |) A débuté en 1942 comme assistant-monteur aux studios Dehnam. Après un premier film, *Faux Policiers,* pourtant intéressant, ce sont ses trois films suivants qui l'imposent au public. Enfin le désopilant *What's new Pussy Cat* en 1965 synthétise toute sa carrière (le scénariste était Woody Allen : débuts prometteurs !). L'intérêt de ce réalisateur tient surtout à sa grande richesse d'invention et à sa facilité à changer de genre. Son humour est parfois malheureusement desservi par une certaine lourdeur de description, témoin son dernier film, *le Voleur de Bagdad,* médiocre pastiche du Fairbanks de 1920. Après une longue absence et le rigoureux *Alfred the great,* Donner réalisa *Vampira* qui fut sélectionné au festival d'Avoriaz. Il semble avoir quelque peu délaissé la réalisation cinématographique pour des émissions et des épisodes à la télévision britannique.
RÉ : 1957 *Faux Policiers.* 1958 *Hear of a child.* 1960 *Mariage of Convenience.* 1961 *The Sinister Man.* 1962 *Some People.* 1963 *The Care Taker, Tout ou rien.* 1965 *Quoi de neuf Pussy Cat* (GB-USA). 1967 *Trois Petits Tours et puis s'en vont.* 1968 *Alfred le Grand, vainqueur des Vikings.* 1974 *Vampira.* 1979 *le Voleur de Bagdad.* 1982 *Oliver Twist.* 1983 *To Catch a King.* 1984 *Christmas Card.* 1988 *Stealing Heaven.*

DONSKOÏ Marc RÉ URSS (Odessa 6 mars 1901 | 1980) Bon réalisateur, surtout très doué pour les adaptations *(Varvara, l'Arc-en-ciel),* et qui conquit une renommée internationale méritée pour sa Trilogie des *Gorki* (1938-1940), où il sut avec une tendre cruauté reconstituer, dans un récit parfois inégal, l'atmosphère de la Russie tsariste autour de 1900. « Seuls vivent, a-t-il dit, ceux qui ne sont pas sensés ni savants, mais qui savent parler aux dieux, c'est-à-dire qui savent réveiller en l'homme les sentiments les plus nobles, les fous. Il faut rester fidèle à la vocation de l'art, à l'honnêteté de l'artiste. Enrichir l'homme, point de départ et but de toute création artistique. Développer l'esthétique de la vie, la rendre plus belle en créant la beauté pour les hommes et entre eux. Faire découvrir à chaque homme ce que son âme recèle de beau et de bon. »
RÉ : 1927 *Gisn (la Vie)* CM. 1928 *V. Bolshom Gorode (Dans la grande ville)* CO-RÉ M. Averbach. 1929 *Zena Tchelovieka (le Prix de l'être humain)* CO-RÉ M. Averbach. 1930 *Choushoi Bereg (la Rive étrangère).* 1931 *Ogon (le Feu).* 1934 *Pesnia O Chiastie (la Chanson du bonheur)* CO-RÉ Legotchine. Trilogie des *Gorki.* 1938 *Dietstvo Gorkogo (l'Enfance de Gorki).* 1939 *V. Liudiakh (En gagnant mon pain).* 1940 *Moi Universitety (Mes Universités).* 1942 *Kak Sakalialas Stal (Et l'acier fut trempé), from* Nicolas Ostrovski. 1944 *Raduga (l'Arc-en-ciel), from* R Maria Vassilievska.

Donskoï

Donskoï, « Mes universités ».

1945 *Nepokozennie (les Indomptés).* 1948 *Selskaia Outchitelnitza (Varvara* ou *l'Éducation des sentiments).* 1950 *Alitet Ukhodit V Gori (Alitet s'en va dans les montagnes).* 1954 *Nos champions.* 1956 *Mat' (la Mère).* 1957 *Au prix de sa vie* ou *le Cheval qui pleure.* 1959 *Thomas Gordeïev, from* Gorki. 1963 *Bonjour, les enfants!* 1965 *le Cœur d'une mère.* 1973 *Nadejda.* 1978 *les Époux Orlov.*

DOUNAIEVSKI Isaac MUS URSS (Ukraine 30 janv. 1900 | Moscou 25 déc. 1955) Il apporta à Alexandrov les couplets entraînants et populaires des *Joyeux Garçons, le Cirque, Volga Volga,* etc. Il écrivit aussi pour Pyriev la partition des *Cosaques du Kouban.*

DOUY Max DÉC FR (Issy-les-Moulineaux 20 juin 1914 |) Un des meilleurs architectes décorateurs français, excellent surtout dans la création d'intérieurs au style intelligent.

RÉ Pierre Prévert : 1943 *Adieu Léonard.* RÉ Jean Grémillon : 1944 *le Ciel est à vous.* RÉ Becker : 1945 *Falbalas.* RÉ Robert Bresson : 1945 *les Dames du bois de Boulogne.* RÉ Clouzot : 1947 *Quai des Orfèvres.* 1949 *Manon.* RÉ Le Chanois : 1951 *Sans laisser d'adresse.* RÉ Renoir : 1955 *French Cancan.* RÉ Astruc : 1955 *les Mauvaises Rencontres.* RÉ Buñuel : 1956 *Cela s'appelle l'aurore.* RÉ Autant-Lara : 1947 *le Diable au corps.* 1951 *l'Auberge rouge.* 1954 *le Rouge et le Noir.* 1956 *la Traversée de Paris.* 1958 *En cas de malheur.* 1959 *la Jument verte.*

DOVJENKO Alexandre RÉ SC URSS (Ukraine 11 sept. 1894 | Moscou 25 nov. 1956) Sans doute le plus grand poète épique qu'ait jamais produit le cinéma. Il allia les thèmes éternels de l'amour, de la mort, de la fécondité, dans une série de chants lyriques consacrés à son Ukraine natale. D'abord peintre, il fut aussi un très grand écrivain. A trente ans, il abandonna tout pour devenir cinéaste. Après des débuts inégaux, il s'affirma dans *Zvenigora,* qui enthousiasma Eisenstein et Poudovkine. Puis il donna un chef-d'œuvre avec *la Terre,* que *l'Arsenal* n'avait pas été loin de valoir. Son œuvre sonore, par suite de diverses circonstances, fut parfois inégale, mais toujours par quelque côté captivante et remarquable. On n'oublie pas les images lyriques d'*Ivan,* le drame passionné d'*Aerograd* dans la sauvage taïga sibérienne, la truculence emportée de plusieurs épisodes de *Chtchors,* l'extraordinaire cantate à l'amour et à la mort, à la jeunesse et à la vieillesse, qui forme le centre de *Mitchourine.* Usé par la vie et ses luttes, il mourut à 62 ans, alors qu'il allait commencer le tournage du *Poème de la mer.* Mais Solntseva, sa femme, sut réaliser une épopée lyrique toujours digne du grand cinéaste défunt dont elle continua l'œuvre avec *les Années de feu.* Il a dit de lui-même : « Je suis le chevalier, le partisan des problèmes contemporains. On ne parlera jamais trop de notre vie d'aujourd'hui. Il ne faut pas s'anéantir dans la contemplation du passé ou la folie des grandeurs, mais se tourner vers l'homme de tous les jours. Comprenons-le, la goutte de rosée peut être à elle seule le miroir qui reflète le monde et la société tout entière. Et si notre pays est un grand pays, c'est que les petites gens y sont grands. » « Pour bouleverser, il faut être bouleversé. Pour apporter la joie et la clarté, il faut porter la clarté dans son cœur et l'élever bien haut. » « Le trait le plus attirant et le plus spécifique du cinéma, c'est qu'il peut transporter le spectateur, par la vue et les autres sens, dans n'importe quelle direction de l'espace et du

Dovjenko

Dovjenko, « la Terre ».

temps. » « Ne traitons pas le thème de l'homme ordinaire comme un thème ordinaire. Un film où l'on ne fait pas vibrer les sentiments humains est comme une planète sans atmosphère. Et comme dit un proverbe chinois : « Un guerrier avec ses défauts est un guerrier, mais un moucheron sans défauts n'est qu'un moucheron. » « Ne soyons pas aussi pudique pour les mouvements délicats de l'âme, les attentions et l'entente amoureuse, les baisers. « L'amour est sage et perspicace », dit le proverbe; il élève l'homme, l'embellit, l'inspire, le rend heureux. Et s'il est contrarié, il apporte de profondes souffrances morales qui existeront tant que l'homme vivra sur la terre. » « Je ne suis pas de ceux qui préparent tout un découpage en le dessinant plan par plan. Je suis peintre de formation, et la position des gens dans l'espace ne présente en effet pas pour moi une difficulté qui m'oblige à composer ainsi à l'avance mes cadres. Je transporte ma caméra, je la pose à un point choisi. L'harmonie de certaines images s'explique peut-être parce qu'ainsi on s'intègre à la terre. »

RÉ : 1926 *Vassia le réformateur (Vassia Reformator)* CO-RÉ Dovjenko, F. Lokatinsky et Joseph Rona, SC Dovjenko, INT Vassia Loudvinsky, Youra Tchernytchev, Y. Choumsky, *le Fruit de l'amour (Yadogka Lioubvi)*, SC Dovjenko, INT Krouchelinsky, D. Kapka, J. Zamytchovsky, V. Liskovsky. 1927 *la Serviette du courrier diplomatique (Soumka Dipkouriera)* SC M. Zahn et B. Charansky, INT Blioukine, Klimenko, G. Zelentchev-Chikov. 1928 *Zvenigora*. 1929 *l'Arsenal*. 1930 *la Terre (Zemlia)*. 1932 *Ivan*. 1935 *Aerograd*. 1939 *Chtchors*. 1940 *Libération (Osvobojdenie)* DOC, CO-RÉ Solntseva, DÉC-MONT Dovjenko, PH Y. Ekeltchik, Y. Tamarsky, G. Alexandrov et N. Bykov, MUS B. Liatochinsky. 1943 *Bataille pour notre Ukraine soviétique*, DOC, RÉ Solntseva et Avdenko, SUP VIS, COMM Dovjenko. MUS D. Klebanov et A. Chtogarenko. 1945 *Victoire d'Ukraine*, montage d'ACTUAL et de DOC, SC Solntseva et Dovjenko, COMM Dovjenko CO-RÉ Dovjenko et Solntseva, MUS G. Popova. 1948 *Mitchourine*. RÉ Solntseva : 1955-1958 *Poème de la mer*. 1961 *les Années de feu*. 1964 *la Desna magique*.

DRACH Michel RÉ FR (Paris oct. 1930|) Un réalisateur sensible, obstiné, une réussite : *Élise ou la vraie vie* sur la vie d'une ouvrière d'usine française et d'un militant algérien du FLN dans les « ratonnades » des années 60.

RÉ : Assistant de Melville pour *le Silence de la mer* et *les Enfants terribles*. Des courts métrages, de la télévision, puis : 1958 *On n'enterre pas le dimanche*. 1961 *Amélie ou le temps d'aimer*. 1964 *la Bonne Occase*. 1965 *Safari diamants*. 1970 *Élise ou la vraie vie*. 1974 *les Violons du bal*. 1975 *Parlez-moi d'amour*. 1977 *le Passé simple*. 1979 *le Pull-over rouge*. 1981 *Guy de Maupassant*. 1986 *Sauve-toi Lola*. 1987 *Il est génial, papy*.

DRÉVILLE Jean RÉ FR (Vitry-sur-Seine 20 sept. 1906|) Excellent technicien dont l'œuvre abondante compta quelques bonnes réussites.

RÉ (principaux films) : 1928 *Autour de l'argent* (documentaire sur le tournage de *l'Argent* de L'Herbier). 1945 *la Cage aux rossignols*. 1947 *la Bataille de l'eau lourde*. 1948 *les Casse-Pieds* SC et INT Noël-Noël. 1953 *Horizons sans fin*. 1960 *Normandie-Niemen*, etc.

DREYER Carl RÉ SC DAN SUÈDE ALL FR (Copenhague 3 fév. 1889|20 mars 1968) Celui qui donna avec *Jeanne d'Arc* un des « dix plus beaux films du monde », se caractérisa depuis ses débuts par une exigeante plastique et évolua bientôt vers un réalisme plus exigeant encore, qui donna tout son sens dramatique au moindre détail du visage humain. Hanté par la sorcellerie *(Jour de colère, Vampyr)* et le mysticisme *(Ordet)*, il appartient par certains côtés aux siècles révolus, mais ce médiéval atteint aussi une certaine contemporanéité : sa recherche de l'abstraction aboutit souvent à la réalité concrète, son symbolisme est avant tout une image de l'âme et de la condition humaine. Depuis ses débuts, avec *le Président*, jusqu'à *Ordet*, il a poursuivi une recherche constante qu'il a ainsi définie : « Il existe une ressemblance étroite entre une œuvre d'art et un être humain : tous les deux ont une âme qui se manifeste dans le style. Par le style, le créateur fusionne les différents éléments de son œuvre et oblige le public à voir le sujet avec ses propres yeux. » « Seule la vérité artistique a une valeur, c'est-à-dire la vérité extraite de la vie réelle et purifiée de tous ses aspects secondaires. Ce qui prend place sur l'écran n'est pas et ne peut être la réalité : le naturalisme n'est plus de l'art. » « Je ne suis pas un révolutionnaire. Je ne crois pas aux révolutions. Trop souvent elles nous ramènent plusieurs pas en arrière. Je suis plutôt enclin à croire en « l'évolution », au petit pas en avant. Aussi me contenterai-je de dire que le film n'a d'autres possibilités de renouvellement artistique que de l'intérieur. La simplification doit transformer l'idée en symbole. Avec le symbolisme, nous sommes sur la voie de l'abstraction, car le symbolisme opère par suggestion. Abstraction peut sonner aux oreilles des cinéastes comme un vilain mot. Mais mon seul désir est qu'il existe, au-delà d'un naturalisme terne et ennuyeux, le monde de l'imagination. » « Quiconque a vu mes films (les bons) saura quelle importance j'attache au visage de l'homme. C'est une terre qu'on n'est jamais las d'explorer. Il n'y a pas de plus noble expérience, dans un studio, que d'enregistrer l'expression d'un visage sensible à la mystérieuse force de l'inspiration, de le voir s'animer de l'intérieur et se charger de poésie. » D'abord journaliste. Écrit son premier SC en 1912 : *Bryggeren Datter (Dinesen)* puis, jusqu'en 1918, 25 autres SC pour Holger-Madsen, August Blom, A. W. Sandberg, Karl Mantzius, etc., adaptant parfois Balzac, Zola, Paul Lindhaus, etc. RÉ AU DAN : 1918 *le Président (Praesidenten)*, 1919 *Feuillets du livre de Satan (Blad of Satans Dagbog)*. - EN SUÈDE : 1920 *la Quatrième Alliance de Dame Marguerite (Praesteenken)*. - A BERLIN; 1921 *Elsker Hverandre (Aimez-vous les uns les autres, ces Déshérités)*, PH

Dreyer, 1952.

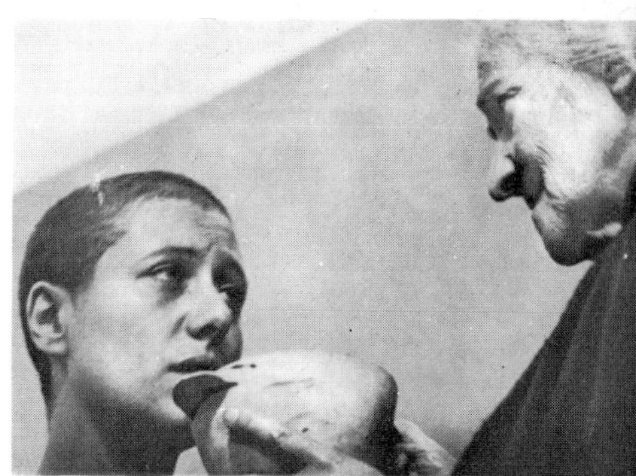

« la Passion de Jeanne d'Arc », avec Falconetti.

« Dies Iræ »

Friedrich Weinmann, INT Polina Piekowska, Wladimir Gajdarov, Richard Boleslawsky. - AU DAN : 1922 *Il était une fois (Der war Engang)*, PH G. Schneevoigt, SC Dreyer, Palle Rosenkrantz, *from* TH Holger Drachman, INT Clara Pontopiddan, Svend Methling, Peter Jerndorff. - EN ALL : 1924 *Michaël*. - AU DAN : 1925 *le Maître du logis (Du Skal aere din Hustru)*. - EN NORV : 1925 *(le Voyage dans le ciel* ou *les Fiancés de Glombal Bruden)* SC Dreyer, *from* nouvelle Jacob Breda Bull, PH Einar Olsen, INT Strub Wiberg. Tove Tellback, Harald Stormoen. - EN FR : 1927 *la Passion de Jeanne d'Arc*. 1932 *Vampyr* ou *l'Étrange Aventure de David Gray*. - 1943 *Jour de colère (Vredens Dag* ou *Dies Iræ*. - EN SUÈDE : 1944 *Deux Êtres (Tvaa Manniskor)* SC Dreyer et Martin Glanner, *from* TH W. O. Somin, PH Gunnar Fischer, INT Georg Rydeberg, Wanda Rothgardt. - AU DAN : 1954 *Ordet* et, auparavant, série de CM pour les services cinématographiques du gouvernement danois : 1942 *l'Aide aux mères (Mödrehjaelpen)*. 1946 *les Vieux (The Seventh Age/De Gamle), l'Eau à la campagne (Vandet pas Landet)*. 1947 *l'Église de campagne (Landsbykirken), le Combat contre le cancer (Kampen mod Kraeften)*. 1948 *Ils attrapèrent le bac (De Naaede faergen)*. 1949 *l'Enfance de la radio (Radioens Barndom)*. 1950 *le Pont de Storström (Storströmbroen), Shakespeare et Kronborg (Shakespeare og Kronborg)*. 1954 *Un château dans un château (Et Slot i et Slot/Krogen og Kronborg), la Reconstruction de Rönne et de Nexö (Rönnes og Nexös genopbygning)*. 1956 *Sur la communauté nordique (Noget om Nordem)*. 1964 *Gertrud*.

DUARTE Anselmo ACT RÉ BRÉS (État de Sao-Paulo 1920 |) Comédien brésilien, passé à la mise en scène qui lui valut en 1962 la Palme d'or de Cannes pour *la Parole donnée (O Pagador de Promessas)*. Ce film terne et vite oublié fut suivi de quelques autres qu'aucun prix international ne vint tirer de l'obscurité.

DUBREUILH Simone CRIT FR (Paris 29 mars 1912 | Paris, juillet 1960) Excellente critique (« Libération », « les Lettres Françaises », RTF) possédée par l'amour du cinéma, pour lequel elle se battit jusqu'à son dernier souffle.

DUDOW Slatan RÉ ALL (Bulgarie 30 janv. 1903 | Berlin 12 août 1963) Un des meilleurs cinéastes allemands. Il avait débuté par des essais d'avant-garde avant de réaliser, sur un scénario de Bert Brecht, *Kühle Wampe (Ventres glacés)*, interdit pour outrage à Hindenburg. Après s'être exilé de l'Allemagne hitlérienne, il s'établit en RDA où il réalisa plusieurs bons films, dont *Plus fort que la nuit*, où il dit la lutte d'un antifasciste contre le nazisme alors triomphant.
RÉ : 1932 *Kühle Wampe*. 1934 *Seifenblasen (Bulles de savon)*. 1949 *Unsere tägliche Brot (Notre pain quotidien)*. 1950 *la Famille Benthin*. 1952 *Destins de femmes (Frauenschiksale)*. 1954 *Plus fort que la nuit (Stärker als die Nacht)*. 1956 *Der Hauptman Von Köln (le Capitaine de Cologne)*. SC Tchesnottel, H. Keisch et Dudow, INT E. Geshonnek, R. Ludwig. 1958 *Verwirrung der Liebe (les Égarements de l'amour)*.

Slatan Dudow

DULAC Germaine (Saisset-Schneider) RÉ FR (Amiens 1882 | Paris juil. 1942) Sensible, généreuse, indépendante, possédée par la passion de la recherche et du neuf, elle fut parmi les premiers, en France, à considérer le cinéma comme un grand art et, dès 1916, elle s'y consacra tout entière. Après avoir manifesté ses dons émotionnels et plastiques dans *Vénus Victrix* et *les Sœurs ennemies*, elle réalisa, d'après un scénario de son ami Delluc, *la Fête espagnole* et devint une des fortes personnalités de l'école « impressionniste ». Après *la Mort du soleil*, elle accomplit son chef-d'œuvre avec *la Souriante Madame Beudet*, critique de la vie conjugale petite-bourgeoise (on ne disait pas encore « l'incommunicabilité du couple »). Plus tard, ses longs métrages furent trop soumis aux contraintes du commerce pour qu'elle ne rejoignit pas la « seconde » avant-garde, avec *la Coquille et le Clergyman* (d'après Artaud), puis des symphonies d'images, alliées à la musique, avec

Germaine Dulac et D. W. Griffith

Disque 1927 ou *Thème et Variations.* Quand le parlant empêcha toute production indépendante, elle préféra se consacrer aux actualités. Elle avait d'autre part milité avec ardeur pour répandre l'amour du cinéma et beaucoup contribué, après 1924, à développer les ciné-clubs. Elle publia dès 1920 de nombreux écrits historiques, injustement oubliés, malgré leurs vues nouvelles et pénétrantes. D'abord journaliste, féministe militante.
RÉ : 1916 *les Sœurs ennemies* SC Mme Hilel Erlanger, PH Forster, INT Suzanne Desprès, Grétillat. 1917 *Geo le mystérieux,* INT Jane Marken, *Vénus Victrix* ou *Dans l'ouragan de la vie.* 1918 *Ames de fous,* PH Forster, INT Ève Francis. 1919 *la Cigarette* SC Baroncelli, PH Gabriel Signoret, Andrée Brabant, *la Fête espagnole.* 1920 *Malencontre,* INT France Dhélia. 1921 *la Belle Dame sans merci,* INT Denise Lorys. 1922 *la Mort du soleil,* PH Parguel et Belval, INT Denise Lorys, André Nox, *la Souriante Madame Beudet, Gossette* (six épisodes), PH Stuckert. 1924 *le Diable dans la ville,* INT Léon Mathot. 1925 *Ame d'artiste,* PH Stuchert, INT Yvette Andreyor, Gina Manès, Charles Vanel, *la Folie des vaillants, from* Gorki, « Invitation au voyage ». 1927 *Antoinette Sabrier,* INT Ève Francis, Gabriel Gabrio, Jean Toulout. 1928 *la Coquille et le Clergyman, Princesse Mandane.* 1929 *Disque 927* (d'après Chopin). 1930 *Thème et Variations.*
Après 1930 dirige France-Actualités.

DULGUEROV Gueorgui RÉ BULG (1943 |) Le cinéaste bulgare le plus marquant sans doute des années 80 qui ne se contente pas de la force des sujets choisis, tournant autour des rapports de l'individu aux temps dans lesquels il vit, mais qui utilise une écriture cinématographique très « documentée », toute d'observation sensible au service d'une exigeante vision des droits et des devoirs de l'homme.
RÉ : 1970 *Examen* CM. 1973 *Et le jour vint.* 1977 *Avantage.* 1978 *l'Échange.* 1981 *Aune pour aune.* 1984 *Nechka Robeva et ses films* DOC. 1986 *Pour les filles de Nechka Robeva* DOC.

DUNNE Philip RÉ US (New York 11 fév. 1908 |) Durant vingt ans scénariste coté très haut à Hollywood, il travailla avec Ford, Mankiewicz, Preminger, mais surtout pour des films commerciaux : *la Mousson, Suez, Qu'elle était verte ma vallée, Ambre, Johnny Appolo, David et Bethsabée, la Tunique.* Après 1955 devient réalisateur et producteur de films soignés et habiles, parfois prudemment hardis. 1966 *Blindfold.*

DUNNING George ANIM CAN GB (Toronto 1920 | 1979) Après avoir brillamment débuté au Canada *(Chants populaires, Cadet Rousselle),* s'est établi à Londres où il a réalisé de remarquables gouaches animées : 1960 *la Pomme.* 1962 *l'Homme volant.* 1969 *The Yellow Submarine (le Sous-marin jaune).* 1970 *Moonrock.*

DUPONT Ewald André RÉ ALL (Saxe 25 déc. 1891 | Hollywood 12 déc. 1956) Il débuta en Allemagne avant 1923 et finit aux USA après 1933 par de médiocres films de série, mais il avait connu à la fin du muet une bonne période en 1923 *(Baruch),* donnant son chef-d'œuvre avec *Variétés,* au subtil montage fondé sur le cinéma du regard.

DURAND Jean RÉ FR (Paris 15 déc. 1882 | Paris 1946) Le plus grand réalisateur comique qu'ait connu le cinéma muet français. Son « cartésianisme de l'absurde » domina les séries des *Onésime, Calino, Zigoto* (1909-1914), interprétées par la troupe des Pouitte, qu'il avait formée avec des acrobates et des rapins (Modot, Bataille, Bourbon, Aimos, Bertho, etc.). D'autre part, il fut un spécialiste des films d'aventures et de fauves pour sa femme, la dompteuse Berthe Dagmar, et il acclimata le western en Camargue avec l'aide de Joé Hamman. « Il faut se garder des formules, on doit traiter chaque scénario d'après son âme et chaque scénario doit avoir une âme », avait dit, avant que le parlant ne l'éliminât, l'auteur de quelque 400 films.

DURAS Marguerite SC RÉ FR (1914 |) Romancière, auteur de théâtre, venue au cinéma par sa collaboration au scénario de *Hiroshima mon amour* ; elle donna avec *Détruire dit-elle,* un film tendu et déchiré sur l'impossibilité de rapports humains « transparents ». Elle a bâti ces dernières années, retis-

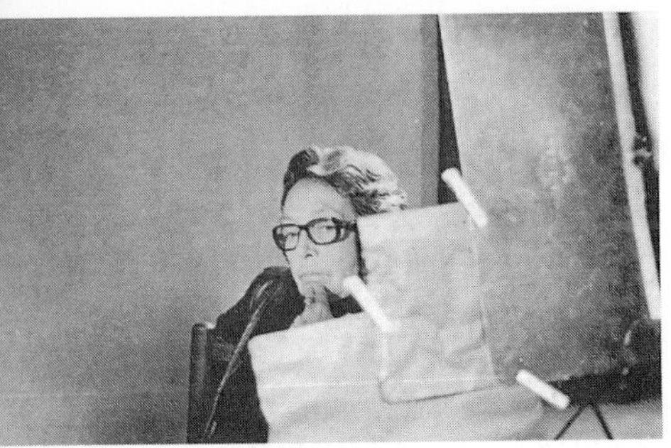

Marguerite Duras

sant obstinément d'un film à l'autre la trame serrée de variations sur ce thème, une des œuvres les plus fortes du cinéma français.
RÉ : 1966 *la Musica* CO-RÉ Paul Seban. 1969 *Détruire dit-elle.* 1971 *Jaune le Soleil.* 1972 *Nathalie Granger.* 1974 *India Song.* 1976 *Des Journées entières dans les arbres.* 1977 *Baxter, Vera Baxter, le Camion.* 1976 *Son nom de Venise dans Calcutta désert.* 1978-1979 *Aurelia Steiner.* 1979 *le Navire Night.* 1981 *Agatha ou les lectures illimitées, l'Homme atlantique* MM. 1982 *Il Dialogo di Roma* TV ITAL. 1985 *les Enfants* MM.

DUVAL Daniel RÉ FR (28 nov. 1944 |) Cinéaste de la zone et de la dérive des loubards dans son premier long métrage, il consacre son deuxième film à une famille d'Italiens immigrés dans les crassiers désaffectés des mines du Nord. Avec *la Dérobade*, il aborde la production classique, ses contraintes de vedettariat, et y perd une grande part de son originalité.
RÉ : *le Mariage de Clovis* CM 1974 *le Voyage d'Amélie.* 1977 *l'Ombre des châteaux.* 1979 *la Dérobade.* 1981 *l'Amour trop fort.* 1983 *Effraction.*

DUVIVIER Julien RÉ FR GB US ESP (Lille 8 oct. 1896 | 31 oct. 1967) Réalisa une centaine de films. Il avait débuté médiocrement et devint avec le parlant un bon directeur d'acteurs, ayant le sens de l'atmosphère. Emporté par le courant du réalisme poétique, il se surpassa en 1934-1938 et fut notamment, après *Pépé le Moko*, considéré à l'étranger comme l'égal de Renoir, Clair, Feyder ou Carné. Après 1940, il reprit la même voie qu'au début de sa carrière, dirigeant bon an mal an deux ou trois films « très bien faits » avec des vedettes et des scénaristes très cotés. Il remporta alors un gros succès mondial avec ses deux *Don Camillo.*
RÉ : Une vingtaine de films avant 1930, dont : 1919 *Hacadelma.* 1922 *les Roquevillard.* 1924 *la Machine à refaire la vie* DOC, CO-RÉ H. Lepage. 1925 *Poil de carotte.* 1927 *l'Agonie de Jérusalem.* 1929 *la Vie miraculeuse de Thérèse Martin, Maman Colibri.* 1930 *David Golder,* INT Harry Baur. 1931 *Cinq gentlemen maudits.* 1932 *Poil de carotte,* deuxième version, *from* Jules Renard, INT Harry Baur, Robert Lynen. 1933 *la Tête d'un homme.* 1934 *le Paquebot Tenacity.* 1935 *Golgotha, la Bandera, l'Homme du jour.* INT M. Chevalier. 1936 *le Golem.* INT Harry Baur, *la Belle Équipe,* SC Spaak, INT Jean Gabin, Viviane Romance, Charles Vanel, aimos. 1937 *Pépé le Moko, Carnet de bal.* - AUX US : 1938 *Toute la ville danse (The Great Waltz).* - EN FR : 1939 *la Fin du jour,* INT Louis Jouvet, Michel Simon, Victor Francen. 1940-1945 *Un tel père et fils,* SC Spaak, Achard, INT

Duvivier, 1948.

« Pépé le Moko » avec Jean Gabin.

Jouvet, Raimu, Michèle Morgan. - AUX US : 1941 *Lydia.* 1942 *Tales of Manhattan.* 1943 *Obsessions (Flesh and Fantasy).* 1944 *l'Imposteur,* INT Gabin, Michèle Morgan. - EN FR : 1946 *Panique.* - EN GB : 1948 *Anna Karénine,* INT Vivian Leigh, Ralph Richardson. 1949 *Au royaume des cieux.* - EN FR : 1951 *Sous le ciel de Paris.* 1952 *Don Camillo,* INT Fernandel, Gino Cervi, *la Fête à Henriette.* 1954 *l'Affaire Maurizius.* 1955 *Marianne de ma jeunesse, Voici le temps des assasins.* 1957 *l'Homme à l'imperméable, Pot-Bouille,* INT Gérard Philipe, Danielle Darrieux. 1959 *Marie-Octobre, la Femme et le Pantin,* INT Brigitte Bardot. 1961 *la Grande Vie, Boulevard.* 1962 *la Chambre ardente, le Diable et les Dix Commandements.* 1963 *Chair de poule.*

DWAN Allan RÉ US (Toronto 3 avr. 1885 | Los Angeles 1981) Le plus abondant de tous les directeurs américains; il passe pour avoir réalisé en cinquante ans plus de 1 500 films. Sa grande période, 1916-1923, fut celle où il travailla avec Douglas Fairbanks.
RÉ : 1909-1915 Plusieurs centaines de films pour la Société Essanay. 1915-1917 avec Griffith à la Triangle : *The Good Bad Man, le Métis. Une aventure à New York,* etc., tous interprétés par Douglas Fairbanks. Il reste attaché ensuite à ce dernier. 1918 *Modern Musqueteer (Douglas d'Artagnan), Bound in Morocco (Au pays des mosquées).* 1922 *Robin des bois.* 1929 *le Masque de fer.* 1937 *Heidi.* 1949 *Iwo Jima.* 1952 *la Belle de Montana.*

DZIGAN Efim RÉ URSS (Moscou 1898 | 1981) Donna un chef-d'œuvre : *les Marins de Cronstadt* (1936), dont la réussite fut pour une part due à son excellent scénariste Vichnevsky.
RÉ : 1929 *le Dieu de la guerre.* 1931 *le Procès doit continuer.* 1932 *la Femme.* 1936 *les Marins de Cronstadt.* 1953 *Djamboul.* 1956 *Prologue.* 1968 *les Torrents de fer.*

EASTMAN George INV US (Waterville 12 juil. 1854 | Rochester 14 mars 1932) Grand capitaine d'industrie, ayant édifié avec la Société Eastman-Kodak un formidable monopole international de la pellicule vierge.
Employé de banque, fonde en 1884 une fabrique de produits photographiques spécialisée sur les pellicules en rouleau, d'abord sur papier, puis en 1888 sur celluloïd. Met en service pour les utiliser, en 1888, l'appareil Kodak. 1889-1892 : Fait mettre au point pour Edison les films de 35 mm perforés. Crée sur ces bases un monopole mondial des films, produits et appareils photographiques. 1907-1908 : Appuie la

Eastman, 1890.

fondation du Trust Edison. 1908 : Entre en lutte avec Pathé et appuie la fondation d'un monopole en Europe. 1909 : Voit son monopole mondial du film battu en brèche par Pathé et Agfa. 1924 : Rachète les fabriques de pellicules Pathé en France et en GB. 1920-1930 : Lance sur le marché les formats réduits 16 mm et 8 mm pour amateurs. 1932 : Se suicide, laissant une partie de son immense fortune à la Fondation Eastman.

EASTWOOD Clint ACT RÉ US (San Francisco 1930 |) Le jour où il a cessé de mâchouiller un cigarillo éteint dans les films de Sergio Leone, on s'est aperçu que Clint Eastwood était un cinéaste de la grande lignée américaine, de ceux pour qui un point de vue moral sur l'homme et le monde sous-tend et ordonne toute mise en scène. Qu'il travaille dans la violence débridée ou la tendresse jamais mièvre, c'est la même exigence qu'il manifeste, dans le comportement comme dans l'écriture. Et cela, on ne l'a jamais aussi bien vu que dans *Pale Rider,* western hautain au ton biblique ou dans *Bird,* moments de la vie d'un jazzman, qui meurt brûlé de musique et de drogue. Sans doute avait-il beaucoup réfléchi aux métiers du cinéma sous son poncho effrangé de Cinecitta, car il a dit ceci, à propos de *Pale Rider,* qui résume deux visions du monde et de sa représentation : « Que le film soit ou non un western, ce qui compte pour moi, c'est que l'on désire l'avènement de quelque chose. Quand vous visionnez *le Bon, la Brute et le Truand,* vous êtes en position de voyeur ; vous passez en revue un catalogue des différentes façons de tuer. C'était extrêmement divertissant, mais dans *Pale Rider,* vous souhaitez ardemment que quelqu'un vienne éliminer les

Clint Eastwood pendant le tournage de « Bird ».

crapules, vous bouillez d'impatience. Cela doit vous saisir comme le faisait le western classique » (interview avec Michaël Henry, 1er avril 1985, aux studios de Burbank, citée dans le dossier de presse de *Pale Rider*).
RÉ : 1971 *Play Misty for me (Un frisson dans la nuit).* 1973 *High Plains Drifter (l'Homme des hautes plaines), Breezy* (id.). 1975 *The Eiger Sanction (la Sanction).* 1976 *The Outlaw Josey Wales (Josey Wales, l'outlaw).* 1982 *Firefox* (id.), *Honkyton Man* (id.). 1983 *Sudden Impact (le Retour de l'inspecteur Harry).* 1985 *Pale Rider* (id.). 1986 *Heartbreack Ridge (le Maître de guerre).* 1988 *Bird* (id.).
ACT : Il a joué dans une quarantaine de films, réalisés par Sergio Leone, Don Siegel, Logan, Cimino et bien sûr Clint Eastwood.

EAUBONNE Jean d' DÉC FR (Talence 1903 | 1971) Architecte-décorateur formé par Meerson, au style raffiné et baroque, qui s'accorda bien avec Ophüls : *la Ronde, le Plaisir, Lola Montès.* Becker : *Casque d'or, Touchez pas au grisbi.* Cocteau : *le Sang d'un poète, Orphée.*

EBRAHIM Akkabashi RÉ IRAN (1874 | 1915) Photographe du shah de Perse, il réalisa en 1900-1903 les premiers films iraniens, à l'usage exclusif de la cour.

EDESON Arthur PH US (New York 24 oct. 1891 | 14 fév. 1970) Un des plus grands opérateurs américains, grand spécialiste des truquages. RÉ James Whale : *l'Homme invisible, Frankenstein.* Collaborateur de John Emerson pour Douglas Fairbanks : *les Trois Mousquetaires, Robin des bois.* Raoul Walsh : *le Voleur de Bagdad.* Milestone : *A l'ouest, rien de nouveau.* Howard Hawks : *Sergent York.* John Huston : *le Faucon maltais.*

EDISON Thomas INV US (Milan US 11 fév. 1847 | West-Orange 18 oct. 1931) Très grand inventeur américain, comprit très vite l'intérêt du cinéma comme complément visuel de son phonographe ; il s'intéressa peu à sa mise au point technique (réalisée par W. K. L. Dickson et Eugène Lauste), mais contribua beaucoup à l'industrialiser. D'abord télégraphiste puis électricien, met au point la distribution industrielle de l'énergie. 1878 : Crée le phonographe. 1884-1894 : S'intéresse aux photographies animées, le Kinétoscope (breveté le 2 janv. 1891). Après la diffusion du Cinématographe Lumière, il rachète les brevets d'Armat et présente, le 23 avril 1896, son Vitascope. Crée la firme de production Edison. 1897-1907 : Mène une violente guerre des brevets contre ses concurrents. 1907-1908 : Crée avec eux le « trust Edison ». 1909-1915 : Entreprend une guerre contre les Indépendants. Vaincu, cesse de s'intéresser au cinéma.

Edison

EDWARDS William Blake RÉ US (1922 |) D'abord scénariste de Quine (*My Sister Eileen, Opération Mad Bell* et *The Notorious Landlady).* Connu comme le « cinéaste des panthères roses ». A tenté de renouer avec la tradition du burlesque américain. Un de ses films n'est-il pas dédié à Laurel et Hardy ? Souvent incompris, victime de l'étiquetage, considéré comme démodé, seuls *la Panthère rose* (1963) et *la Party* (1968) lui permirent d'être reconnu du grand public. Il connut de nombreux échecs commerciaux et, à la demande de son producteur, réalisa une suite aux aventures de l'Inspecteur

Clouseau (Peter Sellers) : ce sont les trois « panthères roses », de 1975 à 1978. Parallèlement à cette carrière, Blake Edwards s'est intéressé à la comédie de genre romantique et le très bon *Ten* (*Elle,* 1979) lui a permis de renouer avec toute une partie (laissée pour compte) de son œuvre *(Diamants sur canapé, Darling Lili)* sans pour autant renoncer à son goût de la dérision et du slapstick.
RÉ : 1956 *Rira bien.* 1959 *Opérations jupons.* 1961 *Diamants sur canapé.* 1962 *Aldo, brigade spéciale.* 1953 *la Panthère rose.* 1968 *la Party.* 1969 *Darling Lili.* 1972 *Opération clandestine.* 1975 *le Retour de la panthère rose.* 1976 *Quand la panthère rose s'en mêle.* 1978 *la Malédiction de la panthère rose.* 1979 *Elle.* 1981 *S.O.B.* 1982 *Victor Victoria, A la recherche de la panthère rose.* 1983 *l'Homme à femmes.* 1984 *Micki and Maude.* 1985 *Un sacré bordel.* 1986 *That's life.* 1987 *Blind Date (Boire et Déboires).* 1988 *Skin Deep (l'Amour est une grande aventure).*

EFFENDI Basuki RÉ INDON (192 ? |) Plein de sensibilité et d'humanité. Un des meilleurs réalisateurs du jeune cinéma indonésien : 1950 *Si Menje,* 1954 *Si Melati.*

EGGELING Viking ANIM SUÈDE (Lund 1880 | Berlin 1925) Peintre. 1916 : Fondateur du dadaïsme à Zurich avec Tristan Tzara. 1920-1924 : A réalisé les premiers films abstraits en Allemagne, comparables pour lui « dans le domaine de l'art pur aux événements musicaux qui se gravent en nous par la voie auditive ».
RÉ : 1917 *Contrepoints plastiques,* rouleaux de papier non filmés. 1919 *Masse verticale horizontale,* idem. 1921 *Symphonie diagonale.* 1924 *Parallèles et horizontale.*

EISENSTEIN Serge RÉ URSS (Riga 23 janv. 1898 | Moscou 11 fév. 1948) Un titan, un génie du cinéma, un homme de la Renaissance, tout à la fois créateur et théoricien, possédant une culture universelle. D'abord attiré par le théâtre, il donna alors des spectacles fondés sur « le montage des attractions » (« le Sage », 1923), niant la règle des trois unités, puis donna « le Masque à gaz », dans le décor naturel d'une usine, avant de passer au cinéma avec *la Grève* (1924). En deux mois, à 27 ans, le jeune cinéaste réalisa *Potemkine.* « Ce film m'a amené à repenser le rôle du gros plan, à en faire un élément capable d'éveiller chez le spectateur la conscience et le sentiment du tout. Ainsi le pince-nez du médecin-major se substitue à lui, au moment voulu, par un emploi du gros plan comparable à la « synecdoque », reconstituant le tout par la représentation de la partie. Le film tout entier était une « synecdoque », incorporant directement la révolution de 1905, dont l'histoire tout entière avait d'abord été le sujet. »
Le « montage des attractions », absent du *Potemkine,* devint « montage intellectuel » avec *Octobre,* où le réalisateur refusa également le studio et les acteurs professionnels, et « montage harmonique » dans *la Ligne générale.* Si *Octobre* et *la Ligne générale* (surtout dans les versions tripatouillées à l'étranger) n'avaient pas pleinement valu son *Potemkine,* le créateur était toujours à l'apogée de son génie lorsqu'il visita l'Europe. Il travailla quelques mois à Hollywood, puis s'établit au Mexique pour y réaliser avec Tissé et Alexandrov une nouvelle et gigantesque épopée (1929-1931). Une mauvaise période commença alors pour lui : avant d'être terminé, *Que Viva Mexico* lui fut enlevé, et il ne put jamais tenir en main ses négatifs pour construire, par le montage, un monument filmique qui aurait peut-être surpassé *Potemkine.* De retour en URSS, il se mura dans son désespoir, puis entreprit *le Pré de Bejine* que des intrigues l'empêchèrent de terminer. Malgré une vive campagne contre lui, on lui confia la réalisation d'*Alexandre Nevsky,* avec des moyens considérables. Ce fut son premier film sonore. « Le son ne s'était pas introduit dans le cinéma muet : il en était issu, sorti du besoin qui poussait le muet à dépasser la pure expression plastique. » (Eisenstein.) *Nevsky* fut un opéra, où un contre-point audiovisuel combina organiquement le montage des images et la partition de Prokofiev. Ce fut un film d'acteurs au jeu stylisé et expressif. Réalisé en majorité pendant une guerre

Eisenstein (à gauche) pendant le tournage d'« Ivan le Terrible ».

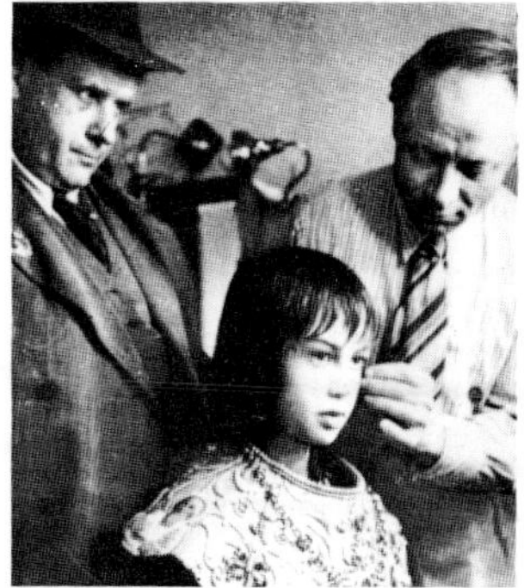

Eisenstein, « Ivan le terrible », avec Tcherkassov.

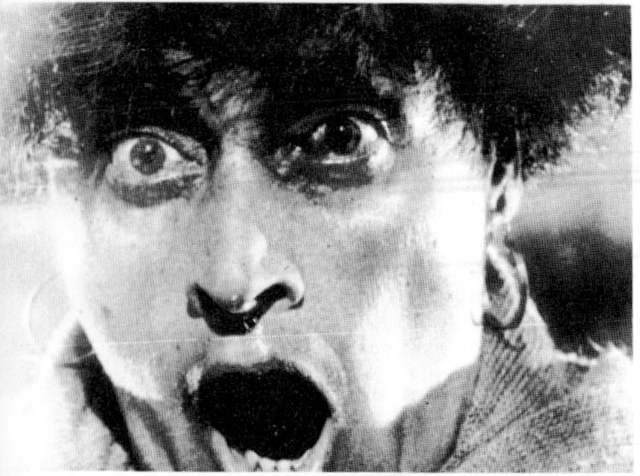

« le Cuirassé Potemkine », scène de l'escalier.

« Que Viva Mexico » (film inachevé).

cruelle, *Ivan le Terrible* fut une monumentale tragédie-opéra en deux parties (la deuxième fut interdite par Staline et éditée seulement après sa mort. Le film amplifia encore les recherches de *Nevsky* et ouvrit des perspectives nouvelles au cinéma. Il mourut à cinquante ans, après avoir prophétisé ainsi l'avenir du cinéma dans un texte (ici condensé) : « Le cinéma est bien sûr le plus international des arts. De ses réserves inépuisables le premier demi-siècle n'a pourtant utilisé que des miettes. On n'a pas encore opéré de solution définitive au problème de la synthèse des arts qui aspirent à se fondre dans son sein : totalement, organiquement. Nous assisterons au stupéfiant aboutissement de deux extrêmes. L'acteur thaumaturge, chargé de transmettre au spectateur la matière de ses pensées, tendra la main au mage cinéaste de la TV qui, jonglant avec les objectifs et les profondeurs du champ, imposera directement et instantanément son interprétation esthétique de l'événement, pendant la fraction de seconde où il se produit. Le cinéma a cinquante ans. Un monde immense et complexe s'ouvre devant lui. »
D'abord dessinateur, décorateur, metteur en scène de théâtre pour le Proletkult, où il monte : 1922 « le Mexicain ». 1923 « le Sage », etc.
RÉ : 1924 *Statchka (la Grève).* 1925 *Bronenosetz Potemkine (Potemkine).* 1927 *Oktiabr (Octobre).* 1929 *Staroie I Novoie (la Ligne générale* ou *l'Ancien et le Nouveau).* - AU MEX : 1931-1932 *Que Viva Mexico.* 1935 *le Pré de Bejine* (non terminé). 1938 *Alexandre Nevsky.* 1945 *Ivan Grozny (Ivan le Terrible),* premier épisode; 1958 deuxième épisode.

EISLER Hanns MUS ALL (Leipzig 6 juil. 1898 | Berlin 6 sept. 1962) Un des compositeurs qui ont le mieux possédé le sens du cinéma, collaborateur de Bert Brecht, Charlie Chaplin, Louis Daquin, Jacques Feyder, Fritz Lang, Alain Resnais, Walter Ruttmann. RÉ Dudow : 1932 *Kühle Wampe.* RÉ Joris Ivens : 1932 *Komsomol.* RÉ Feyder : 1934 *le Grand Jeu.* RÉ Lang : 1943 *les Bourreaux meurent aussi.* RÉ Mætzig : 1950 *le Conseil des dieux.* RÉ Daquin : 1954 *Bel-Ami.* RÉ Resnais : 1956 *Nuit et Brouillard.*
En 1947, expulsé des US, ce qui entraîne une vive protestation de Chaplin (pour cela bientôt inquiété par les maccarthystes), il avait écrit pour lui la partition de *Monsieur Verdoux.*

EKK Nicolaï RÉ URSS (Moscou 1898 | 1976) L'homme d'un seul film, mais quel film : *le Chemin de la vie.* Acteur avec Meyerhold, puis documentariste en 1928-1930.

RÉ : 1931 *le Chemin de la vie (Poutievka V Gizn).* 1936 *Rossignol petit rossignol.* 1939 *la Foire de Sorotchinski,* en couleurs. 1941 *la Nuit de mai.*

EL-CHEIKH Kamal RÉ ÉG (5 fév. 1918|) A dirigé une trentaine de films inégaux, dont se détache *Vie ou Mort (Hayat an Maout),* influencé par le néo-réalisme.
RÉ (principaux films) : 1962 *le Voleur et les chiens, from* Naguib Mahfouz. 1968 *l'Homme qui perdit son ombre.* 1975 *Sur qui doit-on tirer ?*

ELEK Judit RÉ HONG (Budapest 1937|) Une œuvre âpre, d'une étonnante continuité dans l'observation d'un quotidien dont elle dit toute la cruauté. Qu'elle parle (*la Dame de Constantinople,* son premier long métrage) d'une vieille dame accrochée à ses souvenirs ou d'un homme jeune (dix ans après, *Peut-être demain*) entre deux femmes, entre ses racines rurales et les anciens modes de vie qui se défont à la ville, c'est une image sans complaisance de la Hongrie contemporaine qu'elle poursuit obstinément même à travers ses films historiques. C'est que la trame fictionnelle de ses films, qui s'attache à travailler des situations de crise individuelle, est toujours tendue sur la description aiguë des rapports sociaux vus par une grande « documentariste ».

Judit Elek

RÉ : CM : 1963 *Rencontre.* 1966 *Des châteaux et leurs habitants.* MM : 1967 *Où finit la vie ?* LM : 1969 *la Dame de Constantinople.* 1974 *Un village hongrois.* 1975 *Une histoire simple.* 1979 *Peut-être demain.* 1980 *Martinovics* TV. 1983 *la Fête de Maria.* 1989 *Mémoires d'un fleuve* CO-PR FR-HONG.

Judith Elek « la Fête de Maria ».

ELUARD Paul (Grindel) ÉCRIV FR (1895|1952) Ce grand poète s'intéressa passionnément au cinéma, cet art du « donner à voir ». Il créa, pour présenter Rossellini à Paris, l'expression « glouton optique ». Il écrivit le commentaire de *Guernica* pour Alain Resnais et il a noté, se référant à son intransigeante jeunesse surréaliste : « Nous étions ordinairement d'accord à peu près sur toutes choses, mais jamais sur le cinéma; il n'y avait jamais d'aussi interminables discussions qu'à propos des films. »

EMERSON John RÉ US (29 mai 1878|9 mars 1946) Engagé par Griffith à la Triangle (1915-1917), y dirigea les premiers films de Douglas Fairbanks, souvent sur scénario de sa femme Anita Loos (auteur de *les Hommes préfèrent les blondes*). Prit comme assistant von Stroheim et lui donna son premier grand rôle. Après 1920, scénariste.

EMMER Luciano RÉ ITAL (Milan 19 janv. 1918|) Il apporta beaucoup au cinéma mondial avec ses films sur l'art qui animèrent par la musique et le montage les œuvres de Giotto, Jérôme Bosch, Carpaccio, etc. Passant à la mise en scène, il y débuta par la réussite de son nonchalant et charmant *Dimanche d'août.*
1941-1949 CM CO-RÉ Enrico Gras : *Il Covo, Racconto di un Affresco, Romanzo di un' epoca, Cantico delle Creature, Paradiso terrestre, Destini d'amore, Il Conte di Luna, Guerrieri, Bianchi Pascoli, Sulla Via di Damasco, Romantici a Venezia, Il Dramma di Cristo, La Leggenda di Sant'Orsola, Piero Della Francesca.*

RÉ LM : 1949 *Domenica d'Agosto (Dimanche d'août).* 1951 *Paris sera toujours Paris.* 1952 *Le Ragazze di Spagna (les Fiancés de Rome).* 1953 *Leonardo Da Vinci* CM DOC. 1954 *Camilla.* 1955 *le Bigame.* 1956 *Il Momento più bello.* 1960 *la Fille dans la vitrine.*

ENDFIELD Cyril RÉ US GB (USA 1914 |) Proscrit par le maccarthysme après *Fureur sur la ville (Sound of Fury),* 1950, dirigé contre le lynchage, put diriger à Londres le violent et courageux *Train d'enfer (Hell's Driver),* 1958. A donné depuis, en 1964, le discutable *Zoulou.* 1965 *Sands of the Kalahari.* 1969 *De Sade.* 1971 *Universal Soldier.* 1973 *le Divin Marquis de Sade.*

ENEI Evgueny DÉC URSS (Hongrie 1890 | 1971). Il apporta sa science du décor et son grand sens artistique aux meilleurs cinéastes de Leningrad, Kozintsev, Trauberg et Ermler, notamment.

ENGEL Morris RÉ US (New York 8 avril 1918 | 1985) Intéressant et sensible cinéaste de l'école de New York, atteignit le grand succès international avec : 1953 *le Petit Fugitif,* auquel succéda : 1956 *Lover and Lollipops* et fut le premier à utiliser pour un long métrage : *Wedding and Babies,* réalisé en décors naturels, une caméra portable silencieuse, avec son synchrone, ouvrant ainsi la voie à R. Leacock.

ENRICO Robert RÉ FR (1931 |) Après un film-témoignage sur la génération des « rappelés » de la guerre d'Algérie *la Belle Vie* (1962) qui faisait suite à l'adaptation de nouvelles de Bierce, *la Rivière du hibou,* réalisa des films d'aventures ou des films « psychologiques » sur fond d'histoire.
RÉ : 1965 *les Grandes Gueules.* 1967 *les Aventuriers.* 1968 *Tante Zita, Ho !* 1971 *Un peu, beaucoup, passionnément, Boulevard du Rhum.* 1972 *les Caïds.* 1974 *le Secret.* 1975 *le Vieux Fusil.* 1979 *Un neveu silencieux.* 1980 *l'Empreinte des géants, Pile ou face.* 1983 *Au nom de tous les miens.* 1986 *Zone rouge.* 1987 *De guerre lasse.* 1989 *la Révolution française.* CO-RÉ Richard Heffrom.

EPSTEIN Jean RÉ FR (Varsovie 26 mars 1897 | Paris 2 avril 1953) Abel Gance a dit de lui : « Il a préféré mourir en victime plutôt que de vivre en prostituant son art. Je revois sa figure en losange, si expressive, dont les cheveux, comme une flamme noire, semblaient brûler le front. J'entends cette voix lente, singulière, avare de mots, choisissant ses oreilles. Des profondeurs de l'abîme, cette voix ne doit-elle pas être écoutée ? » D'après

Jean Epstein

Epstein, « la Belle Nivernaise ».

« l'Or des mers ».

Henri Langlois, nous pouvons ainsi résumer son œuvre et son apport : « Il n'a jamais quitté le cinéma. Son œuvre a commencé en 1922 avec *Pasteur*, s'est achevée en 1947 avec *le Tempestaire*. Ses films dits commerciaux peuvent être signés sans honte par lui. » « *Cœur fidèle* est le triomphe de l'impressionnisme du mouvement, mais aussi le triomphe de l'esprit moderne. *La Belle Nivernaise* fut une de ses œuvres les plus pures, les plus classiques, les plus exquises, avec son rythme insensible à l'intellect, son savant dépouillement. Après l'effort du *Lion des Mogols*, le souffle lui manque, et il est obligé de s'asseoir bien arrière de ses anciens films. » « Avec *l'Affiche* et *le Double Amour*, il commence à sentir le poids des contingences commerciales. *La Chute de la maison Usher* fut « l'intensification du jeu de l'acteur par le ralenti ». Il tourne alors le dos au succès, part pour la Bretagne, faire ce que nul en France n'avait fait avant lui : *Finis Terrœ* et *l'Or des mers*, qui fut la recherche d'une espèce de merveilleux beaucoup plus réel, sous l'influence certaine des films soviétiques. » Mais il ne traduira totalement ce merveilleux né du réel que dans *Mor'Vran*. Avec le parlant, Epstein fut incompris. D'où son calvaire. Puis ce fut la guerre, l'occupation, l'oubli de Vichy.

RÉ : 1922 *Pasteur* MM, CO-RÉ Benoît-Lévy, *Vendanges* CM. 1923 *l'Auberge rouge, from* Balzac, *Cœur fidèle.* 1924 *la Montagne infidèle* DOC, *la Belle Nivernaise, from* Daudet, INT Blanche Montel, Maurice Touze, *le Lion des Mogols*, INT Ivan Mosjoukine, Nathalie Lissenko. 1925 *l'Affiche*, SC Marie Epstein, INT Nathalie Lissenko, *le Double Amour.* 1926 *les Aventures de Robert Macaire*, Mauprat. 1927 *Six et demi onze, la Glace à trois faces*, INT René Ferté, Suzy Pierson, *la Chute de la maison Usher.* 1929 *Finis Terrœ, Sa tête*, INT France Dhélia, René Ferté. 1930 *Mor'Vran (Mer des corbeaux).* 1932 *l'Or des mers.* 1933 *l'Homme à l'Hispano*, INT Jean Murat, Marie Bell, *la Châtelaine du Liban.* 1934 *Chanson d'Armor*, INT Yvon Le Mar'Hadour, Simone Montchatre (parlant breton). 1936 *Cœur de gueux.* 1937 *Vive la vie, la Femme du bout du monde.* 1938 *les Bâtisseurs* MM DOC, *Eau vive* MM. 1947 *le Tempestaire* CM. 1948 *les Feux de la mer* CM.

LIVRES : 1921 « Bonjour cinéma ». 1925 « le Cinéma vu de l'Etna ». 1946 « l'Intelligence d'une machine ». 1947 « le Cinéma du diable ». 1955 « Esprit du cinéma ».

ERKSAN Metin RÉ TUR (Canakkale, 1929 |) Après des études d'histoire de l'art et d'esthétique à Istambul, il aborde le cinéma par la critique, puis l'écriture de scénarios. Son premier film, interdit par la censure, attendra un an avant de sortir, son troisième également : il faut dire que ses mélodrames paysans, fortement contrastés, jouant sur les valeurs plastiques du noir et blanc donnent de la société turque en mutation des images d'une rare violence. Devenu enseignant, il travaille à partir de 1975 essentiellement pour la télévision.

RÉ (principaux films) : 1952 *le Monde obscur.* 1958 *le Seigneur des sept montagnes.* 1962 *la Vengeance des serpents, l'Été torride.* 1966 *le Temps d'aimer.* 1969 *Féridé.* 1977 *Je ne peux vivre sans toi.*

ERMLER Frédéric RÉ URSS (Lettonie 13 mai 1898 | juillet 1967) Un très grand cinéaste. Après des débuts néo-réalistes (avant la lettre), avec *Katka, les Enfants de la tempête, le Cordonnier de Paris*, il s'orienta vers les films psychologiques avec *Un débris de l'Empire*, et donna à ce genre difficile mais très cinématographique, deux chefs-d'œuvre : *le Grand Citoyen* et *le Tournant décisif.* Il a ainsi résumé ses préoccupations : « Dès mes débuts, j'étais poussé par le goût de la réalité. Ce réalisme pouvait être inné en moi, il ne m'a pas moins fallu l'apprendre. Au début, je travaillais sans penser. J'avais seulement envie de créer. Pourtant mes films se sont ordonnés comme des reflets de diverses époques soviétiques. La guerre civile est le sujet de *la Maison dans la neige*, *Katka* décrit certaines couches sociales de l'époque de la NEP, *le Cordonnier de Paris* a posé les problèmes moraux de la jeunesse pendant la reconstruction, *Contre-Plan*, c'est le début des plans quinquennaux, *les Paysans*, la lutte des paysans pauvres contre les koulaks, au moment de la collectivisation, *le Grand Citoyen*, la lutte de l'opposition contre le parti, *Camarade P* et le *Tournant décisif*, la dernière guerre, les combats des partisans de Stalingrad. » « L'idée de mes films venait généralement de moi, mais pour la développer j'ai toujours fait appel à un scénariste. Je ne modifie jamais un scénario pendant le tournage. Je n'ai pas assez de talent pour improviser. Je l'étudie par cœur, puis j'en use comme un chef d'orchestre d'une partition, sachant ce que je dois tirer des acteurs et des décors. Ce qui m'importe le plus, ce sont les hommes, et ce qui importe le plus chez les acteurs, c'est le regard. » « Quand je pense à ce que j'ai fait de ma vie, j'en détache *le Grand Citoyen* et *le Tournant décisif.* Ils valent mieux que tous mes autres films » (1959, déclarations à l'auteur.)

Ermler

Ermler, « le Tournant décisif ».

RÉ : 1924 *la Scarlatine* DOC. 1926 *Katka petite pomme de reinette (Katka Boumajny Ranet), les Enfants de la tempête (Dieti Bouri)* CO-RÉ Johansen, PH Aptekman, INT Glagoline Solovtsov. 1927 *la Maison dans la neige*, SC Léonidov, PH Mikhailov, Bouchtouev, INT Nikitine, Okova. 1928 *le Cordonnier de Paris (Paryskoi Sapojnik),* SC Nikitine et Léonidov, PH Mikhailov, Bouchtouev, INT Nikitine, Solovtsov. 1929 *Un débris de l'Empire* ou *l'Homme qui avait perdu la mémoire (Oblomok Imperii).* 1932 *Contre-plan (Vstretchny)* CO-RÉ Youtkevitch. 1935 *les Paysans (Krestianné).* 1938-1939 *le Grand Citoyen (Veliky Grajdanine), Deux Époques.* 1943 *Camarade P* ou *Elle défend sa patrie (Ona Zachtchichtaiet Rodinou).* 1946 *le Tournant décisif (Veliky Perelom).* 1949 *la Grande Force.* 1955 *Roman inachevé.* 1959 *le Premier Jour.* 1961-1962 Films de TV.

ERMOLOV P. V. PH URSS (Moscou 1887 | Moscou 19 mars 1953) Pionnier du cinéma soviétique, fut opérateur d'actualités pendant la guerre civile, puis l'opérateur de Protozanov, 1925-1935, pour de nombreux films, de Piscator pour *la Révolte des pêcheurs* et de Donskoï pour sa fameuse Trilogie des *Gorki.*

ERTUGRUL Muhsin RÉ TUR (Stamboul 1892 | 1979) Le père du cinéma turc. Homme de théâtre, directeur du théâtre municipal de Constantinople, il dirigea de nombreux LM.
RÉ : 1922 *Un drame d'amour à Stamboul, le Grand-Papa Nour.* 1923 *la Chemise de feu, Horhor le vendeur de pois chiches, la Tragédie de Kik Kule, Ah, quelle fille !* 1928 *le Courrier d'Ankara.* 1930 *les Contrebandiers.* 1931 *Dans les rues de Stamboul.* 1932 *Une nation s'éveille, Si ma femme me trompe.* 1933-1935 *l'Homme propose Allah dispose, le Beau Barbier, Horhor le vendeur de pois chiches* (version parlante), *les Chercheurs de millions.* 1936 *le Cadi du mont Athos.* 1938 *Un turban est tombé.* 1940 *Victimes de la passion, Jalousie, Nasreddin Hodja, le Beau Cafetier.* 1945 *l'Aigle des plateaux.* 1946 *la Fin de la moisson.* 1953 *la Fille aux tapis.*

ESCOFFIER Marcel COST FR (Monaco 29 nov. 1910 |) Créateur de costumes, surtout d'époque, notamment pour Cocteau : *la Belle et la Bête* (avec Bérard), *Ruy Blas, l'Aigle à deux têtes, Orphée.* Christian-Jaque : *Carmen, Fanfan la Tulipe, Nana.* Ophüls : *Lola Montès* (en CO avec Annenkov). Visconti : *Senso* (avec Annenkov).

ETAIX Pierre RÉ FR (Roanne 23 nov. 1928 |) Excellent comique, acteur et réalisateur de ses films.
RÉ CM : 1961 *Rupture, Heureux Anniversaire* CO-RÉ J.-P. Carrère. LM 1963 : *le Soupirant.* 1965 *Yoyo.* 1966 *Tant qu'on a la santé.* 1968 *le Grand Amour.* 1970 *le Pays de Cocagne.* 1987 *l'Age de monsieur est avancé.* 1988 *J'écris dans l'espace* (premier film de fiction réalisé en « Omnimax » procédé qui traite une image d'une superficie triple par rapport au 70 mm, image projetée sur écran hémisphérique).

EUSTACHE Jean RÉ FR (Pessac nov. 1938 | 1981) Il aura fallu *la Maman et la Putain* et le festival de Cannes 1973 pour que ce cinéaste qui bâtissait une œuvre personnelle de découverte du quotidien soit enfin connu du grand public. Auteur de courts et moyens métrages (et en 1971, d'un film de deux heures, *Numéro zéro,* « volontairement réalisé pour demeurer inédit », mon-

teur, Eustache pourrait dire de tous ses films ce qu'il a dit de son dernier : « Mon sujet, c'est la façon dont les actions importantes s'insèrent dans une continuité d'actions anodines. »
RÉ : 1963 *Du côté de Robinson* MM. 1967 *le Père Noël a les yeux bleus* MM. Ces deux films ont été réunis sous le titre *les Mauvaises Fréquentations.* 1968 *la Rosière de Pessac* MM, *le Cochon* CO-RÉ Jean-Michel Barjol MM. 1971 *Numéro zéro* (inédit). 1973 *la Maman et la Putain.* 1974 *Mes Petites Amoureuses.* 1977 *Une sale histoire* MM. 1979 *la Rosière de Pessac.* 1979-1980 *Odette Robert* TV, *le Jardin des délices de Jérôme Bosch* CM TV, *Offre d'emploi* CM TV. 1981 *les Photos d'Alix* CM.

EVEIN Bernard DÉC FR (Saint-Nazaire 5 janv. 1929 |) Décorateur de la nouvelle vague, avec un sens très discret de la réalité et de la poésie. Pour Malle : *les Amants* CO-DÉC. *Zazie dans le métro, Vie privée, Viva Maria.* Chabrol : *les Cousins, A double tour* CO-DÉC. De Broca : *les Jeux de l'amour* CO-DÉC. *l'Amant de cinq jours.* Agnès Varda : *Cléo de 5 à 7.* Demy : *Lola, les Parapluies de Cherbourg, les Demoiselles de Rochefort.* Godard : *Une femme est une femme.* Resnais : costumes de *l'Année dernière à Marienbad. Sweet Hunter* RÉ Ruy Guerra. *Le Jouet* RÉ Veber. Certains de ces travaux en collaboration avec Jean Saulnier.

FABRI Zoltan RÉ HONG (1917 |) Un des meilleurs réalisateurs hongrois. Son chef-d'œuvre : *Un petit carrousel.*
RÉ : 1951 *Une colonie sous la terre.* 1952 *Orage (Vihar).* 1954 *Quatorze vies (Eletjel).* 1955 *Un petit carrousel de fête.* 1956 *le Professeur Hannibal,* INT Erno Szabo, Manyi Kiss. 1958 *Anna Edes.* 1959 *le Fauve (Duvad).* 1961 *Deux mi-temps en enfer (Pustak es Gelembok).* 1965 *Vingt Heures.* 1967 *Arrière-saison.* 1969 *la Famille Tot.* 1971 *la Fourmilière.* 1972 *A un jour près.* 1974 *la Phrase inachevée.* 1976 *le Cinquième Sceau.* 1977 *les Hongrois.* 1980 *la Rencontre de Balint Fabian avec Dieu.* 1981 *Requiem.* 1984 *la Crémaillère.*

FANCK Arnold RÉ ALL (Frankenthal 6 mars 1889 | 27 sept. 1974) Le premier spécialiste des films d'alpinisme. Passa bientôt à la mise en scène et se rallia au régime hitlérien.
RÉ : 1919 *les Merveilles du ski* CO-RÉ Taurn. 1926 *la Montagne sacrée,* PH R. Angst. 1929 *l'Enfer blanc,* CO-RÉ G. W. Pabst. 1930 *Tempête sur le mont Blanc.* 1931 *Ivresse blanche.* INT Riefenstahl et H. Schneider. 1933 *S O S Iceberg* CO-RÉ Tay Garnett. 1934 *Der ewige Traum.* 1937 *la Fille des samouraïs.* 1940 *Un Robinson.*

FASSBINDER Rainer Werner RÉ RFA (Bad Wörishöfen 1946 | Munich 1982) Enfance à Munich, élève d'une école expérimentale. Journaliste à la « Süddeutsche Zeitung »; il réalise son premier long métrage en 1965 : *Der Stadtstreicher* (16 mm). En 1967, il rejoint une jeune troupe de théâtre expérimental, l'Action Teater, qui disparaît en 1968. Puis il fonde l'Anti Teater dont il devient le principal animateur. Il y monte de nombreuses adaptations de Sophocle, Tchekhov, Ibsen et travaille pour la radio. A partir de 1969, il entreprend la réalisation de films d'après les textes de ses pièces et se tourne vers la télévision en 1971. Son premier film *l'Amour est plus froid que la mort* est tiré d'un scénario original, il y tient le rôle principal. Aussitôt après, il réalise *Katzelmache,* d'après l'une de ses pièces, et va ensuite enchaîner les réalisations à un rythme exceptionnel allant jusqu'à 6 titres en 1970. Cette année-là, il fonde la « Filmverlag der Autoren », avec deux autres réalisateurs, association chargée de mieux gérer les intérêts des cinéastes. Simultanément, il devient codirecteur du Teater und Turm de Francfort, continue ses mises en scène et sa collaboration à la télévision. Une telle capacité créatrice pose problème puisqu'en treize ans il a réalisé près de 40 œuvres cinématographiques et télévisuelles, dont certaines comprennent jusqu'à 14 épisodes de 90 mn. Derrière le cinéaste, il y a tout un travail d'équipe et une troupe à la fois d'acteurs, de musiciens, de gestionnaires.
L'équipe de Fassbinder est un des rares exemples de structure de travail collective, parfaitement intégrée et productive. Caractériser l'ensemble de son œuvre filmique relève de la gageure tant Fassbinder s'ingénie à brouiller les pistes, passant du « mélo flamboyant » au « mélo distancié ». Il n'est cependant pas étonnant de voir cet auteur d'un excellent essai sur Douglas Sirk explorer toutes les facettes du mélodrame. Nous retiendrons un seul aspect fortement significatif de la stylistique fassbindérienne : l'élocution très particulière des acteurs, le dosage savant entre une apparente froideur de jeu et une émotion très contrôlée. Fassbinder entre autres choses est un extraordinaire metteur en scène du langage, de la parole en acte, c'est ce que confirme par exemple, la magistrale bande sonore de *la Troisième Génération,* constamment martelée par la rumeur sonore de la télévision allemande.
RÉ (principaux films) : 1965 *Der Stadtstreicher (le Clochard)* CM. 1969 *Liebe ist kälter als der Tod (l'Amour est plus froid que la mort), Katzelmacher, Götter der Pest (les Dieux de la peste), Warum*

Fassbinder

« le Mariage de Maria Braun ».

läuft Herr Amok (Pourquoi M. R. est-il atteint de folie meurtrière ?). 1970 *Whity, der Amerikanische Soldat (le Soldat américain), Rio das Mortes, Warnung vor einer Heiligen Nutte (Prenez garde à la sainte putain).* 1971 *Handler der Vier Jahreszeiten (le Marchand des quatre-saisons), Pioniere in Ingolstadt.* 1972 *Die bitteren Tränen der Petra von Kant (les Larmes amères de Petra von Kant), Wildwechsel (Gibier de passage).* 1973 *Angst essen Seele auf (Tous les « autres » s'appellent Ali).* 1974 *Effi Briest, from* R. Fontane. 1975 *Faustrecht der Freiheit (le Droit du plus fort), Mutter Küsters fahrt zum Himmel (Maman Küsters s'en va au ciel), Angst vor der Angst (Peur de l'angoisse).* 1976 *Satansbraten (le Rôti de Satan), Chinesische Roulette (Roulette chinoise).* 1977 *Despair* (id.). 1978 *Die Ehe der Maria Braun (le Mariage de Maria Braun), In einem Jahr mit dreizehn Monden (l'Année des treize lunes), Bolweiser (la Femme du chef de gare), Deutschland im Herbst (l'Allemagne en automne)* CO-RÉ. 1979 *Der dritte Generation (la Troisième Génération).* 1980 *Lili Marleen* (id.), *Berlin Alexanderplatz, from* R. Alfred Döblin, TV, quatorze heures en treize épisodes. 1981 *Lola (Lola, une femme allemande).* 1982 *Die Sehnsucht der Veronika Voss (le Secret de Veronika Voss).* 1982 *Querelle, from* Jean Genet.

FAULKNER William ÉCRIV US (1897 | 1962) SC : RÉ Hawks : *Land of the Pharaohs* (1955). Adapté de ses œuvres : RÉ Richardson : 1919 *Sanctuary.* RÉ M. Ritt : 1958 *The Sound and the Fury.* RÉ Sirk : 1958 *Pylône.* RÉ Clarence Brown : 1949 *l'Intrus, from* « Intruder in the Dust ».

FAUSTMAN Hampe ACT RÉ SUÈDE (Stockholm 3 juil. 1919 | 1961) Une des personnalités de la génération suédoise révélée vers 1945. A manifesté dans ses meilleurs films un goût pour les questions sociales.
RÉ : 1943 *Nuit au port, Sonja.* 1944 *la Sorcière.* 1945 *Crime et Châtiment, from* Dostoïevsky. 1946 *Lorsque les prés fleurissent.* 1947 *Souvenirs d'un guerrier (Harald Handfarte).* 1948 *Port étranger.* 1950 *Restaurant Intim.* 1952 *Elle vint comme le vent.* 1953 *la Maison des femmes, le Bon Dieu et le Réprouvé.* 1954 *Voyage dans la nuit (Resa I Natten).*

FAYE Safi RÉ SÉN (1943 |) D'abord institutrice, étudiante en ethnologie (elle a présenté une thèse sur la religion de ses ancêtres, la religion séréré), diplômée de l'École de photographie de la rue de Vaugirard, elle est la plus connue des cinéastes africaines, pratiquant un cinéma qui est une mise en place - et en valeur - de la parole. Elle a dit de son film *Lettre paysanne* : « Dans mon film [la caméra] est tout le temps fixe. Ce que j'aime bien. Cela dérange peut-être les spectateurs mais je pense que ce n'est pas parce que j'ai été à l'école des Blancs que je dois faire « tel plan, tant de secondes; champ, contre-champ, plongée, contre-plongée ». Je ne suis pas d'accord. Quand je suis au village avec mes grands-parents, je reste à ma place et je les écoute discuter, alors la caméra reste immobile. » (in « la Revue du cinéma » n° 303.)
RÉ : 1972 *la Passante* CM. 1975 *Kaddu Beykat (Lettre paysanne).* 1979 *Fad' Jal* (id.), *Goob Na Nu (la Récolte est finie)* CM. 1980 *Man Sa Yay (Moi ta mère).* 1981 *Les Ames au soleil* CM. 1982 *Selbe parmi tant d'autres.*

FEHER Friedrich ACT ALL RÉ GB (Vienne 1895 | Hollywood 1945) Interprète, dans un second rôle, de *Caligari*, dont il affirma être l'un des auteurs. RÉ : 1937 *la Symphonie des brigands (Robber Symphony).*

FEJOS Paul RÉ US FR DAN, etc. (Budapest 1898 | 1963) Curieuse et changeante personnalité. Débuta en Hongrie par des films commerciaux, passa à l'avant-garde aux US : *The Last Moment*, y réalisa un chef-d'œuvre pré-néo-réaliste avec *Solitude*, revint en Europe, y hésita, malgré l'incontestable succès de *Marie, légende hongroise*. Puis il passa au documentarisme en Extrême-Orient, avec *Une poignée de riz* pour un producteur suédois avant d'abandonner pour toujours le cinéma. EN HONG : 1920 *le Capitaine noir, Pan, Hallucination.* 1921 *le Revenant.* 1923 *la Rose de Eggert.* - AUX US : 1928 *The Last Moment, Solitude (Lonesome).* 1929 *Erik the Great, Illusionist Broadway.* 1930 *Big House,* CO-RÉ George Hill. - EN FR : 1932 *Fantomas.* - EN HONG : 1932 *Marie, légende hongroise, le Balaton condamné, Pluie de printemps.* - EN AUT : 1933 *Sonnenstrahl.* - AU DAN : *les Millions en fuite.* 1935 *Prisonniers, Fange, le Hors-la-loi (Fredlos), le Sourire d'or (Ded Gyldne Smil).* - AU SIAM : 1938 pour un producteur suédois : *Une poignée de riz.* Ensuite divers DOC en SUÈDE. En 1945 il avait abandonné le cinéma pour des recherches anthropologiques aux US.

Paul Fejos, « Marie, légende hongroise ».

FELLINI Federico RÉ ITAL (Rimini 20 janv. 1920 |) Contradictoire, exubérant, mêlant l'excellent au moins bon, une forte personnalité qui possède un don bien rare : créer des « types ». Collaborateur de Rossellini pour *Paisà* où il découvrit, dit-il, « une Italie que nous ne connaissions pas, car pendant vingt

Fellini

ans nous étions restés prisonniers d'un régime politique qui nous avait réellement bandé les yeux ». Lattuada lui permit de débuter dans la réalisation avec *Luci del Varietà*. Après quoi, la satire des courriers du cœur dans *le Cheik blanc* et l'autobiographie des *Vitelloni* s'inscrivirent dans la ligne orthodoxe du néo-réalisme, adhésion que parut confirmer *l'Amour à la ville. La Strada* se trouva marquer une rupture. « Le néo-réalisme avait été une impulsion énorme, déclarait-il en 1960, une indication vraiment sacrée et sainte pour tout le monde. Mais bientôt la confusion devint très grave. Si son humilité devant la vie continuait aussi devant la caméra, alors il n'y avait plus besoin de metteur en scène. Or, pour moi, le cinéma ressemble très fort au cirque. » Avec ses attractions, minables ou mirobolantes, ses interminables tournées, sa roulotte miniature, ses trois héros, l'hercule, l'acrobate, la clownesse, *La Strada* fut un cirque intellectuel. « Des distances astronomiques séparent les hommes, disait-il alors, ils vivent à côté les uns des autres sans s'apercevoir de leur état de solitude, sans que jamais s'établissent entre eux de vrais rapports. » Un mystique apparaissait aussi dans le film de celui qui déclara : « Si par chrétien vous entendez une attitude d'amour envers son prochain, oui, tous mes films sont axés sur cette idée. Ils montrent un monde sans amour, des gens qui exploitent les autres, où il y a toujours un petit être qui veut donner l'amour et vit pour l'amour. » Cet idéalisme n'excluait pas une critique sociale. La minable quête d'*Il Bidone* fut un peu comme *Verdoux* la satire, par son contraire, d'un ordre social où les hommes sont des loups pour l'homme. Dans *La Strada*, Gelsomina, « personnage actif qui ne se

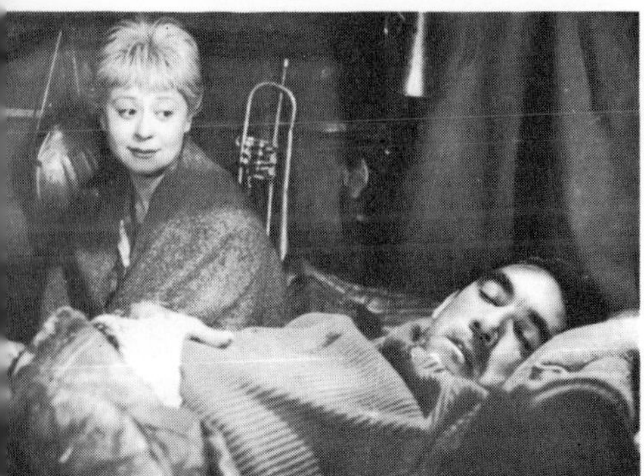
Fellini, « La Strada » avec Giulietta Masina et Anthony Quinn.

« Huit et demi », scène de la station thermale.

« Casanova ».

résigne pas, qui est accroché à la vie », devient un Don Quichotte luttant, lance levée, contre les monstruosités d'un monde corrompu - celui dont *La Dolce Vita* donna un vaste tableau. Fellini y inséra, comme dans *Huit et demi*, des séquences anticléricales. Dans ses tout derniers films il s'est décidé à parler de ses rapports au cinéma - et même plus largement - au spectacle. Non plus, comme dans *Huit et demi*, par le biais d'une fiction trop limpide, mais dans son écriture même, cette façon qu'il a désormais *(les Clowns, Fellini-Roma)* marquant son parti pris de « tout dire », d'engranger des matériaux énormes, comme s'il ne se résignait pas à laisser échapper des mailles de sa caméra/filet des pans de vie entiers - qui pourtant s'échappent, ses films désignant eux-mêmes, par le biais d'une voix « off », d'une attitude entrevue, cette perte de substance (ainsi la séquence du music-hall dans *Fellini-Roma*).

SC pour Rossellini : *Rome ville ouverte, Paisà, L'Amore, Onze Fioretti, Europe 51.* Lattuada : 1947 *le Crime de Giovanni Episcopo.* 1948 *Sans pitié, le Moulin du Pô.* Germi : 1948-1949 *Au nom de la loi.* 1950 *le Chemin de l'espérance.* 1951 *Traqué dans la ville.* 1952 *la Tanière des brigands.*

RÉ : 1951 *Luci del Varietà (Feux du music-hall)* CO-RÉ Lattuada. 1952 *Lo Sceicco Bianco (Courrier du cœur* ou *le Cheik blanc).* 1953 *I Vitelloni, Agence matrimoniale,* sketch de *l'Amour à la ville.* 1954 *La Strada.* 1955 *Il Bidone.* 1957 *Le Notti di Cabiria (les Nuits de Cabiria).* 1960 *La Dolce Vita.* 1962 un sketch de *Boccacio 70, Otto e mezzo (Huit et demi).* 1965 *Giulietta degli Spiriti (Juliette des esprits).* 1967 *Il ne faut jamais parier sa tête avec le diable* (sketch de *Histoires extraordinaires*) SC Fellini, B. Zapponi, *from* Edgar Poe, PH Giuseppe Rotunno, INT Terence Stamp. 1969 *Satyricon.* 1971 *Roma di Fellini.* 1973 *Amarcord.* 1976 *le Casanova de Fellini.* 1980 *La Citta delle donne (la Cité des femmes)* SC Fellini, Bernardo Zapponi, en collaboration avec Brunello Rondi, PH Giuseppe Rotunno, MUS Luis Bacalov, INT Marcello Mastroianni, Ettore Manni, Anna Prucnal, Bernice Stegers, Donatella Damiani et 600 femmes. PR Opéra Film Production/Rome et Gaumont/Paris. 1983 *E la nave va (Vogue le navire).* 1985 *Ginger e Fred* (id.). 1987 *Intervista.*

FERET René ACT RÉ FR (La Bassée, 26 mai 1945|) Comédien formé à l'école des centres dramatiques de province, il aborde le cinéma avec un film d'une belle force, *Histoire de Paul,* dans la violence assourdie d'un asile psychiatrique. Son œuvre, balancée entre la

fascination pour les personnages aux marges de la « normalité » et l'attention émue devant une chronique familiale à quoi l'on veut donner un sens, est celle d'un cinéaste inquiet et attachant pour qui chaque film doit avoir son écriture propre. D'où, parfois, une impression d'éparpillement, revers de cette inquiétude en travail.
RÉ : 1975 *Histoire de Paul.* 1977 *la Communion solennelle, Fernand.* 1979 *l'Enfant-roi.* 1985 *le Mystère Alexina.* 1986 *l'Homme qui n'était pas là.* 1987 *Un homme et deux femmes.* 1989 *Baptême.*

FERNANDEZ Emilio RÉ MEX (Honduras 26 mars 1904 | août 1986) Sa *Maria Candelaria,* qui au lendemain de la guerre conquit l'Europe et les États-Unis, se trouva poursuivre, avec les traditions nationales espagnoles et indiennes, les grandes peintures murales de Diego Rivera et Siqueiros, un certain courant populaire du mélodrame et dix années d'efforts du cinéma mexicain, alors en plein essor. Ces qualités se retrouvèrent aussi dans *Flor Silvestre,* son un peu froide *Perla,* sur un SC de Steinbeck, la brûlante *Enamorada,* le véhément *Rio Escondido,* la décorative et touchante *Pueblerina.* Mais il avait d'autre part trop sacrifié au roman-feuilleton et à un folklorisme pour touristes, qui peu à peu estompèrent ses meilleures œuvres. Et tandis que la production nationale s'enlisait dans le commercialisme, il se trouva déclassé.
RÉ : 1942 *La Isla de la Passion,* PH Jack Draper, INT Pedro Armendariz, *Soy puro Mexicano.* Pour tous ses films 1943-1950, PH Figueroa, sauf exception. 1943 *Flor Silvestre* SC M. Magdaleno et F. Roblès, INT Pedro Armendariz, Dolorès del Rio. 1944 *Maria Candelaria, Las Abandonadas, Bugambilla.* 1946 *Pepita Jimenez,* PH Alex Philips, *La Perla, Enamorada.* 1948 *Rio Escondido, Maclovia.* 1949 *Salon Mexico (les Bas-Fonds de Mexico),* INT Marga Lopez, Rodolfo Acosta, *Pueblerina, La Malquerida (la Mal-aimée),* INT Pedro Armendariz, Dolorès Del Rio, *Duelo en las Montañas.* 1950 *The Torch, Victimas del Peccado (Quartier interdit), Un Dia de Vida.* 1951 *Islas Marias, Suave Patria, La Bien Amada.* 1952 *Acapulco, Tu y el Mar, Cuando levanta la Niebla.* 1953 *La Red (le Filet),* SC Fernandez e Neftali Bertran, PH Alex Philips, INT Rosana Podesta, C. Alvarado, A. Silvestre. - 1953 : Reportage. - A CUBA : 1954 *El Rapto.* 1955 *La Rosa blanca.* - EN ARG : 1955 *La Terre de feu qui s'éteint.* 1956 *La Pasionaria.* 1958 *Una Cita de Amor (le Rebelle).* 1961 *Pueblita.* 1962 *Paloma herida.* 1966 *Un Dozado de Pancho Villa.* 1968 *El Crepusculo de un Dios.* 1973 *la Choca.* 1975 *Zona* roja. 1977 *Mexico Norte.* 1978 *Erotica.* On devait le voir pour la dernière fois à l'écran en 1984 (comme acteur) dans *Au-dessous du Volcan* de John Huston, *from* Malcom Lowry.

Emilio Fernandez

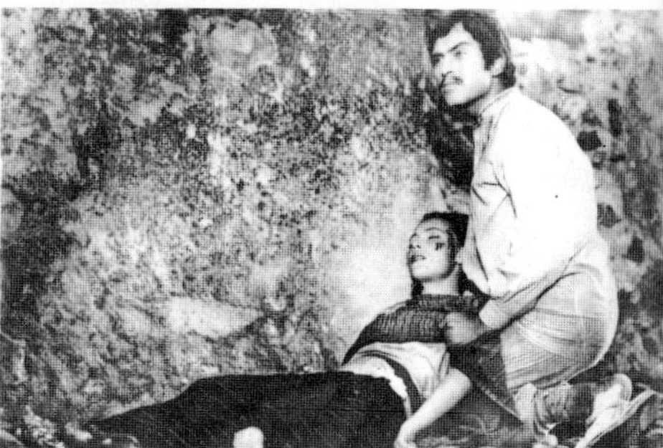
« Maria Candelaria », avec Dolorès del Rio et Pedro Armendariz.

FERRERI Marco RÉ ITAL (Milan 1928 |) Milanais qui mit en scène, à Madrid, deux films espagnols remarquables par la férocité de leur humour grinçant, tout aussi corrosif dans son premier LM italien, *Ape Regina,* satire du mariage chrétien.
C'est à partir de *Dillinger est mort,* un de ses films sans doute les plus rigoureux sous la nonchalante trame, qu'il assure sa démarche de moraliste désespéré. Ce n'est plus l'anecdote, même dans ce qu'elle peut avoir d'acide, qui l'intéresse, mais la mise en place, la construction d'une fable d'une portée plus générale, sur la mort d'une certaine idée de la culture, et de l'homme. S'il se définit (interview in « Cahiers du cinéma » nº 268-269) comme un ci-

Marco Ferreri

néaste « destructeur », il sait pourtant faire appel à des acteurs, de Piccoli à Depardieu en passant par Mastroianni, qui ont une charge suffisante de rugueuse tendresse pour teinter de mélancolie son désespoir.
RÉ : EN ESP : 1958 *El Pisito*. 1960 *Los Chicos*. 1961 *El Cochecito*. - EN ITAL : 1963 *Ape Regina (le Lit conjugal)*, INT Marina Vlady, Ugo Tognazzi. 1964 *La Donna Scimmia (le Mari de la femme à barbe)*. 1966 *la Marche nuptiale* SC Raphaël Azcona, INT Ugo Tognazzi, Shirley Ann Field. 1967 *L'Harem* SC R. Azcona, INT Caroll Baker, Gastone Moschin, Ugo Tognazzi, Renato Salvatori. 1969 *Dillinger est mort* SC M. Ferreri, Sergio Bazzini, INT Michel Piccoli, Anita Pallenberg, Adriano Apra, Annie Girardot. 1970 *Il Seme dell'uomo*. 1965-1971 *Break up*, INT Marcello Mastroianni, Ugo Tognazzi, Marco Ferreri, Catherine Spaak. 1971 *Perchè pagare per essere felice* (DOC), *l'Audience*, INT Claudia Cardinale, Michel Piccoli, Ugo Tognazzi, Alain Cuny, *Liza* SC M. Ferreri, *from* « Melampus » d'Ennio Flaiano, INT Catherine Deneuve, Marcello Mastroianni, Michel Piccoli. 1973 *La Grande Abbuffata (la Grande Bouffe)* SC M. Ferreri, R. Azcona, INT Marcello Mastroianni, Philippe Noiret, Michel Piccoli, Andréa Ferréol. 1975 *Touche pas à la femme blanche*, INT Philippe Noiret, Marcello Mastroianni, Ugo Tognazzi, Catherine Deneuve, Darry Cowl, Serge Reggiani, Noël Simsolo. 1976 *la Dernière Femme* SC M. Ferreri, R. Azcona, INT Gérard Depardieu, Ornella Mutti, Zouzou. 1978 *Ciao, Maschio (Rêve de singe - Bye bye Monkey)* SC M. Ferreri, Gérard Brach, R. Azcona, INT Gérard Depardieu, James Coco, Marcello Mastroianni, Géraldine Fitzgerald. 1980 *Chiedo asilo (Pipicacadodo)*. 1982 *Contes de la folie ordinaire, from* Bukowsky. 1983 *Storia di Piera*. 1984 *Il futuro e donna (le Futur est femme)*. 1986 *I Love You*. 1988 *Y'a bon les Blancs*.

FERREYRA José A. RÉ ARG (Buenos Aires 1889 | Buenos Aires 1943) Créa le cinéma argentin, comme art. Artiste un peu bohème, possédant le sens de la vie populaire, il eut une touche sûre et souple, avec le sens des caractères et de la caractérisation.
RÉ : 1915 *Una Noche de Garufa* CM. 1917 *El Tango de la Muerte*. 1919 *Campo Ajuera*. 1921 *Mientre Buenos Aires duerme, La Gaucha, La Chica della Calle Florida*. 1922 *Buenos Aires. Ciudad de Ensueño*. 1924 *El Organito de la Tarde*, sur un tango de Gonzalès Castill ; *El Arriero de Yacanto, Mi Ultimo Canto*. 1926 *Muchachita de Chiclana*. 1927 *Perden Viejita*. 1928-1929 Voyage en Europe, aux US, en Amérique latine. 1930 *El Cantar de mi Ciudad, La Canción del Gaucho*. 1931 *Muñequitas Portenas*. 1934 *Calles de Buenos Aires*. 1935 *Puente Alsina*. 1936 *Ayudame a Vivir*. 1937 *Besos Brujos, Muchachas de la Ciudad*. 1938 *La Ley que olvidaron*. 1939 *Chimbella*. 1940 *El Hijo del Barrio*. 1941 *La Mujer y la Selva*.

FERRY Jean SC FR (Capens 16 juin 1906 |) Venu du surréalisme, scénariste et dialoguiste d'une cinquantaine de films, surtout pour Clouzot et Christian-Jaque.

FESCOURT Henri RÉ FR (Béziers 23 nov. 1880 | Neuilly août 1966) Un des créateurs du cinéma français comme art, cultivé, sensible, possédant un réel sens plastique, adapta avec goût, force et discrétion, entre autres films, *les Misérables*, sans être pour autant estimé à sa valeur, qui est grande. D'abord musicien, journaliste et avocat.
RÉ : 1912-1914 Nombreux films chez Gaumont dont : *la Méthode du professeur Neura, Un mari à l'essai, la Lumière qui tue, la Mort sur Paris, Fille de prince*. 1920 *Mathias Sandorf*. 1922 *Rouletabille*. 1923 *Mandrin*. 1924 *les Grands*. 1925 *les Misérables*. 1927 *la Maison du Maltais, l'Occident*. 1929 *Monte-Cristo*. - EN GB : 1930 *la Maison de la flèche*. - EN SUÈDE : 1931 *Serments*. 1937 *l'Occident*. 1942 *Retour de flamme*.

FEUILLADE Louis RÉ FR (Lunel 1874 | Paris fév. 1925) Le Griffith français, le meilleur pionnier de notre art du film, il réalisa ses productions dans

Feuillade

Feuillade, « Judex ».

les genres les plus divers, sans prétendre pour autant être le grand artiste (qu'il fut en effet). Pilier des établissements Gaumont où il était d'abord entré comme scénariste, cet ancien journaliste, devenu metteur en scène par la pratique assidue du cinéma, forma Émile Cohl, Jean Durand, Léonce Perret, Musidora, René Dary, Renée Carl, Gina Manès, Marcel Levesque, René Cresté, René Navarre, Henri Fescourt, Jacques Feyder et même René Clair. Ce fut un rude travailleur qui, en vingt ans, dirigea quelque 800 films (nous en donnons un aperçu très abrégé). Il débuta par les films à trucs, mettant sa caméra dans la rue, pour des fins comiques souvent fondées sur les poursuites, les « effets spéciaux » les plus extravagants. Puis il passa aux grandes mises en scène historiques, avec les « films esthétiques ». Puis il entreprit la série *la Vie telle qu'elle est*, « essai, a-t-il dit, de réalisme transposé pour la première fois dans la littérature, le théâtre et les arts ». Il atteignit le sommet de son art avec ses films à épisodes : *Fantomas, les Vampires, Judex*. Ces films à épisodes enthousiasmèrent sans réserve Breton et Aragon qui devaient écrire : « C'est dans *les Vampires* qu'il faudra chercher la grande réalité du siècle. Au-delà de la mode, au-delà du goût. » « Sauf à de rares exceptions, j'ai écrit toujours mes scénarios moi-même, écrivait-il en 1920. De même qu'au cinéma il faut des acteurs de cinéma, il faut aussi des auteurs spécialisés dans cet art. Les adaptations heureuses de pièces ou de romans célèbres sont exceptionnelles. Par contre, on ne compte plus les profanations. » Après la guerre, ce pionnier se trouva renvoyé parmi les « vieilles lunes », et traité d'épicier. Mais depuis 1950 sa stature n'a cessé de grandir et cet « honnête artisan »

« Fantomas »

peut être désormais rangé parmi les grands maîtres du cinéma.
1891-1895 sous-officier de cavalerie. 1896-1904 représentant en vins, puis journaliste à « la Croix », « la Revue mondiale ». 1905 SC puis RÉ chez Gaumont.
RÉ : 1906 *C'est papa qui prend la purge.* 1908 *Un facteur trop ferré, le Tic, le Billet de banque, l'Homme aimanté.* 1910 *Aux lions les chrétiens.* 1910-1912 Série des *Bébé*, INT René Dary. 1911-1913 Série de *la Vie telle qu'elle est.* 1913-1914 *Fantomas*, cinq épisodes. 1914-1917 Série des *Bout de Zan*, INT René Poyen, *from* Souvestre et Allain. 1915 *les Vampires.* 1917 *Judex.* 1918 *la Nouvelle Mission de Judex, Vendémiaire*, INT René Cresté, Mary Harald; *Tih Minh*, INT R. Cresté, Mary Harald. 1919 *le Nocturne*, INT Bréon, Gaston Michel, *l'Homme sans visage*, INT R.

Cresté, Gina Manès, *Énigme*, INT Mathé, Bréon. 1920 *Barabas, les Deux Gamines*, INT Sandra Milovanoff, Violette Jyl, Blanche Montel. 1921 *l'Orpheline*, INT S. Milovanoff, Biscot, *Parisette*, INT S. Milovanoff, Biscot. 1922 *le Fils du flibustier*, INT Aimé-Simon Gérard, S. Milovanoff. 1923 *Vindicta, le Gamin de Paris*, INT René Poyen, S. Milovanoff, *la Gosseline*. 1924 *l'Orpheline de Paris, Une fille bien gardée, Lucette*. 1925 *le Stigmate*. Presque tous ces films ont eu pour opérateur Guérin, 1908-1916, puis Morizet.

FEYDER Jacques (J. Frédérix) RÉ FR (Ixelles 21 juil. 1888 | Suisse 25 mai 1948) S'il resta en marge de l'impressionnisme, il fut un de ceux qui créèrent le réalisme poétique. Après quelques films d'apprentissage, il s'imposa avec une adaptation de *l'Atlantide*, *Crainquebille* - qu'admira Griffith -, *Visages d'enfants*, *l'Image*, *Gribiche*, et surtout *Thérèse Raquin* ; il se classa comme un maître soucieux de recherches. Après avoir donné une excellente satire, *les Nouveaux Messieurs*, il partit pour Hollywood où débutait le cinéma parlant. Il y perdit cinq années, mais son retour en France fut marqué par le succès du *Grand Jeu*, bientôt suivi de *Pension Mimosas*, typique du réalisme poétique, et *la Kermesse héroïque*, somptueux hommage aux grands peintres de sa Flandre natale. Après quoi, il ne réussit ni *les Gens du voyage* (en Allemagne), ni *Chevalier sans armure* (à Londres), ni *la Loi du Nord*. Il avait défini ses secrets de fabrication : choix d'un milieu et d'une atmosphère, exécution raffinée, histoire pouvant toucher le plus large public. Le sacrifice consenti au mélodrame ne servit pas toujours une œuvre qui s'inscrivit dans la tradition de Zola et de Maupassant où il eut comme meilleurs collaborateurs Charles Spaak et Marcel Carné. « Il rêve de porter à l'écran, écrivait ce dernier, telle farce satirique ou tel conflit entre ouvriers et patron, mais il doit se rabattre sur des conflits plus intimes. Il apporte à son découpage un soin minutieux. Tout est pesé, dosé avec une science qui confond. » Il disait à Charles Spaak : « Mettre en scène, c'est défendre contre tous ceux qui s'affairent autour de nous, et ramener sur le plan intellectuel ce qui tend à échapper. » Et aussi, que le cinéma avide de vie et de chairs fraîches était le plus souvent nourri de pâles ersatz et finissait parfois par dévorer ses créateurs. Ce fut ainsi que finit la carrière d'un homme qu'Abel Gance plaça justement parmi les martyrs du cinéma. Il avait dès 1925 écrit : « Tout peut se traduire à l'écran. Tout peut s'exprimer par l'image. Il est possible de tirer un film attachant et humain aussi bien du Xe chapitre de

« le Grand jeu », avec Françoise Rosay et P.-R. Wilm.

Jacques Feyder

« la Kermesse héroïque », avec Françoise Rosay et Jean Murat.

« l'Esprit des lois » de Montesquieu... que d'un roman de Paul de Kock. Mais pour cela il est indispensable d'avoir l'esprit du cinéma. »
D'abord 1913-1914 : ACT avec sa femme Françoise Rosay. CO-SC de tous ses films.
RÉ : 1916 *Têtes de femmes, Femmes de tête, le Pied qui étreint, l'Instinct est maître, le Bluff, l'Homme de compagnie* CO-RÉ Raymond Bernard. 1917 *les Vieilles Femmes de l'hospice, le Ravin sans fond* CO-RÉ Raymond Bernard. 1919 *la Faute d'orthographe.* 1921 *l'Atlantide.* 1922 *Crainquebille.* 1925 *Visages d'enfants,* PH Burel et Parguel. 1926 *l'Image, Gribiche, from* Frédéric Boutet, PH Forster et Desfassiaux, INT Jean Forest, Françoise Rosay, F. Guyon, *Carmen.* 1928 *Thérèse Raquin.* 1929 *les Nouveaux Messieurs.* - AUX US : 1930 *The Kiss (le Baiser),* INT Greta Garbo. 1931 *le Fils du Radjah,* INT Ramon Novarro, *Si l'empereur savait ça, l'Archer vert, Daybreak (l'Aube),* INT Ramon Novarro. - EN FR : 1934 *le Grand Jeu.* 1935 *Pension Mimosas, la Kermesse héroïque.* - EN GB : 1937 *Knight without Armor (Chevalier sans armure),* INT Marlène Dietrich. - EN ALL : 1938 *les Gens du voyage,* SC Viot, Zimmer et Feyder, INT Françoise Rosay, Sylvia Bataille, Louise Carletti, André Brûlé. - EN FR : 1939-1942 *la Loi du Nord,* INT Michèle Morgan, Terranne, Vanel, P.-R. Wilm. - EN SUISSE : 1942 *Une femme disparaît.* INT F. Rosay. - EN FR : 1946 *Macadam* CO-RÉ Marcel Blistène.

FIGUEROA Gabriel PH MEX (Mexico 1907 |) Tout imprégné des grandes traditions mexicaines. Inspiré par les fresques de Diego Rivera et Siqueiros, il apporta beaucoup à Fernandez par son sens plastique assez appuyé, mais sut aussi adapter son style au dépouillement voulu par Buñuel dans ses chefs-d'œuvre mexicains et devait signer la photographie d'une bonne centaine de films.
RÉ Fuentes : 1936 *Alla en el Rancho Grande.* RÉ Urrueta : 1939 *Noche de los Mayas.* RÉ Emilio Fernandez : 1943 *Flor Silvestre.* 1944 *Maria Candelaria, les Abandonnées.* 1946 *la Perle, Enamorada.* 1948 *Rio Escondido, Maclovia* ; 1949 *la Mal-aimée.* 1955 *la Rose blanche,* etc. RÉ Luis Buñuel : 1950 *Los Olvidados.* 1953 *El.* 1959 *la Fièvre monte à El Pao. Nazarin.* 1960 *la Jeune Fille.* 1962 *l'Ange exterminateur.* RÉ Huston : 1966 *La Nuit de l'iguane.* 1984 *Au-dessus du volcan* où il retrouvait son vieux complice Emilio Fernandez.

Buñuel et Figueroa, 1959.

FISCHINGER Oscar ANIM ALL US (Allemagne, vers 1900 | 1967) Très remarquable réalisateur de dessins animés abstraits. Il a été le premier à employer pour eux la couleur et le son, alliant à la musique les formes géométriques, mouvantes, à deux ou trois dimensions. Disciple de Ruttmann. Réalise à Berlin après 1925 des dessins animés abstraits pour la publicité : Cigarettes Muratti, etc.
RÉ : 1926 *Études 7* et *8.* 1927-1938 *Composition en bleu, Cinquième Danse hongroise* de Brahms, *l'Apprenti sorcier* de Dukas, *Rapsodie* de Brahms. - AUX US : 1933-1938 *Allegretto,* sur des thèmes de jazz, *Optical Poem,* MUS de Liszt, *Rapsody in blue,* MUS de Gershwin, *An American March.* 1940 Réalise pour *Fantasia* une séquence sur la Toccata et Fugue, de Bach. Elle fut éliminée par Disney. Il paraît ne plus avoir eu ensuite la possibilité de continuer ses recherches.

FISHER Terence RÉ GB (Londres 1904 | 1980) Spécialiste des films de terreur, exploitant systématiquement en série des thèmes traditionnels, *Frankenstein, Dracula.* 1962 *le Dr Jekyll, le Fantôme de l'Opéra,* etc. Il est bien loin d'être un nouveau Tod Browning.

FLAHERTY Robert RÉ US (Iron Mountains 16 fév. 1884 | New York 23 juil. 1951) Le Jean-Jacques Rousseau du cinéma, le créateur du documentaire de mise en scène, un des grands génies qu'a produits l'art du film. Par la chaleur humaine de son œuvre, il fit partout comprendre l'unité et la communauté de la race humaine. Passionnément attentif aux actes quotidiens, au comportement, aux sentiments, il démontra que chaque homme est capable d'interpréter sa propre vie. S'il n'utilisa pas la « caméra-œil » comme moyen de notation instantanée, s'il ne refusa pas la reconstitution documentaire, il fut le premier maître du « cinéma-vérité ». Infiniment patient dans son travail, il a déclaré un jour : « Le film est la plus longue distance d'un point à un autre. » Jean Grémillon a dit de lui : « Il y avait dans ses yeux si clairs une intensité et une tendresse qui étaient celles de l'enfant qu'il avait été, s'endormant sur des mocassins en rêvant d'un pays d'Indiens où il y avait de l'or. Cet or, il l'avait trouvé : c'est celui qu'il nous laisse. Il avait toujours cherché la même chose : la trace de l'homme, aussi bien dans cette lutte contre une nature qu'il ne peut maîtriser que dans le monde enchanté de l'enfance, l'émerveillement devant le monde naturel de *Moana* ou de *Louisiana Story*. Aucun auteur de films n'a passé plus de temps que lui à regarder, à comprendre les éléments d'un sujet, à en élaborer la matière profonde et essentielle. » Explorateur du Grand Nord canadien depuis 1910, financé par une grande maison de fourrures, il filma dans la baie d'Hudson les actes quotidiens d'une famille esquimau. Son long métrage eut mondialement un tel succès qu'une nouvelle friandise, le chocolat glacé, fut appelée « Esquimau » ou « Nanouk ». Pris en considération depuis ce succès financier, le documentariste engagé par la Paramount alla réaliser avec des Maoris, à Samoa, *Moana*, film admirable qui n'obtint pas les recettes escomptées par le producteur. Il entreprit *Ombres blanches* avec Van Dyke et *Tabou* avec Murnau, mais cessa sa collaboration quand les films tournèrent à la mise en scène. Une période difficile commençait pour ce grand Américain, qui dut émigrer en Europe. Il songea à aller tourner un film en URSS, puis grâce à Grierson et aux documentaristes, il put réaliser *l'Homme d'Aran* à la gloire de son pays d'origine, l'Irlande. Il dut bientôt accepter les offres de Korda et participer à une séquence du film à grand spectacle *Elephant Boy*, avant de retourner, à la veille de la guerre, aux USA où il tourna un documentaire dramatique sur l'érosion, *The Land*, jamais diffusé. Il revint enfin aux rêves de son enfance avec *Louisiana Story*, son dernier chef-d'œuvre. Il avait dit en 1926 : « Les vrais grands films sont encore à venir. Ils ne seront pas l'œuvre des grandes firmes, mais des amateurs, au sens littéral, des gens passionnés qui entreprennent les choses sans but mercantile. Et ces films seront faits d'art et de vérité. »

Depuis 1910, explorateur.

RÉ : 1918 *les Esquimaux* DOC détruit. 1922 *Nanook of the North (Nanouk)*. 1924 CM *The 24 Dollars Island*, film sur Manhattan, *Story of a Potter (Histoire d'un potier)*. 1926 *Moana*. RÉ Van

Frances et Robert Flaherty, 1948.

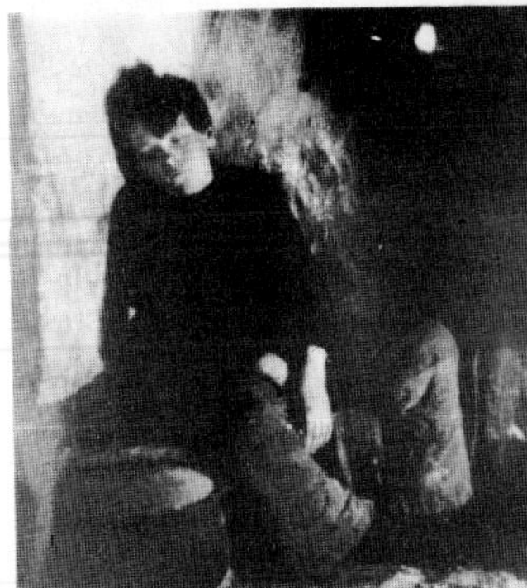

« l'Homme d'Aran »

« Louisiana Story »

Dyke : 1928 *Ombres blanches.* RÉ Murnau : 1931 *Tabou.* CO-RÉ et CO-SC Grierson : 1933 *Industrial Britain.* RÉ : 1934 *Man of Aran (l'Homme d'Aran).* RÉ Zoltan Korda : 1937 *Elephant Boy.* RÉ : 1939-1942 *The Land (la Terre)* MM. 1948 *Louisiana Story.*

FLEISCHER Dave PRO US (New York 14 juin 1894 | 25 juin 1979) Grand animateur, débuta en 1920 avec la série *Hors de l'encrier,* combinaison de la photo directe et du dessin, ayant pour héros le clown Koko. Après 1930, il commença la série des *Popeye-Mathurin,* d'après une bande dessinée, d'abord publicitaire, pour les épinards de conserve. Il créa aussi *Bimbo, la Balle rebondissante,* chansons animées, et *Betty Boop* qui avait pris pour modèle la chanteuse Helen Kane et qui, jugée trop « sexy », fut interdite par la censure. Associé pour tous ces travaux avec son frère aîné Max, il produit en 1936 *Popeye et Sinbad le marin.* 1939 *les Voyages de Gulliver.* 1941 *Mr Bug goes to Town (Douce et Criquet s'aimaient d'amour tendre).* Après ce demi-échec commercial, devient directeur de la production de DA à la Columbia.

FLEISCHER Max PR ANIM US (Autriche 17 juil. 1889 | 11 sept. 1972) Frère aîné de Dave. Il créa tous les personnages des DA produits par celui-ci.

FLEISCHER Richard RÉ US (New York 8 déc. 1916 |) On a sous-estimé le fils de Dave Fleischer, formé par le documentaire et qui dut être plus d'une fois un « director » au service de producteurs aussi divers que Stanley Kramer, Walt Disney ou Zanuck. Il sait tout faire. Il domina de trop grands moyens dans *les Vikings* et même dans *20 000 lieues sous les mers,* mais non dans l'ennuyeux et solennel *Barabbas.* Sa singulière *Fille sur la balançoire,* ses intéressants *Bandido, les Inconnus dans la ville,* son audacieux et violent *Temps de la colère* compensent des médiocrités comme *le Génie du mal.*
RÉ : 1954 *20 000 lieues sous les mers.* 1955 *la Fille sur la balançoire (The Girl in the Red Velvet Swing), les Inconnus dans la ville (Violent Saturday).* 1956 *le Temps de la colère (Between Heaven and Hell).* 1958 *les Vikings.* 1959 *le Génie du mal (Compulsion).* 1960 *Drame dans un miroir.* 1962 *Barabbas.* 1965 *le Voyage fantastique.* 1966 *l'Extravagant Dr Dolittle.* 1968 *l'Étrangleur de Boston.* 1969 *Che !* 1970 *Tora! Tora! Tora!* USA-JAP, *10 Rillington Place* GB. 1971 *Bluff.* 1972 *The Last Run (les Complices de la dernière chance).* 1971 *Blind Terror (Terreur aveugle).* 1973 *The New Centurions (les Flics ne dorment pas la nuit).* 1974 *Soleil vert. Don Angelo est mort, Mister Majestyc.* 1975 *Mandingo.* 1976 *The Incredible Sarah (Incroyable Sarah).* 1977 *The Prince and the Pamper.* 1978 *Ashanti* (id). 1980 *The Jazz Singer* (id). 1983 *Tough Enough, Amityville, 3 D* (id). 1984 *Conan the Destroyer (Conan le destructeur).* 1985 *Red Sonya (Kalidor, la légende du talisman).*

FLEISCHMANN Peter RÉ ALL (Zweibrücken 1937 |) Un premier film âpre et violent sur le « fascisme ordinaire » dans un village de Basse Bavière aujourd'hui : 1968 *Scènes de chasse en Bavière.* 1972 *les Cloches de Silésie.* 1973 *Dorothea.* 1974-1975 *la Faille.* 1978-1979 *la Maladie de Hambourg.* 1984 *Frevel.* 1986 *All Von der Platz.* 1990 *Pas facile d'être un dieu,* CO-PR RFA-URSS *from* Strougatski.

FLEMING Victor RÉ US (Pasadena 23 fév. 1883 | Phoenix 6 janv. 1949) Ayant gagné peu à peu ses galons avec Douglas Fairbanks, ce consciencieux technicien finit par diriger de très grands spectacles : 1934 *l'Ile au trésor.* 1939 *le Magicien d'Oz.* 1948 *Jeanne d'Arc,* et obtint son bâton de maréchal avec *Autant en emporte le vent,* commencé par Cukor et dont le principal auteur fut le producteur David Selznick.

FLOREY Robert RÉ US FR (Paris 14 sept. 1900 | Santa Monica 16 mai 1979) Enthousiaste du cinéma américain, se fixa en 1921 à Hollywood. Il fit débuter à l'écran les Marx Brothers, fut le collaborateur de Chaplin, réalisa quelques essais d'avant-garde et beaucoup de films B. Il a publié sur le cinéma américain des livres fourmillant de détails inédits.
1920 ASS de Feuillade. Journaliste à « Cinémagazine ». 1921 : Part pour Hollywood, y est chargé de presse pour Max Linder, Douglas Fairbanks et ASS de Gasnier, Sternberg, Vidor, Henry King.

Robert Florey, 1930.

RÉ : 1928 *Life and Death of 9341* ou *An Hollywood Extra.* 1929 *les Amours de Zéro,* deux films expérimentaux en CO-RÉ avec le Yougoslave Norkapich. Il dirigera 70 films. 1929 *Cocoanuts (Noix de coco),* INT Marx Brothers. - EN FR : 1930 *la Route est belle.* - AUX US : *l'Assassinat de la rue Morgue,* INT Bela Lugosi. 1933 *House on 56th Street, Ex-Lady.* 1934 *la Femme en rouge.* 1937 *la Fille de Shanghai.* 1939 *Hôtel Impérial.* 1940 *Femmes sans nom.* 1942 le Chant du désert. 1945 *God is my Co-Pilot.* 1946 *la Bête à cinq doigts.* 1948 *Tarzan et les Sirènes.* 1949 *la Dernière Charge, le Passé se venge.* 1950 *Johnny One Eye.* 1951 *The Vicious Way.* 1952-1963. Il a dirigé environ 300 films TV.
Livres : 1923 « Filmland ». 1924 « Deux ans dans les studios américains ». 1925 « Charles Chaplin ». 1948 « Hollywood d'hier et d'aujourd'hui ». 1952 « Monsieur Chaplin ou le rire dans la nuit », en CO avec Maurice Bessy.

FORD Aleksander RÉ POL (Lods 24 nov. 1908 | Los Angeles 1980) Le principal créateur du cinéma polonais comme art, le seul qui, au prix d'une lutte opiniâtre, ait pu avant guerre lui donner, malgré la censure des colonels, plusieurs LM de classe internationale comme *la Légion de la rue* ou *Nous arrivons.* Pendant la guerre, il créa la section cinéma des armées polonaises formées en URSS, puis fonda le Film Polski. Il donna au cinéma de son pays des œuvres remarquées et couronnées : *la Jeunesse de Chopin, les Chevaliers teutoniques, la Vérité n'a pas de frontières, les Cinq de la rue Barska.* Il joua enfin un grand rôle dans la fondation de véritables « ateliers » qui déterminèrent l'essor d'une Nouvelle Vague polonaise. En 1968, une vague d'antisémitisme sévissant en Pologne, Ford qui, de 1946 à 1948 avait dirigé la cinématographie polonaise, fut chassé de son poste de production, et dut s'exiler, d'abord en Israël, puis aux États-Unis, où il mourut.
RÉ : 1929 *A l'aube (Nad Ranem)* CM, *Lodz, la Manchester polonaise (Tetno Polskiego Manchesteru)* CM. 1930 *la Mascotte.* 1932 *la Légion de la rue (Legion Ulicy).* 1934 *le Réveil (Przebudzenie).* - EN PALESTINE : 1934 *Sabra.* 1935 *En avant, Coopération* DOC, *la Grand-Mère n'avait pas de soucis* CO-RÉ M. Waszinsky. 1936 *Nous arrivons* DOC romancé. 1937 *les Hommes de la Vistule* CO-RÉ Helena Boguszewska, J. Kornacki, J. Zarycki. 1942-1945 CM : *les Batailles de Lénino et de Kolberg, Maidanek, cimetière de l'Europe* CO-RÉ Bossak. 1949 *La vérité n'a pas de frontières (Ulica Graniczna).* 1952 *la Jeunesse de Chopin (Mlodosc Szopin).* 1954 *les Cinq de la rue Barska (Piatka Z Ulicy Barskiej).* 1958 *le Huitième Jour de la semaine (Osmy Dzien Tygodnia),* INT Sonia Zieman, Zbigniew Cybulski. 1960 *les Chevaliers teutoniques (Krzyzacy).* 1965 *le Premier Jour de la liberté.* 1966 *Un médecin constate.* 1972 *le Premier Cercle, from* Soljenitsyne CO-PR DAN-RFA. 1975 *le Martyr* CO-PR ISR-RFA.

FORD John (Sean Aloysius O' Fearna) RÉ US (Cape Elisabeth Ier fév. 1895 | 31 août 1973) Le monument du cinéma américain. Il a réalisé plus de 125 films. Il débuta en 1920-1930 par une abondante série de westerns d'où se détacha son intéressant *Cheval d'acier.* Après 1930, il donna coup sur coup *la Patrouille perdue, Toute la ville en parle* et surtout *le Mouchard.* Après une mauvaise passe, il s'affirma de nouveau avec *la Chevauchée fantastique* et *les Raisins de la colère.* Depuis, solidement assis sur une réputation méritée, il multiplia les productions, excellant surtout dans les westerns, avec une authenticité un peu routinière. Généreux et paternaliste, tantôt critiquant l'armée et tantôt ultra-militariste, luttant contre les préjugés et leur obéissant, excellent artiste ou bon commerçant, épique et familier, il est, avec son tempérament puissant et ses contradictions, le meilleur continuateur de Thomas Ince. Dans une partie de ses meilleurs films, on put découvrir un thème commun : celui d'un groupe humain traqué par la mort ou d'inquiétants périls. A ce propos, il déclara à Jean Mitry, 1956 : « Il me semble que c'est pour moi le moyen de confronter les individus. Ce moment tragique leur permet de se définir, de prendre conscience de ce qu'ils sont, de sortir de leur indifférence, de leur inertie, de leur convention, du « quelconque ». Trouver l'exceptionnel dans le quelconque, l'héroïsme dans le quotidien, voilà le ressort dramatique qui me convient. Comme de trouver le comique dans la tragédie. » « C'est dans la façon de raconter l'histoire, dans la mise en scène, qu'un cinéaste peut se définir. Les situations ne sont qu'un point de départ. Il faut les dépasser. » Il a dit d'une part : « Je suis irlandais d'origine, mais de culture western. Ce qui m'intéresse, c'est le folklore de l'Ouest, montrer le réel, presque documentaire. J'ai été cow-boy. J'aime le plein air, les grands espaces. Le sexe, l'obscénité, les dégénérés, ces choses-là ne m'intéressent pas. » Il a enfin défini ainsi ses servitudes de créateur : « Il existe pour un réalisateur des impératifs commerciaux qu'il est indispensable de respecter. Dans notre profession, un échec artistique n'est rien. Un échec commercial est une condamnation. Le secret, c'est de tourner des films qui plaisent au public et d'arriver pourtant à y introduire sa personnalité. [...] Dans mon œuvre, je ne compte pas dix films où j'aie pu m'accomplir suivant mes goûts et mes affinités, car être son producteur, donc soumis aux distributeurs, ne donne pas une liberté plus grande. »

RÉ : 1917-1921 *Cactus my Pal* et une trentaine de westerns pour Harry Carey. 1922 *Jackie, le Forgeron du village.* 1923 *Face on the Bar Room Floor (l'Image aimée), Cameo Kirby,* INT John Gilbert, Jean Arthur. 1924 *The Iron Horse.* 1925 *Sa nièce de Paris.* 1926 *l'Aigle bleu, Trois Sublimes Canailles.* 1927 *Maman de mon cœur.* 1928 *Four Sons (Quatre Fils), Napoleon's Barber.* 1929 *Salute, Strong Boy.* 1930 *Men without Women* SC Dudley Nichols. 1931 *Arrowsmith, from* Sinclair Lewis, INT Ronald Colman, Helen Hayez. 1932 *Air Mail (Tête brûlée).* 1934 *The Lost Patrol (la Patrouille perdue).* 1935 *The Whole Town's Talking (Toute la ville en parle), The Informer (le Mouchard).* 1936 *The Prisoner of Shark Island (Je n'ai pas tué Lincoln)* SC Nunally Johnson, INT John Garradine, Warner Baxter, *Mary of Scotland, The Plough and the Stars (Dublin, 1916)* SC D. Nichols, *from* Sean O'Casey, INT Barbara Stanwyck. 1937 *We Willie Vinkie (le Petit Colonel),* INT Shirley Temple, *Hurricane.* 1938 *Quatre hommes et une prière, Submarine Patrol (Patrouille en mer).* 1939 *Stagecoach (la Chevauchée fantastique), Young Mr Lincoln (Vers sa destinée),* SC Lamar Trotti, INT Henry Fonda, Alice Brady, *Drums along the Mohawks (la Piste des Mohawks).* 1940 *Grapes of Wrath (les Raisins de la colère), The Long Voyage Home (le Long Voyage).* 1941 *Tobacco Road (la Route au tabac),* SC Nunally Johnson, *from* Caldwell, *How green was my Valley (Qu'elle était verte ma vallée).* 1942 *The Battle of Midway (la Bataille de Midway)* DOC. 1943 *We sail at Midnight (Nous partons ce soir)* DOC. 1945 *They were expendable (les Sacrifiés)* CO-RÉ et INT Robert Montgomery. 1946 *My Darling Clementine (la Poursuite infernale).* 1947 *The Fugitive (Dieu est mort),* SC Dudley Nichols, *from* Graham Greene, PH Gabriel Figueroa, INT Henry Fonda, Dolorès del Rio. 1948 *Fort Apache (le Massacre de Fort Apache), Three Godfathers (le Fils du désert).* 1949 *She wore a Yellow Ribbon (la Charge héroïque).* 1950 *When Willie comes marching Home (le Planqué malgré lui), Wagonmaster, Rio Grande.* 1951 *This is Korea* DOC. 1952 *What Price Glory,* INT Cagney, *l'Homme tranquille.* 1953 *Mogambo, The Sun*

John Ford (à droite) et Henry Fonda

« la Patrouille perdue »

« les Raisins de la colère », avec Henry Fonda.

shines bright (le Soleil brille pour tout le monde). 1955 *The Long Grey Line (Ce n'est qu'un au revoir).* 1956 *The Searchers (la Prisonnière du désert.* 1957 *The Rising of the Moon (Quand se lève la lune).* 1958 *The Last Hurrah (la Dernière Fanfare),* INT Spencer Tracy. 1959 *Gideon of Scotland Yard (Inspecteur de service),* INT Jack Hawkins, *The Horse Soldiers (les Cavaliers),* INT John Wayne, William Holden. 1960 *Sergeant Rutledge (le Sergent noir).* 1961 *Two rode together (les Deux Cavaliers).* 1962 *The Man who shot Liberty Valance (l'Homme qui tua Liberty Valance).* 1962 *la Conquête de l'Ouest* (cinérama). 1964 *les Cheyennes (Cheyenne Autumn), le Jeune Cassidy* CO-RÉ Jack Cardiff. 1966 *Frontière chinoise (Seven Women).*

FOREMAN Carl SC US (Chicago 23 juil. 1914 | 1984) Bon scénariste américain, aux idées ingénieuses qui a réalisé un seul film en 1963, *les Vainqueurs.* RÉ Robson : 1949 *le Champion.* RÉ Zinneman : 1950 *C'étaient des hommes.* 1952 *le Train sifflera trois fois.* RÉ Jack Arnold : 1960 *la Souris qui rugissait.* RÉ Lee Thompson : 1961 *les Canons de Navarone.*

Milos Forman filmant « Taking off ».

FORMAN Milos RÉ TS US (1934 |) L'un des plus brillants représentants du nouveau cinéma tchécoslovaque, ce cinéma amer, tendre et fragile des dernières années 60. « Ce ton de tragicomédie que j'ai cherché à retrouver dans mes films, a-t-il dit, a toujours existé dans l'histoire de la culture des nations tchécoslovaques. » Comme d'autres cinéastes tchèques de cette « génération du renouveau », il dut quitter son pays après l'intervention soviétique et commença une seconde carrière aux États-Unis.
RÉ : 1962 *Concours* SC Forman, Ivan Passer. 1964 *l'As de pique* SC Forman et Papousek. 1965 *les Amours d'une blonde* SC Forman, Papousek, Passer. 1967 *Au feu les pompiers* SC Forman, Papousek, Passer. 1970 US *Taking off* SC Forman, Jolin Guare, J.-C. Carrière. 1973 *Visions of Eight* DOC sur les J.O de Munich. 1975 *One flew over the cuckoo's nest (Vol au-dessus d'un nid de coucou).* 1978 *Hair.* 1981 *Ragtime.* 1984 *Amadeus.* 1989 *Valmont, from* Choderlos de Laclos.

FORST Willi ACT RÉ AUT (Vienne 7 mars 1903 | 1980) Spécialiste de l'opérette viennoise, des dames en froufrou et des hommes en habit, valsant au bon temps de l'empereur François-Joseph. Ses films à la crème fouettée séduisirent vers 1935.
Après avoir interprété de nombreux films, devient RÉ avec : 1933 *Leisen Flehen meine Lieder.* 1934 *Mascarade,* INT Paula Wessely, Olga Tchekova, Anton Wohlbrück. 1935 *Königs-Walzer, Mazurka,* INT Pola Negri. 1936 *Burgtheater.* 1937 *Sérénade.* 1939 *Bel-Ami, Ich bin Sebastian Ott.* 1940 *Opérette.* 1942 *Sang viennois.* 1943 *les Femmes ne sont pas des anges,* INT Curd Jurgens. 1945 *Jeunes filles de Vienne.* 1951 *Die Sunderin.* 1952 *l'Auberge du Cheval blanc.* 1956 *le Chemin du paradis,* nouvelle version.

FOSSE Bob RÉ US (Chicago 23 juin 1925 |) Fils du comédien et chanteur Cyril Fosse. Bob Fosse a grandi sur « les planches » comme danseur puis chorégraphe. Il a réalisé de nombreuses chorégraphies et mises en scène pour le théâtre avant le cinéma. Son œuvre

Bob Fosse

cinématographique reste marquée par cette priorité de sa formation et de ses activités. Ses meilleures réalisations filmiques, *Cabaret* et *Lenny*, en témoignent d'une manière sensible et intelligente en intégrant ses préoccupations d'homme de théâtre et de music-hall à la fiction sociale et politique. Par contre, la réalisation de *All that jazz*, bien qu'elle lui ait valu la palme d'or 1980, n'atteint pas la hauteur des ambitions initiales du projet.
RÉ : 1969 *Sweet Charity*. 1972 *Cabaret*. 1975 *Lenny*. 1979 *All that jazz (Que le spectacle commence)*. 1980 *Stay 80*.

FOX William INV US (Hongrie 1er janv. 1879 | New York 1er mai 1952) D'abord clown, puis propriétaire, après 1904, d'une chaîne florissante de Nickel-Odeons, il prend la tête des Indépendants contre le trust Edison, devient producteur vers 1914, lançant Theda Bara, Tom Mix, Buck Jones, Charles Farell, Janet Gaynor, etc. S'intéresse de bonne heure au parlant (procédé Fox Movietone) et réussit un instant (1929) à contrôler la MGM. Éliminé par la guerre des brevets sonores, il dut abandonner après 1930 la Fox qui, en 1935, fusionna avec la XXth Century.

FRANCIOLINI Gianni RÉ ITAL (Florence 1er juin 1910 | Rome mai 1960) Débuta avec l'intéressant *Phare dans le brouillard (Fari nella nebbia)*, puis dut accepter des besognes dont se détacha la bonne comédie *Bonjour éléphant* SC Zavattini (1952).

FRANJU Georges RÉ FR (Fougères 12 avril 1912 | 1987) Il possède le sens des atmosphères insolites et un ricanant humour noir. Il avait été en 1948-1958 l'un des meilleurs documentaristes français *(le Sang des bêtes, Hôtel des Invalides, Poussières*, etc.*)*. Il est devenu metteur en scène avec sa remarquable *Tête contre les murs* (1959) et donna une excellente adaptation de *Thérèse Desqueyroux* (1962). Il s'est ainsi défini : « Je suis réaliste par la force des choses. Une image sur un écran a une présence immédiate. Elle est perçue comme actuelle. Quoi qu'on fasse, un film est toujours au temps présent. Le temps passé est spontanément actualisé par le spectateur. Voilà pourquoi l'artificiel vieillit vite et mal. Le rêve, la poésie, l'insolite doivent émerger de la réalité même. Tout le cinéma est documentaire, même le plus poétique. Ce qui me plaît, c'est ce qui est terrible, tendre et poétique. »
CM : 1934 *le Métro* CO-RÉ Henri Langlois, avec qui il fonda alors la Cinémathèque française. RÉ : 1949

Franju

Franju, « Judex ».

le Sang des bêtes. 1950 *En passant par la Lorraine*. 1952 *Hôtel des Invalides, le Grand Méliès*. 1953 *Monsieur et Madame Curie*. 1954 *Poussières, la Marine marchande*. 1955 *A propos d'une rivière, Mon chien*. 1956 *Théâtre National Populaire. Sur le pont d'Avignon*. 1957 *Notre-Dame*. 1958 *la Première Nuit* LM. 1959 *la Tête contre les murs*. 1960 *les Yeux sans visage*, PH Schuftan, MUS Jarre, INT Pierre Brasseur, Alida Valli, Édith Scob, Juliette Mayniel. 1961 *Pleins Feux sur l'assassin*. 1962 *Thérèse Desqueyroux, from* F. Mauriac, SC Franju, François et Claude Mauriac, INT Emmanuelle Riva, Philippe Noiret. 1964 *Judex*. 1965 *Thomas l'imposteur, from* Cocteau. 1966 *les Rideaux blancs* TV. 1966 *Marcel Allain* TV. 1970 *la Faute de l'abbé Mouret*. 1974 *Nuits rouges*. De 1965 à 1978 il réalisa une douzaine de films ou séries pour la télévision dont *Chroniques de France* (1965-1976) et *l'Homme sans visage* (huit épisodes, 1974).

FRANKEN Manus RÉ HOL INDON (1896 | 1953) Réalisa avec Joris Ivens *le Pont* et *Pluie*, puis vécut quelque temps à Java, et y mit en scène, dans un esprit documentaire, avec des acteurs non professionnels parlant la langue du pays : *la Chanson du riz (Parch)* marqua le départ d'une production nationale.

FRANKENHEIMER John RÉ US (Malba 1930 |) Formé par la TV, tint bien mal - dans des fabrications hollywoodiennes traditionnelles comme *le Prisonnier d'Alcatraz (The Birdman of Alcatraz)*, 1962, ou son rocambolesque *Un crime dans la tête (The Manchurian Candidate)*, 1962 - les promesses de son premier film, violent et aigu, *The Young Stranger*, 1957.
RÉ : 1963 *Sept jours en mai.* 1964 *le Train.* 1966 *The Second, Grand Prix.* 1968 *The Extraordinary Seamen, The Fixer (l'Homme de Kiev).* 1969 *The Gipsy Moths (les Parachutistes arrivent).* 1970 *I Walk the Line (le Pays de la violence), The Horsemen (les Cavaliers).* 1973 *The Impossible Objet (l'Impossible Objet), The Ice Man Cometh).* 1974 *99 and 44/100° dead (Refroidi à 99 %).* 1975 *French Connection II.* 1977 *Black Sunday.* 1979 *Prophecy (le Monstre).* 1982 *The Challenge (À armes égales).* 1985 *The Holcroft Covenant.* 1986 *Pick-up (Paiement cash).*

FRANKLIN Sidney RÉ PR US (San Francisco 21 mars 1893 | 18 mai 1972) Formé par la Triangle, 1915-1917, réalisa son meilleur film en 1937 : *Visages d'Orient (The Good Earth)*, et devint ensuite producteur.

FRANKS Hercs RÉ URSS (Ludza, Lettonie 1926 |). Moins connu que son ami et élève Podnieks, réalisateur de *Est-il facile d'être jeune ?*, il est pourtant sans doute le premier et le plus grand des documentaristes baltes, qui, dès les années 60, a prolongé son premier métier de journaliste et photographe dans les courts et moyens métrages qu'il a réalisés pour le studio de Riga, montrant de plus en plus d'audace dans le choix de ses sujets, jusqu'au *Jugement suprême*, portrait d'un garçon condamné à mort pour un double meurtre, et réquisitoire contre la peine de mort.
RÉ (principaux films) : 1965 *le Jugement.* 1969 *le Quatrième Président.* 1972 *Une vie.* 1973 *le Centaure.* 1974 *Zone interdite.* 1980 *le Dernier Anniversaire d'Edgar Laukins.* 1982 *Cheval vapeur.* 1985 *Un fer à cheval porte-bonheur.* 1987 *le Jugement suprême.*

FREARS Stephen RÉ GB (Leicester, 20 juin 1941 |). Assistant metteur en scène de théâtre puis de cinéma (pour Karel Reisz, Lindsay Anderson dans les années 60), il a beaucoup travaillé pour la télévision après l'échec commercial de son premier film. Et, c'est quinze ans après cet insuccès, son troisième film, *My Beautiful Laundrette* (d'ailleurs produit pour la télévision) qui le fera connaître dans le monde entier. Avec cette histoire de deux garçons amoureux, un « pur Anglais » et un immigré pakistanais ouvrant ensemble une blanchisserie dans un quartier populaire, il marquait sa place originale dans le nouveau cinéma britannique : un humour acide qui ne reculait devant

Stephen Frears

« les Liaisons dangereuses »

aucune provocation, l'insertion des personnages dans un tissu social complexe, une écriture d'une grande liberté, au plus près de personnages saisis dans leur mouvement, dans leurs rapports avec le décor, le milieu, qui devait sans doute beaucoup à sa longue pratique de la télévision.
RÉ (cinéma seulement) : 1971 *Gumshoe* (id.). 1984 *The Hit (le Tueur était presque parfait).* 1985 *My Beautiful Laundrette* (id.). 1987 *Prick up your Ears (Prick up), Sammy and Rosie get laid (Sammy et Rosie s'envoient en l'air).* 1988 US *Dangerous Liaisons (les Liaisons dangereuses), from* Choderlos de Laclos.

FREDA Ricardo RÉ ITAL (Alexandrie 24 fév. 1909 |) Spécialiste des mises en scène « historiques » à l'italienne, il vaut bien, dans ce genre commercial extravagant, son confrère Cottafavi.
Il a également travaillé dans les années soixante sous des pseudonymes américains à des « spaghetti-thrillers ». Ainsi pour *le Spectre du professeur Hitchcock* (1962), le réalisateur Robert Hampton et le scénariste Robert Davidson sont tous deux... Ricardo Freda.
RÉ (principaux films) : 1946 *l'Aigle noir.* 1949 *le Comte Ugolin.* 1952 *Spartacus.* 1953 *Théodora, impératrice de Byzance.* 1954 *les Vampires.* 1956 *le Château des amants maudits (Béatrice Cenci).* 1961 *le Géant de Thessalie.* 1963 *Coplan casse tout.* 1965 *les Deux Orphelines.* 1966 *Roger la Honte.* 1975 *Estratto dagli archivi di polizia di una capitala europea.* 1980 *Murder Obsession.*

FREND Charles RÉ GB (Pulborough 21 nov. 1909 | 1977) Découvert et formé par Cavalcanti, il montra à ses débuts dans ses meilleurs films : *le Contremaître vient en France* (1942) et *Johnny Frenchman* (1946), une sincérité documentaire, mais après le rude échec commercial de *Scott de l'Antarctique* (1949) il ne put, hors *la Mer cruelle* (1953), diriger des films importants.
RÉ 1956 *SOS Scotland Yard.* 1964 *Torpedo Bay (Défi à Gibraltar).* 1970 réalisateur de la seconde équipe sur le film *la Fille de Ryan.*

FREUND Karl PH ALL US (Bohême 16 janv. 1890 | Hollywood 3 mai 1969) Le plus grand opérateur du cinéma allemand muet, alors aussi forte personnalité que Fritz Lang ou Carl Mayer, sut aussi bien donner des images expressionnistes que dans le style actualités. Depuis 1934 aux États-Unis, n'y a plus été qu'un excellent technicien. Travaille au cinéma depuis 1906.
PH : RÉ Murnau : 1919 *Satanas.* 1922 *la Terre qui flambe.* 1924 *le Dernier des hommes.* 1925 *Tartuffe.* RÉ Dupont : 1925 *Variétés.* RÉ F. Lang : 1926 *Metropolis.* RÉ Ruttmann : 1927 *Berlin, symphonie d'une grande ville.* RÉ Czinner : 1927 *Dona Juana.* - AUX US : RÉ Stahl : 1932 *Back Street.* RÉ Cukor : 1936 *Camille.* RÉ Franklin : 1937 *Visages d'Orient.* RÉ R.-Z. Leonard : 1941 *Orgueil et Préjugés.* RÉ Zinnemann : 1944 *la Septième Croix.* RÉ Huston : 1948 *Key Largo.* RÉ G.-L. Cahn : 1952 *Dangereuse Association.*

Freund filmant « Metropolis », 1926.

FRIC Martin (Se prononce Fritch) RÉ TS (Prague 2 mars 1902 | 1968) Réalisa une centaine de films (1928-1962) et est connu à l'étranger pour *Yanosik* (1936), *le Piège* (1950), et son truculent *Boulanger de l'empereur,* INT Jan Werich.

FROELICH Carl RÉ ALL (Berlin 5 sept. 1875 | Berlin 12 fév. 1953) Pionnier du cinéma allemand qui, de 1908 à 1951, dirigea plusieurs centaines de films presque tous médiocres et fut sous Hitler président de la Reichsfilmkammer.

FUENTES Fernando de RÉ MEX (1895 | 1958) S'il fut après 1945 un réalisateur commercial abondant, ce Mexicain reste l'auteur de trois films non négligeables : *Allons avec Pancho Villa* (1935) où passait le souffle de la révolution mexicaine encore toute récente ; une remarquable satire (située à la même époque) : *El Compadre Mendoza* (1934) et plus tard : *Dona Barbara* (1943), film soigné où il donna son premier grand rôle à Maria Félix. Il contribua à l'essor commercial du cinéma mexicain avec : *Alla en el Rancho Grande* (1936).

FULLER Samuel RÉ US (Worchester 12 août 1911 |) Il a réalisé et produit de nombreux films médiocres presque tous imbus « de lourde propagande anticommuniste ou mêlés de thèses racistes » (« Film Lexicon degli autori »), ou d'apologies des brutalités militaristes, mais sans aucun autre lien que cette « idéologie » dans leurs styles ou leurs mises en scène, fort disparates.

L'anticommunisme primaire (d'ailleurs bien atténué depuis), de certains films de Samuel Fuller a suscité de nombreux malentendus et masqué le talent exceptionnel du cinéaste, le plus doué de sa génération avec Nicholas Ray. L'individualisme forcené de l'auteur l'a amené à dénoncer également, racisme *(Shock Corridor, Run of the Arrow)* et nazisme *(Verboten)*. Ses références idéologiques ne sont pas particulièrement univoques, puisque comme le remarque G. Legrand, « il exhibe la cruauté des Sioux dans *Run of the arrow*, alors que le prologue dénonce la rancune infantile du Sud, et que le plan final invite à construire une Amérique patriarcale où le sang rouge et le sang blanc se seraient unis » (in Cinémanie). Ce sont précisément ces contradictions, liées à un style cinématographique qui tourne délibérément le dos aux conventions hollywoodiennes qui font tout le prix de son œuvre. Fuller est un des rares cinéastes indépendants à avoir pu écrire, produire et diriger de la fin des années cinquante au début des années soixante. Il paiera cette indépendante en attendant plus de quinze ans pour réaliser son projet le plus cher : *The Big Red One*. La force de Fuller, c'est son instinct de narrateur, sa capacité à transformer en récit n'importe quelle situation historique. Cette finalité narrative est toujours liée chez lui à une vocation didactique et morale qui le rattache à la grande tradition griffithienne.
RÉ : 1949 *I shot Jesse James*. 1950 *The Baron of Arizona, The Steel Helmet (J'ai vécu l'enfer de Corée)*. 1951 *Fixed Bayonets (Baïonnette au canon)*. 1953 *Pick up on South Street (le Port de la drogue)*. 1954 *Hell and High Water (le Démon des eaux troubles)*. 1955 *la Maison de bambou*. 1957 *China Gate, Run of the Arrow (le Jugement des flèches), Forty Guns*. 1959 *Verboten, Crimson, Kimono*. 1961 *Underworld USA (les Bas-Fonds de New York)*. 1962 *Merrill's Marauders (les Maraudeurs)*. 1963 *Schock Corridor*. 1965 *Police spéciale (Naked Truth)*. 1967-1969 *Shark (Caine)*, western mexicain renié par Fuller qui se brouille avec le producteur. 1973 *Riata (le Shérif fait la loi (*TV*), Un pigeon mort dans Beethoven Street*. 1980 *The Big Red One (Au-delà de la gloire)*. 1982 *White Dog (Dressé pour tuer)*. 1984 FR. *Thieves after Dark (les Voleurs de la nuit)*. 1988 *Street of no Return (Sans espoir de retour), from* David Goodis CO-PR FR-PORT.

FULTON John P. US (1902 | 1966) On doit notamment à ce grand spécialiste du trucage les « effets spéciaux » de *l'Homme invisible* (1933).

FUSCO Giovanni MUS ITAL (Sant' Agata dei Goti 10 oct. 1906 |) Le compositeur favori de Michelangelo Antonioni, qui collabora à plusieurs de ses films et à *Hiroshima mon amour* et *la Guerre est finie* de Resnais, ainsi qu'à plusieurs films de Bolognini et Maselli.

GAAL Istvan RÉ HONG (Salgotarjan 1933 |) Dans le cinéma hongrois des années 60, dans cette génération partie à la découverte assoiffée de son pays, Gaal, ancien élève à la fois de l'École supérieure de théâtre et de cinéma de Budapest et du Centro sperimentale de Rome, peut être tenu pour le représentant d'un certain « baroque tendu » : une parabole foisonnante, une écriture dépouillée comme dans *les Faucons*. Et si *les Vertes Années*, film critique sur les années 50, et une « classe d'âge » à la recherche de ses repères, eut un large succès, le réalisme désespéré de *Paysage mort*, description sans concession de la lente asphyxie d'un village, fut mal reçu dans son pays. C'est pourtant là, sans doute, qu'il a donné le meilleur d'une sensibilité d'écorché vif.
RÉ : 1962 *Esquisses d'automne* CM. 1963 *Remous*. 1965 *les Vertes Années*. 1967 *Baptême*. 1970 *les Faucons*. 1971 *Paysage mort*. 1977 *Legato*. 1980 *Quarantaine*. 1985 *Orphée et Eurydice*.

GABOR Pal RÉ HONG (1932 | 1987). D'une œuvre hésitant entre chroniques familières et grandes reconstitutions, se détache un film, *Angi Vera*, éducation sentimentale - et surtout politique - dans les années du stalinisme, histoire du saccage d'une jeune vie. Le ton en est toujours parfaitement juste, qui laisse affleurer l'émotion sous un récit sans emphase ni imprécation.
RÉ : 1968 *Territoire interdit*. 1971 *Horizon*. 1972 *Voyage avec Jacques*. 1975 *Épidémie*. 1978 *Angi Vera (l'Éducation de Vera)*. 1981 *Vies gâchées*. 1983 *A bride abattue*. 1986 *la Mariée était merveilleuse*.

GAD Urban RÉ DAN ALL (Copenhague 1879 | Copenhague 1947) Il dirigea à Copenhague, puis à Berlin, les films d'Asta Nielsen, alors sa femme, 1912-1926. Il était le scénariste de ces drames mondains dont le succès ouvrit la voie à divers styles et genres d'Hollywood.

GADE Sven RÉ DAN (Copenhague 9 fév. 1877 | Copenhague 25 juin 1952) Mit en scène à Berlin, dans un style décoratif assez pompeux, un *Hamlet* interprété par Asta Nielsen.

GAFFARY Farrogh RÉ IRAN (Téhéran 26 fév. 1922|) Ayant longtemps séjourné en France (qu'il devait, exilé, retrouver dans les années 80), ce cinéaste iranien a contribué, dès ses premières réalisations, à donner un essor à l'art du film dans son pays. Il fut, de 1957 à 1979, directeur de la Cinémathèque d'Iran et, de 1967 à 1978, directeur du festival de Chiraz. Vit en France.
RÉ : 1959 *le Sud de la ville.* 1964 *la Nuit du bossu.* 1973 *le Canon en marche.*

GAISSEAU Pierre-Dominique DOC FR (Mézières 10 mars 1923|) Réalisa en Afrique une intéressante *Forêt sacrée* (1955), mais resta trop exotique dans *le Ciel et la Boue* (1961), *New York-sur-Mer* (1963). Il n'a plus tourné depuis.

GALEEN Henrik (1892|1949) SC RÉ ALL Notable et singulier cinéaste, spécialiste du fantastique et de l'horreur, qui contribua à créer l'expressionnisme cinématographique.
CO-SC et CO-RÉ Wegener : 1920 *le Golem.* 1926 *l'Étudiant de Prague.* 1927 *Mandragore (Alraune).*
SC : RÉ Murnau : 1922 *Nosferatu.* RÉ Leni : 1924 *le Cabinet des figures de cire.*

GALINDO Alejandro RÉ MEX (1911|) Metteur en scène prolixe (68 films de 1931 à 1978), qui donna des films intéressants : *Quand Mexico dort* (1938), *Tribunal de justice* (1944), *Champions sans couronne* (1946), et surtout *Épaules mouillées* (1953) sur les travailleurs mexicains aux États-Unis.

GALLO Mario RÉ ARG (Barletta, Italie, 31 juil. 1878|Buenos Aires 8 mai 1945) Le père du cinéma argentin. Établi à Buenos Aires comme photographe et directeur de chorales, en 1908-1923 réalisa ou produisit des films surtout inspirés par l'histoire de l'Argentine au XIXe siècle : *El Fusillamiento de Dorrego* (1908), etc.

GALLONE Carmine RÉ ITAL (Taggia, Imperia, 18 sept. 1886|11 mars 1973) Abondant et versatile, il débuta au temps des divas par des drames mondains pour Lydia Borelli : 1913 *la Femme nue*, ou Soava Gallone : 1915 *Avatar.* Travailla à Berlin, Londres, Paris où il réalisa des films populistes comme : 1931 *Un soir de rafle.* Devint le chantre du fascisme : 1937 *Scipion l'Africain* et 1942 *Odessa en flammes.* Puis exalta la Résistance : 1946 *Devant lui tremblait Rome.* Reprit ensuite sa production d'opéras filmés : 1955 *Madame Butterfly.* De grandes mises en scène romaines : 1951 *Messaline.* 1960 *Carthage en flammes* et la suite des *Don Camillo* inaugurée par Duvivier (1951 *la Grande Bataille de Don Camillo,* 1961 *Don Camillo Monseigneur*).

GANCE Abel RÉ FR (Paris 25 oct. 1889|1981) Ce titan souleva des montagnes et faillit bien être écrasé par elles. Il partit de Griffith et de Thomas Ince, mais aussi des traditions nationales : littérature, théâtre, film, et d'une culture en partie autodidacte. Il participa à l'impressionnisme, mais sa forte personnalité dépassa cette école et lui survécut. Après ses brillants débuts dans *Mater Dolorosa* et *la Dixième Symphonie*, il porta à ses extrêmes limites le montage griffithien dans *J'accuse* et *la Roue*, épopées bouillonnantes consacrées à la guerre finissante et à la vie des cheminots. Puis il porta ce concept au-delà de ses bornes par le montage rapide et les surimpressions. « Dans certains plans de *Napoléon*, j'ai superposé jusqu'à seize images. Elles tenaient leur rôle « potentiel » comme cinquante instruments jouant dans un concert. Ceci m'a conduit à la Polyvision, au triple écran présentant à la fois plusieurs dizaines d'images. » En même temps, il utilisait au maximum

Abel Gance

Abel Gance, « J'accuse ».

Abel Gance, « Napoléon ». L'entrée de Bonaparte en Italie. (Triple écran et polyvision).

« la Roue »

la mobilité des caméras. Sa *Fin du monde* coïncida avec la fin du muet et faillit bien marquer la fin de sa carrière, bien que, comprenant l'importance du sonore, il ait le premier employé la stéréophonie, en 1933, pour une version nouvelle de son *Napoléon*. Longtemps renvoyé à des besognes, il se retrouva après 1942 contraint au chômage, et il lui fallut une extraordinaire énergie pour pouvoir, après 1952, soulever la pierre du tombeau où il avait été enterré vivant. Son curieux génie n'avait rien d'un talent minutieux et précautionneux. Son talent « ne cessa jamais de voir trop grand », comme le lui avait conseillé Delluc. Il fut bien, suivant Moussinac, un torrent charriant les impuretés et les scories. Ce grand cinéaste a ainsi caractérisé sa puissance et ses malheurs : « J'ai été perpétuellement en équilibre instable sur les rails d'un petit train Decauville. A quoi bon une locomotive puissante si elle ne peut rouler vite sur des rails peu solides ? Rongeant mon frein, j'ai dû laisser pendant des années ma locomotive au garage, et il me faudrait des rails robustes pour y lancer la Polyvision, cette locomotive surcompressée du cinéma futur. »

RÉ : 1911 *la Digue*. 1912 *le Nègre blanc, Il y a des pieds au plafond, le Masque d'horreur*, film non exploité. SC : RÉ Henri Pouctal : 1915 *l'Infirmière*.

RÉ : 1915 *Les morts reviennent-ils ?, la Folie du Docteur Tube, l'Énigme de 10 heures, la Fleur des ruines, l'Héroïsme de Paddy*. 1916 *Strass et compagnie, Fioritures, le Fou de la falaise, Ce que les flots racontent, le Périscope, les Gaz mortels, Barberousse*. 1917 *le Droit à la vie, la Zone de mort*, PH Burel, *Mater Dolorosa*. 1918 *la Dixième Symphonie*. 1919 *J'accuse*. 1921-1922 *la Roue*. 1923 *Au secours* SC Gance et Max Linder, PH Specht, INT Max Linder, Jean Toulout, Gina Palerme. 1925-1927 *Napoléon Bonaparte, Autour de Napoléon*. 1929 *la Fin du monde* SC Gance, *from* Camille Flammarion, PH Kruger, Forster, Robert Hubert, DÉC Lazare Meerson, INT Victor Francen, Samson Fainsilber, Jean d'Yd, Colette Darfeuil, Abel Gance. 1932 *Mater Dolorosa*, nouvelle version sonore. 1933 *le Maître de forges* SC Gance, *from* Georges Ohnet, PH Harry Stradling, INT Gaby Morlay, Jane Marken. 1934 *Poliche* SC Gance, *from* Henry Bataille ; *la Dame aux camélias, Napoléon*, version sonorisée. 1935 *le Roman d'un jeune homme pauvre, Lucrèce Borgia, Un grand amour de Beethoven, Jérôme Perreau héros des Barricades, le Voleur de femmes*. 1938 *J'accuse*, nouvelle version sonore. 1938 *Louise, from* opéra Gustave Charpentier. 1939 *le Paradis perdu* SC Joseph Than et Gance, PH Christian Matras, MUS Hans May, INT Fernand Gravey, Micheline Presle. 1940 *la Vénus aveugle*, INT Viviane Romance. 1942 *le Capitaine Fracasse*. 1944 *Manolete* (inachevé). 1953 *Quatorze Juillet 1953* CM en polyvision. 1954 *la Tour de Nesles*, PH André Thomas, INT Pierre Brasseur, Sylvana Pampanini. 1956 *Magirama*, polyvision CO-RÉ Nelly Kaplan. 1960 *Austerlitz* CO-RÉ Roger Richebé, PH Henri Alekan, Robert Juillard, INT Pierre Mondy, Rossano Brazzi, De Sica, Jean Marais, Elvire Popesco, Martine Carol, etc. 1964 *Cyrano* et *D'Artagnan*. 1971 *Bonaparte et la révolution* (nouvelle version de *Napoléon*). Voir dans le « Dictionnaire des films », à la rubrique *Napoléon* la série détaillée de ces versions.

GARCIA ESPINOSA Julio RÉ CUBA (La Havane 5 sept. 1926|) Un des espoirs du jeune cinéma cubain. Débuta sous la dictature de Batista par un intéressant documentaire social : *El Megano (le Charbonnier)*, interdit par la censure, puis donna avec *Cuba Baila* (1961) l'un des premiers LM réalisés après la révolution castriste.
Vice-président de l'ICAIC (Institut du cinéma), il a réalisé en 1962 *El Joven Rebeld (le Jeune Rebelle)* et en 1967 *Las Aventuras de Juan Quinquin*, savoureux roman picaresque de la révolution.
RÉ : 1960 *Cuba danse*. 1961 *le Jeune Rebelle*. 1967 *les Aventures de Juan Quinquin*. 1970 *Tiers-monde, Troisième Guerre mondiale*. CO-RÉ Miguel Torres. 1972 *Giron*. 1977 *La Sexta Parte del mundo*.

GARDINE Vladimir RÉ URSS (Moscou 1877|1965) Il était déjà célèbre au théâtre comme acteur chez Komissarjevsky et Meyerhold, quand il devint réalisateur en 1913. Il dirigea les premières mises en scène soviétiques dans un style trop « avant-guerre », mais où il donna leur première chance à Poudovkine et à l'opérateur Tissé : 1921 *Faim, Faim, Faim, la Faucille et le Marteau*. Il fut en 1919 le fondateur à Moscou de l'Institut du cinéma, première école de ce genre créée dans le monde, devenue depuis le VGIK.

GARMES Lee PH US (Peoria 27 mai 1898|31 août 1978) Excellent opérateur américain, au style raffiné, ayant le sens de l'atmosphère et du baroque ; travaille pour Sternberg : *Morocco, X 27, Shanghaï express*. Mamoulian : *les Carrefours de la ville*. Howard Hawks : *Scarface*. Max Ophüls, Korda, etc.

GARNETT Tay RÉ SC PR US (Los Angeles 13 juin 1894|4 oct. 1977) Médiocre « director » qui fut pris pour un auteur en France, après sa réussite - due au hasard - du *Voyage sans retour* (1932). 1930 *Son homme*.

GARREL Philippe RÉ FR (Paris 1948|) Cet « enfant prodige » qui débuta à la télévision à seize ans, a fait à coup sûr, de chacun de ses films, tournés très vite, mal ou pas distribués ensuite, un cri d'écorché vif.
RÉ : 1964 *les Enfants désaccordés* CM. 1965 *Droit de visite*. 1966 *Anémone* (16 mm). 1967 *Marie pour mémoire*. 1968 *le Révélateur, la Concentration*. 1969 *le Lit de la vierge*. 1970 *la Cicatrice intérieure*. 1972 *Athanor*. 1974 *les Hautes Solitudes*. 1975 *Un ange passe*. 1976 *le Berceau de cristal*. 1978 *Voyage au jardin des morts*. 1979 *le Bleu des origines* MM. 1983 *l'Enfant secret*. 1984 *Liberté la nuit, Rue Fontaine* (sketch de *Paris vu par... 20 ans après)*. 1985 *Elle a passé tant d'heures sous les sunlights*. 1989 *Baisers de secours*.

Philippe Garrel

GASNIER Louis J. RÉ FR US (Paris 26 sept. 1882|1962) Il a dirigé en trente ans, 1908-1941, cent ou deux cents films, mais fut surtout l'auteur des extravagants serials : 1914-1917 *les Mystères de New York, les Exploits d'Élaine*, etc., pour lesquels « il rendit grâce aux mânes d'Eugène Sue », n'hésitant pas à lui dérober plus d'une idée.

GATTI Armand RÉ FR (Monaco 24 janv. 1924|) Journaliste, poète, dramaturge, apporta au jeune cinéma français une œuvre importante : *l'Enclos* (1961), tragédie située dans un camp d'extermination. Il a ensuite dirigé à Cuba *l'Autre Cristobal* (1963). 1977 *le Lion, sa cage et ses ailes* (vidéo). 1983 *Nous étions tous des noms d'arbre*.

GAUDIO Tony PH US (Rome 1885|Hollywood 1951) Bon opérateur américain spécialement doué pour les films historiques.
RÉ Niblo : 1920 *le Signe de Zorro*. RÉ Dieterle : 1936 *la Vie d'Émile Zola*. 1939 *Juarez*. RÉ Walsh : 1941 *High Sierra*. Un des fondateurs de sa profession à Hollywood.

GAUMONT Léon INV PR FR (1863|1946) Ce grand pionnier de l'industrie s'intéressa beaucoup aux perfectionnements techniques (parlant, couleur) et domina, par l'art de ses productions, le cinéma français en 1910-1920, surtout grâce à Feuillade.

Gyula Gazdag, « Un conte de fées hongrois »

GAZDAG Gyula RÉ HONG (1947 |). Il fut à vingt-quatre ans, en 1971, avec *le Pavé qui siffle* le plus jeune réalisateur hongrois de long métrage. Cette précision chronologique n'aurait pas grand intérêt si ce *Pavé,* l'un des meilleurs films du cinéma européen (malheureusement non sorti en France) sur l'après-68, n'avait fait siffler, par insolentes bourrasques, l'air vif de la contestation sur un camp de vacances d'adolescents. Formé à l'école documentaire du studio Bela Balazs, Gazdag s'y affirmait déjà comme l'un des cinéastes les mieux à même de travailler un matériau fictionnel dans le style enlevé du « pris sur le vif », réflexion qu'il allait approfondir dans ses films suivants, et qui allait lui valoir, pour deux films, des ennuis avec la censure. Il mène parallèlement des activités de réalisateur à la télévision et de metteur en scène dans un théâtre de recherche, à Kaposvar.
RÉ : 1970 *la Décision* CO-RÉ Judit Ember (sorti en 1984). 1971 *le Pavé qui siffle.* 1974 *Chantons à la chaîne* (sorti en 1984). 1977 *Troc.* 1982 *les Illusions perdues, from* Balzac. 1984 *le Voyage organisé.* 1987 *Un conte de fées hongrois.* 1989 *Endurcissement.*

GAZIADIS Demetrios RÉ GR (Athènes 1897 | 1961) Avec Oreste Laskos, le père du cinéma grec.
1912 : DOC. - EN ALL : 1914-1924 opérateur en second pour Lubitsch, Joe May, Korda, etc., puis CM comiques. 1921 *le Miracle grec* DOC LM. 1927 *Prométhée enchaîné.* Fonde la Dag Film. 1928 *le Port des larmes.* 1929 *Astero la bergère.* 1930 *les Apaches d'Athènes, Embrassons-nous, Marisa.* 1932 *Soyons heureux.* 1933 *la Fin de la purée,* (qui fut son dernier film avant la faillite).

GEBEL Bruno RÉ CHILI Il donna en 1958 le premier film chilien de valeur connu en Europe : *la Crique oubliée (La Caleta Olvidada),* histoire d'un pauvre village de pêcheurs.

GEESINK Joop ANIM HOL (La Haye 28 mai 1913 |) A produit de 1936 à 1971 deux cent soixante-huit films de poupées, publicitaires ou non, courts métrages ingénieux mais de style peu original.

GELABERT Fructuoso RÉ ESP (Barcelone 15 janv. 1874 | Barcelone 27 fév. 1955) Pionnier du cinéma espagnol qui, dès 1897 avec *Dorotea,* mit en scène des films à Barcelone.

GELENBEVI Baha RÉ TURQUIE (Stamboul 1902 | 1986) Un des premiers réalisateurs du cinéma turc. Formé en Europe (il avait travaillé avec Gance pour *Napoléon* et avec L'Herbier pour *l'Argent*), il aborda tous les genres et contribua à l'essor quantitatif de la production après la guerre.
RÉ : 1943 *la Fontaine triste.* 1944 *la Sirène.* 1946 *la Flûte enchantée.* 1948 *la Folle.* 1951 *le Pacha, Barberousse.* 1953 *le Beau Pêcheur.*

Baha Gelenbevi

GENINA Augusto RÉ ITAL (Rome 28 janv. 1892 | Rome 28 sept. 1957) Connaissant fort bien un métier très traditionnel, il réalisa en 40 ans quelque 150 films, passant du mélodrame à la propagande fasciste : 1942 *Bengasi.* 1949 *Cielo sulla Palude (la Fille des marais).*

GERIMA Hailé RÉ ÉTH (Condor, Éthiopie 1943 |). Aujourd'hui professeur de cinéma à Washington, Hailé Gérima, tournant en Éthiopie avec des paysans une « fiction documentaire » profondément ancrée dans une culture millénaire, a donné avec *la Récolte de*

3 000 ans, l'un des films les plus forts du « cinéma du tiers monde ».
RÉ : 1971 *Hour Glass* (CM). 1972 *Child of Resistance* (CM). 1975 *Bush Mama* (LM), 1976 *la Récolte de 3 000 ans* (LM), 1982 *Cendres et Braises.*

GERLACH Arthur von RÉ ALL (1860 | 1924) Homme de théâtre, a donné le plus stendhalien des films avec sa très belle *Vanina* (1922) et fit dans *Chronique de Grieshuus* (1923) tenir le rôle d'un personnage de drame aux landes de Lunebourg.

GERMI Pietro RÉ ITAL (Gênes 14 sept. 1914 | 5 déc. 1974) Sans être l'un des meilleurs cinéastes néo-réalistes, il exprima bien certaines réalités siciliennes dans *Au nom de la loi* (1950) et *le Chemin de l'espérance* (1951). Il remporta un très vif succès avec sa comédie satirique : *Divorce à l'italienne* (1962), mais non avec *Séduite et abandonnée* (1964), après avoir lui-même interprété des personnages vieillissants et accablés dans ses films, *Il Ferroviere* (1956) et *l'Homme de paille* (1957).
RÉ : 1946 *Il Testimone.* 1947 *Gioventu perduta.* 1949 *In nome della legge (Au nom de la loi).* 1950 *Il Cammino della speranza (le Chemin de l'espérance).* 1951 *Il Brigante di Tacca del Lupo (la Tanière des brigands), La Citta si defende.* 1952 *La Presidentessa (Mademoiselle la présidente).* 1953 *Gelosia.* 1954 *Amore di mezzo secolo.* 1956 *Il Ferroviere (le Disque rouge).* 1958 *l'Uomo di paglia.* 1960 *Un Maladetto imbroglio (Meurtre à l'italienne).* 1961 *Divorce à l'italienne.* 1963 *Séduite et abandonnée.* 1966 *Signore e Signori (Mesdames et Messieurs), La Bomba.* 1967 *L'Immorale (Beaucoup trop pour un seul homme).* 1968 *Serafino.* 1971 *Le Castagne sono buone.* 1972 *Alfredo Alfredo.*
Il mourut avant de pouvoir mettre en scène *Amici miei (Mes chers amis)* dont il avait écrit le scénario et que Mario Monicelli réalisa en 1975.

GERSHWIN George MUS US (New York 1898 | New York 1938) Fameux compositeur américain, écrivit quelques partitions pour Hollywood : 1930 *le Roi du jazz.* 1932 *Aimez-moi ce soir.* 1937 *Shall we dance?*, et a fourni, après sa mort, la matière musicale de plusieurs films adaptant ses œuvres lyriques.
RÉ Minnelli : 1951 *Un Américain à Paris.* RÉ Stanley Donen : 1957 *Drôle de frimousse.*

GHATAK Ritwik RÉ INDE (Dacca 1924 | 1976) Réalisateur bengali, exceptionnellement doué, comme le prouve son picaresque *Ajantrik* (*l'Homme-auto,* sorti à Paris en 1988). Il fut directeur adjoint de l'Institut du cinéma et de la télévision de Pune dans les années 60, où il forma de nombreux étudiants.
RÉ (principaux films) : 1951 *Nagarik.* 1958 *Ajantrik.* 1959 *Bari Theke Paliye (les Truands).* 1960 *Meghe Dhaka Tara (l'Étoile rouge cachée par la lune).* 1962 *Subarnarekha (le Fil d'or).* 1973 *Titas Ekti Nadir Nam (Une rivière nommée Titas).* 1974 *Jukti Takko Aar Gappo (Raison, discussion et un conte).*

GHIONE Emilio RÉ ITAL (Turin 1879 | Rome 7 janv. 1930) Grand pionnier du cinéma italien, d'abord spécialiste des drames mondains, puis réalisateur d'excellents serials policiers proches de *Fantomas* : 1976 *Za la Mort.* 1918 *les Souris grises.* 1919 *Dollars et Frac.*

GIBBONS Cedric DÉC US (Dublin 23 mars 1893 | 26 juil. 1960) Chef décorateur des productions MGM (1924-1956), contribua à leur imprimer un style spectaculaire assez emphatique.
RÉ Fred Niblo : 1926 *Ben Hur.* RÉ Minnelli : 1955 *le Cygne.* RÉ Frank Lloyd : 1935 *les Révoltés du Bounty.* RÉ S. Franklin : 1937 *Visages d'Orient.*

GILLES Guy RÉ FR (août 1940 |) Dix courts métrages, des longs métrages nostalgiques, à la « recherche d'un temps perdu » dont il s'agit d'inventorier les traces.
RÉ : *L'Amour à la mer* (inédit en France). 1966 *Au pan coupé.* 1969 *le Clair de terre.* 1972 *Absence répétées.* 1975 *le Jardin qui bascule.* 1982 *Un crime d'amour.* 1986 *Nuit docile.*

Guy Gilles, « le Clair de terre ».

GILLIAM Terry RÉ GB US (Minneapolis, 22 nov. 1940 |). Américain, dessinateur, « cartoonist », il participe à Londres à la fin des années 70 à la création du groupe « Monty Python » qui se manifeste par quelques allègres délires au cinéma et à la télévision, à la

poursuite du Graal ou d'un « sens de la vie » qui échappe à ces croisés de l'absurde autant que le sacré ciboire. Mais c'est seul que Gilliam, fils de Jonathan Swift et d'Orwell, donnera toute sa mesure dans la mise en œuvre de somptueuses fables subversives dans un flot inventif charriant, mêlés, sarcasmes et poésie. Révolutionnaire déçu, dit-il, « par l'absence d'une révolution fondée sur le rire », Gilliam a dû, et notamment pour *Brazil,* mener des batailles acharnées pour imposer ses sujets et son style.
RÉ : 1974 *The Miracle of Flight* (DA), *Monty Python and the Holy Graal (Monty Python, sacré Graal)* CO-RÉ Terry Jones. 1976 *Jabberwocky* (id.). 1981 *Time Bandits (Bandits, bandits).* 1985 *Brazil* (id.). 1989 *The Adventures of Baron Munchausen (les Aventures du baron de Munchausen).*

GILLIATT Sydney RÉ GB (Edgeley 15 fév. 1908 |) D'abord scénariste, débuta par un sympathique film de guerre : *Ceux de chez nous (Millions like us),* puis s'essaya à tous les genres, sans jamais s'élever au-dessus de la moyenne britannique. Parmi ses films, ceux réalisés avec Frank Launder : 1943 *l'Honorable Monsieur Sans-Gêne* et surtout en 1950 *Secret d'État.* Entre 1954 et 1980, il réalisa, entre autres une série de films populaires ayant pour héroïnes des adolescentes du Collège de Saint-Trinian, imaginés (collège et jeunes filles) par le dessinateur Ronald Searle.

GILSON Paul CRIT FR (Paris 31 janv. 1904 | Paris 25 mai 1963) Fondateur avec J.-G. Auriol de « la Revue du cinéma » (1929-1932), il contribua à la redécouverte de Méliès. LIVRES : « Ciné-Magic et Merveilleux », où une grande place est tenue par l'art du film.

GILSON René RÉ FR (Arras 1931 |) Critique à « Cinéma 60 » ce cinéaste, originaire du Nord (dont il fera revivre l'été 36 dans *Ma Blonde*) après une pochade antimilitariste, s'est efforcé de développer une série de chroniques historiques et contemporaines. Brigitte Fossey apporte une lumière radieuse à l'héroïne de *la Brigade,* assurément la meilleure réussite de l'auteur à ce jour, réussite qui resta sans lendemain.
RÉ : 1970 *l'Escadron Volapük.* 1971 *On n'arrête pas le printemps.* 1974 *la Brigade.* 1976 *Juliette ou l'air du temps.* 1980 *Ma blonde, entends-tu dans la ville...* 1987 *Un été à Paris.*

GIOVANNI José RÉ FR (Corte 1923 |) Ses romans policiers étant à la base de nombreux scénarios (pour Melville, Enrico, etc.), il se décida à les mettre en scène lui-même, avant d'adapter d'autres œuvres : 1961 *la Loi du survivant.* 1968 *le Rapace.* 1970 *Un aller simple.* 1971 *Où est passé Tom ?* 1972 *la Scoumoune.* 1973 *Deux Hommes dans la ville.* 1975 *le Gitan.* 1976 *Comme un boomerang.* 1979 *les Égouts du Paradis.* 1980 *Une robe noire pour un tueur.* 1983 *le Ruffian.* 1985 *les Loups entre eux.* 1988 *Mon ami le traître.*

GIROD Francis RÉ FR (Semblançay, 9 oct. 1944 |). Journaliste, comédien, assistant, producteur, Francis Girod commença par aider d'autres cinéastes à réaliser leurs projets avant de passer lui-même derrière la caméra, pour des films dont il était également producteur. Films à l'ambition totalisante (« tout montrer » d'une époque ou d'un milieu), ils sont souvent marqués par une mise en scène trop « signifiante » pour ne pas souffrir de ce double excès. Son meilleur film *(l'Enfance de l'art)* est sans doute celui où il met en scène des comédiens d'une classe d'art dramatique. Car il est aussi, depuis 1983, professeur (classe « caméra ») au Conservatoire national supérieur d'art dramatique.
RÉ : 1974 *le Trio infernal.* 1976 *René la Canne.* 1978 *l'État sauvage.* 1980 *la Banquière.* 1982 *le Grand Frère.* 1984 *le Bon Plaisir.* 1986 *Descente aux enfers.* 1988 *l'Enfance de l'art.*

GITAI Amos RÉ ISR (Haïfa, 11 oct. 1950 |). Il vint au cinéma - par des courts métrages sur l'architecture - après des études d'architecture en Israël et en Californie : réalise en Israël, en Suisse et aux États-Unis de nombreux documentaires, notamment pour la télévision, dont les plus remarquables sont *House, Wadi* (1980) et *Journal de campagne* (1982) sur les relations entre juifs et arabes. Il abordera la fiction avec un film parfaitement maîtrisé dans sa construction aussi bien que dans la réflexion sur les modes d'expression, *Esther,* fable biblique aux résonances contemporaines.
RÉ : de 1973 à 1984, une vingtaine de courts et moyens métrages, documentaires, enquêtes, entretiens. 1985 *Esther.* 1989 *Berlin-Jérusalem.*

GODARD Jean-Luc RÉ FR (Paris 3 déc. 1930 |) Une des fortes personnalités révélées par la Nouvelle Vague. Inquiet, incisif, irritant, ambigu, silencieux, se laissant aller aux mots d'auteur, refusant tout engagement, il s'engagea malgré lui en se posant des questions sur une conception anarchiste de la vie : *A bout de souffle* ; sur la guerre d'Algérie : *le Petit Soldat* ; sur la condition de la femme : *Vivre sa vie.* L'œuvre de ce négateur sarcastique se

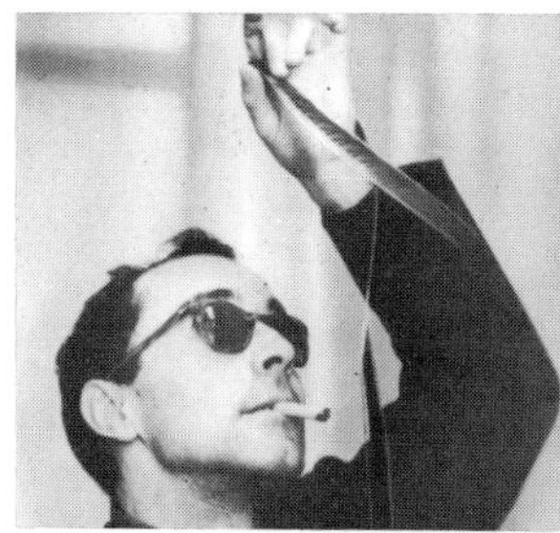

Jean-Luc Godard

« le Mépris », avec Bardot et Piccoli.

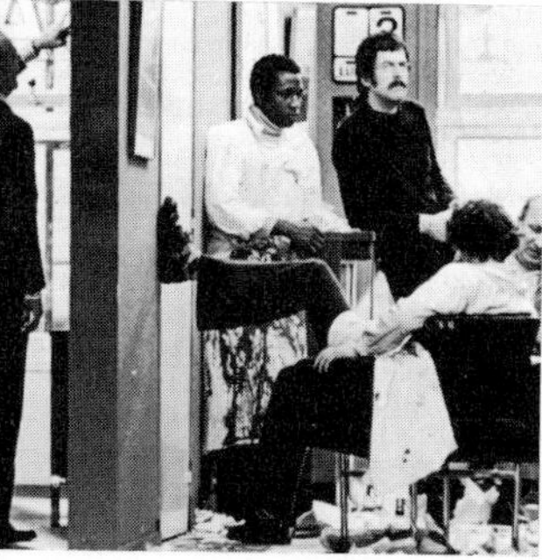

« Tout va bien ».

trouve positivée par une certaine qualité de cœur. Son style nerveux et dépouillé, vibrant sous une apparente froideur, a contribué à le placer en tête de la Nouvelle Vague française avec, notamment, la réussite du *Mépris*. Parce qu'ils sont aussi et toujours réflexion sur la fonction même du cinéma et réflexion sur les moyens d'expression, les films de Jean-Luc Godard sont bien parmi les plus importants de ces dernières années. Et c'est à partir de *la Chinoise* - avant mai 1968 - qu'il a commencé à s'interroger sur son insertion propre et sa « fonction ». Après *la Chinoise* dont on a dit qu'elle préfigurait « l'explosion étudiante » de mai 68, il devait aller jusqu'au bout de son propos, avec la longue période des films « insortis » du groupe Dziga Vertov, films militants pour une part, « de laboratoire » pour une autre, dont on mesurera mieux l'importance quand ils seront enfin tous accessibles. L'intérêt majeur en tout cas, de tous les films de Godard, c'est qu'ils ne sont pas réductibles à une lecture unique, c'est qu'ils sont toujours traversés par les conflits de notre temps. Et que ces conflits mêmes nourrissent ses recherches sur la « représentation du réel ».

RÉ CM : 1954 *Opération béton.* 1955 *Une femme coquette.* 1957 *Tous les garçons s'appellent Patrick.* 1958 *Une histoire d'eau* CO-RÉ Truffaut. 1959 *Charlotte et son Jules.*

LM : 1960 *A bout de souffle, le Petit Soldat* (censuré, sorti en 1963). 1961 *Une femme est une femme.* 1962 *La Paresse* (sketch des *Sept Péchés capitaux), Vive sa vie.* 1963 *le Nouveau Monde* (sketch de RoGoPaG), *les Carabiniers, le Grand Escroc* (sketch des *Plus Belles Escroqueries du monde,* sorti en 1967), *le Mépris.* 1964 *Bande à part, Une femme mariée, Alphaville, Une étrange aventure de Lemmy Caution, Pierrot le fou.* 1965 *Montparnasse-Levallois* (sketch de *Paris vu par...*). 1966 *Masculin féminin.* 1967 *Made in USA, Deux ou Trois Choses que je sais d'elle, Anticipation, ou l'amour en l'an deux mille* (sketch du *Plus Vieux Métier du monde), Loin du Vietnam* (sketch), *la Chinoise, l'Amour* (sketch de *la Contestation,* ancien titre : *Vangelo 70*), *Week-end.* 1968 *One plus one* (id.) (GB). 1969 *Un film comme les autres, One American Movie* (US inachevé) ; Leacock et Pennebaker, ses opérateurs, devaient sortir ultérieurement sous ce titre un film au montage duquel Godard n'a pas participé), *British Sounds* CO-RÉ Jean-Henri Roger (GB), *Vento dell'este* (ITAL), *Pravda.* 1970 *Lotta in Italia, Jusqu'à la victoire, Vladimir et Rosa.* 1972 *Tout va bien* CO-RÉ Jean-Pierre Gorin, *Letter to Jane* MM. 1975 *Numéro deux.* 1976 *Six Fois deux* (sur et sous la communication), *Ici et ailleurs.* 1978 *Comment ça va ?, France/Tour/Détour deux enfants* (de *Numéro deux* à *Tour/Détour...* CO-RÉ Anne-Marie Miéville). 1980 *Sauve qui peut (la Vie).* 1981 *Lettre à Freddy Buache.* 1982 *Passion, Scénario du film Passion* (52 mn), *Prénom Carmen.* 1983 *Je vous salue Marie.* 1984 *Détective.* 1986 *Grandeur et Décadence d'un petit commerce de cinéma* TV. 1987 *Soigne ta droite, King Lear, Aria* (séquence n° 3 d'un film réalisé par dix cinéastes différents).

GOLDWYN Samuel (Goldfish) PR US (Varsovie 27 août 1882 | Hollywood 31 janvier 1974) D'abord pauvre émigrant, puis commis voyageur en bijoux fantaisie, il s'associa en 1913 avec Lasky et devint un producteur au flair incontestable qui découvrit ou fit prospérer Cecil B. De Mille, Gary Cooper, Lily Damita, Dany Kaye, Dana Andres, Eddy Cantor, William Wyler, etc. Se retira de la MGM sitôt la fondation de celle-ci en 1924 pour devenir indépendant.

GOLESTAM Ibrahim RÉ IRAN (1922 |) Cinéaste iranien au regard aigu et au style rigoureux.
DOC : 1961 *le Feu*. 1964 *Marlic*. FICTION : 1964 *la Brique et le Miroir*. 1973 *les Secrets du Trésor*.

GOLOVNIA Anatole PH URSS (Simferopol 1900 | Moscou 1982) Grand opérateur soviétique qui collabora avec Protozanov et surtout avec Poudovkine (de *la Mère* à *Joukovsky*).

GORETTA Claude RÉ SUISSE (Genève 1929 |) Cinéaste de l'intimité des petites gens, Goretta est pourtant celui des « Nouveaux Suisses », qui s'est avancé le plus vite vers le marché international et les grandes productions.
RÉ : nombreuses dramatiques pour la TV suisse romande entre 1962 et 1978. Cinéma : 1956 *Nice Time* CO-RÉ Alain Tanner. 1970 *le Fou*. 1973 *l'Invitation*. 1975 *Pas si méchant que ça*. 1977 *la Dentellière, The Epistemology of Jean Piaget*. 1980 *la Provinciale*. 1983 *la Mort de Mario Ricci*. 1984 *Orféo*. 1987 *Si le soleil ne revenait pas*.

Claude Goretta et Isabelle Huppert

Heinosuké Gosho

GOSHO Heinosuké RÉ JAP 1er fév. 1902 | 1982) Très grand réalisateur japonais. Le pair de son contemporain Mizoguchi. Le « goshoïsme », terme adopté et utilisé par les écrivains du cinéma japonais, peut être défini comme un style unissant « quelque chose qui fait en même temps rire et pleurer ». Il a déclaré : « Un réalisateur doit vivre dans la société moderne et participer activement à la vie sociale, à tous ses niveaux. La personnalité qui se développe de la même façon qu'une personne vivant en société se reflète dans son travail » (Donald Richie.) Selon M. Iwasaki, depuis 1930 Gosho a contribué beaucoup à faire évoluer le cinéma japonais « dans la voie du réalisme » avec notamment : *la Danseuse d'Izu, le Fardeau de la vie, Gens sans nom*. Ces films furent longtemps inconnus en Europe, où l'on avait pu seulement voir, avant les années 80, *les Quatre Cheminées*, vision puissante de la vie quotidienne dans les quartiers ouvriers de Tokyo. A tourné plus de 150 films. D'abord assistant de Shimazu à la Shoshiku.
RÉ : 1925 *Pas de nuages au ciel*. 1927 *Rêve intime, la Fille truquée, le Brutal solitaire*. 1928 *la Mariée de village*. 1931 *L. Madamu to Ngobo (la Femme du voisin et la mienne)*. 1933 *la Danseuse d'Izu*. 1934 *Ikitoshi Ikerumono (Tout ce qui vit)*. 1935 *Jinsei no Onimotsa (le Fardeau de la vie)*. 1936 *la Femme d'une nuit pâle, Chanson d'un bouquet*. 1937 *Gens sans nom*. 1940 *Mokuseki (Tête de bois)*. 1941 *la Nouvelle Neige*. 1945 *la Fille d'Izu*. 1947 *I ma Hitotabi no (Une fois encore)*. 1948 *O Komaye (l'Ombre)*. 1951 *Watvare Kumo (les Nuages lointains)*. 1952 *les Conflits du matin*. 1953 *Entozu no Mieru Basho (les Quatre Cheminées)*. 1954 *Osaka na Yado (l'Auberge d'Osaka), la Danseuse d'Izu* (nouvelle version), *Aito Shi no Tamina (la Vallée entre l'amour et la mort), Niwatori wa Futtabi Naku (le Coq chantera encore)*. 1955 *Take Kurabe (Adolescence)*. 1957 *Banka (Chant funèbre)*. 1959 *Ari no Machi no Maria (Marie du village)*. 1960 *Kuroi Karosu*

(Regarde ton fils), Waga Ai (Mon amour). 1961 *Élégie du Nord, Jumo ga Chigireru Toki (Quand le nuage se déchire),* SC Kaneto Shindo. 1962 *Kaachan Kekkon Shiroyo (Maman, tu dois te marier).* 1963 *Hyakuman Nin No Musume Tachi (Un million de filles).* 1965 *Utage (le Banquet Réveillon au Japon).* 1968 *Meje Haru Aki.*

GOSSELIN Bernard PH RÉ CAN (1934 |) Cameraman et l'un des meilleurs, sur la plupart des films de Pierre Brault, il passe à la réalisation dans les année 70.
RÉ : Principaux films : 1971 *César et son canot d'écorce.* 1975 *Jean Carignan violoneux.* 1976 *la Veillée des veillées.* 1977 *le Goût de la farine* CO-RÉ Perrault. 1977 *la Belle Ouvrage.*

GOUBENKO Nikolai ACT RÉ URSS (1941 |). Acteur des plus connus au théâtre comme au cinéma (de *J'ai vingt ans* [1961], à *Marlen Khoutsiev* et à *Je demande la parole* [1976] de Panfilov), il passe à la réalisation en 1971 avec l'histoire, filmée à l'opposé de toute grandiloquence, d'un soldat qui reconstruit son village détruit par la guerre. Il trouvera plus tard des accents tchékhoviens pour dire le goutte à goutte de vies ordinaires de gens réunis par le hasard dans des lieux de rencontre, station balnéaire ou maison de retraite.
RÉ : 1971 *Un soldat revient du front.* 1974 *Si tu veux être heureux.* 1976 *les Orphelins.* 1980 *De la vie des estivants.* 1983 *Et la vie, et les larmes et l'amour.*

GOULDING Edmund RÉ US (Londres 20 mars 1891 | Hollywood 24 déc. 1959) Réalisateur de nombreux films, parfois dispendieux : 1946 *le Fil du rasoir,* presque toujours médiocres, dont on peut pourtant retenir deux Greta Garbo : 1928 *Anna Karénine.* 1932 *Grand Hôtel.*

GRAHAM Sean RÉ GB GHANA (191 ? |) Formé par l'école documentaire anglaise, il contribua à la naissance du cinéma en Afrique noire en réalisant au Ghana, d'abord pour la Gold Coast Colonial Film Unit, puis après l'indépendance, des films documentaires ou semi-documentaires interprétés par des acteurs africains non professionnels : 1952 *le Boy Kumasena.* 1954 *Thérésa.* 1957 *les Fêtes de l'Indépendance.* A quitté Accra en 1959.

GRANGIER Gilles RÉ FR (Paris 5 mai 1911 |) Cet artisan abondant et régulier a eu parfois de bons moments dans la comédie et se mit souvent au service de Jean Gabin : 1958 *Archimède le clochard.* 1960 *les Vieux de la vieille.* 1961 *le Cave se rebiffe.* 1963 *la Cuisine au beurre.* 1965 *Train d'enfer.* 1972 *Un cave.* 1974 *Gross Paris.* A partir de 1970, il a travaillé à la télévision.

GRANIER-DEFERRE Pierre (Paris, 22 juil. 1927 |). Abondant réalisateur de films commerciaux, il a donné le meilleur dans des adaptations de Simenon (*le Chat, l'Étoile du Nord,* etc.) dans l'atmosphère feutrée de drames couvant sous la cendre du morne quotidien.
RÉ (principaux films) : 1961 *le Petit Garçon de l'ascenseur.* 1965 *la Métamorphose des cloportes.* 1967 *le Grand Dadais.* 1971 *la Veuve Couderc.* 1973 *le Train.* 1976 *Une femme à sa fenêtre.* 1980 *l'Étoile du Nord.* 1981 *Une étrange affaire.* 1982 *l'Ami de Vincent.* 1986 *Cours privé.* 1988 *la Couleur du vent.*

GRAS Enrico RÉ ITAL (Gênes 7 mars 1919 | Rome 1981) Après avoir collaboré avec Emmer en 1941-1949 pour de nombreux films sur l'art, il s'établit en Amérique latine, y réalisa quelques courts métrages, puis accepta de diriger avec Mario Craveri des pseudo-documentaires comme : *Continent perdu* (1955), *l'Empire du soleil* (1956).

GREENAWAY Peter RÉ GB (1942 |). Peintre, réalisateur de films expérimentaux, monteur de films documentaires, il est révélé au public par un étrange long métrage, *Meurtre dans un jardin anglais,* subtil jeu de piste autour de tableaux à peindre et d'une mort à venir. Il a dit (interview avec Michel Ciment in « Positif », n° 320) : « ...le maniérisme, cette période de l'art qui va de 1490 à 1580, m'a toujours fasciné, d'autant plus que je suis persuadé que nous traversons une période maniériste,

« Meurtre dans un jardin anglais »

concept que je préfère à celui, affreux, de post-modernisme. » Et il n'a eu de cesse, depuis, de prouver qu'il était l'un des maîtres de cet art, raffiné jusqu'à l'alanguissement, parfois.
RÉ : 1982 *The Draughtman's Contract (Meurtre dans un jardin anglais).* 1985 *A Zed and Twoo Noughts (Zoo).* 1986 *The Belly of an Architect (le Ventre de l'architecte).* 1988 *Drowning by Numbers* (id.). 1989 *The Cook, the Thief, his Wife and his Lover (le Cuisinier, le voleur, sa femme et son amant).*

Grémillon

GRÉMILLON Jean RÉ ALL FR ESP (Bayeux 3 oct. 1902 | Paris 25 nov. 1959) Fut, hélas, un « cinéaste maudit ». Venu du documentaire et de l'avant-garde, il débuta de façon remarquable à la fin du muet avec *Maldone* et *Gardiens de phare,* puis fut pour dix ans renvoyé à des besognes. Il domina par ses œuvres, *Lumières d'été, le Ciel est à vous,* les mauvais temps de la guerre et de l'occupation, mais ne put après la Libération, en pleine possession de son talent, donner, par la faute des producteurs, les grandes œuvres qu'il avait conçues. Il se définissait ainsi : « Le réaliste français lit couramment, dans un livre invisible pour les autres, une réalité que le cinéma déroule devant nous avec la fraîcheur de l'enfance et la précision du calcul... Le réalisme, c'est la découverte de ce que l'œil humain ne perçoit pas directement, en établissant des harmonies, des relations inconnues entre les objets et les êtres. » « Que ce soit dans le péril ou dans la grandeur, dans le désastre ou dans l'outrage, je te regarde, pays que j'aime. Je te regarde, mais je participe. [...] Notre pays, vous êtes à la mesure de l'homme, et chacun, dans son métier, tente d'en restituer une fidèle et réelle image. [...] Le métier d'auteur de films engage plus qu'aucun autre. [...] La nature du cinéma, comme celle de l'architecture, n'est pas de limiter son audience. Sa fonction, et par-là même sa responsabilité, est de rendre compte de son temps. C'est un leurre de fuir la réalité ambiante ou de renverser le sablier, pour se donner l'illusion que le temps lui aussi se renverse. » Il écrivait en 1949 : « J'ai de l'activité plein mes poches. J'en ai pour dix ans de ma vie, mais pas de moyens. » Il n'en avait en effet plus que pour dix ans, où il ne put réaliser tout ce qu'il aurait voulu donner. Aussi sa perte fut-elle doublement cruelle pour le cinéma. Jean Grémillon a été président de la Cinémathèque française de 1943 à 1958.
RÉ : 1924-1926 CM industriels. 1927 *Tour au large* MM, SC et MUS Grémillon, PH Lucien Lesaint. 1928 *Maldone, Bobs* CM. 1929 *Gardiens de phare.* 1930 *la Petite Lise* SC Spaak, PH Bachelet et

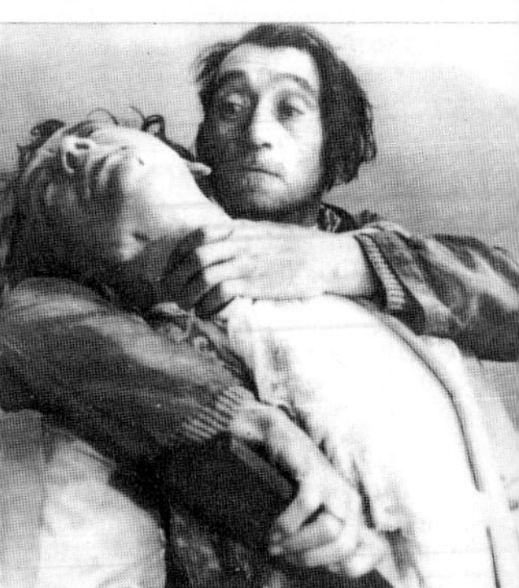
« Lumière d'été »

« Le ciel est à vous »

Colas, INT Nadia Sibirskaïa, Alcover, Julien Bertheau. 1931 *Daïnah la métisse.* 1932 *Pour un sou d'amour, le Petit Babouin.* 1933 *la Dolorosa.* - EN ALL : 1935 *Valse royale.* - 1936 *Pattes de mouches.* 1937 *Gueule d'amour* SC Spaak, INT Jean Gabin, Mireille Balin, René Lefèvre. 1938 *l'Étrange Monsieur Victor* SC Valentin et Spaak, INT Viviane Romance, Raimu, Madeleine Renaud, Pierre Blanchar. 1939-1941 *Remorques.* 1943 *Lumière d'été.* 1944 *le Ciel est à vous.* 1946 *le Six juin à l'aube.* 1948 *Pattes blanches* SC Anouilh, PH Agostini, INT Suzy Delair, Arlette Thomas, Fernand Ledoux, Paul Bernard. 1949 Avec Pierre Kast : *les Désastres de la guerre, les Charmes de l'existence* CM. 1950 *l'Étrange Madame X.* 1953 *l'Amour d'une femme.* 1955 *la Maison aux images* CM DOC. 1956 *Haute Lice* CM. 1958 *André Masson et les quatre éléments* CM.

Grierson

GRIERSON John PR RÉ DOC GB (Deanston 26 avril 1898 | fév. 1972) Le père du documentarisme anglais. A eu une considérable importance internationale comme théoricien et comme organisateur en suivant ces principes : « L'idée documentaire ne demande rien de plus que de porter à l'écran, par n'importe quel moyen, les préoccupations de notre temps, en frappant l'imagination et avec une observation aussi riche que possible. Cette vision peut être du reportage à un certain niveau, de la poésie à un autre ; à un autre enfin, sa qualité esthétique réside dans la lucidité de son exposé. » Il s'intéressa aux documentarismes anglais Flaherty et Cavalcanti, révéla les talents de Basil Wright, Rotha, Harry Watt, Elton, Edgeir, Anstey, McLaren, etc., et ses efforts contribuèrent beaucoup à la renaissance du cinéma anglais en 1942-1948.

1928 Fonde la société de production Empire Marketing Board.

PR ANIM RÉ Grierson : 1929 *Drifter.* 1931 *Shadow on the Mountain, Upstream.* 1932 *O'er Hill and Dale, The Country comes to Town, The Voice of the World, The New Operator.*

1933 Dissolution de l'EMB. Grierson fonde et dirige la GPO (General Post Office). RÉ Edgar Anstey : *Telephone Workers, Unchartered Waters.* RÉ Flaherty et Grierson : *Industrial Britain.* RÉ Basil Wright : *The Coming of the Dial, Windmill in Bartados.* RÉ Basil Wright : *Cargo from Jamaica.* 1934 RÉ Arthur Elton : *Aero Engine.* RÉ Edgar Anstey et Grierson : *So this is London, Granton Trawler.* RÉ Evelyn Spice : *6. 30 Collection, Cable Ship, Weather Forecast.* RÉ Cavalcanti : *Pett and Pott.* RÉ Basil Wright : *The Song of Ceylon.* 1935 RÉ Stuart Legg : *The Voice of Britain.* 1936 RÉ Cavalcanti : *Coal Face,* RÉ Basil Wright et Harry Watt : *Night Mail.* 1937 RÉ Cavalcanti : *We live in two Worlds.* RÉ Harry Watt : *Calendar of the Year, Job in a Million, The Smoke Menace, The Saving of Bill Blewitt.* Juin 1937 Grierson quitte la GPO pour fonder la Crown Film Unit, organisme gouvernemental. 1938 RÉ John Taylor : *The Londoners.* Voyage en Australie.

1939 Fondation du National Film Board du Canada, qu'il dirigea jusqu'en 1945, 1941 *Churchill's Island.* 1942 *World in Action.* 1952 *The Brave don't cry.* 1953 *Man of Africa.*

GRIFFITH David Wark RÉ US (La Grange, Kentucky, 22 janv. 1875 | Hollywood 23 juil. 1948) Ce géant du cinéma, fut non l'inventeur mais, ce qui est mieux, le créateur d'un langage du film, fondé sur le montage. Autodidacte dans sa culture comme dans le nouvel art qu'il allait créer, réalisant, après 1908, 50 à 100 films par an pour la société Biograph, il prit ses scénarios dans le fonds littéraire international et les exprima en systématisant des éléments épars dans la technique mondiale (gros plan, actions parallèles, suspense, etc.). Sa personnalité et son originalité ne tardèrent pas à dépasser le style Vitagraph créé par Stuart Blackton. En 1913, il réalisa avec *Naissance d'une nation* le premier long métrage américain, qui eut un succès colossal. Avec les bénéfices et l'acquis de ce film, il put entreprendre *Intolérance*, où le montage dans le temps et l'espace devinrent une conception du monde. Ce film éperdu connut un lourd échec commercial, mais ses recherches ouvrirent de larges perspectives. Esprit plein de contradictions, il avait oscillé entre son racisme sudiste et des conceptions généreuses.

D. W. Griffith, Dorothy et Lilian Gish.

« The Musketeers of Pig Alley »

« Intolérance »

La guerre lui inspira *les Cœurs du monde*. La paix revenue, il passa des épopées aux drames intimistes avec *le Lys brisé*, qui reste un pur chef-d'œuvre. Il transcenda le mélodrame avec *Way down East*, mais non avec ses trop luxueuses *Deux Orphelines*. Sensible jadis au meilleur des influences étrangères, il tâcha de s'aligner alors sur le style Hollywood sans y réussir vraiment jamais.Il avait contribué à fonder cette capitale du cinéma ; elle le broya peu à peu. Après son *Abraham Lincoln*, il se survécut sans jamais pouvoir, en 15 ans, passer la porte d'un studio. Alors qu'il venait à peine de dépasser l'apogée de son art, Léon Moussinac donnait de lui ces parfaites définitions, en 1924 : « Il est le premier grand nom du cinéma... un maître qui a su borner son ambition à un effort constant, à une recherche tenace de la création. Cet artiste crée, chacune de ses réalisations nous révèle quelque noble vérité. Ainsi son génie s'affirme soucieux d'émotion grave. [...] Son art possède bien des analogies avec l'art de tous les primitifs. Le souci de l'exactitude y devient parfois minutie ; la passion et la vérité, brutalité. Le lyrisme, cet élan qui animait Thomas Ince et sans quoi une œuvre n'est point grande et ne règne pas, en est presque totalement absent. Il s'élève rarement jusqu'à la puissance (la fin d'*Intolérance* exceptée) et le choix des moyens d'expression témoigne parfois d'une certaine puérilité fatigante. Le sujet présente les mêmes caractères. Son art tire sa force de la sobriété. Il concentre sur le sujet choisi, sur l'émotion qu'il extériorise, toute l'attention du spectateur. Dans *le Lys brisé* et *A travers l'orage*, le fait divers s'élève jusqu'à la tragédie. [...] Nous retrouvons chez lui l'éternel contraste du beau et du laid, du bien et du mal, employé à l'origine de tous les arts; pour exalter la foule. [...] Et à la discipline qu'il s'impose, il soumet également ses interprètes. De là ce souci de composition, cette stylisation des personnages. » S'il avait pu, après 1920, vraiment poursuivre son œuvre en toute indépendance, il eût sans doute beaucoup fait avancer l'art du film, lui qui déclarait en 1923 : « Le public se fatigue des vamps et des « vilains ». Il souhaite des films vrais, naturels. L'époque d'Ibsen approche pour le cinéma. Les metteurs en scène se borneront bientôt à des analyses de caractères et à des études humaines, plus intéressantes que les « grands spectacles » dont les foules seront blasées. »

D'abord acteur de tournées, engagé comme ACT puis RÉ de la Biograph. Tous ses films ont pour PH Billy Bitzer. RÉ : 1908, 47 films, dont *The Adventures of Dolly*, *For Love of Gold*, *from* Jack

London, *After Many Years, from* Tennyson, *A Story of the Underworld, Father gets in the Game,* INT Mack Sennett. 1909, 138 films dont *Edgar Allan Poe,* INT Herbert Yost, Linda Arvidson, *The Lonely Villa,* INT Mary Pickford, Robert Harron, *A Corner in Wheat.* 1910, 103 films dont *Ramona,* INT Mary Pickford, *The Thread Destiny, In Old California.* 1911, 67 films dont *The Lonedale Operator,* INT Blanche Sweet, *Enoch Arden, from* Tennyson, *The Battle,* INT Charles West, Blanche Sweet, *The Last Drop of Water.* 1912, 60 films dont *An Unseon Enemy,* INT Lilian and Dorothy Gish, *The Musketeers of Pig Alley,* INT Lilian Gish, Harry Carey, *The Massacre,* INT Blanche Sweet, Robert Harron, *A Child of the Ghetto, le Chapeau de New York.* 1913, 17 films pour la Biograph, qu'il quitte pour la Mutual, en oct. : *Wars of the Primal Tribes, Judith of Bethulia,* INT Blanche Sweet, H.B. Wathall. 1914 *The Escape* INT Blanche Sweet, Mae Marsh, *Home, Sweet Home,* INT H.B. Walthall, Lilian Gish, *The Avenging Conscience (la Conscience vengeresse), from* Edgar Poe. 1915 *Naissance d'une nation.* 1915-1916 Directeur de production pour la Triangle, supervise des films de Christy Cabanne, John Emerson, Paul Powell, Jack Conway, Allan Dwan, Edward Dillon, Chester Whitley, Lloyd Ingraham. 1916 *Intolérance.* 1918 *Hearts of the World (les Cœurs du monde). 1919 True Heart Susie (Pauvre Amour), The Romance of Happy Valley, The Greatest Thing in Life,* INT Lilian Gish, Robert Harron, *The Girl who stayed at Home,* INT Clarine Seymour ; *Scarlett Days,* INT Richard Barthelmass, *Broken Blossoms* (*le Lys brisé*). 1920 *The Greatest Question,* INT Lilian Gish, *The Idol Dancer,* INT R. Barthelmass, Clarine Seymour, *Love Flower (Fleur d'amour), Way down East (A travers l'orage).* 1921 *Dream Street (la Rue des rêves),* INT Carol Dempster, Ralph Graves. 1922 *Orphans of the Storm (les Deux Orphelines), One Exciting Night,* INT Carol Dempster, Chas Emmett Mack. 1923 *The White Rose.* 1924 *America* (*Pour l'indépendance*), *Isn't Life Wonderful ?* (*La vie est merveilleuse*), INT Carol Dempster, Neil Hamilton. 1925 *Sally of the Sawdust* (Sally, *fille de cirque*). 1926 *That Royle Girl, Sorrows of Satan* (*les Chagrins de Satan*). 1928 *Drums of Love* (*Jeunesse triomphante*), *The Battle of the Sexes* (*l'Éternel Problème*). 1929 *Lady of the Pavements* (*la Chanson du cœur*). 1930 *Abraham Lincoln,* SC Stephen Vincent Benet, PH Karl Struss, INT Walter Huston, Kay Hammond, Una Merkel, Lucille La Verne. 1931 *The Struggle,* INT Helen Mack.

Paul Grimault (debout) chronométrant la sonorisation d'un de ses dessins animés.

GRIMAULT Paul RÉ ANIM FR
(Neuilly-sur-Seine 23 mars 1905 |) Maître du dessin animé français, il sut imprimer dès 1937 un style personnel et très original aux « cartoons », les faisant passer des caricatures ou de la publicité à la satire poétique, avec la collaboration de ses amis Leenhardt, Aurenche et Prévert. Il réalisa sur un thème de ce dernier un remarquable long métrage, *la Bergère et le Ramoneur.* Il ne put le terminer et, malgré son grand talent, fut renvoyé aux films publicitaires de ses débuts. Ce n'est qu'en 1979, avec le long métrage *le Roi et l'Oiseau,* qu'il produisit lui-même, qu'il put enfin retrouver le contact avec un large et nouveau public.
1935-1938 CM PUB, dont *les Lampes Mazda.* 1939-1941 *les Passagers de la Grande Ourse* CM, CO-SC Grimault et Blondeau. 1942 *le Marchand de notes* CM, SC Grimault et Aurenche. 1943 *l'Épouvantail* CM, SC Grimault, Aurenche et Blondeau. 1944 *le Voleur de paratonnerres* CM, SC Grimault, Aurenche et Blondeau, *la Flûte magique* CM, CO-SC Grimault et Leenhardt. 1947-1953 *la Bergère et le Ramoneur.* 1949 *le Petit Soldat.* 1953-1966 CM PUB. 1970 *le Diamant* CM. 1973 *le Chien mélomame* MM. 1979 *le Roi et l'Oiseau* CM, 1988 *le Fou du roi* CM. *la Table tournante* (où Grimault en « Chair et en os » rencontre ses petits personnages de celluloïd, et reprend quelques-uns de ses courts métrages antérieurs).

GRIMOIN-SANSON Raoul INV FR
(Elbeuf 7 juin 1860 | Oissel nov. 1941) Son Cinéorama fut pour quelques jours démontré à l'Exposition universelle de Paris de 1900 ; son spectacle faisait visiter la France, l'Algérie, la Belgique,

l'Espagne, l'Angleterre à des spectateurs placés dans la nacelle d'un faux ballon captif, au centre d'un écran circulaire, entièrement couvert par les projections panoramiques de 10 projecteurs. Il se désintéressa du cinéma après l'échec de cette entreprise, qui annonçait le triple écran de Gance, le Cinérama et le Circorama.

GRLIC Rajko RÉ YOUG (Zagreb, 1947 |). Après des études de mise en scène à la FAMU, à Prague, il réalise, à partir de 1971 des courts métrages de fiction et des documentaires pour le cinéma et la télévision, école qui lui permettra de garder les yeux grands ouverts sur les réalités d'une société en mutation, dans les fictions douces-amères qu'il mettra en scène, sur des personnages en crise.
RÉ (principaux films) : 1974 *Coûte que coûte.* 1978 *Bravo Maestro.* 1981 *On n'aime qu'une seule fois.* 1984 *les Dents de la vie.* 1986 *Il faut être trois pour être heureux.* 1989 *l'Été des roses blanches.*

GROULX Gilles RÉ CAN (Montréal 1931 |) Les beaux-arts, la poésie, le montage l'amènent à la réalisation de courts métrages, puis d'un long métrage à la sensibilité à vif, *le Chat dans le sac* (1964). Viennent ensuite : *Où êtes-vous donc ?*, *Entre tu et vous* (1969). 1972 *24 heures ou plus.*

GRUEL Henri ANIM FR (Mâcon 5 fév. 1923 |) Le premier, il sut animer les dessins d'enfants : 1954 *Gitanos et Papillons,* et il remporta un grand succès : 1958 *la Joconde,* puis collabora avec le Polonais Lenica pour : 1959 *Monsieur Tête.* RÉ : 1964 *le Roi du village* LM. A partir de 1968, il porta à l'écran les B.D. de Goscinny, d'Astérix aux Dalton.

GRÜNE Karl RÉ ALL (Vienne 22 janv. 1890 | Bornemouth, GB, 2 oct. 1962) Formé par Reinhardt, il s'orienta vers le film social et le « Kammerspiel », Après son chef-d'œuvre : 1924 *la Rue,* il devint très vite un réalisateur fort commun de films historiques.

GUAZZONI Enrico RÉ ITAL (Rome 18 sept. 1876 | Rome 24 sept. 1949) Le principal créateur des grandes mises en scène à l'italienne. Imposé par le succès de son monumental *Quo Vadis ?,* il influença par ses réalisations en costumes *(Madame Tallien,* etc.*)* Griffith, Lubitsch, Hollywood et certaines coproductions italiennes d'après 1945. D'abord peintre et décorateur.
RÉ : 1909 *Messaline, le Sac de Rome.* 1910 *Agrippine, Brutus.* 1911 *I Maccabei (les Macchabées), Jérusalem délivrée, San Francisco.* 1912 *Quo Vadis ?.* *1913 Marc-Antoine et Cléopâtre,* INT Gianna Terribili Gonzalès, Amleto Novelli. 1914 *la Conspiration de Jules César.* 1916 *Madame Tallien,* INT Lydia Borelli, A. Novelli. 1917-1918 *Fabiola,* INT Elena Sangro, A. Novelli. 1918 *Jérusalem délivrée,* 2e version, INT A. Novelli. 1920 *le Sac de Rome,* 2e version. 1929 *Myriam.* 1934 *La Signora Paradiso.* 1935 *Re Burlone.* 1938 *Il Dottor Antonio, Il suo Destino.* 1939 *Ho visto brillare le stelle.* 1941 *Oro Nero, Pirates de Malaisie.* 1942 *La Fornarina.*

GUERASSIMOV Serge RÉ URSS (Oural 1906 | 1985) D'abord acteur du FEKS, il débuta comme réalisateur après 1930 et s'affirma bientôt dans *Komsomolsk,* contant l'édification d'une ville socialiste dans la taïga sibérienne, puis dans *l'Instituteur,* qui passe pour être une de ses meilleures réussites. Après la guerre, il remporta un incontestable succès avec *la Jeune Garde,* qui adaptait un roman de Fadeev consacré à la lutte clandestine des résistants en Ukraine. Puis il adapta, en trois longs métrages, le vaste roman épique de Cholokhov, *le Don paisible.* Avec *Hommes et Bêtes,* enfin, il résuma les expériences de sa carrière et de sa vie.
Devient RÉ après 1930. 1934 *Je t'aime* (muet), INT Makharova. 1936 *les Sept Braves,* PH Velitchko, INT Bogolioubov, Makharova. 1937 *Komsomolsk.* 1939 *l'Instituteur (Outchitel),* PH Iakovlev, INT Tchirkov, Makharova. 1941 *Mascarade, from* Lermontov, PH Gardanov. 1944 *la Grande Terre (Bolchaia Zemlia).* 1948 *la Jeune Garde (Molodaia Gvardia).* 1952 *le Médecin de campagne (Selsky Vratch),* INT Makharova, Bielov. 1957-1958 *le Don paisible (Tikhy Don), from* Cholokhov, PH V. Rapoport, INT Iloutchenko, Filippova, Bystritskaïa, Glebov, Joukov. 1962 *Hommes et Bêtes.* 1967 *le Journaliste.* 1969 *le Lac.* 1972 *Aimer les hommes.* 1974 *Filles et Mères.* 1976 *le Rouge et le Noir* TV. 1981 *la Jeunesse de Pierre le Grand.* 1982 *la Mort de Léon Tolstoï* (un film où, non sans une jubilatoire malice, à près de quatre-vingts ans, il joue lui-même le rôle du vieil écrivain qui fait tout pour mourir loin de sa famille et des prévisibles célébrations officielles).

GUERMAN Alexei RÉ URSS (Leningrad, 20 juil. 1938 |). Fils du romancier Iouri Guerman (1910-1967), diplômé de l'Institut de théâtre de Leningrad, où enseignait Grigori Kozintsev, assistant aux studios Lenfilm, c'est l'une des personnalités les plus fortes du cinéma soviétique dont on a pu prendre toute la mesure lorsque deux de ses films (dont l'un « gelé » pendant quinze ans)

« Vingt Jours sans guerre »

ont été libérés par la censure. On peut dire que c'est sur la pellicule même que ce cinéaste têtu inscrit son refus du « vernissage » pratiqué par les tenants de l'académisme soviétique. Une écriture dégraissée de toute fioriture, à la limite de la rugosité dans la mise en rapport des séquences, l'attentif respect de la matérialité, du grain de ce qui passe à l'image, un travail (toujours dans le même sens de l'authenticité râpeuse) sur la bande son, assez rare dans les cinémas d'URSS sont la marque de son style. Il nous disait en 1986, à propos de son film *Mon ami Ivan Lapchine :* « J'ai voulu que tout soit chargé de sens et je pense que les Soviétiques peuvent mieux se retrouver devant ce chaos de détails. Mon principe de création est que le spectateur doit être attentif à tout, absolument. Même s'il faut, pour cela, voir un film deux ou trois fois. »
RÉ : 1967 *le Septième Compagnon de route* CO-RÉ Gregori Aronov. 1971 *Opération bonne année* (sorti à Moscou en janvier 1986 sous le titre *la Vérification*). 1976 *Vingt Jours sans guerre, from* Constantin Simonov. 1982 *Mon ami Ivan Lapchine* (sorti à Moscou en juin 1985), *from* Iouri Guerman.

GUITRY Sacha RÉ INT AUTEUR FR (Saint-Pétersbourg 21 fév. 1885 | Paris 24 juil. 1957) Le fameux acteur-auteur boulevardier des deux avant-guerres (1914 et 1939) trouva dans ses films un moyen pour mettre ses pièces en conserve. Ils furent bien moins une expression artistique qu'un miroir pour se contempler soi-même, qu'un écho pour savourer ses propres bons mots. Il donna son plus véridique portrait de l'artiste par lui-même dans *le Roman d'un tricheur,* où il employa moins le monologue intérieur ou le commentaire que le boniment pour vanter son personnage.
RÉ : 1932 *les Deux Couverts* CM. 1935 *Pasteur, Bonne Chance.* 1936 *Mon père avait raison, le Nouveau Testament, le Roman d'un tricheur.* 1937 *le Mot de Cambronne,* INT Raimu, Pauline Carton, *les Perles de la couronne* CO-RÉ Christian-Jaque. 1938 *Quadrille*, *Désiré, Remontons les Champs-Élysées.* 1939 *Ils étaient neuf célibataires.* 1942 *le Destin fabuleux de Désirée Clary.* 1943 *Donne-moi tes yeux, la Malibran.* 1948 *le Comédien, le Diable boiteux.* 1949 *Aux deux colombes, Toa.* 1950 *le Trésor de Cantenac, Tu m'as sauvé la vie.* 1951 *Deburau, la Poison, Adhémar* CO-RÉ et INT Fernandel. 1953 *Je l'ai été trois fois, la Vie d'un honnête homme.* 1954 *Si Versailles m'était conté.* 1955 *Napoléon.* 1956 *Si Paris m'était conté.* 1957 *Assassins et Voleurs, les Trois font la paire* CO-RÉ Clément Duhour.

Sacha Guitry

GÜNEY Yilmaz ACT SC RÉ TUR (Adana 1937 | Paris 1984). Il a écrit 50 scénarios de 1958 à 1981. L'un des acteurs les plus populaires dans son pays ; il a réalisé 18 films à partir de 1968. Ce lutteur, cet « homme pressé » a eu une destinée hors du commun. Poète désespéré des humbles qui avait appelé *Espoir,* comme par dérision, un film sur un cocher de fiacre devant qui se ferment toutes les portes, il a été trois fois emprisonné dans son pays avant de s'évader en 1982 pour, déchu de la nationalité turque, ses livres et ses films et même toute allusion à son nom interdits en Turquie, vivre en exil en Suisse et en France et y mourir d'un cancer deux ans après que le festival de Cannes lui eut fait un triomphe unanime.
RÉ : 1968 *Seyyit Han, Pire Nuri.* 1969 *Aç Kurtlar (les Loups ont faim), Bir*

Çirkin Adam (Un homme laid). 1970 *Umut (l'Espoir), Piyade Osman, Yedi Belalilar.* 1971 *Kaçaklar (les Fugitifs), Vurguncular, Ibret, Umutsuzar (les Désespérés), Aci (la Douleur), Agit (l'Élégie), Baba (le Père).* 1974 *Arkadas (l'Ami), Endise (l'Anxiété).* 1983 en FR *le Mur* (FR). De 1978 à 1981, il avait, de sa prison même, supervisé le tournage de trois films dont il avait écrit le scénario, et qui furent réalisés par des cinéastes proches de lui, Serif Gören et Zeki Ökten. Ce sont *Sürü (le Troupeau), Düsman (l'Ennemi), Yol (la Permission),* palme d'or à Cannes en 1982, cependant qu'en 1975 Atif Yilmaz, un autre cinéaste turc, avait terminé le tournage de *Zavallilar (les Pauvres)* interrompu par son emprisonnement.

GUTIERREZ ARAGON Manuel SC RÉ ESP (Torrelavega, 1942 |). Études de philosophie et de lettres à Madrid, puis école de cinéma, scénariste (notamment *Furtivos* de Juan Luis Borau, et *Las Largas Vacaciones del 36* de Jaime Camino), ce cinéaste de vaste culture est, de toute la génération de l'après-franquisme, celui qui a su le mieux bâtir un cinéma entre rêve et réalité, sa plus belle réussite étant *Demonios en el Jardin,* conte noir sur une famille provinciale, nœud de vipères et d'anges, que font frémir tous les soubresauts de l'histoire espagnole.
RÉ : 1973 *Habla mutida.* 1977 *Camada negra.* 1978 *Sonanbulos, El Corazon del Bosque (le Cœur de la forêt).* 1979 *Cuentos para una escapada.* 1980 *Maravillas* (id.). 1982 *Demonios en el Jardin (les Démons dans le jardin).* 1983 *Feroz.* 1984 *La Noche mas hermosa (la Plus Belle des nuits).* 1986 *la Metad del cielo (l'Autre moitié du ciel).*

GUTIERREZ Tomas Alea RÉ CUBA (La Havane 1928 |) Réalisateur cubain qui, après 1959, débuta par des documentaires *(la Terre est à nous)* et donna au nouveau cinéma du castrisme son premier long métrage : *Histoires de la Révolution,* suite de trois nouvelles semi-documentaires.
RÉ : 1960 *Histoires de la Révolution.* 1962 *les Douze Chaises.* 1964 *Cumbite.* 1966 *Mort d'un bureaucrate.* 1964 *Mémoires du sous-développement.* 1971 *Une lutte cubaine contre les démons.* 1976 *la Cène (La Ultima Cena).* 1978 *les Survivants.* 1984 *Hasta cierto punto.*

GUY-BLACHÉ Alice RÉ FR US (Paris 1er juil. 1873 | Bruxelles, 24 mars 1968) La première réalisatrice du monde puisque, à la demande de Léon Gaumont dont elle était la secrétaire, elle dirigea dès 1900 ses premiers films,

Alice Blaché, script en main, dirigeant un film à New York.

parmi lesquels une importante *Vie du Christ.* Poursuivit ensuite sa carrière aux US.
RÉ : 1900 *la Fée aux choux, Au bal de Flore, la Danse des saisons.* 1901 *Hussards et Grisettes.* 1902 *Sage-femme de première classe.* 1903 *le Voleur sacrilège.* 1904 *les Petits Coupeurs de bois vert, le Courrier de Lyon, Paris la nuit, le Crime de la rue du Temple.* 1905 *Une noce au lac Saint-Fargeau, la Esmeralda.* 1906 *la Vie du Christ* CO-RÉ Jasset. 1907 épouse Herbert Blaché et fonde avec lui, aux US en 1912, les Studios Solax, où elle réalise de très nombreux films.

GYARMATHY Livia RÉ HONG (1932 |). D'abord ingénieur chimiste, elle entre en 1960 à l'Institut du cinéma et lorsqu'elle en sort, quatre ans plus tard, avec son diplôme de mise en scène, son mari, Geza Böszörmeny, chimiste lui aussi, suit la même école. Elle a réalisé, souvent avec son mari comme scénariste, des documentaires, et des fictions à base documentaire. Ils ont tourné ensemble en 1989, un film sur le « goulag hongrois », bouleversante série de portraits croisés où les témoignages des anciens gardiens ne sont pas moins éclairants sur l'histoire de la Hongrie que ceux des anciens détenus.
RÉ : 1969 *Connaissez-vous « Sunday-Monday ».* 1973 *Arrêtez la musique.* 1979 *Tous les mercredis, Koportos.* 1982 *Coexistence.* 1984 *Un peu toi, un peu moi.* 1986 *A l'aveuglette.* 1988 *le Poète György Faludy.* 1989 *Recsk, le goulag hongrois.*

HAANSTRA Bert RÉ HOL (Province de Twente 1917 |) Le meilleur documentariste hollandais de l'après-

guerre, débuta par des recherches raffinées et intelligentes : *Miroirs de Hollande, Panta Rhei,* puis dût accepter des commandes et, débutant dans la mise en scène avec *Fanfare,* y manifesta une verve un peu grosse et un sympathique entrain.
D'abord films d'amateur en 9 mm 5. 1950 *Miroirs de Hollande.* 1952 *Panta Rhei.* 1953 *Myrte en de Demonen.* 1954 *A la recherche du pétrole, Au hasard du trépan.* 1954 *Shiva, The Rival World.* 1956 *Rembrandt, peintre de l'homme.* 1958 *Glas* CM, *Fanfare.* 1962 *Et la mer n'était plus.* 1967 *la Voix de l'eau.* 1975 *Quand refleurissent les coquelicots.* 1980 *le Jubilé de M. Slotter.*

HALAS John (16 avril 1912 |) et **BATCHELOR Joy** ANIM GB (Londres 12 mai 1914 |) Pionniers du dessin animé anglais d'avant-guerre, ils suivent d'abord le sillage de Walt Disney, puis après 1950 modernisent leur graphisme sous l'influence de l'UPA de Bosustow. 1928-1931 Halas travaille avec George Pal. 1936 Premiers DA avec sa femme Joy, formée depuis 1933 par Denis Conolly. Ils fondent la firme Halas-Batchelor. 1936-1941, série des *Koala Bears, The Brave Little Tin Soldiers,* série des *Abu.* 1941 *Charley's March of Time, Farmer's Charley, Your very Good Health.* 1942 *Dust Bin Parade, Filling the Gap.* 1947 *Fly about the House, As Old as the Hills.* 1950 Série *Poets and Painters.* 1953 *The Moving Spirit.* 1956 *History of the Cinema, Animal Farm* LM. 1957 *Queen of Hearts, Animal Vegetable Mineral.* 1958 *Canadia Dry, All litt up.* 1959 *Follow the Car.* 1960 *The Cultured Ape.* 1963 *Automania 2 000.* 1965 *Hoffnung* (série TV 4 films). 1967 *Ruddigore.* 1970 *Children and Cars.*

HAMER Robert RÉ GB (Kidderminster 31 mars 1911 | déc. 1963) Formé à la mise en scène par Cavalcanti : 1945 *Au cœur de la nuit.* Sacrifie au goût continental : 1948 *Il pleut toujours le dimanche.* Réalise un chef-d'œuvre d'humour sardonique anglais : 1949 *Kind Hearts and Coronets (Noblesse oblige).* Ne retrouve pas cette veine : 1954 *Détective du Bon Dieu (Father Brown).* 1955 *Deux Anglais à Paris.* 1960 *le Bouc émissaire.* 1960 *l'Académie des coquins.* 1963 *A Jolly Bad Fellow.*

HAMMETT Dashiell, SC US (Sainte-Marie County US 1894 | 1962) Grand romancier américain, apporta beaucoup à Hollywood de 1930 à 1945, soit par ses scénarios originaux, *l'Introuvable, (The Thin Man),* soit par l'adaptation de ses romans policiers : *le Faucon maltais, la Clef de verre,* qui contribuèrent vers 1943 à former le courant du « film noir ». Poursuivi et emprisonné au cours de la « chasse aux sorcières », après 1947.

HANAK Dusan RÉ SC TS (Bratislava, 1938 |). Après des études à la FAMU (à Prague), il travaille pour la télévision et réalise des courts métrages. Mais c'est dans le long métrage qu'il donne sa mesure, malicieuses « fictions documentées » ou films-poèmes comme l'ample *Images du vieux monde,* sur de vieux paysans des montagnes slovaques, un film, dit Hanak, pour rappeler « que nous portons tous en nous aussi les ombres des ancêtres oubliés ». Son indépendance lui a valu parfois des ennuis avec la censure.
RÉ : 1963 *Apprentissage, Appel dans le silence.* 1966 *Old Shatterhand est venu chez nous.* 1967 *la Messe.* 1969 *322.* 1976 *Rêves en rose.* 1980 *J'aime, tu aimes* (sorti en 1988). 1985 *la Joie silencieuse.* 1989 *les Vies privées.*

HANI Susumu RÉ JAP (Tokyo 1928 |) Journaliste, reporter-photographe, il est un des cinéastes les plus prolifiques de la « nouvelle vague » japonaise (plus de vingt films depuis 1952, une cinquantaine de moyens métrages TV. Depuis 1966, il dirige sa propre maison de production) avec quelques grandes réussites : 1965 *la Chanson de Bwana Toshi.* 1966 *la Mariée des Andes.* 1968 *Premier Amour version infernale* et une coproduction nippo-européenne *Mio* (1971). Il a de 1959 à 1960, dirigé six films de 20 mn pour une série télévisée sur les artisans et s'est consacré à nouveau à la télévision après : 1972 *l'Horaire de la matinée.* 1980 *Afurika monogatari.*

HANOUN Marcel RÉ FR (Tunis fév. 1929 |) Après deux films psychologiques : 1957 *Une simple histoire.* 1959 *le Huitième Jour,* s'engage à partir de 1965, *Octobre à Madrid,* dans une voie plus expérimentale de réflexion sur les rapports du créateur à son œuvre qui demande en retour au spectateur une nouvelle attention de « lecture ».
RÉ : 1955 *Gérard de la nuit* CM. 1958 *Une simple histoire* MM. 1960 *le Huitième Jour.* 1964 *Octobre à Madrid* (sortie en 1967). 1967 *l'Authentique Procès de Carl Emmanuel Jung.* 1968 *l'Été.* 1970 *l'Hiver, Bruges* CM. 1971 *le Printemps.* 1973 *l'Automne.* 1974 *la Vérité sur l'imaginaire passion d'un inconnu.* 1975 *Promenades flamandes* CM. 1976 *le Vent souffle où il veut* CM. 1977 *le Regard* (a.t. : *Extase*). 1979 *la Nuit claire.* 1980 : films en super 8. 1984 *Un film, autoportrait.* 1985 *Cela s'appelle l'amour.* 1987 *Boucherie fine* (pseudo : Daniel Lécrivant).

HARBOU Thea von SC ALL (Tauperlitz 12 déc. 1888 | Berlin 2 juil. 1954) Femme et scénariste de Fritz Lang, 1921-1934, elle écrivit alors tous ses films et continua sa carrière en Allemagne après l'avènement de Hitler, devenant une cinéaste officielle du régime.
SC : RÉ Murnau : 1922 *Das Phantom.* 1923 *les Finances du Grand-Duc.*
RÉ : 1934 *Elisabeth und der Narr.* Nombreux SC pour Eichberg, Lamprecht, Veit Harlan, Von Baky entre 1935-1953.

HARDY Oliver VOIR LAUREL STAN

HARLAN Veit RÉ ALL (Berlin 29 sept. 1899 | 1964) Grandiloquent, gonflé, plein de prétention, le « poids lourd » du cinéma hitlérien fut nommé professeur et grand réalisateur par Gœbbels, après que son fanatique et convaincu *Juif Süss* eut participé à la persécution juive par les nazis. Après 1950, il a repris sans succès sa carrière de cinéaste. 1927-1935 ACT.
RÉ : 1934 *Krach im Interhaus.* 1935 *Katerlampe.* 1936 *la Sonate à Kreutzer.* 1937 *Die Herrscher,* INT Jannings. 1938 *Jeunesse.* 1939 *Verwhete Spur (la Peste à Paris), Das Unsterbliche Herz (le Cœur immortel), Die Reise nach Tilsitt,* nouvelle version de *l'Aurore, from* Sudermann. 1940 *Jude Süss (le Juif Süss). 1941 le Grand Roi.* - A Prague : 1942 *la Ville dorée.* - 1943 *Immensee Offergang.* 1945 *Kolberg.* 1951 *Unsterbliche Geliebt.* 1953 *le Tigre de Colombo,* deux époques. 1955 *l'Espion de Tokyo.* 1957 *le Troisième Sexe.* 1959 *Impudeur,* etc.

HARMAN Hugh ANIM US (Pagosa Spring 31 sept. 1903 | 1982) Bon rival de Disney dans les cartoons d'animaux. Il fonda en 1923 avec Rudolf Ising l'Harman-Ising, ainsi dénommée en 1930, qui produisit *Arabian Nights Cartoons,* puis en 1930, la série des *Bosko,* l'une des premières qui soit sonore, les *Merry Melodies* et les *Looney Tunes.* Il a été mentionné en 1940 par le jury du prix Nobel de la paix pour son DA *Peace on Earth.*

HASSANI Kameran RÉ IRAK (1927 |) Il a montré avec *Saïd Efendi* (1959) la vie d'un petit instituteur des quartiers pauvres de Bagdad, film intéressant à l'échelle d'un cinéma national encore à ses débuts. Il semble que l'auteur du scénario - et interprète du principal rôle - de ce film ait eu une grande part dans la réussite, Hassani n'ayant ensuite donné que des œuvres de peu d'intérêt : *Projet de mariage* (1961), *Chambre n° 7* (1964). Leur échec commercial le conduisit à abandonner le cinéma.

HATHAWAY Henry RÉ US (Sacremento 13 mars 1898 | 1982) Il eut, dans son abondante carrière (environ 50 films), deux grandes chances, en 1935, *les Trois Lanciers du Bengale,* réussite commerciale et *Peter Ibbetson,* réussite artistique. Après la guerre, Louis de Rochemont l'orienta vers le style documentaire, et l'on put prendre cet artisan pour un auteur.

Hathaway, 1954.

1908-1912 : ACT enfant. 1921-1932 : ASS, notamment de Frank Lloyd, débute, 1932, par des westerns série B. RÉ : 1935 *Lives of Bengal Lancer (les Trois Lanciers du Bengale), Peter Ibbetson.* 1936 *la Piste du pin solitaire,* en COUL, INT Sylvia Sidney, John McMurray. 1940 *Johnny Appollo.* 1945 *la Maison de la 92e rue.* 1946 *Dark Corner (Impasse tragique), 13 rue Madeleine,* INT Annabella, James Cagney. 1947 *Kiss of Death (le Carrefour de la mort),* INT Richard Widmark, Victor Mature. 1948 *Appelez Northside 777,* INT James Stewart, Richard Conte. 1950 *la Rose noire, Quatorze Heures,* INT Basehart, Paul Douglas, Debra Paget. 1952 *Courrier diplomatique.* 1953 *Niagara,* INT Marilyn Monroe. 1954 *Prince Vaillant, le Jardin du diable,* INT Gary Cooper. 1956 *le Fond de la bouteille, A 23 pas du mystère,* 1957 *la Cité disparue.* 1960 *le Grand Sam,* INT John Wayne. 1962 *la Conquête de l'Ouest* (cinérama). 1964 *le Plus Grand Cirque du monde.* 1965 *les Quatre Fils de Katie Elder.* 1966 *Nevada Smith.* 1967 *le Dernier Safari.* 1968 *Cinq Cartes à abattre.* 1969 *Cent Dollars pour un shérif.* 1971 *le Cinquième Commando, Quand sifflera la dernière balle.* 1973 *Hang up.*

HAUFF Reinhard RÉ ALL (Marburg, 1939 |) Après des études de littérature et de sociologie, Reinhard Hauff a travaillé pour la TV, à la réalisation de

documentaires notamment. C'est *Messer im Kopf (le Couteau dans la tête)* qui l'a révélé au public français. La construction de ce film, hachée, elliptique, labyrinthique, nous renvoie l'image d'une réalité étouffante aux mécanismes apparemment absurdes et pourtant animés d'une sombre et irréversible logique, qui désoriente et écrase l'individu. Cette logique implacable, traditionnellement propre à l'univers du thriller, sert ici l'effroi d'un regard qui se porte sur la dimension socio-politique d'un système. Ses films suivants, et notamment *Stammheim,* grand prix à Berlin en 1987 devaient être assez loin de témoigner de la même rigueur : une mise en scène froide et se voulant mollement au-dessus des débats désarmorçait un sujet brûlant : le procès fait à des terrorristes.
RÉ : 1970-1971 *Mathias Kneissl.* 1973 *la Déchéance de Franz Blum.* 1975 *Paule Paulaender.* 1977 *la Vedette.* 1978 *le Couteau dans la tête.* 1979 *Gibbi-Westgermany.* 1980 *Endstation Freihei (Terminus liberté).* 1982 *Der Mann auf der Mauer (l'Homme sur le mur).* 1986 *Stammheim.*

HAWKS Howard RÉ US (Goshen, Indiana, 30 juin 1896 | 26 déc. 1977)
« Homme moderne, il l'est totalement. Ce qui frappe, c'est à quel point son cinéma devance celui de son temps. Américain, il l'est, certes, mais pas plus qu'un Griffith, qu'un Vidor, mais son œuvre dans son esprit comme dans sa physionomie est née de l'Amérique contemporaine et se découvre être celle avec laquelle celle-ci puisse le mieux s'identifier et totalement, dans notre admiration comme dans notre critique. » (Henri Langlois.) Il fut célèbre en France dès 1928 avec *Une femme dans chaque port.* Il avait débuté comme pilote : les films d'aviation sont nombreux dans son œuvre : *les Rois de l'air, la Patrouille de l'aube, Seuls les anges ont des ailes, Air Force, Brumes,* qui eurent comme thèmes communs la fraternité virile, un héroïsme quotidien sans panache ni coups de clairon, les rapports des hommes et de machines tantôt dociles, tantôt hostiles. On peut ranger dans les westerns, au sens large : *Ville sans loi, le Vandale* CO-RÉ W. Wyler, *le Banni* CO-RÉ H. Hughes, le très américain *Sergent York,* drame de conscience dans le Sud, *la Rivière rouge, la Captive aux yeux clairs, Rio Bravo* et même *Hatari,* pourtant situé et réalisé au Kenya. Là aussi, la fraternité virile, les « poings de fer, cœur d'or » tinrent une grande place, alliés souvent à la magie naturelle des paysages. « Les gens que je montre, a-t-il dit, ne dramatisent pas les grandes situations, ils les mettent en sourdine, ce qui est

Howard Hawks

normal avec ce type d'hommes ; le film moyen parle beaucoup trop. Vous devez bâtir vos scènes, bien les planter, puis laisser le spectateur faire un peu de travail pour qu'il se sente concerné. Tout script qui se lit avec aisance n'est pas bon. [...] Vous devez écrire ce que le personnage pourrait penser : il motive votre histoire. C'est parce qu'un personnage croit à quelque chose qu'une situation se produit, non parce que, sur le papier, vous décidez qu'elle doit se produire. »
On lui doit aussi de remarquables « policiers », westerns, comédies légères ou de mœurs, sujets de guerre. Faulkner aimait travailler comme scénariste avec ce cinéaste. Il donna avec *Scarface* un film sur le gangstérisme auquel seules peuvent se comparer *les Nuits de Chicago,* mais, dit-il, « Sternberg gonfle un petit rien aux dimensions d'une grande situation, alors que je prends une grande situation et la mets en sourdine ». Il donna aussi un grand classique du « film noir » policier, avec *le Grand Sommeil. Train de luxe,* « tout illuminé par la féminité de Carole Lombard », fut une comédie dramatique où apparut en filigrane la grande crise américaine de 1930. Il réalisa également une parfaite comédie légère américaine, au temps de sa grande époque, *l'Impossible M. Bébé,* qu'il préfère de loin à ses autres films du genre : *la Dame du vendredi* et même *Chérie, je me sens rajeunir.*
1917-1919 Officier d'aviation.
RÉ : 1926 *The Road to Glory, Fig Leaves.* 1927 *The Gradle Snatchers, Paid to love.* 1928 *A Girl in every Port (Une fille dans chaque port.* a.t. *Cœur d'or, Poings d'acier).* 1929 *Trent's last Case.* 1930 *The Dawn Patrol (la Patrouille de l'aube).* 1931 *le Code criminel,* INT Walter Huston, Philips Holmes. 1932 *The Crowd roars (la Foule hurle),* INT James Cagney, Joan

Hawks, « Rio Bravo ».

« Seuls les anges ont des ailes » : Cary Grant, Jean Arthur.

Blondell, *Scarface*. 1933 *To-day we live (Après nous le déluge)* CO-SC Fitzgerald, Taylor, Faulkner. 1934 *Twentieth Century (Trains de luxe)*. 1935 *Barbary Coast (Ville sans loi)*, SC Ben Hecht et C. McArthur, INT E. G. Robinson, Myriam Hopkins ; *Ceiling Zero (Brumes)*, INT James Cagney. 1936 *Comeand go (le Vandale)* CO-RÉ William Wyler. 1937 *Bringing up Baby (l'Impossible M. Bébé)*, SC Dudley Nichols et Hagar Wilde, INT Cary Grant, Katharine Hepburn, Barry Fitzgerald. 1939 *Only Angels have Wings (Seuls les anges ont des ailes)*. 1940 *la Dame du vendredi*. 1941 *Sergent York*, *Ball of Fire (Boule de feu)*, *The Outlaw (le Banni)*. (Repris à Howard Hawks par son producteur Howard Hughes le film devait sortir en 1950 sous la signature de celui-ci.) 1943 *Air Force*. 1944 *To have and have not (le Port de l'angoisse)* CO-SC Faulkner, *from* Hemingway, INT Humphrey Bogart, Lauren Bacall, Walter Brennan. 1946 *The Big Sleep (le Grand Sommeil)*. 1948 *A Song is born (Si bémol, Fa dièse)*, INT Dany Kaye ; *Red River (la Rivière rouge)*, INT Montgomery Clift, John Wayne, Joanne Dru. 1949 *I was a Male War Bride (Allez coucher ailleurs)*, INT Cary Grant, Ann Sheridan. 1952 *The Big Sky (la Captive aux yeux clairs)*, INT Kirk Douglas, Dewey Martin. 1953 *Monkey Business (Chérie, je me sens rajeunir)*, *Gentlemen prefer Blondes (les Hommes préfèrent les blondes)*, INT Jane Russell, Marilyn Monroe. 1955 *Land of the Pharaohs (la Terre des pharaons)* CO-SC Faulkner. 1959 *Rio Bravo*. 1962 *Hatari*. 1964 *le Sport favori de l'homme*. 1965 *Ligne rouge 7 000*. 1966 *El Dorado*. 1970 *Rio Lobo*.

HAYER Nicolas PH FR (Paris 1er mai 1902 | Vence 31 oct. 1978) Opérateur de talent, très doué, en particulier pour les atmosphères exotiques.
RÉ Delannoy : 1939 *Macao*. RÉ Becker : 1942 *le Dernier Atout* ; 1945 *Falbalas*. RÉ Clouzot : 1943 *le Corbeau*. RÉ Daquin : 1945 *Patrie* ; 1954 *Bel-Ami*. RÉ Christian-Jacque : 1948 *la Chartreuse de Parme*. RÉ Cocteau : 1950 *Orphée*. RÉ Duvidier : 1952 *Don Camillo*. RÉ Melville : 1959 *Deux Hommes dans Manhattan*. 1963 *le Doulos*.

HAYS WILL US (Sullivan 5 nov. 1879 | New York 8 mars 1954) « Tsar d'Hollywood » pendant plus de vingt ans, 1922-1945, avocat, puis ministre des Postes pour le président républicain Hoover, il fut appelé à la présidence de la MPPA (organisation des producteurs, fondée par les gros intérêts de Hollywood). Il avait une haute idée de sa mission et déclara alors : « Le cinéma, déjà principal divertissement de la majorité des gens, contient des possibilités sans limites pour l'information morale et l'éducation. Donc nous devons le protéger comme nous protégeons les églises et les écoles. » Son nom est attaché au « Code de la pudeur », ainsi appelé pour ses nombreux interdits, et rédigé par un jésuite, le Père Lord, en 1930.

HEARST William Randolf PR US (San Francisco 1863 | Beverly Hills 1951) Le fameux et féroce magnat de la presse américaine, qui fut le modèle de *Citizen Kane*, de Welles, créa vers 1914, avec Pathé, la formule des serials : *les Mystères de New York*, *les Exploits d'Elaine*, etc., romans policiers hebdomadaires publiés d'autre part en feuilleton quotidien dans les journaux. Il joua vers 1916-1936 un certain rôle dans la production hollywoodienne, en finançant notamment des films dans lesquels il voulut imposer, mais en vain, sa maîtresse Marion Davies.

« Scarface ».

HECHT Ben SC RÉ US (New York 28 fév. 1894 | New York 18 avril 1964) Un des plus importants auteurs de Hollywood, il apporta beaucoup à Sternberg, Hawks, Lubistsch, Stevens, etc., par les scénarios qu'il écrivit, généralement avec Ch. McArthur. Avec ce dernier, il essaya de réaliser à New York, contre Hollywood, des films d'auteur. Ils échouèrent commercialement, mais dirigèrent deux œuvres importantes : *Crime sans passion* et *le Goujat*.
SC : RÉ Sternberg : 1927 *Nuits de Chicago*. RÉ James Cruze : 1929 *le Grand Gabbo*. RÉ Lewis Milestone : 1931 *Front Page*. RÉ Howard Hawks : 1932 *Scarface*, 1934 *Trains de luxe*. 1940 *la Dame du vendredi*. 1952 *Chérie, je me sens rajeunir*. RÉ Lubitsch : 1933 *Sérénade à trois*. RÉ Conway : 1934 *Viva Villa*. CO-RÉ McArthur : 1934 *Crime sans passion*, INT Claude Rains, Margo. 1935 *The Scoundrel (le Goujat)*. RÉ Wellman : 1937 *Nothing sacred*. RÉ Marshall : 1938 *Goldwyn Follies*. RÉ Stevens : 1939 *Gunga Din*. RÉ Wyler : 1939 *les Hauts de Hurlevent*. RÉ King Vidor : 1940 *Comrade X*. RÉ Duvivier : 1941 *Lydia*. RÉ Henry King : 1942 *The Black Swan*. RÉ Hathaway : 1942 *China Girls*, PR Hecht. RÉ Hitchcock : 1942 *la Maison du Dr Edwardes*. 1946 *les Enchaînés*. RÉ PR Hecht : 1952 *Actors and Sin*. RÉ André de Toth : 1955 *la Rivière de nos amours*. RÉ Vidor : 1947 *l'Adieu aux armes*. RÉ Hathaway : 1957 *Legend of the Lost (la Cité disparue)*.

HEGYI Barnabas PH HONG (1914 | 1966) Bon opérateur, auquel on doit, notamment : RÉ Radvanyi : 1947 *Quelque part en Europe*. RÉ Nadasdy : 1949 *Ludas Matyi*. RÉ Z. Fabri : 1955 *Un petit carrousel de fête*.

HELLMAN Lilian SC US (Nouvelle-Orléans 20 juin 1904 | 1984) Auteur dramatique, elle fut peut-être l'auteur principal de trois films majeurs de Wyler : 1936-1941 *Ils étaient trois, Rue sans issue, la Vipère*. Elle fut aussi la scénariste de deux films antifascistes : RÉ Shiomlin : 1943 *la Garde du Rhin*. RÉ Milestone : 1943 *l'Étoile du Nord*. Jugée trop « engagée », elle fut victime du maccarthysme. Compagne de Dashiell Hammett. Fred Zinnemann a réalisé *Julia* d'après un scénario adapté d'un de ses récits autobiographiques.

HELLMAN Monte RÉ US (1932 |) Monteur, ou assistant, notamment sur les films de Roger Corman, il fut révélé en France par deux westerns étonnants, sobres et dépouillés, ancrés dans une réalité rigoureusement observée, qui dénudaient avec âpreté la mythologie du western, deux ans avant que son ami Peckinpah avec *Coups de feu dans la Sierra* (1968) reprenne cette voie. Ces deux films étaient *The Shooting* (1965) et *l'Ouragan de la vengeance*, qui eurent une sortie simultanée, et produisirent un « choc cinéphilique » qu'une formule de l'époque condense (elle est rappelée par Charles Tatum Jr dans son livre des éditions Yellow Now, « Monte Hellman ») : on parla de *The Shooting* comme du « premier western bressonien ». Après ces deux films « indépendants », *Two-Lane Blacktop*, errance silencieuse de deux garçons sur les routes du Sud fut produit par Universal, et l'on pouvait s'attendre à une carrière, sinon sans problèmes, du moins bien lancée. C'était compter sans Hollywood qui n'aime pas s'encombrer de cinéastes atypiques. Et c'est au prix d'épuisantes ruses de guerre, de périodes de silence occupées à des travaux obscurs, que Monte Hellman put encore réaliser quelques films, tous passionnants. « Telle a toujours été ma situation, a-t-il dit... Un producteur m'engage et me donne un scénario que je n'aime pas du tout. Je lui propose quelques changements et on arrive finalement à une histoire très différente. » *(op. cit.)*.
RÉ : 1959 *Beast from Haunted Cave*. 1965 *Back Door to Hell, Flight to Fury*. 1965 *The Shooting* (id.), *Ride in the Whirlwind (l'Ouragan de la vengeance)*. 1971 *Two-Lane Blacktop (Macadam à deux voies)*. 1974 *The Cockfighter*. 1978 *China 9 Liberty 37*. 1983 *Francis Coppola : a Profile* CM. 1988 *Iguana*. 1989 *Better watch out !*

HENNING-JENSEN Astrid RÉ DAN (Copenhague 10 déc. 1914 |) **Bjarne** - son mari (Copenhague 1er oct. 1908 |) Les meilleurs cinéastes danois de l'après-guerre. Étroitement associés dans leurs travaux, pour les scénarios et la réalisation de films qui furent, durant les années 1940, l'honneur du

Henning-Jensen

cinéma danois. L'état très défavorable de l'industrie du film empêcha ensuite les auteurs de développer pleinement leur art.
1940-1945 : CM DOC en CO-RÉ : 1946 *Ditte Menneskebarn*. 1947 *Pokker Unger (Ces sacrés gosses)*. 1948 *Kristinus Bergman*. 1949 *Palle seul au monde*, INT Lars Henning-Jensen, leur fils. 1950 *Vesternhavs Brenge (Enfants de la mer du Nord)*.
RÉ A. Henning-Jensen : 1950 *Kranes Konditeri (la Pâtisserie Kranes)* SC B. Henning-Jensen. – EN NORV : 1952 *Unkjent Mann (l'Homme inconnu)*. 1953 *Solstik (Coup de soleil)* en CO-RÉ. 1954 *Tivoli Garten Spiller (le Gardien du parc Tivoli)*. 1955 *Kaerlighed pa Kredit (Amour à crédit)*. 1960 *Paw*. 1978 *Né en hiver*. 1980 *le Moment*. 1986 *les Rues de mon enfance*.
RÉ B. Henning-Jensen : 1955 *Où les montagnes flottent* LM DOC en COUL.

HEPWORTH Cecil PH RÉ GB (Londres 1874 | Londres 1953) Pionnier du cinéma anglais, opérateur dès 1898, il fonde en 1900 la Hepworth Co, dont il est d'abord le seul réalisateur, puis qui prend après 1910 un grand développement. Il a donné en 1905 *Rescued by Rover*, film-poursuite au montage et au rythme remarquables.

HERLTH Robert DÉC ALL (Wriezen 2 mai 1893 | Munich 6 janv. 1962) Très grand décorateur expressionniste, au style baroque, qui se plia au train-train UFA après 1930. RÉ Lang : 1921 *Les Trois Lumières*. RÉ Murnau : 1925 *Tartuffe*. 1926 *Faust*. RÉ Charell : 1931 *le Congrès s'amuse*. RÉ Lamprecht : 1934 *Turandot*. RÉ Harold Braun : 1956 *Régine*.

HERTZ Alexandre RÉ POL (Varsovie 1879 | Varsovie 1928) Père du cinéma polonais, il fonda en 1911 la Sphynx, la première société de production polonaise, et découvrit Pola Negri. Série des *Anton, Meir Efzow*. 1916 *Arabe*.

HERZOG Werner RÉ ALL (Munich 5 sept. 1942 |) Dés 1963, il produit ses propres courts métrages et ses films de fiction. Grand voyageur, il tournera ses films un peu partout dans le monde. Il saura d'ailleurs très bien utiliser les paysages (le Pérou dans *Aguirre*, l'Irlande dans *Cœur de verre*). Il est à l'origine de la nouvelle école du cinéma allemand. Cependant, à l'opposé de ses compatriotes Wenders ou Schloendorff, il ne s'intéresse pas à l'homme ordinaire, et manifeste très tôt un goût pour le sur ou le sous-homme. En effet, ses personnages (les aveugles et les sourds du *Pays du silence*, les nains, ou bien Kaspar Hauser, Aguirre le surhomme) sont tous en deçà ou au-delà de la réalité quotidienne. Herzog présente lui-même son cinéma comme « celui de la subjectivité et de l'intériorité où la fascination hypnotique veut exercer une volonté initiatique ». D'où le jeu sous réelle hypnose des acteurs dans *Cœur de verre*. En France, il fut surtout révélé au grand public par *Aguirre* (probablement le meilleur rôle de Klaus Kinski). *Kaspar Hauser* l'imposera définitivement. Il a ensuite réalisé un remake du *Nosferatu*, de Murnau, où hélas trop souvent, la dimension esthétisante et les excellentes capacités techniques du réalisateur (goût du travail de la photo) prennent trop d'importance.
RÉ : Nombreux courts métrages 1967 LM : *Signes de vie*. 1969 *Fata Morgana*. 1970 *les Nains aussi ont commencé petits*. 1971 *le Pays du silence et de l'obscurité*. 1972 *Aguirre ou la colère de Dieu*. 1974 *l'Enigme de Gaspard Hauser*. 1976 *Cœur de verre*. 1977 *la Ballade de Bruno*. 1978 *Nosferatu, fantôme de la nuit*. 1979 *Wozzeck*. 1982 *Fitzcarraldo*. 1984 *le Pays où rêvent les fourmis vertes*. 1988 *Cobra verde*.

Werner Herzog et Isabelle Adjani

HEUZÉ André RÉ FR (Paris 1880 | Paris 16 août 1942) Primitif français, il apporta beaucoup au cinéma des années 1905-1910, en y développant la poursuite : 1905 *le Voleur de bicyclette, la Course des sergents de ville.* Et le comique : 1906-1907 série des *Boireau* ; les ciné-romans : 1906 *l'Ange du cœur* ; les drames populaires : 1906 *A Biribi, les Meurt-de-faim, le Déserteur.*

HEYNOWSKI Walter (1921 |) et **SCHEUMANN Gerhard** (1931 |) RÉ RDA Les plus « culottés » des documentaristes de RDA, ils ont réalisé des « coups » sensationnels : interviews de mercenaires nazis au Congo, de Pinochet après le putsch de 1973 au Chili. Mais, beaucoup plus que cela, ils pratiquent avec rigueur une sorte de « didactisme par l'image et le son » dans des films au montage serré qu'on peut tenir pour une forme de journalisme supérieur. Tous les points chauds du monde, dans les années 70 les ont vus débarquer. Ensemble - à partir de 1966 - ou séparément, ils ont réalisé plus de 40 films allant de quelques minutes à une heure trente pour la TV ou le cinéma.
RÉ : Principaux films en coréalisation : 1966 *l'Homme qui rit, Saluts de l'Est à l'Ouest.* 1967 *Geiterstunde, Pilotes en pyjama (4 parties de 35 mn chacune).* 1969 *le Président en exil.* 1972 *Remington calibre 12.* 1974 *Concitoyens, J'étais, je suis, je serai, la Guerre des momies.* 1975 *El Golpe blanco.* 1980 *Kampuchea, mort et résurrection.*

HILL George Roy RÉ US (Minneapolis déc. 1923 |) Journaliste après la guerre, puis acteur dans l'Irish Company. Scénarios et réalisations pour la télévision avant de passer en 1962 à la réalisation de longs métrages. Surtout connu pour *Butch Cassidy et le Kid* (1969) et *l'Arnaque* (1973). Un savoir faire certain, mais largement soutenu par l'admirable interprétation de Redford et de Newman. *Abattoir* reste cependant son film le plus riche et le plus diversifié.
RÉ : 1962 *l'École des jeunes mariés.* 1963 *le Tumulte.* 1964 *Deux Copines, un séducteur.* 1966 *Hawaï.* 1967 *Millie.* 1969 *Butch Cassidy et le Kid.* 1972 *Abattoir 5.* 1973 *l'Arnaque.* 1975 *la Kermesse des aigles.* 1977 *la Castagne.* 1979 *I Love you, je t'aime.* 1982 *le Monde selon Garp.* 1984 *Petite Fille au tambour.*

HILL George William PH RÉ US (Douglas 25 avril 1895 | Hollywood 1934) L'homme d'un seul film : 1930 *Big House.* Il avait été opérateur. Se suicida peu après son premier succès.

HILLYER Lambert RÉ US (South Bend 8 juil. 1889 | 5 juil. 1969) Un des grands spécialistes du western, il dirigea en 1919-1921 tous les films de W. S. Hart, puis passa pour quelque temps chez Tom Mix et réalisa de 1924 à 1954 de nombreux westerns B.

HIRSZMAN Léon RÉ BRÉS (Rio de Janeiro, 1937 | 1987). L'un des meilleurs cinéastes du « cinéma novo » et le plus mal connu en France sans doute. On lui doit au moins deux œuvres importantes, *Sao Bernardo,* d'après un roman de Graciliano Ramos, surprenant film « à la première personne » sur un gros propriétaire, où, dans le temps même où il dessine un portrait tout en compréhension de ce personnage, le réalisateur condamne sans appel le régime de propriété qui produit de tels spoliateurs ; et une trilogie, *Imagens do Inconsciente,* qu'il réalisa peu avant sa mort sur deux hommes et une femme soignés dans un centre psychiatrique, et qui, tous trois, peignent. Leçon de cinéma (par la manière dont la caméra s'implique dans le processus de création), cette trilogie est aussi leçon de vie : « L'idéologie dominante, a dit l'auteur, exclut la possibilité d'une relation affective qui serait agressive. Le film tente de dire qu'il faut travailler avec cette possibilité-là. Il suggère un débat entre la vision traditionnelle de la psychiatrie, du médecin et les tentatives rebelles de certains psychanalystes, psychologues, infirmiers, moniteurs, qui travaillent selon les méthodes de la théorie "occupationnelle" ».
RÉ : 1964 *Maiora absoluta.* 1965 *A Falecida.* 1967 *Garota de Ipanema.* 1971 *São Bernardo* (censuré, sorti en 1973). 1981 *Eles naô usam Black-Tie (Ils ne portaient pas de smoking).* 1986 *Imagens do Inconsciente (Images d'inconscient).*

HITCHCOCK Alfred RÉ GB US (Londres 13 août 1899 | Hollywood 29 avril 1980) « Le maître de suspense », bien sûr mais il vaut mieux que ce slogan publicitaire. Il adore le cinéma, il sait merveilleusement raconter des histoires. Influencé par l'expressionnisme, il manifesta sa personnalité dans son premier succès, *The Lodger.* Ses recherches, il les poussa à fond dans *Chantage,* premier film sonore anglais de valeur, et il arriva au sommet de son art avec une série de « suspenses », fondés surtout sur la poursuite : *l'Homme qui en savait trop, les 39 Marches, Sabotage, Une femme disparaît.* A la veille de la guerre, il partit pour Hollywood où il vécut souvent sur l'acquis de ses films anglais, dont il reprit plus ou moins les procédés ou les thèmes, dans *Correspondant 17,* ou 5e *Colonne. L'Ombre d'un* *doute*, le film de la période américaine qu'il préfère, lui valut ses meilleures réussites par sa juste observation, sa sûreté technique. Il suivit alors le goût hollywoodien pour les mélos psychanalytiques *(la Maison du Dr Edwardes)*, et les films noirs *(Soupçons, les Enchaînés, la Corde)*. Après 1950, il pratiqua le sombre drame psychologique *(le Faux Coupable, Sueurs froides, la Loi du silence)*, les films de terreur *(Psychose, les Oiseaux)*, mais il réussit surtout le film-poursuite *(la Main au collet, l'Homme qui en savait trop*, remake, *la Mort aux trousses)*. La meilleure réussite de cette dernière période fut *Mais qui a tué Harry ?*, où son humour éclatait dans un merveilleux décor naturel automnal. Hitchcock possède un inconstestable sens plastique. Il prépare ses découpages comme personne. Il a su manier à la perfection

Hitchcock

les travellings, la profondeur du champ, les films « prédessinés » (dessins sur scénario), les longues prises de vues - atteignant 300 mètres dans *la Corde*, par exemple. Il s'est beaucoup amusé à ces expériences, sans perdre de vue leurs avantages commerciaux. « Il y a pour un auteur de films un certain nombre d'impératifs qu'il doit respecter, et avec juste raison. Inutile de me prêter des intentions profondes. Je ne suis nullement intéressé par le message ou la morale d'un film. Je suis comme, disons, un peintre qui peint des fleurs [...] Une production, c'est beaucoup d'argent, l'argent des autres. Et ma conscience me dit qu'il faut mettre une sourdine, pour qu'ils puissent rentrer dans leur argent. [...] Un cinéma, c'est comme un écran devant un tas de fauteuils, qu'il faut remplir. Il me faut « faire du suspense ». Sans cela, les gens seraient désappointés. Si je tournais *Cendrillon*, ils ne seraient contents que si je mettais un cadavre dans le carrosse. Pour certains de mes films, les spectateurs crient et ne peuvent supporter l'angoisse. Cela m'amuse énormément ; je m'intéresse moins aux histoires qu'à la façon de les raconter. » (1954-1962.) Tel est ce diable d'homme dont l'influence se trouva être féconde, parce que plusieurs de ses films furent en France des « auberges espagnoles », où de jeunes cinéphiles trouvèrent ce qu'ils y apportaient.

1922-1925 ASS de Graham Cutts.

RÉ : 1926 *Pleasure Garden, Mountain Eagle*. 1928 *Downhill, When Boy Leave Home, Easy Virtue, from* TH Noël Coward, INT Isabel Jeans, *The Ring, The Lodger, Champagne*. 1929 *Manx Man, Blackmail (Chantage)*. 1930 *The Farmer's Wife, Juno and the Peacock, from* TH O'Casey, *Murder*. 1931 *The Skin Game*, from TH Galsworthy. 1932 *Rich and Strange, Number Seventeen*. 1933 *Waltzes from Vienna (le Chant du*

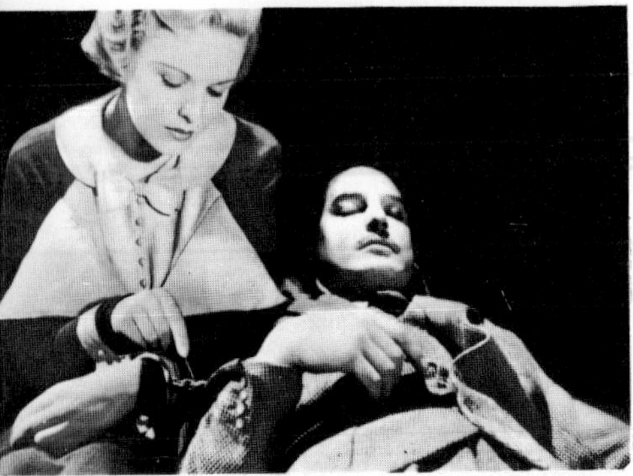

Hitchcock, « les 39 Marches ».

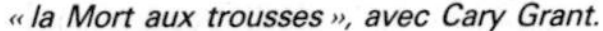

« la Mort aux trousses », avec Cary Grant.

Danube). 1934 *l'Homme qui en savait trop.* 1935 *les 39 Marches.* 1936 *The Secret Agent (Quatre de l'espionnage), Sabotage, from* R J. Conrad, PH Bernard Knowles, INT Sylvia Sidney. 1937 *Young and Innocent.* 1938 *The Lady vanishes (Une femme disparaît).* 1939 *Jamaica Inn, from* Daphné Du Maurier, INT Charles Laughton. – AUX US : 1940 *Rebecca, from* Daphné Du Maurier, PH G. Barnes, INT Laurence Olivier, Joan Fontaine, *Foreign Correspondent (Correspondant 17),* INT Joël McCrea, Laraine Day, Herbert Marshall. 1941 *Mr and Mrs Smith,* INT Carole Lombard, Robert Montgomery, *Suspicion (Soupçons),* PH Harry Stradling, INT Cary Grant, Joan Fontaine, Cedric Hardwicke. 1942 *Saboteur (5e Colonne),* INT Robert Cummings, Priscilla Lane, Otto Kruger ; *Shadow of a Doubt (l'Ombre d'un doute).* 1943 *Lifeboat, from* J. Steinbeck, INT Tallulah Bankhead, William Bendix, Walter Slezak. 1944 *Aventure malgache,* CM. *Bon voyage* CM. 1945 *Spellbound (la Maison du Dr Edwardes),* SC Ben Hecht, PH G. Barnes, INT Ingrid Bergman, Gregory Peck. 1946 *Notorious (les Enchaînés).* 1948 *The Paradine Case (le Procès Paradine),* INT Gregory Peck, Ann Todd, Charles Laughton ; *Rope (la Corde).* 1949 *Under Capricorn (les Amants du Capricorne),* INT Ingrid Bergman, Joseph Cotten, Michael Wilding. 1950 *Stage Fright (le Grand Alibi),* INT Jane Wyman, Marlène Dietrich, Michael Wilding. 1951 *Strangers on a Train (l'Inconnu du Nord-Express).* 1953 *I Confess (la Loi du silence),* INT Montgomery Clift, Ann Baxter, Karl Malden. 1954 *Dial M. for Murder (le Crime était presque parfait), from* TH Frederick Knott, INT Ray Milland, Grace Kelly, Robert Cummings, film en trois dimensions ; *Rear Window (Fenêtre sur cour),* PH R. Burks, INT James Stewart, Grace Kelly, Raymond Burr ; *To catch a Thief (la Main au collet),* PH R. Burks, Jacques Le Tellier, INT Cary Grant, Grace Kelly, Brigitte Auber. 1955 *The Trouble with Harry (Mais qui a tué Harry ?).* 1956 *l'Homme qui en savait trop,* remake du film de 1934. 1957 *The Wrong Man (le Faux Coupable),* INT Henry Fonda, Vera Miles, Antony Quayle. 1958 *Vertigo (Sueurs froides), from* Boileau et Narcejac, INT James Stewart, Kim Novak. 1959 *North by Northwest (la Mort aux trousses).* 1961 *Psychose, from* R Robert Bloch, PH John L. Russel, INT Anthony Perkins, Vera Miles, John Gavin, Janet Leigh. 1962 *The Birds (les Oiseaux).* 1964 *Marnie.* 1966 *Torn Curtain (le Rideau déchiré).* 1969 *Topaz (l'Étau).* 1972 *Frenzy (Frénésie).* 1976 *Family Plot (Complot de Famille).*

HOLGER-MADSEN RÉ DAN (Copenhague 11 avril 1878 | Copenhague 1er déc. 1943) Après 1914, il dirigea des drames singuliers, raffinés et un peu décadents. Il paraît avoir été le premier à composer des scènes en variant systématiquement ses angles de prises de vue, allant jusqu'à la plongée presque absolue. On peut penser qu'il a tenu, en 1914-1916, un rôle décisif dans l'évolution de la syntaxe filmique par ses innovations, reprises et développées en Allemagne.

RÉ : 1913 *la Scie mécanique, la Volonté du roi de l'acier, Pendant la peste, la Dame blanche, Sous le joug de la passion.* 1914 *Rêves d'opium, l'Évangéliste (Evangeliemandens Liv), Psilander, les Spirites (Spirittisten), Guerre et Amour.* 1915 *le Triomphe de la charité, la Fille du spéculateur en grains.* 1916 *Pax Æternæ.* 1917 *Bas les armes.* 1918 *A 14 millions de lieues de la terre* ou *le Vaisseau du ciel (Himmels Kibet).* 1924 *les Hôtes de minuit.* 1926 *Thomas Bundschuch, from* G. Hauptmann. 1934 *Kopenague-Kalundbord.* 1936 *le Soleil sur le Danemark.*

HOLLAND Agnieszka RÉ POL (Varsovie, 1948 |) Après des études à la FAMU de Prague, elle est assistante sur *Illumination* de Zanussi, écrit des scénarios dans l'unité de production « X » dirigée par Wajda, où elle est engagée, travaille dans le même temps pour le théâtre et la télévision. Sa passion, son impatience, sa rigueur habitent son premier film *Acteurs provinciaux,* histoire d'une mise en scène de théâtre en train de se faire et tout ensemble « état des lieux » de la Pologne de la fin des années 80. Se trouvant hors de son pays

Agnieszka Holland

« le Temps de vivre et le Temps de mourir »

au moment de la proclamation de l'état d'urgence en 1981, c'est en Allemagne et en France qu'elle dirigera deux de ses films.
RÉ : 1980 *Acteurs provinciaux.* 1981 *la Fièvre.* 1982 *Une femme seule* (sorti en Pologne en 1988). 1985 en RFA *Amère Récolte.* 1988 en FR *le Complot.*

HOMOKI-NAGY Istvan RÉ HONG (1914 | 1980) Spécialiste des films zoologiques, il a réalisé d'intéressants LM, notamment : *la Vie des grands étangs* (1952). *Par monts et par vaux* (1954).

HONDO Abib Med RÉ ACT MAUR (Mauritanie, 1936 |) C'est en France où il était venu travailler que ce cinéaste mauritanien a réalisé ses premiers films, le lyrique et désespéré « *Soleil O* » et « *Bicots-nègres...* » exploration foisonnante et réappropriation des cultures africaines. Mais c'est en retournant dans les sables du désert, avec son reportage-poème sur le front Polisario, qu'il a donné un film plus grave, et beau, avant que l'envie d'explorer les racines de la « négritude » le conduise vers des films historiques aux hautes ambitions.
RÉ : 1969 *Soleil O.* 1974 *les Biscots-nègres, vos voisins.* 1977 *Nous aurons toute la mort pour dormir.* 1978 *les Nègres marrons de la liberté, West Indies.* 1986 *Sarraouina.*

HONEGGER Arthur MUS FR GB ITAL (Le Havre 10 mars 1892 | Paris 18 nov. 1955) Ce grand musicien contemporain fut converti au cinéma, dès le muet, par Abel Gance et il écrivit ensuite des partitions de films qui furent loin d'être toutes alimentaires.

RÉ Gance : 1921 *la Roue.* 1927 *Napoléon.* RÉ Kirsanoff : 1934 *Rapt,* CO Hoérée. RÉ Bernard : 1934 *les Misérables.* RÉ Bartosch : 1934 *l'Idée.* RÉ Chenal : 1935 *Crime et Châtiment.* RÉ Litvak : 1935 *l'Équipage.* 1936 *Mayerling.* RÉ Pagnol : 1937 *Regain.* RÉ Pabst : 1937 *Mademoiselle Docteur.* RÉ L'Herbier : 1937 *la Citadelle du silence.* RÉ Asquith : 1938 *Pygmalion.* RÉ Moguy : 1939 *Je t'attendrai.* RÉ Cuny : 1942 *Mermoz.* RÉ Y. Allégret : 1946 *les Démons de l'aube,* CO Hoérée, RÉ Christian-Jaque : 1946 *Un revenant.* RÉ Rossellini : 1954 *Jeanne au bûcher, from* oratorio Honegger.

HOU HSIAO-HSIEN RÉ TAIWAN (Meihsien, 1947 |) Né dans une petite ville de la province de Canton, en Chine populaire, il avait un an quand il débarqua à Taiwan, sa famille ayant émigré. Diplômé de l'Académie nationale des arts de Taipeh, il sera script, assistant, scénariste, acteur, avant d'aborder la réalisation à trente-quatre ans. Un des cinéastes majeurs des années 80, que le festival de Venise a enfin reconnu en 1989, avec le « Lion d'or » pour *la Ville du chagrin.* Son cinéma, mise à jour de l'impalpable écoulement du temps, nul n'en a mieux parlé que Charles Tesson, présentant la rétrospective que le festival de La Rochelle lui consacra en 1989 : « Le cinéma pour Hou Hsiao-Hsien, à travers l'introspection d'un passé intime, écrit-il, fonctionne comme une expérience du regard et du temps (la durée de ce regard qui se pose sur les choses). C'est un cinéma sensible, contemplatif, un cinéma du geste retenu, pudique : peu de

« Amère Récolte »

gros plans, personnages filmés à distance, à l'intérieur d'un cadre très aéré qui leur offre cette respiration nécessaire qui imprime la tonalité du récit. »
RÉ : 1981 *Charmante Demoiselle.* 1982 *Vent folâtre, l'Herbe verte de chez nous.* 1983 *l'Homme-sandwich, les Garçons de Fengkuei.* 1984 *Un été chez grand-père.* 1985 *le Temps de vivre et le Temps de mourir.* 1986 *Poussière dans le vent.* 1987 *la Fille du Nil.* 1989 *la Ville du chagrin.*

HOWE James Wong PH US (Chine 28 sept. 1889 | Hollywood 12 juil. 1976.) Un des plus grands opérateurs américains. Formé par Herbert Brenon, il collabora pour des films importants avec Hawks, Walsh, Mackendrick. Il excelle dans la couleur comme dans le noir et blanc, au studio comme dans les décors naturels.
RÉ Hawks : 1931 *le Code criminel.* 1934 *Viva Villa.* 1943 *Air Force.* RÉ Walsh : 1931 *Passeport jaune.* 1941 *Blonde Framboise.* 1945 *Objective Burma.* 1947 *la Vallée de la peur.* RÉ Van Dyke : 1934 *l'Introuvable.* RÉ Tod Browning : 1935 *la Marque du vampire.* RÉ Taurog : 1938 *Tom Sawyer.* RÉ Daniel Mann : 1952 *Reviens petite Sheba.* 1954 *la Rose tatouée.* RÉ Mackendrick : 1957 *le Grand Chantage.* RÉ Martin Ritt : 1963 *le Plus Sauvage d'entre tous (Hud).* RÉ J. Frankenheimer : 1963 *Seconds.*

HUANG ZUOLIN (dit **Zuolin**) RÉ CHINE (1907 |) Donna après la guerre à Shanghai d'excellents films de style « néo-réaliste » – sans qu'il ait jamais entendu parler de l'école italienne – qui continuaient la tradition du cinéma chinois d'avant-garde des années 1930-1937. Il a également réalisé de très nombreuses mises en scène de théâtre.
RÉ (principaux films) : 1947 *le Coiffeur nº 3.* 1948 *l'Asile de nuit, from* « les Bas-Fonds » de Gorki. 1949 *la Montre.* 1950 *Déchéance, from* Mao Dun. 1952 *la Fenêtre de l'Amérique.* 1954 *San Mao apprend un métier.* 1958 *le Retour du coucou.* 1981 *Chen Yi, maire de Shanghai.*

HUBERT Roger PH FR (Montreuil 30 mars 1903 | Paris 28 nov. 1964) Formé par Epstein : *l'Auberge rouge,* et Gance : *Napoléon, la Fin du monde,* il fut l'un des meilleurs imagiers du réalisme poétique français, ayant le sens de l'atmosphère, du pittoresque.
RÉ Feyder : 1935 *Pension Mimosas* ; 1939-1942 *la Loi du Nord.* RÉ Carné : 1936 *Jenny.* 1942 *les Visiteurs du soir.* 1953 *Thérèse Raquin.* 1954 *l'Air de Paris.* RÉ Gance : 1938 *J'accuse.* RÉ Duvivier : 1959 *la Femme et le Pantin.* RÉ Cloche : 1961 *Cocagne.*

HUBLEY John ANIM US (New York 21 mai 1914 | 21 fév. 1977) Un des plus grands animateurs contemporains. Il a retrouvé dans son dessin la liberté de touche de Matisse, Bonnard ou Marquet au début du XXe siècle.
DÉC pour Walt Disney : 1937 *Blanche-Neige* ; 1940 *Pinocchio, Fantasia,* séquence du « Sacre du printemps » ; 1941 *Dumbo* ; 1942 *Bambi.* Dès les débuts de l'UPA : *Brother Hood of Man,* avec le syndicat des travailleurs de l'automobile. Puis pour l'UPA de Bosustow : *Robin Hood Lum, Magic Fluke.* Crée en 1949 avec Robert Cannon le personnage de Mr Magoo. 1951 *Rooty Toot Toot.* Le maccarthysme l'oblige à s'établir en Europe. 1956 *Adventures of Asterisc.* 1957 *Haarlem Wednesday.* 1958 *Tender Game.* 1959 *Moonbird.* 1960 *les Enfants du soleil.* 1961 *Of Stars and Men* LM. 1962 *The Hole (le Trou).* 1964 *The Hat (le Casque).*

HUGHES Howard PR RÉ US (Huston 24 déc. 1905 | 5 avril 1976) Ce multimilliardaire (en dollars), Citizen Kane modèle 1930-1960, prodigieusement enrichi par les fournitures de guerre, a deux passions complémentaires, le cinéma et les belles femmes. Tout en faisant souvent servir les films à la publicité de ses affaires d'aviation, il ne manque pas de goût pour choisir ses réalisateurs et ses stars. Il posséda, 1948-1955, la grande firme RKO, puis la liquida définitivement.
PR notamment : 1927 *Two Arabian Knights.* 1928 *The Racket.* 1930 *les Anges de l'enfer* CO-RÉ Howard Hughes et James Whale. RÉ Milestone : 1931 *Front Page.* RÉ Hawks : 1932 *Scarface.* Divers films pour Preston Sturges, de 1944 à 1947. 1949 *Sky Devils.* RÉ : 1950 *le Banni (The Outlaw),* signé, comme réalisateur, par Hughes, ce film a été en réalité, mis en scène par Howard Hawkes en 1941, INT Jane Russel. 1950 *Vendetta* CO-RÉ Stuart Heisler. RÉ Sternberg : 1957 *Jet Pilot.*

HUILLET Danielle RÉ ALL-ITAL-FR (Paris 1936 |) VOIR **STRAUB Jean-Marie.**

HUSTON John RÉ US (Nevada 5 août 1906 | 1987) Le plus notable cinéaste de la « génération perdue ». Avec son premier long métrage, *le Faucon maltais,* fidèle adaptation de Dashiell Hammett, il créa le courant du « film noir » américain. On a pu retrouver comme constante de ses films une méditation sur la validité de l'effort et la fatalité de l'échec. Ainsi put-on considérer comme des symboles le vent qui disperse la poudre d'or durement conquise par les aventuriers *(le Trésor de la Sierra Madre)* ; l'inutilité des efforts

John Huston

« The Asphalt Jungle », scène coupée au montage.

accomplis par les révolutionnaires cubains *(les Insurgés)* ; le pitoyable dénouement d'un gigantesque hold-up *(Quand la ville dort)* ; l'absurde obstination d'une vieille fille poursuivant seule la guerre *(African Queen)*. Son chef-d'œuvre, que les producteurs mutilèrent, fut *Red Badge of Courage* que dominèrent moins l'effort et l'échec que la peur de la peur, à une époque où le maccarthysme atteignait son apogée. Il s'établit alors en Europe, où il produisit pour Hollywood des films soignés comme *Moulin-Rouge*, et où il ne tarda pas à tomber, dès son glacial *Moby Dick*, dans une académisme sans conviction et parfois sans personnalité. Il fut parfois très près de trahir sa grande époque, avec des productions très médiocres comme *les Racines du ciel* ou *le Barbare et la Geisha*. Mais il se retrouva avec *les Misfits*, concluant presque à la validité de l'échec et à la vanité de l'effort.

SC : RÉ Wyler : 1938 *l'Insoumise*. RÉ Feuillade : 1938 *Juarez*. RÉ Dieterle : 1940 *Docteur Erlich*. RÉ Walsh : 1941 *High Sierra*. RÉ Hawks : 1941 *Sergent York*.

RÉ : 1942 *Le Faucon maltais (The Maltese Falcon), In this our Life*, INT Bette Davis, Dennis Morgan, O. de Havilland. A l'armée : 1943 *Report from the Aleutians*. 1944 *The Battle of San Pietro, Let there be Light*, film de 60 mn interdit de diffusion pendant 36 ans et présenté pour la première fois au festival de Cannes en 1981. CM. 1948 *Treasure of Sierra Madre (le Trésor de la Sierra MAdre), Key Largo* (id.). CO-SC Huston et R. Brooks, *from* Maxel Andersson, PH K. Freund, INT Hymphreu Bogart, Lauren Bacall, Claire Trevor 1949 *les Insurgés (We were Strangers)* CO-SC Huston et P. Viertel, *from* Rough Sylvester, PH R. Metty, INT John Garfield, Jennifer Jones, Pedro Armendariz. 1950 *Quand la ville dort (The Asphalt Jungle)*. 1951 *la Charge victorieuse (The Red Badge of Courage)*. 1952 *Africain Queen* (id.). 1953 *Moulin-Rouge*. 1954 *Beat the Devil (Plus fort que le diable)*, SC Truman Capote, PH Oswald Morriss, INT Humphrey Bogart, Jennifer Jones, Peter Lorre, Gina Lollobrigida. 1956 *Moby Dick* CO-SC Huston et Ray Bradbury, *from* Melville, INT Orson Welles, Gregory Peck, Richard Basehart. 1957 *Dieu seul le sait (Heaven knows Mister Allison)*, INT Deborah Kerr, Robert Mitchum. 1958 *le Barbare et la Geisha (The Barbarian and the Geisha)*, INT John Wayne, Eiko Ando, *les Racines du ciel (The Roots of Heaven), from* Romain Gary, INT Orson Welles, Errol Flynn, Trevor Howard, Juliette Gréco, Eddie Albert. 1960 *le Vent de la plaine (The Unforgiven)*, SC Ben Maddow, INT Burt Lancaster, Audrey Hepburn, Lilian Gish. 1961 *The Misfists*. 1962 *Freud, Passions secrètes*. 1963 *The List of Adrian Messenger (le Dernier de la liste)*. 1964 *la Nuit de l'iguane, from* Tennessee Williams. 1966 *la Bible, Casino royal* (sketch). 1967 *Reflets dans un œil d'or, from* Carson McCullers, INT Elizabeth Taylor, Marlon Brando. 1968 *Sinful Davey (Davey des grands chemins)*, INT John Hurt, Pamela Franklin. 1969 *la Lettre du Kremlin*, INT Bibi Andersson, Richard Boone, *Promenade avec l'amour et la mort*, INT Angelica Huston, Asaf Dayan. 1972 *Fat City*, INT Stacy Keach, Jeff Bridges, *The Life and Time of Judge Robin (Juge et hors-la-loi)*, INT Paul Newman. 1974 *le Piège*. 1975 *l'Homme qui voulait être roi*. 1979 *Wise Blood (le Malin), from* Flannery O'Connor. 1980 *Phobia*. 1981 *Escapeto Victory (A nous la victoire)*. 1982 *Annie*. 1984 *Under the Volcano (Au-dessous du volcan), from* Malcolm Lowry. 1985 *Prizzi's Honor (l'Honneur des Prizzi)*. 1987 *The Dead (les Gens de Dublin), from* Joyce.

IBERT Jacques MUS FR (Paris 15 août 1890 | 1961) Excellent musicien qui s'intéressa beaucoup au cinéma et écrivit d'intéressantes partitions, notamment pour Pabst, *Don Quichotte* ; pour Orson Welles, *Macbeth*. 1917 Prix de Rome et, après-guerre, directeur de la Villa Médicis.
MUS : RÉ Duvivier : 1931 *Cinq Gentlemen maudits*. 1934 *Golgotha*. 1939 *la Charette fantôme*. 1946 *Panique*. 1953 *Marianne de ma jeunesse* RÉ Pabst : 1932 *Don Quichotte*. RÉ Tourneur : 1932 *les Deux Orphelines*. 1935 *Justin de Marseille*. 1938 *le Patriote*. RÉ L'Herbier : 1940 *la Comédie du bonheur*. 1944 *la Vie de bohème*. 1946 *l'Affaire du collier de la reine*. RÉ Welles : 1949 *Macbeth*. Gene Kelly a porté à l'écran en 1956 son ballet : « l'Invitation à la danse ».

ICHAC Marcel DOC FR Rueil 22 oct. 1906 |) Le plus grand spécialiste des films de montagne en France (et sans doute dans le monde). Fameux par les images qu'il rapporta de l'Annapurna. 1936 *Karakoram*. 1942 *A l'assaut des aiguilles du diable*. 1943 *Sondeurs d'abîmes*. 1948 *Padirac*. 1951 *Groenland* CO-RÉ Languepin. 1953 *Victoire sur l'Annapurna*. 1954 *Nouveaux Horizons*. 1955 *l'Aluminium*. 1956 *Tour du monde express*. 1960 *les Étoiles de midi*.

ICHIKAWA Kon RÉ JAP (Mié 20 nov. 1915 |) Forte personnalité, un peu trouble et assez inégale. Venu de l'animation, il débuta par des comédies puis trouva sa voie en décrivant avec indignation les horreurs de la guerre, notamment dans *la Harpe de Birmanie* (1956), *Feux dans la plaine* (1961), *Être deux n'est pas facile* (1963) et *Seul dans le Pacifique* (1964).
RÉ : 1960 *Tendre adolescence (Otouto), Jokyo*. 1961 *les Dix Femmes en noir (Kuroi junin no onna), Hakai*. 1962 *J'ai deux ans (Watashi wa nisai)*. 1963 *Seul sur l'océan Pacifique (Taiheiyo hitoribocchi), la Vengeance d'un acteur (Yukinojo Henge)*. 1964 *la Danse de monnaie (Zeni no odori)*. 1965 *Tokyo Olympiades*. 1967 *Toppo Giggio et la guerre des missiles*. CO-PR JAP-ITAL 1968 *Jeunesse* ou *Tournoi (Seishun)*. 1972 *Encore aimer* ou *Pourquoi ? (Ai Futatabi)*. 1973 *les Vagabonds/Errance (Matatabi)*. 1975 *Je suis un chat (Wahahai wa neko de Aru)*. 1976 *Entre épouse et femme (Isuma to onna no arda), la Famille Inugami*. 1977 *la Ballade du diable (Akuna no temari uta), l'Ile des tortures (Gokumon-tô)*. 1978 *la Reine des abeilles (Joobachi)*. 1979 *l'Oiseau de feu (Mi no tori)*. 1983 *les Quatre Sœurs Makioka*. 1985 *la Harpe de Birmanie* (remake).

ICHMOUKAMEDOV Elier RÉ URSS (Tachkent 1942 |) Dans le jeune cinéma ouzbek, un regard tendre et aigu sur le quotidien de la vie.
RÉ : 1967 *Tendresse*. 1969 *les Amoureux*. 1973 *Reconquête, Rencontres et Séparations*. 1976 *les Oiseaux de nos espérances*. 1980 *Devant nous l'avenir*. 1983 *la Jeunesse d'un génie*. 1985 *Adieu la verdure de l'été*.

ILIU Victor RÉ ROUM (24 nov. 1912 | 1968) Il a réalisé après la guerre deux films à la prenante atmosphère paysanne : *Dans notre village* (1950), CO-RÉ J. Georgescu, et surtout *Mitrea Cocor* (1954), d'après le roman de Mihail Sadoveanu. 1956 *le Moulin de la Chance*. 1964 *le Trésor de Vadul Vechi*.

IMAI Tadashi RÉ JAP (Tokyo 8 janv. 1912 |) Généreux, violent, ayant le sens de l'atmosphère et du document exact. Donna après la guerre dans les rangs des Indépendants une vive impulsion au néo-réalisme japonais par le succès de *Nous sommes vivants*, ce « voleur de bicyclette » nippon. Ce réalisateur très estimé dans son pays dirigea également des œuvres importantes avec *le Riz, Eaux troubles, Histoire d'un pur amour* et surtout *Ombres en plein jour* qui reconstituait une dramatique erreur judiciaire.
RÉ : 1938 *l'Académie militaire Numazu* DOC. 1942 *les Kamikazes de la tour de guet*. 1944 *la Mer cruelle*. 1947 *Guerre et Paix (Senso to Heiwa)* CO-RÉ S. Yamamoto. 1948 *Un ennemi du peuple*. 1949 *les Montagnes bleues*. 1950 *Jusqu'à notre prochaine rencontre*. 1951 *Nous sommes vivants*. 1952 *l'École de l'écho*. 1953 *la Tour des lys (Himajuri no to), Eaux troubles (Nigorye)*. 1954 *le Riz (Kome)*. 1956 *Ombres en plein jour*. 1957 *Histoire d'un pur amour*.

Tadashi Imai

1959 *Kiku et Isamu.* 1960 *la Falaise blanche (Shiroi gake).* 1961 *(Are ga minato no hi da) Voilà la lumière de la porte.* 1962 *les Vieilles Femmes du Japon (Nippon no obaachan tachi).* 1963 *le Serment d'obéissance (Bushido zankoku monogatari).* 1964 *Histoire d'Echigo.* 1965 *Vengeance (Adauchi).* 1968 *le Temps des comptes (Fushin no toki).* 1970 *la Rivière sans pont (Hashi no nai kawa). Sa plus jeune sœur (Aini Imo to).*

IMAMURA Shohei RÉ JAP (Tokyo 1926|) Parti de la grande tradition réaliste japonaise (qu'il servit avec une violence d'une rare âpreté dans un de ses premiers films, *Cochons et Cuirassés*) il devait aller vers un symbolisme nourri d'observation minutieuse, quasi anthropologique. Parmi ses principaux films : 1958 *Désir volé.* 1959 *Nyan-Chan (les Enfants du charbonnage).* 1961 *Buta to Gunkan (Cochons et Cuirassés).* 1963 *la Femme insecte.* 1964 *Désirs meurtriers.* 1965 *Introduction à l'anthropologie,* ou *le Pornographe.* 1968 *Kamigani no fukaki yokubo (Profond Désir des dieux).* 1970 *Histoire du Japon d'après-guerre, racontée par une hôtesse de bar.* 1979 *la Vengeance qui est la mienne.* 1980 *Eijanaika* (id). 1983 *Narayama Bushi-ko (la Ballade de Narayama).* 1987 *Zegen (Zegen, le patron des bordels),* 1989 *Kuroi Ame (Pluie noire).* De 1971 à 1975 il a réalisé une série télévisée : *En suivant ces soldats qui ne sont pas revenus.* Dès 1965 il avait créé sa propre maison de production.

INAGAKI Hiroshi RÉ JAP (Tokyo 30 déc. 1905|juin 1980) Il fut révélé vers 1930 comme réalisateur par ses films « idéologiques » de critique sociale, mais évolua vite vers des films samouraïs soignés et traditionnels. A remporté un Lion d'or à Venise, pour *le Pousse-Pousse* (1958).
RÉ : 1960 *Fundoshi isha.* 1961 *Osaka-jo monogatari (le Conte du château d'Osaka), Gen to Fudomyo-o (Gen et Fudomyo-o).* 1962 *Chushingara (les 47 Ronins).* 1963 *Hiken (le Sable secret).* 1964 *Daitatsumaki (la Grande Trombe).* 1966 *Révolte contre l'épée (A Bare Goemon).* 1968 *Kojiro.* 1969 *(les Bannières du samouraï) Fuzin kazan.*

INCE Thomas Harper RÉ MONT US (Newport 6 nov. 1882|Hollywood 19 nov. 1924) Il a pour le cinéma mondial la même importance que Griffith. Autodidacte, formé par la littérature et le théâtre populaires américains, il fit du western un art. Grand organisateur, il mit au point la technique du manuscrit plus tard appelé « découpage », ceci avec le concours de Gardner Sullivan qui écrivit la plupart de ses sujets. Il

Thomas Ince

« l'Homme aux yeux clairs », 1916. Production Thomas Ince, avec W. S. Hart.

fit exécuter ces découpages par les « directors » travaillant sous ses ordres. Leur mise en scène achevée, il supervisait étroitement leur montage. Ce superviseur fut un créateur. Aucun des réalisateurs formés par lui ne retrouva après lui le même niveau. De ce chef d'atelier, Delluc écrivait : « Ince vaut par sa force lyrique. Ce ne sont pas des notations psychologiques placées à côté des notations visuelles, ce sont l'une et l'autre, grandies par un élan qui est la poésie même. Ince est un poète. » (1918). Moussinac ajoutait en 1921 : « Il apportait une fougue étonnante, une puissance qui s'exaltait dans la minutie, un lyrisme qui faisait oublier la relative perfection du métier. Avec lui, le cinéma n'était plus un merveilleux jouet mais un instrument de création. Le cow-boy sautait sur le dos de la bête sauvage et lui imposait ses ordres audacieux. » Et pour Jean Mitry, qui établit magistralement sa filmographie : « Si D.W. Griffith fut le premier poète d'un art dont il avait créé la syntaxe élémentaire, on peut dire qu'Ince fut, lui, son premier dramaturge. Ses recherches ont en effet porté sur la composition du thème original, sur les idées à exprimer plus que sur les perfectionnements formels. Il n'a pu orienter et discipliner ses collaborateurs que parce qu'il était comme eux metteur en scène, et supérieur à eux. » On ne saurait donc dire qu'il fut un « Thomas l'imposteur », un mythe inventé par Delluc. Il fut bien un des fondateurs de l'art du film.

D'abord, 1889-1908, acteur de tournées, interprétant souvent des drames westerns. 1906-1909, petits rôles dans les films Edison et Vitagraph. 1910, sa femme Eleanor Keanshaw est engagée par Griffith à la Biograph, il tient à côté d'elle quelques rôles. 1911, engagé par Carl Laemmle pour la société IMP aux US et à Cuba. Une vingtaine de films dont *Little Neils, Tobacco, le Malentendu (Their First Misunderstanding), The Silver Dollar,* etc. Octobre 1911-septembre 1912, films pour la Bison 101, interprétés notamment par Ralph Ince, Robert Edeson, Paul Powell, Jack Conway, Roland B. Wiest, Walter Edwards, etc., et par la troupe du cirque Ranch 101.

RÉ une centaine de films, dont : *The New Look, la Guerre dans la plaine (Across the Plain), le Déserteur (Renegade), la Traite (100 000 Bill), Honneur de soldat (Soldier's Honor), la Mère indienne (The Squaw), le Hors-la-loi, l'Étrangère (A Woman of the East).* 1912 *Pour la liberté de Cuba, As de cœur, les Dieux de la vengeance, le Fardeau du passé (Shadow of the Past), le Dernier Combat du lieutenant (Custer Last Fight).* 1913 *La Trace (Ambassador's Envoy), le Fils favori, l'Appel des flammes (Tongues of Flame), la Sœur du lieutenant (Pride of the South), l'Appel aux armes.* 1914 *le Dernier de sa race, la Colère des dieux (The Wrath of Gods), le Désastre (Battle of Gettysburg), Honneur japonais (The Typhoon),* films interprétés par Sessue Hayakawa, Isuru Aoki, Francis Ford, Joseph King, Mildred Harris, Frank Borzage, Walter Edwards, Gladys Brockwell, etc. 1913-1914, Ince supervise Reginald Barker, qui dirige durant cette période quinze à vingt films pour W. S. Hart. 1915 réalise *Châtiment (Despoiler),* supervise *Un lâche.* 1916 en coréalisation avec Barker : *Civilisation,* supervise pour la Triangle Reginald Barker, pour les films de W.S. Hart : *Pour sauver sa race.* - Raymond B. West : *l'Outrage (Primal Lure), l'Autel de l'honneur (Jonor's Altar), les Parvenus (Moral Fabric).* - Jerome Storm : *le Patriote.* - Walter Edwards : *Richesse maudite (Dividend), le Déserteur, l'Or (Payement)* - G.P. Hamilton : *Lieutenant Danny.* - Irvin Willat, R.W. Neil, Ch. Swickard, Ch. Gyblin, Alfred Parker, etc. 1917 Supervise les mêmes. Réalise et fait débuter Borzage dans la mise en scène : *Au pays de l'or (Flying Colors), le Piège (Until they get me).* - Jack Conway, Clifford Smith, Raymond Wells, Victor Schertzinger, etc. 1918 Supervise notamment : *Celle qui paye,* RÉ West ; *La Fille du ranch,* RÉ Borzage ; *le Carnet rouge (Little Red Deades),* RÉ Conway : *Carmen du Klondyke, Madame qui ?* RÉ Barker, INT Bessie Bariscale. - Les films de Hart et, en 1917-1920, de Charles Ray, Enid Bennett, Dorothy Dalton, Douglas McLean, réalisés par Henry King, Lloyd Ingraham, etc. 1920 Fonde, avec Allan Dwan, Mack Sennett, Maurice Tourneur, l'Associated Producers où il supervise, 1921-1924, les films de Fred Niblo, Rowland, W. Lee, Lambert Hillyer, William A. Seiter, Marshall Neilan, Ralph Ince. Mercredi 19 novembre 1924 : meurt d'un empoisonnement du sang. On fit plus tard courir le bruit qu'il aurait été tué, à la place de Ch. Chaplin, par W. R. Hearst, jaloux de Marion Davies. Cette histoire paraît avoir été inventée.

INGRAM Rex RÉ US (Dublin 1892 | Hollywood 21 juin 1950) Cinéaste ayant du goût et des préoccupations, mais assez académique. Il découvrit Rudolph Valentino puis remporta avec *les Quatre Cavaliers de l'Apocalypse* (1921) un succès colossal qui le fit surestimer durant l'art muet. Après avoir mis en scène plusieurs succès de Ramon Novarro : 1923 *Scaramouche,* etc., il fonda des studios à Nice, et y poursuivit ses productions jusqu'au parlant, qui l'élimina des écrans.

IOSSELIANI Otar RÉ URSS (Géorgie 1934 |) Sa *Chute des feuilles* en 1967 apporta la révélation qu'il se passait « quelque chose » dans les cinémas des Républiques d'URSS, avec cette chronique savoureuse et lucide qu'elle proposait de la vie d'un « jeune homme quelconque ». Son importance dans le cinéma soviétique d'aujourd'hui - en même temps que, paradoxalement, sa marginalité - ne devait dès lors cesser de s'affirmer. Témoignent de ce paradoxe et l'intérêt qu'attachent à son œuvre les cinéastes les plus novateurs comme Gleb Panfilov, et les interdits administratifs qui trop souvent s'opposèrent à la diffusion de ses films hors de la Géorgie. C'est que, portraitiste de l'individuel - un individuel fortement ancré dans les traditions de la culture géorgienne - il organise son matériau filmique non pour une démonstration, mais comme une symphonie. Et si, au début des années 80, sans couper les ponts avec son pays, et gardant un

pied - un pied léger - en Géorgie, il commença à travailler en France, en Italie, et même en Afrique (pour une coproduction franco-géorgienne !), c'est dans la même marginalité par rapport aux structures de production traditionnelles qu'il le fit. Et pour les mêmes films, libres comme l'air d'une fugue, dans un tel bonheur d'écriture que bien souvent on ne découvre qu'après coup l'extrême élaboration de leur structure.
RÉ : 1964 *Avril* (CM : non distribué). 1966 *la Fonte*. LM : 1967 *la Chute des feuilles*. 1970 *Il était une fois un merle chanteur*. 1977 *Pastorale* (sorti en France en 1980 au festival d'Hyères). 1982 *Euskadi* TV (FR). 1984 *les Favoris de la lune* (FR). 1987 *Un monastère en Toscane*. 1989 *Et la lumière fut*.

IPSEN Bodil RÉ ACT DAN (Copenhague 20 août 1889 | nov. 1964) Star du cinéma muet danois, devint réalisatrice après 1940 en dirigeant avec Lau Lauritzen junior *Afsporet* (1942) et *la Terre sera rouge* (1946).

IRANI Ardeshir M. RÉ INDE (1886 | 1969) Il donna l'essor au cinéma parlant indien en réalisant *Alam Ara* et *Shirin Farhad* qui ne contenait pas moins de quarante-deux chansons.

ISING Rudolph ANIM US (Kansas City 7 sept. 1903 |) Voir Harman Hugh.

ITO Daisuké RÉ JAP (13 oct. 1898 | 1981) Fut surtout important pour sa période muette, où il se fit remarquer par la violence avec laquelle il traita ses sujets : 1923 *Vie d'un ivrogne*. 1927 *la Servante*. 1928 *le Voyage de Chigi, le Bandit*. Il fut alors engagé dans le film idéologique, et son *Épée qui tuait les hommes et les chevaux* fut une critique du féodalisme. Après 1930, il s'est spécialisé dans les films de samouraïs, avec *Grands Duels au sabre (Chambaras)*, où il excella, comme l'a prouvé notamment *le Conspirateur (Hangia Kuji)* (1961), où il sut fort bien utiliser la couleur et le scope. En 1950, il avait réalisé *les Misérables, from* Victor Hugo, avec Sessue Hayakana.

IVANOV Semion INV URSS (1906 | 1972), Ingénieur qui mit au point un procédé de cinéma en relief sans lunettes, avec écran spécial dit « Rostre », dont les représentations se poursuivent depuis 1940-1941 dans les Stéréokinos de Moscou et de différentes villes d'URSS.

IVANOV-BARKOV Eugène RÉ URSS (Kostroma 1892 | 1965) Fondateur du cinéma turkmène et auteur d'un curieux film antireligieux : *Judas* (1930).

IVANOV-VANO Ivan ANIM URSS (Moscou 1900 | 1987) Depuis 1929 bon animateur de dessins, surtout connu par *le Tsar Durandai* (1931) et *le Petit Cheval bossu* (1945). Sait bien conter les légendes russes traditionnelles, dans un bon style d'imagier pour enfants. Il fut professeur au VGIK (Institut d'État du cinéma) et dirigea la section du cinéma d'animation.
RÉ (principaux films) : 1957 *le Chat Kotofeitch*. 1940 *Soleil volé*. 1944 *le Conte de l'hiver*. 1945 *le Petit Cheval bossu* (remake en 1975). 1947 *les Dix Cygnes*. 1953 *Lapin intrépide*. 1964 *le Gaucher, les Saisons*. 1984 *le Conte du tsar Saltan*.

IVENS Joris DOC HOL FR URSS CHINE US CUBA ESP, etc. (Nimègue 18 nov. 1898 | Paris 28 juin 1989) Le Hollandais volant. Le pair de Robert Flaherty, et comme lui un grand maître du documentaire. Il a pris pour thèmes constants de son œuvre les hommes dans leur travail, dans leurs luttes contre la nature et contre l'oppression sociale. Il a été un témoin de son temps, toujours présent là où il fallait, à un moment décisif pour l'histoire de l'humanité. Il s'est peu intéressé à ce qui s'effondrait et s'est toujours passionné pour tout ce qui se bâtissait, se créait, se battait. Grand monteur, il a su unir les hommes et les choses par le lyrisme qui lui est propre. Né en Hollande, aux bords du Rhin, il a placé presque toute son œuvre sous le signe de l'eau : *le Pont* ; *la Pluie* qui s'égoutte sur les canaux et les foules d'Amsterdam ; *les Brisants* qui protégent contre l'océan les villages de pêcheurs néerlandais ; *la Nouvelle Terre* reconquise par les hommes asséchant le Zuiderzee ; le problème de l'irrigation sur la *Terre d'Espagne* en pleine lutte contre le fascisme ; *le Chant des fleuves* où le Gange, le Mississippi, l'Amazone, le Nil, la Volga, le Yang-Tseu s'unissaient pour dire l'unité de la lutte syndicale dans les cinq parties du monde ; *La Seine a rencontré Paris*, enfin, portrait d'une capitale vue au ras de l'eau, sur les berges où se rencontrent amoureux, dockers, oisifs et clochards.
Partisan convaincu du documentaire militant, d'un « cinéma-vérité » exprimant la réalité sociale, il n'a pas refusé certains sujets fort humbles parce qu'il estimait qu'ils pouvaient servir une juste cause. Développant l'enseignement de son maître Vertov dans les conditions du monde occidental, il a professé qu'une caméra, pour être vraiment témoin, devait compter moins sur de puissants moyens matériels que sur la solidarité des travailleurs. Ainsi tient-il plus particulièrement dans son œuvre à *Borinage*, réalisé malgré les gen-

Joris Ivens, 1963.

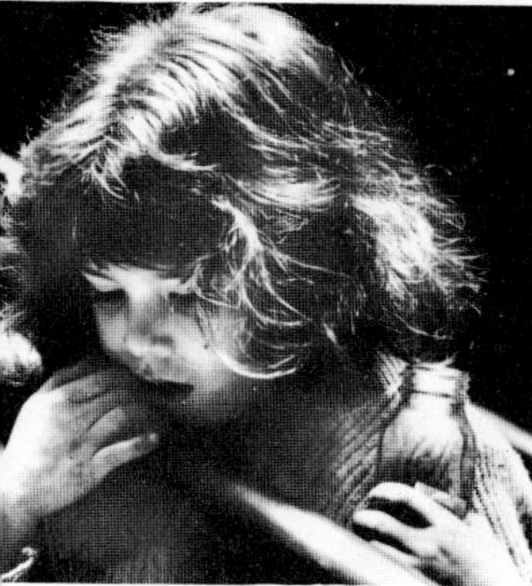
« Valparaiso ».

darmes belges, dans un district minier épuisé par une longue grève et à *Indonesia Calling*, où il fut soutenu par les dockers australiens refusant de charger les armes destinées à une guerre de reconquête coloniale. Ce documentariste est grand, certes, par sa forte personnalité, mais aussi parce qu'il fut, dans tous les sens de l'expression, un homme de son temps. Témoin du présent par le cinéma, il a mieux qu'un autre préparé les formes les plus neuves du cinéma futur.

En 1911, à 13 ans, tourne son premier film : *Brandende Straal (Flèche ardente)*. 1928 *Pont d'acier (De Brug)* CO-RÉ Franken. 1929 *Pluie (Regen)* CO-RÉ Franken *les Brisants (Branding), from* Jef Last CO-RÉ Franken. ASS John Ferno : *Nous construisons (Wy Bouwen),* PH John Ferno. 1930-1934 *Zuyderzee* ou *la Nouvelle terre, Symphonie industrielle (Philips Radio),* MUS Lou Lichtveld. - EN FR : 1931 *Créosote,* PH John Ferno, CO-RÉ Jean Dréville. - EN URSS : 1932 *Komsomol* ou *Le Chant des héros,* PH Schlinkov, ASS Marshall. - EN BELG : 1934 *Borinage.* - EN URSS : 1935 *Dimitrov* CO-RÉ Wangenheim. - EN ESP : 1937 *Terre d'Espagne.* - EN CHINE : 1939 *400 millions.* - AU CANADA : 1940 *The Power and the Land,* PH Floyd Crosby, COMM Stephen Vincent Bennet ; *New Frontiers,* interrompu. - A HOLLYWOOD : 1941 *Our Russian Front* CO-RÉ Lewis Milestone, COMM Walter Huston. 1942 *Action Station Four* ou *Branle-Bas de combat* CO-RÉ François Villiers, PH Osmond Borodel, *Know your Ennemy : Japan,* série *Pourquoi nous combattons,* interrompu, terminé par Capra ; *la Bataille de Chine,* série *Pourquoi nous combattons,* séquences de *400 millions.* - EN INDON : 1946 *Indonesia Calling,* PH Marion Michelle. - 1948 *The First Years (les Premières Années).* 1951 *la Paix vaincra,* version angl. Howard Fast *l'Amitié vaincra* CO-RÉ Pyriev. 1952 *Course cycliste Varsovie-Berlin-Prague.* 1954 *le Chant des fleuves.* - EN FR : 1956 *Till l'espiègle* CO-RÉ Gérard Philipe, PH Christian Matras, MUS Georges Auric, INT Gérard Philipe, Jean Vilar, Nicole Berger. 1958 *la Seine a rencontré Paris. Mein Kind,* RÉ V. Pozner, supervision Ivens, PH A. Machalz. - EN CHINE : 1958 *le Printemps.* - EN ITAL1959 *l'Italie n'est pas un pays pauvre,* pour la TV. - AU MALI : 1960 *Demain à Nanguila.* - A CUBA : 1961 *Peuple en armes, Lettre à Charles Chaplin.* - AU CHILI : 1963 *Valparaiso.* - EN FR : 1964 *le Mistral.* - AU VIETNAM : 1965 *le Ciel de la Terre.* 1967 *17e Parallèle.* 1968-1969 *le Peuple et ses fusils.* 1969 *Rencontre avec le président Ho Chi Minh.* 1971 *Comment Yu Kong déplaça les montagnes* (réalisé avec Marcelline Loridan). 1973-1977 *les Kazaks* (minorité nationale Sinkiang), *les Ouigours* (minorité nationale Sinkiang). 1988 *Une histoire de vent.*

IVORY James RÉ US GB INDE (Berkeley 1928|) Ce réalisateur américain installé en Inde fut d'abord connu en France pour son *Shakespeare-Wallah* (1964) et son humour tendu sur les rapports entre deux cultures avant qu'une carrière internationale n'en fit un spécialiste du film psychologique à l'élégance raffinée. A également réalisé : 1962 *The Householder.* 1969 *The Guru.* 1970 *Bombay Talkies.* 1972 *Savages.* 1975 *Autobiographie d'une princesse, The Wild Party.* 1977 *Roseland.* 1979 *les Européens.* 1980 *Jane Austen in Manhattan.* 1981 *Quartet* (id.). 1983 *Heat and Dust (Chaleur et Poussière).* 1984 *les Bostoniens, from* Henry James.

1986 *A Room with a View (Chambre avec vue).* 1987 *Maurice* (id.). 1988 *Slaves of New York (Esclaves de New York).*

IWERKS Ub ANIM US (Kansas City 24 mars 1901 | juil. 1971) « Cartoonist » animalier américain, il a été le créateur de *Flip la grenouille* et de *Mickey*, dont Walt Disney s'est plus tard attribué la paternité.
1920 DA publicitaires. 1924 Associé avec Disney, le fait débuter. 1926 *Mickey*, puis *Flip la Grenouille* et *Willie Whooper*. Depuis 1935, chef d'équipe chez Disney, spécialiste de certains truquages comme la combinaison des photos directes et du DA.

JACQUOT Benoît RÉ FR (Paris 5 fév. 1947 |) Assistant de 1965 à 1974, en particulier de Marguerite Duras. Courts métrages entre 1965 et 1968. Émissions de télévision (sur Lacan, en 1974). Un premier long métrage très remarqué : *l'Assassin musicien*, aux accents bressoniens ; un deuxième film plus psychologisant : *les Enfants du placard*, en 1977, « qui raconte à son tour, froidement, une histoire brûlante ».
« Je crois que le cinéma est un art de la littéralité. Il fonctionne à l'analogie, non à la métaphore. Un chat au cinéma est fatalement un chat. Mon intention était de littéraliser tout ce qui a un destin métaphorique dans le film. Ainsi cette canne peut-être ce qu'on veut, le phallus entre autres choses, mais elle est d'abord une canne qui circule en tant que telle ». (*in* « Cinématographe » nº 31).
RÉ : 1976 *l'Assassin musicien.* 1977 *les Enfants du placard.* 1981 *les Ailes de la colombe.* 1982 *Merce Cunningham, Une villa aux environs de New York.* 1986 *Corps et Biens.* 1987 *les Mendiants, Elvire Jouvet 40* TV.

JAENZON Julius (signa aussi J. Julius) PH SUÈDE (1885 | 1961) Le grand opérateur de la grande époque muette suédoise. Possédait le sens de la nature et du mystère. On lui doit les surimpressions de : 1920 *la Charrette fantôme*, RÉ Sjöström.

JAKUBOWSKA Wanda RÉ POL (Varsovie 10 nov. 1907 |) Elle donna *la Dernière Étape* (1948), le bouleversant et pudique journal d'une prisonnière du camp de la mort d'Auschwitz.
RÉ (principaux films) : 1932 *Reportage.* 1953 *l'Épopée de Varsovie.* 1960 *Rencontres dans les ténèbres.* 1964 *la Fin de notre monde.* 1979 *Danse en chaîne.*

JANCSO Miklos RÉ HONG (Vac 1921 |) Aujourd'hui le plus connu des cinéastes hongrois et l'un des plus

Jancso

« Psaume rouge »

importants de ce temps. Jancso est sans doute un des seuls à avoir su, contre toute une théorisation sur le montage, venue d'Eisenstein, déboucher sur une mise en scène à l'intérieur du plan-séquence même (d'où le reproche de « théâtralité » qui lui fut objecté) d'une extrême fluidité, à partir d'une réflexion politique sur la nécessité pour un cinéaste révolutionnaire de reprendre en charge tous les acquis culturels précédents. D'où l'importance qu'il accorde aux objets du culte et du rite, au folklore, à la culture populaire, autant de signes qu'il inscrit dans une lecture matérialiste de l'histoire. « Si je rejette le montage, a-t-il dit, c'est parce qu'il postule une tension vers le public, qu'il agresse le public. Alors que les plans longs sont beaucoup plus respectueux du public, lui laissant le temps de réfléchir tandis que l'action se déroule. » (*in* « Écran 72 » nº 10).

RÉ : 1958 *les Cloches sont parties à Rome.* 1963 *Cantate,* PH Tamas Somlo. 1964 *Mon chemin.* 1965 *les Sans-Espoir.* 1967 *Rouges et Blancs* (CO-PR HONG-URSS). 1968 *Silence et Cri.* 1969 *Sirocco d'hiver* (CO-PR HONG-URSS), *Ah ça ira !,* SC Gyula Hernadi, PH Tamas Somlo, MUS Paul Arma, INT Andréa Drahota, Kati Kovacs, Lajos Balazsovitz. 1970 *Agnus Dei.* 1971 *la Pacifista* (CO-PR ITAL-FR-RFA, non sorti encore en 1973), *la Technique et le Rite* (PR italienne), *Psaume rouge.* 1975 *Pour Électre* SC Laszlo Gyurko, Gyula Hernadi, PH Janos Kende, INT Mari Torocsik, Jozsy Madaras. A partir de *Cantate,* le scénariste de tous ses films a été Gyula Hernadi. L'opérateur en a été, jusqu'à *Rouges et Blancs,* Tamas Somlo ; depuis, Janos Kende. 1976 *Vices privés, vertus publiques* CO-PR ITAL-YS, SC Giovanni Gagliardo, PH Tomislav Pinter, MUS Francisco de Masi, INT Lagos Balazsovits, Pamela Villoresi, Franco Branciaroli, Laura Betti. 1978 *Rhapsodie hongroise I (Magyar Rapszódia), Rhapsodie hongroise II (Allegro Barbaro).* 1981 *le Cœur du tyran* (CO-PR HONG-ITAL). 1984 *Muzsika.* 1986 *l'Aube* (CO-PR ISR-FR). 1987 *la Saison des monstres.* 1989 *l'Horoscope de Jésus-Christ.*

JANDOV Zaccharie RÉ BULG (1911|) Une figure marquante du cinéma bulgare d'après-guerre. Possède le sens du récit et des belles images : 1949 *l'Alerte.* 1952 *les Héros de septembre.* 1957 *la Terre.* 1968 *Chibil.* 1971 *les Oiseaux nous rejoignent.* 1980 *Un maître de Boyana.*

JARMUSCH Jim RÉ US (Akron, Ohio, 1953|) Quatre films en cinq ans, et une œuvre déjà. Un ton qu'on ne peut pas ne pas reconnaître. Et pourtant : « Je ne planifie pas, dit-il (interview au « Monde », septembre 1989) mes projets et mes sujets. Ça arrive comme ça, par intuition. » Certes, et c'est bien à cela qu'on reconnaît la cohérence : elle est tout intériorisée, pas imposée de l'extérieur. Ainsi : à la fin de *Down by Law* s'ouvre un carrefour en forêt ; un des trois protagonistes qui ont traîné leur hétéroclite compagnonnage de prison en bayou reste sur place, chacun des deux autres prend un chemin différent ; deux routes et une voix de chemin de fer se croisent et se chevauchent à la fin de *Mystery Train* et ainsi se séparent à jamais au matin ceux qu'une nuit dans le même hôtel aurait pu se faire rencontrer. Tout l'art du cinéaste est là, dans ce jeu avec le temps du récit dont il se rend maître et qu'il tient suspendu pour la durée du film. Il a pris ses personnages dans la rue, comme ça, dirait-on, les a poussés vers les aventures qu'il avait choisi de leur faire vivre, guidant le moindre des détours de leur errance, et il les laisse s'échapper, l'histoire finie. Hors écran. Cinéma de la nonchalance affichée, le cinéma de Jarmusch est aussi celui de la plus extrême rigueur : conteur en images toujours neuves (parce qu'il sait y voir ce que d'autres ne voyaient pas : l'extraordinaire de la banalité), c'est sur la structure même de ses récits qu'il ne cesse de raffiner, multipliant les combinaisons entre ses personnages, de façon que chacun d'eux devienne pour le spectateur un « révélateur » de plus du fantastique, qu'il ne savait pas voir dans le quotidien.
RÉ : 1983 *Permanent Vacation.* 1984 *Stranger than Paradise.* 1986 *Down by Law.* 1989 *Mystery Train.*

Jim Jarmusch.

« Mystery Train »

JARRE Maurice MUS FR (Lyon, 1924 |) D'abord auteur de remarquables musiques de scène pour le TNP, il apporta beaucoup au cinéma français par des partitions où le montage des bruits était utilisé comme un élément symphonique.
RÉ Franju : 1952 *Hôtel des Invalides* ; 1959 *la Tête contre les murs* ; 1960 *les Yeux sans visage*. RÉ Resnais : 1956 *Toute la mémoire du monde*. RÉ Zanuck : 1962 *le Jour le plus long*. RÉ David Lean : 1962 *Lawrence d'Arabie*. 1963 *Behold a Pale Horse* RÉ Zinnemann. 1965 *Docteur Jivago* RÉ D. Lean, *The Collector* RÉ Wyler. 1966 *Paris brûle-t-il ?* RÉ Clément, *les Professionnels* RÉ Brooks. 1969 *les Damnés* RÉ Visconti. 1970 *le Condor* RÉ J. Guillermin etc.

JASNY Vojtech SC RÉ TS (Moravie 30 nov. 1925 |) Le meilleur cinéaste tchèque des années 50. A le sens de la poésie : *le Désir*, de la beauté des formes, mais aussi de la polémique sociale, et de l'audace dans l'approche de la réalité contemporaine. Exilé après l'intervention soviétique de 1968, il devait travailler en RFA pour la télévision sans jamais retrouver la verve de son meilleur film : *Un jour un chat*.
RÉ : 1955-1956 *Tout finira ce soir, Sans crainte*. 1957 *Nuits de septembre*. 1959 *le Désir*. 1960 *J'ai survécu à ma mort*. 1961 *Pèlerinage à la Vierge*. 1963 *Un jour, un chat*. 1965 *les Pipes*. 1968 *les Bons Citoyens*. 1976 *Ansichten eines Clowns*. 1977 *Rückkehr*.

JASSET Victorin RÉ FR (Fumay 1862 | Paris 22 juin 1913) Esprit singulier, raffiné, ayant le sens du bizarre et de l'insolite ; il fut avec Feuillade un des meilleurs réalisateurs français d'avant 1914 et le créateur des films à épisodes. 1908 *Nick Carter*. 1911 *Zigomar*. 1913 *Protea*. Il a publié un essai capital, en 1912, sur la mise en scène, son évolution et ses théories.

JAUBERT Maurice MUS FR (Nice 3 janv. 1900 | Azerailles 19 juin 1940) Le plus grand musicien français pour le cinéma d'avant-guerre. Ses partitions, de très haute qualité, populaires et savantes tout à la fois, servirent à la perfection le réalisme poétique de Vigo, Clair, Prévert, Carné. Et l'on n'a pas fini de fredonner « A Paris dans chaque faubourg », qu'il écrivit pour *Quatorze juillet*. Il fut tué au front pendant les derniers combats de 1940.
RÉ Cavalcanti : 1929 *le Petit Chaperon rouge*. RÉ Pierre Prévert : 1932 *l'Affaire est dans le sac*. RÉ Clair : 1933 *Quatorze juillet*. 1934 *le Dernier Milliardaire*. RÉ Vigo : 1934 *Zéro de conduite, l'Atalante*. RÉ Carné : 1937 *Drôle de drame*. 1938 *Hôtel du Nord, Quai des Brumes*. 1939 *le Jour se lève*. RÉ Duvivier : 1937 *Carnet de bal*. 1939 *la Fin du jour*.

JEANSON Henri SC FR (Paris 6 mars 1900 | nov. 1970) Caustique, accrocheur, il excellait dans les dialogues truffés de calembours, de mots d'auteur dans la meilleure tradition boulevardière. Journaliste et critique de cinéma (1920-1950).
SC : RÉ Korda : 1933 *la Dame de chez Maxim's*. RÉ Duvivier : 1937 *Pépé le Moko, Carnet de bal*. 1957 *Pot-Bouille*. RÉ Moguy : 1938 *Prison sans barreaux*. RÉ Marc Allégret : 1938 *Entrée des artistes*. RÉ Carné : 1938 *Hôtel du Nord*. RÉ L'Herbier : 1942 *la Nuit fantastique*. RÉ Decoin : 1948 *Les amoureux sont seuls au monde*. RÉ Christian-Jaque : 1942 *Carmen*. 1948 *Boule de suif*. 1955 *Nana*. 1963 *les Bonnes Causes*. RÉ Delannoy : 1948 *Aux yeux du souvenir*. RÉ Becker : 1958 *Montparnasse 19*. RÉ Verneuil : 1960 *l'Affaire d'une nuit*.

JENKINS Charles Francis INV US (Dayton 1868 | Richmond 6 juin 1934) Inventeur avec Armat du « Fantascope », 6 juin 1894, dont les projections publiques, médiocres, précédèrent en septembre 1895 celles du Cinématographe Lumière. Entre 1896 et 1930, il a pris 400 brevets concernant surtout le cinéma et la TV.

JENNINGS Humphrey RÉ GB (Suffolk 1907 | mort accidentellement en Grèce, 1950) Sensible jusqu'au fond du cœur, plein d'humour, élégant, très humain, le meilleur peut-être des documentaristes anglais. Il mourut trop tôt, mais laissa avec *Fires were started* et *A Diary for Timothy* des œuvres de premier ordre.
D'abord peintre, rejoint en 1934 le GPO dirigé par Alberto Cavalcanti. RÉ avec

Humphrey Jennings, « The Silent Village ».

Len Lye : 1936 *Birth of a Robot.* 1939 *Spring Offensive, The Firts Days* CO-RÉ Harry et Pat Jackson ; *The Last Trip.* 1940 *An Unrecorded Victory, London can take it* CO-RÉ Harry Watt. 1941 *The Heart of Britain, Listen to Britain.* 1943 *The Silent Village, Fires were starded.* 1944 *The True Story of Lily Marlene.* 1945 *A Diary for Timothy.* 1946 *A defeated People.* 1947 *The Cumberland Story.* 1949 *The Dim Little Island.* 1950 *Family Portrait.*

JESSUA Alain RÉ FR (1932 |) Au fil des films, un goût pour la parabole sur des récits aux frontières de la névrose. 1963 *la Vie à l'envers.* 1967 *Jeu de massacre.* 1972 *Traitement de choc.* 1976 *Armaguedon.* 1979 *les Chiens.* 1982 *Paradis pour tous.* 1984 *Frankenstein 90.* 1988 *En toute innocence.*

JOHNSON Martin RÉ US (Rockford, Illinois, 9 oct. 1884 | Hollywood 1937) Entre 1910 et 1930, Martin Johnson et sa femme Osa, tous deux explorateurs, amis de Jack London, voyagèrent, surtout en Afrique noire et en Polynésie, et y réalisèrent plusieurs longs métrages documentaires : *Captured by the Cannibals, Hunting African Animals,* etc., certains avec la collaboration de J. Leo Mechan.
1912 *Cannibals of the South Seas.* 1913-1918 *Captured by Cannibals, Head Hunter of Malekula, On the Borderland of Civilization.* Après 1920 *Congorilla Simba.*

JOHNSON Nunally SC RÉ US (Columbus 5 déc. 1897 | 25 mars 1977) Scénariste notamment pour John Ford : *les Raisins de la colère* et Lang : *la Femme au portrait.* Après 1940, il est devenu producteur et a réalisé notamment le médiocre *Homme en gris* (1956).

JOHNSTON Eric A. PR US (Washington 21 déc. 1896 | Hollywood août 1963) Après sept. 1945, successeur de Will Hays comme « Tsar du cinéma ». Président de la MPAA et ambassadeur itinérant du cinéma américain, il a vu, sous son règne, et malgré toute son activité internationale, le déclin d'Hollywood sur les marchés intérieur et extérieur.

JONES Chuck ANIM US (Spokane, Wash., 1912 |) Excellent « cartoonist » américain, exploitant à fond, comme Tex Avery, le non-sens et la férocité (sans importance) avec les animaux anthropomorphes qu'il a créés : *Bugs Bunny, le Coyote, Sylvester, Daffy Duck,* etc. Il a travaillé à ses débuts avec Walter Lantz, Ub Iwerks, Walt Disney, l'UPA, etc.

JUILLARD Robert PH FR (Joinville 24 août 1906 |) S'imposa par sa précision et sa sobriété comme l'un des meilleurs opérateurs français révélés durant l'après-guerre.
RÉ Rossellini : 1948 *Allemagne année zéro.* RÉ Bresson : 1951 *le Journal d'un curé de campagne.* RÉ Clément : 1952 *Jeux interdits ;* 1956 *Gervaise.* RÉ Clouzot : 1955 *les Diaboliques.* RÉ Clair : 1955 *les Grandes Manœuvres.* RÉ Gance : 1960 *Austerlitz.* RÉ Delannoy : 1961 *le Rendez-vous.*

JULIAN Rupert RÉ US (Auckland 25 déc. 1889 | 1960) Considéré par Carl Laemmle comme très supérieur à Stroheim, il termina à sa place *les Chevaux de bois* et dirigea pour Lon Chaney un extravagant et fascinant *Fantôme de l'Opéra* (1925). Disparut d'Hollywood avec le parlant.

JUNGHANS RÉ ALL (1897 |) Ce réalisateur allemand mit en scène à Prague à la fin du muet, avec des acteurs tchèques et une comédienne soviétique, un film remarquable *Telle est la vie* (*Takovy je Zivot/So ist das Leben,* 1929), mais ne donna plus ensuite aucune œuvre intéressante.

JUTRA Claude RÉ CAN (Montréal 11 mars 1930 | 1987) Collaborateur de McLaren pour *Il était une chaise,* puis de Jean Rouch, il a réalisé en 1962 en Afrique un intéressant long métrage, *Niger.* Il fut un des « pères fondateurs » du nouveau cinéma québecois, et prit une part active à la fondation de l'Association professionnelle des cinéastes du Québec en 1963, année où il terminait *A tout prendre.*
RÉ : 1949 *Mouvement perpétuel* CM. 1958 *les Mains nettes, la Lutte* CM. 1963 *A tout prendre.* 1966 *Comment savoir.* 1969 *Wow.* 1971 *Mon oncle Antoine.* 1973 *Kamarouska.* 1975 *Pour le meilleur et pour le pire.* 1977 *Dreamspeaker, Arts Cuba* MM. 1987 *By Design.*

JUTZI Piel RÉ PH ALL (Rheinpfalz 1894 | 1945). Il s'inscrivit en Allemagne dans le courant réaliste de la Nouvelle Objectivité par ses films à sujet populaire de 1928-1931, puis collabora sous Hitler à des productions médiocres.
Opérateur assez renommé, avant et après ses RÉ : 1927 *l'Enfer des pauvres (Mutter Krausen Fahrt ins Glück).* 1928 *Notre pain quotidien (Unsere Täglische Brot).* 1931 *Berlin Alexanderplatz.*

KALATOZOV Mikhail RÉ URSS (Tiflis 23 déc. 1903 | 1973) Appartenant à la génération des pionniers du cinéma soviétique, il réalisa à la fin du muet un remarquable semi-documentaire : *le*

Kalatozov

Sel de Svanétie. Après 1952, il s'épanouit et donna son chef-d'œuvre avec *Quand passent les cigognes,* récit vraiment réaliste de la vie des Soviétiques pendant une terrible guerre. Il y révéla une grande comédienne, Tatiana Samoïlova. D'abord PH.
RÉ : 1930 *le Sel de Svanétie* LM, semi-DOC. 1939 *Parade de la jeunesse* DOC, *Courage viril.* 1941 *Valeri Tchkalov.* 1941-1945 Consul à Los Angeles. 1950 *le Complot des condamnés.* 1954 *Trois Amis fidèles.* 1956 *le Premier Échelon.* 1952-1957 *Félix Dzerjinsky.* 1957 *Quand passent les cigognes.* 1960 *la Lettre inachevée,* PH Ouroussevsky, INT T. Samoïlova. 1964 *Je suis Cuba,* SC E. Evtouchenko.

KALMUS Herbert INV US (Chelsea 9 nov. 1881 | 1963) Inventeur du Technicolor, en 1914. Sa femme Nathalie (1887 | 1965) fut jusqu'en 1950 sa redoutable conseillère technique.

KAMAL Hussein RÉ EG (1932) Diplômé de l'IDHEC en 1956, il fut d'abord réalisateur à la télévision du Caire avant de donner au nouveau cinéma égyptien l'un de ses films les plus importants : *le Facteur,* superbe travail de description du réel mesquin d'une société provinciale à travers les codes du mélodrame. Avec des hauts et des bas (quelques mélos sirupeux dans ces « bas ») il n'a cessé d'être un témoin passionné des secousses de l'Égypte.
RÉ (principaux films) : 1964 *l'Impossible.* 1967-1968 *le Facteur.* 1969 *Un soupçon de peur, Mon père là-haut sur l'arbre.* 1971 *Palabres sur le Nil, from* Naguib Mahfouz « Dérives sur le Nil ». 1973 *Mon sang, mes larmes et mon sourire.* 1975 *l'Amour sous la pluie.* 1986 *les Grilles du harem.*

KAMEI Fumio DOC RÉ JAP (1er avril 1908 |) D'abord documentariste, il fut emprisonné pour avoir réalisé pendant la guerre un film pacifiste. Il a tenu un grand rôle dans le mouvement des Indépendants japonais et a réalisé pour eux, notamment, l'émouvant *Une femme marchait seule sur la terre,* 1953.
1928-1933 Études de cinéma à Moscou.
RÉ 1938 *Shanghai* DOC. 1940 *Nankin-Pékin, Tatakau Hettai (Soldats en guerre).* 1941 *Shinano Fudok (film interdit).* 1946 *Nikon Noki (la Tragédie du Japon)* DOC LM. 1947 *Senso to Heiwa (Guerre et Paix)* CO-RÉ Yamamoto. 1949 *Onna na Isho (la Vie d'une femme).* 1953 *Onna Hitsi Daichi o Iku (Une femme marchait seule sur la terre), Être une mère, être une femme,* 1956 *Il est mieux de vivre.* 1957 *Histoire d'un pur amour.*

KAMEL MORSI Ahmed RÉ ÉG 1909 |) Ami et disciple de Kamal Selim, il dirigea de nombreux films dont on doit retenir : 1943 *l'Ouvrier (El Aamel),* INT Hussein Sedky. 1945 *le Procureur général.*

KAMENKA Alexandre PR FR (Odessa 18 mai 1888 | déc. 1969) Établi en France avec Mosjoukine et Ermolieff, il dirigea la Société Albatros et produisit des films importants de Jean Epstein, René Clair, Feyder, L'Herbier, 1923-1940, puis de Jean Renoir, 1936, et Louis Daquin, 1947.

KANIN Garson SC RÉ US (Rochester 24 nov. 1912 |) Réalisateur de comédies entraînantes au cours de la période 1939-1945 : 1940 *Mon épouse favorite.* 1941 *Tom, Dick and Harry.* Il écrivit avec sa femme Ruth Gordon d'excellents vaudevilles, scénarios originaux et gros succès de Broadway. Il fut l'auteur favori de Cukor, 1948-1954 : 1948 *A Double Life.* 1949 *Madame porte la culotte.* 1951 *Comment l'esprit vient aux femmes.* 1952 *Je retourne chez maman, Mademoiselle gagne tout.* 1954 *Une femme qui s'affiche.* D'autre part : 1956 *la Blonde et moi* RÉ F. Tashlin.

KAPLER A. SC URSS (Briansk 15 sept. 1904 | Moscou 1979) Issu du FEKS, excellent scénariste, il collabora notamment à *Camarade P,* RÉ Ermler ; *Lénine en 1918* et *Lénine en Octobre* RÉ M. Romm.

KAPOOR Raj RÉ PR INDE (Bombay 14 déc. 1924 | 1988) Célèbre acteur indien, devenu producteur et réalisateur de films à gros budgets comme *Awara (le Vagabond), Shree 420 (Monsieur 420)* et *Dans l'ombre de la nuit (Jagte Rao).* Ces productions fastueuses ont le style cosmopolite de Bombay ; l'acteur-auteur y créa le personnage d'un petit homme, probablement inspiré de Charlot, et apporta dans ses films une

Raj Kapoor dans un de ses films

truculence exubérante et généreuse. A partir des années 70 c'est son fils, Raj Kapoor Jr qui prit sa place comme acteur dans le même type de films que continuait à produire son père.

KARABASZ Kasimir RÉ POL 1930|) « Je veux saisir mes héros dans leurs occupations ordinaires, en leur faisant oublier la caméra », a dit ce documentariste, qui est attentif aux expressions des visages humains.
RÉ : 1960 *les Musiciens.* 1961 *les Gens du voyage.* 1963 *les Premiers Pas.*

KARDAR Aaejay RÉ PAK Il réalisa au Pakistan Oriental *Quand naîtra le jour,* 1959, vie quotidienne dans un petit village de pêcheurs, remarquable réussite, tant par le scénario de Banhapaya que par la photographie de l'Anglais Walter Lassaly.

KARMEN Roman DOC URSS (Odessa 1906|avril 1978) Il fut moins un documentariste qu'un opérateur d'actualités, le plus grand peut-être, qui, à Madrid ou dans Shanghai bombardés, enregistra des images bouleversantes reproduites partout anonymement. Ainsi fut-il, durant la guerre d'Espagne, l'équivalent du photographe Robert Capa, qu'il contribua alors à former. 1933 *Moscou.* 1936-1937 *Espagne.* 1938 *la Chine se défend.* 1940 *l'Expédition de Sedov, Un jour du monde nouveau.* 1941 *En Chine.* 1943 *les Jours et les Nuits de Leningrad en lutte.* 1945 *Albanie.* 1947 *la Justice du peuple (le Procès de Nuremberg), Leningrad.* 1951 *Turkmenistan soviétique.* 1952 *Géorgie soviétique.* 1953 *les Puits de pétrole de la Caspienne, la Mer brûle.* 1955 *Vietnam.* 1959 Spectacle du *Kinopanorama.* 1961 *Cuba.* 1965 *la Grande Guerre patriotique* (montage d'actualités). 1973 *Continent en flammes* (sur le Chili).

KARMITZ Marin RÉ PR FR (Bucarest 1940|) Après un film intimiste sur le « mal à vivre » d'un jeune bourgeois (1968 *Sept Jours ailleurs*) qui révélait une réelle sensibilité aux agressions quotidiennes, il décidait selon ses propres termes, de se mettre « à la recherche d'un cinéma au service de la révolution ». Une « révolution » qui, pour lui, passe par la description du vécu d'exploitation des ouvriers et la dénonciation des « syndicats et des partis ». Reconverti à la fin des années 70 dans la distribution des films, il devait ensuite devenir un des plus importants producteurs français, à l'origine de bien des projets audacieux.

KASSILA Matti RÉ FIN (Keuru 12 janv. 1924|) Bon réalisateur finlandais, possédant un certain sens de la nature. Parmi la douzaine de films qu'il dirigea depuis 1949 : 1956 *le Temps des moissons (Elokuu).* 1959 *la Ligne rouge.* 1985 *la Famille Niskavuozi.*

KAST Pierre RÉ FR (Paris 22 déc. 1920|1984) Trop longtemps à son gré spécialisé dans le court métrage, il donna ensuite des mises en scène ingénieuses, intelligentes, intimistes, intellectuelles, parfois irritantes mais jamais indifférentes ou manquant de sincérité. Il a ainsi défini la clef de ses recherches : « Une chose, même très privée, dite sur un certain ton, risque de donner un aspect particulier accessible à tous, même si les détails ne sont pas directement compréhensibles. »
RÉ de CM : 1949 *les Charmes de l'existence, les Désastres de la guerre* CO-RÉ Grémillon. 1951 *les Femmes du Louvre,* 1952 *Je sème à tous vents.* 1953 *A nous deux Paris, Robida prophète et explorateur du temps.* 1954 *Ledoux, l'architecte maudit.* LM : 1957 *Un amour de poche,* 1960 *le Bel Age.* 1961 *la Morte Saison des amours.* 1963 *Vacances portugaises.* 1967 *Drôle de jeu.* 1971 *Macumba.* 1972 *les Soleils de l'île de Pâques.* 1976 *Un animal doué de déraison.* 1979 *le Soleil en face.* 1982 *la Guerillera.* 1983 *le Jour le plus court* TV. 1984 *l'Herbe rouge* TV.

KASTLE Leonard RÉ US (1929|) Ce compositeur et auteur d'opéras mérite qu'on ne l'oublie pas, lui qui a su oublier sa profession pour réaliser un film unique et pourtant magistral : *Honey moon Killers (les Tueurs de la lune de miel),* en 1970. A partir d'un fait divers banal, Kastle a construit une œuvre d'art remarquable, dépouillée et percutante. L'emploi du noir et blanc, le refus de toute concession au pittoresque, à la dramatisation, l'exigeante direction d'acteurs font de ce film un chef-d'œuvre rigoureux et stupéfiant.

KAUFMAN Boris PH FR US (Bialystok 190 ? | New York 8 juil. 1980) Grand opérateur, formé indirectement par ses frères Mikhail et Dziga Vertov et, directement, par Jean Lods et Jean Vigo. Depuis 1940 aux US, il a collaboré avec Kazan et Sidney Lumet. Émigre à Paris vers 1927.
EN FR : RÉ Vigo : 1929 *A propos de Nice.* 1931 *Taris.* 1933 *Zéro de conduite, l'Atalante.* - 1942-1947 DOC au Canada. AUX US : RÉ Kazan : 1954 *Sur les quais.* 1956 *Baby Doll.* 1961 *Splendor in the Grass.* RÉ Sidney Lumet : 1956 *Douze Hommes en colère.* 1959 *Une espèce de garce.* 1960 *l'Homme à la peau de serpent.* 1962 *le Long Voyage dans la nuit.* 1966 *le Groupe.*

KAUFMAN Mikhail PH DOC URSS (Bialystok 5 sept. 1897 | 1980) Remarquable opérateur et documentariste, il fut *l'Homme à la caméra* pour son frère aîné Dziga Vertov, et il paraît avoir élaboré la théorie de *la Vie à l'improviste (Jizn Vrasplokh),* saisie par le cinéma-œil. En 1926, avec *Moscou,* il réalisa le premier documentaire montrant une ville du lever au coucher du soleil. Il a réalisé en 1930 un long métrage lyrique avec *Vesnoï (Printemps).* A partir de 1941 travaille au studio des films de vulgarisation scientifique.

KAUL Mani RÉ INDE (Jodhpur, Rajasthan, 1942) Études au Film and Television Institute de Pune, d'où sont sortis à la fin des années 60, les meilleurs des nouveaux cinéastes indiens. C'est sans doute le plus rigoureux de cette génération de cinéastes indiens : une trajectoire simple pour chacun de ses films, une mise en scène dépouillée, le refus de tout exotisme. Il revendique comme maîtres Ozu et Bresson.
RÉ : 1970 *le Pain d'un jour.* 1971 *Un jour avant le mois des pluies.* 1973 *Indécision* (16 mm). 1977 *le Chef de police Gashiram* CO-RÉ. 1980 *l'Homme au-delà de la surface.* Il a également réalisé de nombreux courts métrages de recherche.

KAURISMÄKI Aki RÉ FIN (Helsinki, 1957 |) Un réalisme glauque troué de bouffées de poésie, des mélodrames bien appuyés qu'éclaire une irrévérencieuse fantaisie, c'est un cinéma tonique et surprenant que fait ce Finlandais, acteur, scénariste, à la tête (avec son frère Mika, cinéaste lui aussi) d'une maison de production baptisée Ville-alfa, en hommage à Eddie Constantine et Godard, et dirigeant la même bande d'acteurs, tout à la fois comédiens et chanteurs de rock. Il a, dit-il, passé son adolescence à voir des films. Tous les films. Et il a gardé comme maîtres Godard, Bresson, Ozu et Fuller. On pouvait plus mal choisir. Aussi ces films ont-ils le charme durable de ces histoires qu'on suit dans la tension provoquée par l'enchaînement des anecdotes, et dont il reste, finalement, des images très fortes car, bien au-delà de l'anecdote, elles touchent aux fondements même de la société : un gros lard d'Hamlet vautré sur son argent, un coup de pistolet, dans les toilettes, qui met fin à la vie d'un vieil ouvrier licencié, le bref éclat de rire d'un amour dans une vie de grisaille.
RÉ : 1983 *Crime et Châtiment.* 1985 *Calamari Union.* 1986 *Shadows in Paradise.* 1987 *Hamlet goes Business.* 1988 *Ariel.* CM : 1986 *Rock'y VI ; Tru'the Wire ; L.A. Woman* (rock-vidéos).

Aki Kaurismäki.

KÄUTNER Helmut RÉ ALL (Düsseldorf 25 fév. 1908 | avril 1981) Sensible, intelligent, plein d'humanité, le meilleur cinéaste de la RFA a fait alterner d'excellentes réussites avec des films manqués ou médiocres, par la faute souvent des conditions de travail. Selon Louis Marcorelles, son œuvre est, dans un monde d'intolérance, « un message de pureté et d'élégance ; il est le dernier romantique allemand ».
RÉ : 1939 *Kitty et la Conférence mondiale (Kitty und die Weltkonferenz).* 1940 *l'Habit fait le moine (Kleider machen Leute).* 1941 *Adieu, Franciska.* 1942 *Amuschka.* 1943 *Lumière dans la nuit (Romanze in Moll).* 1945 *Unter den Brücken.* 1947 *De nos jours (In Jenen Tagen).* 1948 *la Pomme est tombée (Der Apfel ist ab).* 1950 *Epilog.* 1954 *le Dernier Pont.* 1955 *Louis II de Bavière.* 1956 *le Général du diable, Ciel sans étoiles (Himmel ohne Sterne).*, 1958 *Mompti.* 1959 *le Reste est silence, Sans tambour ni trompette,* 1960 *le Verre d'eau.* 1961 *le Rêve de Lisette Muller.* 1963 *la Maison de Montevideo.* 1964 *Histoires de gamins.* 1970 *Die Feuerzangenbowle.*

KAVUR Ömer RÉ TUR (Ankara, 1944 |) Après des études de sociologie, de journalisme et de cinéma (IDHEC) à Paris, il s'affirme avec son premier long métrage sur une prostituée au XIXe siècle comme un des cinéastes majeurs de la Turquie. Dans un cinéma encore largement tourné vers le monde paysan, c'est à la ville qu'il ira chercher ses sujets, passant d'un réalisme social attentif aux psychologies individuelles, à des fictions de plus en plus tournées vers des personnages en crise, qui ont valeur métaphorique sur la crise de la société.
RÉ : 1974 *Emine.* 1979 *Gamins d'Istanbul.* 1981 *Oh, Belle Istanbul.* 1982 *Une triste histoire d'amour.* 1983 *le Lac.* 1984 *Korebe.* 1985 *Une route désespérée.* 1986 *Hôtel de la mère patrie.* 1987 *Voyage de nuit.*

KAWALEROWICZ Jerzy RÉ POL (Gwozdziec 19 janv. 1922 |) Excellent réalisateur de la seconde génération polonaise. Il a le sens du détail précis, de la caractérisation, de l'atmosphère, du récit romanesque. « Chaque film que je réalise reflète l'état présent de mon expérience de la vie, de l'art, des hommes et de l'amour. Dans notre monde en proie à la folie, il n'y a plus de vertus immuables. Il y a des motifs auxquels je reviens sans cesse : les sentiments les plus intimes qui ne font parfois qu'effleurer la conscience mais qui pèsent toujours de leur poids dans la destinée de l'homme. »
RÉ : 1951 *le Moulin du village (Gromada)* CO-RÉ et CO-SC K. Sumerski. 1953 *Cellulose* : I. *Une nuit de souvenirs.* 1954 II. *Sous l'étoile phrygienne.* 1956 *l'Ombre (Cien),* SC Kawalerowicz et A. Sciber Rylski, INT Zygmunt Kestowicz. 1957 *la Véritable Fin de la Grande Guerre (Prawdziwy Koniec Wielkiej Wojny).* 1959 *Train de nuit (Pociag).* 1961 *Mère Jeanne des anges;* 1966 *Pharaon.* 1969 *le Jeu.* 1970 *Maddalena.* 1977 *la Mort du président.* 1979 *Rencontre sur l'Atlantique.* 1982 *l'Auberge du vieux Tag (Austeria).*

Kawalerowicz, « Mère Jeanne des anges ».

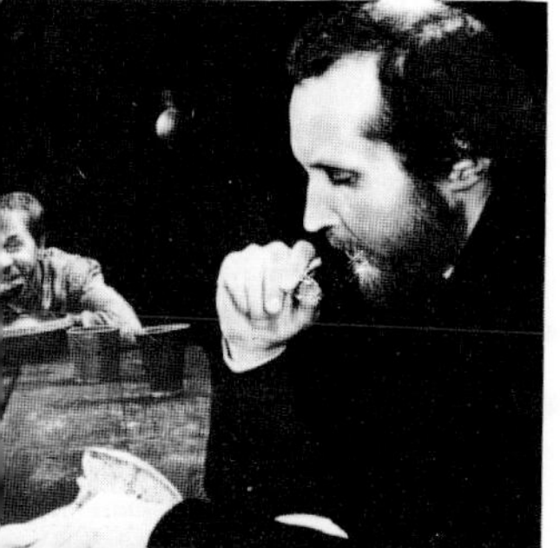

KAZAN Elia (E. Kazanjoglou) RÉ US (Constantinople 7 sept. 1909 |) Longtemps metteur en scène du Group Theatre, il a gardé de sa formation théâtrale une grandiloquence plus ou moins contenue dans les images comme dans la direction de comédiens, souvent formés par l'Actor's Studio. Après deux médiocres adaptations, il aborda avec une audace contingentée les erreurs judiciaires *(Boomerang),* l'antisémitisme aux US *(le Mur invisible),* les « gens de couleur » qui se font passer pour blancs *(Pinky).* Après 1950 et *Panique dans la rue,* la panique le saisit ; placé en face du maccarthysme, il préfère lui céder et « s'engagea à fond dans ce qu'il considérait comme une sorte de devoir moral » (Marcorelles). Il montra la révolution qui corrompt les hommes en prétendant les libérer *(Viva Zapata),* décrivit les syndicats comme conduits par des canailles qu'il faut moucharder *(Sur les quais),* affirma que les masses stupides suivent le premier venu *(Un homme dans la foule),* dénonça les « criminelles entreprises » des communistes en Europe *(The Man on a Tight Rope),* « un film dont je ne rougis pas, où il y avait des choses excellentes ». Durant cette seconde époque prédomina un style très soigné, foncièrement académique, boursouflé sous son apparent dépouillement. Sa meilleure réussite, *Baby Doll,* dut beaucoup à Tennessee Williams, dont il avait adapté antérieurement *Un tramway nommé désir.* Il donna son premier grand rôle à James Dean dans *A l'est d'Eden,* d'après Steinbeck. Après quatre ans, 1956-1960, consacrés au théâtre, il revint au cinéma avec *Quand gronde le fleuve* et *la Fièvre dans le sang.*
RÉ : 1945 *le Lys de Brooklyn (A Tree grows in Brooklyn),* INT Dorothy McGuire, James Dunn. 1946 *Boomerang.* 1947 *le Maître de la prairie (The Sea of Grass),* INT Spencer Tracy, Katharine Hepburn, *le Mur invisible (Gentleman's Agreement).* 1949 *l'Héritage de la chair (Pinky).* 1950 *Panique dans la rue (Panic in the Street),* INT Richard Widmark, Paul Douglas. 1951 *Un tramway nommé désir.* 1952 Viva Zapata. Mis en cause par les maccarthystes, il « nomme » ses anciens amis et publie un placard publicitaire dans le « New York Times », demandant à tous les « démocrates » de dénoncer les « rouges ». 1953 *The Man on a Tight Rope,* INT Fredric March, Gloria Grahame. 1954 *Sur les quais (On the Waterfront).* 1955 *A l'est d'Eden (East*

Elia Kazan

« Un tramway nommé désir », avec Vivian Leigh et Brando.

« America America »

of Eden). 1956 *la Poupée de chair (Baby Doll).* 1957 *Un homme dans la foule (A Face in the Crowd).* 1960 *Wild River (Quand gronde le fleuve).* 1961 *la Fièvre dans le sang (Splendor in the Grass),* SC William Inge, PH Boris Kaufman. 1963 *America, America.* 1969 *l'Arrangement,* SC Kazan, d'après son propre roman, INT Kirk Douglas, Faye Dunnaway, Deborah Kerr. 1972 *les Visiteurs,* INT Patrick McVery, Patricia Joyce. 1976 *le Dernier Nabab (The Last Tycoon).* 1989 Parution de ses mémoires : A Life (Une vie).

KEATON Buster ACT SC RÉ US (Pickway, Kansas, 4 oct. 1895 | Hollywood 1er fév. 1966) Ce très grand acteur, le seul comique américain qui puisse se comparer à Chaplin, est aussi un auteur, car il participa toujours à ses scénarios et souvent à leur réalisation. Nous énumérons ici sommairement les principales œuvres où parut ce singulier génie :
1917-1919 : 15 CM avec Fatty. 1920 à 1923 : la série des *Malec,* 21 CM, dont : 1920 *la Maison démontable de Malec (One Week).* 1921 *Malec forgeron.* 1922 *Cops.* 1923 *Malec aéronaute.* LM : 1923 *les Trois Ages, les Lois de l'hospitalité. 1924 Sherlock Junior, la Croisière du Navigator.* 1925 *Ma vache et moi.* 1927 *le Mécano de la « Général ».* 1928 *Cadets d'eau douce, l'Opérateur.* 1929 *le Figurant.* 1930 *le Metteur en scène.* 1931 *Buster se marie.* 1932 *le Plombier amoureux.* 1935 *le Roi des Champs-Élysées.* - AU MEX : 1946 *Pan dans la lune.* - AUX US : 1965 *Film, The Railrodder* MM, réalisé au Canada.

KEIGHLEY William RÉ US (Philadelphie 4 août 1893 | 1984) Venu du théâtre, il dirigea après 1930 de nombreux films médiocres, et on lui attribua ensuite la réussite de *Verts Pâturages* (1936), spectacle écrit et monté à Broadway par Marc Connelly, qui en fut le véritable auteur.

KELBER Michel PH FR ESP (Kiev 9 avril 1908 |) Formé par Marc Allégret, il s'affirma surtout après la guerre par ses belles images du *Diable au corps* (1947) RÉ Autant-Lara, et fut l'auteur de photographies raffinées, en noir ou en couleurs : *Ruy Blas, les Parents terribles* RÉ Cocteau. *French-Cancan* RÉ Renoir. *Grand-Rue* RÉ Bardem. *Amère Victoire* RÉ Nicholas Ray. *La Beauté du diable* RÉ René Clair.

KELETI Marton RÉ HONG (Budapest 1905 | 1973) Réalisateur abondant (on lui doit plus de quarante films de 1937 à 1973) dont on peut retenir : 1950 *Étrange mariage,* et surtout : 1959 *Hier,* tableau des événements dramatiques dont la Hongrie fut le théâtre en 1956.

KENDE Janos PH HONGR (Marseille 1941 |) L'opérateur de Jancso, pour tous ses derniers films : combinant le « zoom » et le travelling, il a su, dit Jancso « mettre la caméra au milieu des acteurs ».

KEZDI KOVACS Zsolt RÉ HONG (1936 |) Élève, comme quelques-uns des meilleurs cinéastes révélés dans les années 60, de Félix Mariassy, scénariste, il a « fait ses classes » au studio documentaire Bela Balazs, avant de se lancer dans la fiction, une fiction toujours très travaillée que le réel contemporain approvisionne largement, que ce soit sur le mode de la comédie grinçante *(Cher Voisin)* ou du drame que vit une petite communauté autour de personnages irréductibles, plaidoyer d'un anarchisme flamboyant pour l'amour fou – et dans ce cas incestueux *(Récidivistes)*.
RÉ : 1970 *Zone tempérée.* 1972 *Romantisme.* 1973 *l'Arroseur orange.* 1975 *Quand Joseph revient...* 1979 *Cher Voisin.* 1981 *le Droit à l'espoir.* 1982 *Récidivistes.* 1985 *l'Absent.* 1987 *les Cris.*

KHAMRAÏEV Ali RÉ URSS (Tachkent, 1937 |) Ce cinéaste ouzbek est passé d'un romantisme révolutionnaire exaltant les combats de la Révolution contre le fanatisme, dans des films d'action vivement enlevés, à une réflexion nostalgique sur les racines de la culture ouzbek et le risque de les voir disparaître.
RÉ (principaux films) : 1966 *les Cigognes blanches.* 1971 *Sans peur.* 1972 *la Septième Balle.* 1978 *Triptyque.* 1983 *Un été chaud à Kaboul.* 1989 *la Houri.*

KHATCHATURIAN Aram MUS URSS (Tiflis 6 mai 1904 | mai 1978) Musicien célèbre, qui écrivit également des partitions de films, notamment pour Mikhaïl Romm : *Matricule 217*, et pour Youtkevitch : *Othello.*

KHEIFITS Iossif RÉ URSS (Minsk 17 déc. 1905 |) Un des meilleurs réalisateurs soviétiques révélés après 1930. Avec son ami Zarkhi, ils dirigèrent de 1930 à 1940 une série de films consacrés surtout à la vie soviétique contemporaine, comme *le Vent dans le visage*, *le Député de la Baltique*, où Tcherkassov donna une de ses plus magistrales compositions, et *Membre du gouvernement*, dont le héros était une femme. La paix revenue, ils continuèrent de montrer, dans *Au nom de la vie*, leurs contemporains avec leurs problèmes et leurs passions. Ils cessèrent ensuite leur collaboration, mais ces qualités se retrouvèrent dans les films que Kheifits dirigea seul : *Une grande famille*, qui montrait la vie quotidienne des ouvriers d'un chantier naval, *l'Affaire Roumantzev* dont le héros était chauffeur de camion, et son œuvre la plus connue et la plus justement admirée : *la Dame au petit chien*, nuancée et mélancolique, adaptation exemplaire de la nouvelle de Tchekhov.
RÉ : 1928 *le Chant du métal (Piezn o Métalle)* CO-RÉ Zarkhi, Chapiro, Granatman. 1930 *le Vent dans le visage (Veter V. Litso)* CO-RÉ Zarkhi. 1931 *Midi (Poldien).* 1932 *Ma patrie (Moia Rodina).* 1935 *Gorjace D Enecki.* 1937 *le Député de la Baltique.* 1940 *Membre du gouvernement.* 1942 *Je m'appelle Soukhe Bator.* 1944 *la Colline Malakoff.* 1945 *la Défaite du Japon* DOC LM. 1946 *Au nom de la vie.* 1948 *les Précieuses Semences (Drago Tchennye Zerna).*

Kheifits

1954 *Une grande famille (Bolchaia Semya), les Flammes de Bakou* CO-RÉ Tachmassib. 1956 *l'Affaire Roumantzev.* 1960 *la Dame au petit chien.* 1962 *Horizon.* 1968 *la Flamme éternelle.* 1970 *Salut Maria.* 1973 *le Bon Méchant Homme.* 1975 *l'Unique.* 1977 *Assia.* 1979 *Épouse pour la première fois.*

KHLEIFI Michaël RÉ PALES (Nazareth, 3 nov. 1950 |) Diplômé de l'INSAS, il a réalisé plusieurs émissions (notamment des reportages en Palestine) pour la télévision belge, avant de tourner son premier long métrage, portraits croisés de deux femmes palestiniennes. « J'ai voulu, a-t-il dit, réaliser un film sur l'oppression et aller au-delà de l'image abstraite : moi, Palestinien, je suis victime de l'oppression sioniste, mais je suis aussi un bourreau par rapport à la femme et à l'enfant qui occupent, dans notre hiérarchie sociale, le bas de l'échelle. » C'est cette démarche, de profonde compréhension de la complexité du réel qui devait faire le prix du très beau *Noce en Galilée*, où,

dans la sensualité tendue d'une nuit de fête sous occupation, s'ouvrent les clivages non seulement entre deux communautés, deux cultures, mais à l'intérieur d'une même communauté, entre deux générations.
RÉ : 1980 *la Mémoire fertile.* 1984 *Maloul fête sa destruction.* 1987 *Noce en Galilée.*

KHOUTSIEV Marlen RÉ URSS (1924 |) Réalisa au début des années 60 un film qui déchaîna les critiques des autorités - et de Khrouchtchev en premier lieu - *J'ai vingt ans,* d'abord appelé *l'Avant-poste d'Illitch,* Illitch faisant bien sûr référence à Lénine. Sa sortie fut retardée, et le titre dut être changé. C'est que le scandale était là : Khoutsiev entendait faire de ces jeunes gens nonchalants et passionnés qui, en ces premières années 60, hantaient les nuits de Moscou de leurs discussions sans fin, les frères mêmes de combat des bolcheviks de la première génération. C'est pourtant de cette audace dans la construction des « temps » du film (ne voit-on pas un garçon dialoguer avec son père, mort à l'âge du fils à la guerre ?) que *J'ai vingt ans* tire aujourd'hui toute sa force. De cette audace et de la découverte émerveillée, en même temps que les jeunes protagonistes, d'une ville, Moscou, et d'une vie où l'on peut enfin respirer un air de printemps et de paix. A ce titre, et beaucoup plus que les films de Tchoukraï ou l'affreusement surfait en Occident *Quand passent les cigognes,* ce film, de près de quatre heures, peut être considéré comme un film charnière dans l'histoire du cinéma soviétique. Plus tard, professeur au VGIK, Marlen Khoutsiev qui avait commencé sa carrière comme assistant de Boris Barnet, a contribué à former une nouvelle génération de cinéastes.
RÉ : 1956 *le Printemps de la rue Zaretchnaïa* CO-RÉ Félix Moroner. 1959 *les Deux Fedor.* 1962-1964 *J'ai vingt ans* SC M. Khoutsiev et Guennadi Chpalikov, PH Margarita Pilikhina, INT V. Popov, Nikolaï Goubenko, M. Vertinskaïa, Zénaïde Zinovieva, Andrei Tarkovski. 1968 *les Pluies de juillet.* 1970 *C'était le mois de mai* (TV). 1971 *la Voile rouge de Paris* (TV). 1974 participation au montage du film laissé inachevé par Mikhaïl Romm, *Et pourtant je crois.* 1984 *Postface.*

KIESLOWSKI Krzysztof RÉ POL (Varsovie, 1941 |) Fort peu connu alors en Europe occidentale, il secoua le festival de Cannes en 1987 avec *Tu ne tueras point,* violence glacée de l'impitoyable histoire d'une double exécution : celle d'un chauffeur de taxi par un passager, et celle du meurtrier par

Krzysztof Kieslowski

la société. Il faisait pourtant des films (pour le cinéma et pour la télévision) depuis sa sortie de l'école de Lodz en 1969, et d'abord des documentaires décapants, dont plus d'un avait eu des ennuis avec les censeurs. Et c'est pour serrer de plus près la noire réalité de son pays en crise qu'il aborda la fiction. « Beaucoup de nouveaux cinéastes, avait-il dit en 1979, viennent du documentaire : ils enregistrent la réalité. Alors que la télévision est conçue comme un moyen de propagande, ils s'efforcent de décrire la société telle qu'elle est... Nous voulons dire notre propre vérité, montrer sans hypocrisie les contradictions sociales, dénoncer le hiatus entre la théorie idéologique et sa réalisation quotidienne. Nos films sont des films de questions, pas de réponses » (cité par Marcel Martin dans le catalogue du festival de La Rochelle 1988).
RÉ : CM 1969 *De la ville de Lodz.* 1970 *J'étais soldat, l'usine.* 1971 *les Ouvriers, Avant le rallye, le Refrain.* 1973 *le Maçon, l'Enfant, la Radiographie.* 1975 *Curriculum vitae.* 1976 *la Claque.* 1977 *l'Hôpital.* 1978 *Sept Femmes d'âge différent.* 1979 *le Point de vue du gardien de nuit.* 1980 *Têtes parlantes.* 1981 *la Station.* 1982 *Krotki dzien pracy.*
LM : 1976 *la Cicatrice.* 1979 *l'Amateur.* 1982 *le Hasard* (sorti en 1987). 1984 *Sans fin* (sorti en 1987). 1987 *Tu ne tueras point.* 1988 *Brève Histoire d'amour.*
TV : 1973 *Passage souterrain, le Premier Amour.* 1975 *le Personnel.* 1976 *le Calme.* 1988 *le Décalogue.*

KIMIYAVI Parviz RÉ IRAN (Téhéran, 21 avril 1939 |) Étude à Paris (école de la rue de Vaugirard et IDHEC), débuts à l'ORTF comme assistant. Il tourne ensuite en Iran des documentaires et des films de fiction, ne reculant pas devant des incursions dans le fantastique.
RÉ : 1970 *Shiraz.* 1971 *O, Protecteur de la gazelle, P. comme pélican.* 1973 *les Mongols.* 1975 *le Jardin de pierre.* 1977 *O.K. Mister.* 1981 *la Tranchée.*

KING Allan RÉ PR CAN 1930 |) L'oiseau rare : « le » cinéaste canadien anglophone connu en France à côté des Québécois. Documentariste, il fut remarqué pour *Warrendale*, psychodrame tenu de main de maître dans une institution pour enfants difficiles.
RÉ : 1964 *Running away Backyards.* 1966 *Warrendale.* 1969 *A Married Couple.* 1973 *Come on Children.* 1977 *Has seen the Wind.* 1979 *One Night Stand.*

KING Henry RÉ US (Christiansburg 1886 | 1982) Formé notamment par Thomas Ince, il dut peut-être à ses ascendances sudistes de réaliser le chef-d'œuvre que fut : 1921 *David le tolérant (Tol'able David).* Il est resté, depuis, un réalisateur acceptant tous les sujets, mais, pour son sens du récit par les images, quelquefois d'une valeur comparable à son contemporain Raoul Walsh.
RÉ : 1918-1919 westerns pour William Russel ; *23 Heures et demie de permission.* 1920 films pour Harry Warner et Anna Nilsson. 1921 *Tol'able David (David le tolérant).* 1922 *Frère d'armes (Sonny).* - A ROME : 1923 *la Sœur blanche (The Withe Sister).* 1924 *Romola*, INT Lilian et Dorothy Gish. - A HOLLYWOOD : 1925 *Stella Dallas.* 1926 *The Winning of Barbara Worth*, (débuts de Gary Cooper). 1927 *The Magic Flame*, INT R. Colman, Vilma Banky. 1929 *Hell's Harbor (le Port de l'enfer)*, INT Lupe Velez, John Hersholt. 1931 *Maman (Over the Hill).* 1934 *Marie galante.* 1935 *Way down East*, nouvelle version. 1936 *les Docks de Londres (Llyod's of London), Ramona.* 1938 *l'Incendie de Chicago (In Old Chicago)*, INT Tyrone Power, Henry Fonda, *Stanley and Livingstone*, INT Spencer Tracy. 1940 *Little Old New York.* 1943 *le Chant de Bernadette.* 1944 *Wilson.* 1945 *A Bell for Adano (Une cloche pour Adano).* 1947 *Capitaine de Castille.* 1949 *Un homme de fer, Prince of Foxes (Échec à Borgia).* 1951 *David et Bethsabée.* 1952 *les Neiges du Kilimandjaro.* *1954 Untamed (Tant que soufflera la tempête).* 1955 *Love is a many Splendored Thing (la Colline de l'adieu).* 1956 *Carrousel.* 1957 *le Soleil se lève aussi.* 1962 *Tendre est la nuit.*

Henry King, 1948.

KING HU (dit **Hu Jinquan**) RÉ HONG KONG (Pékin, 1931 |) Scénariste, acteur, décorateur, speaker et producteur à la radio (The Voice of America) de Hong Kong où il s'est installé en 1949, ce « lettré du cinématographe », comme il fut nommé (Paul Bady, in Positif n° 277) a donné des films étonnants, inclassables feuilletons de cape et d'épée nourris d'une immense culture, où se mêlent sans à-coups, le temps d'une bataille chorégraphique, le merveilleux des fables antiques et le quotidien de personnages sur la voie de leur accomplissement, où les vivants croisent sans étonnement des fantômes comme si le cinéma n'était fait que pour ces impossibles rencontres.
RÉ (principaux films) : 1962 *l'Histoire de Sue San.* 1965 *Viens boire avec moi.* 1967 *Dragon Gate Inn.* 1968 *A Touch of Zen.* 1975 *Raining in the Mountains.* 1978 *Légende de la montagne.* 1983 *Tous les hommes du roi.*

KINOSHITA Keisuké RÉ JAP (5 déc. 1912 |) Il remporta ses premiers succès avec des comédies légères et devint un des meilleurs cinéastes japonais, en se renouvelant sans cesse, en abordant tous les genres : néo-réaliste avec *24 Prunelles*, ou opéra légendaire avec *Narayama.* « Dans chaque nouveau film, j'essaie de faire quelque chose que je n'ai jamais fait. Je ne suis pas comme ces réalisateurs qui disent : Wyler nous a montré le chemin, suivons-le. Si quelqu'un a déjà réussi quelque chose, alors, cela ne m'intéresse plus. » 1936-1943 ASS à la Toho.
RÉ : 1943 *le Port en fleurs.* 1944 *l'Armée.* 1946 *le Matin de la famille Ozone.* 1948 *la Faute.* 1949 *le Fantôme Yotsuya.* 1950 *le Tambour brisé, le Retour de Carmen.* 1953 *la Tragédie du Japon.* 1954 *Tragédie d'une femme, 24 Prunelles (Nijushi no hitomi).* 1955

Kinoshita

Nuages lointains. 1957 *le Temps de la joie et du chagrin, le Nuage illuminé de soleil (Yukake Gumo),* 1958 *la Légende de Narayama, l'Éternel Arc-en-ciel.* 1959 *Neige en fureur (Seikishuncho).* 1960 *la Rivière Fuefuki.* 1961 *l'Esprit acide,* 1962 *l'Amour de cette année (Kotoshi no koi), Balade d'un ouvrier (Futari de aruita iku shunju).* 1963 *Chantez, les jeunes gens (Utae Wakodo tachi), la Légende de la lutte à mort (Shito no densetsu).* 1964 *l'Odeur d'un parfum (Koge).* 1967 *Nostalgie des filles et des tambours (Natsukashiki fue ya taiko).* 1976 *Amour et Rupture au Sri Lanka.* 1985 *les Enfants de Nagasaki.*

KINUGASA Teinosukè Kukame RÉ JAP (Mié 1er janv. 1896 | Kyoto 1982) Il fut le fondateur, au Japon, du cinéma comme art, avec ses contemporains Kenji Mizoguchi et Tomu Uchida. Il avait été acteur « oyama » de 1914 à 1922, et avait organisé une grève de ces spécialistes des rôles féminins pour exiger qu'on remplace les travestis par des actrices. Revendiquant l'autonomie du cinéma comme art, après ses débuts dans *les Deux Oiseaux,* il se place à l'avant-garde du cinéma nippon avec *Une page folle,* qu'il fonde sur la théorie du « néo-sensationnalisme ». Ayant terminé avec *Jujiro (Ombre sur Yoshiwara)* une œuvre d'une grande originalité, il part pour l'Europe, où il rencontre Eisenstein et Poudovkine. De retour à Tokyo, il tire les leçons de son voyage, avec *Avant l'aube,* remarquable pour son montage et sa polémique contre le féodalisme. Après *les 47 Ronins,* il participe avec ses amis Mizoguchi et Uchida au « nouveau réalisme », qui poursuit la création de films « idéologiques ». Après la guerre, il participe à la « démocratisation » du Japon, notamment avec *Un soir avec le prince*; toujours épris de recherches, il emploie remarquablement la couleur : *la Porte de l'enfer,* Grand Prix de Cannes, et fragmente l'écran large dans son *Héron blanc.* Il a dirigé plus de cent films, parmi lesquels beaucoup de besognes. Il joua un rôle décisif dans l'évolution du cinéma en Extrême-Orient, surtout à l'époque du muet.

Kinugasa, 1963.

RÉ : 1922 *Niwa no Kotori (Deux Petits Oiseaux), Hibana.* 1924 *Mit Su (l'Amour), la Pluie de Polownia.* 1925 *le Soleil.* 1926 *Kurutta Ippeiji (Une page folle).* 1927 *le Palanquin.* 1928 *Jujiro (Routes en croix* ou *Ombres sur Yoshiwara).* 1931 *Reimei Izen (Avant l'aube).* 1932 *Genrohu Chushingura (les 47 Ronins), Ikinokata Shinsengumi (les Shinsengumi survivants).* 1933 *Futatsu Doro (les Deux lanternes).* 1934 *Ipponto Dohyo Iri (le Prodigieux Lutteur).* 1935 *Yukinojo Henge (le Déguisement de Yukinojo).* 1937 *Osaka Natsu no Jin (la Bataille d'été à Osaka).* 1938 *la Princesse serpent.* 1941 *la Bataille de Kanakajima.* 1943 *Susume Dskieritsoki (En avant pour l'indépendance de l'Inde).* 1946 *Aru yo no Tonosama (Un soir avec le prince).* 1947 *Joyu (l'Actrice).* 1950 *Nichirin (le Soleil).* 1952 *Dai Butsu Kaigen (le Grand Bouddha).* 1953 *Jigoku-Mon (la Porte de l'enfer).* 1954 *Histoires de Shinkin.* 1958 *le Héron blanc.* 1959 *Joen.* 1960 *Uta Andon (la Lanterne), Midaregami (Cheveux ébouriffés).* 1961 *Okoto to Sasuke (Okoto et Sasuke).* 1963 *Uso (Mensonge).* 3e sketch. *Yoso (le Bonze magicien).* 1963 *le Héron blanc.* 1967 *le Petit Fugitif* CO-PR JAP-URSS.

KIRAL Erden RÉ TUR (Gölcük, 1942 |). Des sujets forts, une écriture sans détours s'attachant aux contrastes marqués, il a donné son meilleur film sans doute avec *Une saison en Hakkari,* « hivernage » d'un instituteur dans un milieu d'abord hostile, long apprentissage du respect mutuel, qui demeura quatre ans interdit.
RÉ : 1978 *le Canal.* 1980 *Terres fertiles.* 1983 *Une saison en Hakkari.* 1984 *le Miroir.* 1986 *Dilan.*

KIRCHER Athanasius INV ITAL (Allemagne 12 mai 1601 | Rome 28 nov. 1680) Père jésuite, il fut le premier à décrire - sinon à inventer - la lanterne magique dans « Ars magnae lucis et umbrae », 1646.

KIRSANOFF Dimitri RÉ FR (Dorpat, Russie, 6 mars 1899 | Paris 11 fév. 1957). Il fut, avec *Ménilmontant*, 1927, un remarquable précurseur du réalisme poétique français et du néo-réalisme italien. Il poursuivit assez longtemps ses recherches, notamment par le contrepoint sonore de *Rapt* (1934), mais dut finalement se résigner à des besognes.

KLEIN William RÉ FR (USA 1929 |) Photographe, graphiste, il est venu au cinéma avec un document/fiction chaleureux et sophistiqué sur le monde de la mode : 1966 *Qui êtes-vous Polly Magoo ?*, avant de s'engager dans un cinéma de militant, qu'il s'agisse de l'élaboration d'une fiction intégrant le « reportage » : 1968 *Mister Freedom*, ou du montage de documents : 1967 *Loin du Vietnam* (la partie sur les manifestations aux USA). 1969 *Cassius le Grand*. 1970 *Eldridge Cleaver, Black Panther* (tourné en Algérie). 1971 *Festival panafricain d'Alger*. 1977 *le Couple témoin*. 1978 *Mai 68 par lui-même (Grands Soirs, Petits Matins), The Little Richard Story* CO-PR US-RFA. 1981 *The French*. 1983 *Contacts* CM. 1984 *Ralentis* CM. 1985 *la Mode : mode d'emploi*.

KLIMOV Elem RÉ URSS (1933 |). Ingénieur, puis cinéaste, il est passé de la comédie d'observation à un lyrisme paroxystique qui charrie de grandes beautés aussi bien que des moments d'agitation un peu vaine. Nommé en juillet 1986 président de l'Union des cinéastes, il a joué un grand rôle dans le renouveau des structures du cinéma soviétique, et fait débloquer pas mal de films que la censure avait retenus.
RÉ : 1964 *la Noce* CM, *Soyez les bienvenus/Entrée interdite aux étrangers*. 1967 *les Aventures d'un dentiste*. 1971 *Sport, sport, sport*. 1973 Participation au montage, avec Marlen Khoutsiev, du film laissé inachevé par Mikhail Romm : *Et pourtant, je crois*. 1974 *Raspoutine l'agonie* (sorti au festival de Moscou en 1981, et en salles en 1985). 1980 *Larissa* CM, sur sa femme la cinéaste Larissa Chepitko, tuée dans un accident de voiture. 1981 *les Adieux à Matiora*. 1984 *Va et Regarde*.

KLINE Herbert RÉ US (Chicago 13 mars 1909 |). Journaliste, adhérent du « John Reed Club », il fut formé par l'école de New York et réalisa un film important *le Village oublié* (1941) sur un scénario de Steinbeck, après des documentaires tournés en Espagne pendant la guerre civile, dont *Victoire sur la vie* (1938, CO-RÉ Cartier-Bresson), en Tchécoslovaquie et en Pologne.
RÉ (principaux films) : 1949 *The Kid from Cleveland*. 1979 *The Challenge*. 1981 *Acting : Lee Strasberg and the Actors Studio*.

KOBAYASHI Ichizo PR JAP (Kofu 3 janv. 1873 | Tokyo 1957) Pittoresque businessman nippon, fondateur de la grande société Toho. Dirigeant en 1912 une compagnie de chemins de fer pour le trust Mitsui, il crée sur le parcours peu fréquenté d'une de ses lignes, à Takarazuka, un gigantesque parc d'attractions avec des troupes de girls. Il fonde une chaîne de music-halls pour les Takarazuka Girls, puis en 1932 la Toho, chaîne de cinémas qui entreprend la production de revues de music-hall filmées, puis de tous les genres, dont des films de propagande guerrière. Il devient en 1940 ministre du second cabinet Konoye. En 1942-1943, il contribue à former un super-trust du cinéma japonais, dominé par la Toho. En 1945, épuré par l'administration américaine de Mac Arthur, il est éliminé de la Toho, qui est confiée aux syndicats ouvriers. En 1948, les syndicalistes sont éliminés par la police de la Toho, et en 1951 Kobayashi redevient président de la Toho, pour se retirer en 1955 tout en restant président d'honneur.

KOBAYASHI Masaki RÉ JAP (Hokkaïdo 4 fév. 1916 |) Il a réalisé le plus long film japonais (huit heures de projection) : *la Condition humaine*, une tragédie ayant la guerre et ses horreurs pour sujet, une œuvre capitale des années 1960.

Kobayashi, « Harakiri ».

1941 : ASS de Kinoshita aux studios Shoshiku. Passe dans les rangs des Indépendants après la guerre. RÉ : 1952 *la Jeunesse du fils (Musuku no Seishun).* 1953 *Sincérité (Magokoro).* 1954 *la Chambre aux murs épais (Kabe Atuskihea),* INT Tatsuya Nakadai. 1955 *Quelque part sous le ciel immence (Kono Iroi Sola no Do Kokani).* 1959-1961 *la Condition humaine (Ningen no Joken), from* Jumpei Gomtkawa - I : *Il n'y a pas de plus grand amour* - II : *le Chemin vers l'éternité* - III : *la Prière du soldat.* 1962 *l'Héritage (Karami).* 1963 *Harakiri (Seppuku).* 1964 *Kwaidan, from* Lafcadio Hearn. 1967 *Rébellion (Joi Uchi).* 1968 *Jeunesse du Japon* ou *Pavane pour un homme épuisé (Nippon ni Sheishun).* 1970 *l'Auberge du mal (Inochi Bonifuro).*

KONCHALOVSKI Andrei (VOIR MIKHALKOV-KONCHALOVSKI ANDREI).

KONDOUROS Nikos RÉ GRÈCE (Crète 1926 |) L'un des meilleurs réalisateurs grecs de l'immédiat après-guerre, sincère, heurté, brûlant, direct, foisonnant, prenant ses héros dans un monde populaire et bouleversé ; il exprima mieux qu'aucun autre l'âme de son peuple, tout particulièrement dans *la Ville magique* (1954) et *l'Ogre d'Athènes* (1936), *Jeunes Aphrodites* (1962), *les Fleurs* (1960-1964). Il réalisa ensuite avec moins de bonheur. 1967 *le Visage de la Méduse.* 1974 *Ta Tragoudia to Fotias.* 1985 *Bordello.*

KONWICKI Tadeusz RÉ POL (1926 |) Romancier polonais, il réalisa *le Dernier Jour de l'été* (1959), *la Toussaint* (1962), œuvres fort personnelles (encore qu'on ait évoqué Antonioni à son sujet), et dominées par la hantise de la guerre. RÉ : 1965 *Salto.* 1972 *Si loin si près.* 1982 *la Vallée de l'Issa.*

KOPALINE Ilya RÉ URSS (Région de Moscou 1900 | 1976) Un des « kinoks » formés après 1924 par Dziga Vertov, dont il fut le collaborateur ; il est devenu ensuite un documentariste apprécié en URSS.
RÉ notamment : 1941-1945 Divers DOC LM avec Varlamov. 1945 *la Conférence de Berlin.* 1946 *la Tchécoslovaquie libérée.* 1947 *Une journée du pays victorieux* CO-RÉ Zetkina. 1950 *la Transformation de la terre.* - EN ALBANIE : 1951 *le Chemin glorieux* CO-RÉ Endri Kekko. 1952 *Albanie,* CO-RÉ Chtchichtine.

KORDA Sir Alexander RÉ PR HONG ALL AUT US FR GB (Hongrie 16 sept. 1893 | Londres 23 janv. 1956) Incontestablement un « grand producteur ». Après une carrière internationale de

Sir Alexander Korda

réalisateur, couronnée par le succès de son *Henry VIII,* 1932, il imprima au cinéma anglais son style de fastueuses coproductions cosmopolites, surtout dans le goût américain. Il appela alors à Londres quelques-uns des meilleurs cinéastes mondiaux, mais les écrasa sous son faste. Sans être un grand artiste, il compta dans l'histoire du cinéma par son influence et son action.
RÉ : 1916-1919 Une vingtaine de films, dont EN HONG : 1916 *Nuits blanches, la Fable de la machine à écrire.* 1917 *le Billet d'un million, le Parapluie de saint Pierre, Michel le magnat.* 1918 *Harrison et Barrison, le Faune.* 1919 *Mary Ann, Ave Cœsar, Yamata, Roses blanches, le Cent Onzième.* -A VIENNE ET BERLIN : 1920 *Sa Majesté le mendigot.* 1922 *l'Impératrice de la mer.* 1923 *la Tragédie des Habsbourg.* 1925 *le Danseur de ma femme.* 1926 *le Garde du corps, Madame ne veut pas d'enfant, from* Clément Vautel. - AUX US : 1927 *la Vie privée d'Hélène de Troie,* INT Maria Korda, Ricardo Cortez. 1928 *Night Watch, Yellow Lily.* 1930 *Princess and the Plumber.* -EN FR : 1931 *Rive gauche, Marius.* - EN GB : 1927 *Service for Ladies.* 1932 *Private Life of Henry VIII (la Vie privée d'Henry VIII). Wedding Rehersal.* 1933 *la Dame de chez Maxim's.* 1934 *la Vie privée de Don Juan,* INT Douglas Fairbanks. 1936 *Rembrandt,* INT Charles Laughton. 1940 *Conquest of the Air.* 1945 *Perfect Strangers.* 1948 *Un mari idéal.*
PR EN GB : 1935 *Bozambo* RÉ Z. Korda ; *Fantôme à vendre* RÉ R. Clair ; *les Temps futurs* RÉ C. Menzies. 1937 *Chevalier sans armure* RÉ Feyder. 1939 *les Quatre Plumes blanches* RÉ Z. Korda ; *le Lion a des ailes* RÉ Powell, etc. 1940 *le Voleur de Bagdad* RÉ Powell. - AUX US : 1942 *To be or not to be (Jeux dangereux)* RÉ Lubitsch ; *le Livre de la jungle* RÉ Z. Korda. - EN GB : 1948 *Anna Karénine* RÉ Duvivier ; *Première Désillusion* RÉ C. Reed. 1955 *l'Autre Homme* RÉ Litvak.

KORDA Vincent DÉC US GB (Hongrie 1896 | janv. 1979) Collaborateur de ses frères et d'autres réalisateurs, il a été pour eux un décorateur de talent, sachant fort bien réussir les effets de grande mise en scène : *la Vie privée d'Henry VIII, Bozambo*, etc.

KORDA Zoltan RÉ GB US (Hongrie 3 mai 1895 | Hollywood 1961) Frère d'Alexandre, il collabora avec lui à partir de 1920 dans divers pays. Il a réalisé quelques films estimables, et diverses superproductions :
1935 *Bozambo.* 1937 *Elephant Boy.* 1939 *les Quatre Plumes blanches.* 1943 *Sahara.* 1952 *Pleure, mon pays bien-aimé.*

KOSA Ferenc RÉ HONG (1937 |) L'un des cinéastes hongrois des années 60 qui sut parler avec le sens critique le plus aigu et le lyrisme le plus chaleureux de la Hongrie accédant au socialisme : d'où la richesse contradictoire de *Dix Mille Soleils*
RÉ : CM : 1961 *Une étude.* 1962 *Lumière.* 1968 *Suicide.* LM : 1967 *les Dix Mille Soleils.* 1970 *Jugement.* 1972 *Hors du temps.* 1974 *Chute de neige.* 1977 *Portrait d'un champion (Küldetes).* 1981 *le Match (Mézközés).* 1982 *Guernica.* 1987 *le Droit soit au dernier mot.*

KOSMA Joseph MUS FR ESP (Budapest 22 oct. 1905 | 1969) Musicien personnel, d'un talent incontestable. Il possède le sens d'une musique véritablement populaire. Il écrivit des partitions mémorables, notamment pour Renoir et Carné. Son style s'accorde parfaitement avec la poésie de Prévert, et il fut tout autant que ce dernier l'auteur de leur succès permanent, « les Feuilles mortes ».
RÉ Renoir : 1936 *le Crime de Monsieur Lange*, avec Jean Wiener, *Une partie de campagne.* 1937 *la Grande Illusion.* 1938 *la Marseillaise, la Bête humaine.* 1939 *la Règle du jeu.* 1956 *Eléna et les hommes.* RÉ Carné : 1936 *Jenny.* 1944 *les Enfants du paradis.* 1946 *les Portes de la nuit.* 1950 *la Marie du port.* 1951 *Juliette.* RÉ Le Chanois : 1949 *l'École buissonnière.* 1951 *Sans laisser d'adresse.* 1952 *Agence matrimoniale.* RÉ Grimault : 1952 *la Bergère et le Ramoneur.* RÉ Bardem : 1956 *Grand-Rue.* RÉ Buñuel : 1956 *Cela s'appelle l'aurore.*

KOSTER Henri (Hermann Kösterlitz) RÉ ALL US (Berlin 1er avril 1905 | 21 oct. 1988) Réalisateur à tout faire, de la comédie à la grande mise en scène. Formé à Berlin par l'UFA, il eut à Hollywood assez d'entrain avant-guerre, quand il dirigea la jeune Deanna Durbin : *Three Smart Girls* (1937). On lui confia la mise en scène du premier cinémascope : *la Tunique* (1953).

KOULECHOV Lev RÉ URSS (Tambov 1er janv. 1899 | 1944) Fondateur du cinéma soviétique, avec son antagoniste Vertov. Dès l'âge de vingt ans, il considérait le montage comme le principal moyen d'expression cinématographique. Formé par Eugène Bauer, il devint opérateur d'actualités pour l'Armée rouge, puis s'imposa comme professeur à l'Institut du cinéma, dont les dirigeants avaient peu confiance en ce jeune hurluberlu. Groupant autour de lui Khokhlova, Obolensky, Komarov, Poudovkine, Barnett, Inkijinov et autres « mauvais élèves », il réussit à fonder son « Laboratoire expérimental ». Là, il réalise ses « films sans pellicule », suite de photographies fixes. Il y utilisa jusqu'à l'excès toutes les ressources de la mise en scène, prenant pour interprètes des « modèles vivants », c'est-à-dire des acteurs formés spécialement pour le cinéma, et non

Koulechov

« Encre rose »

pour le théâtre. Pour démontrer le rôle créateur du montage, il fait plusieurs expériences : modification en apparence d'une expression, en montant un plan de l'acteur Mosjoukine successivement avec un enfant (tendresse), une femme dans un cercueil (tristesse), une assiette de soupe (appétit) ; création d'une femme idéale, avec yeux, mains, dos, bouche, chevelure, etc., pris à plusieurs femmes ; géographie imaginaire avec des rues filmées dans divers quartiers ou cités, etc. Ce théoricien réalisa avec ses élèves deux parodies burlesques des serials américains : *Mr West* et *le Rayon de la mort*, puis une tragédie-western d'après Jack London : *Dura Lex*, son chef-d'œuvre avec *Encre rose*. Après 1925, son équipe se dispersa. Comme réalisateurs, Barnett et Poudovkine mirent son enseignement à profit. Il publia, en 1939, un ouvrage sur la mise en scène classique, ouvrage qui attend encore un traducteur français.

1916-1917 DÉC pour E. Bauer et Tchaïkovsky. Termine *Pour le bonheur*, (1917) après la mort de Bauer.

RÉ : 1917 *Chanson d'amour inachevée*. 1918 *le Projet de l'ingénieur Prate*. 1918-1919 Opérateur aux armées. 1920 *Sur le front rouge* CM. Monte à Moscou le « Laboratoire expérimental ». 1921-1922 « Films sans pellicule ». 1924 *Neobytchaïnye Prikhoutennaia Mistera Vesta V Strane Bolchevikov (les Aventures extraordinaires de Mr West au pays des Bolcheviks)*. 1925 *Loutch Smerti (le Rayon de la mort)*, SC Poudovkine, PH Levitski, INT Poudovkine, Komarov, Fogel, Khokhlova, M. Doller, Obolinsky. 1926 *Po Zakonou (Selon la loi* ou *Dura Lex*. 1927 *Journalitska (la Journaliste* ou *Votre connaissance)*, SC Koulechov, PH Kouznetsov, DÉC Rekhal et Rodtchenko, INT Khokhlova, Pgalejdev, Ferdinandov. 1929 *le Joyeux Canari*, SC Gousmann et Marienhof CO-RÉ Vasiltchikov, PH Frantzison et Ermolov, INT G. Kravtchenko, Faït, Komarov, Poudovkine. 1930 *Dva Bouldej, Dva ! (Deux Bouldy, deux !)*, SC Brik et Agadjanova, INT Komarov, Kotchetov, Faït, M. Jarov, Koltzov ; *Électrification* DOC. 1932 *Horizons*. 1933 *Encre rose* ou *le Grand Consolateur*. 1940 *les Sibériens*. 1941 *Descente dans un volcan* CO-RÉ Khokhlova. 1942 *le Serment de Timour*. 1944 *Nous autres, de l'Oural*.

KOULIDJANOV Lev RÉ URSS (Tiflis 19 mars 1924 |) Bon représentant de la génération soviétique d'après-guerre, sensible, personnel, critique.

CO-RÉ avec Seguel : 1957 *Ça a commencé comme ça*. 1958 *la Maison où je vis*. 1959 *les Parents étrangers*. 1961 *Quand les arbres étaient grands*. 1969 *Crime et Châtiment*. 1973 *Une minute dans les étoiles*. 1983 *les Années de jeunesse de Karl Marx*.

KOVACS Andras RÉ HONG (Roumanie 1925 |) On peut tenir pour un des artisans de la floraison du cinéma hongrois ce réalisateur rigoureux qui dirigea dans les années 50 le service de lecture des scénarios à Budapest, et qui écrivit : « Que signifie être révolutionnaire dans un système où les forces révolutionnaires sont au pouvoir : voilà ce qui m'intéresse » (*in* « Études cinématographiques » n° 73). Interrogation à laquelle s'efforce de répondre une œuvre, au bon sens du terme, didactique, scénarios fortement charpentés et d'une grande lisibilité qui, soit directement *(les Murs, Labyrinthe)* soit par le biais d'une réflexion sur le pouvoir et la foi *(les Yeux bandés)* évoquent pour la plupart les années « staliniennes ». Une grande réussite : *le Haras*, où la pédagogie historique se réchauffe de lyrisme pour dire les rapports d'hommes très divers (anciens officiers horthystes et jeunes communistes) aux chevaux et à leur propre histoire, celle des affrontements à mort d'après la Libération.

RÉ : 1960 *Averse*. 1961 *les Toits de Budapest*. 1962 *Étoile d'automne*. 1964 *les Intraitables*. 1966 *Jours glacés*. 1968 *les Murs*. 1969 *Extase de 7 à 10*. 1970 *Course de relais*. 1972 *Terre en friche*. 1974 *les Yeux bandés*. 1976 *Labyrinthe*. 1978 *le Haras*. 1979 *Un dimanche d'octobre*. 1983 *Liaison de l'après-midi*.

KOZINTSEV Gregori RÉ URSS (Kiev 22 mars 1905 | 1973) Un des grands réalisateurs soviétiques. Les films, trop peu connus hors d'URSS, qu'il réalisa avec Trauberg, occupent le premier rang dans la production 1930-1940. Les deux hommes, très jeunes encore, avaient fondé à Leningrad la « Fabrique de l'acteur excentrique » (FEKS), mouvement théâtral futuriste auquel appartinrent Kapler, Youtkevitch et, pour peu de temps, Eisenstein. A l'opposé de Dziga Vertov, ils réclamaient l'excès dans la mise en scène par un recours au cirque, au cabaret, au music-hall, aux films d'aventures dont leur premier court métrage, *les Aventures d'Octobrine*, fut une joyeuse parodie. Avec *le Manteau*, ils parurent évoluer vers l'expressionnisme et furent près de créer un chef-d'œuvre avec *la Nouvelle Babylone*, où les recherches plastiques originales s'alliaient à une sincère émotion. Avec le parlant, ils atteignirent le sommet de leur art avec *Seule*, et surtout la trilogie des *Maxime*. Leurs types, profondément liés à l'histoire révolutionnaire russe, évoluèrent

Kozintsev

Kozintsev, « la Nouvelle Babylone ».

avec les ans, les expériences, le cours de l'histoire. Dans cette vaste épopée moderne des *Maxime* (5 ou 6 heures de projection), ce parfait exemple du meilleur réalisme socialiste, ils ne renoncèrent pas à divers apports du FEKS. La guerre devait interrompre leur œuvre et leur collaboration. Kozintsev se consacra à la mise en scène de théâtre. Il revint au cinéma avec un *Don Quichotte*, intelligemment mis en scène, d'une sensibilité un peu mélancolique. 1919 Metteur en scène à Kiev. 1921 Fonde à Petrograd avec Trauberg la FEKS (Fabrique de l'acteur excentrique). 1922 Ils font scandale en présentant *Hyménée*, de Gogol, dans le style du cirque et du music-hall.
CO-RÉ avec Trauberg : 1924 *les Aventures d'Octobrine (Pokhojdenia Oktiabriny)* CM EXP, SC Trauberg et Kozintsev, PH Frolov et V. Darovsky, INT Maguison, Takharovskaïa. 1926 *la Roue du diable* ou *le Marin de l'Aurora (Tchortvo Kolesso* ou *Moyak S. Aurora)*, SC Piontrovsky, PH Moskvine, DEC Ieneï, INT Solovievsky, Semenova, Guerassimov, Martinson ; *le Manteau (Chinel).* 1927 *le Petit Frère (Bratouchka), Neiges sanglantes (SVD,* ou *l'Union pour la Grande Cause)* SC Tyniavov, PH Moskvine, DEC Ieneï, INT Guerassimov, Kostritchkine, Sobolievsky, Khokhlova, Magaril. 1929 *la Nouvelle Babylone.* 1931 *Seule.* Trilogie des *Maxime* : 1935 *la Jeunesse de Maxime.* 1937 *le Retour de Maxime.* 1939 *Maxime à Viborg.* 1945 *les Hommes froids*, édité en 1956.
RÉ seul : 1947 *Pirogov.* 1948-1952 Théâtre à Leningrad. 1957 *Don Quichotte.* 1964 *Hamlet.* 1970 *le Roi Lear.*

KRÄLY Hanns SC ALL US (Allemagne 1885 | Hollywood 11 nov. 1950) Il apporta beaucoup à Lubitsch, dont il fut, pendant le muet, le scénariste habituel, à Berlin comme à Hollywood où il l'avait suivi, et où il apporta les traditions boulevardières de l'Europe centrale.

KRAMER Robert RÉ US (New York, 22 juin 1940 |) Solitaire, exigeant, Kramer a mené, hors des systèmes de production habituels, une œuvre forte, de réflexion sur le pouvoir et la subversion, une œuvre à vocation théorique où la part de la sensibilité, de l'attention extrême aux frémissements de la vie n'est pas mince, comme en témoigne le film qu'il réalisa en 1980 en France, *Guns.* Il a participé à la fin des années 60 à la fondation d'un groupe de cinéma indépendant, The Newsreel, enseigna en 1978 à l'université de San Francisco, et travailla souvent hors des États-Unis (Portugal, Angola, France).
RÉ : CM : 1968 *Faln.* 1970 *In the Country.* 1975 *People's War.* LM : 1967 *The Edge.* 1968 *Ice.* 1976 *Milestones.* 1977 *Scènes from the Class Struggle in Portugal.* 1980 *Guns.* 1982 *A toute allure* (FR). 1984 *Notre Nazi* (FR). 1985 *Diesel.* 1989 *Route One/USA* (FR-US), *Doc's Kingdom* (USA).

KRAMER Stanley PR RÉ US (New York 29 sept. 1913 |) Hardi et intelligent, il est considéré par certains comme le principal auteur de plusieurs excellentes réussites de Zinnemann, Robson et Benedek. Devenu réalisateur, il eut plusieurs réussites comme *Jugement à Nuremberg.* Il eut le mérite de défendre le libéralisme durant le maccarthysme, puis de polémiquer contre

Stanley Kramer

l'intolérance : *Procès de singe* ; le racisme : *la Chaîne* ; le péril atomique : *le Dernier Rivage* ; le nazisme : *Jugement à Nuremberg.* Il veut utiliser le cinéma comme moyen « de communiquer un message à la conscience de l'humanité ».
PR : RÉ Robson : 1949 *le Champion, Je suis un nègre.* RÉ Zinnemann : 1950 *C'étaient des hommes.* 1952 *le Train sifflera trois fois.* RÉ Gordon : 1950 *Cyrano de Bergerac.* RÉ Benedek : 1951 *la Mort d'un commis voyageur.* RÉ Dmytryk : 1952 *l'Homme à l'affût.* 1953 *le Jongleur.* 1954 *Ouragan sur le Caine.*
RÉ 1955 *Not as a Stranger (Pour que vivent les hommes).* 1957 *Pride and the Passion (Orgueil et Passion).* 1958 *The Defiant Ones (la Chaîne).* 1959 *On the Beach (le Dernier Rivage).* 1960 *Inherit the Wind (Procès de singe).* 1961 *Judgment at Nuremberg,* INT Spencer Tracy, Burt Lancaster, Marlène Dietrich, Judy Garland, Richard Widmark, Maximilian Schell. 1963 *It's a Mad, Mad, Mad World (Un monde fou, fou, fou).* 1965 *la Nef des fous.* 1966 *Loin de la ville.* 1967 *En marge.* 1968 *Devine qui vient dîner.* 1969 *Ice.* 1973 *l'Or noir de l'Oklahoma.* 1978 *la Théorie des dominos.*

KRASKER Robert PH GB (Australie le 21 août 1913 | 1981) Grand opérateur anglais, le premier à avoir employé dans son pays la couleur avec art.
RÉ Laurence Olivier : 1945 *Henry V.* RÉ Lean : 1946 *Brève Rencontre.* RÉ Pascal : 1946 *César et Cléopâtre.* RÉ Reed : 1947 *Huit Heures de sursis* ; 1949 *le Troisième Homme.* 1956 *Trapèze.* RÉ Z. Korda : 1952 *Pleure, mon pays bien-aimé.* RÉ Visconti : 1953 *Senso,* CO-PH G.-R. Aldo. RÉ Castellani : 1954 *Roméo et Juliette.* RÉ Losey : 1960 *les Criminels.* RÉ Ustinov : 1961 *Romanoff et Juliette.* RÉ A. Mann : 1960 *le Cid.* 1963 *la Chute de l'Empire romain.* 1965 *l'Obsédé (The Collector).* RÉ W. Wyler.

KRUGER Jules PH FR ESP GB (Strasbourg 12 juil. 1891 | 1959) Excellent opérateur de l'avant-guerre. Formé par Gance : *Napoléon, la Fin du monde,* il s'accorda particulièrement bien avec Raymond Bernard et Duvivier. Il possédait le sens de l'atmosphère, mais abusa des cadrages obliques.
RÉ Bernard : 1932 *les Croix de bois* ; 1934 *les Misérables.* RÉ Duvivier : 1935 *la Bandera* ; 1936 *la Belle Équipe* ; 1937 *Pépé le Moko* ; 1939 *la Charrette fantôme* ; 1940 *Untel père et fils.* RÉ Decoin : 1942 *les Inconnus dans la maison.*

KUBRICK Stanley RÉ US (New York 26 juil. 1928 |) Il compte parmi les meilleurs jeunes cinéastes américains de la génération 1955. Formé par le documentaire, il en a gardé le goût du détail exact. Apre, hardi, souvent brutal, il affirma ces qualités dans *l'Ultime Razzia,* puis donna sa meilleure œuvre avec *les Sentiers de la gloire,* film sur les soldats français « fusillés par erreur » pendant la guerre de 1914. *Spartacus* lui appartint moins qu'à son producteur-vedette, Kirk Douglas, et sa *Lolita* fut plus que discutable. Que n'a-t-il observé la règle qu'il s'était d'abord fixée : « Je suis résolument adversaire de l'adaptation des bons romans. » Mais il fut plus heureux dans *Dr Strangelove,* montrant comment pouvait se déclencher une guerre atomique.
RÉ : 1949 *Day of the Fight* CM DOC. 1951 *Flying Padre* CM DOC. 1953 *Fear and Desire,* INT Frank Silvera, Kenneth Harp, Paul Mazursky, Virginia Leith. 1955 *Killer's Kiss,* INT F. Silvera,

Stanley Kubrick

Stanley Kubrick, « Orange mécanique »

J. Smith. 1956 *The Killing (l'Ultime Razzia)*, INT Sterling Hayden, G. Gray, Vince Edwards. 1957 *Paths of Glory (les Sentiers de la gloire)*. 1960 *Spartacus*. 1962 *Lolita*, from Nabokov, INT J. Mason, Shelley Winters, Sue Lyon. 1964 *Dr Strangelove (Dr Folamour)*. 1968 *2001 : l'Odyssée de l'espace*. 1971 *Orange mécanique*. 1976 *Barry Lyndon*. 1979 *The Shining*. 1987 *Full Metal Jacket*.

KUCHAN Ismaïl PR IRAN (1914|1981) Ayant fait doubler en iranien le film français *Premier Rendez-vous*, avec Danielle Darrieux, il gagna tant d'argent qu'il put faire construire des studios à Téhéran et donner, après 1950, un essor commercial au cinéma iranien.

KUROSAWA Akira RÉ JAP (Tokyo 23 mars 1910|) Ce cinéaste, révélé seulement après la bombe d'Hiroshima, appartient à une autre génération que ses aînés Mizoguchi, Kinoshita, Ozu, etc. Il est l'un des meilleurs réalisateurs contemporains. Le Lion d'or de Venise qui couronna son *Rashomon* révéla à l'Occident l'existence d'un cinéma japonais, qu'on crut consacré aux seuls samouraïs. Il écrit à ce propos : « Quand j'ai reçu en 1951 le Grand Prix de Venise, je remarquai que j'aurais été plus heureux, et que cette récompense aurait eu pour moi plus de signification, si elle avait couronné une de mes œuvres qui eût montré quelque chose du Japon contemporain, comme *le Voleur de bicyclette* avait montré l'Italie. Et en 1959 je pense toujours la même chose, parce que le Japon a produit des films contemporains qui valent celui de De Sica, tout en continuant à produire des films historiques, excellents ou non, et qui sont pour une large part tout ce que l'Occident a vu et continue de voir du cinéma japonais. » Pour les studios Toho, que géraient les syndicats, il donna dès 1946 un panorama du Japon contemporain ruiné par les bombardements et désemparé par la défaite, avec *l'Ange ivre*, *Un duel silencieux* et surtout *le Chien enragé*. Il continuait ainsi la tradition du film idéologique de 1930 et du nouveau réalisme de 1935. *Rashomon*, critique des samouraïs, fut d'abord une parenthèse dans ce tableau contemporain, continué par son exceptionnel *Ikiru (Vivre)*, puis par *l'Idiot* et *Je vis dans la peur*, qui surpassèrent *les Sept Samouraïs*, mais non *le Trône de sang*, transposition de « Macbeth ». Chez ce grand auteur de films, la violence intervient souvent, mais comme manifestation de colère et de révolte contre les injustices sociales d'hier et d'aujourd'hui ; cet humaniste met au service d'un idéal son sens plastique, sa direction d'acteurs, sa mise en scène accomplie, son montage rigoureux.

RÉ : 1940 *Uma (le Cheval)*, SC et CO-RÉ Kajiro Yamamoto. 1943 *Sugata Sanshiro (la Légende du judo)*. 1944 *Ichiban Utsukushiku (le Plus doux)*. 1945 *Tora no o wo Fumu Otokotachi (Sur la piste du tigre)*, INT Denjiro Okochi, Ken-ichi Enomato. 1946 *Asu o Tsukuruku Hito-*

Akira Kurosawa

« les Sept Samouraïs »

hito CO-RÉ Yamamoto, *Waga Seishun ni Kuinashi (Je ne regrette pas ma jeunesse).* 1947 *Subarashiki Nichiyobi (Un merveilleux dimanche),* INT Isao Mumazaki, Chieko Nakokita. 1948 *Yoidore Tenshi (l'Ange ivre),* INT Toshiro Mifune, Takashi Shimuro. 1949 *Shizukanaru Ketto (Un duel silencieux),* INT T. Mifune, Miki Sanfo ; *Norainu (le Chien enragé).* 1950 *Shibun (Scandale),* INT T. Mifune. Y. Yamaguchi ; *Rashomon.* 1951 *Hakuchi (l'Idiot).* 1952 *Ikiru (Vivre).* 1954 *Shichinin no Samurai (les Sept Samouraïs).* 1955 *Ikimono no Kiroku (Je vis dans la peur* ou *Si les oiseaux savaient).* 1957 *Kumonosu Djo (le Trône de sang* ou *Macbeth).* 1958 *Donzoko (les Bas-Fonds), Kakushitoride no san Akunin (la Forteresse cachée),* SC Kurosawa, Oguni, Kikushima, Hashimoto, PH Ichio Yamasaki, INT T. Mifune, Misa Ushara. 1960 *Waruigatsu Hodoyaku Nemuru (les Salauds dorment en paix).* 1961 *Yoji-Bo.* 1963 *Tengoku to jigoku (Entre le ciel et l'enfer).* 1965 *Barberousse (Akahige).* 1975 *Dodeskaden.* 1980 *Derzou Ouzala.* 1980 *Kagemusha (Kagemusha ou l'ombre du guerrier)* SC A. Kurosawa, Masato Ide, PH Takao-Saito, MUS Shinichiro Ikebe, INT Tatsuin Nadakai, Tsutomu Yamazake, Kenechi Hagiwara. 1985 *Ran.*

KUSTURICA Emir RÉ YS (Sarajevo, 1955 |). Avec deux comédies âprement critiques et adoucies de nostalgie, et surtout avec son troisième film *le Temps des gitans,* il s'est imposé comme un des meilleurs cinéastes des années 80, de ceux pour qui le « langage » cinématographique, fait de transgression des codes usuels, de ruptures de ton, n'a pas encore été raboté par les standards télévisuels. Il a dit du *Temps des gitans* (dans le dossier de presse) film qui parle de l'histoire de trafic d'enfants « roms » kidnappés (ou achetés) en Yougoslavie pour être mendiants en Italie : « Je voulais un réalisme d'où surgiraient des séquences surréalistes. Pendant le premier tiers du tournage le film m'a échappé et je voulais empêcher cette fuite. Puis, au moment où j'ai compris sa charge d'amour, je l'ai pris en main, comme on tient les rênes d'un cheval ». On ne saurait en effet mieux parler que de cheval cabré à propos de ce cinéma-là, qui dès les premières images se rue dans la boue hivernale d'un village rom et dans les hallucinations sauvages d'un homme en proie au jeu, cinéma haletant qui passe d'un coup d'aile du quotidien sordide à l'andante des rêves.
RÉ : 1979-1980 téléfilms à Sarajevo. 1981 *Te souviens-tu de Dolly Bell ?* 1985 *Papa est en voyage d'affaires.* 1988 *Dom Za Vesanje (le Temps des gitans).*

LABRO Philippe RÉ FR (1936 |) Venant du grand reportage, il est passé d'une sorte de « journalisme cinématographique » (1962 *Tout peut arriver*) au « policier » (1972 *Sans mobile apparent.* 1973 *l'Héritier*) en hommage au film noir américain. 1974 *le Hasard et la Violence.* 1976 *l'Alpagueur.* 1983 *la Crime.* 1985 *Rive droite, rive gauche.*

LA CAVA Gregory ANIM RÉ US (Towanda 10 mars 1892 | Malibu Beach, Californie, 1er mai 1952) Formé par les « comics », les dessins animés et Mack Sennett, eut la chance de diriger une excellente comédie légère : *My Man Godfrey* (1936).

LACOMBE Georges RÉ FR (Paris 19 août 1902 |) Il débuta par un remarquable documentaire : *la Zone* (1928), donna une de leurs premières chances à Clouzot : *le Dernier des six* (1941) ; Gérard Philipe : *le Pays sans étoiles* (1946) ; Brigitte Bardot : *la Lumière d'en face* (1956). Mais, malgré l'incontestable réussite de *Jeunesse* (1934), il ne réussit pas à se détacher des honnêtes artisans dont il alla ensuite grossir le bataillon qui opérait déjà à la télévision.

LAEMMLE Carl PR ALL US (Laupheim, Allemagne, 7 janv. 1867 | Hollywood 24 sept. 1939) Le type de ces émigrants qui fondèrent Hollywood, après avoir exercé tous les métiers et créé les « Nickel Odeons » en 1906. Fondateur de l'Universal, il ne manqua pas d'intuition et promut Stroheim réalisateur. Tout en restant un commerçant, iI contribua à faire évoluer le cinéma vers l'art.

LAI Francis MUS FR (1933 |) Mis à la mode par le « Tchabadabada » d'*Un homme et une femme* (de Lelouch), il a très vite connu la renommée internationales, de *Mayerling* (1969) à *Love Story* (1972).

LAINE Edwin RÉ FIN (Iisalmi 13 juil. 1905 |) Bon metteur en scène finlandais qui a commencé par être acteur. Il est surtout connu à l'étranger pour : 1956 *Soldats inconnus.*

LAKHDAR HAMINA Mohammed RÉ ALG (M'sila 2 fév. 1934 |) Nommé directeur des actualités algériennes peu après l'Indépendance, il dirige en 1965 son premier long métrage *le Vent des Aurès,* plaidoyer humaniste contre la guerre. En 1967, une comédie *Hassan Terro* et, en 1972, retour sur la guerre avec *Décembre.* 1975 *Chronique des années de braise.* 1982 *Vent de sable.* 1985 *la Dernière Image.*

LAMORISSE Albert RÉ FR (Paris 13 janv. 1922 | 2 juin 1970) Il s'est spécialisé dans la mise en scène documentaire poétique et a remporté de grands succès internationaux avec *Crin blanc* et *le Ballon rouge.*
1947 *Djerba* CM. 1949 *Bim le petit âne* MM. 1953 *Crin blanc.* 1956 *le Ballon rouge.* 1960 *le Voyage en ballon,* PH Lamorisse, Maurice Fellous, Guy Tabary, MUS Jean Prodromidès, INT Maurice Baquet, André Gille, Pascal Lamorisse. 1965 *Fifi la plume.*

LAMOTHE Arthur RÉ MONT CAN (France, 7 déc. 1928 |) Cet « immigré » venu de France, qui s'intégra à l'ONF vers 1960 est rapidement devenu un des plus importants cinéastes canadiens, remarqué pour son premier court métrage, *Bûcherons de la Manouane.* Son œuvre maîtresse, *Images d'un doux ethnocide,* série de huit longs et moyens métrages sur les Indiens du Québec, passionnant travail sur la mémoire d'un peuple et sur la déculturation.
RÉ CM : 1962 *Bûcherons de la Manouane.* Longs métrages : 1970 *le Mépris n'aura qu'un temps.* 1973-1976 *Carcajou et le péril blanc.* 1974-1980 *Images d'un doux ethnocide.* 1983 *Équinoxe.*

LAMPRECHT Gerhard RÉ ALL (Berlin 6 oct. 1897 | mars 1974) Une excellente réussite, *Émile et les détectives,* dans la longue carrière d'un probe artisan que l'histoire du cinéma passionne.
RÉ : 1923 *les Buddenbrocks.* 1931 *Émile et les Détectives.* 1934 *Turandot.* 1937 *Madame Bovary.* 1938 *le Joueur.* 1942 *Diesel.* 1946 *Quelque part à Berlin (Irgendwo in Berlin).* 1955 *Oberwachtmeester Borck.*

LANG Fritz RÉ ALL US (Vienne 5 déc. 1890 | Los Angeles 2 août 1976) Ce « monument du cinéma » réalisa de nombreux films monumentaux. D'abord architecte, il construisit ses premières grandes œuvres en architecte. Formé comme scénariste par les films policiers, il en garda toujours le goût. Il écrivait en 1925 : « Je n'oublierai jamais ce qu'écrivit à propos des *Trois Lumières* un journaliste français, peu suspect de germanophilie : « De ce film monte à nous comme sortant du tombeau l'âme allemande que nous croyions morte et que nous avions autrefois tant aimée. S'il y a quelque chose qui doive porter le témoignage du peuple allemand, de son âme, de sa force, de ses malheurs, de ses espoirs devant toute l'humanité, c'est bien le film, dans sa notion la plus élevée, la seule qui lui donne le droit d'exister. [...] Le film nous a fait les témoins du mystère du visage humain, il nous a enseigné à lire

Fritz Lang et Edward G. Robinson

« Metropolis »

« M le Maudit »

à travers ce visage muet et a montré de tout près l'âme dans toutes ses vibrations. De même un créateur de films est appelé à dévoiler au monde le visage d'un peuple tout entier, à devenir le messager de son âme. Ainsi ces films seront-ils considérés comme les témoins de l'époque qui les vit naître, et deviendront à leur manière des documents pour l'histoire universelle. » Il fut bien un témoin du présent et de l'avenir de sa nation par les principaux films qu'il conçut, avec sa femme Thea von Harbou, en 1920-1933 : *le Docteur Mabuse,* image métaphorique de l'après-guerre avec ses troubles ; *les Nibelungen,* exaltation des traditions héroïques allemandes, prophétie (involontaire) des grandes parades de Nuremberg et de l'écroulement du nazisme dans le sang et dans les flammes ; *Metropolis,* où la race des seigneurs écrasait le peuple des ténèbres, les travailleurs ; *M le Maudit,* criminel traqué auquel les chômeurs faisaient justice ; *le Testament du Dr Mabuse* enfin, dont son auteur pensa, après coup, que sa fable policière était une polémique contre le nazisme. Hitler bannit celui dont il admirait pourtant *les Nibelungen.* Leur auteur était pourtant dominé alors par l'obsession de la culpabilité, bien étrangère au national-socialisme, et il avait pensé montrer dans son épopée que « l'inexorabilité de la première faute entraîne la dernière expiation ». S'il s'écria plus tard : « Nous sommes tous des enfants de Caïn », il ne se posa jamais en justicier - surtout dans ses deux premiers films américains : *Fury* et *J'ai le droit de vivre,* où il prenait le parti des coupables, victimes des erreurs de la société. Après 1940, plusieurs échecs commerciaux le ravalèrent au rang d'un « director ». Et il a répété : « Nous sommes des hommes et non des dieux », ajoutant que, tout en étant contraint d'accepter pour beaucoup de films les diktats des producteurs, il les avait toujours entrepris en « essayant d'en faire sa meilleure œuvre ». A partir du *Maudit,* plus qu'au monumentalisme il s'intéressa aux caractères et à leur évolution. *La Rue rouge, la Femme au portrait* et *la Cinquième Victime* sont pour lui ses meilleurs films américains et, après 1940, ils sont « basés sur une critique sociale » comprise comme « la critique de notre environnement, de nos lois, de nos conventions ». Le grand thème de son œuvre serait pour lui « le combat de l'individu contre les circonstances, le combat contre les dieux, le combat de Prométhée. Aujourd'hui nous combattons contre des lois, nous luttons contre des impératifs qui ne nous paraissent ni justes ni bons pour notre temps. Toujours nous combattons ». Porté par une telle foi, le vieux lion, s'il lui arriva de succomber dans divers combats douteux, ne déchut jamais et garda toujours une haute dignité. Dernière apparition publique dans *le Mépris* de Godard en 1963.

D'abord SC pour Joe May. 1916 *Mariage au club des excentriques.* 1917 *Hilde Warren et la mort.* 1920 *le Tombeau hindou* CO-SC Thea von Harbou. RÉ Otto Ruppert : 1919 *la Peste à Florence, la Femme aux orchidées.* RÉ d'abord pour la Decla Bioscop d'Erich Pommer : 1919 *Halbblut (Demi-sang). Der Herr der Liebe (le Maître de l'amour), Die Spinnen (les Araignées),* film en 2 épisodes, PH Carl Hoffmann, INT Lil Dagover, Carl de Vogt, Paul Morgan, *Harakiri, from* « Madame Butterfly », PH Carl Hoffman, INT Lil Dagover, Leni Nest, Nills Prin. 1920 *Das Wandernde Bild (l'Image miraculeuse* ou *la Madone des neiges), Vier um die Frau (Quatre autour d'une femme).* 1921 *Der Müde Tod (les Trois Lumières).* 1922 *Der Spieler (le Docteur Mabuse).* 1923-1924 *Die Nibelungen* - I : *la Mort de Siegfried* - II : *la Vengeance de Kriemhilde.* 1926 *Metropolis.* 1928 *Spione (les Espions),* PH F. A. Wagner, DEC Hunte et Vollbrecht, INT Gerda Maurus, R. Klein-Rogge. 1929 *Die Frau im Mond (la Femme sur la lune),* PH Kurt Courant et Oscar Fishinger, DÉC Otto Hunte, Emil Hasler, INT Gerda Maurus, Willy Fritsch. 1931 *M le Maudit. 1933 le Testament du docteur Mabuse.* 1934 *Liliom, from* Ferenc Molnar, PH Maté, DIAL Zimmer, INT Charles Boyer, Madeleine Ozeray. - AUX US : 1936 *Furie (Fury).* 1937 *J'ai le droit de vivre (You only live once).* 1938 *You and Me (Casier judiciaire),* INT George Raft, Sylvia Sydney. 1940 *le Retour de Frank James.* 1941 *les Pionniers de la Western Union (Western Union),* INT Robert Young, R. Scott ; *la Chasse à l'homme (Man Hunt),* INT Walter Pidgeon, Joan Bennett. 1943 *les Bourreaux meurent aussi (Hangmen also die)* SC Lang et Bertolt Brecht, INT Brian Donlevy, Walter Brennan. 1944 *Espions sur la Tamise (The Ministry of Fear),* INT Ray Milland, Marjorie Reynolds, *la Femme au portrait (Woman in the Window).* 1945 *la Rue rouge (Scarlet Street), from* « la Chienne ». 1946 *Cape et Poignard (Cloak and Dagger),* INT Gary Cooper, Lili Palmer. 1948 *le Secret derrière la porte (The Secret beyond the Door),* INT Joan Bennett, Michael Redgrave. 1950 *Guérillas (American Guerilla in the Philippines),* INT Micheline Presle, Tyrone Power. 1952 *le Démon s'éveille la nuit (Clash by Night),* INT Barbara Stanwyck, Paul Douglas. 1953 *la Femme au gardénia (Blue Gardenia),* INT Anne Baxter, Richard Conte. 1954 *(Human*

Desire), from Zola : « la Bête humaine ». 1955 *les Contrebandiers de Moonfleet (Moonfleet),* INT Viveca Lindfors, Stewart Granger. 1956 *la Cinquième Victime (While the City sleeps), l'Invraisemblable Vérité (Beyond a Reasonable Doubt),* INT Dana Andrews, Joan Fontaine. - EN RFA : 1959 *Der Tiger von Eschnapur (le Tigre du Bengale), Das Indische Grabmal (le Tombeau hindou).* 1960 *le Diabolique Docteur Mabuse (Die tausend Augen des Dr Mabuse).*

LANGDON Harry ACT US (Council Bluff 15 juin 1884 | Hollywood 22 déc. 1944) Par sa rare présence, ce comique fut un peu l'auteur de ses films, notamment réalisés par Capra, pour *Plein les bottes, l'Athlète incomplet, Sa première culotte.*

LANGLOIS Henri (Smyrne 13 nov. 1914 | 13 janv. 1977) Il n'est pas seulement le fondateur de la Cinémathèque française (en 1934 avec G. Franju), il en est l'âme et le corps. Ce « dragon qui veille sur nos trésors » (Cocteau) a sauvé d'un anéantissement définitif plusieurs dizaines de milliers de films français ou étrangers, et aussi des tonnes de scénarios, de livres, de revues, de manuscrits, de costumes, de maquettes, d'appareils, constituant un musée du cinéma non pas imaginaire mais universel. Il a ainsi défini ses principes :

Langlois, en 1949.

« Quand sur 10 000 films il n'en subsiste que 10, 100 ou même 1 000, c'est un scandale, et rien n'est sauvé. Honte à ceux qui s'abritent derrière des principes de sélection et une fausse culture pour masquer leur indifférence, leur paresse. Il faut essayer de tout conserver, de tout sauver, de tout maintenir, de renoncer à jouer à l'amateur de classique. Nous ne sommes pas Dieu, nous n'avons pas le droit de croire à notre infaillibilité. Il y a l'art et il y a le document. Il y a de mauvais films qui restent de mauvais films, mais qui avec le temps peuvent devenir extraordinaires. *La Caserne en folie* est une sorte de monstre sacré qui résume ce que fut un certain cinéma : plus le temps passera, plus il sera formidable. [...] Comment nous permettre de juger ? Seul le recul a rétabli la véritable échelle des valeurs pour les grands maîtres du passé. Seul le temps doit décider. [...] Une cinémathèque est un musée, avec une salle de projection qui doit pouvoir initier les masses et également donner satisfaction aux cent personnes qu'intéresse passionnément le patrimoine cinématographique. C'est aussi une bibliothèque où il faudrait mettre à la disposition des chercheurs une copie de 16 mm de tous les films pour vision. [...] La victoire de la Cinémathèque, c'est d'avoir permis une partie de la Nouvelle Vague, d'avoir aidé Resnais et Rouch, d'avoir contribué en 1938-1939 à Milan et Rome aux sources du néo-réalisme. »

LANGUEPIN Jean-Jacques RÉ FR (Paris 12 nov. 1924 |) Bon documentariste, spécialiste de la montagne et de l'aviation.
RÉ : 1949 *Terre des glaces.* 1951 *Groenland* CO-RÉ Ichac. 1953 *Des hommes et des montagnes.* 1955 *Neiges.* 1957 *la Route des cimes, Saint-Exupéry.* 1959 *Des hommes dans le ciel.* 1961 *la Vitesse est à vous.*

LA PATELLIÈRE Denys de RÉ FR (Nantes 8 mars 1921 |) Réalisateur appliqué qui, depuis 1958, accumula les succès commerciaux.
RÉ : 1955 *les Aristocrates.* 1956 *le Salaire du péché.* 1957 *Retour de manivelle.* 1958 *Thérèse Étienne, les Grandes Familles,* INT Gabin. 1959 *Rue des prairies,* INT Gabin. 1961 *Un taxi pour Tobrouk.* 1962 *le Bateau d'Émile.* 1963 *Tempo di Roma.* 1965 *Marco le magnifique.* 1966 *Du rififi à Paname.* 1968 *le Tatoué.* 1970 *Sabra.* 1972 *le Tueur.* 1977 *Prêtres interdits.* 1979 *le Comte de Monte-Cristo.*

LAROCHE Pierre SC FR (Paris 7 mai 1902 | Paris 1962) Carré, entier, courageux, convaincu, écrivit avec Jacques Prévert *Lumière d'été* RÉ Grémillon (1943), et *les Visiteurs du soir* RÉ Carné (1942), avant d'écrire, seul, de nombreux scénarios, surtout pour sa femme Jacqueline Audry : 1945 *les Malheurs de Sophie.* 1949 *Gigi.* 1950 *Minne.* 1954 *Huis clos.* 1957 *la Garçonne.*

LASKOS Oreste RÉ GR (1908 |) Pionnier du cinéma grec. Réalisa vers 1925 *Daphnis et Chloé*, puis après 1945 divers mélodrames.

LASKY Jesse L. PR US (San Francisco 13 sept. 1880 | Hollywood 13 janv. 1958) Saxophoniste dans un orchestre hawaiien en 1910, il devint producteur en 1913, avec ses amis C. B. De Mille et Samuel Goldwyn (alors Goldfish). Fut éliminé par Zukor.

LASKY Jesse Jr PR US (New York 19 sept. 1910 | 1988) Fils du précédent, il a pris sa succession en produisant notamment les films de Cecil B. De Mille, de *Pacific Express* (1938) aux *Dix Commandements* (1956), dont il fut aussi le scénariste, et parfois en collaboration avec sa femme, l'écrivain Pat Silver.

LASSALLY Walter PH GB (Berlin 18 déc. 1926 |) Un des meilleurs opérateurs anglais. Il possède le goût du décor naturel, de la belle image et plus encore de l'humour. Photographe favori du Free Cinema pour les courts métrages, il filma en Grèce pour Cacoyannis *Stella, la Fille en noir, Elektra* ; au Pakistan, l'exceptionnel *Quand naîtra le jour,* et débuta dans le long métrage britannique avec *Un goût de miel, la Solitude du coureur de fond* (1962), *Tom Jones* (1963) RÉ Richardson. *les Bostoniennes* (1984) RÉ Ivory.

LATTUADA Alberto RÉ ITAL (Milan 13 nov. 1914 |) Il fit beaucoup pour le cinéma, avant même d'être réalisateur, en fondant la cinémathèque de Milan et en montrant dans les ciné-clubs des films interdits comme *la Grande Illusion.* Pendant la guerre, il se classa d'abord dans les « calligraphes », réalisant, plutôt que de servir le régime, des films soignés et raffinés : *Jacques l'idéaliste* (1942), *la Flèche dans le flanc* (1943-1945). Sitôt que le néo-réalisme put se manifester dans le pays libéré, il lui donna des œuvres notables : *le Bandit* (1946), *Sans pitié* (1948), *le Moulin du Pô* (1949). Il appelait alors le temps « où, la pellicule coûtant le prix du papier et la caméra celui d'un rasoir électrique », nous ferons un pas décisif vers la vraie liberté d'expression. Avec *le Manteau* (1952), qui fut son chef-d'œuvre, il orienta le néo-réalisme vers une sorte de réalisme merveilleux. S'il dut accepter diverses concessions et se trompa parfois, il reste l'une des valeurs italiennes, et est trop méconnu en France.

RÉ : 1942 *Giacomo l'idealista*, SC E. Cecchi, A. Buzzi, *from* R de .E. de Marchi, PH Carlo Nebiolo, INT Massimo Serato, Marina Berti, Andrea

Lattuada

« le Manteau »

Cecchi. 1944 *La Freccia nel fianco (la Flèche dans le flanc)*, SC Ennio Flaiano, A. Moravia, Lattuada, *from* R Zoccoli, PH Massimo Ferzano, INT Mariella Lotti, A. Capozzi, 1946 *Il Bandito (le Bandit)*, SC O. Biancoli, E. Margadonna, T. Pinelli, P. Tellini, Lattuada, PH Aldo Tonti, INT A. Magnani, Amadeo Nazzari, Carlo del Poggio. 1947 *Il delitto di Giovanni Episcopo*, SC Fellini, Tellini, S. Cecchi d'Amico, Lattuada, *from* D'Annunzio, PH A. Tonti, INT Aldo Fabrizi, 1948 *Sensa Pietà (Sans Pitié).* 1949 *Il Mulino del Pô (le Moulin du Pô).* 1951 *Luci di Varietà* CO-RÉ Fellini, *Anna.* 1952 *Il Capotto (le Manteau).* 1953 *La Lupa (la Louve de Calabre)*, SC A. Pietrangeli, L. Malerba, Lattuada, PH Aldo Tonti, INT Kerima, May Britt ; un épisode de *L'Amore in Città ; La Spiaggia (la Pensionnaire)*, SC Lattuada, Ch. Spaak, etc., INT Martine Carol. 1954 *Scualo elementare.* 1957 *Guendalina*, SC Zurlini, Lattuada, etc., INT Jacqueline Sassard, Raf Vallone, etc. 1958 *La Tempesta (la Tempête), from* Pouchkine. 1960 *I Dolci Inganni, Lettera di una Novizia (la Novice)*, SC R. Vailland et Lattuada, *from Guido Piovène. 1961 les Adolescentes, l'Imprévu,* 1962 *la Steppe, from* Tchekhov. 1965 *la Mandragore.* 1966 *Don Giovanni in Sicilia.* 1967 *Mission TS.* 1968 *Fraulein Doktor.* 1969 *l'Amica.* 1970 *Venez donc prendre le café chez nous.* 1971 *Bianco, rosso, e... (la Bonne Planque).* 1973 *Sono stato lo (la Grosse Tête).* 1974 *La Bambina.* 1975 *Cuore di cane.* 1976 *O Serafina.* 1978 *Cosi come sei (la Fille).* 1980 *la Cigale.* 1985 *Une épine dans le cœur* (FR-ITAL).

LAUREL Stan (1890 | 1965) et **HARDY Oliver** (1892 | 1957) ACT US Depuis 1926, ce gros et ce maigre furent les frères siamois « Laureléhardy », jusqu'à 1950, où ils disparurent des écrans.

LAURITZEN Lau RÉ DAN (Silkeborg 18 mars 1978 | Silkeborg 2 juil. 1938) Il mit en scène quelque 60 ou 80 films de 1911 à 1936. Il est surtout connu pour avoir réalisé en 1920-1930 la série des *Doublepatte et Patachon,* interprétés par Schendström et Madsen.

LAURITZEN Lau Jr RÉ SUEDE (Vejle 26 sept. 1910 |) Fils du précédent. D'abord acteur, puis réalisateur assez abondant, il s'associa à Bodil Ipsen pour diriger ses deux meilleurs films : 1942 *Afsporet (la Princesse des faubourgs).* 1946 *la Terre sera rouge.*

LAUSTE Eugène INV FR US (Paris 1856 | US 27 juin 1935) Il est peut-être, sur le plan technique, le principal inventeur du cinéma en Amérique, puisque comme mécanicien il mit au point, en 1893, le Kinétoscope Edison, puis en 1894 le Cinématographe Le Roy et, en 1896-1997, le Biograph Mutoscop de W. K. L. Dickson. Il tint aussi un rôle dans la création du parlant, 1900-1904. Ses travaux en Allemagne avec Ruhmer pour l'enregistrement optique du son aboutirent en 1911 à une démonstration aux US et à des travaux aux laboratoires Bell (1926).

LAUTNER Georges RÉ FR (Nice, 24 janv. 1926 |). Une abondante production (39 films de 1958 à 1988) d'où émergent quelques allègres films noirs poussés au burlesque, des « Monocles » aux « Tontons » où la rencontre d'un metteur en scène possédant bien son métier, de comédiens pince-sans-rire (de Meurisse à Ventura en passant par Frankeur et Francis Blanche) et d'un dialoguiste à l'humour concis, Audiard, a produit une étincelle de folie.
RÉ (principaux films) : 1958 *la Môme aux boutons.* 1961 *le Monocle noir.* 1962 *le Septième Juré, l'Œil du monocle.* 1963 *les Tontons flingueurs.* 1967 *la Grande Sauterelle.* 1974 *les Seins de glace.* 1979 *Flic ou voyou.* 1984 *Joyeuses Pâques.* 1988 *la Maison assassinée.*

LAWSON John Howard SC ECRIV US (New York 25 sept. 1886 | 11 août 1977) Longtemps journaliste à Rome. Il devint après 1935 scénariste à Hollywood, écrivant *Sahara* et *Contre-attaque* RÉ Z. Korda ; *J'avais quatre fils, Algiers* RÉ John Cromwell, etc. Il fut ensuite victime de la « chasse aux sorcières » et emprisonné. Il a publié avec les « Dix d'Hollywood » un livre important : « le Film dans la bataille des idées », 1953.

LEACOCK Phil RÉ GB (Londres 1917 |) Participa à l'école documentariste et réalisa plusieurs longs métrages dont : 1954 *les Kidnappers.*

LEACOCK Richard RÉ US (Londres 1921 |) Frère du précédent. Formé par le documentaire, qu'il pratiqua en 1945-1950. Il fut l'opérateur de Flaherty pour *Louisiana Story* et il est devenu un remarquable réalisateur de films destinés à la TV, utilisant avec sensibilité, intelligence et brio la caméra vivante, appareil portable enregistrant images et son, sans fil, sans bruit, sans projecteurs, avec une équipe dont R. Drew fut le producteur et Albert Maysles le cameraman.
RÉ : 1960 *Primary, Yanki no.* 1961 *Eddie Sachs à Indianapolis, Kenya.* 1962 *Football.* 1963 *The Chair (la Chaise électrique), Jane, Happy Birthday, Blackie, Aga Khan.* 1964 *Happy*

Leacock, opérateur de « Louisiana Story ».

Mother Day, Republicains, the New breed. 1966 *Igor Stravinsky, a portrait.* 1970 *Chiefs, Queen of Apollo.* 1983 *The Louise Broski Film.* 1985 *Impressions de l'île des morts.*

David Lean, 1947.

LEAN David RÉ GB (Croydon 25 mars 1908 |) Honnête, patient, consciencieux, appliqué, il justifierait le proverbe : « Chaque soldat possède dans sa giberne un bâton de maréchal ». Comme plusieurs réalisateurs anglais, il fut formé à la mise en scène par l'école du montage. Après 1940, Noël Coward en fait le coréalisateur de ses films de guerre glorifiant l'Empire britannique : *Ceux qui servent en mer, Heureux mortels.* Et il devint le réalisateur de *Brève rencontre,* dont l'auteur dramatique avait écrit le scénario. Cette assez fine étude des mœurs provinciales fut - abusivement - saluée comme un chef-d'œuvre. Ses deux adaptations de Dickens, *les Grandes Espérances, Oliver Twist,* furent de très honorables illustrations romantiques, puis commença une période académique dont on peut détacher *le Mur du son,* à la gloire des constructeurs britanniques d'avions. Puis, après la divertissante comédie *Vacances à Venise,* vint *le Pont de la rivière Kwaï,* honnêtement réalisé et dont l'apologue, imaginé par Pierre Boulle, avait une assez large portée. Il passa ensuite cinq ans à réaliser un *Lawrence d'Arabie,* à la gloire du célèbre espion et de ses intrigues colonialistes au Moyen-Orient.

A partir de 1930, monteur. RÉ Asquith : *Escape me never, French without Tears, Pygmalion.*

CO-RÉ avec l'acteur-auteur dramatique Noël Coward : 1942 *Ceux qui servent en mer.* 1943 *Heureux mortels (This Happy Breed),* INT Celia Johnson, Robert Newton. 1945 *l'Esprit s'amuse (Blithe Spirit),* INT Rex Harrison, Constance Cummings. RÉ 1946 *Brève rencontre (Brief Encounter).* 1947 *les Grandes Espérances* et *Oliver Twist, from* Dickens. 1948 *les Amants passionnés (The Passionate Friends),* INT Ann Todd, Claude Rains. 1950 *Madeleine,* INT Ann Todd, Ivan Desny. 1952 *le Mur du son (The Sound Barrier),* INT Ann Todd, Ralph Richardson. 1954 *Chaussure à son pied (Hobson's Choice),* INT Charles Laughton, Brenda de Banzie, John Mills. 1955 *Vacances à Venise (Summer Madness),* INT Katharine Hepburn, Rossano Brazzi. 1957 *le Pont de la rivière Kwaï.* 1962 *Lawrence d'Arabie,* INT Alec Guiness, Peter O'Toole, Omar Sharif, MUS Maurice Jarre. 1966 *Docteur Jivago.* 1970 *la Fille de Ryan.* 1983 *A Passage to India.* 1988 *Nostromo, from* Joseph Conrad. 1989 sortie de la version intégrale de *Lawrence d'Arabie* (3 h 36 mn).

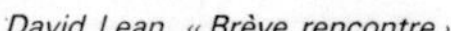

David Lean, « Brève rencontre ».

LE CHANOIS Jean-Paul (Dreyfus) RÉ FR (Paris 25 oct. 1909 | Paris 1985) Venu de l'avant-garde 1930, il atteignit de grands succès populaires avec des sujets simples et directs. Il a entendu « remettre le cœur à sa place, ce cœur qui bat à tous les sentiments, même les bons sentiments », et il y a fort bien réussi dans ses meilleurs films comme *l'École buissonnière* ou *Sans laisser d'adresse,* plus appréciés à leur juste valeur hors de France que dans notre pays. Fut critique aux « Cahiers du cinéma », acteur et metteur en scène au groupe Octobre.

D'abord ASS et SC de J. Duvivier, M. Tourneur, A. Korda, A. Litvak, Renoir, M. Ophüls.

RÉ 1938 *la Vie d'un homme* DOC sur Vaillant-Couturier, *le Temps des cerises.* 1947 *Au cœur de l'orage* DOC LM sur la Résistance. 1949 *L'École buissonnière.* 1951 *Sans laisser d'adresse.* 1952 *Agence matrimoniale,* INT Bernard

Blier, Michèle Alfa. 1954 *le Village magique*, INT Lucia Bose, Robert Lamoureux, *Papa, maman, la bonne et moi, les Évadés*, INT Pierre Fresnay, François Périer. 1955 *Papa, maman, ma femme et moi.* 1956 *le Cas du docteur Laurent*, INT Jean Gabin, Nicole Courcel. 1958 *les Misérables. 1960 la Française et l'amour*, INT Martine Carol, Silvia Monfort, Robert Lamoureux. 1961 *Par-dessus le mur.* 1963 *Mandrin.* 1964 *Monsieur.* 1966 *le Jardinier d'Argenteuil.*

Le Chanois

LECONTE Patrice RÉ FR (Paris, 1947 |). Entre Audiard et la BD, entre Coluche et les « Bronzés », Patrice Leconte, continuateur d'un comique « bien français » pour qui la mise en scène de cinéma est d'abord la mise en place de mots, s'essaye à partir de *Tandem*, où se fait entendre comme un grincement « chabrolien », sur un registre plus grave.
RÉ : 1976 *les Vécés étaient fermés de l'intérieur.* 1978 *les Bronzés.* 1979 *les Bronzés font du ski.* 1981 *Viens chez moi, j'habite chez une copine.* 1982 *Ma femme s'appelle reviens.* 1983 *Circulez y'a rien à voir.* 1985 *les Spécialistes.* 1987 *Tandem.* 1989 *Monsieur Hire.*

LEE Bruce ACT RÉ HONG KONG (San Francisco, 1940 | Hong Kong, 1973). En quatre films et demi et une mort brutale en plein tournage du cinquième, ce fils d'un acteur d'opéra cantonais, ce maître de kung-fu diplômé de philosophie et de psychologie de l'université de Washington est entré au panthéon des justiciers, héros de tous les adolescents malmenés par la vie, rêvant de la place que leur ferait dans la société la maîtrise d'un corps aux pieds et aux poings magiques.
ACT RÉ Lo Wei 1971 *Big Boss.* 1972 *la Fureur de vaincre.* RÉ Robert Clouse. 1973 *Opération Dragon.* 1976 *le Jeu de la mort.* RÉ : 1972 *Fureur du dragon.*

LEE Jack RE GB (Stroud 1913 |) Assez bon cinéaste anglais, formé par le documentarisme dont il a gardé l'empreinte.
DOC 1940 *London can take it.* 1947 *Children on Trial* LM. 1950 *le Cheval de bois (Wooden Horse).* 1957 *Ma vie commence en Malaisie (A Town like Alice).*

LEE Spike RÉ PR ACT US (Atlanta, 20 mars 1957 |). Fils du musicien de jazz Bill Lee, à qui l'on doit notamment un folk-opéra, Spike fut un élève doué de l'école de cinéma de New York : sa thèse, en forme de film *Joe's Bed-Stuy Barbershop : We Cut Heads* obtint l'oscar du meilleur film d'étudiant. Fugue légère autour d'un personnage (Nola Darling) ou orchestration d'une polyphonie comme dans *Do the Right Thing* où, chacun faisant en toute gentillesse et bonne foi « ce qu'il doit faire », pour lui, pour son commerce, pour sa communauté, on aboutit, dans la moiteur de l'été new-yorkais, à un massacre d'hommes et à un saccage de la fraternité – ses films ont une structure musicale qui leur assure une parfaite maîtrise du temps de la narration : l'insolente nonchalance de sa

Spike Lee, « Do the Right Thing ».

démarche (en tant qu'acteur au sens propre, et que metteur en scène au sens figuré) au rythme savamment étudié qui fait tout son charme. Comme, de plus, scénariste et acteur, il ne recule pas devant les sujets les plus brûlants qu'il peut choisir puisqu'il a créé sa propre maison de production au nom qui sent son Sud profond, « Forty Acres and a Mule Filmworks », on n'a sans doute pas fini d'entendre parler de Spike Lee.

RÉ : 1980-1983 *The Answer, Sarah, Joe's Bed-Stuy Barbeshop : We Cut Heads*, CM, d'école. 1985 Préparation de *Messenger* (abandonné faute de financement). 1986 *She's Gotta Have it (Nola Darling n'en fait qu'à sa tête)*. 1988 *School Daze* (non distribué en France). 1989 *Do the Right Thing* (id).

LEENHARDT Roger RÉ FR (Paris 23 juil. 1903 | 1985) Critique, théoricien, documentariste, il a donné son chef-d'œuvre dans le long métrage avec *les Dernières Vacances*, œuvre sensible et personnelle. Son extrême discrétion ne l'empêcha pas d'exercer une grande influence sur une partie de la Nouvelle Vague.
Critique à « Esprit », 1936-1939, et aux « Lettres françaises », 1944-1946. SC RÉ CM, notamment : 1934 *l'Orient*. 1940 *Fêtes de France*. 1943 *A la poursuite du vent*. 1946 *Naissance du cinéma*. 1950 *la Fugue de Mahmoud*. 1951 *Victor Hugo*. 1953 *François Mauriac, Louis Capet*. 1956 *la Conquête de l'Angleterre*. LM : 1948 *les Dernières Vacances*. 1962 *le Rendez-vous de minuit*, INT Michel Auclair. 1963 *Des femmes et des fleurs, Monsieur de Voltaire, George*. 1965 *Corot*. 1966 *le Cœur de la France*. 1967 *le Beatnick et le Minet* (TV).

LEE THOMPSON John RÉ GB (Bristol 1914 |) Venu du théâtre, donna son meilleur film avec son tableau de mœurs *la Femme en robe de chambre* (1957), plutôt qu'avec ses tonitruants *Canons de Navarone* (1961). 1963 *Madame croque-maris*, INT R. Mitchum, S. McLaine, Dean Martin, *Eye of the evil*. 1968 *Avant que vienne l'hiver*. 1971 *Conquête de la planète des singes*. 1973 *la Bataille de la planète des singes*.

LEFEBVRE Jean-Pierre RÉ PR CAN (Montréal 1941 |) Le plus « irrespectueux » sans doute des cinéastes canadiens, qui a joué sur tous les registres de l'humour.
RÉ : 1965 *le Révolutionnaire*. 1966 *Patricia et Jean-Baptiste, Mon œil, Il ne faut pas mourir pour ça*. 1968 *Mon Amie Pierrette*. 1969 *Jusqu'au cœur*. 1970 *la Chambre blanche, Un succès commercial*. 1971 *les Maudits Sauvages. Ultimatum*. 1972 *Qbec my love* 1976. *l'Amour blessé*. 1977 CO-PR FR-CAN *Ce vieux Pays où Rimbaud est mort*. 1979 *Avoir 16 ans*. 1984 *le Jour S...*

LEFEBVRE Robert PH FR (Paris 19 mars 1907 |) Formé par Gance : 1936 *Un grand amour de Beethoven*, il donna soudain avec *Casque d'or* des images qui sont parmi les plus belles du cinéma français, puis il sut fort bien servir, par son raffinement et sa sensibilité (1950-1960), René Clair : *les Grandes Manœuvres, Porte des Lilas*, Buñuel : *Cela s'appelle l'aurore*. Astruc : *les Mauvaises Rencontres*.

LÉGER Fernand (Argentan fév. 1881 | Paris fév. 1955) Ce grand peintre faillit abandonner après son *Ballet mécanique* le pinceau pour la caméra et fut toute sa vie passionné par le cinéma.

Fernand Léger

1921 *Charlot cubiste* DA inachevé. 1924 DÉC pour *l'Inhumaine*, RÉ l'Herbier ; affiches pour *la Roue, Ballet mécanique* CO-RÉ Dudley Murphy. 1936 DÉC pour Al. Korda : *les Temps futurs* (non exécutés). 1944 *Les rêves que l'argent peut acheter (Dreams that Money can buy)* RÉ Hans Richter (un des poèmes plastiques de ce film).

LEGOTCHINE Vladimir RÉ URSS (Bakou 1904 | Moscou 1955) Il connut dans sa carrière une grande réussite : *Au loin une voile*, la révolution de 1905 à Odessa vue par les yeux de deux enfants.

LEGRAND Michel MUS FR (1931 |) « Lancé » par *Lola* de Jacques Demy, a ensuite écrit la musique des autres films de celui-ci et poursuivi une carrière productive aux États-Unis et en France. Il a réalisé en 1989 *Cinq Jours en juin*.

LEHRMAN Henry « Pathé » RÉ US (Vienne 30 mars 1886 | Hollywood 7 nov. 1946) Surtout connu pour avoir eu la chance de diriger Chaplin dans son premier film : *Making a Living*, janv. 1914.

LEISER Erwin RÉ SUISSE (Berlin 16 mai 1923 |) Auteur de deux remarquables films de montage antihitlériens : *Mein Kampf* (1959), *Eichmann, l'homme du IIIe Reich* (1961).
RÉ (principaux films) : 1963 *Choisis la vie*. 1967 *Allemagne réveille-toi*. 1975 *Femmes du tiers monde*. 1976 *le Monde de Fernando Botero*. 1979 *Willem de Kooning et l'inobservable*. 1982 *la Vie au-delà de la survie*. 1985 *Hiroshima : souvenir et dépassement*. 1989 *l'Épreuve du feu*.

Claude Lelouch

LELOUCH Claude RÉ FR (Oran 1937 |) Ce jeune homme « fou de cinéma » qui tournait à 19 ans ses premiers courts métrages à New York, qui fit son service militaire caméra au poing et réalisa, à son retour, des « scopitones » pour ne pas perdre la main, a vu le triomphe fondre sur lui avec *Un homme et une femme* qu'il avait lui-même produit (il avait fondé dès 1960 sa propre maison, « les Films 13 »). Depuis, il n'a jamais oublié ce qu'il fallait mettre dans un film pour que le succès soit acquis.
RÉ : 1960 *la Vie de château* (interrompu). 1962 *l'Amour avec des si...* 1963 *la Femme spectacle.* 1964 *Une Fille et des fusils.* 1965 *les Grands Moments, Pour un maillot jaune* (CM). 1966 *Un homme et une femme.* 1967 *Vivre pour vivre.* 1968 *13 jours en France* (avec Reichenbach), *la Vie, l'Amour, la Mort.* 1969 *15 jours ailleurs.* 1970 *le Voyou.* 1971 *Smic, Smac, Smoc.* 1972 *l'Aventure, c'est l'aventure.* 1973 *la Bonne Année.* 1974 *Toute une vie, Mariage.* 1975 *le Chat et la Souris, les Bons et les méchants.* 1976 *Si c'était à refaire.* 1977 *Un autre homme, une autre chance.* 1978 *Robert et Roberte.* 1979 *A nous deux.* 1981 *les Uns et les Autres.* 1983 *Édith et Marcel.* 1984 *Viva la vie.* 1985 *Partir revenir.* 1986 *Un homme et une femme vingt ans déjà.* 1988 *Itinéraire d'un enfant gâté.*

LE MASSON Yann PH RÉ FR (Brest, 27 juin 1930 |) École de Vaugirard et IDHEC. Directeur de la photographie ou cadreur sur une trentaine de longs métrages depuis 1958 parmi lesquels *Sweet Movie* (Dusan Makavejec), *la Cécilia* (J.-L. Comolli), *Je t'aime, moi non plus* (Serge Gainsbourg). D'abord réalisateur de courts métrages : *J'ai huit ans* (avec Olga Baïdar Poliakoff) en 1961, consacré à des dessins d'enfants algériens pendant la guerre, *Sucre amer*, en 1963 sur les truquages électoraux à la Réunion et *la Culture comme arme* en marge du festival panafricain de la culture à Alger. Il réalise son premier long métrage en 1970-1971 en collaboration avec Benie Deswarte, *Kashima Paradise*, spectaculaire reportage-enquête sur la société japonaise et les complexes industriels de Kashima et Narita où son talent d'opérateur éclate dans la manifestation violente qui clot le film. A réalisé ensuite plusieurs courts métrages avec le MLAC et le collectif d'Aix : *Quand j'serai grande* (1976), *Nous-mêmes* (1979) et un long métrage, *Regarde, elle a les yeux grands ouverts* (1979). *Heli Kouka* (1986) CM.

LENI Paul RÉ ALL US (Stoccarda 8 juill. 1885 | Hollywood 1929) Figure importante de l'expressionnisme allemand finissant, ce plasticien avait été formé comme décorateur par Max Reinhardt. Si l'*Escalier de service* fut plutôt un jalon qu'une réussite, *le Cabinet des figures de cire* fut une œuvre importante, avec son baroque extravagant et la cruauté de ses tyrans. Ce succès le fit appeler à Hollywood où il fixa un nouveau type de films de terreur, avec *la Volonté du mort* et *le Dernier Avertissement* où des caméras ultramobiles explorèrent des décors hallucinants et où des épisodes au comique un peu outré vinrent rompre de temps à autre un angoissant suspense.
RÉ : 1918 *Dornröschen*, INT Paul Wegener. 1919 *Prinz Kuckuck*, INT Conrad Veidt, Blandine Ebinger. 1921 *Fiesco*, INT Hans Nierendorf ; *Escalier de service (Hintertreppe)* CO-RÉ Leopold Jessner. 1924 *le Cabinet des figures de cire.* 1927 *la Volonté du mort (The Cat and the Canary).* 1928 *le Perroquet chinois (The Chinese Parrot)*, INT Anna May Wong, *l'Homme qui rit (The Man who laughs)*, INT Conrad Veidt. 1919 *le Dernier Avertissement (The Last Warning).*

Paul Leni

LENICA Jan ANIM POL (Poznan 4 janv. 1928 |) Ses films d'animation combinant truquages, dessins, découpages, etc. possèdent un style et un humour proches du surréalisme.
CO-RÉ Borowczyk : 1957 *Il était une fois.* 1958 *la Maison* DOC. - EN FR : 1959 *Monsieur Tête,* CO-RÉ Henri Gruel. - EN POL : 1961 *Janko le musicien.* 1962 *le Labyrinthe.* En RFA *Rhinocéros.* - EN FR : 1965 *Femme-Fleur.* 1973 *l'Enfer.* 1976 *Ubu roi.* 1979 *Ubu et la Grande Gidouille.*

LEONARD Robert Zigler RÉ US (Denver 7 sept. 1889 | 27 août 1968). Un « director » à tout faire, le plus souvent au service des stars : sa femme Mae Murray, 1916-1922, puis Marion Davies, 1928-1932. Spécialiste sans éclat de la comédie musicale, il eut pourtant la chance de faire débuter Fred Astaire avec *Dancing Lady* (1933).

LEONE Sergio RÉ ITAL (1921 | 1989) Scénariste ou plutôt, selon la formule italienne, « découpeur » il réalisa en 1960 un « peplum » remarqué *(le Colosse de Rhodes)*, mais c'est en tant qu'« inventeur » du western italien qu'il est aujourd'hui connu, un western nourri de toute une tradition baroque italienne (n'a-t-il pas dit que *Pour une poignée de dollars* sortait tout droit d'*Arlequin serviteur de deux maîtres* de Goldoni ?). Plus de vingt « spaghetti-westerns » avaient déjà été tournés lorsqu'il réalisa le sien, mais son succès fut immense : « J'ai abordé le genre, a-t-il dit, avec un grand amour, avec une grande ironie aussi (surtout pour le premier film) et en mettant au premier plan le souci d'authenticité. »
RÉ : 1960 *le Colosse de Rhodes.* 1964 *Pour une poignée de dollars* (réalisé sous le nom de Bob Robertson). 1965 *Et pour quelques dollars de plus.* 1966 *le Bon, la Brute et le Truand.* 1969 *Il était une fois dans l'Ouest,* SC Leone, Argento, Bertolucci. 1971 *Il était une fois la Révolution (Giù la testa).* 1984 *Il était une fois l'Amérique (Once Upon a Time in America).*

Sergio Leone, « Il était une fois la Révolution ».

Sergio Leone

LE ROY Mervyn RÉ US (San Francisco 15 oct. 1900 | 1987) Il fut un grand auteur de films au début du parlant. Avec *Little Cœsar* (1931), *Je suis un évadé* (1932), *Chercheuses d'or* (1933), il montra mieux qu'aucun autre alors les États-Unis à l'heure de la grande crise économique. Il aborda avec courage le lynchage dans *They won't forget* (1937), puis devint un très ordinaire producer-director usinant sans intérêt et sans passion des films comme son fastueux remake de *Quo Vadis ?* (1951). 1953 *Rose Marie.* 1954 *Mister Roberts.* 1956 *Toward the unknown.* 1965 *Moment to moment.*

LESTER Richard RÉ GB (USA 1932 |) Bien qu'il ait choisi la voie de la légèreté et de l'insouciance, Lester fait partie de cette génération des « Young angry men » (jeunes hommes en colère) du nouveau cinéma britannique des années soixante. Il connut son heure de gloire d'abord avec *The Knack*, film le plus représentatif de cet humour brillant et caustique par lequel Lester fustigeait la morale puritaine de la bonne société anglaise, puis avec *Help* où la désinvolture propre à son style et à celui des Beatles renouait avec le burlesque classique. Ses réalisations suivantes ont peu à peu perdu cette veine corrosive qui en avait fait l'un des produits originaux de l'anti-establishment de l'époque. On lui doit notamment :
RÉ : 1963 *la Souris sur la lune.* 1964 *Quatre Garçons dans le vent,* INT les Beatles. 1965 *The Knack... et comment l'avoir, Help,* INT les Beatles. 1966 *le Forum en folie.* 1967 *Comment j'ai*

gagné la guerre. 1968 *Petulia.* 1969 *l'Ultime Garçonnière.* 1979 *les Joyeux Débuts de Butch Cassidy et le Kid.* 1980 *Superman 2.* 1988 *le Retour des mousquetaires.*

LEVIN Henry RÉ US (Trenton 5 juin 1909 | 1980) Réalisateur hollywoodien de série. A réussi (par hasard ?), en 1957, un assez bon western : *Jicop le proscrit (The Lonely Man).*

LEVY Raoul PR FR (Anvers 14 avril 1922 | 31 déc. 1967) Un producteur français de grand style américain, qui fonda son extraordinaire fortune sur Brigitte Bardot, avec laquelle il vola de succès en succès, de *Et Dieu créa la femme* à *Babette s'en va-t-en-guerre.* Puis, il entreprit un *Marco Polo* milliardaire, dont les mésaventures mirent en danger sa fortune. Il est mort alors que commençait pour lui, producteur, une nouvelle carrière de réalisateur, avec *Je vous salue Mafia* (1965) et *l'Espion* (1966), qui fut aussi le dernier rôle de Montgomery Clift.

LEWIN Albert RÉ US (Newark 23 sept. 1902 | 9 mai 1968) De producteur intelligent il devint un metteur en scène raffiné mais peu chanceux avec *le Portrait de Dorian Gray* (1945). Sa délirante *Pandora* (1951) a des admirateurs et vaut *la Comtesse aux pieds nus* de Mankiewicz.

LEWIS Jerry ACT RÉ US (Newark 1926 |) Cet acteur de génie, longtemps dirigé par d'autres (Tashlin, Norman Taurog, George Marshall) a réalisé son premier film en 1960, se dépouillant assez rapidement d'un sentimentalisme un peu mou, pour atteindre une rigueur d'écriture, une force comique incomparables, et Georges Sadoul pouvait dire en 1964, dans « les Lettres françaises », de *Nutty Professor* : « ... à l'échelle du comique mondial, une œuvre admirable ». Et Jean-Luc Godard (qui lui rend plastiquement hommage dans *Tout va bien*) écrivait en 1967 : « A Hollywood, Jerry Lewis est aujourd'hui le seul à faire des films courageux et je crois qu'il s'en rend parfaitement compte. »
RÉ : 1960 *The Bellboy (le Dingue du palace).* 1961 *The Ladies' Man (le Tombeur de ces dames).* 1962 *The Errand Boy (le Zinzin d'Hollywood).* 1963 *The Nutty Professor (Dr Jerry et Mr Love).* 1964 *The Patsy (Jerry souffre-douleur).* 1965 *The Family Jewels (les Tontons farceurs).* 1966 *Three on a Couch (Trois sur un sofa).* 1967 *The Big Mouth (Jerry la grande gueule).* 1970 *Which way to the Front (Ya ya mon général), One More Time.* 1980 *Hardly Working (Au boulot, Jerry).* 1983 *Smorgasbord (T'es fou, Jerry).*

Marcel L'Herbier

« Feu Mathias Pascal »

L'HERBIER Marcel RÉ FR (Paris 23 avril 1888 | 1979) Raffiné, intelligent, cultivé, épris d'art et de recherche, il contribua à développer l'art du film et ses moyens d'expression. Son *Eldorado* fut salué par Louis Delluc d'un « Ça, c'est du cinéma », qui passa en proverbe. Sans doute y eut-il des erreurs dans *l'Inhumaine,* mais son *Feu Mathias Pascal* fut une grande réussite, et si les hautes ambitions de son *Don Juan et Faust* échouèrent, ce fut faute de moyens, alors que plus tard de trop grands moyens écrasèrent *l'Argent.* Ce maître de l'impressionnisme français a ainsi résumé sa carrière : « Dix années -1918-1928 - où je fais comme je l'entends les films que je souhaite. Dix années ensuite de contrainte et de malchance où je n'ai plus vu m'échoir que des jeux sans honneur. » Mais il devait ensuite fonder l'IDHEC, cet Institut des hautes études cinématographi-

ques dont le prestige international est devenu considérable. Pour lui, « appelé par la plénitude de ses moyens à une fonction planétaire, le cinématographe fait exactement figure d'agent de liaison de l'humanité » et il définit cet « art révolutionnaire » « comme le plus miraculeux moyen de représenter l'homme à l'homme, d'instruire l'homme par l'homme et de réconcilier (tâche urgente) l'homme avec l'homme ».
Études de droit. Poèmes, pièces de théâtre. Pendant la guerre, au Service cinématographique de l'Armée. 1917 SC pour Mercanton et Hervil : *Torrent* et *Bouclette.*
RÉ : 1919 *Rose France,* INT J.-Catelain, Mlle Ayssé. 1920 *le Carnaval des vérités, l'Homme du large, from* Balzac, PH Lucas, INT Jaque-Catelain, Roger Karl, Marcelle Pradot, Charles Boyer. 1921 *Villa Destin,* humoresque ; *Prométhée banquier,* INT Ève Francis, Signoret, J.-Catelain ; *Eldorado.* 1923 *Don Juan et Faust.* 1924 *l'Inhumaine.* 1925 *Feu Mathias Pascal.* 1926 *le Vestige.* 1928 *le Diable au cœur.* 1929 *l'Argent, from* Zola, INT Alcover, Brigitte Helm, Marie Glory, Artaud, Rouleau, Jules Berry. 1930 *Nuits de prince, l'Enfant de l'amour, la Femme d'une nuit, le Mystère de la chambre jaune.* 1931 *le Parfum de la dame en noir.* 1933 *l'Épervier.* 1934 *le Scandale, l'Aventurier, le Bonheur.* 1935 *la Route impériale, Veille d'armes, les Hommes nouveaux, la Porte du large. 1937 la Citadelle du silence, Nuits de feu, Forfaiture.* 1938 *Adrienne Lecouvreur, Terre de feu, la Tragédie impériale.* 1939 *Entente cordiale, la Brigade sauvage.* 1940-1941 *la Comédie du bonheur.* 1941 *Histoire de rire.* 1942 *la Nuit fantastique, l'Honorable Catherine.* 1943-1944 *la Vie de bohème.* 1945 *Au petit bonheur.* 1946 *l'Affaire du collier de la reine.* 1947 *la Révoltée.* 1949 *les Derniers Jours de Pompéi.* 1953 *le Père de mademoiselle.* 1954-1962, TV.
L'Herbier fonde en 1943 l'IDHEC, dont il est le président.

LHOMME Pierre PH FR (Boulogne-Billancourt avr. 1930 |) S'il n'a signé comme CO-RÉ avec Chris Marker qu'un seul film, *le Joli Mai* (1963) on retrouve son nom comme opérateur, depuis *Saint-Tropez blues* (Marcel Moussy, 1961), aux côtés des plus grands, d'Ivens et Ruspoli à Bresson et Eustache, de Doillon à Duras.

LIEBENEINER Wolfgang RÉ ALL (Liebau 5 sept. 1905 | 1987) Réalisateur à tout faire, une glorification de *Bismarck* (1940), comme une vaudevillesque *Famille Trapp,* 1956-1958, qui lui valut de grands succès commerciaux.

LINDER Max (Gabriel Levielle) ACT SC RÉ (Saint-Loubès, Gironde, 16 déc. 1883 | Paris 30 oct. 1925) La grande figure comique d'avant 1914, reconnu par Charles Chaplin comme son maître. Il fut presque toujours son propre scénariste et parfois son metteur en scène. Il participa à 200 ou 300 films, parmi lesquels : 1905 *la Première Sortie.* 1907 *les Débuts d'un patineur.* 1908-1914 *Max professeur de tango, Max et le quinquina, Max toréador,* etc. 1919 *le Petit Café.* - AUX US : 1921 *Soyez ma femme, Sept Ans de malheur.* 1922 *l'Étroit Mousquetaire.* - EN AUT : 1925 *le Roi du cirque.*

Max Linder, « Sept Ans de malheur ».

LINDTBERG Leopold RÉ SUISSE (Vienne 1er juin 1902 | 1984) Justement fameux pour *la Dernière Chance,* 1945, qui fut son chef-d'œuvre, il dirigea d'autre part en Suisse une dizaine de films mineurs ou médiocres :
1938 *le Fusilier Wipf.* 1940 *Lettres d'amour.* 1944 *Marie-Louise.* 1951 *Quatre dans une jeep.* 1953 *Notre village.* 1958 *Avant postes de la civilisation.* 1973 *Herr und Frau Brandes* (série TV) *Der Kommissär.*

LITTIN Miguel RÉ CHILI (Santiago, 1942 |) Après des études d'art dramatique à l'université de Santiago, il fut un des premiers cinéastes chiliens de l'Unité populaire, sous la présidence de Salvador Allende, et dut quitter son pays après le putsch de 1973, travaillant ensuite au Mexique et à Cuba, où il donna libre cours à son sens de l'épique.
RÉ : 1969 *le Chacal de Nahueltero.* 1971 *Companero Presidente.* 1972 *la Terre*

Miguel Littin

promise. 1975 *Actes de Marusia.* 1979 *Viva el Presidente, from* le Recours de la méthode d'Alejo Carpentier. 1980 *la Veuve Montiel.* 1982 *Alsinoy el Condor.*

LITVAK Anatole RÉ ALL FR US (Kiev 10 mai 1902 | 1974) Incontestablement consciencieux, connaissant et aimant son métier, il savait diriger et choisir ses acteurs, mais ne réalisa jamais aucun film qui fût autre chose qu'un succès commercial.
RÉ : A BERLIN : 1931 *Calais-Douvres,* INT Lilian Harvey, André Roanne. - A LONDRES : 1933 *Sleeping Car.* - A PARIS : 1935 *l'Équipage.* 1936 *Mayerling.* - A Hollywood : 1937 *Tovaritch.* 1939 *Confessions d'un espion nazi.* 1940 *Ville conquise, l'Étrangère.* 1942 *Ames rebelles (This above all).* 1942-1945 Série *Pourquoi nous combattons,* avec Capra. 1948 *Raccrochez c'est une erreur (Sorry Wrong Number), la Fosse aux serpents (Snake Pit),* INT Olivia de Havilland. 1953 *Un acte d'amour.* 1956 *Anastasia.* 1959 *le Voyage (The Journey).* 1961 *Aimez-vous Brahms ?,* INT Ingrid Bergman, Montand, Perkins. 1962 *le Couteau dans la plaie.* 1966 *la Nuit des généraux.* 1970 *la Dame dans l'auto avec des lunettes et un fusil.*

LIZZANI Carlo RÉ SC ITAL (Rome 3 avril 1922 |) Comme scénariste et jeune critique, il avait lutté pour l'essor du néo-réalisme. Comme réalisateur, il appartint à la génération de 1950, peu favorisée. Le premier, il évoqua la Résistance avec un certain recul historique dans *Achtung Banditi,* où il donna sa première chance à Lollobrigida et évoqua 1925, non pas dans ses aspects frivoles mais dans une Florence en lutte contre le fascisme : *Chronique des pauvres amants,* d'après Pratolini.
D'abord critique, CO-SC : RÉ De Santis : 1947 *Chasse tragique*; 1949 *Riz amer*; 1950 *Pâques sanglantes.* RÉ Rossellini : 1948 *Allemagne, année zéro.* RÉ Lattuada : 1948 *le Moulin du Pô.* RÉ : 1950 *Nel mezzogiorno qualcosa è cambiato (Quelque chose a changé dans le Sud)* DOC. 1951 *Achtung Banditi,* INT Gina Lollobrigida, André Cecchi. 1954 *Ai Margini della Metropoli, Chronique des pauvres amants.* 1958 *la Muraille de Chine (La Muraglia Cinese)* DOC LM. 1959 *Esterina.* 1960 *le Bossu de Rome (I Gobbo),* INT Gérard Blain. 1961 *L'Oro de Roma.* 1962 *le Procès de Vérone.* 1964 *La Vita agra, La Celestina.* 1966 *I Sette Fratelli, Svegliati e Uccidi.* 1967 *Amore e rabbia,* un épisode de *Vangelo 70, Requiescant.* 1968 *Assassinio a Sarajevo.* 1969 *Banditi a Milano, Barbagio.* 1972 *la Vengeance du Sicilien (Torino nera), Scandale à Rome (Roma bene).* 1973 *Mussolini, ultimo atto.* 1974 *Crazy Joe.* 1975 *Storie di vita e malavita.* 1976-1977 *Africa nera Africa rossa* (TV) CO-PR ITAL-ANGOL 1977 *Kleinhoff hotel* CO-PR ITAL-RFA. 1983 *La Casa del tapetto giallo.* 1985 *Mamma Ebe.*
Il a publié en 1979 « Il Cinema italiano 1895-1979 ».

LLOYD Frank RÉ US (Glasgow 2 fév. 1889 | Hollywood 1960) On trouve quelques correctes adaptations de « best sellers » : 1920 *la Femme X.* 1933 *Cavalcade.* 1935 *les Révoltés du Bounty,* parmi les quelque cent films qu'il dirigea durant quarante ans, 1916-1956.

LLOYD Harold ACT RÉ US (Burchard 20 avril 1893 | 8 mars 1871). Il parut dans quelque 200 films et s'imposa surtout aux US par ses longs métrages, parmi lesquels : 1922 *Et puis ça va.* 1923 *Monte là-dessus.* 1924 *Ça t'la coupe.* 1925 *Vive le sport.* 1929 *Quel phénomène !* etc.

LOACH Kenneth RÉ GB (1936 |) Son travail cinématographique reste influencé par les techniques de prises de vues télévisées, ce qui lui donne un style dépouillé, une approche minutieuse de la réalité, sur des découpages rigoureux évoquant le reportage direct. Ses premiers films traitent de l'inadaptation ou de la folie à travers le monde de l'enfance ou de l'adolescence. C'est surtout *Family Life,* film inspiré du courant antipsychiatrique dénonçant les responsabilités du milieu familial, de la morale petite bourgeoise et domestique dans l'apparition d'une névrose qui lui a valu l'intérêt d'un certain public et de la critique. Il devait ensuite, dans le même style d'attention extrême à l'observation du quotidien, élargir son propos aux grandes questions que se pose la société anglaise : chômage, « guerre irlandaise », sécurité.

Kenneth Loach lors de « Black Jack ».

RÉ : 1967 *Pas de larmes pour Joy.* 1969 *Kés.* 1972 *Family Life.* 1979 *Black Jack.* 1980 *The Gamekeeper.* 1981 *Looks and Smiles (Grimaces et Sourires).* 1981 *Question of Leadership.* 1986 *Fatherland* (id.). 1988 *Fools of Fortune.*

LODS Jean RÉ FR (Vesoul 4 mars 1903 | mars 1974) Documentariste qui tint un rôle important dans l'avant-garde, et fut en 1942 un pionnier du film sur l'art avec *Maillol.* Fonda avec Moussinac « les Amis de Spartacus », 1926-1928.
RÉ : 1927 *24 heures en trente minutes.* 1928 *Champs-Élysées,* PH B. Kaufman. 1931 *la Vie d'un fleuve.* 1932 *Ladoumègue.* 1942 *Maillol.* 1946 *Aubusson.* 1960 *Mallarmé.*

LŒW Marcus PR US (New York 1870 | New York 1927) Pauvre émigrant devenu propriétaire de nombreux Nickel Odeons, puis l'un des fondateurs d'Hollywood et de la MGM.

LOGAN Joshua RÉ US (Texarkana, Texas, 5 oct. 1908 | 1988) On le prit pour un jeune cinéaste et pour un auteur de films avec *Picnic* (1954), *Bus Stop* (1956). C'était un homme de théâtre éprouvé, servi pour ses débuts dans la réalisation par d'excellents scénarios, qu'il mettait en scène avec intelligence et goût. Il déçut vite ses admirateurs avec *Sayonara* (1957), *South Pacific* (1958), *Fanny* (1961), *Camelot* (1968) *Paint your wagon* (1969).

LOMNICKI Jan RÉ POL (1929 |) Documentariste polonais, à la vision aiguë et sûre, qui montra avec des images et des sons étonnamment montés la naissance d'un *Navire.* RÉ : 1958 *l'Acier (Stal).* 1959 *Huta 59.* 1960 *Naissance d'une ville, la Maison des vieilles femmes (Dom Starych Kobiet).* 1961 *le Navire.* 1963 *la Dot.* 1970 *la Contribution, Monsieur Dodek.* 1972 *le Dérapage.* 1974 *l'Hôpital d'un soldat inconnu.* 1976 *Sauver la ville.*

LORENTZ Pare DOC US (Clarsburg 11 déc. 1905 |) Durant les années 1930, excellent documentariste de l'école de New York, surtout célèbre par *The River* (1935) et *La Charrue qui brisa les plaines* (1936), sur le thème de l'érosion.

LORENZI Stellio RÉ FR (Paris 7 mai 1921 |) Le réalisateur n° 1 de la Télévision française en ses jeunes années. Après divers courts métrages documentaires de 1944 à 1957, réalisa un long métrage en adaptant, avec une grande fidélité à son style du petit écran, *Climats, from* Maurois (1962) et retourna à ses amours.

LOSEY Joseph RÉ US GB ITAL (La Crosse 14 janv. 1909 | 1984) Le meilleur peut-être de la « génération perdue ». Exclu d'Hollywood par le maccarthysme, il dut longtemps travailler à des films série B en Italie et à Londres, sous des pseudonymes. Il est venu du théâtre et a été formé par Bertolt Brecht. La lutte contre le racisme fut le lien qui unit *Haines* et *le Garçon aux cheveux verts.* Obligé d'accepter un remake du *Maudit,* il trouva le moyen d'en faire une œuvre originale, et lorsqu'il put diriger sous son nom des films à Londres : *Temps sans pitié, les Criminels, Blind Date,* ils eurent comme lien une protestation contre certains hommes qui déshonorent les autres. Pour lui : « Le propre d'un film est d'être une réflexion sur le monde dans lequel vit l'auteur, qu'il veuille s'en isoler, lutter contre lui ou un de ses aspects, ou plus simplement en donner une vision personnelle. C'est la seule façon dont une œuvre puisse avoir un contact avec la réalité. Je ne critiquerais pas le monde où je vis si je n'aimais pas certaines de ses valeurs. Même si l'on perçoit une sorte d'horreur ou de mal dans cet univers, le simple fait de cette perception revient à affirmer son existence, à dire [...] que vous aimez les gens. J'espère que mes films montrent un sens des responsabilités sociales. » Cet homme courageux et noble est un auteur important, qui collabora le plus souvent avec le scénariste Ben Barzman. 1931 ACT au Theatre Guild de New York, puis M EN SC (*Galileo* de Brecht, etc.).
RÉ : 1939 *Petroleum and his Cousins* CM DOC, MUS Hanns Eisler. 1945 *A Gun in his Hand* CM, série *Crime doesn't pay.* 1948 *The Boy with green Hair (le Petit Garçon aux cheveux verts),* SC Ben

Barzman et Alfred Lewis Levitt, *from* Betsy Beaton, PH George Barnes, MUS Leigh Harline, INT Dean Stockwell, Robert Ryan, Pat O'Brien, Barbara Hale. 1949 *Haines (The Lawless)*. 1951 *le Rôdeur (The Prowler)*, PH Arthur Miller, ASS Robert Aldrich, INT Van Hoflin, Evelyn Keyes, *M. le Maudit, The Big Night (la Grande Nuit)*, SC Hugo Butler, puis Ring Lardner Jr, *from* R Stanley Ellin « la Peur au ventre », PH Hal Mohr, INT John Barrymore Jr. Joan Lorring, Howard St-John. - EN ITALIE, sous le pseudonyme d'Andrea Forzano : 1953 *Un homme à détruire (Inbarco a Mazzamote* ou *Stranger on the Prowl)*, SC Barzman, *from* Noël Calef, PH Henri Alekan, INT Paul Muni, Vittorio Manunta, Joan Lorring, Franco Balducci. 1954 *Quand la bête s'éveille (The Sleeping Tiger)*, PH Harry Waxman, MUS Malcolm Arnold, INT Dick Bogarde, Alexis Smith, Alexander Knox. - EN GB : 1955 *A Man on the Beach*, INT Donald Wolfit, Michael Ripper, Michael Medwin ; *The Intimate Stranger*, INT Richard Basehart, Mary Murphy, Faith Brook, Roger Livesey. 1956 *Temps sans pitié (Time without Pity)*. 1957 *The Gypsy and the Gentleman*, INT Keith Michell, Patrick McGowan, June Laverick, Melina Mercouri. 1959 *l'Enquête de l'inspecteur Morgan (Blind Date)*. 1960 *les Criminels (The Criminal)*, SC Alan Owen et Jimmy Sangster, PH Robert Krasker, MONT Reginald Mills, MUS Johnny Dankworth, INT Stanley Baker, Margit Saad, Sam Wanamaker. 1961 *Damned*. 1962 *Eva*, INT Jeanne Moreau, Stanley Baker. 1963 *The Servant*. 1964 *For King and Country (Pour l'exemple)*. 1965 *Modesty Blaise, Accident*. 1968 *Boom*. 1969 *Cérémonie secrète*, INT Elizabeth Taylor, Mia Farrow, Robert Mitchum. 1970 *Figures in a Landscape (Deux Hommes en fuite)*, SC Robert Shaw, PH Henri Alekan, INT Robert Shaw, Malcolm McDowell. 1971 *The Go-Between (le Messager)*, INT Julie Christie, Alan Bates. 1972 *l'Assassinat de Trotsky*, INT Richard Burton, Alain Delon, Romy Schneider. 1973 *la Maison de poupée*. 1974 *une Anglaise romantique. Galileo Galilei*. 1976 *Monsieur Klein*. 1978 *les Routes du Sud*. 1979 *Don Giovanni*. 1982 *la Truite, from* Roger Vailland. 1984 *Steaming, from* Nell Dunn.

Losey, « le Messager ».

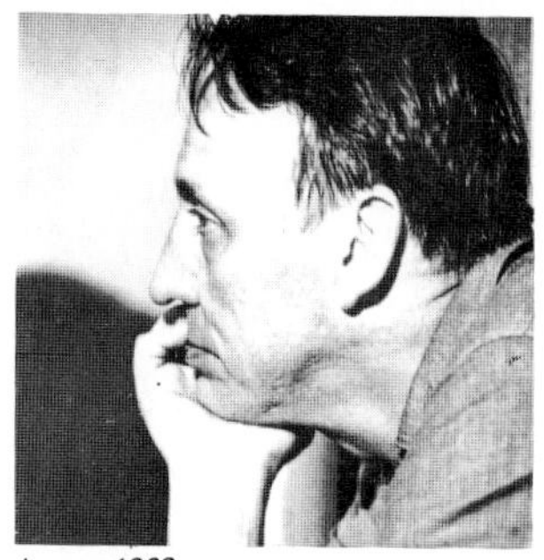

Losey, 1963.

« Temps sans pitié », avec Michael Redgrave.

LOTAR Éli RÉ FR (Paris 30 janv. 1905 | 1969) Surtout photographe, il fut l'opérateur de Buñuel pour *Terre sans pain* (1932) et réalisa un important court métrage : *Aubervilliers* (1946), MUS Kosma, SC J. Prévert.

LOUKOV Léonid RÉ URSS (Ukraine mai 1909 | Leningrad avril 1963) Ce tempérament exubérant se laissa souvent emporter par la facilité dans son abondante production dont on peut retenir : *Une grande vie* (1941), *les Mineurs du Donbass* (1950), qui peignirent la vie des charbonnages sous des couleurs trop roses.

LOW Colin ANIM RÉ CAN (1926 |) Formé par McLaren, il débuta dans l'animation puis passa, avec talent, au documentaire.
ANIM : 1947 *Cadet Rousselle.* 1948 *Science contre cancer.* 1952 *The Romance of Transportation in Canada.* 1953 *Sports et Transports.* 1957 *It's a Crime* CO-RÉ Grant Munro. 1960 *la Ville de l'or.* 1961 *les Enfants du soleil.* 1965 *The Hutterites.* 1970 *The Winds of Fogo* (sketch). 1979 *Café express.* 1984 *Mi manda Piccone.* 1989 *Cugnizzi.*

LOY Nanni RÉ ITAL (Cagliari 1925 |) Il est venu au cinéma dans les années 50 par la peinture de divers évènements de la dernière guerre.
RÉ : 1955 *Il Marito* CO-RÉ G. Puccini. 1956 *Parola di Ladra.* 1959 *Audace Colpo dei Soleti Igroti.* 1961 *Giorno da Leoni.* 1962 *la Bataille de Naples.* 1968 *le Père de famille.* 1971 *Dans l'attente du jugement (Detenuta in attesa di giudizio).* 1976 *Quelle strane occasioni.*

LOZINSKI Marcel RÉ POL (Paris, 17 mai 1940 |). Un regard aigu, un sens du montage qui lui permet de se passer du commentaire pour dire ce qu'il a à dire, il fait partie de cette grande école des documentaristes polonais qui ont voulu voir sans fard la société dans laquelle ils vivaient, et l'ont souvent payé par des interdictions de sortie de leurs films. Il a travaillé pour la télévision, pour le studio des films documentaires de Varsovie (WFD) et pour le groupe de production « X » dirigé par Wajda.
RÉ (principaux films) : 1972 *Autour de Fortuna.* 1974 *Une visite.* 1975 *Vivat Academine* LM. 1977 *Comment vivre.* LM. 1978 *le Baccalauréat.* 1980 *l'Essai du microphone.* 1982 *la Maison de verre* (interdit par la censure). 1984 *Exercices d'atelier* (Grand prix de « Solidarité » clandestine). 1989 *la Pologne, comme jamais vue à l'Ouest* (TV-FR).

LÜ BAN RÉ ACT CHINE (Shanghai 190? | 1968) Cet acteur-réalisateur chinois de l'école de Shanghai à la forte personnalité, dirigea au moins deux œuvres importantes : la romanesque épopée *Nouveau Roman des jeunes héros* (1951) et le violent *la Porte numéro 6* (1952). Après deux films critiquant la bureaucratie, le premier, *Avant l'arrivée du nouveau directeur* (1956), encouragé pendant la « campagne des cent fleurs », le second, *la Comédie inachevée* (1960) qualifié « d'herbe vénéneuse » (Régis Bergeron, *in* « Ombres électriques », édité par le Centre de documentation du cinéma chinois, 1982), il fut chassé des studios. Il a disparu pendant la Révolution culturelle après son arrestation en 1968 avec des centaines d'autres cinéastes, scénaristes, techniciens, acteurs.

LUBITSCH Ernst RÉ ALL US (Berlin 28 janv. 1892 | Hollywood 30 nov. 1947) Un habile homme qui, même dans la vulgarité, ne manquait pas de verve et de savoir-faire. Il s'essaya dans beaucoup de genres et y réussit souvent. En Allemagne (1919-1923), après avoir débuté dans le comique, il reprend la formule de la grande mise en scène à l'italienne et l'améliore, avec *Carmen, Madame du Barry, Anne Boleyn, la Femme du pharaon, Sumurum.* En 1923-1928, à Hollywood, avec *l'Éventail de Lady Windermere, Trois Femmes, Comédiennes, Paradis défendu,* etc., « il entreprend de révéler aux Américains la comédie européenne dans tout ce qu'elle a de charmant, de décadent, de frivole... », écrivait alors un critique français. Avec le parlant, il passe à la comédie musicale avec *Parade d'amour, Monte-Carlo, le Lieutenant souriant* et, bien entendu, une *Veuve joyeuse.* Il n'abandonne pas pour autant le boulevard, ou plus exactement les vaudevilles d'Europe centrale, et devient ainsi un des initiateurs de la comédie légère américaine avec de pétillants succès comme *Haute Pègre* ou *Sérénade à trois.* Il l'adaptera ensuite à la propagande politique avec *Ninotchka* et la situera avec brio en Europe occupée dans *Jeux dangereux (To be or not to be).* Pour ces films, il s'entourera toujours de collaborateurs venus des pays germaniques, parmi lesquels, vers la fin de sa vie, Billy Wilder et Otto Preminger, ses futurs successeurs. Pierre Henry l'a justement caractérisé en 1926 comme « un homme brillant, mais qui n'a jamais rejeté l'expression du théâtre que nous avons tous connu jadis ».
Fils d'un confectionneur berlinois, initié au théâtre par le comédien Victor Arnold, qui l'introduisit chez Reinhardt où il tint divers rôles ; il apparut aussi comme comique dans divers films.
RÉ (principaux films) : 1913 *le Club des invisibles,* PR Decla-Pommer, Vienne. 1915 *Blinde Kuh, Auf Eis Geführt, Zucker und Zimt.* 1916 *Wo ist mein Schatz ?, Der Schwarze Moritz, Schuhpalast Pinkus, Das Gemischte Frauen-*

chor. 1917 *Wenn Vier Dasselbe tun,* INT Ossi Oswalda, Emil Jannings. 1918 *le Chevalier à la rose (Der Rosen Kavalier),* INT Ossi Oswalda, Harry Liedtke ; *les Yeux de la momie (Die Augen der Mumie Ma),* INT Pola Negri, Emil Jannings, *Carmen, la Princesse aux huîtres (Die Austernprinzessin), Rausch,* INT Asta Nielsen, Alfred Abel. 1919 *Madame du Barry, la Poupée (Die Puppe),* INT Ossi Oswalda, Victor Janson. 1920 *Sumurum,* INT Pola Negri, H. Liedtke, Paul Wegener ; *la Fille (Kohlhiesels Töchter),* INT Jannings, Henny Porten ; *Romeo und Julia im Schnee,* INT Lotte Neumann. Julius Falkenstein, *Anna Boleyn.* 1921 *Vendetta (Die Bergkatze),* INT Pola Negri. 1922 *la Femme du pharaon (Das Weib des Pharao),* INT Dagny Servaes, H. Liedtke, E. Jannings ; *Die Flamme,* INT Pola Negri, Alfred Abel. - AUX US : 1923 *Rosita,* INT Mary Pickford. 1924 *Qu'en pensez-vous ? (The Marriage Circle),* INT Florence Vidor, Monte Blue, Adolphe Menjou ; *Trois Femmes (Three Women),* INT Mary McAvoy, Pauline Frederich, Marie Prévost, *Paradis défendu (Forbidden Paradise),* INT Pola Negri, Adolphe Menjou. 1925 *Comédiennes (Kiss me again)* INT Marie Prévost, Monte Blue, Clara Bow ; *l'Éventail de lady Windermere (Lady Windermere's Fan).* 1926 *les Surprises de la TSF (So this is Paris ?),* INT Monte Blue, Myrna Loy. 1927 *Viel Heidelberg (The Student Prince),* INT Ramon Novarro, Norma Shearer. 1928 *le Patriote (The Patriot),* INT Emil Jannings, Florence Vidor. 1929 *Eternal Love,* INT John Barrymore, *Parade d'amour (Love Parade),* INT Maurice Chevalier, Jeannette Mac Donald. 1930 *Monte-Carlo,* INT Jack Buchanan, Jeannette Mac Donald, 1931 *le Lieutenant souriant (The Smiling Lieutenant),* INT Maurice Chevalier, Claudette Colbert. 1932 *l'Homme que j'ai tué (Broken Lullaby),* INT Lionel Barrymore, Nancy Carroll, *Une heure avec vous (One Hour with you),* INT Maurice Chevalier, J. Mac Donald, *Haute pègre (Trouble in Paradise), Si j'avais un million (If I had a Million),* un sketch avec Charles Laughton. 1933 *Sérénade à trois (Design for Living),* INT Myriam Hopkins, Fredric March, Gary Cooper. 1934 *la Veuve joyeuse.* 1937 *Angel,* INT Marlène Dietrich, Herbert Marshall, Melvyn Douglas. 1938 *la Huitième Femme de Barbe-Bleue (Bluebeard's eighth Wife),* INT Claudette Colbert, Gary Cooper. 1939 *Ninotchka.* 1940 *The Shop around the Corner,* INT Margaret Sullivan, James Stewart. 1941 *That Incertain Feeling,* INT Merle Oberon, Melvyn Douglas. 1942 *Jeux dangereux (To be or not to be).* 1943 *le Ciel peut attendre (Heaven can wait),* INT Don Amèche, Gene Tierney, Charles Coburn. 1945 *A Royal Scandal,* remake de *Forbidden Paradise,* RÉ Otto Preminger, supervisé par Lubitsch, INT Tallulah Bankhead, C. Coburn, Anne Baxter. 1946 *Cluny Brown,* INT Charles Boyer, Jennifer Jones. 1948 *la Dame au manteau d'hermine (That Lady in Ermine),* INT Betty Grable, Douglas Fairbanks Jr, terminé par Preminger.

Lubitsch dirigeant Mary Pickford dans « Rosita » (1923).

Lubitsch, « To be or not to be », avec Carole Lombard.

LUCAS George RÉ PR US (Californie, 14 mai 1944|) Cinéaste californien entré à l'école de cinéma de Californie du Sud où il réalisa 8 courts métrages dont un *THX 1138/4 EB* qui devait servir de base à son premier long métrage et orienter la majorité de son œuvre vers la science-fiction. Observateur en 1968 sur le *Finian's Rainbow* de Coppola, puis assistant en 1969 sur *Rainbow People,* il réalisera un documentaire de 40 mn sur son « professeur » : *Coppola Filmaker.* La réalisation en 1967 d'*American Graffiti* l'im-

pose en France. Homme d'images et du parcours (comme il le définit lui-même) il s'annonce par son optimisme et son goût du gadget comme le cinéaste de la jeune et opulente Californie. Déjà dans *American Graffiti* la jeunesse américaine ne cesse de parcourir en voiture les rues illuminées de la côte. Mais c'est surtout en 1977 avec *la Guerre des étoiles* qu'il lance la vogue du space-opéra. La renaissance de ce genre en science-fiction doublée d'un goût enfantin du conte et des personnages magiques (les deux robots de *Star Wars*) firent aussi de lui un des plus grands fournisseurs de jouets de l'année 1978. Directeur de production sur la suite de *la Guerre des étoiles, l'Empire contre-attaque* du réalisateur Irvin Kershner. Il devait ensuite se consacrer à la production, pour les suites de *la Guerre des étoiles* et autres *Indiana Jones.*
RÉ : 1971 *THX 1138/4 EB.* 1973 *American Graffiti.* 1977 *Star Wars (la Guerre des étoiles).*

LUMET Sidney RÉ US (Philadelphie 25 juin 1924 |) On le crut un réalisateur, il était un « metteur en film » qui valait ce que valait la pièce portée à l'écran par un technicien consciencieux formé par la TV, respectueux du texte et des interprètes.
ACT dès l'enfance. 1946-1947, ACT de tournées.
RÉ : 1956 *Douze hommes en colère * (Twelve Angry Men).* 1958 *Stage Struck* remake de *Morning Glory,* INT Henry Fonda, Susan Strasberg, Joan Greenwood. 1959 *Une espèce de garce (That Kind of Woman),* INT Sophia Loren. 1960 *l'Homme à la peau de serpent (The Fugitive Kind), from* TH Tennessee Williams, *Vu du pont, from* TH Arthur Miller. 1962 *le Long Voyage dans la nuit, from* TH O'Neill, INT Katharine Hepburn. 1963 *Point limite.* 1964 *la Colline des hommes perdus (The Hill).* 1965 *l'Espion qui venait du froid, le Prêteur sur gages.* 1966 *le Groupe.* 1967 *M 15 demande protection.* 1968 *Bye Bye Braveman, la Mouette.* 1970 *le Rendez-vous.* 1971 *le Gang Anderson.* 1972 *Child's Play.* 1973 *The Offense, Serpico.* 1974 *Lovin'Molly, le Crime de l'Orient-Express.* 1975 *Un après-midi de chien.* 1976 *Network.* 1977 *Equus.* 1978 *The Wiz.* 1979 *Just tell me what you want.* 1981 *le Prince de New York.* 1982 *Piège mortel, The Verdict.* 1983 *Daniel.* 1984 *A la recherche de Garbo, The Wif.* 1986 *les Coulisses du pouvoir, le Lendemain du crime.* 1988 *A bout de course.*

LUMIÈRE Antoine PH FR (Ormoy 1840 | Lyon 1911) Père de Louis et Auguste, d'abord peintre, puis en 1862 photographe à Besançon. En 1871, il s'établit à Lyon, où il ouvre, en 1880, à Montplaisir, une fabrique de produits photographiques qui prospère et devient une grosse industrie. Il achète à Paris en 1894 un Kinétoscope Edison et demande à ses fils de trouver le moyen de projeter ses films sur écran. En 1895, il prend en main l'exploitation du Cinématographe breveté par ses fils et organise la Première parisienne au Grand Café avec son ami le photographe Clément Maurice. Il refuse de vendre leur appareil à Méliès (1896-1897) et fait mettre en scène des films par Georges Hatot à Paris.

LUMIÈRE Auguste INV FR (Besançon 19 oct. 1862 | Lyon 10 avril 1954) Avec son frère Louis, il fait breveter le Cinématographe, auquel il a pris une petite part. Se consacre ensuite aux recherches médicales.

LUMIÈRE Louis INV RÉ FR (Besançon 5 oct. 1864 | Bandol 6 juin 1948) Il est d'abord l'inventeur du Cinématographe. Cet appareil représentait en 1895 un progrès considérable sur tous les appareils concurrents, dont il avait repris divers dispositifs, parce qu'il pouvait prendre des vues animées partout, puis les projeter sur un écran. Son succès fut si considérable dans le monde après la première représentation, à Paris, le 28 décembre 1895, qu'il donna naissance en France et dans dix pays à un nouveau genre de spectacle et à une nouvelle industrie. La preuve de ce rôle déterminant est donnée par la linguistique. Rares furent les pays qui ont retenu, pour désigner l'art ou l'industrie du film les noms d'appareils rivaux (Bioscope, Biograph). Les dérivés du mot cinématographe (ciné, cinéma, kino, cinématographie, etc.) sont passés dans des langues parlées par un ou deux milliards d'hommes. Il fut un excellent réalisateur, le premier qui, dans des films-minute, sut prendre « la nature sur le vif » avec un sens très vif du décor, du cadrage, du pittoresque : *la Sortie du port, la Sortie des usines Lumière, la Partie d'écarté, Démolition d'un mur, Querelle enfantine,* etc. Il utilisa le gros plan : *le Déjeuner de bébé,* la profondeur du champ : *Arrivée d'un train,* et les premiers scénarios comiques : *l'Arroseur arrosé, le Faux Cul-de-jatte.* Il forma de nombreux opérateurs qui, à travers le monde, contribuèrent à créer les actualités, le documentaire, le montage et l'industrie du film. Son importance historique est donc considérable, même s'il fut en fait distancé dans les projections publiques et payantes de photos animées par les Américains Muybridge, Armat, Jenkis, Latham, et par l'Allemand Skaladanowsky.
RÉ en 1895, notamment : *la Sortie des usines Lumière,* deux versions, *Ateliers*

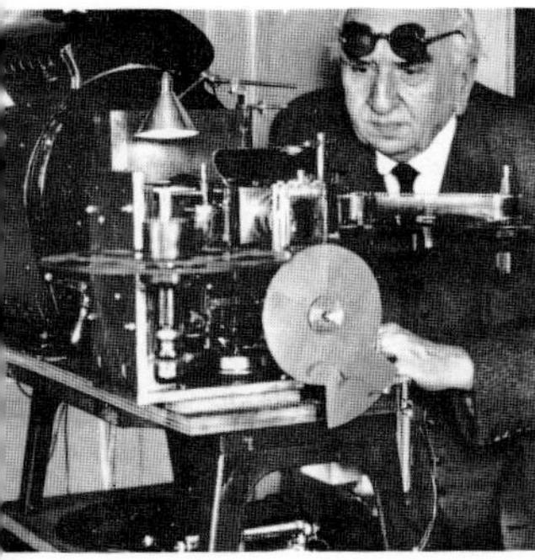

Louis Lumière

de La Ciotat, Assiettes tournantes, Aquarium, Autruches, la Sortie du port, Baignade en mer, Démolition d'un mur, Déjeuner d'un chat, Enfants aux jouets, Forgeron, Gros Temps en mer, Lancement d'un navire, Maréchal-ferrant, Partie de boules, la Partie d'écarté, les Pompiers, quatre films, *Querelle enfantine, Récréation à La Martinière, Repas de bébé, Repas en famille, l'Arroseur arrosé, Chapeau à transformations, Courses en sac, Charcuterie mécanique, le Photographe, Saut à la couverte, Voltige de cavalerie, Place des Cordeliers, Place Bellecour, l'Arrivée du train en gare, le Faux Cul-de-jatte.* Cf. Lumière (Dic. Films). 1882 : Perfectionne la formule du gélatino-bromure de Van Monckhoven, créant pour son père Antoine la formule « Étiquette bleue ». Fin 1894 : Partant du Kinétoscope Edison et de la caméra Marey, il trouve un système d'entraînement pour le film (2 perforations par image). Il réalise ses premiers films sur papier, puis sur celluloïd. 13 février 1895 : Premier brevet d'un « appareil servant à l'obtention et à la vision des épreuves chronophotographiques ». 30 mars 1895 : Brevet de perfectionnement, où l'appareil est appelé « Cinématographe ». Démonstration du Cinématographe, le 2 mars 1895, à Paris, à la Société d'encouragement aux sciences, place Saint-Germain-des-Prés, et, les 10 et 12 juin 1895, à Lyon, au Congrès de photographie. 1895 : Réalise trente ou quarante films. 16 novembre 1895 : Projection à la Sorbonne. 28 décembre 1895 : Début des représentations publiques, à Paris, au Salon indien du Grand Café, 14, boulevard des Italiens. Dès 1896, il forme de nombreux opérateurs qu'il envoie à travers le monde. Le Cinématographe est montré en Belgique, en Suisse, en Angleterre, aux États-Unis, en Espagne, en Russie, en Hollande, au Danemark, etc. 1897 : Les représentants de la firme Lumière doivent quitter les USA. Mise en vente des appareils. 1903 : Production des films abandonnée. 1900 : Films de 70 mm pour l'Exposition universelle ; projection du Cinématographe sur écrans géants (25 m × 15 m). 1903 : Photorama. Projections photographiques circulaires non animées. 1937 : Programmes de films en relief suivant le système des anaglyphes (lorgnons bicolores).

LUNTZ Édouard RE FR (La Baule 1931 |) Des courts métrages et un premier long métrage (1966 *les Cœurs verts*) sur le difficile passage de l'adolescence ; une amère expérience américaine pour un film (1967 *le Grabuge*) « remonté » par les producteurs, qui a dû atteindre six ans pour sortir, et deux films en France : 1970 *le Dernier Saut.* 1971 *l'Humeur vagabonde.* 1977 *Ghetto brothers.*

LUPU-PICK (Pick Lupu dit) ACT RÉ ALL (Roumanie 2 janvier 1886 | Berlin 7 mars 1931) Il fut acteur, dirigea plusieurs films médiocres, mais réalisa deux grands chefs-d'œuvre, *le Rail* et *la Nuit de la Saint-Sylvestre,* dont les scénarios avaient été écrits par Carl Mayer. L'esthétique du Kammerspiel fut portée à son apogée par ces deux tragédies modernes où des gens simples étaient écrasés par la fatalité.
RÉ : 1918 *Der Liebe des Van Royk, Die Tolle Heirat von Lalo.* 1919 *Der Herr über Leben und Tod. Der Weltspiegel, Marionetten der Leidenschaft, Mein Wille ist Gesetz.* 1920 *Grausige Nächte, Kitsch, Au bonheur de dames.* 1921 *Der Dummkopf (l'Idiot), from* Dostoïevsky. 1922 *Scherben (le Rail).* 1923 *Sylvester (la Nuit de la Saint-Sylvestre).* 1925 *la Péniche tragique.* 1926 *Das Panzergewohle (la Casemate blindée).* INT F. P. Reicher, J. Reiman, Imogène Robertson, Aud Edege Nissen. 1926 *le Canard sauvage, from* Ibsen, INT Walter Janssen, Werner Krauss, Lucie Höflich, Marie Johnso, Albert Steinrück, Agnès Straub. 1928 *Napoléon à Sainte-Hélène,* SC Abel Gance, INT Werner Krauss, Suzy Pierson, Albert Bassermann, Georges Pedet, Philippe Hériat. 1929 *Une nuit à Londres,* INT Lilian Harvey. 1930 *les Quatre Vagabonds.* ACT notamment : RÉ Fritz Lang : *les Espions.* RÉ Galeen : *la Route interdite.* RÉ Carl Bœse : *le Dernier Fiacre de Berlin.*

LYE Lehn ANIM DOC GB (Nouvelle-Zélande 1901 |) Renouvela l'animation en 1934-1940 par des dessins en couleurs peints directement sur pellicule. Il fut le maître de McLaren et fit danser

le lambeth-walk à Hitler dans un film de truquage - où ce plan fut pris pour authentique.
RÉ : 1934 *Tulasava.* 1935 *Color Box, Rainbow Dance.* 1936 *Kaleidoscope.* 1941 *Swinging the Lambeth-Walk.* DOC : 1941-1945 *Vegetable Pie, Women at War, Killer be killed, News Cameramen at War.* 1957 *Rhythm* (primé à New York). 1958-1979 *Free Radicals* (primé à Bruxelles). 1979 *Particle in space* (4 mn). 1980 *Tal Farlow* (1 mn 30 s).

LYNCH David RÉ US (Missoula, Montana, 1946|). Des monstres, des situations où sue l'angoisse, c'est à une « extériorisation » de l'inconscient que se livre, film après film, David Lynch mettant à jour, dans des fictions voulues libératrices, les fantasmes que peut développer l'agressivité sociale. « Regardez la télé, a-t-il dit : on y voit des gens mourir assassinés, tout est aseptisé, la victime tombe, et puis arrive la publicité pour corn-flakes ou déodorants. Les télespectateurs pensent tout simplement que tuer, au fond, c'est très facile, propre et pas si méchant que ça. C'est ça la perversité, cette tricherie... Je veux être honnête envers moi-même et la réalité, regarder et montrer le bon côté de l'humanité, mais aussi son côté sombre, pervers » (propos recueillis par Marie-José Simpson, *in* « la Revue du cinéma » nº 424).
RÉ : 1976 *Eraserhead (Tête à effacer).* 1980 *Elephant Man* (id.). 1984 *Dune* (id.), *from* Franck Herbert. 1986 *Blue Velvet* (id.).

MABROOK Hossein RÉ SOMALIE Paraît avoir réalisé en 1961 le premier long métrage d'Afrique noire, *l'Amour ne connaît pas d'obstacles,* un film parlant le somali, entièrement conçu, mis en scène et interprété par des Africains.

McARTHUR Charles SC RÉ US (Cranton 5 nov. 1895|New York 21 avril 1956) Excellent scénariste américain des années 1930-1940. Associé à Ben Hecht, il tenta d'établir à New York un centre de production s'opposant à Hollywood. Après plusieurs films importants qu'ils dirigèrent : 1934 *Crime sans passion.* 1935 *le Goujat,* ils durent interrompre leur entreprise. Il resta un auteur favori d'Howard Hawks : 1934 *Trains de luxe.* 1935 *Barbary Coast.* 1940 *la Dame du vendredi,* etc.

McCAREY Leo RÉ US (Los Angeles 3 oct. 1898|5 juil. 1969) D'abord au service d'excellents comiques - Laurel et Hardy, les Marx Brothers : *Soupe au canard* (1933), Fields : *Six of Kind* (1934), Harold Lloyd : *Milky Way* (1936), Eddy Cantor : *Kid from Spain* (1932) -, il réalisa quelques comédies légères : *The Awfull Truth* (1937). Il passa à la propagande religieuse avec : *Going my Way (la Route semée d'étoiles)* (1944), *les Cloches de Sainte-Marie* (1945) et fut pour cela couvert d'Oscars, avant de revenir à la comédie et au mélo (parfois antirouges).

MACHATY Gustav RÉ TS (Prague 9 mai 1901|Munich 16 déc. 1963) L'homme de deux films : 1929 *Érotikon.* 1932 *Extase,* dont le succès international fut certes dû à l'audace dans l'approche des thèmes érotiques, mais qui furent aussi de très bons morceaux de cinéma.

MACHIN Alfred RÉ FR (1877|1930) Un des rares cinéastes français dont les films aient manifesté des tendances progressistes avant 1914 : *Au ravissement des dames, Maudite soit la guerre.* Après 1920, il se consacra notamment aux films d'animaux.
RÉ : 1911 Série Comica-Pathé à Nice, *les Babylas, la Cherté des vivres, Fouinard n'est pas syndicaliste.* - EN HOLL : 1912 *l'Or qui brûle,* INT Léon Bourmeester, *la Révolte des gueux, la Fille de Delft.* - EN BELG : 1913-1914 *Saïda a enlevé Manneken-Pis, le Diamant noir, Au ravissement des dames, la Bataille de Waterloo, Maudite soit la guerre.* 1914-1918 Actualités au Service cinématographique de l'Armée. 1918 ASS de Griffith pour *les Cœurs du monde.*
RÉ : 1920 *On attend Polochon.* 1921 *Pervenche* CO-RÉ Wulschleiger. 1923 *l'Énigme du mont Agel.* 1924 *Bête comme les hommes,* PH Legrand ; *l'Homme noir,* 1925 *le Cœur des gueux.* 1927 *le Manoir de la peur.*

Alfred Machin

Mackendrick

MACKENDRICK Alexander RÉ SC GB US (Boston US 1912|) Sans doute le meilleur réalisateur anglais de la génération qui se révéla pendant les années quarante. Il débuta comme scénariste pour les cinéastes formés par le documentarisme et par Calvalcanti, Crichton, Basil Dearden. Puis il s'imposa par son truculent *Whisky à gogo*, lui, Écossais né par hasard aux États-Unis. Si *Mandy* fut trop sentimental et si *Tueur de dames* sacrifia aux poncifs de l'humour anglais, *l'Homme au complet blanc* eut l'accent d'un conte philosophique moderne, *Maggie* et *Whysky à gogo* celui de savoureuses satires. Il devait ensuite réaliser à New York, avec *le Grand Chantage*, l'un des meilleurs films américains des années 1950.
CO-SC RÉ Basil Dearden : 1949 *Saraband for Dead Lovers.* 1950 *la Lampe bleue.* RÉ Crichton : 1950 *Dance Hall.* RÉ : 1948 *Whisky à gogo (Whisky Galore).* 1951 *l'Homme au complet blanc.* 1952 *Mandy,* SC Nigel Balchin et Jack Whittingham, PH Douglas Slocombe, INT Phyllis Calvert, Jack Hawkins, Terence Morgan, Mandy Miller. 1954 *Maggie (The Maggie),* INT Paul Douglas, Alex Mackenzie, James Copeland. 1955 *Tueurs de dames (The Lady Killers),* INT Alec Guiness, Cecil Parker, Herbert Lom. - AUX US : 1957 *le Grand Chantage (Sweet Smell of Success).* 1966 *Cyclone à la Jamaïque.* 1967 *Comment réussir en amour sans se fatiguer (Don't Make Waves).* Il s'est ensuite consacrer à l'enseignement du cinéma.

McLAGLEN Andrew Jr RÉ US (1925|) Fils du grand comédien, il a tourné de *Abductors* (1958) à *Wednesday Morning* (1974) en passant par *le Grand Mac Lintock* (1963) et *le Dernier Train pour Frisco* une vingtaine de westerns. *Chisum* (1970). *Le Dernier Train pour Frisco* (1971). *Rio Verde, les Cordes de la potence* (1973). *Les Oies sauvages* (1978). *La Bataille des Ardennes* (1979) *Les Loups de la haute mer* (1980). *Le Commando de sa majesté* (1980). *Sheena* (1984).

McLAREN Norman RÉ US GB (Sterling 11 avril 1914|) Le grand homme de l'animation moderne. Il reprit ce huitième art à ses sources, à Émile Cohl notamment, et employa de nouvelles techniques comme le pastel, la gravure directe sur pellicule, le son synthétique, les trois dimensions, etc. Il a ainsi défini son art : « L'animation n'est pas l'art de mettre les dessins en mouvement, mais des mouvements dessinés. Ce qui se passe entre deux images est plus important qu'aucune image. L'animation est l'art de bien savoir traiter les intervalles invisibles existant entre les images. »
D'abord films d'amateur. 1934 *Seven till Five* DOC 16 mm. 1935 *Camera makes Whoopee* 16 mm ; *Colour Cocktail,* Dufaycolor, abstrait. 1936 *Hell unlimited* CO-RÉ Helen Biggar. Appelé par Grierson au GPO.
RÉ : 1937 *Book Bargain* DOC sur l'annuaire du téléphone ; *News for Navy* DOC, *Money a Pickle,* fantaisie, *Love on the Wing,* fantaisie publicitaire. 1939 *The Obedient Flame* DOC, *Allegro, Rumba, Scherzo, Stars and Stripes, Dots, Loops.* - A NEW YORK : 1940 *Boogie Doodle, Spook Sport* CO-PR Mary Ellen Bute. - AU CAN pour le National Film Board : 1941 *Mail early for Christmas, V for Victory.* 1942 *Hen Hop, Five for Four.* 1943 *Dollar Dance.* 1944 *Alouette* CO-RÉ René Jodoin. 1945 *C'est l'aviron, Keep your Mouth shut.* 1946 *Là-haut sur ces montagnes, Little Phantasy on a 19th Century Painting, Dans un petit bois, Hoppity Pop.* 1947 *Fiddle De Dee, la Poulette grise.* 1949 *Begone Dull Care,* caprice en couleurs. 1951 *Now is the Time,* EN CO avec le British Film Institute ; *Around is around,* en 3 dim., ASS Evelyn Lambart, SON Raymond J. Spottiswoode, MUS Louis Applebaum. 1952 *A Phantasy,* MUS Maurice Blackburn ; *Neighbours (les Voisins),* PH Wolf Kœnig, INT Jean-Paul Ladouceur, Grant Munro ; *Two Bagatelles.* 1954 *Blinkity Blank,* MUS Maurice Blackburn. 1956 *Rythmetic,* ASS Evelyn Lambart. 1957 *Chairy Tale (Histoire d'une chaise)* CO-RÉ, INT Claude Jutra, ASS Evelyn Lambart. 1958 *le Merle.* 1960 *Parallèles.* 1964 *Canon.* 1967 *Pas de deux.* 1972 *Adagio.* 1977 *Animated motion.*

McLEOD Norman Zenos RÉ US (Graylong 20 sept. 1898|26 janv. 1964) Sans aucune prétention au génie, honnête artisan hollywoodien, il remporta

des succès dans le comique et le film de truquages.
RÉ : 1931 *Monkey Business*, INT Marx Brothers. 1933 *Alice au pays des merveilles.* 1937 *Topper*, et la suite, INT Cary Grant, Constance Bennett. 1944 *le Fantôme de Canterville.* 1946 *le Laitier de Brooklyn.* 1947 *la Vie secrète de Walter Mitty*, INT Dany Kaye. 1948 *Visage pâle (Pale Face)*, INT Bob Hope. 1951 *Espionne de mon cœur (My Favorite Spy).* 1959 *Ne tirez pas sur le bandit (Alias Jesse James).*

MAETZIG Kurt RÉ RDA (Berlin 25 janv. 1911|) Il se révéla, en Allemagne de l'Est, avec *Ehen im Schatten (Mariage dans l'ombre)* (1947) et *Die Buntkarierten (les Dépossédés)* (1949), deux films sincères, un peu mélancoliques, meilleurs que ses ambitieux *Der Rat der Götter (Conseil des dieux)* (1950) ou *Ernst Thälmann, Sohn seiner Klasse (Ernst Thälmann, fils de sa classe)* et *Ernst Thälmann, Fuhrer seiner Klasse (Ernst Thälmann, chef de sa classe)* (1952).
Il tourna ensuite, de *Vergesst mir meine Traudel (N'oubliez pas ma Traudel)* (1957) à *Die Fahne von Krivoj Rog (le Drapeau de Krivoj Rog)*, d'autres films du même type, mais il eut pourtant à subir une fois les foudres de la critique officielle (un article de Walter Ulbricht lui-même selon Mira et Antonin Liehm dans leur livre « les Cinémas de l'Est », Éd. du Cerf pour un film qui voulait, avait-il dit lui-même, « sortir du cercle vicieux des conventions et des vues trompeuses de la réalité ». Ce malheureux film ainsi tiré à vue d'un haut lieu s'appelait fort joliment *Das Kaninchen bin ich (C'est moi le lapin)* (1965).

MAGDALENO SC MEX (Villa de Refugios 13 mai 1906|) Il est le scénariste habituel d'Emilio Fernandez et contribua beaucoup à ses grands succès, comme *Maria Candelaria* ou *Rio Escondido.*

MAGGI Luigi RÉ ITAL (Turin 21 déc. 1867|Turin 24 août 1946) Cet important pionnier du cinéma italien a employé largement le retour en arrière : *la Lampe de grand-mère*, et les actions se déroulant dans différentes époques : *Satana.* Il a pu par là influencer Griffith, et peut-être Dreyer.

MAKAVEJEV Dusan RÉ YS (1932|) Avant d'entamer une carrière internationale en dents de scie, il avait su porter un regard neuf, acide sur la Yougoslavie, son pays, avec *l'Homme n'est pas un oiseau* (1965), *Innocence sans protection* (1968) et *Une affaire de cœur*, qui mêlait avec bonheur la fiction amère à la digression du document tenu à une distance ironique. Puis un film « à la mode » sur (et autour de) Wilhelm Reich : *les Mystères de l'organisme* (1971). 1974 *Sweet Movie.* 1977 Un épisode de *Wet Dreams (Rêves humides).* 1982 *Montenegro (les Fantasmes de Madame Jordan).* 1985 *Coca-Cola kid.* 1988 *Pour une nuit d'amour.*

MAKK Karoly RÉ HONG (22 déc. 1912|) Cinéaste doué et intelligent de la génération des années 60.
RÉ : 1952 *le Soi-disant Malade*, CM. 1954. *Liliomfi.* 1955 *Salle numéro 9.* 1958 *la Maison au pied du roc.* 1959 *la Brigade n° 39.* 1960 *Permis de marcher sur l'herbe.* 1961 *les Obsédés.* 1962 *le Paradis perdu.* 1963 *l'Avant-Dernier.* 1964 *les Fugues de Sa Majesté.* 1967 *Vacances sans nuages.* 1968 *Devant Dieu et les hommes.* 1970. *Amour.* 1974 *Jeux de chats.* 1977 *Une nuit très morale.* 1980 *Au-delà du mur de briques, Philémon et Baucis.* 1982 *Un autre regard.* 1984 *Jeu pour de vrai* (CO-PR HONG-US). 1987 *le Nouveau Manuscrit.*

MALICK Terence RÉ US (Texas 1945|) Ce jeune cinéaste à qui l'on doit deux très beaux films, a d'abord été journaliste puis professeur de philosophie avant de suivre les cours de l'American Film Institute. Il a ensuite réalisé un court métrage, *Lanton mills*, et a été le rewriter non crédité, de quelques films : *Dirty Harry* RÉ Don Siegel, *Drive, he said* RÉ Nicholson et *Dread Head miles* RÉ Zimmerman. Son premier film *Badlands*, révéla un talent original où le sens du décor, le lyrisme retenu, la sensibilité esthétique que l'on devait retrouver dans *les Moissons du ciel*, s'allient à un souci de démystification de la réalité américaine.
RÉ : 1974 *Badlands (la Ballade sauvage).* 1978 *Les Moissons du ciel.*

Terence Malick

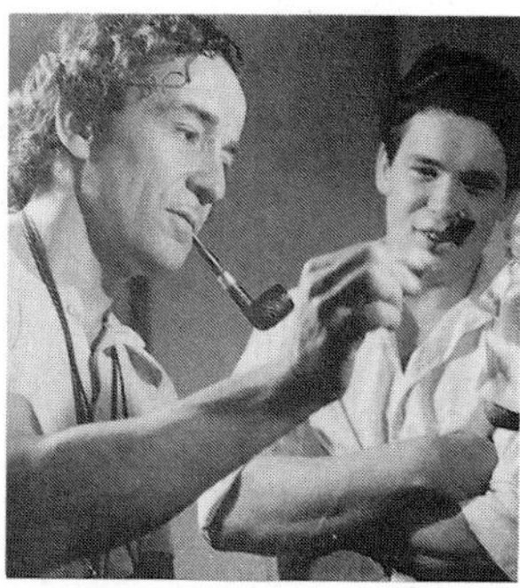

Louis Malle et Jean Blaise

MALLE Louis RÉ FR (Thumeries 30 oct. 1932|) Jeune cinéaste de la Nouvelle Vague, qui a donné de nombreux films de valeur. S'il n'a pas encore accompli un chef-d'œuvre, il a voulu du moins se renouveler d'un film à l'autre, passant de l'intrigue policière comme *Ascenseur pour l'échafaud*, à l'amour fou, dans *les Amants*, de la loufoquerie proche du tragique, *Zazie dans le métro*, à l'histoire d'une femme dévorée par la gloire : *Vie privée*. Ancien élève de l'IDHEC.
RÉ : 1956 *le Monde du silence* CO-RÉ Cousteau. 1958 *Ascenseur pour l'échafaud*, SC Malle et Roger Nimier, *from* R Noël Calef, PH Henri Decae, MUS Miles Davis, INT Jeanne Moreau, Maurice Ronet, Poujouly, Félix Marten, *les Amants*. 1960 *Zazie dans le métro*. 1962 *Vie privée*, INT Brigitte Bardot, Mastroianni, Ursula Kubler. Éléonore Hirt. 1963 *le Feu follet*. 1965 *Viva Maria*, PH Henri Decae, MUS Georges Delerue, INT Brigitte Bardot, Jeanne Moreau. Après son *Viva Maria*, où s'affrontaient des vedettes, et *le Voleur*, il avait décidé d'abandonner la « fiction » et rapporta des Indes le très beau *Calcutta*. Il est revenu à la fiction avec *le Souffle au cœur* qui, sur le thème de « l'inceste libérateur » connut un grand succès public. Après *Lacombe Lucien* il devait, pendant une dizaine d'années, travailler aux États-Unis.
RÉ : 1966 *le Voleur*, SC Malle, J.-C. Carrière, *from* roman de Darien, INT Jean-Paul Belmondo, Geneviève Bujold. 1967 *William Wilson* (sketch de *Histoires extraordinaires*), PH Étienne Becker, INT Alain Delon, Brigitte Bardot. 1968 *Calcutta*. 1971 *le Souffle au cœur*, INT Léa Massari, Benoît Ferreux, Daniel Gélin. 1973 *Humain, trop humain*, PH Étienne Becker. 1974 *Lacombe Lucien*, SC Louis Malle et Patrick Modiano, INT Pierre Blaise, Aurore Clément. Le décalage entre un propos sans doute antifasciste au départ et le pointillisme de ce portrait d'un jeune paysan engagé dans la police nazie fait peser sur ce film, salué comme un chef-d'œuvre, une certaine équivoque. 1975 *Black Moon*, SC Louis Malle, Ghislain Uhry, PH Sven Nykvist, MUS Diego Masson, INT Thérèse Giehse. 1968-69 *l'Inde fantôme* (sortie à Paris 1977). 1978 *Pretty Baby (la Petite)*. 1980 *Atlantic City*. 1982 *My Dinner with André*. 1984 *Crackers*. 1985 *Alamo Bay, God's Country*. 1987 *And the Pursuit of Happiness (A la poursuite du bonheur)*. 1988 *Au revoir les enfants*. 1990 *Milou en mai*.

Louis Malle, « les Amants », avec Jeanne Moreau.

MALRAUX André RÉ FR (Paris 3 nov. 1901| 23 nov. 1976) Dans sa jeunesse ardente, fort intéressé par l'art du film, il lui consacra une « Esquisse d'une psychologie du cinéma », 1940, et réalisa en Espagne, pendant la guerre civile, *l'Espoir*, 1939-1945.

MALTZ Albert SC ÉCRIV US (New York 28 oct. 1908|1985) Excellent scénariste américain, condamné et emprisonné en 1949 avec les « Dix d'Hollywood ». Écrivit un roman : « le Courant souterrain ».
SC : 1936 *Légion noire* RÉ Archie Mayo. 1937 *On lui a donné un fusil* RÉ Van Dyke. 1942 *Le Tueur à gages* RÉ Frank Tuttle. *Moscow strikes back* DOC. 1943 *Destination Tokyo* RÉ Delmer Daves. 1946 *Cape et Poignard* RÉ Lang. 1948 *la Cité sans voiles* RÉ Dassin.

MAMOULIAN Rouben RÉ US (Tiflis 8 oct. 1898|1987) On le prit vers 1930-35 pour un grand cinéaste. Venu du théâtre, il fut incontestablement un homme de grand talent, et d'une réelle personnalité, mais il renonça assez vite à l'art du film pour faire des remakes ou du théâtre photographié. EN GB : 1922 *The Beating in the Door.* - AUX US : D'abord mise en scène de TH. RÉ : 1929 *Applause.* 1931 *les Carrefours de la ville (City Streets).* 1932 *Dr Jekyll and Mr Hyde.* 1934 *la Reine Christine.* 1935 *Becky Sharp,* INT Myriam Hopkins, EN COUL. 1940 *le Signe de Zorro.* 1941 *Sang et Arènes.* 1957 *la Belle de Moscou.*

MANFREDI Nino ACT RÉ ITAL (1921 |) Ce comédien de théâtre et de cinéma parmi les plus grands a réalisé en 1971 un curieux film : *Per grazia ricevuta (Miracle à l'Italienne)*, portrait au burin acéré d'un « infirme de l'âme » sur qui pèsent des siècles d'éducation religieuse.

MANKIEWICZ Herman SC US (New York 7 nov. 1897 | New York 7 mars 1953) Bon scénariste américain, qui collabora activement avec Orson Welles pour *Citizen Kane.*

MANKIEWICZ Joseph L. SC RÉ US (Wilkes Barre 11 fév. 1909 |) Un habile homme, cultivé, intelligent. L'extravagance concertée de sa *Comtesse aux pieds nus*, 1954, a valu des admirateurs à celui qui poursuivit comme réalisateur la tradition créée par Lubitsch à Hollywood. Producteur et scénariste de ses films, il a abordé bien des genres : mélodrame, théâtre filmé, roman détective, comédies musicales, comédies de mœurs. Ce fut surtout dans cette dernière spécialité qu'il excella, avec *Ève* et *Chaînes conjugales.* Parvenu ensuite à une situation considérable, il misa beaucoup sur le Star System, et paraît avoir contribué à sa crise, avec sa trop dispendieuse *Cléopâtre.*
RÉ ET SC : 1946 *le Château du dragon (Dragonwyck), Quelque part dans la nuit (Somewhere in the Night).* 1947 The Late George Apley. 1948 *Escape.* 1949 *Chaînes conjugales, la Maison des étrangers (House of Strangers).* 1950 *la Porte s'ouvre (No Way out), Ève (All about Eve).* 1951 *On murmure dans la ville (People Will Talk).* 1952 *l'Affaire Cicéron (Five Fingers).* 1953 *Jules César,* PH Joseph Ruttenberg, MUS Miklos Rosza, INT James Mason, Marlon Brando. 1954 *la Comtesse aux pieds nus.* 1955 *Blanches Colombes et Vilains Messieurs (Guys and Dolls).* 1957 *Un Américain bien tranquille, from* G. Greene. 1959 *Soudain l'été dernier (Suddenly Last Summer), from* TH Tennessee Williams, INT Elizabeth Taylor, Katharine Hepburn, Montgomery Clift. 1961-1963 *Cléopâtre.* 1964 *Carol for another Christmas* TV. 1967 *Guépier pour trois abeilles (The Honey Pot).* 1970 *There Was a Crooked Man (le Reptile).* 1972 *le Limier (Sleuth).*

Mankiewicz

Mankiewicz, « la Comtesse aux pieds nus », avec Humphrey Bogart.

MANN Anthony RÉ US (San Diego 30 juin 1907 | 29 avril 1967) Sans valoir un réalisateur comme Howard Hawks, il est comme lui un produit excellent de ce que peut avoir de meilleur la tradition américaine : sens du récit, efficacité de la mise en scène, emploi intelligent des grands espaces. Il commença par de médiocres films série B et ne refusa pas les pires feuilletons pseudo-historiques comme *le Livre noir.* Après 1950, il se qualifia par des westerns de haute qualité comme *l'Appât, l'Homme de l'Ouest, Du sang dans le désert, l'Homme de la plaine, la Ruée vers l'Ouest.* Son sens de la mise en scène lui permit de mener à bien *le Cid* sans être écrasé par les moyens colossaux mis à sa disposition.
RÉ : 1942 *Dr Broadway, Moonlight in Havana.* 1943 *Nobody's Darling.* 1944 *My Best Gal, Strangers in the Night.* 1945 *la Cible vivante (The Great Flammarion),* PH James Spencer Brown Jr,

INT Erich von Stroheim, Mary Beth Hughes, Dan Duryea, *Sing your Way Home.* 1946 *The Banboo Bonde.* 1947 *Desperate, la Brigade du Suicide (T-Men).* 1948 *Marche de brutes* (Raw Deal). 1949 *le Livre noir (Reign of Terror), Incident de frontière (Border Incident),* INT Ricardo Montalban, George Murphy, *la Rue de la mort (Side Street),* SC Sidney Bœhm, PH J. Ruttenberg, MUS Lennie Hayton, INT Farley Granger, Cathy O'Donnell, James Craig. 1950 *la Porte du diable (Devil's Doorway),* SC Guy Trosper, PH John Alton, INT Robert Taylor, Louis Calhern, Paula Raymond, *les Furies (The Furies),* SC Charles Schnee, PH Victor Milner, INT Barbara Stanwyck, Wendell Corey, Walter Huston ; *Winchester 73,* SC Robert L. Richards et Borden Chase, PH William Daniels, INT James Stewart, Shelley Winters, Dan Duryea. 1951 *The Tall Target,* INT Dick Powell, Adolphe Menjou. 1952 *les Affameurs (Bend of the River),* SC Borden Chase, PH William Daniels, INT James Stewart, Arthur Kennedy, Julie Adams, Rock Hudson. 1953 *l'Appât (The Naked Spur),* SC Sam Rolfe et Harold Jack Bloom, PH William Mellor, INT J. Stewart, Janet Leigh, Robert Ryan, *le Port des passions (Thunder Bay),* INT J. Stewart, Joanne Dru, Dan Duryae. 1954 *Romance inachevée (The Glenn Miller Story),* SC Valentine Davies et Oscar Brodney, PH William Daniels, SON Leslie J. Carey, INT J. Stewart, June Allyson, Frances Langford, Louis Armstrong, Gene Krupa. 1955 *Je suis un aventurier (The Far Country),* SC B. Chase, INT J. Stewart, Ruth Roman, *Strategic Air Command,* INT J. Stewart, J. Allyson, F. Lovejoy, *l'Homme de la plaine (The Man from Laramie),* SC Philip Yordan et Frank Burt, PH Charles Lang, INT J. Stewart, Arthur Kennedy, Donald Crisp, *la Charge des tuniques bleues (The Last Frontier),* INT Victor Mature, Guy Madison, Robert Preston, *Serenade,* INT Mario Lanza, Joan Fontaine. 1957 *Cote 465 (Men in War),* INT R. Ryan, Aldo Ray, Robert Keith, *Du sang dans le désert (The Tin Star),* SC Dudley Nichols, INT Henry Fonda, Anthony Perkins, Betsy Palmer. 1958 *le Petit Arpent du Bon Dieu (God's Little Acre),* INT R. Ryan, Aldo Ray, Tina Louise, *l'Homme de l'Ouest (Man of the West),* INT Gary Cooper, Julie London, Lee J. Cobb. 1960 *la Ruée vers l'Ouest (Cimarron),* INT Glenn Ford, Maria Schell, Anne Baxter. 1960 *le Cid.* 1964 *la Chute de l'Empire romain.* 1965 *les Héros du Telemark.* 1967 *Maldonne pour un espion,* qui fut terminé par Laurence Harvey (GB).

Anthony Mann

« l'Homme de l'Ouest », avec Gary Cooper.

MANN Daniel RÉ US (New York 8 août 1912 |) On put le prendre pour un cinéaste après son émouvante *Reviens, petite Sheba,* 1952. Il n'était en fait qu'un « metteur en film », photographiant pour Hollywood les succès de Broadway. 1953 *la Rose tatouée.* 1956 *The house of the August Noon.* 1958 *Hot Spell.* 1960 *Butterfield 8.* 1965 *Judith.* 1972 *la Poursuite sauvage.* 1980 *The Incredible Mr Chadwick.*

MANN Delbert RÉ US (Lawrence 30 janv. 1920 |) Comme son homonyme Daniel Mann, il n'est qu'un consciencieux metteur en scène, non pas formé par le théâtre mais par une longue pratique de la TV. Ce n'était pas lui, mais Chayefsky, l'auteur de *Marty* (1955) et de *la Nuit des maris (The Bachelor Party)* (1957). On le vit bien à la morne suite de ses films postérieurs.

MAREY Étienne Jules INV FR (Beaune 5 mars 1830 | Paris 16 mai 1904) Grand physiologiste, qui inventa

Marey

pour ses travaux sur le mouvement et le vol des oiseaux, en 1888, un Chronophotoraphe à pellicule, d'abord opaque puis transparente, qui fut le premier appareil de prises de vues présentant les caractéristiques des caméras modernes, perforation du film exceptée. Intéressé par l'analyse mais non par la synthèse du mouvement, sinon accéléré ou ralenti, ce savant ne fut pas l'inventeur du cinéma comme spectacle, mais ses travaux de 1888, communiqués à l'Académie des sciences et répandus dans le monde entier, paraissent avoir inspiré Édison. Le Prince, Friese Greene, Skaladanowski, Le Roy, Lumière et tous ceux qui préparèrent ou réalisèrent la projection sur écran de photographies animées.
1865-1867 Premiers travaux utilisant la méthode graphique : courbes inscrites par un stylet pour enregistrer un mouvement. 1869 Schémas dessinés de cheval au galop. 1872 Pari de Leland Stanford à San Francisco ; il engage Muybridge pour vérifier les dessins de Marey. 1882 Voyage de Muybridge à Paris. Ses travaux et l'invention de la plaque sèche au gélatino-bromure le convainquent d'utiliser la photographie pour ses travaux. Fusil photographique, dérivé du revolver photographique de Janssen ; chronophotographie sur plaque fixe, puis sur plaque mobile, puis sur pellicule, en 1888 (rouleau Kodak). 1890-1896 Projections sur écran, en laboratoire, et imparfaites.

MARIASSY Félix RÉ HONG (1919 | Budapest 1975) Bon cinéaste hongrois, doué pour les comédies familières se déroulant en milieu ouvrier. Professeur à l'École supérieure de cinéma de Budapest, il fut, aux dires de ses élèves, le meilleur des pédagogues, ouvrant à l'amour du cinéma toute une génération, de Judit Elek à Istvan Szabo. 1949 *Madame Szabo*, 1950 *le Mariage de Catherine.* 1951 *A toute vapeur.* 1955 *Un petit bock*, *Printemps à Budapest.* 1957 *Légende de la banlieue.* 1959 *Années sans sommeil* ou *Années blanches. Un amour tout simple*, 1960 *En rodage*, *Un enfant retrouve son foyer.* 1962 *Tous les jours dimanche.* 1964 *Goliath.* 1966 *Une feuille de vigne.* 1967 *Contrainte.* 1969 *Imposteurs.*

MARION Frances SC US (San Francisco 18 nov. 1888 | 12 mai 1973) Elle collabora avec les meilleurs réalisateurs des années 1920-30 et fournit à Garbo et R. Valentino quelques excellents rôles. Si elle ne négligea pas le commerce hollywoodien, elle s'affirma comme un excellent auteur avec : RÉ Sjöström : 1928 *le Vent.* RÉ George Hill : 1930 *Big House.* RÉ Cukor : 1933 *les Invités de huit heures.*

MARISCHKA Ernst RÉ AUT (Vienne 2 janvier 1893 | 1963) et **Hubert** (Vienne 1882 | Vienne 1959) Ils sont venus tous deux de l'opérette viennoise. C'est Ernst qui a réalisé *Sissi* (1956), et la suite...

MARKER Chris RÉ FR (Belleville 29 juil. 1921 |) Sarcastique et convaincu, sobre et brillant, il réalisa de remarquables documentaires avec *Dimanche à Pékin*, *Lettre de Sibérie*, *Cuba si.* Il avait été ainsi défini par André Bazin : « Il est de cette nouvelle génération d'écrivains qui pense que le temps de l'image est venu, mais qu'on ne doit pas pour autant lui sacrifier le langage. [...] Pour lui, le commentaire d'un film n'est pas ce qu'on ajoute aux images, mais presque l'élément premier, fondamental. » Quand il put utiliser une « caméra vivante » dans *le Joli Mai*, le commentaire fut moins important que le montage des paroles et des images.
RÉ : 1952 *Olympia 52* DOC 16 mm, *les Statues meurent aussi* CO-RÉ et CO-SC Alain Resnais. 1957 *Dimanche à Pékin.* 1958 *Lettre de Sibérie.* 1961 *Description d'un combat*, *Cuba si.* 1963 *le Joli Mai*, *la Jetée.* 1965 *le Mystère Koumiko.* 1967 *A bientôt, j'espère*, sur une grève à la Rhodiacéta. 1970 *la Bataille des dix millions*, document sur la récolte de canne à sucre de 1969 à Cuba et un discours autocritique de Fidel Castro. A la fin des années 60, il fonda et anima le groupe « Slon » qui se voulait ouvert à toutes les recherches et qui, à l'occasion, sert de point de rencontre et de rassemblement... ». 1976 *la Spirale.* 1977 *le Fond de l'air est rouge.* 1978 *Quand ce siècle a pris formes* VIDÉO. 1981 *Junkopia* CM. 1982 *Sans soleil.* 1984 *2084* CM. 1985 *A.K.* CM. 1986 *Mémoire de Simone.* 1989 *l'Héritage de la chouette* TV 13 épisodes (de 26 mn).

MARTELLI Otello PH ITAL (Rome 10 mai 1903 |) Il débuta dès le muet et devint l'opérateur favori de De Santis : *Chasse tragique, Riz amer, Onze heures sonnaient*, etc. et de Fellini : *I Vitelloni, Il Bidone, La Dolce Vita.*

MARTIN-DUNCAN Ew. RÉ GB Pionnier du film scientifique, avec sa série microscopique, *le Monde invisible (The Unseen World)*, 1903-1905.

MARTOGLIO Nino RÉ ITAL (Catane 3 déc. 1870 | Catane 13 sept. 1920) Venu du théâtre dialectal sicilien, il fut le meilleur tenant du vérisme avant 1915 et le précurseur du néo-réalisme italien par ses deux chefs-d'œuvre, perdus depuis 1945 : *Sperduti nel Buio* (1914) et *Thérèse Raquin* (1915).

MARX Brothers ACT SC US Nés tous les trois à New York : Groucho (1895 | 1977), Harpo (1893 | 1964), Chico (1891 | 1961) Princes du non-sens et de la loufoquerie ; ils furent les principaux auteurs de leurs films, dirigés par divers réalisateurs à leurs ordres : 1929 *Noix de coco.* 1930 *Animal Crackers.* 1931 *Monkey Business.* 1932 *Horse Feathers.* 1933 *la Soupe au Canard.* 1935 *Une nuit à l'opéra.* 1936 *Un jour aux courses.* 1939 *Un jour au cirque.* 1940 *Go West.* 1941 *les Marx Brothers au grand magasin.* 1946 *Une nuit à Casablanca,* etc.

Chico et Harpo Marx, « Monkey Business ».

MASELLI Francesco SC RÉ ITAL (Rome 9 déc. 1930 |) Il débuta à 23 ans par un épisode de *l'Amour à la ville*, affirma ses grandes qualités et sa vision du monde dans *Gli Sbandati* (1955), mais ne retrouvera pas ensuite son élan juvénile dans *la Femme du jour* (1956) ou *les Dauphines* (1960). Deux films ultérieurs pourtant devraient conduire à réviser ce jugement : *Gli Indifferenti (les Deux Rivales,* 1964), description glacée d'une désespérance qui évoque le meilleur Antonioni (Maselli fut son scénariste et son assistant) et le *Soupçon* (1975) que Maselli a qualifié de « tragique histoire d'une époque tragique », film de fiction sur les milieux de l'émigration communiste italienne, dans les années trente à Paris.
RÉ : 1948 *École syndicale* MM sur commande de la Confédération générale italienne du travail. Courts métrages de 1949 à 1952 : *Bagnaia, pays italien, Fenêtres, Enfants, Zone dangereuse.* 1953 Un sketch dans *Amore in citta.* 1955 *Gli Sbandati (les Égarés).* 1957 *la Donna del giorno (la Femme du jour).* 1960 *I Delfini (les Dauphins).* 1961 Un sketch de *les Italiennes et l'amour.* 1964 *Gli Indifferenti.* 1967 *Fai in fretta a uccidermi... ho freddo (Tue-moi vite... J'ai froid).* 1968 *Ruba al prossimo tuo (Vole ton prochain).* 1970 *Lettre ouverte à un journal du soir.* 1974 *Il Sospetto (le Soupçon).* 1986 *Storia d'amore.* En collaboration RÉ Antonioni : 1950 *Chronique d'un amour.* 1953 *la Dame sans camélias.*

MATÉ Rudi ou Rudolf RÉ PH US (Cracovie 1898 | Hollywood nov. 1964) Formé par Karl Freund, celui qui créa les images de *Jeanne d'Arc* aurait pu passer pour un simple collaborateur de Dreyer, mais il travailla aussi fort bien pour René Clair : *le Dernier Milliardaire*, ou Hitchcock ; il devait par la suite devenir un médiocre réalisateur de films américains de série.

MATHIS June SC US (Leadville 1892 | New York 27 juill. 1927) Elle sabota et remonta *les Rapaces* de Stroheim, et fut d'autre part une scénariste très commerciale : *les Quatre Cavaliers de l'Apocalypse* (1921), *Ben Hur* (1926), etc.

MATRAS Christian PH FR (Valence 29 déc. 1903 | mai 1977) Grand opérateur français ; venu du documentaire et des actualités, il en conserve le style pour Epstein : *l'Or des mers* (1932), et pour Renoir : *la Grande Illusion* (1937), avant d'adapter ses images aux reconstitutions historiques et à la couleur, dont il devint maître après 1950. RÉ Christian-Jaque : *Fanfan la Tulipe* (1952). RÉ Ophüls : *Lola Montès* (1955), etc.

MATTSON Arne RÉ SUÈDE (Uppsale 2 déc. 1919 |) S'il sut peindre avec bonheur les amours juvéniles, il ne reste pas seulement le réalisateur d'*Elle n'a dansé qu'un seul été* (1951) et de ses succédanés. Il a su, parmi d'autres films secondaires, aborder le drame, notamment dans *Salka Valka* (1953). 1962 *le Mannequin.* 1965 *Cauchemar.* 1967 *le Meurtrier.* 1978 *Soleil noir.*

MAURO Umberto RÉ BRÉS (Volta Grande 30 avril 1897 | 1983) « Un grand cinéaste, mais nul ne le sait s'il n'est pas allé au Brésil, car aucun de ses films n'en est jamais sorti. Ce petit électricien autodidacte devint réalisateur en 8,5 mm avec *Valadiao o Cratera* par amour de Stroheim, des westerns et des serials. Bientôt découvert et encouragé par les ciné-clubs, il réalise une série de longs métrages : *Trésor perdu, Braise dormante, Sang minier,* films qui ne devaient rien à personne. Il possède un sens de l'image et des décors, une conception très orignale de l'espace filmique, une attention passionnée qu'il porte aux hommes et aux paysages de sa patrie ; toutes ces qualités font passer sur la médiocrité conventionnelle de certains de ses drames mondains. Il alla de l'avant, et ses audaces dans *Ganga bruta* le firent traiter de « Freud de grande banlieue ». Après 1940, la mauvaise situation du cinéma dans son pays rejeta, mis à part *Argila,* dans le court métrage documentaire cet homme ingénu et convaincu, dont la vision du monde n'était en rien naïve, mais profondément cinématographique. Il ne faut pas douter qu'un jour ce pionnier de l'art du film latino-américain s'imposera internationalement comme un maître du cinéma ». Georges Sadoul a écrit en 1965 ce texte sur Umberto Mauro, alors inconnu en France. En 1987, on put prendre la mesure de la justesse de ce jugement lorsque le Festival du réel présenta quelques-uns des films ethnographiques de Mauro, et des « brasilianas », illustrations filmées de chansons populaires, et que la cinémathèque du Centre Georges Pompidou proposa 25 de ses films dans sa « rétrospective brésilienne ». E.B.
RÉ (principaux films) : 1925 *Valadiao o Cratera* DOC 8,5 mm. 1926 *Na Primavera da Vida.* 1927 *Tesouro Perdido.* 1928 *Brasa Dormida.* 1929 *Sangue Mineiro,* PH Edgar Brasil, INT Carmen Santos, Augusta Leal, Mauri Bueno, 1932 *O Descobrimento do Brasil.* 1933 *Ganga bruta.* 1934 *Favela do e Meus Amores.* 1942 *Argila* CO-RÉ Carmen Santos. 1952 : *O Canto de Saudade,* 1958 *J'ai huit ans.*

MAY Joe (Joseph Mandel) RÉ ALL US (Vienne 7 nov. 1880 | Hollywood 5 mai 1954) Pionnier du cinéma allemand, il l'envisagea surtout comme un commerce - série policière des *Stuart Webb* (1913-1914), *Veritas Vincit* (1916) - mais il fit débuter Fritz Lang comme scénariste dans ses films à épisodes : *le Tombeau hindou* (1920-1921), etc. Influencé par le Kammerspiel et la Nouvelle Objectivité, il donna deux films estimables : *le Chant du prisonnier* (1928), *Asphalt* (1929).

MAY Paul (P. Ostermayer) RÉ ALL (Munich 8 mai 1909 | 1976) Honorable réalisateur de l'Allemagne fédérale, connu surtout pour sa trilogie 08/15 (1953-1955) adaptation des romans de Hans Helmut Kirst sur la guerre vue par un simple soldat.

MAYER Carl SC ALL (Gratz 20 fév. 1892 | Londres 1er juil. 1944) Le grand scénariste de la grande époque allemande, 1920-1930 ; il travailla pour Murnau, von Gerlach, Robert Wiene, Lupu-Pick, Ruttmann. Jamais il ne s'éternisa dans une formule. Il avait donné à l'expressionnisme son premier chef-d'œuvre, *Caligari,* mais il rompit presque aussitôt avec ces héros inhumains et entendit, avec le Kammerspiel, dont il fut le principal auteur et théoricien, trouver dans la vie de chaque jour le sujet de tragédies modernes respectant la règle des trois unités, exprimant la fatalité du destin (social) et refusant les sous-titres pour employer une action linéaire, un jeu appuyé dans son « dépouillement », le décor comme un personnage du drame, les objets comme des symboles lourds de sens. Après l'essai très imparfait de *l'Escalier de service,* telle fut sa trilogie : *le Rail, la Nuit de la Saint-Sylvestre* et *le Dernier des hommes.* Il passa du Kammerspiel à la Nouvelle Objectivité dans *Berlin, symphonie d'une grande ville,* long métrage ayant pour héros la foule, et où il utilisa une caméra-œil, à la Vertov. Cet auteur exceptionnel fut aussi un remarquable adaptateur : *Vanina, from* Stendhal. Hitler l'exila, et la fin de sa carrière coïncida avec celle du cinéma allemand.
RÉ Wiene : 1919 *le Cabinet du Dr Caligari* CO-SC Janowitz ; 1920 *Guenine.* RÉ Murnau : 1920 *Der Bucklige und die Tänserin,* 1921 *Der Gang in die Nacht, le Château Vogelod,* 1924 *le Dernier des hommes,* 1925 *Tartuffe* ; 1927 *l'Aurore,* 1929 *les Quatre Diables.* RÉ Léopold Jessner et Paul Leni : 1921 *Escalier de service.* RÉ Pick Lupu : 1921 *le Rail* ; 1923 *la Nuit de la Saint-Sylvestre.* RÉ Arthur von Gerlach : 1922 *Vanina.* RÉ Carl Bœse : 1926 *le Dernier Fiacre de Berlin.* RÉ Karl Grüne : 1926 *Am Ende der Welt.* RÉ Ruttmann : 1927 *Berlin, symphonie d'une grande ville.* RÉ Czinner : 1931 *Ariane.* 1932 *Der Traumende Mund.*

MAYER Louis B. PR US (Allemagne 4 juil. 1885 | Hollywood 29 oct. 1957) Après avoir fondé un circuit de salles dans le Massachusetts et en Nouvelle-Angleterre, il fonde en 1917 la Metro, puis s'associe à Loew pour créer en 1923 la MGM. Il est le type du gros producteur, ayant toute sa vie misé sur le Star System. Il avait pris sa retraite en 1951.

MAYSLES Albert RÉ US (1926|) Intelligent, sensible, modeste, longtemps opérateur dans l'équipe Drew-Leacock, notamment pour *Yanki no* et *Primary*, il a réalisé, avec son frère David (1932-1987), *Showman*, un portrait du producteur américain Joe Levine. 1964 *The Beatles in New York.* 1969 *Salesman.* 1970 *Gimme Shelter.* CO-RÉ Charles Zwezin : 1975 *Grey Gardens.* CO-RÉ Ellen Horde et Muffie Mayer : 1977 *Running Fence.*

MEDVEDKINE Alexandre Ivanovitch RÉ URSS (8 nov. 1900|1989) Cavalier de l'Armée Rouge, organisateur du « ciné-train » en 1932 (unité de production de films militants), réalisateur de très nombreux longs métrages (de *le Bonheur* (1932) et *la Faiseuse de miracles* (1936) à *Lettre à mes amis chinois* (1972), Medvedkine a été au pied de la lettre, « découvert » en France en 1971 grâce à Chris Marker qui diffusa *le Bonheur,* étonnante « comédie bolchevique ». Il a dit de son « ciné-train » (in « Revue du cinéma » nº 225) : « Un de nos wagons servait au logement du groupe. Dans les deux autres, nous avions mis tous les éléments de la production d'un film. Un demi-wagon nous servait de laboratoire. Le maître en laboratoire, Cheliakov, nous garantissait la possibilité de développer jusqu'à deux mille mètres par jour. Notre principe : « Filmer aujourd'hui, montrer demain », commençait à être réalité. Un autre demi-wagon était consacré au montage : six tables auxquelles venaient travailler les scénaristes et les réalisateurs [...] La salle de projection faisait deux mètres de long, la cabine de projection un mètre [...] Nous étions trente-deux enthousiastes. Le trente-troisième enthousiaste, il n'y avait pas de place pour le mettre... ».

Medvedkine

Meerson, 1937.

MEERSON Lazare DÉC FR (Russie 1900|Londres juin 1938) Il renouvela l'art du décor, et pas seulement en France, sa patrie d'adoption. Pour Feyder et René Clair, il construisit en studio des architectures réalistes et poétiques, s'opposant aussi bien à l'expressionnisme ou à l'impressionnisme qu'au naturalisme traditionnel depuis Pathé et Zecca. Il fut ainsi un des créateurs du « réalisme poétique » par son sens de la vérité et de l'atmosphère. En 1964 encore, les principaux décorateurs français, souvent ses anciens élèves, mettent à profit les leçons d'un homme de talent, trop tôt disparu. RÉ Feyder : 1925 *Gribiche.* 1926 *Carment.* 1929 *les Nouveaux Messieurs.* 1934 *le Grand Jeu.* 1935 *Pension Mimosas, la Kermesse héroïque.* 1937 *Chevalier sans armure.* RÉ L'Herbier : 1925 *Feu Mathias Pascal.* 1929 *l'Argent* 1931 *le Parfum de la dame en noir.* RÉ Clair : 1927 *Un chapeau de paille d'Italie.* 1929 *les Deux Timides.* 1930 *Sous les toits de Paris.* 1931 *le Million, A nous la liberté.* 1933 *Quatorze juillet.* 1937 *Fausses nouvelles.* RÉ Duvivier : 1930 *David Golder.* RÉ Autant-Lara : 1933 *Ciboulette.* RÉ Czinner : 1936 *As you like it.*

MEHBOOB Khan Ramjakhan RÉ PR INDE (Bilimora 1907|Bombay 1964) Important réalisateur indien, devenu producteur à Calcutta. Au début, il s'orienta vers des sujets de critique sociale : *le Pain, Nous trois, la Seule Vie.* Puis, avec *Mangala, fille des Indes,* succès considérable dans tout le Moyen-Orient, dans l'Afrique entière et le Sud-Est asiatique, il a assuré au cinéma indien de larges marchés internationaux. Depuis, il a réalisé avec le même succès *Notre mère l'Inde.* Ces films d'aventures ne sont dépourvus ni de puissance ni de beauté dans leurs images. 1921 ACT. RÉ : A partir de 1935 : *Arat, Roti (le Pain), Watan, Jargidar, Mannohan,*

Nous trois (adaptation de « *Devdas* »), *Ekhi Rosta (la Seule Vie)*. En 1942, fonde sa firme de production. RÉ : *Andaz, Huma Gun Anmogaldi, Amar*. 1951 *Mangala, fille des Indes (Aan)*. 1956 *Mother India (Notre Mère l'Inde)*. 1960 *Son of India*.

MEHRJUI Dariush RÉ IRAN (Téhéran 1941 |) Études aux États-Unis, journalisme, scénarios de télévision : après un film policier, il réalise un film populiste qui connaîtra un grand succès national et international, *la Vache*, histoire du seul paysan d'un village à posséder une vache, qu'on trouve morte un matin. RÉ : 1966 *Diamant 33*. 1967 *la Vache*. 1969 *Monsieur Simplet*. 1971 *le Facteur*. 1978 *le Cycle*. 1981 *Notre école*. 1983 *Voyage au pays de Rimbaud* TV-FR. 1986 *Les locataires*. 1987 *Shizak*.

MEKAS Adolfas RÉ US (1925 |) Frère de Jonas. Une réussite d'humour cinéphilique : 1962 *Hallelujah les collines* et de déplorables facilités : 1966 *The Double Bazzeled, Detective Story (Mekas western)*. 1968 *Windflowers* (contre la guerre du Vietnam).

MEKAS Jonas RÉ US New York 1922 |) Une carrière marginale. On peut le tenir pour l'un des fondateurs de « l'underground » : après un film, en 1967, sur Salvador Dali, réalise avec le Living Theater *The Brig (la Taule)*. Collabora au magazine « Film culture » et fonda en 1960 le New American Cinema Group.
RÉ : 1969 *Diazies, Notes and Sketches*. 1976 *Lost, Lost, Lost*. 1980 *Paradise not yet Lost*.

MÉLIÈS Georges RÉ FR (Paris 8 déc. 1861 | Paris 21 janv. 1938) Il est le père de l'art du film, le créateur de la mise en scène, le premier cinéaste au monde qui se disait, se savait et se voulait

Méliès, « les Voyages de Gulliver ».

Méliès.

artiste. Illusionniste, venu du théâtre, il construisit à Montreuil le premier « atelier de poses », ancêtre des studios, et y employa, avec des truquages photographiques en tous genres, les ressources du théâtre : acteurs, décors, costumes, scénarios, maquillages, machinerie, bref la mise en scène. Par là, il se trouva en opposition avec Lumière, qui prenait « la nature sur le vif ». S'il abandonna vite le plein air pour les re-créations en studio, avec une rigueur de dessinateur, il n'abandonna pas pour autant la réalité. Son premier « long » métrage, *l'Affaire Dreyfus*, fut aussi le premier film profondément « engagé » dans la réalité contemporaine, et une de ses dernières œuvres, *la Civilisation à travers les âges*, fut un pamphlet contre la violence, la guerre et l'intolérance. Ses grandes spécialités furent surtout les féeries : *Cendrillon, Barbe-Bleue, le Royaume des fées, l'Ange de Noël, la Fée Carabosse*, et de parodiques anticipations à la Jules Verne : *À la conquête du Pôle, 20 000 lieues sous les mers, le Voyage à travers l'impossible*. Ce fut un film de science-fiction », *le Voyage dans la Lune*, qui lui assura une gloire universelle et, pour un temps, la fortune. Ce succès fit aussi triompher la mise en scène dans le monde entier, marquant ainsi le vrai début de l'art et de l'industrie du film. Il put alors se livrer, pour quelques années, à toute sa fantaisie et laissa foisonner sa malicieuse imagination, apportant à ses mises en scène sa minutie, son sens du rythme, ses créations plastiques, sans jamais pourtant cesser d'identifier le théâtre et l'écran. Mais cet apprenti sorcier se trouva rapidement écrasé par la formidable machine qu'il avait mise en marche. Suivant les leçons de cet artiste individualiste, le plagiant au besoin, d'excellents hommes d'affaires

édifièrent des trusts, des super-monopoles qui écrasèrent les modestes entreprises de Montreuil. Dépassé dès 1908 par l'évolution du cinéma, cet homme riche se trouva après la guerre de 1914 complètement ruiné. Il en fut réduit à vendre des jouets et des sucreries dans une gare parisienne ; il tomba dans l'oubli. Mais avant qu'il mourût, dans une maison de retraite, certains jeunes enthousiastes, dont Henri Langlois, avaient exhumé quelques-uns de ses chefs-d'œuvre et avaient ainsi démontré que le bonhomme Méphisto-Méliès avait été, à l'aube du septième art, son Giotto et son Ucello.
D'abord prestidigitateur amateur, il achète en 1889 le théâtre Robert-Houdin.
RÉ : 1896 *Une partie de cartes* (premier film), *Séance de prestidigitation, Sauvetage en rivière, Une nuit terrible, Dessinateur express, Cortège du tsar, Escamotage d'une dame chez Robert Houdin, le Manoir du diable.* 1897 *Paulus chantant, les Dernières Cartouches, la Cigale et la Fourmi, le Cabinet de Méphistophélès, l'Auberge ensorcelée, En cabinet particulier, Faust et Marguerite, Magie diabolique.* 1898 *le Cuirassé Maine, Pygmalion et Galatée, Damnation de Faust, la Caverne maudite, Rêve d'artiste, l'Homme de tête, la Tentation de saint Antoine.* 1899 *Cléopâtre, le Coucher de la mariée, le Diable au Couvent, le Christ marchant sur les eaux, le Miroir de Cagliostro, l'Affaire Dreyfus, Cendrillon, l'Homme Protée.* 1900 *l'Homme orchestre, Jeanne d'Arc, le Livre magique, Rêve de Noël, le Déshabillage impossible, l'Homme qui a des roues dans la tête, Une maison tranquille.* 1901 *le Petit Chaperon rouge, Barbe-Bleue, Échappés de Charenton, l'Homme à la tête de caoutchouc, le Miracle de la Madone, le Diable géant, l'Œuf magique prolifique, la Danseuse microscopique.* 1902 *l'Éruption du mont Pelé, le Voyage dans la lune, les Voyages de Gulliver, Robinson Crusoé.* 1903 *Cake-Walk infernal, le Mélomane, le Royaume des fées, la Lanterne magique, le Rêve du maître de ballet, l'Enchanteur Alcofribas, Faust aux enfers.* 1904 *Benvenuto Cellini, Faust, le Barbier de Séville, le Voyage à travers l'impossible, le Juif errant.* 1905 *l'Ange de Noël, le Palais des Mille et Une Nuits, la Tour de Londres, le Voyage automobile Paris-Monte Carlo en deux heures, Rip Van Winkle, les Cartes vivantes.* 1906 *Jack le ramoneur, Professeur Do mi sol do, les Incendiaires, les 400 Farces du diable, les Bulles de savon animées, la Fée Carabosse, Robert Macaire et Bertrand, les Affiches en goguette.* 1907 *20 000 lieues sous les mers, le Tunnel sous la Manche, Hamlet, Shakespeare écrivant « Jules César », Éclipse de soleil en pleine lune.* 1908 *le Tambourin fantastique, la Civilisation à travers les âges, le Génie du feu, la Prophétesse de Thèbes, l'Habit ne fait pas le moine, le Rêve d'un fumeur d'opium, la Curiosité punie, Lulli, Tartarin de Tarascon, Rivalité d'amour, la Fée Libellule, l'Ascension de la rosière, Conte de la grand-mère et rêve de l'enfant, Pochardiana, la Génie des cloches, la Poupée vivante.* 1909-10 *Hydrothérapie fantastique, les Illusions fantaisistes, les Papillons fantastiques, Si j'étais roi, l'Homme aux mille inventions, le Mousquetaire de la reine.* 1911 *les Hallucinations du baron de Münchhausen.* 1912 *la Conquête du Pôle, Cendrillon.* 1913 *le Chevalier des neiges, le Voyage de la famille Bourrichon.*

MELVILLE Jean-Pierre (Grumbach) RÉ FR (Paris oct. 1917 | août 1973) Il a débuté par un bon film, *le Silence de la mer*, qui valut par son exemplaire fidélité au livre de Vercors. *Les Enfants terribles* ne furent pas de la même qualité, et *Deux Hommes dans Manhattan* ne furent pas une réussite. Devenu propriétaire de studios, il a atteint le

Jean-Pierre Melville

succès commercial en misant sur Belmondo, avec *Léon Morin, prêtre* et *le Doulos.* Comme acteur, on lui doit une excellente création d'écrivain vaniteux dans *A bout de souffle*, et comme dialoguiste cette réplique à la question : « Vous êtes un des premiers auteurs complets du cinéma français ? - Pas « un des », « le » premier ! »
RÉ : 1946 *Vingt-Quatre heures de la vie d'un clown* CM. 1949 *le Silence de la Mer.* 1950 *les Enfants terribles,* SC Melville et Cocteau, PH Henri Decae, MUS Bach, Vivaldi, INT Nicole Stéphane. 1953 *Quand tu liras cette lettre,* SC Jacques Deval, PH Henri Alekan, INT Juliette Gréco, Philippe Lemaire.

1956 *Bob le flambeur,* SC Melville, PH Henri Decae, INT Isabelle Corey, Roger Duchesne, Daniel Cauchy. 1959 *Deuxs hommes dans Manhattan,* SC Melville, PH Nicolas Hayer et Melville, INT Pierre Grasset, Melville, Christiane Eudes, Ginger Hail. 1961 *Léon Morin, prêtre.* 1963 *le Doulos, l'Aîné des Ferchaux,* INT Belmondo, C, Vanel. 1966 *le Deuxième Souffle.* 1967 *le Samouraï,* INT Alain Delon, Nathalie Delon. 1969 *l'Armée des Ombres,* INT Lino Ventura, Paul Meurisse, Simone Signoret. 1970 *le Cercle rouge,* INT Bourvil, Alain Delon, Gian Maria Volonté, Yves Montand. 1971 *Un flic,* INT Alain Delon.

MENZEL Jiri RÉ TS (Prague fév. 1938|) Un langage nourri de symboles mais tout autant d'observation malicieuse, une écriture fluide, ont très rapidement classé Menzel (qui avait d'abord été acteur) parmi les meilleurs réalisateurs tchèques de la génération des années 60 pour cette façon qu'il eut d'évoquer les émois de l'adolescence dans *Trains étroitement surveillés,* ou les velléités de quadragénaires dans *Un été capricieux.* Après l'intervention soviétique de 1968, il resta plusieurs années sans travailler (on le verra comme comédien dans des films hongrois) et ne retrouva qu'en 1975 le chemin des studios pragois pour renouer, plus de vingt ans après *Trains étroitement surveillés,* avec le romancier auquel s'accordait le mieux sa verve désabusée, Bohumil Hrabal. Ce sera *Une blonde émoustillante,* élégie pour une joie de vivre envolée comme mousse légère.
RÉ : 1966 *Trains étroitement surveillés,* pour Bohumil Hrabal. 1967 *Un été capricieux.* 1968 *Crimes au night-club.* 1969 *Alouettes sur le fil* (interdit de projection). 1974 *Celui qui cherche l'or.* 1976 *la Maison à l'orée du bois.* 1978 *Ces merveilleux hommes à la manivelle.* 1981 *Retailles.* 1984 *la Fête des perce-neige.* 1987 *Mon cher petit village.* 1988 *Une blonde émoustillante, from* Bohumil Hrabal « la Chevelure sacrifiée ».

MENZIES William Cameron DÉC RÉ US GB (New Haven US 29 juil. 1896|Hollywood 5 mars 1957) Décorateur de style baroque et exubérant, influencé par l'expressionnisme allemand. Mit en scène *les Temps futurs.* RÉ Walsh : 1924 *le Voleur de Bagdad.* RÉ Menzies : 1936 *les Temps futurs.* RÉ Fleming : 1939 *Autant en emporte le vent.* RÉ Hitchcock : 1940 *Correspondant 17.* RÉ Milestone : 1948 *Arc de triomphe.*

MESSTER Oskar Eduard INV PR ALL (Berlin 21 nov. 1866|Tegernsee 7 déc. 1943) Un des pionniers du cinéma allemand. Il a fait breveter un appareil, à croix de Malte, dès 1896. Il devient exploitant puis, de 1902 à 1920, producteur, découvrant dès 1907 la première star allemande, Henny Porten.

MÉSZAROS Marta RÉ HONG (Budapest 1931|) Du portrait intimiste à la chronique sociologique, Marta Mészaros a, en quelques films, élargi son propos, sans se départir de son exigeante tendresse à l'égard de personnages en mal d'accomplissement et de sa non moins exigeante lucidité vis-à-vis du socialisme.
RÉ : de 1954 à 1971 dix-neuf films, courts et moyens métrages, documentaires et de vulgarisation scientifique. A partir de 1968 des longs métrages de fiction : 1968 *Cati.* 1969 *Marie.* 1970 *Ne pleurez pas, jolies filles.* 1973 *Débarras.* 1975 *Adoption.* 1976 *Neuf mois.* 1977 *Elles deux.* 1978 *Comme à la maison.* 1979 *En cours de route* CO-PR HONG-POL. 1980 *les Héritières* CO-PR HONG-FR. 1981 *Une mère, une fille.* 1982 *Journal intime.* 1983 *le Pays des mirages.* 1987 *Journal à mes amours.* 1989 *le Petit Chaperon rouge* CO-PRO HONG-CAN.

MEYER Paul RÉ BELG (Limal 29 sept. 1920|) Excellent cinéaste belge à qui l'on doit une très belle nouvelle cinématographique : *Klinkart* (1957), et un long métrage sur les mineurs du Borinage : *Déjà s'envole la fleur maigre* (1960), PH Freddy Rents. Il a travaillé ensuite à la télévision où il a réalisé de nombreux documentaires, de *Borinage 61* (1961) à *Ça va, les Parnajon ?* (1975).

MEYERS Sydney RÉ US (1894|1969) Il appartint dès avant la guerre à l'école de New York, et lui donna en 1948 une œuvre importante, *The Quiet One.* En 1959, *l'Œil sauvage,* desservi par l'intervention abusive d'une actrice, fut un déchirant document sur une Amérique insolite dans le quotidien.

MICHEL André RÉ FR (Paris 7 nov. 1910|3 juin 1989) Sensible, intelligent, personnel. Il débuta par deux réussites : dans le court métrage *la Rose et le Réséda* (1945) et, dans le long métrage, *Trois Femmes* (1952), mais il fut défavorisé par la situation du cinéma français des années 1950, peu favorable aux nouveaux venus.

MIKHALKOV - KONCHALOVSKI Andrei RÉ URSS-US (Moscou 1937|) Issu de « l'intelligentsia » russe (un père écrivain, une mère poète), il décida à vingt ans, après de solides études musicales, de « faire du cinéma ». Élève de Mikhaïl Romm au VGIK (Institut d'État du cinéma), condisciple de Tarkovski, il devait

Mikhalkov – Konchalovski

« Maria's Lovers »

écrire pour lui le scénario de son film de diplôme *le Rouleau compresseur et le Violon,* puis fut son assistant sur *l'Enfance d'Ivan* (dans lequel il joue) avant d'écrire avec lui le scénario de *Andreï Roublev* ; et c'est par un coup d'éclat qu'il débute dans la mise en scène, avec *le Premier Maître,* qui lui vaudra une renommée internationale. L'interdiction par la censure de son second film (et à ce jour le meilleur) *le Bonheur d'Assia* cassait l'élan plein de promesses de ce lyrisme ancré dans le quotidien que portait son cinéma. Il « écranisera » du Tchekhov, avant de tenter de subvertir, par une réflexion sur une fiction en train de s'élaborer, une conventionnelle *Romance des amoureux.* Et ce n'est qu'au contact de la Sibérie, de ses vastes horizons, qu'il retrouvera un souffle plus ample, à la mesure de cette *Sibériade*, au titre de poème épique. Mais c'est, ayant quitté son pays, aux États-Unis où, sous le nom de Konchalovski il entame une seconde carrière, qu'il va donner son film le plus « russe », *Maria's Lovers,* lourd de tout le poids des traditions d'une communauté fermée, et de la sensualité d'une femme en attente d'un éveil à la vie.

RÉ : 1962 *le Garçon et la Colombe* CM. 1965 *le Premier Maître.* 1967 (sorti en 1988) *le Bonheur d'Assia.* 1969 *le Nid de gentilshommes.* 1972 *Oncle Vania.* 1974 *la Romance des amoureux* (tous ces films en URSS). 1982 *Spleet Cherry Tree* CM. 1985 *Maria's Lovers.* 1986 *Runaway Train.* 1987 *Duo pour une soliste, le Bayou (Shy People).* 1989 *Homer and Eddie (Voyageurs sans permis).* A partir de *Spleet Cherry Tree,* films US.

MIKHALKOV Nikita ACT RÉ (Moscou, 1945 |). Demi-frère d'Andrei Mikhalkov-Konchalovski, jeune premier très demandé, il signera sa première mise en scène de long métrage avec un « eastern » baroque *(le Nôtre parmi les autres),* vigoureux bâtard de la révolution d'Octobre et du « western-spaghetti ». Et, de films intimistes à la pudique gravité en adaptations élégantes d'œuvres littéraires, il atteindra, avec un sourire nostalgique, la notoriété internationale.

RÉ : 1972 *Un jour tranquille à la fin de la guerre* MM, film de diplôme. 1974 *le Nôtre parmi les autres.* 1975 *Esclave de l'amour.* 1976 *Partition inachevée pour piano mécanique, from* Tchékov. 1978 *Cinq Soirées.* 1979 *Quelques Jours de la vie d'Oblomov, from* Gontcharov. 1981 *la Parentèle.* 1983 *Sans témoins.* 1987 *les Yeux noirs.*

MILESTONE Lewis RÉ US GB (Russie 30 sept. 1895 | 1980) Il fut, au début du parlant, un des meilleurs réalisateurs américains, donnant coup sur coup : *A l'ouest, rien de nouveau,* beau film de guerre, et *Front Page,* éclatante comédie policière traduite par lui en grand style cinématographique. Il fut étouffé et en partie éliminé par Hollywood.

RÉ : 1925 *Seven Sinners.* 1926 *The Cave Man.* 1929 *Betrayal.* 1930 *A l'Ouest, rien de nouveau.* 1931 *Front Page.* 1932 *Pluie (Rain),* INT Joan Crawford, Walter Huston. 1936 *le Général est mort à l'aube,* INT Gary Cooper, Madeleine Carroll. 1939 *Des souris et des hommes (Of Mice and men).* 1943 *l'Étoile du Nord (The North Star).* 1944 *Prisonniers de Satan (The Purple Heart),* INT Dana Andrews, Richard Conte. 1945 *Commando de la mort (A Walk in the Sun).* 1946 *l'Emprise du crime (The Strange Love of Martha Ivers).* 1949 *le Poney rouge.* 1950 *Okinawa (Halls of Montezuma).* 1952 *la Loi du fouet (Kangaroo).* 1959 *la Gloire et la Peur (Pork Chop Hill).* 1960 *Océan's Eleven.* 1962 *les Révoltés du Bounty.* 1963 *P.T. 109.* 1966 *The Dirty Game.*

MILHAUD Darius MUS FR US (Aix-en-Provence 4 sept. 1892 | 1974) Ce grand musicien s'intéressa au cinéma dès 1920 et écrivit, dès le muet, des partitions de film.
RÉ L'Herbier : 1924 *l'Inhumaine.* 1937 *la Citadelle du silence.* 1938 *la Tragédie impériale.* RÉ Cavalcanti : 1928 *la P'tite Lilie.* RÉ Buñuel : 1932 *Terre sans pain.* RÉ Renoir : 1934 *Madame Bovary.* RÉ Painlevé : 1934 *l'Hippocampe.* RÉ Bernhardt : 1936 *le Vagabond bien-aimé.* RÉ Siodmak : 1938 *Mollenard.* RÉ *Bernard : 1939 les Otages.* RÉ Malraux : 1939 *l'Espoir.* RÉ Richter : 1944-1946 *Rêves à vendre.* RÉ Vedrès : 1950 *la Vie commence demain.* RÉ Lewin : 1950 *Bel-Ami.* RÉ Resnais : 1950 *Gauguin.*

MILLER Arthur ÉCRIV SC US (New York 17 oct. 1915 |) Cet auteur dramatique fameux n'écrivit qu'un scénario original pour son ex-épouse Marilyn Monroe : *The Misfits,* (1961), mais il vit plusieurs de ses pièces portées à l'écran : RÉ Irving Reis : 1948 *Ils étaient tous mes fils.* RÉ Laszlo Benedek : 1951 *la Mort d'un commis voyageur,* dont Volker Schlöndorff devait donner en 1988 une nouvelle version. - EN FR et EN RDA, RÉ Rouleau : 1957 *les Sorcières de Salem.* RÉ Sidney Lumet : 1960 *Vu du pont.*

MILLER Claude RÉ FR (Paris, 20 févr. 1942 |). Un parcours classique (IDHEC, service cinématographique des armées, assistanat, de Carné à Godard, direction de production avec Truffaut) pour des films qui ont l'air tout aussi « classiques » et ne le sont pas tellement : lisses d'aspect, ils laissent découvrir chez les personnages d'étranges béances, d'inquiétantes obsessions et des comportements qui ont l'air aussi candides que le regard de Charlotte Gainsbourg en « effrontée » et font autant frémir que le sadisme d'un moniteur de colonie de vacances apprenant « la meilleure façon de marcher ». Citant Truffaut, Claude Miller dit : « Je n'admets la violence au cinéma que lorsqu'elle est sentimentale. » Et il est bien vrai que ses films portent la marque de cette tension-là.
RÉ : 1966-1975 CM : *Juliet dans Paris, la Question ordinaire, Camille ou la comédie catastrophique.* 1976 *la Meilleure Façon de marcher.* 1977 *Dites-lui que je l'aime.* 1981 *Garde à vue.* 1982 *Mortelle Randonnée.* 1985 *l'Effrontée.* 1988 *la Petite Voleuse.*

MILLER Zdenek ANIM TS (Kladno 21 fév. 1929 |) Il débuta de façon remarquable avec *le Milliardaire qui a volé le soleil* (1948), puis il s'orienta vers des formes plus traditionnelles et revint à son premier style dans *la Trace rouge* (1962).

MIMICA Vatroçlav (Se prononce Mimitsa) ANIM YS (Dalmatie 1923 |) Il est un des piliers de l'école de Zagreb, et lui a donné des dessins animés originaux et savoureux, spirituels : *Seul, Happy End, l'Épouvantail, le Photographe, Petite Chronique,* etc. A mis en scène deux LM : 1965 *le Prométhée de l'île de Vicheirtsa.* Passé au long métrage en 1965, il devait construire une œuvre intéressante (bien que de valeur inégale) sur les rapports d'un fantastique échevelé à la réalité quotidienne la plus minutieusement observée : 1966 *Lundi ou mardi.* 1967 *Kaya, je te tuerai.* 1969 *l'Événement.*

MINNELLI Vincente RÉ US (Chicago 28 fév. 1913 | Los Angeles 1986) Ancien décorateur et costumier, il a pour la plastique et la couleur un goût parfois excellent, émouvant même, parfois aussi détestable, alors bien moins « baroque » que rococo hollywoodien de style 1935. La comédie musicale a toujours été sa meilleure spécialité. Il en a réussi d'excellentes, dans la luxueuse tradition MGM, avec Fred Astaire : *Yolanda et le voleur, Tous en scène, le Père de la mariée,* et surtout Gene Kelly : *le Pirate, Un Américain à Paris, Brigadoon.* Il est moins doué pour les adaptations littéraires et il a échoué dans la reconstitution des atmosphères françaises, avec *Madame Bovary, Gigi,* ou *les Quatre Cavaliers de l'Apocalypse* parce qu'il suivit les poncifs commerciaux ordinaires d'Hollywood, au lieu de montrer un pays qu'il aime et connaît assez bien. Privés de support musical, ses films tombent souvent dans le feuilleton ou le théâtre filmé. Il estime que « la recherche d'un style en situation est aussi valable pour une comédie dramatique et pour un film dramatique. Il faut raconter une histoire de la façon

la plus recherchée, afin d'introduire un peu de magie. Il n'est pas toujours facile de saisir la nuance délicate ».
RÉ : 1943 *Un petit coin des cieux (Cabin in the Sky)*, SC Joseph Schrank, PH Sidney Wagner, MUS Robert Edens et Vernon Duke, INT Ethel Waters, Eddy Rochester Anderson, Lena Horne, Louis Armstrong, Duke Ellington ; *Mademoiselle ma femme (I dood it)*, INT Red Skelton, Eleanor Powell. 1944 *le Chant du Missouri (Meet me in Saint Louis)*, INT Judy Garland, Margaret O'Brien, Mary Astor. 1945 *Yolanda et le Voleur (Yolanda and the Thief)*, SC Irving Brecher, *from* Jacques Théry et Ludwig Bemelmans, PH Charles Rosher, MUS Lennie Hayton, INT Fred Astaire, Lucile Bremer. 1946 *Ziegfeld Follies*, PH G. Folsey et C. Rosher, MUS. L. Hayton, INT Fred Astaire, Fanny Brice, Lena Horne, *Lame de fond (Undercurrent)*, PH Karl Freund, INT Katharine Hepburn, Robert Taylor, Robert Mitchum. 1947 *le Pirate, from* TH S.-N. Behrman, PH Harry Stradling, INT Judy Garland, Gene Kelly, Walter Slezak. 1949 *Madame Bovary, from* Flaubert, INT Jennifer Jones, James Mason, Van Heflin, Louis Jourdan. 1950 *le Père de la mariée*, PH John Alton, INT Spencer Tracy, Joan Bennett, Elisabeth Taylor. 1951 *Un Américain à Paris, Allons donc papa (Father's Little Dividend)*, INT Spencer Tracy, Joan Bennett, Elizabeth Taylor. 1952 *les Ensorcelés (The Bad and the Beautiful)*, SC Charles Schnee et George Bradshaw, PH Robert Surtees, INT Lana Turner, Kirk Douglas, Walter Pidgeon. 1953 *Tous en scène (The Band Wagon)*. 1954 *la Roulotte du plaisir (The Long Long Trailer)*, PH Robert Surtees, INT Lucile Ball, Desi Arnaz, Keenan Wynn ; *Brigadoon*. 1955 *la Toile d'araignée (The Cobweb), from* R William Gibson, INT Richard Widmark, Lauren Bacall, Charles Boyer ; *Kismet*. 1956 *la Vie passionnée de Vincent Van Gogh (Lust for Life)*, SC Norman Corwin, *from* R Irving Stone, PH Frederick A. Young et Russel Harlan, INT Kirk Douglas, Anthony Quinn, Pamela Brown, *Thé et Sympathie*, SC Robert Anderson, *from* sa pièce, INT Deborah Kerr, John Kerr, Leif Erikson. 1957 *la Femme modèle (Designing Woman)*, INT Lauren Bacall, Gregory Peck. 1958 *Gigi, Qu'est-ce que maman comprend à l'amour ? (The Reluctant Debutante), from* TH William Douglas Home, PH J. Ruttenberg, INT Rex Harrison, Kay Kendall, Sandra Dree. 1959 *Some came running (Comme un torrent)*. 1960 *Un numéro du tonnerre (Bells are ringing)*, INT Judy Holliday, Dean Martin, *Celui par qui le scandale arrive (Home from the Hill)*. 1962 *les Quatre Cavaliers de l'Apocalypse*. 1963 *Quinze Jours ailleurs (Two Weeks in another Town), Il faut marier papa (The Courtship of Eddie's Father)*. 1964 *Au revoir Charlie (Goodbye Charlie)*. 1965 *le Chevalier des sables (The Sandpiper)*. 1969 *Melinda (On a Clear Day you can see Forever)*. 1976 *Nina (A Matter of Time)*.

Minnelli, 1962.

« Brigadoon »

MISRAKI Paul MUS FR (Constantinople 28 janv. 1908|) On lui doit de nombreuses partitions, notamment pour Decoin : *Retour à l'aube, Battement de cœur*. Clouzot : *Manon*. Orson Welles : *Mr Arkadin*. Claude Chabrol : *les Cousins*.

MITTA Alexandre RÉ URSS (1933|) Après des études pour devenir ingénieur et une brève carrière de dessinateur satirique, il entre au VGIK. Diplome en 1960. Des films légers et bien enlevés et une grande réussite. *Brille mon étoile, brille,* aventures picaresques d'un garçon fou de théâtre qui, dans les années vingt, voulait mettre « l'art au service de la Révolution », et découvrit que ce n'était pas si simple, les armes parlant plus haut que les comédiens. En 1979, Mitta devait réaliser le premier « film-catastrophe » soviétique, *l'Équipage*.

RÉ : 1961 *l'Ataman sans peur.* 1964 *On a sonné, ouvrez la porte.* 1977 *Brille mon étoile, brille.* 1972 *Point, point virgule.* 1974 *Moscou, mon amour*. 1976 *Comment le tsar Pierre le Grand arrangea le mariage de son maure Ibrahim Hannibal.* 1979 *l'Équipage.* 1983 *Récit de voyage* (URSS-TS).

MIZOGUCHI Kenji RÉ JAP (Tokyo 16 mai 1898 | Kyoto 24 août 1956) Il est l'un des maîtres du cinéma japonais, dont les meilleurs films ont pour lien une mise en cause de la société moderne et féodale, à travers le sort fait aux femmes de toutes conditions : prostituées, employées, travailleuses, bourgeoises, princesses, etc. Avec Kinugasa et Uchida, il contribua à créer l'art du film dans son pays, mais dut d'abord diriger des films de commande, sujets policiers ou boulevardiers européens et romans de l'époque Meiji, 1860-1910. Après 1926, sa personnalité s'affirme, il se ralie au mouvement des « films idéologiques » avec *Symphonie d'une grande ville, Et pourtant ils avancent*, qui lui valurent des ennuis avec la police. « J'avais déjà réalisé, a-t-il déclaré, de nombreux films qui prenaient pour sujet la vie à l'époque Meiji, ou dans les quartiers populaires, mais c'est seulement vers 1935, avec *l'Élégie de Naniwa* et *les Sœurs de Gion*, que je me suis mis à considérer les hommes avec lucidité ; j'ai commencé à utiliser la technique du plan-séquence, la caméra restant immobile à une certaine distance. Ces deux films furent, je crois, une description sans défauts des gens de la région de Kamigata, et tout de même un bon exercice pour mieux approcher les réalités humaines. » C'est avec ces deux œuvres qu'il prit la tête du « nouveau réalisme », auquel appartiennent également *Au pays natal ou l'Impasse de l'amour et de la haine, la Légende des chrysanthèmes tardifs.* Il consentit en 1930-1940 à traiter des sujets « patriotiques », mais quand les ultras militaristes prirent le pouvoir, il se réfugia dans l'époque Meiji ou celle des samouraïs : « C'était ma façon à moi de faire de la résistance. » Les six dernières années de sa vie furent particulièrement riches en chefs-d'œuvre, en tête desquels il faut placer *les Musiciens de Gion, O'Haru femme galante*, et surtout *les Contes de la lune vague.* Il déclarait alors : « Le cinéma est devenu pour moi un art très difficile. Aujourd'hui

Mizoguchi

« Contes de la lune vague après la pluie »

« la Vie d'O'Haru »

comme hier, je veux que mes films représentent la vie et les mœurs d'une société déterminée. Mais on ne doit en aucun cas désespérer le spectateur ; pour lui apporter le salut, il faudrait inventer un nouvel humanisme. » Le style que conditionnait sa quête passionnée de l'expression humaine fut le moyen d'expression qui lui permit de créer, après le « nouveau réalisme », un « nouvel humanisme ». Et si son œuvre, même à la fin, fut inégale, elle fut d'un grand cinéaste. « Je n'ai tourné que 75 films. Ce n'est pas beaucoup, et je me demande comment j'ai pu vivre », écrivait-il en 1954, en préface d'une filmographie établie par le « Kinema Jumpo » et reproduite en 1959 par les « Cahiers du cinéma ». Mais cette liste était incomplète, même pour la période 1930-1940. Le nombre de ses films n'atteignit sûrement pas 200, comme on l'a écrit, mais il dépassa largement la centaine.

RÉ : 1922 *le Jour où revient l'amour (Ai ni Yomigaeru Hi), le Pays natal (Furusato), Rêves de jeunesse (Seishun no Yumeji), Ruelle de la passion ardente (Joen no Chimata), 813, from* « Arsène Lupin », *le Sang et l'Ame (Chi to Rei).* 1923 *le Port aux brumes (Kiri no Minato), from* O'Neill et Agatha Christie, *la Nuit (Yoru), Dans les ruines (Haikyo no Naka), Rupinomono* (film policier), *la Chanson du col (Toge no Uta).* 1924 *le Triste Imbécile (Kanashiki Hakuchi), la Reine des temps modernes (Gendai no Joo), les Femmes sont fortes (Josei Wa Tsuyoshi), Dans ce bas monde (Jin Kyo), A la recherche d'une dinde (Shichimencho no Yukue).* 1925 *Pas de combat sans argent (Musen Fusen), Femme de joie (Kankaru no Onna), Mort à l'aube (Akatsuku no Shi), la Reine du cirque (Kyo Kubadan no Joo), Après des années d'étude (Gakusso Idete), la Plainte du lis blanc (Shiraguzi wa Nageku), A la lumière rouge du couchant (Akai Yuki Ni Terasarete), la Chanson du pays natal (Furusato no Uta), l'Homme (Ninen), Scènes de la rue (Gaigo no Sketch).* 1926 *le Général Nogi et Kuma San, le Roi d'une pièce de cent sous (No Gao), le Murmure printanier d'une poupée de papier (Kami Ningyo Haru no Sasayaki), Ma tante,* nouvelle version *(Shin onoga Tsumi), l'Amour fou d'une maîtresse de chant (Kyoren no Onna Shisho),* film présenté en Europe en 1928, *les Enfants de la mer (Kaikoku Danyi), l'Argent (Kane).* 1927 *Gratitude envers l'empereur (Koon), Lili la mariée en deuil comme le cœur changeant d'un oiseau (Jihi Shinche), from* Galsworthy. 1928 *la Vie d'un homme (Hito no Issho), le Pont Nihon (Nihon-Bashi), la Marche de Tokyo (Tokyo Koshin Kyoku), le Soleil levant brille (Asahi wa Kayagaku).* 1929 *la Symphonie d'une grande ville (Tokai Kokyogaku), l'Époque, l'Orage.* 1930 *Pays natal (Furusato),* premier film parlant, *la Maîtresse de l'étrange (Oikichi).* 1931 *Et pourtant ils avancent (Shikamo Karera wa Yuku).* 1932 *Le jour où reviendra l'amour, l'Aube de la Mandchourie (Mammo Kenroku no Remei).* 1933 *le Fil blanc de la cascade (Taki to Shiraito), le Dieu gardien du temps (Toko no Ujigami), la Fête de Gion (Gion Matsuri), le Groupe kamikaze, le Bon Dieu à la mode.* 1934 *le Col de l'amour et de la haine (Aizo Toge), la Déchéance (Oriziru Osen).* 1935 *Oyuki la Vierge (Maria no Oyuki), Boule de suif, from* Maupassant, *Gubujinso.* 1936 *Élégie de Naniwa, les Sœurs de Gion.* 1937 *l'Impasse de l'amour et de la haine (Aien Kyo).* 1938 *Ah, le pays natal (Aa Furusato),* SC Yoda, Kadé, INT Fumito Yamayi, Masaa Schemizu, *le Chant de camp (Roei no Uta).* 1939 *les Contes des chrysanthèmes tardifs (Zangiku Monogatari).* 1940 *la Femme de Naniwa (Naniwa Onna), la Vie d'un acteur (Geido Ichidai o Toko).* 1942 *les 47 Ronins (Genroku Chushingura).* 1944 *Trois Générations de Danjurs (Danjuro Sandai).* 1945 *Miyamoto Musashi, l'Épée Bijomaru (Meito Bijomaru).* 1946 *la Victoire des femmes (Josei no Shori), Cinq Femmes autour d'Outamaro (Utamaro o Meguru gonin no Onna).* 1947 *l'Amour de l'actrice Sumako (Joyu Sumako no Koi).* 1948 *les Femmes de la nuit (Yoru no Onna Tachi),* SC Yoda, *from* Eijiro Kusako, *Flamme de mon amour (Waga Koi wa Moenu).* 1950 *Madame Youki (Yuki Fujin Ezu),* SC Yoda, Funabashi. 1951 *Oyn (Oyusama), la Dame de Musashino (Musashino Fujin).* 1952 *la Vie d'O'Haru, femme galante.* 1953 *Contes de la lune vague après la pluie, les Musiciens de Gion.* 1954 *l'Intendant Sansho, les Amants crucifiés, Une femme dont on parle (Usawa no Onna).* 1955 *l'Impératrice Yang Kwei Fei, le Héros sacrilège (Shin Heike Monogatari).* 1956 *la Rue de la honte (Akasen Chitai).*

MOCKY Jean-Pierre (Jean Mokiejewski) ACT RÉ FR (Nice 6 juil. 1929 |) Acteur, notamment dans *I Vinti* (1952) d'Antonioni, passé à la mise en scène après le succès commercial des *Dragueurs,* il a réalisé quelques comédies grinçantes peuplées de personnages caricaturaux (et de « silhouettes » de second plan comme on en voit peu au cinéma), bombardant en un joyeux jeu de massacre toutes les « valeurs » établies. Il retrouva un autre souffle après 1968, développant sur des thèmes proches de ses comédies antérieures, un long discours passionnel sur la solitude, discours qu'il porte (auteur et acteur)

jusqu'à son terme en s'offrant une « belle » mort de justicier à la fin de l'histoire. Dans les années 80, enfin, il tourne film sur film avec un inégal bonheur dans l'inspiration, mais de la même écriture nerveuse, haletante, marque d'une œuvre tout à fait originale dans le cinéma français.
RÉ : 1959 *les Dragueurs*. 1960 *Un couple*. 1962 *Snobs*. 1963 *les Vierges, Un drôle de paroissien* (a.t. *Deo gratias)*. 1964 *la Grande Frousse* (a.t. *la Cité de l'indicible peur), from* Jean Ray. 1966 *la Bourse et la Vie*. 1967 *les Compagnons de la marguerite*. 1968 *la Grande Lessive*. 1970 *l'Étalon, Solo*. 1971 *l'Albatros*. 1972 *Chut !*. 1974 *l'Ombre d'une chance*. 1975 *Un linceul n'a pas de poche, from* Horace Mc Coy. 1975 *l'Ibis rouge*. 1977 *le Roi des bricoleurs*. 1978 *le Témoin*. 1979 *le Piège à cons*. 1982 *Litan, la cité des spectres verts, Y-a-t-il un Français dans la salle ?, from* Frédéric Dard. 1984 *A mort l'arbitre !*. 1985 *le Pactole*. 1986 *la Machine à découdre, le Miraculé*. 1987 *Agent trouble*. 1988 *les Saisons du plaisir, Une nuit à l'Assemblée nationale*. 1989 *Divine Enfant*.

MOGUY Léonide (Maguilevsky) RÉ FR ITAL US (Saint-Pétersbourg 14 juil. 1899 | Paris 21 avril 1976) Convaincu de l'intérêt des sujets qu'il traite, il a remporté quelques succès parmi lesquels : *Prison sans barreaux* (1938), *Je t'attendrai* (1939), *Demain il sera trop tard* (1950).

MOLANDER Gustaf RÉ SUÈDE (Helsinki 18 nov. 1888 | juin 1973) Appartenant à la génération de Stiller et Sjöström, sans les valoir, il eut le mérite de poursuivre leur œuvre pendant une très mauvaise époque, 1925-1940, et de préparer ainsi la renaissance du cinéma suédois. Il a découvert Ingrid Bergman et fit débuter Ingmar Bergman comme scénariste. D'abord ACT et ASS ou CO-SC de Stiller et Sjöström.
RÉ : 1920 *Beda Kungen (le Maître de Beda)*. 1922 *Thomas Graal Meelding (la Tutelle de Thomas Graal)*. 1924 *33 333*. 1925-1926 *les Maudits, from* Selma Lagerlöf : « Jérusalem en Dalécarlie », INT Ingmar Sarvet et Till Osterland. 1926 *Hon den Enda (Elle, la seule)*. 1927 *Lèvres closes, la Clef d'argent*. 1928 *le Péché*. 1929 *Triomphe du cœur*. 1930 *Charlotte Lowenskiöld, from* Selma Lagerlöf, *la Chanson de Frida*. 1931 *Une nuit*. 1932 *Roses noires*. 1933 *Chère famille*. 1934 *Une paisible idylle*. Fait débuter Ingrid Bergman dans : 1935 *la Famille Swendenhielma*. 1936 *Du côté du soleil, Intermezzo*. 1937 *Dollar*. 1938 *Une seule nuit*. 1939 *Émilie Hogqvist*. 1940 *l'Avenir lumineux*. 1941 *La lutte se poursuit, Cette nuit ou jamais*. 1942 *l'Échelle de Jacob, Chevauchée nocturne*. 1943 *Flamme éternelle, Ordet, Chéri, je t'appartiens*. 1944 *l'Empereur du Portugal*. 1945 *le Bourreau*. 1946 *C'est mon modèle, la Femme sans visage*. 1949 *Sensualité (Eva), la Vraie Vie, l'Amour est le plus fort*. 1950 *le Quatuor dissocié, Divorce*. 1951 *Fiancée à louer*. 1952 *l'Esprit de contradiction, Amour*. 1953 *la Montagne de verre*. 1954 *la Licorne*. 1955 *le Trésor d'Arne*. 1956 *le Chant de la fleur écarlate*. 1965 *Stimulantia* (un épisode).

MOLINARO Édouard RÉ FR (1928 |) Intelligent, cultivé, aimant le cinéma, mais il n'a guère pu se dégager des contingences commerciales : *le Dos au mur* (1958). *Une fille pour l'été* (1960). *La Mort de Belle* (1961). *Une ravissante idiote* (1963). *La Chasse à l'homme* (1964). *Quand passent les faisans* (1965). *Peau d'espion* (1966). *Oscar* (1967). *Hibernatus, Mon oncle Benjamin* (1969). *La Liberté en croupe* (1970). *Les Aveux les plus doux* (1971). *La Mandarine* (1972). *Le Gang des otages, l'Emmerdeur* (1973) *L'Ironie du sort* (1974). *Le Téléphone rose* (1975). *Dracula père et fils* (1976). *La Cage aux Folles* (1978). *L'Amour en douce* (1985). Il a également travaillé pour la télévision.

MOLLBERG Rauni RÉ FIN (Hämeenlinna, 1929 |). Ce cinéaste finlandais des plus grands est surtout connu à l'étranger pour *la Terre de nos ancêtres*, superbe portrait d'une fille de la campagne à l'insatiable appétit de vivre qui, de bals en paillasses, consomme de l'homme, dans une société déboussolée qui a perdu ses valeurs d'ancrage.
RÉ : 1973 *la Terre de nos ancêtres*. 1976 *Des gens pas si mal que ça*. 1980 *Milka, un film sur les tabous*. 1985 *le Soldat inconnu*.

MOLLO Andrew VOIR BROWNLOW KEVIN.

MONCA Georges RÉ FR (1888 | 1939) D'abord comédien, il fut avec Capellani l'un des réalisateurs de la SCAGL, 1908-1914, et dirigea alors une grande partie des comiques de Prince Rigadin, puis, jusqu'à 1920, de nombreux films médiocres.

MONICELLI Mario SC RÉ ITAL (15 mai 1915 |) Il débuta modestement, souvent avec Steno comme scénariste, et réalisa de petits films comiques, souvent interprétés par Toto. Puis il affermit seul son talent et remporta deux bons succès satiriques avec *le Pigeon* et *la Grande Guerre*.
Il a dit, à propos de *Gendarmes et Voleurs* (mais on pourrait l'appliquer à

l'ensemble de son œuvre) : « Ce sont des histoires d'amitiés - je m'en suis aperçu après - de rapports entre les gens que la vie a mis en condition de n'être pas amis, mais qui ensuite au fond le sont ou le deviennent. Ce sont des films qui finissent toujours par un échec. J'ai toujours eu beaucoup de peine à faire mes films comiques, jusqu'à ce que ce soit devenu une manière, avec des fins tristes (...) Si on m'accuse d'avoir choisi ce ton comique-amer, le mieux c'est de ne pas aller les voir. Ce ton démystificateur et souriant ne plait pas à la critique, ils veulent que tout soit toujours pris très au sérieux : rien à faire ! » (interview in « Positif » n° 185).
CO-RÉ avec Steno : 1949 *Au diable la célébrité, Toto Cerca Casa.* 1951 *Toto' e il Re di Roma, Gendarmes et Voleurs (Guardie i Ladri).*
RÉ : 1955 *Un héros de notre temps,* INT Sordi. 1956 *Pères et fils.* 1958 *le Pigeon (I Soliti Ignoti).* 1959 *la Grande Guerre,* INT V. Gasmann, A. Sordi, Silvana Mangano. 1960 *Risate di Gioia.* 1963 *I Compagni (les Camarades),* PH G. Rotunno, INT Mastroianni, R. Salvatori, Annie Girardot. 1965 *Casanova 70.* 1966 *L'Armata Brancaleone, Fata Armenia,* sketch de *Le Fate (les Ogresses).* 1968 *Capriccio all'italiana,* sketch, *la Fille au pistolet.* 1969 *To, e morta la nonna.* 1970 *le Coppie,* sketch. 1970 *Brancaleone alle crociate.* 1971 *La Mortadella.* 1973 *Nous voulons les colonels.* 1974 *Romanzo popolare.* 1975 *Mes chers amis (Amici miei).* 1976 *Caro Michele, Signore et Signori buona notte.* CO-RÉ. 1977 *les Nouveaux Monstres.* CO-RÉ Dino Risi, Ettore Scola, *Un bourgeois tout petit, petit.* 1979 *Voyage avec Anita, Rosy la bourrasque.* 1980 *Chambre d'hôtel.* 1981 *le Marquis s'amuse.* 1984 *Mes Chers Amis* n° 2, *Bertoldo, Bertoldillo e Cacaseno.* 1985 *Feu Matthias Pascal.* 1986 *Pourvu que ce soit une fille.*

MONTAZEL Pierre PH FR (Senlis 1911 | 8 oct. 1975) Il débuta brillamment pendant la guerre avec des images inspirées par les impressionnistes : *le Lit à colonnes* (1942). Après sa réussite dans *Antoine et Antoinette* (1947), RÉ Becker, il s'essaya ensuite à la mise en scène où il ne retrouva plus son ancien niveau.

MONTUORI Carlo PH ITAL (Casacalenda 3 août 1885 | 1968) Le premier des opérateurs italiens, et l'un des meilleurs. A son actif, un procédé de lumière artificielle, des images des plus folles divas, dès 1912, le fameux *Ben Hur* de 1926, les comédies douces-amères 1930 de Camerini, les films calligraphiques de 1940-1945, et surtout *le Voleur de bicyclette* (1948).

Nanni Moretti

MORETTI Nanni RÉ ACT IT (Brunico, 1953 |). Comédien plutôt flegmatique dans son jeu, il est, dans ses films où il tient le premier rôle, le détonateur qui fait, impitoyable, voler en éclats le discours convenu des institutions ayant prise sur la société. Prêtre « trop » prêtre ou communiste « trop » communiste, il règle ses comptes avec des films à l'humour féroce, pudiques et graves comme la dignité blessée.
RÉ : 1974 *Come parli, frate ?* MM. 1977 *Io sono un autarchico* (super 8). 1978 *Ecce Bombo.* 1981 *Sogni d'oro (Rêves d'or).* 1984 *Bianca* (id.) 1985 *La messa e finita (la Messe est finie).* 1989 *Palombella rossa* (id.).

MORLHON Camille de RÉ FR (1869 | 1952) Avant 1914, il réalisa pour Pathé des drames mondains très hardis : 1912 *l'Ambitieuse.* 1913 *Sacrifice surhumain.* 1914 *Sous l'uniforme, Une brute humaine.*

MORRICONE Ennio MUS ITAL (1933 |) « l'accompagnateur », bien sûr, des westerns de Sergio Leone, qu'on ne saurait imaginer sans ses harmonicas et ses stridences électroniques, mais aussi le musicien de près de quatre-vingts films, de *Prima della rivoluzione* de Bertolucci à *Théorème* de Pasolini.

MOSKVINE André PH URSS (Saint-Pétersbourg 1901 | Leningrad 1961) Grand opérateur russe sorti du FEKS, et collaborateur fidèle de Kozintsev et Trauberg, il fournit aussi à Eisenstein les prestigieuses images d'*Ivan le terrible.*

MOULLET Luc RÉ PR FR (1937|) Le franc-tireur du cinéma français, une œuvre en marge, toute d'humour et de nonchalante rigueur : des courts métrages et : 1965 *Brigitte et Brigitte.* 1968 *les Contrebandières.* 1970 *Une aventure de Billy the Kid. 1976 Anatomie d'un rapport.* 1979 *Genèse d'un repas.* 1980 *Ma première brasse* MM. 1983 *Une lettre de cinéma* TV, *Le Havre* CM. 1984 *l'Emprise de Médor* CM. 1987 *la Comédie du travail.*

MOURATOVA Kira RÉ URSS (Roumanie, 15 nov. 1934|). Une « carrière » qui peut sembler paresseusement normale : des études de cinéma au VGIK, sous la direction de Serguei Guerassimov, dont elle dira, vingt ans après : « Il était pour nous comme un mage, il éveillait ce qu'il y avait de meilleur en nous, ce qui dormait en chacun de nous. Il donnait l'impulsion. » Un court métrage de fin d'études bien accueilli et, en vingt ans, quatre films de long métrage tournés aux studios d'Odessa, un à Leningrad. Normal, à ceci près que ce qui dans la chronologie, pourrait passer pour une activité intermittente, est dans la réalité une formidable énergie que cette cinéaste dépensa à se battre contre la censure (totale pour un de ses films) contre les coupures (elle retira sa signature d'un autre) pour avoir le droit, qu'on lui refusait, de travailler, pour que ses films soient distribués à peu près normalement (ils sortaient dans des circuits impossibles, n'arrivant même pas à Moscou). Si bien qu'il fallut qu'au festival de Moscou soit enfin présenté l'ensemble de ses films pour qu'on découvre qu'elle avait ainsi réalisé, dans l'isolement, une œuvre avec laquelle il fallait compter. Et c'est ainsi que l'on apprit que, dans cette année 60 où le cinéma, de Paris à Prague, secouait ses habitudes, une femme, seule, dans un studio des bords de la mer Noire, donnait, d'une écriture frémissante, le tremblement de la vie à des personnages de tous les jours, dans la vie de tous les jours : une mère et son fils, une femme et son amant, un géologue vagabond qui chante avec la voix cassée de Vissotski dans *Brèves Rencontres.* « Quand on fait un film, dit-elle, tout se refroidit très vite, la vie devient un tissu qui se fige entre les mains. C'est pourquoi j'éprouve le besoin de "déchirer" ce tissu, de remuer, froisser cette matière figée. Les personnages secondaires m'y aident. » (entretien avec Victor Bojovitch, « *Isskoutvo Kino* » nº 9, 1987, repris dans le catalogue 1988 du Festival de films de femmes de Créteil). Et il ne fait pas de doute qu'elle a su, dans chacun de ses films, captant au moment juste l'échange d'un regard, le geste agacé d'un adolescent, l'adieu furtif d'une main à demi levée, ne rien laisser figer de la palpitation d'un film.
RÉ : 1961 *Ou kroutogo iara* CM *(Au bord du ravin abrupt)* CO-RÉ Alexandre Mouratov. 1964 *Nach Tchestny khleb (Notre pain honnête)* CO-RÉ Alexandre Mouratov. 1967 *Korstkie Vstretchi (Brèves Rencontres).* 1967-1971 Deux scénarios refusés. 1971 *Dolgie Provody (les Longs Adieux).* 1979 *Poznavaia bely svet (En découvrant le vaste monde).* 1983 *Sredi serykh kamnei (Parmi les pierres grises).* 1987 *Peremena outchasti (Changement de destinée), from* Somerset Maugham « le Billet » (diffusion bloquée en Occident pour des problèmes de droits d'auteur).

MOUSSINAC Léon CRIT FR (Laroche-Migennes 1890|Paris 10 mars 1964) Avec son ami d'enfance Louis Delluc, il a été l'un des premiers théoriciens et critiques indépendants en France et dans le monde. Ses travaux théoriques et historiques, réunis pour la première fois en 1925 dans « Naissance du cinéma », précédèrent, à part Delluc, tous les ouvrages consacrés au cinéma et purent influencer ses amis Eisenstein, Balasz et Poudovkine. Il est l'honneur de la critique française, celui qui écrivait notamment en 1945 : « Le cinéma va aborder le temps de sa jeunesse et de la jeunesse. C'est là une coïncidence historique admirable, au sens plein de l'histoire. Il lui faut l'audace, la volonté, le travail, l'enthousiasme, l'aisance des gestes et de la voix, l'aisance de la force, du travail. Cela n'ira pas sans souffrance ni sans bon-

Moussinac déguisé par Eisenstein

heur. Sans grandeur non plus. Le cinéma exprimera le combat de l'homme et le combat des peuples pour se rendre maîtres d'eux-mêmes et de la nature. Il sera ainsi, et enfin, l'expression de cette renaissance du monde que les hommes et les peuples ont entreprise avec leur sang et qu'ils réussiront à coups de pensée et d'épreuves. Une nouvelle étape, vraiment, de la civilisation. Mais le cinéma ne parviendra au sommet de sa découverte que lorsque les peuples auront atteint le sommet de la liberté. Je me répète une dernière fois : le cinéma, dans sa forme accomplie, dira l'unité humaine ; il est né pour cela. »
1921-1928 Crée la première rubrique de cinéma qui ait existé, dans une grande revue littéraire française, le « Mercure de France ». 1921-1937 critique à « l'Humanité ». 1926 Présente *le Cuirassé Potemkine* à Paris. 1927-1928 Fonde « les Amis de Spartacus », ciné-club de masse, dissous par le préfet de police Chiappe.
LIVRES : 1925 « Naissance du cinéma ». 1928 « le Cinéma soviétique ». 1929 « Panoramique du cinéma ». 1946 « l'Age ingrat du cinéma ».

MUNDVILLER Joseph-Louis PH FR (Mulhouse 10 avril 1886 | 1975) Formé en Russie, il donna au cinéma français des images intelligentes et raffinées, surtout entre les deux guerres.
1908-1914 PH de la succursale Pathé à Moscou. RÉ Volkoff : 1922 *la Maison du mystère. 1923 Kean.* RÉ Mosjoukine : 1923 *le Brasier ardent.* RÉ Epstein : 1924 *le Lion des Mogols.* 1925-1927 CO-PH *Napoléon,* RÉ Gance. RÉ Bernard : 1927 *le Joueur d'échecs.* RÉ Renoir : 1929 *le Tournoi dans la cité, le Bled.* De 1944 à 1960, professeur à l'IDHEC.

MUNK Andrzej RÉ POL (Cracovie 16 oct. 1921 | 25 septembre 1961, par accident) Le plus doué, avec Wajda, de la nouvelle vague polonaise révélée en 1955. Il avait été l'un des premiers à utiliser exclusivement l'orchestration des bruits comme accompagnement de ses documentaires. Passé à la mise en scène, il prit à partie divers tabous en critiquant avec une ironie douce-amère l'héroïsme inutile : *Éroica,* ou la carrière d'un opportuniste à travers plusieurs régimes : *De la veine à revendre,* et son meilleur film, *Un homme sur la voie,* illustra parfaitement ses propos : « Je tiens pour une leçon essentielle l'impossibilité de juger les hommes de façon trop schématique, tout en noir ou tout en blanc, comme durant une époque où l'on allait jusqu'à nier l'existence du gris ». Sa disparition prématurée fut une grande perte pour le jeune cinéma polonais.

Munk

D'abord RÉ de DOC : 1951 *Nauka Blizej Zycia (la Science plus près de la vie), Kierunek Nowa Huta (Direction Nowa Huta).* 1952 *Bajka W Ursusie (Un conte à Ursus), Pamietniki Chlopow (Mémoires de paysans).* 1953 *Kolejarski Slowo (Parole de cheminot).* 1954 *Gwiazdy Musza Plonac (les Étoiles doivent briller).* 1955 *Niedziekny Poranec (Dimanche matin).* RÉ LM 1956 *Blekitny Krzyz (la Croix bleue), Czlowieck na torze (Un homme sur la voie).* 1957 *Eroica.* 1960 *Zezowate Szczescie (De la veine à revendre),* INT Bogumil Kobiela. 1964 *la Passagère,* terminé après sa mort.

MURNAU Friedrich Wilhelm (Plumpe) RÉ ALL US (Bielefeld 28 déc. 1888 | Californie 11 mars 1931) Il est avec Fritz Lang le plus grand réalisateur de l'art muet allemand. Après ses débuts comme scénariste et réalisateur, il s'imposa internationalement avec *Nosferatu,* expressionniste par son scénario et son esprit plus que par ses décors, souvent naturels. Dès *la Terre qui flambe,* il avait été placé à côté et au-dessus des écoles par sa forte personnalité, et malgré le scénario de Carl Mayer, *le Dernier des hommes* s'inscrivit un peu en marge du Kammerspiel. Il disait alors : « Les décorateurs qui ont produit *Caligari* ne s'imaginaient pas l'importance qu'aurait leur film, et pourtant ils découvrirent des choses étonnantes. Simplicité, simplicité plus grande et plus grande encore, voilà quel doit être le caractère des films à venir. [...] Tout notre effort doit être tendu vers l'abstraction de tout ce qui n'est pas du vrai cinéma, vers le balayage de tout ce qui n'est pas du vrai domaine du cinéma, de tout ce qui est trivial et

Murnau

« Nosferatu le vampire »

« l'Aurore »

venu d'autres sources : tous les trucs, expédients, poncifs, issus de la scène et du livre. C'est ce qui a lieu quand certains films atteignent le niveau du grand art. » Avec *le Dernier des hommes*, salué à l'époque aux US comme le meilleur film du monde. Murnau avait fait de la caméra « un personnage du drame » (Carné), exprimant par ses mouvements ce pour quoi les expressionnistes avaient employé les déformations ou les éclairages. Le décor tenait un rôle analogue, comme les objets : « Dans leur image, il y a du drame pour l'œil, en raison de la façon dont ils ont été placés ou photographiés. Par leur relation avec d'autres objets ou avec les personnages, ils sont des éléments dans la symphonie du film. » (Murnau.) Il put entreprendre, après un assez pesant *Tartuffe*, un *Faust* pour lequel il disposa de moyens matériels presque illimités. Mais il subit un échec financier, après lequel ce grand cinéaste partit pour Hollywood, où il réalisa *l'Aurore*, où revenait un thème présent dans presque toute son œuvre : l'impossibilité de l'amour à s'accomplir, sinon comme une basse caricature (Tartuffe, Méphisto). Il y a aussi dans son œuvre l'obsession de la malédiction divine, de celle qui tuera les amants maoris au dénouement de *Tabou* ; ce film ne fut en rien le documentaire projeté par Flaherty, mais une tragédie moderne s'inscrivant avec logique dans l'œuvre du réalisateur allemand. Ce fut son dernier film. Il périt accidentellement, quelques jours avant sa présentation, lui dont presque tous les scénarios avaient exprimé une permanente obsession de la mort.

RÉ : 1919 *Der Knabe in Blau*, INT E. Hoffmann, Conrad Veidt, *Satanas*, PH Karl Freund, INT Conrad Veidt. 1920 *Der Bucklige und die Tänzerin*, SC Carl Mayer, DÉC Robert Neppach, INT Sacha Gura, *Der Januskopf (la Tête de Janus)*, SC Hans Janowitz, *from* Stevenson : « Dr Jekyll and Mr Hyde », PH Carl Weiss, INT C. Veidt, Bela Lugosi, M. Schlegel. 1921 *Der Gang in die Nacht*, SC C. Mayer, PH C. Weiss, INT C. Veidt, Olaf Fönss, Erna Morena, *Schloss Vogelöd*, SC C. Mayer et Berthold Viertel, PH Fritz Arno Wagner, INT Paul Hartmann, Olga Tschechova, P. Blidt, *Sehnsucht*, INT C. Veidt, E. Klöpfer, Gussy Holl. 1922 *Marizza genannt die Schmugglermadonna*, INT T. Tzatschewa, H. Heinz, von Twardowski, A. Sandrok, *Der brennende Acker (la Terre qui flambe)*, *Nosferatu, eine Symphonie des Grauens (Nosferatu le vampire)*, *Das Phantom (le Fantôme)*, *from* R G. Hauptmann, SC T. von Harbou et Hans von Twardowski, PH Alex Graatkjar et T. Ouchakoff, DÉC H. Warm et Czernowski, MUS Léo

Spiess, INT A. Abel, Lil Dagover, Lya de Putti. 1923 *Austreibung (l'Expulsion)*, INT Klöpfer, A. E. Nissen, William Dieterle, L. Mannheim, *Der Finanzen des Grossherzogs (les Finances du Grand-Duc)*, PH K. Freund et F. Planer, INT Harry Liedtke, M. Christian, A. Abel. 1924 *Der Letzte Mann (le Dernier des hommes)*. 1925 *Tartuffe*. 1926 *Faust*. 1927 *Sunrise (l'Aurore)*. 1929 *Four Devils (les Quatre Diables)*, SC C. Mayer, B. Viertel et M. Orth, PH E. Palmer et L. W. O'Connell, INT Janet Gaynor, Barry Norton, Mary Duncan. 1930 *City Girl* ou *Our Daily Bread (l'Intruse* ou *la Bru)*, PH E. Palmer, INT Charles Farrell, Mary Duncan, David Torrence. 1931 *Tabou*.

MUSTAPHA Niyazi RÉ ÉG (1911 | 1986). Fut, à partir de 1938, un réalisateur abondant de comédies musicales, de « westerns bédouins » : *Rhaba* (1945), de films policiers, de comiques, d'anciennes légendes : *Antar et Abla* (1945), etc., films qui comptèrent parmi les réussites les plus appréciées des grands publics arabes. Il détient un record dans le cinéma égyptien : 80 films en 36 ans (1937-1973).

MUYBRIDGE Edward INV US (Kingston-on-Thames 4 avril 1830 | Angleterre 8 mai 1904) Établi à San Francisco comme photographe, il fut le premier, de 1872 à 1888, à décomposer le mouvement d'un cheval au galop au moyen d'appareils photographiques disposés en batterie. Après la réussite de ces expériences, réalisées à Palo Alto pour le gouverneur Leland Stanford, il publia ses travaux et fit en 1881 un voyage en Europe où il rencontra Marey. Pour animer ses photographies, il construisit en 1884 un Zoopraxynoscope dont il fit des démonstrations à l'Exposition de Chicago de 1892.

Muybridge

NAOUMOV Vladimir RÉ URSS (1921 |) VOIR ALOV, son collaborateur habituel.

NARUSE Mikio SC RÉ JAP (Tokyo 20 août 1905 | 1969) Bon réalisateur japonais. Sans égaler Mizoguchi, Ozu, Gosho, Kinoshita ou Kurosawa, il possède un sens profond de la vie quotidienne, de la famille prise dans son contexte social des sentiments et des gestes de tous les jours, toutes qualités qui ont fait la valeur de son meilleur film : 1952 *Okasan (la Mère)*. 1927 formé à la Shoshiku par Yasujiro Shimazu, dont il fut l'élève préféré. RÉ : 1930 *Chambara Fufu (Un amour intime)*. 1932 *le Printemps gâché*. 1933 *Kimi to Wakarete (Après notre séparation)*, *Yogoto no Yume (Rêve de chaque soir)*. 1935 *Uwasa no Musume (la Fille en question)*. 1939 *Tsumayo Bara no Yoni (Sois comme une rose, ma femme)*, *Toute la famille travaille*. 1943 *la Chanson de la lanterne*. 1947 *Quatre contes d'amour*. 1949 *la Mauvaise Fille*. 1950 *la Danseuse*. 1952 *Menshi (le Riz)*, *Okasan (la Mère)*. 1953 *Ani Imoto (Frère et Sœur)*. 1954 *Tzama (l'Épouse)*. 1955 *Ukigumo (Nuages)*, *les Bains*. 1956 *Chrysanthèmes tardifs*. 1960 *Onna Ga Kaiden o Agaru Toki (Quand une femme monte les escaliers)*, *Yoru no Nogare (Tempête du soir)*, *Mutsume, tsuma, haha (Fille, épouse et mère)*. 1961 *Aki tachinu (l'Automne a déjà commencé)*, *Tsuma toshite, onna toshite (Comme l'épouse, comme la femme)*. 1962 *Onna no za (le Siège de femme)*, *Horoki (Chronique de la vie vagabonde)*. 1963 *Onna no rekishi (Histoire de femme)*. 1964 *Midareru (Embroussaillement)*. 1966 *la Ligne (Onna no naka ni iru tanin)*. 1967 *Moment de terreur (Hikinige)*. *Deux dans l'ombre (Midare gumo)*.

NASSER Georges RÉ LIBAN (Tripoli 1927 |) Il a donné un film libanais d'un certain intérêt : *Vers l'inconnu* (1956), mais échoua pour avoir voulu « s'internationaliser » avec *le Petit Étranger* (1962). Il fut surtout, semble-t-il, victime de la médiocrité générale du cinéma libanais des années 60, qui le réduisit à travailler presque uniquement sur des documentaires de commande, industriels ou touristiques. 1975 *On demande un homme*. 1977 *l'Artisanat libanais* CM.

NEAME Ronald PH RÉ GB (Londres 1911 |) Réalisateur de films commerciaux à brillante distribution.
RÉ : 1946 *Je cherche le criminel*. 1953 *l'Homme aux millions*. 1956 *l'Homme qui n'a jamais existé*. 1958 *De la bouche du cheval*. 1960 *les Fanfares de la gloire*. 1962 *les Fuyards de Zarkain*. 1967

Prudence et la Pilule. 1972 *l'Aventure du Poséidon.* 1974 *le Dossier ODESSA.* 1977 *Meteor.* 1981 *le Premier Jour d'octobre.* 1985 *Foreign Body.*

NEGRONI Comte Baldassare RÉ ITAL (Rome 1877 | Rome 1948) Cultivé, intelligent, spécialiste des drames mondains italiens muets, aurait donné avec *l'Histoire d'un Pierrot* (1913) un film important annonçant le néo-réalisme.

NEWMAN Paul ACT RÉ US (Cleveland 1925 |) Ce célèbre acteur s'est intéressé tôt à la réalisation, puisque dès 1959 il tourne son premier court métrage : *On the Harmfulness of Tobacco.* Mais il faudra attendre 1968 pour que son film, *Rachel, Rachel,* soit connu du grand public. Il se révèle alors comme un « cinéaste intimiste et tendre-amer, centré sur le portrait de femme » (*in* « Cinéma d'aujourd'hui »).
RÉ : 1959 *On the Harmfulness of Tobacco* CM. 1968 *Rachel, Rachel.* 1971 *le Clan des irréductibles.* 1972 *De l'influence des rayons gamma sur le comportement des marguerites.* 1983 *l'Affrontement.*

NIBLO Fred RÉ US (Nebraska 6 janv. 1874 | Nouvelle-Orléans 11 nov. 1948) Fameux metteur en scène hollywoodien de l'époque muette, venu du théâtre, formé par Thomas Ince, et à qui l'on doit : *le Signe de Zorro* (1920), INT Douglas Fairbanks, *Sang et Arène* (1922), INT Valentino, *la Tentatrice,* INT Garbo, et surtout *Ben Hur* (1926).

Fred Niblo et Greta Garbo, 1926.

NICHOLS Dudley RÉ PR SC US (Wapakoneta 6 avril 1895 | Hollywood 1961) Il fut peut-être le meilleur auteur américain de scénarios en 1930-1945. Il est surtout fameux pour sa collaboration avec John Ford, à qui il a donné : *le Mouchard, la Chevauchée fantastique,* etc. - mais il écrivit aussi pour Fritz Lang : *la Rue rouge.* Renoir : *Swamp Water.* René Clair : *C'est arrivé demain.* Howard Hawks : *l'Impossible M. Bébé, Air Force.* Anthony Mann : *Du sang dans le désert.* Beaucoup de ses meilleurs scénarios ont été des adaptations.
RÉ PR SC : 1943 *Government Girl.* 1946 *Sister Kenny,* 1947 *le Deuil sied à Électre.*

NIEPCE Nicéphore INV FR (Chalon-sur-Saône 1765 | 1833) Le véritable inventeur de la photographie. Après avoir réalisé la propulsion à fusées avec son Pyroléophore, il fixa pour la première fois en 1820 l'image d'une *Table servie* après 12 heures de pose, sur une plaque au bitume de Judée. Il fut réservé à son associé Daguerre de commercialiser sa découverte et à son cousin Niepce de Saint-Victor (1805 | 1870) de créer le négatif sur verre et les épreuves positives sur papier.

Niepce

NILSSON Leopold Torre VOIR TORRE-NILSSON LEOPOLD.

NIOUN Mahoun Tien RÉ BIRMANIE Réalisa en 1956 un assez sombre mélodrame birman, *la Maison Ratanapoum.*

NORCHTEIN Youri ANIM URSS (Penza, 1941 |). Sans doute le cinéaste le plus primé dans les festivals internationaux d'animation, Norchtein a commencé sa carrière comme dessinateur en 1961 aux studios d'animation Soyouzmoutfilms de Moscou, avant de devenir assistant-réalisateur. C'est en 1973 que, avec sa femme, Francesca Larboussova, peintre d'animation, il entreprend son œuvre personnelle, imposant en peu de films, à contre-courant de la sécheresse graphique qui pro-

Youri Norchtein (à gauche) et son opérateur.

gresse, un style reconnaissable entre tous : aérienne légèreté du dessin, matières évanescentes où la texture d'une plume d'oiseau, les nervures d'une feuille d'arbre, viennent, comme une signature, rappeler qu'entre rêve et réel, le dessinateur bâtit ses fragiles architectures sur une matière vivante, patiemment, signe après signe : ne lui a-t-il pas fallu deux ans de travail pour les vingt-six minutes du *Conte des contes ?*
RÉ : 1970 *Vingt-cinq Octobre, premier jour* CO-RÉ Tiourine. 1971 *la Bataille de Kerjenets* CO-RÉ Ivanov-Vano. 1973 *le Renard et le Lapin.* 1974 *le Héron et la Grue.* 1975 *Hérisson dans le brouillard.* 1979 *le Conte des contes* (désigné comme le meilleur film d'animation de tous les temps aux Olympiades de l'animation de 1984 à Los Angeles). 1989 : depuis des années Norchtein travaille sur un long métrage d'animation d'après *le Manteau* de Gogol, que la France doit coproduire.

OBOLER Arch RÉ PR US (Chicago 1909 |) Venu de la radio, ce réalisateur et producteur de films B gagna le gros lot avec le premier long métrage en trois dimensions : *Bwana le diable* (1952), en soi fort médiocre. Fut l'auteur, en 1951, d'une intéressante « science-fiction » : *les Cinq survivants (Five).*

ODETS Clifford RÉ SC US (Philadelphie 18 juil. 1906 | New York 1963) Auteur dramatique connu : « Ils attendent Lefty », « Golden Boy » ; metteur en scène au « Theatre Guild », il vit sa pièce « le Grand Couteau » adaptée par Aldrich ; « le Grand Chan-

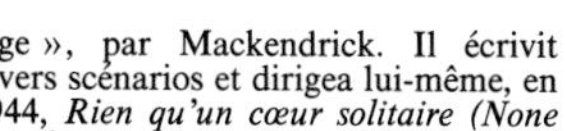

tage », par Mackendrick. Il écrivit divers scénarios et dirigea lui-même, en 1944, *Rien qu'un cœur solitaire (None but the Lonely Heart).*

OFUGI Naburo ANIM JAP (? | 1960) Pionnier japonais de l'animation, il employa la technique des ombres colorées et des chiyogami (papiers de couleur transparents) multiplans, notamment pour *la Baleine* (deux versions : 1927 et 1952).

OKEEV Tolomouch RÉ URSS (Kirghizie 1934 |) La plus forte personnalité du tout jeune cinéma kirghize. Un thème majeur traverse son œuvre d'une étonnante homogénéité, qu'il parle de l'adolescence d'un fils de bergers *(le Ciel de notre enfance)* ou du désarroi d'un intellectuel à la ville *(la Pomme rouge)* : le douloureux mais indispensable passage d'une antique civilisation pastorale à la vie moderne.
RÉ : 1967 *le Ciel de notre enfance.* 1972 *Incline-toi devant le feu.* 1974 *le Féroce.* 1975 *la Pomme rouge.* 1977 *Tourbillon.* 1980 *l'Automne doré.* 1982 *Olga Manuilova, sculpteur.* 1985 *la Fille du léopard des neiges.*

OKHLOPKOV Nicolas RÉ URSS (Irkoutsk 1900 | 8 janv. 1967) Avec son « Théâtre réaliste », il renouvela vers 1930 la mise en scène soviétique et réalisa trois films : *Mitya* (1926), *le Chemin de l'enthousiasme* (1930), et surtout son très curieux *Homme qui a perdu l'appétit.*

ÖKTEN Zeki RÉ TUR (Istanbul, 1941 |). Assistant d'Atif Yilmaz et de Lüfti Akad, il a réalisé son premier film en 1960, abordant, par le biais de comédies ou de films psychologiques, des sujets sociaux. Il a donné le meilleur de son cinéma dépouillé sur deux scénarios de Güney *(le Troupeau* et *l'Ennemi)* et dans un film personnel *la Voix,* sur les angoisses d'un « politique » libéré de prison, qui croit reconnaître, en vacances, la voix de celui qui avait été son tortionnaire masqué.
RÉ (principaux films) : 1960 *le Marché de la mort.* 1973 *Un bouquet de violettes.* 1978 *le Troupeau.* 1979 *l'Ennemi.* 1984 *le Lutteur.* 1986 *la Voix.*

OLIVEIRA Manuel de RÉ PR PORT (Passamarinas 12 déc. 1905 |) Sensible, épris d'art, intelligent. Le meilleur réalisateur portugais. Il débuta par des documentaires d'avant-garde : *Douro Faina Fluvial,* et produisit en marge de l'industrie officielle, dans des conditions souvent difficiles, *Aniki Bobo,* 1942, annonçant le néo-réalisme italien.
Après 1971 s'ouvrit pour lui une carrière internationale où, à partir d'œuvres littéraires théâtrales, il développa

la plus aiguë des réflexions sur les rapports entre eux d'arts différents, fouillant l'épaisseur romanesque de livres comme ceux de Castelo Branco où le foisonnement mythique du « Soulier de Satin » de Claudel pour bâtir, film après film, une des œuvres cinématographiques les plus fortes de cette fin de siècle.
RÉ : 1931 *Douro Faina Fluvial* CM. 1932 *Estatuas de Lisboa* CM. 1939 *Miramar, Praia das Rosas* CM. 1942 *Aniki Bobo.* 1956 *O Pintor e a Cidade (le Peintre et la Ville)* CM. 1958 *O Caraçao* CM. 1959 *O Pão (le Pain)* CM. 1960 *Acto da Primavera (Mystère du printemps).* 1961 *A Caça (la Chasse)* CM. 1965 *As Pinturas do meu irmão Julio (les Peintures de mon frère Julio).* 1971 *O Pasado e o Presente (le Passé et le Présent), from* Vincente Sanches. 1974 *Benilde o a Virgem Mâe (Benilde, ou la Vierge mère), from* Jose Regio (inachevé). 1978 *Amor de Perdição (Amour de perdition), from* Castelo Branco. 1981 *Francisca, from* Augustina Bressoa Luis (ces quatre films forment la tétralogie des *Amours frustrées*). 1982 *A visita, memórias e confisoes (la Visite, ou Mémoires et Confessions).* 1983 *Nice, à propos de Vigo* (FR Institut national de l'audiovisuel, INA). 1985 *le Soulier de satin, from* Paul Claudel. 1986 *Mon cas.* 1989 *Os Canibais (les Cannibales).*

OLIVIER Laurence ACT RÉ PR GB US (Dorking 22 mai 1907 | 11 juillet 1989) Acteur consommé, il est le grand homme de théâtre anglais contemporain. Fondateur de l'Old Vic, il a fait passer son expérience scénique dans une importante trilogie shakespearienne : *Henry V* (1945), *Hamlet* (1948), *Richard III* (1956). On peut discuter la conception ou le style de ces adaptations. Elles n'ont pourtant jamais été du théâtre photographié, mais du cinéthéâtre, des œuvres conçues en fonction du film et de la caméra. 1957 *le Prince et la Danseuse.* 1970 *Trois Sœurs, from* Tchekhov.

OLMI Ermanno RÉ ITAL (Bergame 1931 |) Venu du court métrage, il est devenu un des plus intéressants cinéastes de la nouvelle vague italienne après la réussite de son *Il Posto* (1961), que ne valurent pas *les Fiancés* (1963). À propos de *l'Arbre aux sabots,* le chef-d'œuvre de sa maturité, opposant sa démarche à celle de Visconti dans *la Terre tremble* (avec tout le respect, ajoute-t-il, qu'il porte à un maître), il dit : « Je suis simplement retourné au milieu des gens de ma race, et je leur ai fait un récit aussi bien qu'à moi-même, racontant une culture paysanne qui est ma culture » (in « Il Tempo », 23 avril 1978).
RÉ : 37 CM de 1953 à 1961. LM : 1959 *Il Tempo si e'fermato (le Temps s'est arrêté).* 1961 *Il Posto (l'Emploi).* 1963 *I Fidanzati (les Fiancés).* 1965 *E venne un'uomo.* 1969 *Un Certo Giorno (Un certain jour), I Recuperanti (l'Or dans la montagne).* 1971 *Durante l'estate (Pendant l'été).* 1974 *la Circonstanza (la Circonstance).* 1977-1978 *l'Albero degli zoccoli (l'Arbre aux sabots).* 1984 *Cammina, cammina (A la poursuite de l'étoile).* 1987 *Lunga Vita alla signora (Longue Vie à la signora).* 1988 *la Légende du saint buveur.*

OPHÜLS Marcel (dit Marcel Oppenheimer), RÉ FR (Francfort, nov. 1927 |). Fils de Max Ophüls, passé, avec son père fuyant le nazisme, d'Allemagne en France, puis aux États-Unis, il sera assistant dans les années 50, réalisera deux films de fiction, mais c'est, à la télévision française des années 60, les magazines de reportage avec Harris et Sédouy qui lui ouvriront la voie dans laquelle il devait s'imposer : le film-enquête aux témoignages croisés dont toutes les pistes sont scrupuleusement suivies.
RÉ : 1960 *Matisse ou le talent du bonheur* CM, *l'Amour à vingt ans* (sketch allemand). 1963 *Peau de banane.* 1965 *Feu à volonté.* 1967 *Munich ou la paix pour cent ans* (ORTF). 1971 *le Chagrin et la Pitié.* 1972-1980 nombreuses émissions pour les télévisions allemande et américaine, dont *la Mission de My Lai, The Memory of Justice, Yorktown, le Sens d'une victoire.* 1988 *Hôtel Terminus.*

OPHULS Max (Oppenheimer) RÉ FR ALL US (Sarrebrück 6 mai 1902 | Hambourg 26 mars 1957) Il fut possédé par l'amour du cinéma, cet homme de théâtre qui n'y vint qu'avec le parlant. Après quelques essais, il s'imposa par son brillant *Liebelei,* qui dépassa par sa fantaisie et sa tendresse un peu angoissée la classique évocation de la Belle Époque de François-Joseph à Vienne. Il fut exilé par l'antisémitisme hitlérien et selon lui « il y eut vraiment une cassure ; il était difficile de retrouver en France des sujets, disons, poétiques. J'ai eu une chance avec *Werther,* mais je l'ai gâchée ». La condition d'exilé le contraignit à des besognes, comme *Yoshiwara,* mais il put se retrouver dans des œuvres émouvantes comme *la Tendre Ennemie, Divine* ou *Sans lendemain.* L'invasion l'exila aux US où il put, après 1947, réaliser quelques films, dont *Lettres d'une inconnue.* De retour en France, il put enfin y épanouir trente ans de dures expériences, et de recherches théâtrales et cinématographiques, avec *la Ronde, le Plaisir,* hommage à Guy de Maupassant, et surtout *Lola*

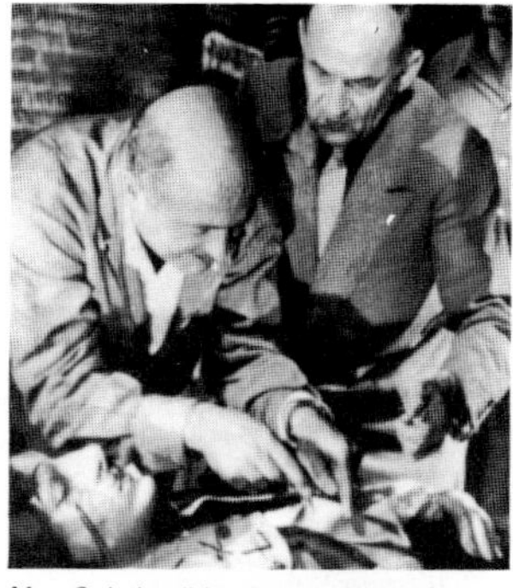

Max Ophuls, dirigeant « le Plaisir ».

Montès : il transcenda un scénario pour presse du cœur par un foisonnement de recherches et une mélancolique inquiétude. Suivant Rivette et Truffaut : « Il était aussi subtil qu'on le croyait lourd, aussi profond qu'on le croyait superficiel, aussi pur qu'on le croyait grivois. On le tenait pour démodé, désuet, archaïque, alors qu'il traitait des sujets éternels : le désir sans l'amour, le plaisir sans l'amour, l'amour sans réciprocité. Le luxe et l'insouciance ne constituaient que le cadre favorable à cette peinture cruelle. » Il était obsédé non par le « baroque » mais par un foisonnement décoratif : mobilier plus ou moins disparate, encombré d'accessoires, grandes constructions de studio autour desquelles virevoltaient des caméras animées par un mouvement perpétuel. Son style se souvenait parfois de l'expressionnisme 1920, de l'impressionnisme pictural français, du style UFA 1930. D'abord journaliste, acteur, metteur en scène pour divers théâtres à Vienne, Breslau, Berlin.
RÉ A BERLIN : 1930 *Dann schon lieber Lebertran (On préfère l'huile de foie de morue).* 1932 *Die verkaufte Braut,* d'après l'opéra de Smetana « la Fiancée vendue ». 1933 *Liebelei.* - EN FR : 1934 *On a volé un homme.* - A ROME : 1934 *La Signora di Tutti.* - EN HOLL : *Trouble with Money.* 1936 *la Tendre Ennemie,* SC André-Paul Antoine. 1937 *Yoshiwara,* SC Dekobra, PH Schuftan, INT P.-R. Wilm, Sessue Hayakawa. 1938 *Werther, from* Goethe, INT P.-R. Wilm. 1939 *Sans lendemain.* 1940 *De Mayerling à Sarajevo.* - AUX US : 1947 *Exilé,* INT Douglas Fairbanks Jr, Maria Montès, 1948 *Lettres d'une inconnue,* 1949 *Caught,* INT James Mason. - EN FR : 1950 *la Ronde.* 1952 *le Plaisir.* 1953 *Madame de..., from* Louise de Vilmorin, INT De Sica, Ch. Boyer, Danielle Darrieux. 1955 *Lola Montès.*

ORKIN Ruth RÉ US Cinéaste de l'école de New York, collaboratrice de son mari Morris Engel (voir ce nom).

OSHIMA Nagisa RÉ JAP (Kyoto, Japon 1932 |) D'abord tenu pour le plus grinçant des « jeunes enragés » - il fonda en 1962 sa propre société de production, la Sôzôsha, après un stage à la Shoshiku, et pour échapper aux « grandes compagnies » -, il s'affirme très vite comme l'un des cinéastes les plus importants de sa génération. Et lorsque arrivent en France, coup sur coup - sans qu'aient été encore diffusés ses premiers films -, *la Pendaison, le Journal d'un voleur de Shinjuku,* et *le Petit Garçon,* c'est pour beaucoup une

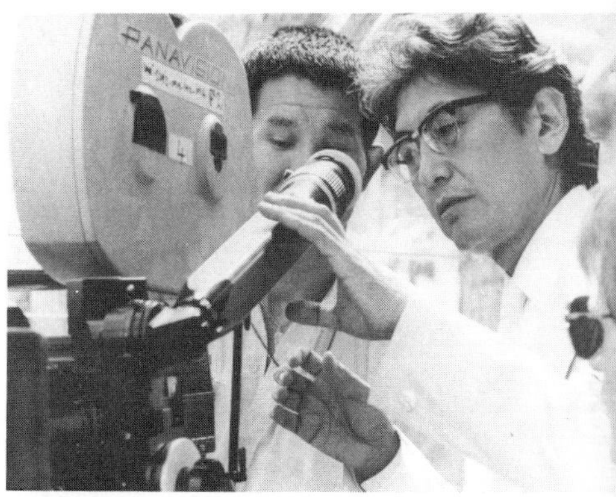

Nagisa Oshima

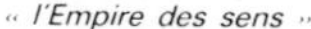

« l'Empire des sens »

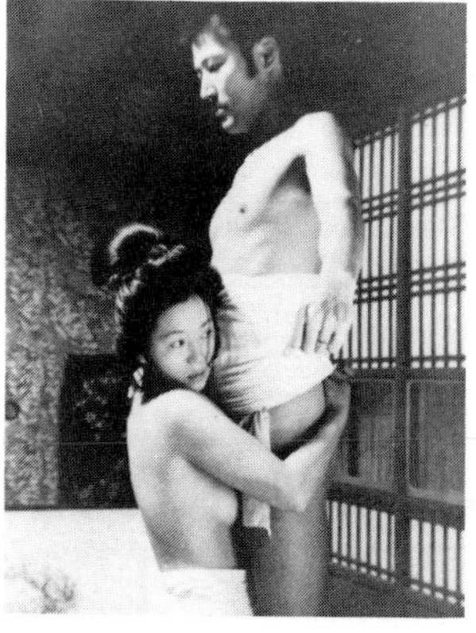

révélation : un cinéma de dénonciation sociale existe qui fonde sa mise en cause de la société sur une critique des formes mêmes du langage cinématographique par lesquelles cette société s'exprime. Et c'est avec *la Cérémonie* que s'affirmera le mieux cette maîtrise désormais acquise : explorant avec une frénétique minutie les rites cérémoniels d'une cellule familiale, Oshima pousse jusqu'à leurs extrêmes limites - une sorte de folie concertée - les comportements réglés sur ces rites, pour mieux désigner, en ouvrant ces béances, le décalage entre des rapports sociaux encore à venir et ces « codes de représentation » que sont les cérémonies qui scandent le film.

RÉ : 1959 *le Garçon qui vendit la colombe.* 1960 *Contes cruels de la jeunesse, Nuit et Brouillard au Japon, l'Enterrement du soleil.* 1961 *le Piège.* 1964 *Première Aventure d'un garçon.* 1965 *les Plaisirs de la chair, le Journal de Yugobi.* 1966 *l'Obsédé en plein jour.* 1967 *Chansons paillardes du Japon.* 1968 *Koshikei (la Pendaison), le Journal d'un voleur de Shinjuku.* 1970 *Il est mort après la guerre.* 1971 *Gishiki (la Cérémonie).* 1972 *Natsu no Imôto (Une petite sœur pour l'été).* 1976 *Ai No Korida* (*l'Empire des sens*) FR. 1978 *Ai no borei* (*l'Empire de la passion*) CO-PR JAP-FR. 1983 *Senjo no Merry Christmas/Merry Christmas, Mr Lawrence* (*Furyo*), CO-PR JAP-GB *Max mon amour.* FR.

De 1962 à 1978, nombreuses réalisations pour la TV dont : 1978 *la Guerre en Asie.* 1969 *Mao Tsé-toung et la Grande Révolution culturelle.* 1972 *Victoire au Bangla Desh.* 1976 *Biographie de Mao Tsé-toung.* 1977-1978 *l'École des femmes* (série).

1980 : Parution en français (Éd. Cahiers du cinéma/Gallimard) de « Écrits 1956-1978 » de Nagisa Oshima.

OTANI Takejiro PR JAP (Kyoto 13 déc. 1877 | 1969) Pittoresque brasseur d'affaires nippon, fondateur de la Shoshiku. Avant 1900, marchand de petits pâtés avec son frère jumeau Matsujira ; monopolisant ensemble les spectacles de Kyoto, ils fondent en 1905 la Shoshiku qui, après avoir trusté un grand nombre de théâtres japonais, s'intéresse en 1920 au cinéma, établissant pour son développement un studio Kabuki. La Shoshiku Kinema domine en 1920-1930 l'art et l'industrie du film au Japon et continue d'être depuis un « grand » comparable aux grands d'Hollywood, tels que Paramount, Fox.

OUEDRAOGO Idrissa RÉ BURKINA FASO (Banfora, 1954 |). En cinq courts métrages et deux longs, ce réalisateur formé à l'Institut africain d'études cinématographiques de Ouagadougou et à l'IDHEC s'est révélé comme un des meilleurs cinéastes africains. Il a dit de son second film : « *Yaaba* a comme point de départ le souvenir d'un conte de mon enfance, et d'une forme d'éducation nocturne que l'on acquiert chez nous entre sept et dix ans, juste avant de s'endormir, quand on a la chance d'avoir une grand-mère. » C'est bien cela en effet qu'il possède : l'art du conteur, qui, posant un mot ou une image après l'autre, pour s'approcher d'un personnage, sait prendre son temps, un art chargé d'une très ancienne et très sage culture, qui nourrit en ses profondeurs le récit sans qu'il en soit fait étalage.

« le Choix » de Idrissa Ouedraogo.

RÉ CM : 1981 *Poko.* 1983 *les Écuelles, les Funérailles du Larle.* 1984 *Ouagadougou, Ouaga deux roues.* 1985 *Issa le tisserand.*

LM : 1986 *Yam Daabo (le Choix).* 1989 *Yaaba* (id.).

OUROUSSEVSKY Serge PH RÉ URSS (Moscou 1908 | 1974) Excellent opérateur soviétique, un des artisans du grand succès international *Quand passent les cigognes.* Il a apporté ses splendides images et l'agilité de ses travellings à Donskoï, Poudovkine, Tchoukhraï, Kalatozov.

RÉ Donskoï : 1948 *Varvara.* RÉ Raizman : 1950 *le Chevalier à l'étoile d'or.* RÉ Poudovkine : 1953 *la Moisson.* RÉ Tchoukhraï : 1957 *le Quarante et Unième.* RÉ Kalatozov : 1957 *Quand passent les cigognes.*

RÉ : 1960 *la Lettre inachevée* CO-RÉ Kalatozov. 1968 *Adieu Goulsany, from Aïtmatov.* 1973 *Chante ta chanson, poète.*

OURY Gérard RÉ FR (1924 |) Ce comédien de théâtre a trouvé - et exploite avec une remarquable continuité - la recette du grand succès commercial depuis qu'il a abandonné le drame policier « banalisé » de son premier film *(la Main chaude)* pour la mise en valeur des frénésies de De Funès, auquel il eut du mal à trouver un successeur, du *Corniaud* à *la Folie des grandeurs* et *Rabbi Jacob.*
1978 *la Carapate.* 1980 *le Coup du parapluie.* 1982 *l'As des as.* 1984 *la Vengeance du serpent à plumes.* 1987 *Lévy et Goliath.* 1989 *Vanille fraise.*

OZEP Fedor RÉ SC URSS ALL FR CAN (Moscou 9 fév. 1895 | Hollywood 1948) Avait assez bien débuté en URSS avec : 1928 *le Passeport jaune.* Il réalisa à Berlin un assez académique *Cadavre vivant,* puis poursuivit en France et au Canada une médiocre carrière.

ÖZGENTÜRK Ali RÉ TUR (Adana, 1947 |). Après des études de sociologie à Istanbul, du théâtre ambulant, de la prison pour raisons politiques, du théâtre de rue, du journalisme et le travail avec Güney sur des scénarios, il donne un film d'une grande beauté plastique sur un sujet où se noue toute la violence de la terre anatolienne : le mariage « coutumier » d'une fille pauvre avec un petit garçon de famille aisée.
RÉ : 1980 *Hazal.* 1981 *le Cheval.* 1984 *le Gardien.* 1986 *l'Eau, aussi, brûle.*

OZU Yasujiro (Se prononce Ozeu) RÉ JAP (Tokyo 15 déc. 1903 | Tokyo 15 déc. 1963) Un grand classique. Admiré autant que Mizoguchi dans son pays, en GB et aux US, il était en 1964 inconnu en France. Profondément japonaise, son œuvre appartient au « Shimun Geki », aux drames et comédies qui ont pour héros les gens du commun, et pour lui surtout les employés, les petits bourgeois. Il débuta par des comiques, influencés par Chaplin et Keaton, puis évolua vers des comédies douces-amères. « Son univers est le monde du silence et de la tranquillité, a dit un critique japonais. Étant entendu que cette paix n'est qu'apparente. » Il a dit de lui-même : « Maintenant les films à structure dramatique accusée m'ennuient. Bien sûr, un film doit avoir une structure, mais il n'est pas bon si l'on y voit trop le drame. » Propos que Donald Richie commente ainsi : « S'il s'intéresse peu au développement d'une intrigue, ses meilleurs films ont pour sujet la lente éclosion d'un caractère. Son attitude a toujours été celle d'un perfectionniste, et tout ce qu'il fait l'est si parfaitement que l'on n'a jamais conscience de sa virtuosité. Par opposition à Kurosawa, ses films sont si subtils

Ozu

qu'on ne pense jamais au brio avec lequel certains effets ont été obtenus. » Son style de montage (avec ses champs contrechamps à 180°) est d'une sobriété absolue, comme sa direction de l'acteur, son sens des objets et des détails. Le « jansénisme », ou plutôt l'esprit zen d'Ozu, est si dépouillé que Robert Bresson paraîtrait un baroque échevelé.
RÉ (principaux films) : 1927 *le Sabre de pénitence (Zange no yaiba).* 1928 *la Citrouille (Kabocha).* 1930 *l'Esprit vindicatif d'Éros (Erogami no Onry).* 1930 *Vie d'un employé de bureau (Kaishain Sekatsu).* 1931 *la Jeune Femme (Ojosan), le Chœur de Tokyo (Tokyo no Gassho).* 1932 *Je suis né, mais...* ou *Gosses de Tokyo (Umarete wa Mita keredo).* 1933 *Fantaisie passagère (Dekigoroko).* 1934 *Histoire des herbes flottantes, (Ukikusa monogatari).* 1935 *Morceau de vie (Jinsei no Onimotsu).* 1936 *le Fils unique (Hitori Musuko).* 1940 *les Frères Toda et leur sœur (Todake no Kiodai).* 1942 *Il est un père (Chichi Ariki).* 1948 *Une poule dans le vent (Kaze no Naku ni Men Dori).* 1949 *Printemps tardif (Banshun).* 1952 *le Goût du riz au thé vert (Ochazube no Agi).* 1953 *Voyage à Tokyo (Tokyo Monogatari).* 1956 *Printemps précoce (Soshum).* 1957 *Crépuscule à Tokyo (Tokyo Boshoku).* 1958 *Fleurs d'équinoxe (Higanabana).* 1959 *Herbes flottantes (Ukigasa), Bonjour (Ohayo).* 1960 *Fin d'automne (Akibyori).* 1961 *Dernier Caprice (Kohayagawa-ke no aki).* 1962 *le Goût du saké (Samma no aji).*

PABST Georg Wilhelm RÉ ALL (Vienne 1895 | 30 mai 1967) Après 1925 il apporta au cinéma allemand un sang nouveau. On put ainsi le rattacher à la Nouvelle Objectivité, courant auquel appartint Bert Brecht. Il s'imposa par *la Rue sans joie* où il montra avec force la misère et le désarroi de l'après-guerre. Il disait alors : « A quoi bon un

G. W. Pabst

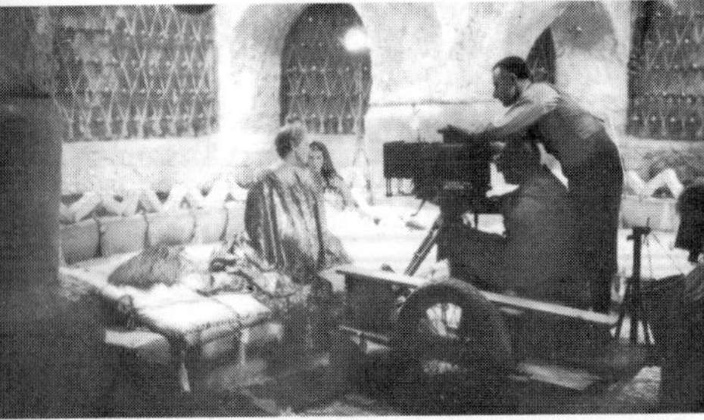
« L'Atlantide », scène de tournage avec Brigitte Helm.

traitement romantique ? La vie réelle est déjà suffisamment romantique, oui suffisamment horrible. » Il y eut pourtant beaucoup de romantisme, et le plus échevelé, dans sa *Loulou*, hymne à la fascinante beauté de Louise Brooks, comme dans *Trois Pages d'un journal* ou *Un amour de Jeanne Ney*. « Ne pose-t-elle pas assez de problèmes érotiques et sociaux, disait-il en 1930, pour que nous y trouvions la matière nécessaire à tous nos films ? Mais le goût du public a été corrompu par la banalité des scénarios américains. Et la censure se charge d'éviter toutes les préoccupations intellectuelles dans la recherche des sujets. Pourtant, nous ne sommes plus des enfants. » Ses films appartinrent à un cinéma adulte : *Quatre de l'infanterie, la Tragédie de la mine* et *l'Opéra de quat'sous*. L'auteur se trouvait alors porté par le courant antifasciste à la pointe du cinéma international. Puis vint l'exil. Après *l'Atlantide, Don Quichotte* et divers films médiocres, il retourna en 1939 à Berlin travailler dans le cinéma dirigé par Gœbbels.

Sept ans de bonheur (1925-1932), puis la décadence. Mais ne fut-il pas plus favorisé que beaucoup d'autres cinéastes qui ne comptèrent pas autant d'années heureuses ?
RÉ : 1923 *le Trésor (Der Schatz)*, SC Pabst, INT W. Krauss, 1925 *la Rue sans joie (Die Freudlose Gasse)*. 1926 *les Mystères d'une âme (Geheimnis einer Seele)*, INT W. Krauss, Lili Damita. 1927 *Un amour de Jeanne Ney (Die Liebe der Jeanne Ney)*. 1928 *Loulou (Die Buchse der Pandora), Crise (Abwege)*, INT Brigitte Helm, Gustave Diesl, J. Trevor. 1929 *Trois Pages d'un journal (Das Tagebuch eine Verlorenen), l'Enfer blanc (Die Weisse Holle von Pir Pallu)*, CO-RÉ A. Fanck. 1930 *Quatre de l'infanterie (Westfront 1918), Skandal um Eva*, INT Henny Porten. 1931 *l'Opéra de quat'sous (Die Dreigroschenoper), la Tragédie de la mine (Kameradschaft)*. - EN FR : 1932 *l'Atlantide*. 1934 *Don Quichotte*. - AUX US : 1934 *A Modern Hero, from* Bromfield. - EN FR : 1935 *De haut en bas*. 1937 *Mademoiselle Docteur*. 1939 *le Drame de Shanghai, Jeunes filles en détresse*. - EN ALL : 1941 *Komadianten, Philine*. 1943 *Paracelsus*. - EN AUT : 1948 *le Procès*. 1949 *Profondeurs mystérieuses (Geheimnisvolle Tiefe)*. - EN ITAL : 1952 *les Voix du silence (La Voce del Silencio)*. 1953 *Cose di Pazzi*. 1955 *la Fin d'Hitler (Der Letzte Akt)*. 1956 *C'est arrivé le 20 juillet (Es Geschah am 20 juli)*, SC Gustav Machaty ; *Rosen für Bettina*.

PAGE Louis PH FR (Lyon 16 mars 1905|) Il donna à Malraux et à Grémillon les exceptionnelles images d'*Espoir*, de *Lumière d'été*, du *Ciel est à vous*, imprégnées de poésie et annonçant par leur style, proche des actualités, le néo-réalisme italien.

PAGLIERO Marcello ACT RÉ ITAL FR (Londres 15 janv. 1907|9 déc. 1980) Celui qui interpréta le résistant dans *Rome, ville ouverte* est aussi un réalisateur de talent, dont il faut retenir : *la Nuit porte conseil* (1946), *Un homme marche dans la ville* (1950), *les Amants de Bras-Mort* (1951), dans la ligne tout à la fois du néo-réalisme italien et du réalisme poétique français.

PAGNOL Marcel SC RÉ FR (Aubagne 25 fév. 1895|18 avril 1974) Un homme de théâtre, bien sûr. Il préconisa en 1930 que le film parlant devienne du « théâtre en conserve », et confia son *Marius* à Alexandre Korda et sa *Fanny* à Marc Allégret. Devenu réalisateur : *Jofroi* (1933), *Angèle* (1934), *Merlusse* (1935), *César* (1936), *Regain* (1937), *la Femme du boulanger* (1938), il apporta au cinéma français un réalisme robuste,

Pagnol

proche du populisme. Ainsi contribua-t-il à un courant où se place le *Toni* de Jean Renoir, dont il fut le producteur. Il sut toujours bien choisir ses acteurs, venus le plus souvent du café concert marseillais. 1940 *la Fille du puisatier.* 1945 *Naïs.* 1948 *la Belle Meunière.* 1951 *Topaze* (3e version). 1952 *Manon des sources.* 1954 *les Lettres de mon moulin.*

PAINLEVÉ Jean DOC FR (Paris 20 nov. 1902 | 2 juil. 1989) Il a renouvelé le film scientifique par ses courts métrages de 1930-1940, le plus souvent aquatiques : *la Pieuvre, les Oursins, la Daphnie, le Bernard-l'hermite, l'Hippocampe,* que continuèrent, en 1945-1950, *Assassins d'eau douce* et *le Vampire.* Il montra ces animaux « de la naissance à la mort, du point de vue scientifique et photogénique », en échappant si possible « aux deux œillères de l'anthropomorphisme et de l'anthropocentrisme ». Il estimait vers 1930 que, dans ses documentaires, « quel que soit le sujet traité, le côté artistique doit être toujours mis en valeur autant que le côté scientifique. Cela est d'autant plus facile à réaliser que l'on envisage un sujet plus abstrait ou que les grossissements employés ou le mode d'enregistrement (accéléré-ralenti) mettent mieux en évidence le côté exceptionnel et surprenant. On tend là très heureusement vers une forme indiscutable de cinéma absolu ». Ainsi poursuivit-il, et jusque dans ses réussites plastiques, l'œuvre de Jules Marey, inventeur et fondateur du cinéma scientifique.
Fils du mathématicien et président du Conseil Paul Prudent Painlevé.
RÉ (principaux films) : une filmographie établie en 1988 par Philippe Esnault en a recensé deux cents. 1928 *la Pieuvre,* PH André Raymond, *les Oursins, la Daphnie,* PH A. Raymond, *l'Œuf d'épinoche,* PH Painlevé, *le Hyas,* PH A. Raymond, *le Sérum du Dr Normet, Reviviscence d'un chien.* 1930 *le Bernard-l'hermite,* PH A. Raymond, MUS Jaubert, *les Crevettes,* PH Éli Lotar, MUS Delannoy, *Caprelles et Pantopodes,* PH Éli Lotar, MUS Jaubert. 1931 *Ruptures de fibres, Mouvements intraprotoplasmiques de l'elodea canadensis.* 1932 *Électrophorèse du nitrate d'argent.* 1934 *l'Hippocampe,* PH A. Raymond, MUS Darius Milhaud. 1935 *Corethre.* 1936 *Microscopie à bord d'un bateau de pêche.* 1937 *Culture des tissus, Barbe-Bleue,* sculptures animées CO-RÉ René Bertrand, MUS Jaubert, *Voyage dans le ciel, Voyage au pays de la quatrième dimension* SC Sainte-Laguë, RÉ A.-P. Dufour, *Images mathématiques de la lutte pour la vie.* 1939-1945 *Solutions françaises,* PH Maillot, MUS Jaubert. 1945 *le Vampire,* PH Painlevé, MUS Duke Ellington. 1946 *Assassins d'eau douce,* PH Painlevé, *Notre planète la Terre, l'Œuvre scientifique de Pasteur* CO-RÉ Rouquier, PH Pradetal, MUS Guy Bernard. 1948 *Écriture de la danse.* 1953 *les Oursins.* 1960 *Comment naissent les méduses.* 1962 *Danseuses de la mer.* 1964 *Histoire de crevettes.* 1967 *les Amours de la pieuvre.* 1972 *Acera ou le bal des sorcières.* 1978 *Cristaux liquides.* 1982 *les Pigeons du square.*

PAINTER Baburao Krishnarao Mestry RÉ INDE (Kolhapur 1892 | 1954) Père du cinéma indien, devient directeur de la production à Kolhapur pour la Maharastra Film. 1912-1919 DÉC de D. Phalké.
RÉ : 1921-1926 *Sairandri, Sinhgad, Sati Radmiti, Savkari Rash.* 1929 *Ménage de liberté.* 1930 *Swajara Doran.* 1952 *Vishwamitra.*

PAL George ANIM HOL RÉ US (Hongrie 1er fév. 1908 | 1980) En Europe, animateur de poupées en bois avant-guerre, 1930-1940, à Amsterdam et à Londres. Il devint ensuite à Hollywood producteur ou réalisateur de films, combinant l'animation et le cinéma proprement dit : 1950 *le Choc des mondes.* 1953 *la Guerre des mondes.* 1961 *la Machine à explorer le temps.* 1962 *le Monde merveilleux des frères Grimm.* 1963 *le Cirque du docteur Lao.* 1970 *When the Sleepers wakes.* Il fut un excellent technicien, pas un artiste.

PALSBO Ole RÉ DAN (Copenhague 13 août 1909 | Copenhague 11 juin 1952) Pratiquement inconnu hors de son pays, il paraît avoir été avec les Henning-Jensen le meilleur réalisateur danois d'après-guerre, aux idées généreuses et à la savoureuse verve satirique.
RÉ : 1942 *Express de nuit.* 1947 *Prenez ce que vous voudrez.* 1949 *la Lutte contre l'injustice.* 1951 *la Famille Schmidt.* 1952 *Viarme Syndere,* terminé par Erik Balling.

PANFILOV Gleb RÉ URSS (URSS 1934 |) « *Portraits de femmes* » pourrait être le surtitre de l'œuvre de ce cinéaste soviétique, à son stade actuel : femmes dans la révolution, femmes aujourd'hui, car c'est autour d'elles que se cristallisent les contradictions d'une société que Panfilov éclaire par une mise en scène d'un grand dépouillement. Il a dit de son travail et de celui de quelques-uns de ses contemporains dans le cinéma soviétique : « Nous voulons inciter le spectateur à une attitude active, au lieu qu'il se contente d'attendre, au final, la solution fournie par le metteur en scène. Le film doit être conçu de manière que la réflexion du spectateur puisse se prolonger après la projection » (cité par Bernard Eisenschitz *in* « Encyclopœdia Universalis »).
RÉ : 1959 *Rejoins nos rangs.* 1968 *Pas de gué dans le feu.* 1970 *les Débuts.* 1976 *Je demande la parole.* 1979 *le Thème* (sorti en URSS en 1986). 1980 *Valentina.* 1982 *Vassa.*

PANIJEL Jacques RÉ FR (Paris 1921 |) Il réalisa, outre *la Peau et les Os* CO-RÉ J.-P. Sassy, prix Vigo, *Octobre à Paris,* film de « témoin qui se fait égorger » sur les manifestations algériennes et les ratonnades qui suivirent à Paris. Un de ces documents qui « dépassent l'art, étant la vie même » (Delluc).

PARADJANOV Sergueï (S. Paradjanian) RÉ URSS (Tbilissi 1924 |) Né en Géorgie de parents arméniens, il fut élève du conservatoire de Tbilissi (classe de chant) de 1942 à 1945 et entra au VGIK (Institut du cinéma) à Moscou en 1946 où il suivit les cours d'Igor Savtchenko, participant à la réalisation du *Troisième Choc* et *Tarass Chevtchenko* que celui-ci dirigeait. Il réalisa en 1951 son film de diplôme *Conte moldave,* court métrage, d'après une nouvelle de Boukov, et fut l'assistant de Vladimir Braun pour *Maximka* en 1953.
Les Chevaux de feu (1962), somptueux poème ethnographique, où les rites antiques d'une tribu des Carpates sont utilisés comme matériau premier d'une revendication culturelle à la différence le fit connaître à l'étranger. Son film suivant *Couleur de grenade,* sur un poète arménien où s'exacerbait encore son lyrisme et où il s'efforçait de donner l'équivalent plastique d'une rhétorique poétique savante, eut les pires ennuis avec la censure et fut finalement interdit. On n'en connaît malheureusement en France qu'une version deux fois mutilée : par la censure soviétique, et par la trop bonne volonté de ses défenseurs qui, « pour le rendre plus compréhensible à des étrangers », le dotèrent d'un prologue, de « cartons » et d'un commentaire qui rendent malaisé un jugement sur l'œuvre.
Mais Paradjanov est connu aussi pour les conditions scandaleuses dans lesquelles il fut condamné (pour homosexualité devait-on apprendre plus tard) à l'issue d'un procès à huis clos en 1974. Il ne dut d'être libéré (au bout de trois ans, avant d'avoir purgé la totalité de sa peine) qu'à la protestation mondiale, et à la pression de nombreux cinéastes et intellectuels soviétiques. A Tbilissi où il vit depuis sa libération (1979) il n'a pu recommencer à tourner qu'en 1983.
RÉ : 1954 *Andriech* CO-RÉ Iakov Razelian. 1958-1959 *le Premier Gars.* 1959 *Doumla* DOC. 1961 *Rhapsodie ukrainienne.* 1962 *Fleur sur la pierre.* 1962 *les Chevaux de feu* ou *les Ombres des ancêtres oubliés, from* Mikhaïl Kotzubinsky (tous ces films ont été produits par les studios Dovjenko, de Kiev). 1968 *Couleur de Grenade (Sayat Nova),* PR Armenfilm. 1984 *la Légende de la forteresse de Souram.* 1988 *Achik Kerib.*

PASCAL Christine ACT RÉ FR (Lyon, 29 nov. 1953 |) Actrice, scénariste (pour Bertrand Tavernier), elle réalise à vingt-cinq ans un premier film autobiographique, courageusement impudique, et, après avoir raté son entrée dans les normes avec son second, un policier, elle attendra cinq ans pour revenir au cinéma, avec un film sur le cinéma, d'une sombre cruauté, frémissant de sensibilité écorchée. Elle a dit à propos de ce film : « Habituellement, dans les films, l'argent est en vitrine ; les piscines, les belles voitures, les putes en fourrure... l'argent est cinématographique. Il existe de façon concrète au cinéma, alors je le montre : on parle d'argent, l'argent circule... avec tout cet argent donné et repris, ce sont aussi les sentiments qui circulent. »
RÉ : 1978 *Félicité.* 1984 *la Garce.* 1989 *Zanzibar.*
ACT : une vingtaine de films : *les Guichets du Louvre* de Michel Mitrani (1973). *Autour de minuit* de Bertrand Tavernier (1985).

PASINETTI HIST DOC ITAL (Venise 1er juin 1911 | Rome 2 avril 1949) Il dirigea avec amour des documentaires sur sa chère ville de Venise, publia en 1939 une précieuse « Histoire du cinéma » et, en 1948, un « Film Lexicon », qui reste un ouvrage de base. En sa mémoire, la critique italienne décerne chaque année au Festival de Venise un Prix Pasinetti.

PASOLINI Pier Paolo (Bologne 1922 | 1er nov. 1975) RÉ ÉCRIV ITAL Romancier, poète, fit de brillants débuts comme cinéaste avec *Accattone* (1961), suivi de *Mamma Roma* (1963). Dans la voie ouverte par son *Évangile*, il a continué à explorer et décaper notre univers culturel : notre « héritage » (et le sien), du mythe grec à Boccace en passant par saint François d'Assise. Avec parfois une verve bouffonne de la meilleure veine *(Uccellacci e Uccellini)* qui, sur les pas de Toto, nous menait d'un « quattrocento » fumiste aux obsèques du dirigeant communiste italien Togliatti, avec d'autres fois une sainte fureur *(Médée)* et, semble-t-il, maintenant avec quelque lassitude *(les Contes de Canterbury)*. « Quand j'ai fait *l'Évangile*, a-t-il dit (in « Revue du cinéma » n° 267), j'ai voulu faire selon la définition de Gramsci, une « œuvre nationale populaire » et c'est la même chose avec *le Décaméron*. Si vous regardez *l'Évangile* et *le Décaméron* avec l'œil critique, vous voyez que les deux films se ressemblent beaucoup, le style, l'idée du film sont les mêmes : le sexe a pris la place du Christ, c'est tout, mais ce n'est pas une grosse différence. » On devait le trouver mort, au matin de la Toussaint 1975, sur une plage d'Ostie, assassiné par un jeune repris de justice, dans des conditions que la police n'a pas éclaircies (cf. le livre que Laura Betti a consacré à cette affaire, paru en France sous le titre « Pasolini, chronique judiciaire, persécution, exécution ».

RÉ : 1961 *Accattone*, PH Tonino Delli Colli, ASS-RÉ Bernardo Bertolucci, Leopoldo Savona, INT Franco, Silvio et Sergio Citti, Franca Pasut. 1962 *Mamma Roma*, PH Tonino Delli Colli, INT Anna Magnani, Ettore Garofalo, Franco Citti. 1962-1963 *la Ricotta*, (sketch de « Rogopap », qui fut d'abord interdit et son auteur condamné à quatre mois de prison avec sursis). 1963 *la Rabbia*. 1964 *Comizi d'amore*, PH Bernini, Tonino Delli Colli

Pasolini, « le Décaméron ».

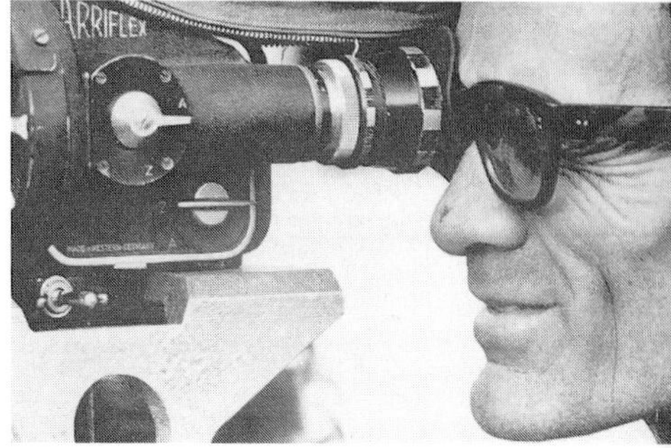

Pasolini

(film-enquête où interviennent Oriana Fallaci, Antonella Lualdi, Eugenio Montale, Alberto Moravia, Pasolini, Ungaretti). 1964 *l'Évangile selon saint Matthieu*, PH Tonino Delli Colli, INT Enrique Irazoqui, Suzanna Pasolini, Alfonso Gatto. 1966 *la Terre vue de la Lune*, sketch de *le Streghe (les Sorcières)*, *Uccellacci e uccellini (les Oiseaux grands et petits)*, PH Tonino Delli Colli, INT Toto, Ninetto Davoli. 1967 *Edipo Re (Œdipe roi)*, INT Silvana Mangano, Franco Citti. 1968 *Teorema (Théorème)*, PH Giuseppe Ruzzolino, INT Silvana Mangano, Terence Stamp, Massimo Girotti, MUS Ennio Morricone. 1969 un sketch de *Amore e rabbia (la Contestation)*, *Porcile (la Porcherie)*, INT Pierre Clémenti, Jean-Pierre Léaud, Ugo Tognazzi, *Medea (Médée)*, PH Ennio Guarnieri, INT Maria Callas, Laurent Terzieff, *Appunti per un orestia africana (Carnet de notes pour une orestie africaine)* MUS Gato Barbieri. 1971 *le Décaméron*, PH Tonino Delli Colli, INT Franco Citti, Nanetto Davoli, Pasolini. 1972 *les Contes de Canterbury*, INT Hugh Griffith, Laura Betti, Franco Citti, Nanetto Davoli, Pasolini. 1974 *les Mille et Une Nuits*. 1975 *Salo ou les 120 journées de Sodome*, SC Pasolini *from* Marquis de Sade, PH Tonino Delli Colli, INT Paolo Bonacelli, Giorgio Cataldi, Uberto Quintavalle, Caterina Boratto, Hélène Surgères, Sonia Saviange.

PASSER Istvan RÉ TS US (Prague 19 juil. 1933 |) Assistant de Jasny à sa sortie de l'école de Prague. Lié au renouveau du cinéma tchèque (il fait partie de la « trinité » Forman-Papousek-Passer qui donnera *l'As de pique*, et un certain ton de désespérance quotidienne à ce cinéma), il réalisa en 1966 son premier long métrage, *Éclairage intime*, sur la « viscosité » d'un dimanche familial sans joie. Installé aux

USA après l'intervention soviétique, son premier film (1970) fut l'histoire d'un « paumé » (*Born to Win*). 1974 *Law and Discorder (la Loi et la Pagaille)*. 1975 *Ace up my Sleeve (le Désir et la Corruption)*. 1977 *The Silver Bears*. 1981 *Cutter's Way*. 1985 *Creator*. 1988 *Haunted Summer*.

PASTRONE Giovanni RÉ ITAL (Asti 13 sept. 1882 | Turin 29 juin 1959) D'abord technicien et fondateur de l'Italia, il fut le premier à se lancer dans les mises en scène italiennes à très grand spectacle, avec *la Chute de Troie*. Il fit triompher ses conceptions dans *Cabiria*, signé Piero Fusco, chef-d'œuvre du genre, film clef de l'histoire du cinéma, qui influença sans aucun doute D. W. Griffith. C'était un homme d'une rare intelligence. Il abandonna le cinéma après 1914.
RÉ : 1909-1910 Nombreux films comiques ou tragiques. 1912 *la Chute de Troie* CO-RÉ Romagnon Borgnetto, INT Amleto Novelli, Alberto Capozzi. 1914 *Cabiria*. 1915 *le Feu*, INT Pina Menichelli. 1916 *Tigresse royale*, INT Pina Menichelli. 1919 *Hedda Gabler*.

PATHÉ Charles PR FR (Chevry-Cossigny 1863 | Monte-Carlo 26 déc. 1957) Le Napoléon du cinéma. Parti d'une fête foraine, il bâtit avec le phonographe, puis avec le cinéma, un empire qui domina bientôt la terre entière, trustant l'industrie, depuis la pellicule vierge et la caméra jusqu'aux scénarios, aux salles et aux projecteurs. En 1909, il vendait aux US deux fois plus de films que toutes les firmes américaines. En 1913, les Allemands disaient de lui : « Il a gagné chez nous bien plus que les 5 milliards payés par la France après 1871. » En Australie, au Japon, au Brésil ou aux Indes, ses opérateurs, ses producteurs, ses distributeurs furent les pionniers de l'industrie. Après 1918, docile aux financiers qui le commanditaient, il laissa démembrer son empire dont les provinces furent vendues aux plus offrants et, après 1930, il se retira, ayant choisi Monaco pour île d'Elbe, tandis qu'allait éclater, pour la firme française qu'il avait quittée, le scandale Nathan.

Pathé-Journal en action

PAUL Bernard RÉ FR (Paris mars 1930 | 1980) Longtemps assistant, il réalisa en 1968 *le Temps de vivre*, d'après un roman d'André Remacle, sur le « mal de vivre » d'un couple, dans la classe ouvrière ; et en 1972 *Beau Masque*, d'après Roger Vailland, sur une grève dans le textile, et la naissance d'un amour. Il dit de la voie qu'il avait prise : « J'ai choisi de fonctionner dans le système de façon à m'adresser à l'éventail le plus large. Et si l'on veut toucher le plus grand nombre de spectateurs, on ne peut le faire qu'à travers les salles existantes... » 1975 *Histoire d'aller plus loin*. 1977 *Dernière sortie avant Roissy*.

PAVIOT Paul RÉ FR (Paris 11 mars 1925 |) D'abord documentariste et spécialiste de moyens métrages parodiques, il a donné avec *Pantalaskas* (1960) un film robuste et sensible.
RÉ : 1951 *Chicago Digest*. 1952 *Torticola contre Frankenberg*. 1954 *Lumière*.

PAVLOVIC Zivojin RÉ YOUG (Savac, 1933 |) Cinéaste, romancier, enseignant à l'École du cinéma de Belgrade (d'où il sera chassé pour sa « pédagogie pessimiste ») il a donné quelques-unes des œuvres fortes (qui ne pêchent pas en effet par excès d'optimisme) de ce temps, films au réalisme glauque, marqués d'expressionnisme.
RÉ (principaux films) : 1966 *le Retour*. 1967 *le Réveil des rats*. 1968 *Quand je serai mort et livide*. 1969 *l'Embuscade*. 1973 *le Vol de l'oiseau mort*. 1983 *l'Odeur du corps*.

PECKINPAH Sam RÉ US (US 1926 | 1984) Son *Coups de feu dans la Sierra* en 1968 fut salué en France et en Grande-Bretagne, sinon aux USA où il était passé inaperçu, comme le coup d'éclat qui renouvelait le western : une attention extrême aux détails « archéologiques » - costumes, décors, qui dans un tout autre contexte, passionnaient déjà Sergio Leone - et plus profondément encore à « l'histoire des mentalités » donnait à cette très classique poursuite une dimension exceptionnelle. Et l'on apprenait bientôt que ce « fils de l'Ouest », né au pied du mont Peckinpah, descendant de pionniers, métissé d'Indiens, réalisait ainsi son rêve, après ses débuts à la TV et un

Sam Peckinpah

« la Horde sauvage »

premier film inédit en France : faire revivre le « vrai » Wild West. C'est à cela qu'il allait se consacrer, élaborant sur le mode épique *(Major Dundee)*, tragique *(la Horde sauvage)*, élégiaque (*Un nommé Cable Hogue*, sa plus grande réussite sans doute, teintée de mélancolie), une « contre-mythologie de l'Ouest des ratés » (« Tous les joueurs sont des perdeurs au fond, dit-il - in « Écran 72 » nº 141 - et la personnalité de ces perdeurs, de ces vaincus, de ces gens qui vivent en se détruisant me fascine. ») Avec un danger au terme de cette démarche : que la contre-mythologie sécrète un nouveau mythe, servant à masquer l'histoire qui se fait : ce qui se passe à partir de son avant-dernier film sur un couple de « hors-la-loi » contemporains : *Guet-Apens.*
RÉ : 1961 *The Deadly Companious.* 1962 *Guns in the Afternoon (Coups de feu dans la Sierra).* 1964 *Major Dundee.* 1969 *The Wild Bunch (la Horde sauvage), The Ballad of Cable Hogue (Un nommé Cable Hogue).* 1971 *The Getaway (Guet-Apens).* 1972 *Junior Bonner (le Dernier Bagarreur).* 1973 *Pat Garrett and Billy the Kid.* 1974 *Apportez-moi la tête d'Alfredo Garcia.* 1975 *Tueur d'élite.* 1977 *Cross of Iron (Croix de fer).* 1978 *le Convoi.* 1983 *The Osterman Week End.*

PEIXOTO Mario RÉ BRÉS (Rio 1910|) Il réalisa à dix-neuf ans, en 1929, *Limite,* salué dans son pays et en Europe comme un chef-d'œuvre et dont il n'autorisa aucune projection pendant de longues années. C'est un homme singulier qui ne donna plus ensuite que deux ou trois scénarios et laissa deux films inachevés.

PELECHIAN Artavazd RÉ URSS (1943|) Des « documentaires » qui sont beaucoup plus que cela : odes et symphonies ; des courts métrages portés par le souffle large de l'épopée (l'un d'eux, de dix minutes, ne vise à rien d'autre qu'à conter l'histoire de l'humanité tout entière... et en ne montrant que des animaux), ce cinéaste arménien qui avait fait par-ci, par-là une poignée de films courts ou longs en vingt ans fut découvert dans les années 80, et tout de suite reconnu comme un des grands du cinéma mondial, aux côtés de ses aînés : Eisenstein, Vertov. « Lorsque Pelechian parle d'eux, dit Serge Daney qui l'a rencontré à Moscou, c'est d'égal à égal, comme s'il leur en voulait, tout en sachant qu'il faudrait reprendre le cinéma là où ils l'ont laissé, et peut-être fourvoyé » (« Libération », 11 août 1983). C'est qu'en effet l'étrange beauté des films de Pelechian n'est pas fortuite, née de l'heureuse rencontre entre un « œil » exceptionnellement doué, et la somptueuse nature qu'il donne à voir dans ses films. Ce qui fait le prix de ces courts et moyens métrages, c'est qu'ils sont le produit d'une réflexion dont on peut avoir quelque idée à partir de cet extrait d'un texte théorique de Pelechian : « Comme chacun sait, selon Eisenstein, quand un plan se rencontre dans le montage avec un autre plan, cela génère une idée, un jugement, une déduction. Les théories sur le montage des années 20 accordent la plus grande importance au rapport entre "plans proches". Eisenstein appelle cela : "jonction de montage", Dziga Vertov : "intervalle". A partir de mon expérience de travail sur le film *Nous,* j'ai eu la conviction que la substance et l'accent essentiels du travail de montage ne consistent pas pour moi à coller des plans l'un sur l'autre, mais à faire l'opération inverse, non pas dans leur "jonction", mais dans leur "disjonction". Ayant pris deux plans de base, qui portent en eux-mêmes une valeur idéale importante, j'essaie non pas de

les rapprocher, de les faire se rencontrer, mais de créer une distance entre eux. L'idée que je veux exprimer est obtenue en joignant plutôt deux plans qu'en créant une interaction entre eux à travers une série d'anneaux. Ainsi surgit l'expression de l'idée beaucoup plus puissante et profonde. On fait monter le diapason d'expressivité et ainsi, graduellement, on augmente l'information (dont le film se veut porteur). C'est ce type de montage que j'appelle "à distance" » (paru en 1973, dans la revue « Voprossy Iskousstva » et traduit en français dans le numéro spécial « Cinéma arménien », juin 1984, de la revue « Armenia »).
RÉ : 1964 *la Patrouille de la montagne* CM. 1966 *la Terre des hommes* CM. 1967 *Au début* (9 mn). 1969 *Nous* (10 mn). 1970 *les Habitants* (10 mn). 1975 *les Saisons* ou *les Quatre Saisons* (30 mn). 1982 *Cosmos* ou *Notre siècle* (60 mn).

PENN Arthur RÉ US (US 1922 |) Après un beau départ *(le Gaucher)* sur un western « œdipien » qui donnait « Billy the Kid » pour ce qu'il avait dû être : un adolescent à problèmes, une carrière partagée, semble-t-il, entre le souci de faire œuvre personnelle, l'intransigeance et une certaine usure devant les pressions du « système » (qui culminèrent avec l'abandon auquel il dut se résoudre du film *le Train*).
RÉ : 1958 *The Left Handedgun (le Gaucher).* 1962 *The Miracle Worker (Miracle en Alabama).* 1965 *Mickey One (Un certain Mickey).* 1966 *The Chase (la Poursuite impitoyable).* 1967 *Bonnie and Clyde.* 1969 *Alice's Restaurant.* 1970 *Little Big Man (les Extravagantes Aventures d'un visage pâle).* 1975 *Night move (la Fugue).* 1976 *The Missouri breaks.* 1985 *Target.* 1987 *Dead of Winter (Froid comme le vent).*

PEREIRA DOS SANTOS Nelson RÉ BRÉS (São Paulo, 22 oct. 1928 |) Par la réussite de *Rio 40°,* il a ouvert la voie au « cinéma nôvo » et lui a donné un de ses chefs-d'œuvre, *Vidas Secas.* Lorsqu'en 1964 le coup d'État du maréchal Castelo Branco ralentit toute activité intellectuelle, stoppant la floraison cinématographique en cours, Pereira dos Santos, se partageant entre ses activités d'enseignement du cinéma et l'expérimentation de formes nouvelles d'écriture filmique, s'éloigna pour un temps du long métrage. Il devait y revenir pour des films d'exploration du passé mythique et historique du Brésil, et put enfin tourner en 1984 l'autobiographie de Graciliano Ramos, *Memorias do carcere,* projet auquel il avait travaillé dès le début des années 60.
RÉ : 1949 *Juventude.* 1955 *Rio 40°.* 1957 *Rio Zona norte.* 1960 *O Bocado Ouro.* 1961 *Mandacaru Vermelha.* 1964 *Vidas Secas.* 1967 *El Justicero.* 1970 *Fome de Amor (Soif d'amour), Azillo muito louco (l'Aliéniste).* 1971 *Como era Gostoso o Meu Françes (Comme il était bon mon petit Français).* 1972 *Quem e Beta (Qui est Béta ?).* 1974 *Amuleta de Ogum (l'Amulette d'Ogum).* 1977 *Tenda dos Milagres, from* Jorge Amado. 1980 *Na Estrada da vida (Sur le chemin de la vie).* 1984 *Memorias do carcere (Mémoires de prison).* 1987 *Jubiaba, Insomnie* (sketch).

PERIES Lester James RÉ CEYLAN (1919 |) Excellent réalisateur cinghalais, qui donna, en 1956, avec *Rekawa,* une œuvre où se mariaient avec verve la réalité et la poésie.
RÉ : 1956 *Rekava (la Ligne du destin).* 1960 *Sandesava (le Message).* 1964 *Gamperaliya (les Changements au village).* 1966 *Delovak Athara (Entre deux mondes).* 1967 *Ran Salu (la Robe jaune).* 1968 *Golu Hadawatha (les Silences du cœur).* 1969 *Akkara Paha (Cinq Arpents de terre).* 1970 *Nidhanaya (le Trésor).* 1972 *Desa Nisa (Pour un certain regard).* 1975 *The God King (le Roi Dieu).* 1976 *Madol Duwa (l'Ile enchantée).* 1978 *Ahasin Polawatha (Des fleurs blanches pour les morts).* 1979 *Veera Puran appu (l'Héroïque Puran Appu).* 1980 *Baddegama (le Village dans la jungle), Pinhamy (Pinhamy le villageois).* 1982 *Kaliyugaya (l'Age sombre).* 1983 *Yuganthayo (Fin d'époque).*

PÉRINAL Georges PH FR GB (Paris 1897 | Londres avril 1965) Très grand opérateur qui apporta beaucoup, en 1927-1934 à Grémillon et à René Clair. Établi à Londres en 1934, il fut un des principaux artisans du triomphe de Korda : *la Vie privée d'Henry VIII.* Depuis, il n'a pas toujours trouvé des réalisateurs à sa mesure.
RÉ Grémillon : 1928 *Maldone.* 1929 *Gardiens de phare.* 1930 *Daïnah la métisse.* RÉ Clair : 1930 *Sous les toits de Paris.* 1931 *le Million, A nous la liberté.* 1933 *Quatorze juillet.* - EN GB RÉ Korda : 1933 *Henry VIII.* 1935 *les Temps futurs.* 1936 *Rembrandt.* 1940 *le Voleur de Bagdad.* RÉ Reed : 1948 *Première désillusion.* RÉ Jean Negulesco : 1952 *le Moineau de la Tamise.* RÉ Marc Allégret : 1955 *l'Amant de Lady Chatterley.* RÉ Preminger : 1957 *Sainte Jeanne, Bonjour tristesse.* RÉ Chaplin : 1957 *Un roi à New York.* RÉ Donen : 1960 *Chérie recommençons.* RÉ Powell : 1961 *Lune de miel.*

PERRAULT Pierre RÉ CAN (Montréal juin 1927 |) Poète, champion de hockey sur glace, homme de radio, de théâtre, Perrault est à l'origine de l'explosion canadienne et d'une autre façon de

« faire du cinéma » : un regard attentif, chaleureux pour dépouiller une masse énorme de matériaux sociologiques, une sorte d'inventaire attendri du « Pays de Neufve France » - du nom de sa première série d'émissions de radio 1956-1957. Dans la soif d'affirmation de soi qui saisit, dans les années 60, les Canadiens français, minorité niée, il jouera pour le cinéma de ce temps, un rôle décisif : à l'écoute attentive de cette revendication, avec tout ce qu'elle charriait de neuf (mise au jour d'une culture profondément enracinée) et de passéiste aussi, il sut, avec son léger appareillage de « cinéma direct » s'insérant dans la vie quotidienne se faire le porte-parole de ceux dont la voix n'avait jamais dépassé les bornes d'une communauté fermée - et contribua sans doute à élargir les horizons de cette culture. De 1955 à 1965, une quinzaine d'émissions régulières à la radio, quatre émissions de télévision, trois pièces de théâtre, de nombreux recueils de poèmes.

RÉ : 1959-1960 *Au pays de Neufve France* (série de 13 films de 30 mn à partir de ses émissions de radio), DIR PR Pierre Perrault, RÉ MONT René Bonnière. 1963 *Pour la suite du monde*, RÉ Pierre Perrault-Michel Brault, PH Michel Brault et Bernard Gosselin et Jean-Claude Labrecque. 1969 *les Voitures d'eau*, RÉ Perrault, PH Bernard Gosselin, *le Beau Plaisir*, RÉ Perrault, PH Gosselin, Brault, 1972 *l'Acadie, l'Acadie*, RÉ Perrault, Brault, PH Brault. 1975 *Un royaume vous attend* CO-RÉ Gosselin. 1977 *le Goût de la farine* TV en FR. *C'était un Québecois en Bretagne, madame.* 1979 *le Pays de la terre sans arbres, Gens d'Abitabi.* 1982 *la Bête lumineuse.* 1983 *Les Voiles bas et en travers* CO-PR CAN-FR.

PERRET Léonce RÉ FR US (Niort 13 mai 1880 | Niort 1935) Peu exigeant pour ses scénarios, il accepta les pires feuilletons, la vulgarité, les propagandes cocardières, mais il possédait le sens du récit et un grand goût pour les recherches plastiques. En 1913, son *Enfant de Paris* fut un modèle d'écriture cinématographique, très en avance sur son temps et même sur le D. W. Griffith d'alors. D'abord ACT. RÉ plus de 200 films. 1908 Débuts chez Gaumont.

RÉ : 1908-1912 *le Petit Soldat, Noël d'artiste, le Roi de Thulé, Molière, l'Ermite, Rival de Chérubin, Main de fer, la Dentellière, les Blouses blanches, la Bonne Hôtesse*, etc. 1913-1914 INT et RÉ : Série des *Léonce*, où il fait débuter Suzanne Grandais, *l'Enfant de Paris, le Roman d'un mousse, la Force de l'argent.* 1914-1915 *la Voix de la patrie, le Héros de l'Yser, les Poilus de la revanche*, etc. - AUX US : 1916-1918 *N'oubliez jamais, La Fayette nous voici, Étoiles de gloire, la Rescapée de Lusitania, Million Dollars Dollies*, etc. 1919 *la 13e Chaise.* 1920 *l'Empire du diamant.* – EN FR : 1923 *Kœnigsmark.* 1925 *Madame Sans-Gêne.* 1926 *la Femme nue.* 1934 *Sapho.* 1935 *les Précieuses ridicules.*

Léonce Perret, par lui-même, vers 1920.

Elio Petri

PETRI Elio RÉ ITAL (Rome 1929 | 1982) Formé comme scénariste par De Santis et Zavattini, il fit de brillants débuts de réalisateur, en 1960, avec *l'Assassino*, 1961 avec *Jours comptés (Giorni contati).* Le succès (considérable) est venu avec *Enquête sur un citoyen au-dessus de tout soupçon*, mélange-choc de dénonciation politique et de délire pathologique.

RÉ : 1960 *l'Assassino.* 1961 *Giorni contati.* 1963 *Il Maestro di Vigevano.* 1965 *la Dixième Victime.* 1967 *A Ciascuno il suo (A chacun son dû).* 1968 *Un coin tranquille à la campagne.* 1970 *Enquête sur un citoyen au-dessus de tout soupçon.* 1972 *la Classe ouvrière va au Paradis.* 1973 *la Propriété n'est plus le vol.* 1976 *Todo Modo.* 1978 *les Mains sales* TV *from* Sartre. 1977 *le Buone Notizie.*

PETROV Vladimir RÉ URSS (Saint-Pétersbourg 1896 | 1966) Venu du théâtre, il débuta en adaptant *l'Orage* (1934), pièce écrite vers 1860 par le dramaturge Ostrovski, puis réalisa son chef-d'œuvre, *Pierre le Grand* (1937-1939), que sa truculente bonhomie empêcha d'être une réalisation trop officielle, ce que fut plus tard sa colossale *Bataille de Stalingrad* (1949).

PETROVIC Aleksandar RÉ YOUG (Paris 1929 |) Scénariste, critique, théoricien, il a, avec *Trois* (1965) secoué le cinéma yougoslave et sa vision héroïsée de la guerre et connu la renommée internationale avec *J'ai même rencontré des Tsiganes heureux,* avant de se tourner vers un cinéma fantastique, d'une adaptation de Dostoïevski à une autre de Boulgakov qui devait moins lui réussir.
RÉ : 1961 *Elle et Lui.* 1963 *les Jours.* 1965 *Trios.* 1967 *J'ai même rencontré des Tsiganes heureux.* 1968 *Il pleut sur mon village.* 1972 *le Maître et Marguerite.* 1977 *Portrait de groupe avec dame, from* Henrich Böll.

PHALKÉ D. G. RÉ INDE (Trimbak 1870 | Bombay 16 fév. 1944) Le père du cinéma indien. Salué comme un excellent réalisateur à Londres vers 1915, il mit en scène des films historiques, religieux ou légendaires. D'abord photographe et graveur, il s'intéresse au cinéma vers 1912 et fait un stage à Vincennes chez Pathé, puis à Londres.
Fonde l'Hindoustan Film Prabat et construit à Nasik un studio qui sera par la suite bien équipé.

Phalké

RÉ (principaux films) : 1913 *Raja Harashindra.* 1914 : *Savitri, Brahmasur Mohini.* Voyage à Londres. 1915-1917 *Chandraha, Tukaram Malvika, from* Kalisada et 16 autres LM. 1918 *Lanka Dahan, la Vie de Krishna.* 1919 *Kaliya Mardan.* 1923 *Manahanda.* 1932 *Setubandhan.*

PHILLIPS Alex PH MEX (US 190? | 14 juin 1977) Excellent photographe, qui, dès 1930, apporta au cinéma mexicain ses très belles images qui valurent celles de Figueroa et contribuèrent à la renaissance de l'art du film dans ce pays.

PIALAT Maurice RÉ FR (Puy-de-Dôme 1925 |) Pialat soumet à la cruauté de son scapel ethnographique une certaine France peu représentée au cinéma. Nul mieux que lui ne sait filmer « le grain de la peau, le tissu du vêtement, le relief des objets et des aliments à travers une noce petite bourgeoise, le repas de famille d'un O.S, des adolescents dansant dans un café sur une chanson de Patrick Juvet ou un petit banquet de banlieue au plein air » (Jacques Fieschi).

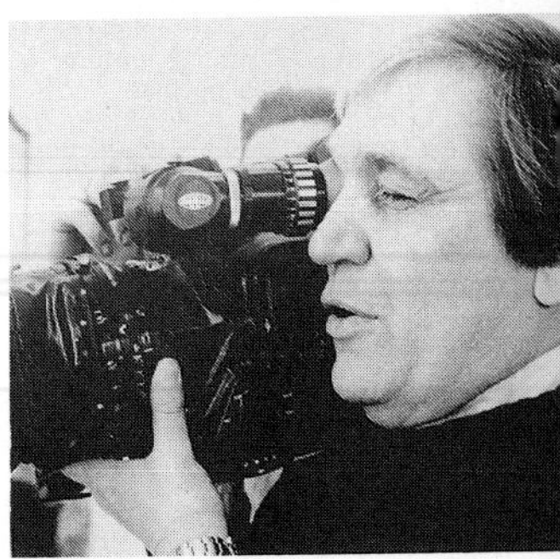

Maurice Pialat

Chez Pialat, les contraintes du sociologisme sont systématiquement contournées par une mise en cadre rigoureuse qui tourne le dos au naturalisme comme par excès.
Une forte personnalité, dans un cinéma français qui en compte peu.
RÉ : Courts métrages : 1958 *l'Ombre familière.* 1960 *l'Amour existe.* 1962 *Janine.* Longs métrages : 1967 *l'Enfance nue.* 1970 *la Maison de bois* (TV). 1972 *Nous ne vieillirons pas ensemble.* 1973 *la Gueule ouverte.* 1979 *Passe ton bac d'abord.* 1980 *Loulou.* 1983 *A nos amours.* 1985 *Police.* 1987 *Sous le soleil de Satan.*

PICASSO Pablo (Malaga 1881 | 1973) Tous savent qu'il prit part au *Mystère Picasso,* RÉ Clouzot, 1956, mais bien peu ont connaissance d'un LM 16 mm en couleurs resté inédit, qu'il réalisa l'été 1950.

PICK Lupu (VOIR LUPU-PICK).

PIERCE Jack MAQUILLEUR US (New York 1889 | Hollywood 1968) Grand spécialiste des films de terreur. Chef de service à l'Universal durant les années 1930, il créa notamment les visages de Boris Karloff dans *Frankenstein*, de Claude Rains dans *l'Homme invisible*, de Bella Lugosi et Elsa Lanchester dans *la Fiancée de Frankenstein*, etc.

PINTOFF Ernest ANIM DA US (New York 15 déc. 1931 |) Un des meilleurs animateurs américains contemporains, qui sait allier un graphisme original et très simplifié à une piste sonore très riche, inspirée par certaines émissions de radio.
1953-1956 Diplômé des Beaux-Arts, puis professeur à l'université de Syracuse, US. 1957 A l'UPA, SC DESS PR. Collabore aux DA : *Wounded Bird, Aquarium, Flight on for Old, Good Ole Country Music, Blues Pattern, The Haunted House, The Performing Painter.* 1958 *Chez Terrytoons* RÉ Flebus. PR et RÉ : 1959 *le Violoniste.* 1960 *l'Interview.* 1961 *les Souliers,* photo. 1962 *le Vieil Homme, le Critique.* LM : 1966 *Harvey Middleman Fireman. 1971 Dynamite Chicken.* 1979 *Nom de code : Jaguar.* 1980 *Lunch Wagon.*

PIQUERAS Juan CRIT ESP (Requena 1904 | Venta de Banos 20 juil. 1936) « Je mourrai dans la fleur de ma vie, avec les souliers aux pieds », avait écrit à vingt ans le « Delluc espagnol ». Créateur en Espagne des ciné-clubs et de la critique indépendante, cet ami de Buñuel, Dali, Arconada fut immobilisé dans une gare par une hémorragie d'estomac, y fut surpris par la guerre civile et exécuté comme Garcia Lorca. Fils d'un pauvre meunier. D'abord colporteur et poète. Dès 1919 se passionne pour le cinéma. 1925 Fonde le premier ciné-club espagnol avec Jimenès Caballero. 1930 se fixe à Paris. Y fonde la revue « Nuestro Cinema », qui publie en 1932 un numéro spécial sur l'histoire du cinéma. 1934-1935 Fonde des ciné-clubs dans toute l'Espagne.

PISCATOR Erwin RÉ ALL (Ulm 17 déc. 1893 | Berlin-Ouest 1966) Le grand homme du théâtre allemand de 1925-1932. Il utilisa le cinéma dans ses mises en scène et réalisa en URSS un film important : *la Révolte des pêcheurs* (1934).

PIZZETTI Ildebrando MUS ITAL (Parme 20 sept. 1880 | 1968) Musicien assez réputé, il s'intéressa au cinéma dès 1914 écrivant une partition pour *Cabiria*, et y revint avec le sonore. RÉ Camerini : 1940 *les Fiancés.* RÉ Lattuada : 1949 *le Moulin du Pô.*

PLATEAU Joseph INV BELG (Bruxelles 1801 | Gand 1883) Il fut avec Stampfer l'inventeur des images animées. Dès 1833, il montra de façon très claire comment, avec un disque fenestré, on pouvait recomposer le mouvement en partant de dessins et le décomposer par l'observation directe. Commençant en 1829 ses travaux sur la persistance des images rétiniennes, il contemple le soleil de juillet avec une telle imprudence qu'il en deviendra aveugle, en 1843. Il crée en 1832 un Phénakistiscope - d'abord Fantascope -, qui anime des dessins regardés dans un miroir. Cet appareil à deux disques de carton fenestrés deviendra en 1833 un jouet, plus tard décrit par Baudelaire. En 1849, il proposa d'adapter la photographie à son appareil, mais déjà aveugle, il dut laisser à d'autres la réalisation de ce vœu.

PODNIEKS Juris RÉ URSS (Lettonie, 1952 |) Révélé par *Est-il facile d'être jeune ?* il avait réalisé quelques films documentaires de la même veine après avoir été chef opérateur pour Hercs Frank notamment.
RÉ : 1978 *les Frères Kokar.* 1979 *Sur les chevaux, les gars.* 1981 *Jurmala.* 1982 *le Signe du Sagittaire.* 1984 *le Commandant.* 1985 *le Rocher de Sisyphe.* 1986 *Est-il facile d'être jeune ?*

POGACIC Vladimir (Se prononce Pogatchiche) RÉ YS (Zagreb 1918 |) L'un des meilleurs réalisateurs serbocroates, qui a donné sa plus grande réussite avec *les Petits et les Grands.* RÉ : 1948 *Histoire de la fabrique.* 1951 *le Dernier Jour.* 1953 *Équinoxe.* 1954 *Légendes sur Anka.* 1956 *les Petits et les Grands.* 1958 *Samedi soir,* trois nouvelles cinématographiques. 1963 *le Bataillon de la mort.* 1964 *l'Homme du département photo.*

POIRIER Léon RÉ FR (Paris 1884 | 1968) Il s'affirma après 1918. Après 1925, il eut le mérite de s'orienter vers le documentarisme. Académique, il eut pourtant l'amour du cinéma.
RÉ : 1919 *Ames d'Orient, le Penseur,* PH Specht, INT Tallier, Nox, Berthe Mady. 1920 *Narayana.* 1921 *l'Ombre déchirée, le Coffret de jade.* 1922 *Jocelyn, from* Lamartine, INT Tallier, Myrga, Pierre Blanchar, Roger Karl, etc. 1923 *Geneviève, l'Affaire du courrier de Lyon.* 1924 *la Brière.* 1926 *Croisière noire* DOC LM. 1927 *Amours exotiques* DOC. 1928 *Verdun, visions d'histoire.* 1930 *Caïn, Madagascar.* 1931 *Verdun, visions d'histoire,* version sonore. 1932 *la Folle Nuit, Chouchou poids plume.* 1933 *la Voie sans disque.* 1936 *l'Appel du silence.* 1937 *Sœurs d'armes.* 1940 *Brazza.* 1943 *Jannou.* 1947 *la Route inconnue.*

POJAR Bretislav (Se prononce Poyar) ANIM TS (Sufice 7 oct. 1923 |) Excellent animateur tchèque, surtout spécialisé dans les poupées, le meilleur disciple de Trnka.
RÉ : 1951 *la Cabane en pain d'épice*. 1954 *Un verre de trop*. 1955 *Speibi sur la piste*. 1957 *le Petit Parapluie*. 1958 *le Cirque d'Urvinek*. 1959 *le Lion et la Chanson*. 1960 *Aventure de minuit, Parole de chat*. 1961 *Comment meubler un appartement, Aventure nocturne*. 1962 *l'Orateur*. 1963 *Romance*. 1965-1967 *Venez jouer, Monsieur*. 1969 *Anti Darwin*. 1971 *Des morceaux de chien*. 1974 *la Jeune fille au pommier*.

POLAC Michel RÉ FR (1932 |) Homme de radio, de TV, romancier, critique littéraire, il réalise en 1969 son premier film *le Fils unique*, douloureuse méditation sur des années difficiles, qui obtint le prix Georges Sadoul ; en 1971 *Ça ne peut plus durer* et en 1973 *la Chute d'un corps*, sur les rapports troubles d'un « gourou », de ses disciples et d'une jeune femme curieuse.

POLANSKI Roman RÉ POL (Paris 1933 |) D'une fantaisie entraînante et un peu ricanante, avec un excellent sens du gag poétique, il fut un grand espoir du jeune cinéma polonais avant de devenir une valeur sûre du cinéma international puisqu'à partir de 1964 c'est en Angleterre, en France, en Italie et aux États-Unis que se développa sa carrière. Une carrière avec des hauts et des bas, ses meilleurs films étant sans doute ceux où percent l'angoisse et le refus de la mort qui l'habitent *(Cul-de-sac, What, Tess)*.
RÉ CM : 1956 *les Deux Hommes et l'Armoire*. 1961 *le Gros et le Maigre*. 1962 *Les Mammifères*. LM : *le Couteau dans l'eau, la Rivière de diamants*. - EN GB : 1965 *Répulsion*. 1966 *Cul-de-sac, le Bal des vampires*. - AUX USA : 1968 *Rosemary's Baby*. 1971 *Macbeth*. 1973 *What*. 1974 *Chinatown*. EN FR : 1976 *le Locataire*. CO-PR FR-GB 1978 *Tess*. 1986 *Pirates*. 1987 *Frantic*.

Isabelle Adjani, Sven Nykvist et Polanski

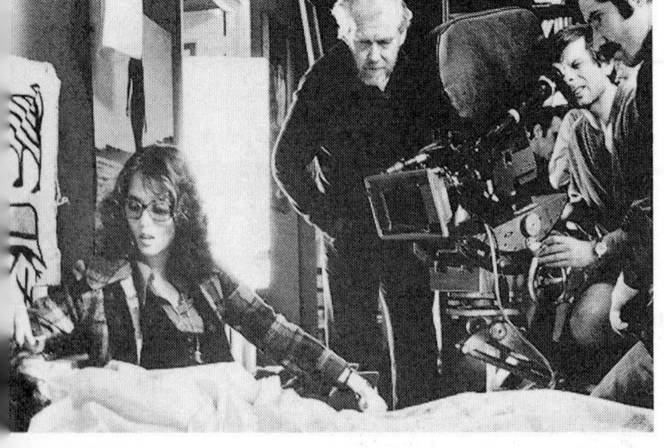

POLLACK Sydney RÉ US (South Bend, Indiana 1 juil. 1935 |). Un des rares cinéastes de la nouvelle génération à poursuivre la grande tradition « naïve » et généreuse tout en sachant l'actualiser, à travers tous les genres, du drame psychologique au film d'action, en passant par la critique sociale et politique. *Jeremiah Johnson* reste sa meilleure réussite. Pollack semble chercher un nouveau départ, ses derniers films étant plus baroques que les premiers. « Le soin, voire le raffinement apporté par ce cinéaste à la lumière, le punch (et donc la retenue) dont il sait faire preuve dans la violence, enfin, sa grande capacité à diriger des interprètes quelquefois dangereux, permettent d'espérer (Gérard Legrand).
RÉ : 1965 *Trente Minutes (The Slender Thread)*. 1966 *Propriété interdite (This Property is condemned)*. 1968 *les Chasseurs de scalps (The Scalphunters)*. 1969 *Un château en enfer (Castle Keeps)*. 1969 *On achève bien les chevaux*. 1972 *Jeremiah Johnson*. 1973 *Nos plus belles années (The Way we were)*. 1975 *The Yakusa, les Trois Jours du condor*. 1977 *Bobby Derfield*. 1979 *le Cavalier électrique*. 1981 *Absence de malice*. 1982 *Tootsie*. 1985 *Out of Africa*.

Sydney Pollack avec Al Pacino

POLLET Jean-Daniel RÉ FR (1936 |) Cinéaste à l'écart des circuits de distribution (deux de ses longs métrages seulement : *l'Amour c'est gai, l'amour c'est triste*, et, à un degré moindre, *Tu imagines Robinson*, ont connu une sortie réduite, un court métrage, son

sketch de *Paris vu par...* une diffusion honorable), Pollet cherche à tirer au mieux parti d'une extrême sensibilité et d'une réflexion sur les liaisons que peut entretenir le cinéma avec les recherches d'avant-garde en littérature.
RÉ : 1957 *Pourvu qu'on ait l'ivresse* CM. 1959 *la Ligne de mire* (inachevé). 1961 *Gala* CM. 1963 *Méditerranée* MM texte de Philippe Sollers. 1965 *Rue Saint-Denis* (sketch de *Paris vu par...*), *Une balle au cœur.* 1966 *le Horla, from* Maupassant CM. 1967 *Tu imagines Robinson,* SC Remo Forlani, J.-D. Pollet, COMM . Thibaudeau. 1967 *les Morutiers* CM. 1968 *L'amour c'est gai, l'amour c'est triste.* 1970 *le Maître du temps.* 1974 *l'Ordre,* document sur la vie « sociale » dans une léproserie, 1975 *l'Acrobate.* 1979 *Pour mémoire.* 1986 *Au Père Lachaise* CM, CO-RÉ P.M. Goulet. 1987 *Clair-obscur.* 1989 *Contretemps.*

POLONSKY Abraham SCÉ RÉ US (New York 1910|) La rigueur d'application de la « liste noire » dressée à Hollywood pendant le maccarthysme, l'intransigeance de Polonsky, ont valu à ce cinéaste, qui avait en 1948 réalisé un des meilleurs films « noirs » *(Force of Evil)* de l'après-guerre, dénonciation politique de la corruption, de ne pouvoir signer son second film en tant que réalisateur... qu'en 1968. Dans l'intervalle, l'exil, deux romans, dont un sur la « chasse aux sorcières », des travaux alimentaires (sa première réapparition sur un générique de Hollywood étant sa mention au scénario de *Police sur la ville* de Don Siegel en 1967). Et donc, en 1968 : *Willie Boy,* film antiraciste sur la mort d'un Indien, mais tout autant tentative de retrouver dans le rythme même, la « montée » de l'œuvre, la montée de la prise de conscience d'un homme dépossédé de soi.
SCÉ : 1947 *les Anneaux d'or (Mitchell Leisen). Body and Soul (Sang et or.* de Robert Rossen*).*

Abraham Polonsky et Conrad Hall

RÉ : 1948 *Force of Evil,* INT John Garfield, Tomas Gomez (inédit en France jusqu'en 1967). 1968 *Willie Boy,* SC Polonsky, PH W. Clouthier, MUS Dave Grusin, INT Robert Blake, Katherine Ross, Robert Redford, Susan Clark. 1970 *le Voleur de chevaux* (CO-PR italo-franco-yougoslave) *from* roman de Gene Gutowski, INT Yul Brynner, Jane Birkin, Eli Wallach.

POMMER Erich PR ALL (Hildesheim 20 juil. 1889|11 mai 1966) Un grand producteur, surtout en 1919-1931. Il joua son rôle dans les succès de Fritz Lang, Murnau, Sternberg, *Caligari, Variétés, le Congrès s'amuse,* etc.

PONTECORVO Gillo RÉ ITAL (Pise 1919|) Réalisateur italien qui débuta en 1957 avec *Un nommé Squarcio (La Lunga Strada Azurra)* et s'affirma en 1960 dans *Kapo. La Bataille d'Alger,* longtemps interdit en France et très injustement décrié lorsqu'il obtint le Lion d'or à Venise en 1966 est sans doute son meilleur film. S'il doit beaucoup au scénario de Franco Solinas, qui a dessiné là une très belle figure d'officier vaincu par le mouvement de l'histoire, le ton de « reportage » qu'a su lui conférer Pontecorvo assure son unité.
RÉ : Des courts métrages de 1953 à 1960, puis : 1956 un épisode de *la Rose des vents* (produit par la RDA). 1957 *La Lunga Strada azzura (Un nommé Squarcio).* 1960 *Kapo* CO-PR ITAL-FR-YOUG. 1966 *la Bataille d'Alger.* 1970 *Queimada* SC Franco Solinas, Giorgio Arlorio, PH Giuseppe Ruzzolini, INT Marlon Brando, Évariste Marques, Renato Salvatori, Dana Ghia. 1979 *Ogro.*

PONTI Carlo PR ITAL (Milan 11 déc. 1913|) Munificent producteur italien, il finança les films de Lattuada, Comencini, Camerini, Toto, et de sa femme Sophia Loren.

PONTING Herbert G. DOC GB (1870|1935) En 1910-1911, cet opérateur, ancien photographe, participa à une fameuse et malheureuse expédition pour la conquête du Pôle Sud, qui se termina par la mort du capitaine Scott et de quatre de ses compagnons. Resté à la base de départ, l'opérateur put ramener en Angleterre plusieurs milliers de mètres de négatif dont il tira *l'Expédition Scott au Pôle Sud,* souvent rééditée de 1912 à 1930 sous divers titres. Ce fut le premier chef-d'œuvre du long métrage documentaire, émouvant par sa qualité humaine, son sens de la nature, sa parfaite qualité photographique. Son succès détermina une série de films polaires et permit ainsi les débuts de Robert Flaherty.

Popescu-Gopo

POPESCU-GOPO Ion ANIM ROUM (Bucarest 1923|) Un des plus grands animateurs européens, qui s'imposa par trois petits films de moins de 25 minutes au total : *Courte histoire*, *Homo sapiens*, *les Sept Arts*, dont le héros fut un Adam plein d'humour, déclenchant en chaîne des gags ingénus et ingénieux, pleins d'une rare poésie.
RÉ : 1938 *le Méchant Loboda*, premier essai : 4 mètres, 1950-1959 *le Canard désobéissant*, *l'Abeille et le Pigeon*, *Deux Petits Lapins*, *le Méchant Hérisson*, *Marinicia*. 1957 *Courte Histoire*, 1958 *les Septs Arts*, 1959 *Homo sapiens*, 1963 *Histoire de l'information*. M EN SC : 1958 *la Petite Menteuse*. 1960 *la Méchante Princesse*. 1962 *On a volé une bombe* LM, PH Stephan Horwath, MUS D. Capoiano, INT Daro Iurie, Liliana Ionesco. 1964 *Des pas vers la lune*. 1965 *le Maure blanc*. 1966 *Faustus XX*. 1967 *Ma ville*. 1968 *Sancta Simplicitas*. 1972 *la Clepsydre*. 1977 *Ecce Homo*. 1982 *Maria Mirabelle* (URSS). 1985 *Galey*. 1986 *Un jour à Bucarest*. En 1986 il fut nommé président de l'Union des cinéastes roumains.

PORTER Edwin S. RÉ US (Pittsburgh 1870|New York 30 avril 1941) Le principal pionnier du cinéma américain. Il commença par copier pour Edison certaines bandes primitives européennes, anglaises surtout, et fit le premier « grand » western, 250 m : *Great Train Robbery*, qui marqua le début de l'essor cinématographique aux US. Sa *Case de l'oncle Tom* a le charme des peintures naïves ; son *Rêve d'un amateur de rarebit* (1905) utilise les truquages avec saveur. Il fit débuter D. W. Griffith comme acteur en 1907. D'abord mécanicien. Devient vers 1900 cameraman et réalisateur chez Edison, dirigeant des actualités : *les Funérailles de McKinley* ; des séries comiques : *Grand-Maman et Grand-Papa*, *les Happy Hooligan*. 1902 *The Life of en American Fireman*, *la Case de l'oncle Tom*. 1903 *Great Train Robbery*, *The Bold Bank Robbery*. 1904 *The Ex-Convict*, *Kleptomaniac White Caps*, *The Miller's Daughter*. 1905 *The Night before Christmas*, *Dream of a Rarebit Friend*. 1906 *The Seven Ages*, *A Tale of the Sea*. 1907 *Rescued from an Eagle Nest*, INT D. W. Griffith. 1913 *In the Bishop's Carriage*, CO-RÉ Dawley, PH Porter, INT Mary Pickford. 1914 *Hearts Adrift*, PH Porter, INT Mary Pickford ; *A Good Little Devil*, PH Porter, INT Mary Pickford, Ernest Truex, William Norris. - A ROME : 1914 *Eternal City*. 1922 *Tests of the Storm Country*, PH Porter, INT Mary Pickford.

POTTER H.C. RÉ US (New York 13 nov. 1904|31 août 1977) Réalisateur à tout faire, films de série et de tous genres, qui se trouva diriger un chef-d'œuvre de non-sens et de loufoquerie : *Hellzapoppin* (1941).

POUCTAL Henri RÉ FR (La Ferté-sous-Jouarre 1856|Paris 3 fév. 1922) Caractérisé par Delluc comme « l'un des meilleurs metteurs en scène » d'avant-guerre, pour de « méritoires tentatives où le goût, l'activité et la prudence françaises avaient une belle part ». *Monte-Cristo* et *Travail* en firent, avec Feuillade, le meilleur cinéaste français pendant la guerre de 1914-1918. Directeur du Film d'Art, il avait donné sa première chance au jeune Abel Gance, qu'il paraît avoir contribué à former.

Pouctal

RÉ une cinquantaine de films : 1911 *Vitellius*, INT Polin ; *Werther*, *Madame Sans-Gêne*, INT Réjane. 1912 *la Dame aux camélias*, INT Sarah Bernhardt. 1913 *les Trois Mousquetaires*. 1914 *Un fil à la patte*. 1915 *la Fille du boche*,

Alsace, l'Infirmière, SC Abel Gance. 1916 *Chantecoq*. 1917-1918 *Monte-Cristo*, à épisodes. 1918 *le Dieu du hasard*. 1919 *Travail*. 1920 *Gigolette*. 1921 *le Crime du bouif*. 1922 *la Résurrection du bouif*.

POUDOVKINE Vsevolod RÉ URSS (Penza 6 fév. 1893 | Riga 30 juin 1953) Un des quatre grands du cinéma soviétique muet, avec Eisenstein, Vertov et Dovjenko. Dès son premier succès, *la Mère*, il s'orienta vers un cinéma romanesque tout à la fois lyrique, psychologique et social, montrant l'évolution de personnages très individualisés, mais choisis pour leur valeur de type social. Ainsi accomplit-il, avec des scénarios très élaborés et des acteurs supérieurement dirigés, une trilogie ayant pour thème la « prise de conscience » chez une vieille ouvrière : *la Mère* ; chez un jeune paysan devenu soldat : *la Fin de Saint-Pétersbourg* ; chez un nomade asiatique : *Tempête sur l'Asie*. A la même époque, partant surtout des enseignements de son maître Koulechov, il énonçait une série de principes touchant l'art du film et que résumait ainsi son ami Moussinac : « Le montage est le fondement de l'art cinématographique, l'élément créateur de cette nouvelle réalité. L'espace cinématographique et le temps cinématographique, qui n'ont rien à voir avec le temps ou l'espace réel de l'action, sont déterminés par la prise de vues et le montage. On ne « tourne » pas un film, on le construit avec des images. Le plan isolé n'a qu'une signification analogue à celle du mot pour le poète. » « Une prise de vues n'est pas le simple enregistrement d'un événement, mais une représentation d'une forme particulière, choisie, de cet événement. D'où la différence entre l'événement en soi et la forme qu'on lui donne sur l'écran, différence qui fait que le cinéma est un art. Pour les méthodes de base du travail du montage, on peut se référer par exemple au contraste, aux actions parallèles, à l'association, à la simultanéité. » Ce grand cinéaste avait poussé trop loin, dans beaucoup de domaines, les possibilités de l'art du muet pour ne pas connaître une crise avec l'avènement du parlant. Il ne réussit pas à bien appliquer dans *Un simple cas* la théorie du contrepoint audio-visuel qu'il avait élaborée avec S. M. Eisenstein. *Le Déserteur*, plus réussi, fut loin de valoir ses trois films muets. Après une longue maladie, de 1934 à 1938, il dut sacrifier malgré lui à la mode des grands sujets historiques : *Souvorov*, *Minine et Pojarski*, *Joukovski*, pour lesquels il n'était pas doué. Peu avant sa mort, durant une période très difficile du cinéma soviétique, il put revenir à ses thèmes anciens avec *la Moisson*, non pas un chef-d'œuvre, mais une réussite certaine.

Poudovkine

« Tempête sur l'Asie », avec Inkijinov.

D'abord INT ou ASS : 1920 *Pendant les journées de lutte (V Dni Borby)* RÉ Perestiani, INT Poudovkine, 1921 *la Faucille et le Marteau* RÉ Gardine. ASS INT Poudovkine ; *Faim, Faim, Faim (Golod, Golod, Golod)*, SC RÉ Gardine et Poudovkine. 1923 *le Serrurier et le Chancelier* RÉ Gardine et Preobrajinskaia, SC Gardine et Poudovskine. 1924 *les Aventures extraordinaires de Mr West au pays des Bolcheviks* RÉ Koulechov, DÉC INT Poudovkine. 1925 *le Rayon de la mort* RÉ Koulechov, SC ASS DÉC INT Poudovkine.
RÉ 2 CM : 1925 *la Fièvre des échecs (Chakhmatnaia Goriatchka)* RÉ Poudovkine et Chpikovski. 1926 *le Mécanisme du cerveau (Mekhanika Golovnogo Mozga)* DOC, RÉ SC Poudovkine. 1926 *la Mère*. 1927 *la Fin de Saint-Pétersbourg*. 1929 *Tempête sur l'Asie*.

1932 *Un simple cas (Prostoi Sloutchai).* 1933 *le Déserteur.* 1938 *Victoire (Pobieda),* SC N. Zarkhi, PH Golovnia, INT E. Kortcheguina-Alexandrovskaia, V. Soloviev. 1939 *Minine et Pojarsky* CO-RÉ Doller, SC Chklovsky, PH Golovnia et Lobova, INT A. Khanov, B. Livanov. 1940 *20 ans de cinéma soviétique (Kino Za XX Liet)* DOC RÉ MONT Poudovkine et Esther Choub. 1941 *Souvarov,* CO-RÉ Doller, SC G. Grebner, PH Golovnia et Lobova, INT Tcherkassov, V. Arsenov, A. Yatchnitzky, *Festin à Girmounka (Pir V Girmounke)* CM, CO-RÉ Doller, INT P. Gueraga, V. Ouralsky. 1942 *les Assassins prennent le large (Oubiitzo Vichodiat Na Dorogou)* CM, CO-RÉ Taritch, SC Poudovkine et Boltchtchintzov, *from* Bert Brecht, PH Voltchek et Saveliev, INT Sobolevsky, Koulakov, Jakov, Blinov. 1943 *Au nom de la patrie (Vo Imia Rodiny)* RÉ ADAPT Poudovkine et D. Vassiliev, *from* TH Constantin Simonov, INT Krioutchkov, E. Tiapkina, M. Jarov, Poudovkine. 1947 *l'Amiral Nakhimov,* SC Loukovsky, PH Golovnia et Lobova, INT A. Diky, E. Samoïlov, Vladislavsky, Poudovkine. 1950 *Trois Rencontres (Tri Vstretchi)* CO-RÉ Youtkevitch et Ptouchko, SC Ermolensky, Pogodine et Bleiman, INT T. Makarova, Boris Tchirkhov, *Joukovsky* CO-RÉ D. Vassiliev, SC Grauberg, PH Golovnia et Lobova, INT Youra Yourovsky, Soudakov, Belokourov. 1953 *la Moisson (le Retour de Vassili Bortnikov).* ACT : notamment dans RÉ Kozintsev et Trauberg : 1929 *la Nouvelle Babylone.* RÉ : Ozep : 1929 *le Cadavre vivant* RÉ Eisenstein : 1945 *Ivan le Terrible.*

POULENC Francis MUS FR (Paris 7 janv. 1899 | Paris mars 1963) Cet excellent musicien français écrivit d'originales partitions pour quelques longs métrages : RÉ Baroncelli : 1942 *la Duchesse de Langeais.* RÉ Anouilh : 1943 *le Voyageur sans bagages.* RÉ Lavorel : 1952 *le Voyage en Amérique.*

POWELL Michael RÉ PR GB (Canterbury 30 sept. 1905 |) Son premier film notable : 1937 *A l'angle du monde,* visiblement influencé par *l'Homme d'Aran* de Flaherty, le fit ranger dans le courant documentariste. Sitôt après, avec *le Voleur de Bagdad* (1940) CO-RÉ Tim Wheelan, et L. Berger, il évolua vers le grand spectacle et s'associa avec Emeric Pressburger : *le Colonel Blimp* (1943), *Je sais où je vais* (1945), *Question de vie ou de mort* (1946). Ils donnèrent un développement intéressant au ciné-ballet avec *les Chaussons rouges* (1947), même si le mauvais goût de leur premier essai domina ensuite leurs *Contes d'Hoffmann* (1951). De la douzaine de films (pour le cinéma ou pour la télévision) que Powell réalisa ensuite en Angleterre et en Italie, on retiendra, *le Voyeur* (*Peeping Tom,* 1960) étonnant chef-d'œuvre du film d'épouvante où une « caméra tueuse », fétichisée, joue un rôle important.

POZNER Vladimir SC FR (Paris 5 janv. 1905 |) Comme scénariste, il apporta au cinéma français un robuste sens de la réalité, et son authentique talent. Écrivain connu, il appartint dans son adolescence, en URSS, au groupe des Frères Serapion.
A HOLLYWOOD RÉ Negulesco : 1944 *les Conspirateurs.* RÉ Siodmak : 1946 *la Double Énigme (The Dark Mirror).* RÉ Gordon : 1948 *Another Part of the Forest.* - EN FR RÉ Daquin : 1949 *le Point du jour* ; 1954 *Bel-Ami* CO-SC Vailland. RÉ Ivens : 1954 *le Chant des fleuves,* COMM Pozner. RÉ Cavalcanti : 1956 *M. Puntila et son valet Matti.* RÉ Pozner : 1968 *Mon enfant,* supervision Ivens.

PREMINGER Otto RÉ US (Vienne 5 déc. 1906 | 1986) Un habile homme, et d'une gentillesse qui se retrouve dans certains de ses films. Il considère s'intéresser davantage à la vérité des caractères qu'à la simplification comique ou au gag visuel, mais il a su, comme Lubitsch, réussir dans tous les genres, reprendre les grands succès du roman, ou du théâtre, aborder le policier : *Laura* ; la grande mise en scène historique : *Ambre* ; la comédie musicale : *Carmen Jones, Porgy and Bess* ; les adaptations littéraires : *Sainte Jeanne, Bonjour tristesse* ; le boulevard : *la Lune était bleue* ; les remakes : *la Treizième Lettre,* etc. Après avoir réalisé son chef-d'œuvre avec *l'Homme au bras d'or,* il s'est orienté depuis 1958 vers des sujets « sociaux » et a adopté trois best-sellers : *Autopsie d'un meurtre, Exodus* et *Tempête sur Washington.* Celui que son confrère Cukor considère d'abord comme « un homme d'affaires très adroit et très perspicace » dit : « J'aime avoir une base, qui m'est généralement fournie par un roman ou une pièce de théâtre. Mais si quelqu'un m'apportait une idée vraiment grande, je l'achèterais bien volontiers. [...] Les problèmes, je ne les cherche pas, mais - c'est ma nature - ils se trouvent sur mon chemin. Et ces problèmes sont complexes. C'est de là que vient l'ambiguïté de mes films. »
RÉ : 1936 *Under your Spell.* 1937 *Danger : Love at Work.* 1943 *Margin for Error.* 1944 *In the Meantime, Dearling, Laura.* 1945 *Scandale à la cour (A Royal Scandal),* PH Arthur Miller, INT Tallulah Bankhead, Anne Baxter, Charles Coburn, *Crime passionnel (Fallen Angel),* PH Joseph Lashelle, INT Alice Faye, Dana Andrews, Linda

Otto Preminger, 1960.

« l'Homme aux bras d'or », avec Frank Sinatra et Eleanor Parker.

Darnell. 1946 *Centennial Summer*, INT Jeanne Crain, Linda Darnell. 1947 *Ambre (Forever Amber)*, SC Philip Dunne, Ring Lardner Jr et Jérome Cady, *from* R Kathleen Windsor, PH Leon Shamroy, INT Linda Darnell, Cornel Wilde, George Sanders, Femme ou Maîtresse (Daisy Kenyon), INT Joan Crawford, Dana Andrews, Henry Fonda. 1948 *la Dame au manteau d'hermine (That Lady in Ermine)* CO-RÉ Ernst Lubitsch, INT Betty Grable, Douglas Fairbanks Jr. 1949 *The Fan*, SC Walter Reisch, Dorothy Parker et Ross Evans, *from* Oscar Wilde, INT Jeanne Crain, Madeleine Carroll, George Sanders, Richard Greene, *le Mystérieux Docteur Korvo (Whirlpool)*, SC Ben Hecht, Andrew Solt, Lester Bartow, *from* R Guy Endore, PH Arthur Miller, INT Gene Tierney, Richard Conte, José Ferrer. 1950 *Mark Dixon détective (Where the Sidewalk ends)*, SC Ben Hecht, PH Joseph Lashelle, INT Dane Andrews, Gene Tierney, Gary Merrill. 1951 *The 13th Letter*, remake du *Corbeau*. 1952 *Un si doux visage (Angel Face)*. 1953 *La lune était bleue (The Moon is blue)*, SC F. Hugh Herbert, PH Ernest Laszlo, MUS Herschel Burke, Gilbert et Bill Finegan, INT William Holden, David Niven, Maggie McNamara, Dawn Adams. 1954 *Rivière sans retour (River of no Return)*, SC Franck Fenton, *from* R Louis Lentz, PH Joseph Lashelle, INT Marilyn Monroe, Robert Mitchum ; *Carmen Jones*. 1955 *Condamné au silence (The Court Martial of Billy Mitchell)*, INT Gary Cooper, Charles Bickford, *l'Homme au bras d'or*. 1957 *Sainte Jeanne*, *Bonjour tristesse*, SC Arthur Laurents, *from* Françoise Sagan. 1959 *Porgy and Bess*, SC N. Richard Nash, *from* opérette George Gershwin, PH Léon Shammey, INT Sidney Poitier, Dorothy Dandridge, Sammy Davis Jr, Pearl Bailey, *Autopsie d'un meurtre (Anatomy of a Murder)*, SC Wendell Mayes, *from* R Robert Traven, PH Sam Leavitt, MUS Duke Ellington, INT James Stewart, Lee Remick, Ben Gazzara. 1961 *Exodus*. 1962 *Tempête sur Washington (Advise and Consent)*. 1963 *le Cardinal*. 1965 *Première victoire (In Harms Way)*. 1966 *Bunny Lake a disparu*. 1967 *Hurry Sundown 1968 Skidoo*. 1969 *Dis-moi que tu m'aimes, Junie Moon*. 1972 *Des amis comme les miens (Such good friends)*. 1974 *Rosebud*. 1980 *The Human Factor*.

PRESSBURGER Emeric RÉ GB (Hongrie 5 déc. 1902 | 1988) D'abord scénariste de l'UFA à Berlin. Établi à Londres en 1935, il poursuivit son métier avant de fonder en 1941 l'Archer Film, avec Michael Powell ; il fut CO-RÉ, 1941-1947, avec lui de nombreux films.

PRÉVERT Jacques SC FR (Paris 4 fév. 1900 | Omonville-la-Petite 11 avril 1977) Venu du surréalisme, il fut après 1935 le meilleur auteur du réalisme poétique français. Il imprima de sa forte personnalité les films qu'il écrivit pour Renoir : *Une partie de campagne*, *le Crime de Monsieur Lange*. - Grémillon : *Lumière d'été*. - Grimault : *la Bergère et le Ramoneur*. - son frère Pierre : *l'Affaire est dans le sac*, *Adieu Léonard*, *Voyage-surprise*. - et surtout Marcel Carné : *Jenny*, *Drôle de drame*, *Quai des brumes*, *le Jour se lève*, *les Visiteurs du soir*, *les Enfants du paradis*, *les Portes de la nuit*. On y retrouva les éléments

Jacques Prévert

de sa poésie : la cocasserie verbale, le lyrisme, l'obsession du destin, une certaine critique de la société par l'absurde. Dans l'univers « prévertien », le bonheur lutte avec le malheur, les braves gens avec les salauds, et c'est « le malheur, le malheur avec une montre en or qui gagne à - presque - tous les coups. Presque ». Ses sources pouvaient être ses admirations de jeunesse : Howard Hawks, Sternberg, le Kammerspiel allemand, King Vidor, mais il tira beaucoup de son Paris. « Le brillant de son dialogue de cinéma, notait Roger Leenhardt, en 1935, est fait des mille perles du langage humain : ses mots d'auteur sont des lieux communs. » Quoi qu'on en pense, et surtout quoi qu'il en pense, il fut avant tout un moraliste, imaginant ses fables pour leur moralité. Ses films ne furent ni « un salon au fond d'un lac », ni même une « belle terrasse de café » ; ils formèrent un tableau métaphorique mais réaliste de la France et de ses préoccupations, de 1935 à 1947.

RÉ Pierre Prévert : 1932 *l'Affaire est dans le sac*. 1943 *Adieu Léonard* CO-SC Pierre Prévert. 1947 *Voyage-surprise*. 1956 *Paris mange son pain*. RÉ Autant-Lara : 1933 *Ciboulette*, DIAL Jacques Prévert. RÉ Marc Allégret : 1934 *l'Hôtel du libre échange*. RÉ Pottier : 1935 *Un oiseau rare*. RÉ Renoir : 1935 *le Crime de Monsieur Lange*. 1936 *Une partie de campagne*. RÉ Stelli : 1935 *Jeunesse d'abord*. RÉ Sti : 1936 *Moutonnet*. RÉ Carné : 1936 *Jenny*. 1937 *Drôle de drame*. 1938 *Quai des brumes*. 1939 *Le jour se lève*. 1942 *les Visiteurs du soir*, CO-SC Laroche. 1943-1945 *les Enfants du paradis*. 1946 *les Portes de la nuit*. 1948 *la Fleur de l'âge*, inachevé. RÉ Christian-Jaque : 1938 *Ernest le rebelle*. 1945 *Sortilèges* CO-SC Christian-Jaque. RÉ Grémillon : 1943 *Lumière d'été* CO-SC Laroche. RÉ Henry Jacques : 1946 *l'Arche de Noé*. RÉ Grimault : 1949 *le Petit Soldat* DA, CO-ADAPT Grimault. 1947-1953 *la Bergère et le Ramoneur* CO-SC Grimault. RÉ Cayatte : 1949 *les Amants de Vérone* CO-SC Cayatte. RÉ Delannoy : 1956 *Notre-Dame de Paris*, CO-SC Aurenche. RÉ Ivens : 1958 COMM de *La Seine a rencontré Paris*. RÉ Guilbaud : 1958 *les Primitifs du XIIIe*.

PRÉVERT Pierre RÉ FR (Paris 26 mai 1906 | 1988) Il s'associa avec son frère Jacques pour créer un nouveau style comique. *L'Affaire est dans le sac*, son premier essai, fut un coup de maître, mais qui ne toucha que le fervent public des cinéphiles. Il lui fallut attendre de trop longues années pour aborder enfin les longs métrages, qui se trouvèrent trop handicapés par la méfiance des producteurs. D'abord ASS de Cavalcanti et de Renoir.

RÉ : 1932 *l'Affaire est dans le sac*. 1935 *le Commissaire est bon enfant* CO-RÉ Jacques Becker. 1943 *Adieu Léonard*, INT Charles Trenet. 1947 *Voyage-surprise*. 1960 *Paris la belle* CM DOC, CO-RÉ J. Prévert, PH Man Ray et Sacha Vierny, MUS Louis Bessières, TEXTES J. Prévert.

Pierre Prévert

PROKOFIEV Serge MUS URSS (Sontskova 23 août 1891 | Moscou 8 mars 1953) Interrogé en 1932 par Nino Frank, le grand musicien russe avait déclaré : « J'imagine une collaboration avec un auteur de dessins animés lyriques. Pour un film d'acteurs, il faudrait une entente étroite avec le compositeur, chronométrer la durée des scènes, le dialogue, et comme pour les ballets, la musique décrirait l'action ou l'accompagnerait en contrepoint. »

Ce programme, il le réalisa pleinement dans *Alexandre Nevski* (1938) et *Ivan le Terrible* (1944-46), où il eut avec S. M. Eisenstein le souci de créer un contrepoint entre la musique et les images pour créer une sorte d'opéra cinématographique.

PROMIO Alexander PH FR (1871 | Paris 1927) Le principal opérateur formé par Louis Lumière paraît avoir été le premier à prendre des vues en « travelling » avec un appareil placé sur une gondole, à Venise, en 1896.

PROTAZANOV Jacob RÉ URSS FR (Moscou 1881 | Moscou 1945) Après avoir débuté avant la révolution russe dans de grandes mises en scène historiques ou des drames extravagants interprétés par Mosjoukine, il émigra après 1917 pour quelques années, à Paris, puis réalisa à Moscou *Aelita*, science-fiction dans des décors constructivistes, et dirigea de nombreux films dans un style alors un peu désuet, mais solide, pleins de verve et très bien interprétés.
RÉ : 1911 *la Chanson du bagnard*. 1912 *Amphise, from* L. Andreiev. *la Vie de L. Tolstoï*. 1913 *Comme ces roses sont belles et fraîches*, et 12 autres films. 1914 *Devant la vie, Tango, la Danse du vampire*. 1915 *Guerre et Paix, from* Tolstoï, CO-RÉ Gardine. 1916 *la Dame de pique, from* Pouchkine. *Danse de la mort*. 1917 *André Kojoukhov, Satan triomphant*. 1918 *le Père Serge*. 1919 *Secrets royaux*. - EN FR : 1921 *Pour une nuit d'amour, Justice d'abord*. 1922 *le Sens de la mort*, INT André Nox, René Clair, *l'Ombre du péché*. 1923 *l'Angoissante aventure*. - EN URSS : 1924 *Aelita, from* A. Tolstoï, PH Jeliabovsky et Schouenman, DÉC et COST Kozlowsky, Exter, Sorokina, INT N. Batalov, Julia Solntseva, A. Peregonietz. 1925 *Son appel*. 1926 *le Procès des trois millions*. 1927 *le Quarante et Unième, le Garçon de restaurant*. 1928 *l'Aigle blanc*, INT Meyerhold, *Don Diègue et Pélagie*. 1929 *les Choses et les Hommes, from* Tchekhov. 1930 *le Miracle de saint Giorgion*. 1931 *Tommy*. 1934 *Marionnette* 1937 *Sans dot*, SC Protozanov et Schweitzer, *from* Ostrovsky. 1943 *Nazredine A Boukhara*.

PTOUCHKO Alexandre ANIM RÉ URSS (Ukraine 1900 | 1973) Venu de l'animation, 1928-1932, il a parfois dans la mise en scène retrouvé l'ingénuité de Georges Méliès, surtout dans son *Nouveau Gulliver* (1935), dont les principaux acteurs étaient des poupées. A réalisé ensuite des films à grande figuration : 1946 *la Fleur de pierre*. 1953 *Sadko*. 1956 *Ilya Momourets*. 1966 *le Tsar Saltan*.

PURKINYE Jan Evangelista INV TS (1787 | 1869) Ce grand physiologiste tchèque projeta des dessins animés en laboratoire (1852), puis en public (1865) avec un appareil appelé Forolyt, puis Kinesiscop. Il anima aussi vers 1850-1860 des photographies prises par poses successives.

PYRIEV Ivan RÉ URSS (Kamen 1901 | 1968) Il a été spécialement doué pour les comédies, qu'il a conduites avec un robuste entrain, une certaine bonne humeur qui le rendirent très populaire dans son pays : *Une femme étrangère, Rencontre à Moscou, la Riche Fiancée, le Chant de la terre sibérienne, les Cosaques du Kouban*. Il a longtemps eu pour spécialité la vie soviétique contemporaine et l'aborda aussi dans des films dramatiques, peu connus hors d'URSS, comme *les Partisans, la Carte du Parti*. Plus tard, après avoir pendant quelque temps dirigé la production de la Mosfilm, il se consacra à des adaptations de Dostoïevsky : *l'Idiot, les Nuits blanches*. D'abord ACT, notamment pour Eisenstein, au théâtre du Proletkult (1923).
RÉ : 1929 *Une femme étrangère*. 1930 *le Fonctionnaire d'État*. 1934 *le Nœud coulant*. 1936 *la Carte du Parti*. 1938 *la Riche Fiancée*. 1939 *les Tractoristes*. 1940 *la Bien-aimée*. 1941 *la Bergère et le Porcher*. 1943 *les Partisans (le Secrétaire du comité du district)*. 1944 *A six heures du soir après la victoire*. 1948 *le Chant de la terre sibérienne*. 1949 *les Cosaques du Kouban*. 1955 *Dévouement à toute épreuve*. 1957 *l'Idiot (Nastasia Philipovna), from* Dostoïevsky. 1961 *les Nuits blanches*. 1968 *les Frères Karamazov, from* Dostoïevsky.

Pyriev

QUEENY Mary PR ÉG (1908 |) D'abord actrice, elle joua un rôle important comme productrice dans le développement commercial du cinéma égyptien après 1930.

QUENEAU Raymond SC FR (Le Havre 21 fév. 1903 | 25 octobre 1976) Depuis sa jeunesse surréaliste, il s'est toujours intéressé au cinéma - qui d'ailleurs influença ses livres. Il a collaboré à plusieurs scénarios et écrivit un commentaire en alexandrins pour *le Chant du Styrène* RÉ Resnais (1958).

QUINE Richard RÉ US (Détroit 12 nov. 1920 | juin 1989) Réalisateur hollywoodien de second plan, il a mieux réussi dans le vaudeville : *Une Cadillac en or massif* (1954), *Pleine de vie* (1956), et dans l'opérette, que dans les comédies dramatiques ou les mélodrames : *le Monde de Suzie Wong* (1960). *Hôtel* (1967), encore que *Liaisons secrètes* (*Strangers when we meet*, 1961), hommage à la lumineuse beauté de Kim Novak et regard désabusé sur la société américaine puisse être tenu pour un très grand film. Après l'échec de *Synanon* (1964) on ne lui confia plus que des besognes dérisoires et il lui fut de plus en plus difficile de travailler « Je suis triste d'être mis à l'écart car j'aime faire des films », avait-il dit avant sa mort (interview à l'émission « Cinéma, Cinéma », A2).

RABIER Jean PH FR (1926 |) Venu du documentaire, assistant, ensuite, de Decae, Rabier, depuis *les Godelureaux*, a été le chef opérateur de tous les films de Chabrol et de quelques autres : Demy, Varda, Clément, Korber.

RADOK Alfred RÉ TS (1914 |) Il dirigea après la guerre un film curieux en style un peu expressionniste : *Ghetto Teresin*, sur le camp d'extermination, celui même où mourut Robert Desnos.

RADVANYI Geza RÉ HONG ALL FR (Hongrie 26 sept. 1907 |) Il est l'homme d'une seule réussite : *Quelque part en Europe*, 1947, que lui inspirèrent les circonstances de la guerre. Après quoi il dirigea à Paris, Rome ou Munich des productions analogues aux « films limonade » réalisés par lui avant 1945 à Budapest. En 1979 il retourna dans son pays natal pour y réaliser *Circus Maximus*.

RAIK Étienne ANIM FR (Hongrie 14 juill. 1904 | 29 déc. 1976) Excellent animateur spécialiste des films d'objets, mais qui dut se confiner dans des films publicitaires, accumulant en 90 secondes les trouvailles ingénieuses et les gags lyriques.

RAIZMAN Iouli RÉ URSS (Moscou 15 fév. 1903 |) Trop peu connu hors de son pays, il est avec l'Américain Frank Borzage un des trop rares cinéastes qui ait su traduire à l'écran l'intimité

Raizman

amoureuse, la confiance chaleureuse d'un couple. Il est l'un des meilleurs réalisateurs de l'URSS, qui sait faire de ses héros nos prochains, avec une liberté certaine dans la peinture de leurs caractères et de leur rôle dans la société soviétique. Il refuse les effets, et c'est peut-être sa pudeur discrète qui ne lui a pas encore permis de se faire estimer partout à sa juste valeur. On avait pourtant remarqué à l'étranger un de ses premiers films, *la Terre a soif*, semi-documentaire décrivant les transformations d'une république soviétique d'Asie centrale. Il resta fidèle au documentaire et dirigea sur la prise de Berlin par l'Armée rouge un long métrage du plus haut intérêt. Pour le XXe anniversaire de la Révolution russe, il avait décrit avec une rare sensibilité, dans *la Dernière Nuit*, l'idylle mélancolique de deux nouveaux Roméo et Juliette, dans le cadre romantique d'une nuit d'octobre. Pendant la guerre, sa sensible *Machenka* fut d'une humanité chaleureuse et ne sacrifia pas aux faciles poncifs de l'héroïsme. La paix revenue, il donna une entraînante comédie légère, *Rapide Extrême-Orient*, qui, en reprenant la situation de *New York-Miami*, décrivait l'URSS de Moscou à Vladivostok. Et s'il dut adapter, avec *le Chevalier à l'étoile d'or*, un roman fort influencé par le culte de la personnalité, il lui donna, avec de très belles images, une sensibilité certaine. Plus tard, *la Leçon* fut l'un des premiers films donnant un tableau positif, certes, mais critique de certains aspects de la société soviétique.

RÉ : 1927 *le Cercle*. 1928 *le Bagne*. 1930 *la Terre a soif*. 1931 *Un récit impayable*. 1935 *les Aviateurs*. 1937 *la Dernière Nuit*. 1940 *Terres défrichées, from* Cholokhov. 1942 *Machenka*. 1944 *le Ciel de Moscou*. 1945-1946 *Berlin* DOC, PH

Chpikovski et Volk. 1947 *Rapide Extrême-Orient*, SC Malyguine, PH Guelein et Kaltzaty, INT Yarotzkaya, Vorobyev, Sorokine. 1949 *Rainiss*. 1950 *le Chevalier à l'étoile d'or*. 1955 *la Leçon de la vie*. 1958 *le Communiste*, ou *Récits de ma mère*. 1962 *Et si c'était l'amour*. 1973 *Visite de courtoisie*. 1974 *Une femme étrange*. 1982 *Vie privée*. 1984 *le Temps des désirs*.

RAMNOTH K. RÉ INDE (Trivandrum 1912 |) Opérateur, producteur et réalisateur de la région de Madras, il fut directeur artistique des studios Gemini, 1942-1948, et dirigea, en 1953, une version des *Misérables (Ézai Padum Padi)* parlant le tamil.

RAMSAYE Terry HIST US (Tonganoxie 2 nov. 1885 | Norwalk, Connecticut, 19 août 1954) Journaliste, rédacteur en chef du corporatif « Motion Picture Herald », il publia en 1928 « Million and one Night », ouvrage de base pour connaître les origines du cinéma américain.

RANK Lord Arthur PR GB (Huil 23 déc. 1888 | 29 mars 1972) Le « roi Arthur », ayant repris le slogan « panem et circenses », monopolisa, après le pain, le cinéma britannique. Régnant depuis un quart de siècle sur toutes les branches de cette industrie, de l'équipement technique aux studios, à la distribution et aux salles, il est le principal responsable de sa stagnation artistique. Grand minotier et marchand de grains, les deux guerres devaient fabuleusement l'enrichir. De religion presbytérienne, il s'intéresse en 1933 à la production de films édifiants. Il fonde en 1935 la British National Picture et achète 25 % des intérêts Universal ; il devient distributeur et fonde un magazine filmé. En 1936, crée la General Finance Cinema Corporation ; en 1941, achète Gaumont British et Odeon Theatres, contrôlant ainsi, avec 750 salles d'exclusivité, la majorité de l'exploitation britannique. En 1944, il possède 56 % des studios anglais ; en 1945, il achète la chaîne de cinéma Odeon au Canada, et forme aux US l'Eagle Lion Distributor. 1947 : Il contraint les quatre grands de Hollywood à un accord pour la distribution de ses films dans leurs trois mille salles ; il acquiert la société Universal américaine, contrôle alors 70 sociétés et possède des agences de distribution dans 60 pays, sous l'égide de la Rank Organisation, fondée en 1946. Après 1950, il ne réussit pas à conquérir les US et doit abandonner l'Universal. Après 1955, la baisse de fréquentation mettant ses salles en déficit, il en ferme un grand nombre et compense ses pertes par la vente de la confiserie.

Rank, 1949.

Man Ray

RAY Man PH RÉ FR (Philadelphie 1890 | 18 nov. 1976) Dadaïste, puis surréaliste, il fit passer dans ses films d'avant-garde les recherches plastiques, proches de l'abstraction, qu'il poursuivait aussi comme photographe et comme peintre. RÉ : 1923 *le Retour à la raison*. 1927 *Emak Bakia*. 1928 *l'Étoile de mer*, SC Desnos, INT Youki Desnos, Larivière. 1929 *les Mystères du Château du Dé*. 1944-1946 *Rêves à vendre*, CO-RÉ Richter.

RAY Nicholas (Raymond Nicholas Kienzle) RÉ US (Galesville, Wisconsin 7 août 1911 | 16 juin 1979) Un auteur qui sut (mais pas à tous les coups) exprimer l'inquiétude de la jeunesse et de la société américaines dans *la Fureur de vivre*, un film qui compte dans l'histoire du cinéma et où il tira de James Dean, ce « rebelle sans cause », le meilleur de lui-même. Il avait débuté, avec *les Amants de la nuit*, par un film qui fut en quelque sorte une préface à son œuvre maîtresse ; cette inquiète sauvagerie, cette interrogation sur le sens de la vie ne se retrouvèrent pas toujours dans les films qui suivirent, exécution parfois de commandes de producteurs : *les Ruelles du malheur*, etc. Il se retrouva pleinement dans *Johnny Guitare*, western intellectuel, puis dans *la Fureur de vivre*, que furent loin de valoir le trop recherché *Derrière le miroir* ou *la Forêt interdite*. Malgré quelques faiblesses, *Amère Victoire* fut une grande œuvre par où il exprima son horreur de la guerre, son sens de la nature et du comportement humains. Il réussit encore à émouvoir dans quelques scènes des *Dents du diable* où des Esquimaux furent incarnés par des Américains et des Japonais. Mais il succomba lourdement dans un remake cinq fois milliardaire du *Roi des rois* et dans une superproduction : *les 55 Jours de Pékin*.

Nicholas Ray

« *Johnny Guitare* », avec Joan Crawford et Sterling Hayden.

D'abord architecte puis radio et scénariste.

RÉ : 1948 *les Amants de la nuit (They live by Night)*, INT Farley Granger, Cathy O'Donnell, Howard da Silva. 1949 *A Woman's Secret*, SC Mankiewicz, *from* Vicky Baum, INT Maureen O'Hara, Melwyn Douglas, Gloria Grahame, *les Ruelles du malheur (Knock on any Door)*, INT Humphrey Bogart, John Derek. 1950 *le Violent (In a Lonely Place)*, SC Andrew Solt, PH Burnett Guffey, MUS G. Antheil, INT Humphrey Bogart, Gloria Grahame, Frank Lovejoy ; *Born to be Bad*, INT Joan Fontaine, Robert Ryan, Zachary Scott, Mel Ferrer. 1951 *la Maison dans l'ombre (On Dangerous Ground)*, SC Al Bezzerides et Ray, INT Ida Lupino, R. Ryan, Ward Bond, *les Diables de Guadalcanal (Flying Leathernecks)*, SC J. E. Grant, PH William Snyder, INT John Wayne, R. Ryan, Don Taylor, Janis Carter. 1952 *les Indomptables (The Lusty Men)*, SC David Dortor et Horace McCoy, *from* R Claude Stanish, PH Lee Garmes, INT Susan Hayward, Robert Mitchum, Arthur Kennedy. 1954 *Johnny Guitare*. 1955 *A l'ombre des potences (Run for Cover)*, INT James Cagney, Viveca Lindfors, John Derek, *la Fureur de vivre (Rebel without a Cause)*. 1956 *l'Ardente Gitane (Hot Blood)*, SC Jesse Lasky, INT Jane Russell, Cornel Wilde, Luther Adler, *Derrière le miroir (Bigger than Life)*, SC Richard Maibaum et Cyril Hume, PH Joseph McDonald, INT James Mason, Barbara Bush, Walter Matthau. 1957 *le Brigand bien-aimé (The True Story of Jesse James)*, INT Robert Wagner, Jeffrey Hunter, Hope Lange, Agnès Moorehead, *Amère Victoire (Bitter Victory)*. 1958 *la Forêt interdite (Wind across the Everglades)*, INT Christopher Plummer, Burl Ives, Gypsy Rose Lee, *Traquenard (Party Girl)*, SC George Wells, PH Robert Bonner, MUS Jeff Alexander, INT Robert Taylor, Cyd Charisse, Lee J. Cobb, John Ireland. 1960 *les Dents du diable (Savage Innocents)* ou *Ombres blanches*, PR ITAL-FR, SC Ray, Franco Salinas, Hans Ruech, *from* R H. Ruech : « Top of the World » PH Aldo Tonti, MUS F. Lavagnino, INT Anthony Quinn, Yoko Tani, Carlo Giustini, Kaido Horuchi. 1961 *le Roi des rois*, 1963 *les 55 Jours de Pékin*. 1973 *We can't go Home again* (film inachevé). 1974 Un épisode de *Wet Dreams (Rêves humides)*. 1979-1980 *Lightning over water (Nick's Movie)*. Ray est mort pendant la réalisation de ce film auquel il travaillait avec Wenders. Ce dernier déclare : « Nous décidâmes tous les deux de faire un film ensemble, avec et sur l'un et l'autre [...].

C'est devenu un film sur la réalisation de films, à mi-chemin entre tous les genres et, à cause de la disparition rapide des forces de Nick, un film sur « un homme qui veut se retrouver avant de mourir, retrouver son respect de lui-même » comme Nick le dit dans le film. »

RAY Satyajit RÉ INDE (Calcutta 2 mai 1921|) Très grand réalisateur indien contemporain. D'abord dessinateur et peintre, il se consacra au cinéma après avoir vu Jean et Claude Renoir tourner *le Fleuve*, au Bengale. Son œuvre la plus importante est une trilogie : *Pather Panchali*, *Aparajito*, *le Monde d'Apu*, qui compte parmi les œuvres maîtresses du cinéma mondial des années 1950, et qui est une adaptation du roman autobiographique de l'écrivain B.B. Padhaya. Poursuivant les traditions du cinéma bengali, le meilleur de l'Inde, il allie un parfait sens plastique à une rare chaleur humaine. Il sait faire vivre ses personnages dans leur cadre coutumier et donner un contact direct avec la réalité sociale. Inspiré par un récit de Rabindranath Tagore, prix Nobel, il a mené une controverse hardie contre les superstitions religieuses dans *la Déesse*, dont la noble beauté et le dépouillement classique surpassent peut-être encore les qualités de la trilogie.
RÉ : 1955 *la Complainte du sentier (Pather Panchali).* 1957 *l'Invaincu (Aparajito)*, PH Subatra Mitra, INT Pinaki Sen Gupta, Karuna et Kahu Banerjee. 1958 *la Pierre philosophale (Parash Pathar).* 1959 *le Salon de musique (Jalsaghar), le Monde d'Apu (Apu Sansar).* 1960 *Rabindranath Tagore.* 1960-1962 *la Déesse (Dewi).* 1960 *les Trois Sœurs (Teen Kanya).* 1962 *l'Expédition (Abhijan), Kanchenjungha*, EN COUL. 1963 *la Métropole (Manahagar).* 1964 *Charulata.* 1965 *le Lâche, le Saint.* 1966 le *Héros (Nayak).* 1967 *la Ménagerie (Chiziyakhana).* 1968 *Goopy le chanteur et Bagha le joueur de tambour (Goopy Gune Bagha lyne), les Jours et les Nuits dans la forêt (Aranyer Diratri).* 1970 *l'Adversaire (Pratitwandi).* 1973 *Tonnerres lointains (Ashani Sanket).* 1974 *la Forteresse d'or (Sonar Kella).* 1975 *l'Intermédiaire (Jana Aranya).* 1977 *les Joueurs d'échecs (Shatrany ke khilari).* 1978 *Dieu-éléphant (Joy Baba Felunath).* 1980 *le Royaume des diamants (Hizok rajaz deshe), Pikoo* CM TV FR. 1981 *Saagati.* 1984 *la Maison et le Monde (Ghare Baire), from* Rabindranath Tagore. 1987 *l'Ennemi public (Ganashatru), from* Ibsen.

Satyajit Ray « Pather Panchali »

« le Salon de musique »

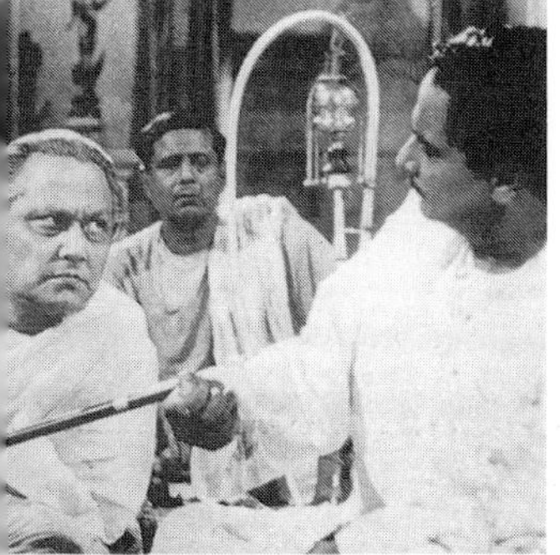

REED Sir Carol RÉ GB (Londres 30 déc. 1906|25 avril 1976) Il s'était affirmé pendant la guerre, notamment avec *The Way ahead*, puis il conquit une grande renommée internationale avec *Huit heures de sursis*, qui reprenait les thèmes de *Quai des brumes* et de *Pépé le Moko*, et donna son meilleur film avec *la Première Désillusion*, drame d'un enfant solitaire. Après le triomphe commercial du *Troisième Homme*, il réalisa des films de plus en plus médiocres, tombant dans le pire lorsqu'il voulut se hausser à la poésie avec *l'Enfant et la Licorne*.
D'abord ACT, puis ASS de Basil Dean.
RÉ : 1937 *Bank Holiday.* 1941 *Sous le regard des étoiles (The Stars look down), from* Cronin, INT Michael Redgrave, Margaret Lockwood, *Kipps, from* H. G. Wells. 1942 *The Young Mr Pitt.* 1945 *The Way ahead*, PH Guy Green, SC Eric Ambler et Peter Ustinov, INT David Niven, Stanley Holloway, *la Vraie Gloire* DOC LM, CO-RÉ Garson Kanin. 1947 *Huit Heures de sursis (Odd Man out).* 1948 *Première Désillusion (The*

Carol Reed, « Huit Heures de sursis ».

Fallen Idol). 1949 *le Troisième Homme (The Third Man).* 1952 *le Banni des îles, from* J. Conrad. 1953 *l'Homme de Berlin (The Man between).* 1956 *l'Enfant et la Licorne (A Kid for two Farthings), Trapèze.* 1958 *la Clé (The Key).* 1960 *Notre agent à La Havane, from* Graham Greene. 1962 *The Ballad of the running Man (le Deuxième Homme),* INT Laurence Harvey. 1965 *l'Extase et l'Agonie.* 1968 *Oliver,* INT Oliver Reed. 1970 *l'Indien,* INT A. Quinn. 1972 *Sentimentalement vôtre,* INT Mia Farrow.

REICHENBACH François RÉ FR (Paris 3 juil. 1922|) C'est une « caméra-œil » faite homme. Il a su découvrir, aux US surtout, mille détails insolites, curieux, nouveaux, mais il n'a pas eu la même sûreté dans son récit et son montage. 1950-1959 nombreux CM DOC, dont 1958 *les Marines.* 1960 *l'Amérique insolite,* PH Reichenbach, MUS Michel Legrand. 1962 *Un cœur gros comme ça.* 1964 *la Douceur du village, les Amoureux du France* LM, CO-RÉ Pierre Grimblat. 1967 *Mexico Mexico.* 1968 *13 jours en France,* CO-RÉ Claude Lelouch. On a dit d'abord à propos de ses courts métrages, qu'il était « un œil », puis l'œil s'est mis à regarder vivre les hommes célèbres (Arthur Rubistein, Johnny Hallyday, etc.) et à en tirer une morale assez conventionnelle pour que ses films soient assurés de plaire à un certain public. Un regret : qu'il ait tant affadi la corrosive déraison de Devos dans 1972 *la Raison du plus fou.* 1973 *Le Hold-up au crayon.* 1976 *Sex O'clock USA.* 1977 *le Roi Pelé.* 1980 *le Japon de François Reichenbach, Maurice Ravel, Houston, Texas.* 1981 *J.-H. Lartigue.* 1982 *Maurice Béjart.*

REINHARDT Max RÉ ALL US (Autriche 8 sept. 1873|New York 31 oct. 1943) Le grand homme du théâtre allemand, qui fut aussi le père spirituel de la très riche époque du cinéma muet allemand. Il forma beaucoup de ses acteurs. L'expressionnisme, le Kammerspiel, les grandes mises en scène dérivèrent pour une large part de ses expériences scéniques. RÉ : 1912 *l'Ile des bienheureux, la Nuit de Venise.* - AUX US : 1935 *le Songe d'une nuit d'été* CO-RÉ Dieterle.

REINIGER Lotte ANIM ALL (Berlin 2 juin 1899|1981) Elle dirigea plusieurs longs métrages d'ombres chinoises, pleins de richesse et d'inventions, dans un style rococo proche du XVIIIe : *le Prince Achmed, Carmen, Papageno.* Depuis qu'elle a cessé d'animer les ombres en noir et blanc, personne n'a pris sa succession.
RÉ : 1926 *Aventures du prince Achmed.* 1933 *Carmen, Sissi.* 1934 *Das Gestohlen Hertz.* - EN SUISSE : 1935 *Papageno, le Marquis de Carabas, Der Kleine Schornsteinfeger.* 1938 ombres de *la Marseillaise,* de Jean Renoir.

REISZ Karel RÉ GB (Tchécoslovaquie 1926|) Très brillant cinéaste du Free Cinema anglais. Il a démontré dans ses documentaires pris sur le vif son sens de la vie quotidienne, de l'humanité saisie dans ses actes les plus courants, tout en sachant choisir l'essentiel. Travaillant ensuite sur des fictions de plus en plus élaborées, il n'a jamais manqué de les nourrir de la même acuité d'observation.
RÉ : 1956 *Mamma don't allow* DOC, CO-RÉ Richardson. 1958 *We are the Lambeth Boys* DOC, PH Lasally. 1961 *Samedi soir dimanche matin.* 1963 *The Night must fall.* 1966 *Morgan fou à lier.* 1968 *Isadora,* INT Vanessa Redgrave. 1974 *le Flambeur.* 1978 *les Guerriers de l'enfer.* 1981 *la Maîtresse du lieutenant français.* 1985 *Sweet Dreams* US.

RENOIR Claude PH FR (Paris 4 déc. 1914|) Dans la grande tradition française de son grand-père Auguste Renoir et de son oncle Jean Renoir, il est un opérateur exceptionnellement doué et cultivé, surtout remarquable dans la couleur. Fils de Pierre Renoir.
RÉ Jean Renoir : 1934 *Toni.* 1936 *Une partie de campagne.* 1937 *la Grande Illusion.* 1951 *le Fleuve.* 1952 le *Carosse d'or.* 1955 *French Cancan.* 1956 *Éléna et les hommes.* RÉ Clément : 1946 *le Père tranquille.* RÉ : Becker : 1949 *Rendez-vous de juillet.* RÉ Dréville : 1950 *Prélude à la gloire.* RÉ Diamant-Berger : 1951 *Monsieur Fabre.* RÉ Clouzot : 1956 *le Mystère Picasso.* RÉ Carné : 1961 *Terrain vague.* RÉ Rouleau : 1956

les Sorcières de Salem. 1962 *les Amants de Teruel.* RÉ Vadim : 1960 *Et Mourir de plaisir.* RÉ Christian-Jacque : 1962 *Marco Polo.* 1963 *Symphonie pour un massacre* RÉ Deray. 1964 *l'Insoumis* RÉ Cavalier. 1966 *la Curée.* RÉ Vadim. 1967 *Barbarella.* RÉ Vadim. 1969 *la Folle de Chaillot* RÉ Forbes.

RENOIR Jean RÉ FR US (Paris 15 sept. 1894 | Beverley Hills 12 fév. 1979) Le plus français des cinéastes d'avant-guerre, le grand maître du réalisme poétique. En 1938, à ses débuts, il écrivait : « Naïvement et laborieusement, je m'efforçais d'imiter mes maîtres américains ; je n'avais pas compris qu'un Français vivant en France, buvant du vin rouge et mangeant du fromage de Brie devant la grisaille des perspectives parisiennes, ne peut faire œuvre de qualité qu'en s'appuyant sur les traditions des gens qui ont vécu comme lui. » Fils du peintre Auguste Renoir, il se passionne pour le cinéma et réalise *la Fille de l'eau,* essai plein de nostalgique poésie, et une *Nana,* la meilleure adaptation muette de Zola, écrivain qui exerça sur lui une profonde influence. L'échec financier de cette entreprise le contraignit à des besognes : *le Tournoi dans la cité, le Bled,* qui firent méconnaître son *Tire-au-flanc.* On l'aurait classé parmi les réalisateurs commerciaux sans *la Petite Marchande d'allumettes.* Après le parlant, il débuta avec une grande réussite, *la Chienne,* qui, comme *Boudu sauvé des eaux, la Nuit du carrefour* et *Madame Bovary,* connut d'injustes échecs financiers. *Toni* marqua le début de sa grande époque, avec *le Crime de Monsieur Lange* et son remarquable *la Vie est à nous,* contribution enthousiaste aux succès du Front populaire. S'il hésita, avec *les Bas-Fonds,* et s'il ne put terminer *Une partie de campagne,* vibrant hommage à Maupassant et à l'impressionnisme, il conquit une gloire internationale avec *la Grande Illusion.* Il se trouvait alors « au sommet de son art », selon l'expression d'Alexandre Arnoux, qui le décrivait ainsi : « Quand il exerce son métier, il se déchaîne, il ne ménage rien, il se donne sans frein et sans retenue. Je m'abandonne au beau spectacle d'un homme sans habileté et plein de maîtrise, qui a des idées, une foi, et qui a forgé le langage qui convient à son expression, qui ne fait pas du « social » parce que la mode le veut, mais parce que le social constitue l'aboutissement même de sa nature réfléchie, obstinée et patiente. » Après *la Marseillaise,* objet de critiques partisanes, il donna une remarquable adaptation de Zola, *la Bête humaine.* Puis il se lança à corps perdu dans *la Règle du jeu,* satire corrosive des classes dirigeantes françaises. « Maintenant je commence à savoir comment on doit travailler. Je sais que je suis français et que je dois travailler dans un sens absolument national. Je sais aussi que, ce faisant, et seulement de cette façon, je peux toucher les gens des autres nations et faire œuvre d'internationalisme. » Le cruel échec public de *la Règle du jeu* et la guerre le plongèrent dans le désarroi. L'occupation le contraignit à l'exil d'Hollywood, où il tenta de reconstituer sa patrie en studio : *Vivre libre, le Journal d'une femme de chambre.* Avec *l'Étang tragique* et surtout *l'Homme du Sud,* il pénétra la réalité américaine, puis revint vers le vieux monde, rêvant d'une universelle bonté, mais une certaine aigreur s'était introduite en lui. Il prit surtout comme un « motif » pictural l'Inde, pour *le Fleuve,* la commedia dell'arte dans *le Carrosse d'or* ou le Paris de 1890 dans *French Cancan.* Il lui arriva de commettre d'assez lourdes erreurs comme *le Testament du Dr Cordelier,* mais il n'en

Roland Toutain et Jean Renoir dans « la Règle du jeu ».

« la Chienne », avec Georges Flamant.

Jean Renoir « la Bête humaine », avec Simone Simon et Gabin.

reste pas moins un des maîtres du cinéma mondial, justement admiré et vénéré.

D'abord céramiste. 1924 PR et SC *Une vie sans joie* ou *Catherine* RÉ Albert Dieudonné.

RÉ : *la Fille de l'eau*, SC P. Lestringuez, INT Catherine Hessling, Pierre Philippe, Charlotte Clasis. 1926 *Nana*. 1927 *Charleston*, SC Lestringuez, INT C. Hessling, Johnny Huggins, *Marquita*, INT Marie-Louise Iribe, Jean Angelo. 1928-1930 *la Petite Marchande d'allumettes*, *Tire-au-flanc*, PH Bachelet, DÉC Aaes, INT Georges Pomiès, Michel Simon, Jeanne Hebling. 1929 *le Tournoi dans la cité*, *from* R Dupuy-Mazel, INT Aldo Nadi, Jackie Monnier, Suzanne Desprès, *le Bled*, INT Jackie Monnier, Dianna Hart. 1931 *On purge bébé*, ADAPT Renoir, *from* G. Feydeau, INT Marguerite Pierry, Louvigny, Michel Simon, *la Chienne*. 1932 *la Nuit du carrefour*, *from* Simenon, INT Pierre Renoir, Winna Winfred, Georges Koudria, *Boudu sauvé des eaux*, SC Renoir, *from* TH René Fauchois, PH Marcel Lucien et Asselin, INT Michel Simon, Charles Granval, Marcelle Hainia, Jacques Becker. 1933 *Chotard et Cie*, SC Renoir, *from* TH Roger Ferdinand, INT Charpin, Jeanne Lory, J. Boitel. 1934 *Madame Bovary*, *Toni*. 1935 *le Crime de Monsieur Lange*. 1936 *la Vie est à nous*, *Une partie de campagne*, *les Bas-Fonds*. 1937 *la Grande Illusion*. 1938 *la Marseillaise*, *la Bête humaine*. 1939 *la Règle du jeu*. - EN ITAL : 1940 *la Tosca*, SC Renoir, L. Visconti et Karl Koch, *from* Sardou, RÉ Karl Koch ; seule une partie de la 1re séquence a été réalisée par Renoir, INT Imperio Argentina, Michel Simon. - AUX US : 1941 *l'Étang tragique (Swamp Water)*, SC Dudley Nichols, PH Poverell Marley, INT Walter Brennan, Walter Huston, Anne Baxter, Dana Andrews. 1943 *Vivre libre (This Land is mine)*, SC Dudley Nichols et Renoir, INT Charles Laughton, Maureen O'Hara, George Sanders. 1944 *Salut à la France (Salute to France)* RÉ en collaboration, MUS Kurt Weill, INT Burgess Meredith, Claude Dauphin, Garson Kanin. 1945 *l'Homme du Sud (The Southerner)*. 1946 *le Journal d'une femme de chambre*. 1947 *la Femme sur la plage (The Woman on the Beach)*, SC Renoir, Frank Davis, Michael Hogan, MUS Hanns Eisler, INT Joan Bennett, Robert Ryan. - EN INDE : 1951 *le Fleuve (The River)*. - EN ITAL : 1952 *le Carrosse d'or*. - EN FR : 1955 *French Cancan*. 1956 *Éléna et les hommes*, SC Renoir, PH Claude Renoir, MUS J. Kosma, INT Ingrid Bergman, Jean Marais, Mel Ferrer. 1959 *le Déjeuner sur l'herbe*, SC Renoir, PH Georges Leclerc, MUS J. Kosma, INT Paul Meurisse, Catherine Rouvel. 1962 *le Caporal épinglé*, INT J.-P. Cassel. 1963 *le Testament du Dr Cordelier*, INT J.-L. Barrault. 1971 *le Petit Théâtre de Jean Renoir* (TV).

RESNAIS Alain RÉ FR (Vannes 3 juin 1922 |) Le meilleur cinéaste de la Nouvelle Vague française, entendue comme la promotion, après 1959, par le long métrage, d'une centaine de nouveaux réalisateurs. Il est exigeant, inquiet, minutieux, respectueux, parfois à l'excès, de ses scénaristes, et pourtant chacun de ses films porte profondément sa marque, celle d'un véritable auteur. Pendant plus de dix ans, les conditions de la production l'obligèrent à s'exprimer par le seul court métrage. On le crut d'abord spécialiste des films sur l'art, après le succès d'un *Van Gogh* un peu anecdotique. Mais *Guernica* était tout autre chose, une sorte d'opéra où s'unissaient Picasso, le lyrisme d'Eluard, la réalité espagnole, la musique de Guy Bernard. On aurait pu comprendre dès lors que, pour lui, l'art du film était d'abord le montage : le choix des images, leur cadrage, leur rythme, l'organisation, en partant d'éléments parfois disparates, d'un contrepoint audio-visuel tendu comme une corde vibrante, qui prend le temps et l'espace comme matières, les combinant pour les besoins de sa création. Dès ses courts métrages, il eut un sens aigu de la « contemporanéité », ce qui lui valut la censure de *Nuit et Brouillard*, sur les camps nazis, ou l'interdiction des *Statues meurent aussi*, pour crime de lèse-colonialisme. Il aborda le long métrage par le plus ardent problème contemporain, la bombe atomique, la guerre et la paix, avec *Hiroshima mon amour*, dont le sens profond est ce cri : « Comment peut-on faire cela aux

Alain Resnais

hommes ! » Tout en se plaçant à l'avant-garde du cinéma moderne avec un intellectualisme certain, il se réfère constamment aux traditions populaires, méprisées par les élites, du roman-feuilleton à la bande dessinée. Peut-être est-ce pourquoi *Hiroshima* ou *Marienbad*, que l'on aurait pu croire réservés à un public d'amateurs éclairés, touchèrent dans de nombreux pays un très vaste public. Son univers était loin d'être aussi clos que le palace baroque de *Marienbad* : même ce film, en apparence intemporel, s'ouvrait en définitive sur la réalité contemporaine, comme le firent ensuite, très ouvertement, *Muriel* et, bien plus encore, *La Guerre est finie*.

RÉ : 1945-1946 Deux films muets : *Schéma d'une identification* et *Ouvert pour cause d'inventaire*. 1946-1948 *Protrait d'Henri Goetz, Visite à Lucien Coutaud, Visite à Félix Labisse, Visite à Hans Hartung, Visite à César Domela, Journée naturelle*, sur Max Ernst, *Visite à Oscar Dominguez*, inachevé, *la Bague*, mimodrame de Marcel Marceau. 1948 *Van Gogh*, MUS Jacques Besse, COMM Claude Dauphin, *Malfray*, MUS Pierre Barbaud. 1950 *Gauguin*, texte de Gauguin, MUS Darius Milhaud, COMM Jean Servais, *l'Alcool tue*, SC Remo Forlani, PH TEXTE et MONT Resnais, INT Grégoire, Forlani, Mendigal ; *Guernica*. 1952 *les Statues meurent aussi* CO-RÉ Resnais, Chris Marker, Ghislain Cloquet, PH Cloquet, MUS Guy Bernard, TEXTE Chris Marker, dit par Jean Negroni. 1956 *Nuit et Brouillard*, *Toute la mémoire du monde*, PH G. Cloquet, MUS M. Jarre, COMM Jacques Dumesnil. 1957 *le Mystère de l'atelier 15*. 1958 *le Chant du Styrène*, PH Sacha Vierny, TEXTE R. Queneau, dit par Pierre Dux, MUS Pierre Barbaud. 1959 *Hiroshima mon amour*. 1961 *l'Année dernière à Marienbad*. 1963 *Muriel ou le Temps d'un retour*. 1966 *la Guerre est finie*, SC Jorge Semprun, PH Sacha Vierny, INT Yves Montand, Ingrid Thulin, Geneviève Bujold, MUS Giovanni Fusco. Durant quatre ans, celui que tous tenaient pour l'un des plus grands réalisateurs français fut muré dans le silence : un demi-échec financier *(Je t'aime, je t'aime)*, des projets qui n'aboutissent pas faute de producteurs pour en assurer le financement, une grave crise et c'est assez, l'industrie du cinéma étant ce qu'elle est, pour qu'une voix se taise pendant quatre ans. Si *Stavisky* pourtant marque en 1974 son retour sur les écrans, c'est en 1977 que l'on retrouve Alain Resnais, avec *Providence*, angoissée mise en abyme des fantasmes d'un écrivain vieillissant.

RÉ : 1969 *Loin du Vietnam* (film collectif). 1968 *Je t'aime, je t'aime*, SC Jacques Sternberg, PH Jean Boffety, INT Claude Rich, Olga Georges-Picot, MUS Pende-

Alain Resnais, « Hiroshima mon amour », avec Emmanuelle Riva.

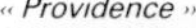
« Providence »

recki. 1972 Participe à la réalisation (avec Jacques Doillon et Jean Rouch) de l'*An 01*, SC Gebé, PH Renan Pollis. 1974 *Stavisky*, SC Jorge Semprun, PH Sacha Vierny, MUS Stephen Sondheim, INT Jean-Paul Belmondo, Annie Duperey, Charles Boyer François Périer, Michel Lonsdale, Claude Rich. 1976 *Providence* (FR-GB), SC David Mercer, PH Ricardo Arnovitch, MUS Miklos Rozsa, INT Dirk Bogarde, Ellen Bürstym, John Gielgud, David Warner, Élaine Strich. 1980 *Mon Oncle d'Amérique* SC Jean Gruault d'après Henri Laborit, PH S. Vierny, MUS Arié Dzierlatka, INT Gérard Depardieu, Nicole Garcia, Roger Pierre, Henri Laborit, *la Vie est un roman*. 1984 *l'Amour à mort*. 1986 *Mélo*. 1989 *I Want to go Home*.

REY Florian RÉ ESP (189? | 1961) Le meilleur des réalisateurs espagnols au temps du muet ; il donna son chef-d'œuvre en 1929, avec *le Village maudit (La Aldea maldita)*, film qui fut admiré en France, où il avait été présenté par Juan Piqueras, le « Delluc espagnol ».

REYNAUD Émile INV ANIM FR (Montreuil 8 déc. 1844 | Ivry 8 janv. 1918) Il est le créateur du dessin animé comme art. Il précéda tous les autres comme organisateur de spectacles réguliers d'images animées en couleurs et sonorisées : musée Grévin, Paris 1892. Artisan de génie, merveilleux « peintre en film », qu'il dessinait et gouachait image par image, il mourut dans la misère après avoir détruit la majorité de ses bandes. Heureusement, *Pauvre Pierrot* et *Autour d'une cabine* nous ont été conservés. La première de ces « pantomimes lumineuses », encore proche du théâtre, abonde en trouvailles et en gags, tandis que la seconde s'ouvre sur la nature, les vagues de la mer, les vols de mouettes et les baigneurs des plages, aussi finement observés que plus tard, par Jacques Tati, ceux des *Vacances de Monsieur Hulot*. A l'aube d'un « huitième art », il sut ainsi créer des types et des figures humaines comme nul animateur ne sut le faire vraiment après ce génial précurseur. 1876 Praxinoscope, jouet à dessins animés pour vision directe. 1878 Praxinoscope théâtre et de projection. 1889 Brevet de théâtre optique à bande perforée, présenté à l'Exposition Universelle. 1892-1900 Séries de plusieurs milliers de représentations, au musée Grévin, des « pantomimes lumineuses » avec les bandes. 1891 *Un bon bock*, *Clown et ses Chiens*, *Pauvre Pierrot*. 1894 *Rêve au coin du feu*, *Autour d'une cabine*. 1896 *Guillaume Tell*, INT Footit et Chocolat, *le Premier Cigare*, INT Galipaux, deux *photos-scènes* (dessins d'après photos de films). 1903 Essais de cinéma en relief avec l'emploi de tambours de miroirs praxinoscopiques.

Émile Reynaud faisant fonctionner son théâtre optique

RIAD Mohamed Slim RÉ ALG (1932 |) Militant du FLN en France pendant la guerre d'Algérie, emprisonné, il a donné sur les camps d'internement un film d'une grande rigueur *la Voie* (1968), qu'il définit comme une « chronique documentaire jouée ». Il fut l'un des fondateurs de la RTA (Radiotélévision algérienne) pour laquelle il réalisa de 1964 à 1968 de nombreux courts métrages.
RÉ : 1968 *la Voie*. 1969 *l'Inspecteur Tahar*. 1972 *Nous reviendrons*. 1975 *Vent du Sud*. 1978 *Autopsie d'un complot*.

RIAZANOV Eldar RÉ URSS (Samara, 18 nov. 1927 |) Scénariste, dramaturge, réalisateur diplômé du VGIK il a d'abord réalisé des documentaires et, à partir des années 50, des œuvres de fiction sur des scénarios (la partie forte de ses films) qu'il avait lui-même écrits, comédies douces-amères sur la vie quotidienne, qui ont eu un très grand succès en URSS.
RÉ (principaux films) : 1955 *les Voix du printemps*. 1958 *la Jeune Fille sans adresse*. 1961 *l'Homme de nulle part*. 1966 *Gare à la voiture*. 1973 *les Aventures extraordinaires des Italiens en Russie* CO-PR URSS-ITAL. 1979 *le Garage*. 1982 *Une gare pour deux*. 1987 *Mélodie pour flûte oubliée*. 1988 *Chère Elena Sergueevna*.

RICHARDSON Tony RÉ GB (Yorkshire 1928 |) Il unit dans ses films le Free Cinema et les œuvres des « jeunes gens en colère ». Inégal - *Sanctuaire* fut pour

lui une désastreuse expérience américaine - il a su très bien montrer, avec une certaine poésie et de la sensibilité, l'Angleterre véridique dans *les Corps sauvages (Look back in Anger)*, et surtout l'excellent *Un goût de miel.* Il est, avec Karel Reisz et Lindsay Anderson le meilleur représentant du cinéma anglais des années soixante.
RÉ : 1959 *les Corps sauvages (Look back in Anger), from* TH J. Osborne, ADAPT Nigel Kneale, PH Oswald Morris, MUS Chris Barber, INT Richard Burton, Mary Ure, Claire Bloom. 1960 *le Cabotin (The Entertainer),* SC J. Osborne et N. Kneale, PH O. Morris, INT Laurence Olivier, Brenda de Benzie, Joan Plowright, Alan Bates. - AUX US : 1961 *Sanctuary (Sanctuaire),* SC James Poe, *from* Faulkner, PH Ellsworth Fredricks, MUS Alex North, INT Yves Montand, Lee Remick, Bradford Dillman. - EN GB : 1962 *Un goût de miel (A Taste of Honey), The Lonelines of the Long Distance Runner (la Solitude du coureur de fond), from* R Allan Silitoe, INT Tom Courtenay, Michael Redgrave. 1963 *Tom Jones.* - AUX US : 1965 *Ce cher disparu (This Loved One).* - EN GB : 1966 *Mademoiselle,* INT Jeanne Moreau. 1967 *le Marin de Gibraltar.* 1968 *la Charge de la brigade légère.* 1969 *la Chambre obscure, Ned Kelly.* 1970 *Hamlet.* 1973 *A Delicate Balance.* 1974 *Dead cert (Une mort certaine).* 1977 *Joseph Andrews.* 1981 *Police frontière (The Border).* 1984 *Hôtel New Hampshire.* 1988 *A Shadow in the Sun.*

RICHTER Hans RÉ ALL US (Berlin 1888 | 1976) Importante figure de l'avant-garde européenne des années 1920. Parti du film abstrait, il aboutit aux essais surréalistes : *Jeux de chapeaux,* et aux documentaires sociaux : *Renn Symphonie, Inflation.*
D'abord peintre abstrait, dadaïste, il utilise de longs rouleaux qui le conduisent au film : 1919-1920 *Prélude et Fugue, Rythmus 21.* 1921-1925 *Rythmus 23, Rythmus 25.* 1926 *Filmstudie.* 1928 *Inflation.* 1927-1928 *Jeux de chapeaux (Vormittagspuk* : fantômes de la matinée*)*, improvisé à Baden avec comme INT Darius Milhaud, Paul Hindemith, Richter, Werner Graeff, Jean Oser, Walter Gronsosaty. 1929 *Renn Symphonie (Symphonie des courses)* et des CM PUB et INDUST : *Alles dreht sich, Alles bewegt sich,* PH Reimer Kuntze, MUS W. Gronosaty. - EN SUISSE : 1930 *Nouvelle vie.* - AUX US : 1944-1946 *Dreams that Money can buy.* 1956 *Passionate Pastime.* 1957 *Acht Mal Acht.* 1961 *Forty years of experiment* (I et II). 1963 *Alexander Calder, from* « The Circus to the Moon ». 1967 *Dadascope II.*

Leni Riefensthal, 1939.

RIEFENSTAHL Leni ACT RÉ ALL (Berlin 22 août 1902 |) Elle fut l'égérie du Führer, réalisant à la gloire de Hitler, de ses dignitaires et de ses SS *le Triomphe de la volonté,* document souvent révélateur malgré lui de l'orgueil et de la cruauté fascistes. Elle avait auparavant dirigée *la Montagne bleue,* film alpin aux belles images, un peu folkloriques, et le IIIe Reich lui donna des moyens matériels et techniques illimités pour utiliser aux fins de sa propagande les Olympiades de Berlin en 1936, avec *les Dieux du stade.* Elle abandonna le cinéma après la chute de Hitler. D'abord danseuse, INT surtout de films alpestres.
RÉ Pabst et Fanck : 1927 *Der grosse Sprung.* 1929 *l'Enfer blanc,* RÉ Fanck : 1930 *Tempête sur le mont Blanc.* 1931 *la Montagne sacrée.* 1932 *la Lumière bleue,* CO-RÉ et INT Riefenstahl. RÉ : 1936 *le Triomphe de la volonté.* 1936-1938 *Olympiad, Fest der Volker, Fest der Schönheit (les Dieux du stade),* deux DOC LM sur les Jeux Olympiques de Berlin, 1936. 1944-1958 *Tiefland* (montage du négatif tourné avant 1945). En 1987, elle a publié en Allemagne un livre : « Memoiren ».

RIM Carlo VOIR CARLO-RIM.

RISI Dino RÉ ITAL (Milan 1921) Après des études de psychiatrie, il se tourne vers le cinéma. Assistant de Mario Soldati et Lattuada pendant la guerre, il réalisera de 1946 à 1949 quatorze courts métrages, et restera, tout au long d'une abondante carrière, tenté par le croquis rapide, « bête et méchant » qu'il porta presque à la perfection dans *les Monstres* (1963), film en 17 sketches, enlevés en quelques traits. Ce sont

Dino Risi

pourtant ses long métrages moins nerveux, *Il Sorpasso* (1962) et surtout *Fais-moi très mal mais couvre-moi de baisers* qui lui apporteront le succès international.
RÉ : 1951 *Vacanze col grugsster.* 1952 *Viale della speranza.* 1955 *Pane, amore, e.... (Pain, amour, ainsi soit-il).* 1956 *Pauvres mais beaux.* 1957 *La Nonna Sabella.* 1958 *Venise la lune et toi.* 1959 *Il Vedovo, Il Mattatore (l'Homme aux cent visages).* 1960 *l'Inassouvie.* 1962 *la Marche sur Rome, Il Sorpasso (le Fanfaron).* 1963 *Les Monstres, I Giovedi.* 1964 *Il Gaucho.* 1965 *les Complexes, l'Ombrellone (Play boy party).* 1967 *Il Tigre (l'Homme à la Ferrari), Il Profeta.* 1968 *Fais-moi très mal mais couvre-moi de baisers.* 1968 *Vedo Nudo (Une poule, un Train et Quelques Monstres), Il Giovane normale.* 1970 *la Femme du prêtre, Au nom du peuple italien.* 1972 *Mordi e fuggi (Rapt à l'italienne).* 1973 *Sexe fou.* 1974 *Parfum de femme.* 1975 *Telefoni bianchi (la Carrière d'une femme de chambre), Ames perdues.* 1976 *la Chambre de l'évêque.* 1977 *les Nouveaux Monstres* CO-RÉ Scola, Monicelli. 1978 *Dernier Amour, Caro Papà.* 1980 *Fantôme d'amour.* 1983 *Sesso e Volontieri (les Derniers Monstres).* 1984 *le Bon Roi Dagobert.* 1985 *Scemo di guerra (le Fou de guerre).*

RISKIN Robert SC US (New York 1897 | New York 1955) Il fut surtout connu comme scénariste de Capra, dont il écrivit les plus grands succès de 1930 à 1940.

RITT Martin RÉ US (New York 2 mars 1920 |) Venu de la TV, il débuta de façon très intéressante, en 1957, avec deux films à petit budget : *l'Homme qui tua la peur (Edge of the City), les Sensuels (No down Payment).* Ensuite, reconnu par Hollywood comme « director » de films A, il aborda, après quelques films commerciaux, des sujets politiques et sociaux (le maccartysme, le syndicalisme) traités du point de vue des hommes et des femmes mêlés aux événements rapportés.
RÉ : 1958 *les Feux de l'été, l'Orchidée noire.* 1959 *le Bruit et la Fureur.* 1960 *Cinq Femmes marquées.* 1961 *Paris blues.* 1962 *Aventures de femmes.* 1963 *le Plus Sauvage d'entre tous.* 1964 *l'Outrage.* 1965 *l'Espion qui venait du froid.* 1967 *Hombre.* 1968 *les Frères siciliens.* 1970 *Traître sur commande, l'Insurgé.* 1972 *Sounder, Peter and Tillie.* 1974 *Conrack.* 1976 *le Prête-nom.* 1978 *Casey's shadow.* 1979 *Norma Rae.* 1981 *Black Roads.* 1983 *Marjorie.* 1985 *Murphy's Romance.* 1987 *Cinglée.*

RITTAU Gunther PH ALL (Silésie 1898 | août 1977) Grand opérateur de la grande période muette allemande. Il débute par des DOC scientifiques. Puis RÉ Fritz lang : 1923-1924 *les Nibelungen* ; 1926 *Metropolis.* RÉ Joe May : 1928 *le Chant du prisonnier* ; 1929 *Asphalt.* RÉ Sternberg : 1930 *l'Ange bleu.* 1932-1944, nombreux films médiocres.

RIVETTE Jacques RÉ FR (Rouen, 1er mars 1928 |) En butte aux pires difficultés depuis 1966 (la bête censure pour *Suzanne Simonin, la religieuse de Diderot,* l'incompréhension des producteurs pour d'autres films) ce « réalisateur exigeant et anxieux », comme le qualifiait Georges Sadoul, est encore loin d'avoir la place qu'il mérite dans le cinéma français. Tristement exemplaire en ce sens est le sort que connut dans les années soixante-dix son film *Out*

Jean-Marie Straub et Jacques Rivette

One, (qui dure douze heures quarante) que l'on peut aujourd'hui considérer comme disparu : faute de moyens matériels pour effectuer des tirages, de distributeur pour en assurer en son temps la sortie, l'unique copie du film s'est lentement dégradée. Et pourtant Rivette, dès *l'Amour fou*, tout à la fois réflexion à l'ample respiration sur l'acte même de création, discours théorique sur le cinéma, et chronique passionnée d'un groupe se défaisant, avait prouvé qu'il était le metteur en scène le plus ambitieux et le plus exigeant de sa génération. Champ de recherche qu'approfondit encore *Out one* et la version « courte » qu'il en a donnée sous le titre *Spectre*.
RÉ : 1965 *Suzanne Simonin, la religieuse de Diderot*, SC Gruault, Rivette, PH Alain Levent, INT Anna Karina, Liselotte Pulver, Micheline Presle. 1968 *l'Amour fou*, SC Rivette, Marilù Parolini, PH Alain Levent, Étienne Becker, INT J.-P. Kalfon, Bulle Ogier, Michèle Moretti (existe du film - qui dure quatre heures - une version « normale » d'une heure trente, désavouée par Rivette). 1971 *Out One : noli me tangere* (unique projection au Havre) SC Rivette, PH Levent, INT Bulle Ogier, Juliet Berto, Michel Lonsdale, J.-P. Léaud, et *Out One* : *Spectre*, version « courte » du même (4 heures). 1974 *Céline et Julie vont en bateau*, SC Rivette et E. de Gregorio, avec Bulle Ogier, Dominique Labourier, Marie-France Pisier. 1976 *Duelle*, SC Eduardo de Gregorio, Marilù Parolini, Jacques Rivette, PH William Lubtchansky, MUS Jean Wiener, INT Juliet Berto, Bulle Ogier, Jean Babilee, Hermine Karagheuz, Élisabeth Wiener. 120 mn. 1977 *Noroit*, INT Geraldine Chaplin, Bernadette Lafont, Kiha Markhann. 135 mn. 1978 *Merry go Round* (sorti en 1983). 1984 *l'Amour par terre*. 1986 *Hurlevent*. 1988 *la Bande des quatre*.

ROACH Hal RÉ PR US (Elmira 14 janv. 1892 | 1981) Producteur avisé de films comiques. Il rivalisa avec Mack Sennett et fut plus heureux que lui en tant qu'homme d'affaires. Il lança Harold Lloyd, Laurel et Hardy, ainsi que plusieurs séries comiques à succès. D'abord camionneur et INT de cowboys. 1915 Il entreprend pour Pathé la profitable série des *Lonesone Luke*, avec Harold Loyd. 1919 Fonde ses propres studios. 1921 Série *Our Gang*, interprétée par des enfants. 1925 Forme le couple Laurel et Hardy. 1937 Produit *Topper* et la série qui suit.

ROBBE-GRILLET Alain RÉ FR (Brest 18 août 1922 |) Écrivain célèbre du Nouveau Roman, il signa le scénario de *l'Année dernière à Marienbad*, en 1961, puis fut l'auteur complet de *l'Immortelle* (1962), INT Doniol-Valcroze, *Trans Europ Express* (1966), *l'Homme qui ment* (1968), *l'Eden et après* (1969), *Glissements progressifs du plaisir, le Jeu avec le feu* (1974), *la Belle Captive* (1981).

ROBERT Yves ACT RÉ FR (Saumur 19 juin 1920) Venu du cabaret (« la Rose rouge ») et du théâtre, il est passé à la réalisation et a remporté un grand succès avec *la Guerre des boutons* (1962), suivi de *Bébert et l'omnibus* (1963) et des *Copains* (1964).
RÉ : 1965 *Monnaie de singe*. 1967 *Alexandre le bienheureux*. 1969 *Clérambard*. 1972 *le Grand Blond avec une chaussure noire*. 1973 *Salut l'artiste*. 1974 *le Retour du grand blond*. 1976 *Un éléphant ça trompe énormément*. 1977 *Nous irons tous au paradis*. 1979 *Courage fuyons*. 1984 *le Jumeau*. 1986 *l'Été 36* TV.

Yves Robert

ROBISON Arthur RÉ ALL (Chicago 25 juin 1888 | Berlin 20 oct. 1935) L'homme d'un seul film : *le Montreur d'ombres* (1922), curieux essai où le théâtre se mêla à l'expressionnisme et au Kammerspiel.

ROBSON Mark RÉ US (Montréal 4 déc. 1913 | 20 juin 1978) Dans une carrière très standard, ce cinéaste eut la chance de mettre en films quelques bons scénarios : *le Champion* (1949), *la Demeure des braves* (1951), *Phffft* (1954), *Plus dure sera la chute* (1955).

ROCHA Glauber RÉ BRÉS (14 mars 1938 | 1981) Après un essai d'avant-garde, *Patio*, et le court-métrage *A Cruz na Praça*, consacré à sa magnifique ville natale, il réalisa à 23 ans son premier long métrage : *Barravento* (1962). C'est un itinéraire tragique que celui de ce

cinéaste qui apparaissait dès ses premiers films comme le plus lyrique du « cinéma nôvo », un itinéraire qui va de la puissance baroque, de l'enracinement national du *Dieu noir...* ou *Antonio das Mortes,* au désespoir frénétique du *Lion à sept têtes* et au silence de ses dernières années. Chemin qui peut se lire si l'on rapproche la déclaration qu'il fit au festival de Pesaro en 1968 : « Le cinéma nôvo existe. C'est une riposte créatrice, une pratique d'action, dans un pays aux grandes possibilités et aux grandes équivoques », de l'amertume qu'il a exprimée peu de temps avant sa mort : « A quoi bon faire des films ? On est toujours récupéré par le commerce. » Un itinéraire en tout cas qu'on ne peut comprendre si l'on ne connaît la situation de ces jeunes intellectuels brésiliens qui vécurent au début des années 60 une grande espérance et furent condamnés à l'exil, au déracinement total. Il était rentré au Brésil en 1976.
RÉ : 1964 *le Dieu noir et le Diable blond.* 1967 *Terre en transes.* 1969 *Antonio das Mortes.* 1970 *le Lion à sept têtes, Têtes coupées.* 1974 (CUBA) *Histoire du Brésil* CO-RÉ Marcos Medeiros. 1975 *Claro* (ITAL). 1977 *Di Cavalcanti* CM de 12 mn sur le peintre brésilien. 1981 *A Idade da terra (l'Age de la Terre).*

ROCHAL Grigori RÉ URSS (Ukraine 1898 | 1983) Bon cinéaste soviétique qui aborda beaucoup de genres dans de nombreux films d'une sympathique vitalité, parmis lesquels on retiendra surtout *les Nuits de Saint-Pétersbourg* (1934) et *Pavlov* (1949), une des œuvres les plus intéressantes de la période critique 1946-1954.
D'abord théâtre juif Abima.
RÉ : 1925 *les Messieurs Skotinine.* 1927 *Votre Excellence.* 1928 *la Salamandre.* 1929 *Deux Femmes.* 1931 *le 1er Mai à Goilovka.* 1934 *les Nuits de Saint-Pétersbourg,* CO-RÉ Stroieva. 1937 *les Aubes de Paris.* 1939 *la Famille Oppenheim,* SC Friedrich Wolf. 1941 *l'Affaire Artamov.* 1945 *la Chanson d'Abai.* 1949 *Pavlov.* 1950 *Moussorgsky,* SC A. Abramova et Rochal, PH M. Maguid et L. Sokolski, MUS Kabalevsky, INT A. Borissov, Nicolas Tcherkassov, V. Balachov. 1954 *Aleko, from* Pouchkine. 1953 *Rimsky-Korsakov* CO-RÉ G. Karansky, PH M. Maguid et L. Sokolsky, INT G. Belov, N. Tcherkassov, A. Borissov. 1957-1958 *le Chemin des tourments, from* Tolstoï, en trois parties. 1959 *le Sel de la mer.* 1963 *Karl Marx.*

ROGOSIN Lionel RÉ US (New York 1924 |) Un des meilleurs cinéastes de l'école de New York. Il a utilisé la caméra-œil pour réaliser deux grandes œuvres de cinéma-vérité.
RÉ : 1957 *On the Bowery (Sur le Bowery),* SC Mark Sufrin et Rogosin, PH Richard Bagley, INT Ray Salyer, German Hendricks, Franck Matthews. 1959 *Come back Africa.* 1965 *Nice Time, Wonderful Time.* 1970 *Black Roots.* 1972 *Black Fantasy.* 1973 *Woodcutters of the Deep South.*

ROHMER Éric RÉ FR (Nancy avril 1920 |) Un cinéma « élitaire » (il a dit à propos du *Genou de Claire* : « Actuellement, les films comme les avions ont une clientèle, un public choisi qui sait quel genre de film lui est proposé... »), une exigence d'absolu, le contrepoint d'un dialogue soigneusement poli et d'une image aux frémissements puritains, qui débouchent - curieusement, ou naturellement ? - avec *l'Amour l'après-midi* sur un moralisme tempéré et petit-bourgeois qui eut un grand succès. Il devait ensuite, avec plus ou moins de bonheur (et, quand c'était « plus », le bonheur était vraiment très

Eric Rohmer

« le Genou de Claire »

grand) se mettre à l'écoute des émois et frémissements de l'adolescence.
RÉ : 1954-1958 : une dizaine de CM. 1965 : deux émissions de TV : « Cinéastes de notre temps ». 1964-1966 : émissions pour la TV scolaire. 1959 *le Signe du lion*, PH Nicolas Hayen, INT Jess Hahn. 1966 *la Collectionneuse*, PH Nestor Almendros, INT Haydée Politoff, Daniel Pommereulle. 1969 *Ma nuit chez Maud*, PH Nestor Almendros, INT J.-L. Trintignant, Françoise Fabian, Marie-Christine Barrault. 1970 *le Genou de Claire*, PH Nestor Almendros, INT J.-C. Brialy, Béatrice Roman. 1971 *l'Amour l'après-midi*, INT Bernard Verley, Zouzou. 1976 (FR-RFA) *la Marquise d'O*, mise en scène de la nouvelle d'Heinrich von Kleist, PH Nestor Almendros, IN Edith Clever, Bruno Ganz, Peter Luïhr, Edda Seippel, Otto Sander. 1979 *Perceval le Gallois*. 1980 *la Femme de l'aviateur*. 1982 *le Beau Mariage*. 1983 *Pauline à la plage*. 1984 *les Nuits de la pleine lune*. 1986 *le Rayon vert*. 1987 *Quatre Aventures de Reinette et Mirabelle*, *l'Ami de mon amie*.

RÖHRIG Walter DÉC ALL (1892 | 1945) Grand décorateur expressionniste, qui contribua au succès de ce mouvement par sa collaboration à *Caligari*. RÉ Wiene : 1919 *Caligari*. RÉ Lang : 1921 *les Trois Lumières*. RÉ Murnau : 1925 *Tartuffe*. 1926 *Faust*. RÉ Éric Charell : 1931 *Le Congrès s'amuse*. RÉ Karl Ritter : 1941 *Uber alles in der Welt*. RÉ Hans Steinhoff : 1942 *Rembrandt*.

ROMM Mikhaïl RÉ URSS (Irkoutsk 24 janvier 1901 | oct. 1971) Il débuta de manière remarquable avec *Boule de suif*, la meilleure adaptation qu'on ait jamais réalisée de Maupassant. Il remporta ensuite des succès justifiés avec *Lénine en Octobre* et *Lénine en 1918*, vivantes biographies du grand révolutionnaire. *Matricule 217* fut un émouvant tableau des souffrances endurées par les femmes russes déportées en Allemagne. Mais il eut plus tard le tort de vouloir reconstituer l'atmosphère de pays étrangers qu'il connaissait mal : *la Question russe*, *le Crime de la rue Dante*, et fut écrasé par un budget trop important et par les impératifs alors dictés par le « culte de la personnalité », dans *l'Amiral Ouchakov*. Mais il retrouva une nouvelle jeunesse avec *Neuf jours d'une année*, œuvre personnelle et hardie. Il a contribué à former plusieurs cinéastes de la nouvelle vague russe, particulièrement Gregori Tchoukhraï, en tant que professeur au VGIK. Il est mort en laissant inachevé un film de montage *Et pourtant, je crois*, sur « l'état du monde » que Marlen Khoutsiev et Elem Klimov terminèrent.

Romm

RÉ : 1934 *Boule de suif*. 1937 *les Treize*, *Lénine en Octobre*. 1939 *Lénine en 1918*. 1941 *le Rêve*. 1945 *Matricule 217*, SC Romm et V. Gabrilovitch, MUS Khatchaturian, INT M. Kouzmann, A. Lissinskaïa. 1948 *la Question russe*. 1952 *l'Amiral Tempête (l'Amiral Ouchakov)*, SC A. Stein, MUS Khatchaturian, INT Tereverzex, B. Livanov. 1956 *le Crime de la rue Dante*, *les Longs Chemins*. 1961 *Neufs Jours d'une année*. 1968 *le Fascisme ordinaire*.

ROOM Abram RÉ URSS (Vilno 1894 | 1976) Bon cinéaste soviétique ayant le sens de la plastique et de la psychologie, surtout connu pour son film muet : *Trois dans un sous-sol* (1927), qui montrait la vie quotidienne à Moscou pendant la NEP. Il réalisa un autre film de valeur avec *le Fantôme qui ne revient pas*.
D'abord au TH, puis élève de Koulechov. RÉ 1926 *le Golfe de la mort*, *le Traître*. 1927 *Trois dans un sous-sol*. 1929 *le Fantôme qui ne revient pas*. 1930 Premiers CM sonores soviétiques, *Manomètre nº 1*. 1931 *Manomètre nº 2*. 1934 *l'Adolescent sévère*. 1939 *Escadrille nº 5*. 1941 *Vent d'Orient*. 1945 *l'Invasion*, *from* Leonov. 1956 *le Cœur nouveau*. 1970 *Fleurs tardives*. 1972 *l'Homme d'avant le temps*.

ROOS Jorgen DOC DAN (Copenhague 1922 |) Le meilleur documentariste danois, et l'un des meilleurs en Europe. Percutant, incisif, plein d'humour, il a gardé d'une formation quelque peu surréaliste le goût des coq-à-l'âne poétiques et des rapprochements imprévus. D'abord OP pour son frère Karl Roos (1914 | 1951).
1942-1947 CM en CO-RÉ avec Albert Mertz. - EN FR : 1948 *Opus I*. 1949 *Paris*

pa to Mader, Jean Cocteau, Tristan Tzara, père du dadaïsme. - AU DAN : 1949 *le Baiser refusé (Det Definitive Afslag pa Andmonigen Om et Kys)* CO-RÉ W. Freddie. 1950 *Un château sans château* CO-RÉ Carl Dreyer. 1952 *Det Stroemlindjede Gris Slum.* 1953 *Lyset y Natten, Spaed Barnet, Goddag Born.* 1954 *Kalkmalerier, Avisen, le Dernier Voyage de Martin Andersen Nexö.* 1955 *Mit Livs Eventyr.* 1960 *Copenhague.* 1966 *Sisimut.*

ROSAS Enrique (1877 | 1920) et **COS Joachim** (18? | 1948) RÉ MEX Auteurs en 1919 d'un admirable film mexicain à épisodes, reconstituant une série de crimes : *l'Automobile grise.*

ROSI Francesco RÉ ITAL (Naples 1922 |) Excellent cinéaste de la génération des années soixante. Il a donné un sens nouveau au néo-réalisme et au documentarisme avec *Giuliano* (1962). Assistant de Visconti *(La Terre tremble, Bellissima, Senso)*, d'Antonioni *(I Vinti)*, de Luciano Emmer, c'est dès *La Sfida (le Défi)*, étonnante descente dans le « ventre » de Naples, décapée de tout pittoresque et en proie au rackett, qu'il devait manifester la rigueur et le lyrisme qui firent de *Salvatore Giuliano* un chef-d'œuvre. Ses autres films, malgré des grandes réussites *(les Hommes contre)* ne devaient pas toujours se tenir sur ces hauteurs, l'anecdote prenant trop souvent le pas sur la clarté du propos.
RÉ : 1958 *La Sfida (le Défi)* SC F. Rosi, Suso Cecchi d'Amico, Enzo Provenzale, PH Gianni di Venanzo, INT Jose Suarez, Rosanna Schiaffino. 1959 *I Magliari* SC F. Rosi, Suso Cecchi d'Amico, PH Gianni di Venanzo, INT Alberto Sordi, Belinda Lee, Renato Salvatori. 1961 *Salvatore Giuliano.* 1963 *Main basse sur la ville.* 1965 *le Moment de la vérité.* 1967 *C'era una volta (la Belle de Rome)* SC Tonino Guerra, La Capria, Patroni-Griffi, PH Pasquale de Santis, INT Sophia Loren, Omar Shariff, Georges Wilson, Dolores del Rio. 1970 *Uomini Contro (Des hommes contre)* SC Guerra, La Capria, *from* Emilio Lussu, PH Pasquale de Santis, INT Alain Cuny, Gian Maria Volonte, Mark Frechette (CO-PR ITAL-YOUG). 1972 *Il Caso Mattei (l'Affaire Mattei)* SC F. Rosi, T. Guerra, PH Pasquale de Santis, INT Gian Maria Volonte, Luigi Squarzina. 1973 *Lucky Luciano,* INT Gian Maria Volonte, Rod Steiger. 1976 *Cadaveri eccelenti (Cadavres exquis)* SC F. Rosi, T. Guerra, *from* « Il Contesto » de Leonardo Sciascia, PH P. de Santis, INT Lino Ventura, Marcel Bozuffi, Tina Aumont, Renato Salvatori, Fernando Rey, Max von Sydow, Charles Vanel, CO-PR ITAL-FR. 1979 *le Christ s'est arrêté à Eboli* SC F. Rosi, T. Guerra, La Capria, *from* roman homonyme de Carlo Levi, PH P. de Santis, INT Gianna Maria Volonte, Paolo Bonacelli, Alain Cuny, Lea Massari, Irène Papas, CO-PR ITAL-FR. 1980 *Tre Fratelli (Trois Frères),* INT Philippe Noiret, Michèle Placido, Vittorio Mezzogiorno, Charles Vanel, Andréa Ferréol, CO-PR ITAL-FR. 1984 *Carmen.* 1987 *Chronique d'une mort annoncée, from* Gabriel Garcia Marquez.

Francesco Rosi, 1961.

ROSSELLINI Roberto RÉ ITAL (Rome 8 juin 1906 | 3 juin 1977) Sitôt la fin des hostilités, avec *Rome, ville ouverte,* qui lui avait été inspiré par les luttes de la Résistance italienne, il imposa mondialement, avec ce grand cri du cœur, le néo-réalisme comme le courant le plus important de l'après-guerre. Il avait été scénariste et avait réalisé quelques courts métrages. En collaboration avec F. De Robertis, qui l'avait précédé dans cette voie, il se tourna vers le documentarisme avec *le Navire blanc,* qui ne montra pas « des personnages de roman, mais des hommes vrais ». L'objectivité documentaire » était une utopie, sous le fascisme, en pleine guerre. Il dut se laisser aller à la pire propagande, avec *l'Homme à la croix,* mais il se ressaisit vite et, parce que la Résistance l'entraîna, il devint le haut-parleur du peuple italien. *Paisa,* son second film d'après guerre, fut une production dispendieuse où il employa en toute liberté des méthodes nouvelles. Avec ses scénaristes Fellini et Amidei, il parcourut son pays, se fit raconter divers épisodes de la libération par des personnes qui revécurent pour son film leur propre existence. Avec *Allemagne année zéro,* il voulut de nouveau réaliser un reportage lyrique, mais son demi-échec, surtout commercial, lui fit douter

Rossellini

de sa méthode et du rôle qu'il avait joué depuis 1945. Il voulut se renouveler par le fantastique *(La Macchina ammazzacattivi)* ou par un recours au folklore chrétien *(Onze Fioretti de saint François d'Assise).* Puis son union avec Ingrid Bergman et les scandaleuses campagnes qu'elle provoqua marquèrent un nouveau tournant dans son œuvre. Il dit avec sincérité ses convictions et son désarroi dans *Europe 51*, film méconnu, au ton stendhalien, qui surpassa même, pour cette difficile période, *Voyage en Italie*, dont l'influence devait plus tard être considérable sur une partie de la Nouvelle Vague française. S'il avait gagné beaucoup d'admirateurs dans certains cercles cinéphiles, les succès commerciaux le fuyaient. Il partit pour l'Inde se retremper aux sources documentaires. Il en rapporta *India*, et déclara à propos de ce film : « Ce qui m'importe, c'était l'homme. J'ai essayé d'exprimer l'âme, la lumière qui est à l'intérieur des hommes, leur réalité, qui est une réalité absolument intime, unique, accrochée à un individu, avec le sens des choses qui sont autour. Ces choses ont un sens, puisqu'il y a quelqu'un qui les regarde. » Ces propos valaient pour le meilleur de son œuvre, de même que les méthodes qu'il continuait de préconiser : « Commencer par l'enquête, la documentation, et passer ensuite aux motifs dramatiques, mais pour représenter les choses telles qu'elles sont, pour rester sur le terrain de l'honnêteté. Oui, il faut que le cinéma apprenne aux hommes à se connaître, à se reconnaître les uns les autres au lieu de continuer à raconter toujours les mêmes histoires. » Ce programme, il ne put guère le mettre en application après son retour en Italie où il retrouva certains succès et revint aux thèmes de la guerre : *le Général Della Rovere, les Évadés de la nuit.* En 1962, il songeait à s'exprimer par la plume plutôt que par la caméra, tout en continuant à s'intéresser passionnément au cinéma, pour lequel il inventait de nouvelles possibilités techniques. Après avoir écrit le scénario des *Carabiniers* que réalisa J.-L. Godard, s'est consacré, dans les années 60, à la télévision, ce qui nous valut notamment cette admirable leçon d'histoire : *la Prise du pouvoir par Louis XIV.* « Les vingt prochaines années, a-t-il écrit, se joueront sur l'instruction et l'éducation, sur la faculté d'apprendre et l'art d'enseigner. » Il est mort en juin 1977, quelques jours après la clôture du festival de Cannes dont il avait présidé le jury. Il laissait inachevé un court métrage sur « BEAUBOURG » et n'a pu réaliser son grand projet sur Karl Marx.

RÉ : CM DOC : 1936 *Daphné.* 1937-1938 *Prélude à l'après-midi d'un faune.* 1939 *Fantaisie sous-marine, Il Tacchino Prepotente.* 1940 *Il Ruscello di Ripasottile.* 1941 *La Nave bianca (le Navire blanc),*

Rossellini, « Rome, ville ouverte ».

« Paisà »

Rossellini, « Le Messie ».

INT ACT non professionnels. 1942 *Un Pilota ritorna (Un pilote revient)*, INT Massimo Girotti, Michela Belmonte, Gaetano Masier, *L'Uomo dalla Croce (l'Homme à la croix)*, INT A. Tavazzi, Roswita Schmidt, A. Capozzi. 1944-1946 *Rome, ville ouverte (Roma, città aperta)*. 1946 *Paisà*. 1947-1948 *L'Amore (la Voix humaine)*, *from* Cocteau, PH Robert Juillard, INT Anna Magnani. 1948 Second épisode du *Miracle*, SC F. Fellini, Tullio Pinelli et Rossellini, PH Aldo Tonti, INT Anna Magnani et Fellini, *Allemagne année zéro*, *La Macchina ammazzacattivi (l'Appareil à tuer les méchants)*, INT Giovanni Amato, Marilyn Bufford et ACT non professionnels. 1949 *Francesco giullare di Dio (Onze Fioretti de saint François d'Assise)*, SC Rossellini, PH Otello Martelli, INT Aldo Fabrizzi, Arabella Lemaître et ACT non professionnels. 1949-1950 *Stromboli (Stromboli, terra di Dio)*, SC Rossellini et Art Kohn, PH O. Martelli, INT Ingrid Bergman et ACT non professionnels. 1951-1952 *les Sept Péchés capitaux*, sktech de *l'Envie*, *from* « la Chatte » de Colette, INT Andrée Debar, Orfeo Tamburi. 1952 *Europe 51*, *Siamo Donne (Nous, les femmes)*, INT Ingrid Bergman ; *Dov'è la Libertà*, INT Toto, Nita Dover, Francia Faldini. 1953 *Voyage en Italie (Viaggio in Italia)*. 1954 *Jeanne au bûcher*, *from* oratorio Claudel et Honegger, PH Bogani. 1955 *la Peur (La Paura)*. 1958 *India*. 1959 *Il General Della Rovere*, SC Piero Zuffi, S. Amidei, Diego Fabbri, Indro Montanelli, Rossellini, PH Carlo Carlini, MUS Renzo Rossellini, INT de Sica, H. Messemer, Sandra Milo, Anne Vernon. 1960 *les Évadés de la nuit (Era Notte a Roma)*, SC Amidei, Rossellini, Rondi, D. Fabbri, INT R. Salvatori, Bondartchouk, Leo Genn, P. Baldwyn, *Viva l'Italia*. 1961 *Vanina Vanini*. 1962 *Benito Mussolini* CO-RÉ Pasquale Brunas, *Anima nera*. 1964 *l'Age de fer* (TV). 1966 *la Prise du pouvoir par Louis XIV* (ORTF). Pour la TV : *La Lotta dell'uomo per la sua sopravvivenza* (12 épisodes) de Renzo Rossellini, supervisé par Roberto Rossellini, *Idea di un'isola* (USA). 1968 *Atti degli Apostoli* (5 épisodes). 1970 *Socrate*. 1971 *Blaise Pascal*. 1972 *Agostino di Ippona*, *l'Età dei Medici*. 1973 *Descartes*. 1974 *Anno uno*. 1975 *le Messie*.

ROSSEN Robert RÉ US (New York 16 mars 1908 | Hollywood 18 fév. 1966) Un des bons réalisateurs américains de l'après-guerre. Il a certes accepté diverses besognes, mais possède un solide métier et une grande honnêteté, qui se manifestèrent devant des sujets dignes de ces qualités : 1949 *les Fous du roi (All the King's Men)*. 1957 *Une île au soleil*. 1961 *l'Arnaqueur (The Hustler)*. 1965 *Lilith*.

ROSSIF Frédéric RÉ FR (Montenegro 14 août 1922 |) « Téléaste » connu, il a réalisé des films de montage : *le Temps du ghetto* (1961), *Mourir à Madrid* (1963), *les Animaux* (1964), *Révolution d'Octobre* (1967), *la Fête sauvage* (1976).

ROTA Nino MUS ITAL (Milan 3 déc. 1911 | 10 avril 1979) Le plus apprécié de tous les musiciens de films italiens. Les airs qu'il composa pour *Au nom de la loi* (RÉ Germi), *La Strada* (RÉ Fellini) ou *Rocco et ses frères* (RÉ Visconti) sont devenus très populaires. Fellini lui a dédié *Prova d'orchestra*.

ROTHA Paul DOC GB (Londres 3 juin 1907 | 1984) Il est l'un des fondateurs du mouvement documentariste anglais avec Grierson. Comme lui théoricien et organisateur, mais aussi réalisateur apprécié.
RÉ : 1932 *Contact*. 1934 *Rising Tide*. 1935 *The Face of Britain*, *Shipyard*. 1940 *The Four Estate*. 1943 *World of Plenty*. 1944 *Soviet Village*. 1945 *Britain can make it*. 1946 *The World is rich*. 1950 *No Resting Place*. 1952 *World without End*. 1962 *Hitler*, montage.

ROTUNNO Giuseppe PH ITAL (1923 |) Longtemps cadreur, il devint un grand opérateur avec *Rocco et ses frères*, grâce à Visconti, qui avait déjà apprécié sa collaboration à *Nuits blanches*. Dans les années 70-80, il devait travailler aux États-Unis, notamment avec Altman, Bob Fosse, Zinneman.

ROUCH Jean RÉ FR (Paris 31 mai 1917 |) Il est de ceux qui, depuis 1960, ont ouvert les plus grandes perspectives au cinéma mondial par des films profon-

Jean Rouch, 1959.

dément humains et qui d'autre part ont donné les premiers, ou presque, la parole aux gens de l'Afrique noire. D'abord ethnographe, il est devenu, avec *Jaguar* et *Moi, un Noir,* l'apôtre du cinéma-vérité, du film qui ne triche pas et porte la vie directement à l'écran, en demandant à ses acteurs, non professionnels, d'interpréter leur propre vie, comme jadis le *Nanouk* de Flaherty. Depuis 1961, il a pu utiliser une « caméra vivante », appareil enregistrant le son et l'image sans bruit et sans projecteurs, qui lui permit de saisir les êtres sur le vif. Mais dans *Chronique d'un été,* loin de chercher à saisir « la vie à l'improviste », il a utilisé la caméra et l'enquêteur Edgar Morin comme les principaux personnages d'un drame cherchant à provoquer une crise chez les personnes interrogées pour qu'elles livrent mieux leurs sentiments profonds, par un psychodrame. Déjà, dans *la Pyramide humaine,* il avait utilisé la fiction pour essayer de révéler le racisme ou l'antiracisme de jeunes étudiants blancs et noirs, et il évolua nettement vers la mise en scène avec *la Punition,* exercice de « caméra vivante » plutôt que de cinéma-vérité. RÉ : 1947 *Au pays des mages noirs* CM. 1948 *Magiciens de Wanzerbe* CM. 1949 *Initiation à la danse des possédés* CM, *la Circoncision* CM. 1950-1951 *le Cimetière dans la falaise* CM, *Bataille sur le grand fleuve* CM, *la Chasse à l'hippopotame* CM. 1952 *les Fils de l'eau* LM réunissant les CM 1949-1951. 1954-1955 *les Maîtres fous* CM. 1957 *Jaguar* LM non terminé en 1964. 1959 *Moi, un Noir.* 1961 *la Pyramide humaine, Chronique d'un été.* 1963 *la Punition, Rose et Landry* (28'). 1964 *Gare du Nord* (16 mm, 25', sketch de *Paris vu par...*), *les Veuves de quinze ans* (25'). 1965 *la Chasse au lion à l'arc* (16 mm, coul. « gonflé » en 35 mm, 88'). 1967 *Jaguar* (commencé en 1957, terminé dix ans plus tard, 110'). 1967-68-69-71 *Siguis* (sur une cérémonie Dogon au Soudan. 1970 *Petit à petit, Tambours d'avant.* 1972 *les Architectes d'Ayorou.* 1975 *Cocorico, Monsieur Poulet* CO-RÉ Damouré Zika, Ham Dia, INT Damouré Zika, Ham Dia, Tallou. CO-PR FR-Niger (16 mm c. 90 mn). 1976 *Babatu, les trois conseils.* 1979 *le Vieil Anaï* CO-RÉ Germaine Dieterlen (inédit). 1984 *Dionysos.* 1986 *Folie ordinaire d'une fille de Cham.* 1987 *Bateau-givre* (sketch du *Brise-Glace*), *Énigma.* 1988 *Boulevard d'Afrique.* 1989 *le Beau Navire.* 1990 *Liberté, égalité, fraternité, progrès et puis après ?*

ROUFFIO Jacques RÉ SC FR (Marseille, 14 août 1928 |) Après un premier film grave et tendu, d'une pudique justesse de ton sur les déserteurs de la Première Guerre mondiale, *l'Horizon,* assez scandaleusement saboté par la distribution, Rouffio, scénariste, directeur de production. dut attendre près de dix ans avant de revenir à la réalisation. Il le fit pour des films aux sujets – et aux acteurs – choisis pour toucher le public dans une mise en scène attentive aux personnages, un peu trop près de l'anecdote, sans doute.

« le Sucre », avec Gérard Depardieu et Michel Piccoli.

RÉ : 1966 *l'Horizon.* 1975 *Sept Morts sur ordonnance.* 1977 *Violette et François.* 1978 *le Sucre.* 1982 *la Passante du Sans-Souci.* 1986 *Mon beau-frère a tué ma sœur.* 1987 *l'État de grâce.* 1989 *l'Orchestre rouge.*

ROUQUIER Georges RÉ FR (Lunel-Viel 23 juin 1909 |) Le meilleur continuateur en France de Robert Flaherty. Attentif aux hommes dans leur vie quotidienne et dans leur métier, il a réalisé son chef-d'œuvre, en 1946, avec

Rouquier et Flaherty

Farrebique, tableau lyrique et familier des quatre saisons paysannes, mais il n'a pu malheureusement continuer la série de longs métrages documentaires que ce très beau film annonçait.
RÉ : 1929 *Vendanges.* 1942 *le Tonnelier.* 1943 *le Charron, la Part de l'enfant.* 1946 *Farrebique* LM. 1948 *l'Œuvre scientifique de Pasteur.* 1949 *le Chaudronnier.* 1950 *le Sel de la terre.* 1952 *le Lycée sur la colline, Un jour comme les autres.* 1953 *Sang et Lumière* LM, Malgovert CO-RÉ Daniel Lecomte. 1955 *Lourdes et ses miracles* LM, *Arthur Honegger.* 1956 *la Bête noire.* 1958 *Une belle peur.* 1959 *le Notaire de trois pistoles* (CAN non signé). 1960 *le Bouclier.* 1963 *Sire le Roy n'a plus rien dit* (CAN). 1977 *le Maréchal ferrant.* 1984 *Biquefarre* LM.
Sauf indication contraire (LM) tous ces films sont des courts métrages.

ROVENSKI Josef RÉ TS (1894 | 1937) Bon cinéaste tchèque de l'avant-guerre, auteur, en 1933, de *Jeune amour (Rekka)*, œuvre sensible et émouvante.

ROY Bimal RÉ INDE (Bengale 12 juin 1912 | Bombay janv. 1966) Ce Bengali fut sans doute le meilleur cinéaste indien révélé au cours des années 1940. Formé comme opérateur, de 1930 à 1940, à l'école de P.C. Barua et du News Theatre Ltd, il a gardé de cette école le sens des réalités nationales et de la vie populaire, et le goût des drames, ou mélodrames, qui peuvent toucher un très vaste public asiatique. On aurait tort de le comparer à son compatriote Satyajit Ray : ils appartiennent à des générations aussi différentes que celles de Feuillade ou de Delluc. Son chef-d'œuvre, *Deux Hectares de terre* ou *Calcutta, ville cruelle*, a pour le cinéma indien la même importance que *le Voleur de bicyclette* pour l'Italie d'après-guerre : l'histoire d'un tireur de pousse-pousse bouleversa en Asie des millions de personnes, qui se reconnurent en lui. Pour comprendre ses autres réussites, *Biray Bahu, Sujata, Devdas*, que lui inspirèrent les écrivains bengali révélés vers 1900-1920, il ne faut pas se référer aux normes établies par le cinéma français ou américain ; surtout il ne faut pas les comparer aux drames européens du siècle dernier. Car ces films de Roy pénètrent, à leur manière, une réalité asiatique qui est celle d'un bon milliard d'hommes, trop méconnue en Occident.
1933 Sort d'une école de photo, est engagé au News Theatre Ldt par Nitin Bose en tant qu'ASS PH. 1935 *Devdas*, PH Roy, RÉ Barua. Au News Theatre jusqu'en 1942.

Roy

RÉ : 1943 *Udahir Path*, INT Vinodra Bose et Rada Hahan ; *Battarcherjee*, INT Battachariya. - 1944-1950 A CALCUTTA : *Anjangarb, Montra Mughdo, Hamrahi, Pahela Admi.* - 1950-1953 A BOMBAY : *Baap Beti, Maa, Parineeta.* 1953 *Do Bigha Zamin (Deux hectares de terre* ou *Calcutta ville cruelle).* 1955 *Devdas.* 1956 *Biray Bahu*, PH Dilip Gupta, INT Kamini Kaushal, Abbi Battacharya. 1959 *Sujata.* 1961 *Parakh (l'Examen).* 1963 *Pandini (le Prisonnier).*

ROZIER Jacques RÉ FR (Paris 1926 |) Il a apporté du nouveau à la nouvelle vague avec : 1963 *Adieu Philippine*, « poème interrompu, films. de sentiments et film de personnages » (J.-L. Godard), qui montre avec vérité la jeunesse de 1960. Toutes les promesses de *Adieu, Philippine* sont largement tenues par *Du côté d'Orouet* (1972) qui, sous les apparences d'une nonchalante chronique de vacances est interrogation sur la tension des rapports humains aujourd'hui, rêve impossible d'une vie aux rapports clairs.

RÉ : 1947 *Langage de l'écran* CM. 1954 *Une épine au pied* CM. 1955 *la Rentrée des classes* CM. 1958 *Blue-jeans* CM. 1961 *Adieu Philippine.* 1970 *Du côté d'Orouet.* 1972 *Jean Vigo* MM-TV. 1976 *les Naufragés de l'île de la Tortue.* 1986 *Maine Océan.*

RUIZ Raoul RÉ CHILI FR (Puerto Mont 1941|) Dévoré dès sa jeunesse chilienne d'une boulimie de représentation (théâtre, cinéma, télévision) c'est en France, où il a trouvé refuge après le coup d'État de 1973 du général Pinochet, qu'il donnera libre cours, dans les années 80, à ses débordements créateurs, enchaînant courts métrages sur films à épisodes, séries de télévision sur longs métrages, tournages en super 8 sur enregistrements en vidéo, composant ainsi, dans une folle rapidité, une œuvre profuse, inclassable, que le rêve, l'imaginaire envahissent de plus en plus, après une période qu'on pourrait dire de réflexion (autour de 1978 et de *l'Hypothèse du tableau volé*) sur le statut de l'image.
RÉ CHILI (principaux films) : 1960 *la Maleta.* 1967-71 *le Tango du veuf.* 1968 *Trois Tristes Tigres.* 1970 *la Colonie pénitentiaire.* 1973 *Palomita brava.*
FR (LM cinéma seulement) : 1974 *Dialogues d'exilés.* 1981 *le Territoire, le Borgne, le Toit de la baleine, Images de sable.* 1982 *les Trois Couronnes du matelot.* 1983 *Bérénice, la Ville des pirates.* 1984 *Point de fuite. 1985 l'Éveillé du pont de l'Alma, Richard III, Régime sans pain, Dans un miroir, les Destins de Manoel, l'Ile au trésor, Mammane.* 1987 *la Chouette aveugle.*

Raoul Ruiz

RUSPOLI Mario RÉ FR (Rome 1925|Villepinte 13 juin 1986). « Un jeune maître du cinéma-vérité, qui maniait la "caméra vivante" avec efficacité, modestie et générosité. » A ces lignes écrites par Georges Sadoul en 1963, ajoutons ceci : il faut croire que le cinéma français de ces années 60 n'était pas prêt à accueillir toutes ces qualités à la fois, pourtant éclatantes dès les premiers films de Ruspoli, puisqu'il ne put continuer dans cette voie. On devait, heureusement, retrouver le grand documentariste à la télévision, dans ses *Aventures en pays étrusque* (1974), *Cro-Magnon, premier artiste* (1978-1979) et surtout dans les quatre émissions sur Lascaux : *l'Art au monde des ténèbres* (1984-1985) où la rigueur scientifique du préhistorien qu'était devenu, par passion, Ruspoli, ne masquait jamais l'émotion de l'artiste redécouvrant, à la lampe-torche, des œuvres que le secret des cavernes avait si bien gardées. Au lendemain de sa mort est paru (aux éditions Bordas) le livre « Lascaux », qu'il écrivit sur cette découverte, dont Yves Coppens qui le préface, dit : « C'est... un des tours de force de ce livre, qui parle d'images et ne cesse d'imaginer, de demeurer un ouvrage scientifique. » Telle était bien, en effet, la démarche de Ruspoli, qu'on pouvait lire, dès ces *Hommes de la baleine,* film qui l'avait fait connaître.
RÉ : 1965 *les Hommes de la baleine* CM. 1959 *Campagne* CM, *Ombres et Lumière de Rome* CM. 1961 *Regards sur la folie, la Fête prisonnière* MM. 1962 *les Inconnus de la terre* MM. 1963 *Blues Man* MM, *Petite Ville.* 1964 *In Vino Veritas, la Rencontre.* 1965-1966 *Renaissance* (inédit). 1968 *le Vif Mariage.* 1971 *Chaval, le Chavalanthrope, le Dernier Verre.*

RUSSELL Ken RÉ GB (1927|) Probablement le cinéaste le plus controversé et le moins nuancé du cinéma britannique. Fasciné dès ses débuts cinématographiques par la musique, Ken Russel s'est d'abord fait un nom à la télévision en réalisant toute une série de documentaires ayant pour thème l'œuvre des grands musiciens (Bartok, Debussy, Strauss...). Après deux films mineurs, il s'impose définitivement et violemment en adaptant à l'écran le roman de D.H. Lawrence « Women in love ». Son film intitulé simplement *Love* déclenchera les foudres de la critique anglaise. Ce film admis, et le véritable tempérament de Russel libéré, ses autres films ne feront que répéter les ficelles du réalisateur : violence passionnelle, absence de nuance et goût quelque peu gratuit de la provocation. *Music Lovers* et *les Diables* l'imposent définitivement comme celui par qui le scandale

arrive. On peut noter, depuis 1974 un certain retour au film musical.
RÉ : *1964 French Dressing.* 1967 *Billion dollar brain.* 1969 *Love.* 1970 *Music lovers.* 1971 *les Diables.* 1972 *The boy friend* (avec Twiggy). 1974 *Mahler.* 1975 *Tommy.* 1976 *Lisztomania.* 1978 *Valentino.* 1981 *Au-delà du réel.* 1984 *les Jours et les Nuits de China Blue.* 1986 *Gothic.* 1987 *Aria* (séquence 8).

RUTTEN Gérard RÉ HOL (1902|) Réalisateur hollandais des années 1930, qui donna alors un intéressant long métrage : *Eaux mortes.*

RUTTMANN Walter RÉ ALL (Francfort 28 déc. 1887|Berlin 15 juil. 1941) Il joua un rôle déterminant dans l'évolution du documentaire, à la fin des années 1920, avec *Berlin, symphonie d'une grande ville* et *Mélodie du monde,* dont l'influence fut considérable dans le monde entier et qui répandirent ainsi les théories de Vertov sur le film de montage, le cinéma-œil « vie à l'improviste ». Ces théories avaient profondément influencé le cinéaste allemand. D'abord disciple de Viking Eggeling, il avait débuté par plusieurs films abstraits (série des *Opus*) qui mettaient en mouvement des formes géométriques. Il s'imposa avec *Berlin,* au montage ingénieux et rigoureux, montrant la grande ville de l'aube à minuit, selon une idée déjà exploitée par Mikhaïl Kaufman dans *Moscou.* Ce documentaire se situait alors à l'extrême gauche : *Mélodie du monde* repose sur l'idée généreuse que tous les hommes, quelle que soit la couleur de leur peau, partagent les mêmes sentiments et accomplissent les mêmes gestes essentiels. Mettant encore en pratique les idées de Vertov sur la radio-oreille, il réalisa un « film sans images », l'un des premiers montages radiophoniques. Après avoir tourné *Acier* en Italie, il se rallia au IIIe Reich et accepta de réaliser des documentaires pour les services du Dr Gœbbels. En 1940, il dirigea *Deutsche Panzer,* qui glorifiait la marche des blindés hitlériens sur Paris. Il participait à une réalisation analogue en 1941 sur le front de l'Est, lorsqu'il y fut mortellement blessé.
RÉ : 1922-1925 *Opus 1, 2, 3, 4.* 1924 *le Rêve des faucons,* intercalé dans les *Nibelungen* de F. Lang. 1927 *Berlin, symphonie d'une grande ville, Hoppla wir Leben* CO-RÉ Piscator, projeté au cours d'une mise en scène de théâtre d'une pièce de E. Toller. 1929 *Melodie der Welt (Mélodie du monde).* 1930 *Week-End,* film sonore sans images. 1931 Collabore au montage de *la Fin du monde,* de Gance, *In der Nacht* CM, *l'Ennemi dans le sang (Feind im Blut)* DOC, MUS Schumann. 1933 *Acier*

Ruttmann

(Acciaio), SC Pirandello, PH Massimo Terzano, MUS Malipiero, INT Isa Pola, Pietro Pastore. 1934 *Métal du ciel (Metall des Himmels)* DOC. 1936-1937 Collabore aux *Dieux du stade* de L. Riefenstahl. 1937 *Mannesman* CM. 1938 *Henkel* CM. 1940 *la Guerre à l'Ouest (Deutsche Panzer)* DOC sur la campagne de France. 1941 *Jeder Achte.*

RYBKOWSKI Jan RÉ POL (1912|1976) D'un tempérament bouillonnant et parfois un peu extravagant dans sa jeunesse avant de s'assagir dans l'académisme officiel, il a donné ses meilleurs films avec : *les Premiers Jours* (1953) et *la Ville mourra cette nuit* (1955), tableau de ce bombardement qui détruisit Dresde en 1944 et fit plus de victimes qu'Hiroshima. 1967 *Quand l'amour était un crime.* 1970 *l'Assomption.* 1973 *les Paysans.*

SABUNÇU Basar SC RÉ TUR (Istanbul, 1943|) Scénariste, il a dirigé son premier film en 1985, construisant, en quelques années, une œuvre originale : atmosphères lourdes, huis clos métaphoriques d'une société fermée sur elle-même.
RÉ : 1985 *le Citoyen nu.* 1986 *Dame de cœur.* 1987 *Une femme à pendre.* 1988 *Impromptu.* 1989 *Cuisine de riche.*

SALAH Tawfiq RÉ ÉG (1927|) Élève de l'IDHEC, auteur de nombreux CM et de six LM, Salah Tewfiq est sans doute le plus exigeant des cinéastes égyptiens, le plus représentatif avec Chahine du courant du « réalisme social ». C'est aussi le plus combatif sans doute, dans la clarté de ses engagements pour un cinéma populaire ouvert sur la réflexion, combativité qu'il paya durement puisqu'en quinze ans il ne put réaliser que cinq films dans son pays et dut tourner les deux suivants dans d'autres pays arabes. Ce qu'il exprime dans une lettre de 1970 à propos des attaques contre son film *Maître El*

Balati : « Je pourrais parler aussi de l'histoire de l'interdiction de *Journal d'un juge de campagne*, puis de son autorisation sur ordre personnel du président Nasser, de la lutte entre les ministères de la Culture et de l'Intérieur à propos de tout cela, mais c'est une autre histoire, bien longue et bien compliquée [...] Ainsi va la création en Égypte » (in « les Cinémas africains en 1972 » de Guy Hennebelle). En 1980 il était enseignant à l'Institut du cinéma de Bagdad.
RÉ : 1955 *Rue des fous*. 1962 *Lutte des frères* ou *Combat héroïque*. 1967 *les Révoltés*. 1968 *Journal d'un juge de campagne*. 1969 *Maître Sayed El Balati*. 1972 *les Dupes* (un film sur la jeunesse palestinienne, tourné en Syrie, Palestine et Irak, d'après le roman « Des hommes au soleil » du Palestinien Ghassan Kanafani, assassiné en 1972). 1976 *l'Aube de la civilisation* : *l'art de Sumer* CM Irak. 1979 *les Longues Journées* LM Irak.

SAMAMA-CHICLY RÉ TUN (Tunis 24 janv. 1872 | vers 1950) Le premier cinéaste du Maghreb qui réalise un long métrage de mise en scène tunisien : 1924 *la Fille de Carthage*.

SAMSONOV Samson RÉ URSS (1921 |) Débuta en 1955 avec une adaptation de Tchekhov, *la Cigale*, mais ne justifia pas ensuite les espoirs suscités par ce premier film, même pas avec *la Tragédie optimiste* (1963), d'après Vichnevsky.

SANDBERG A. W. RÉ DAN (1887 | 1938) Pendant la très mauvaise période de 1920-1930 du cinéma danois, ce réalisateur réussit à le faire subsister en adaptant avec soin des romans étrangers, Dickens en premier lieu. Débute en 1914. 1916 *Clown*. 1919 *la Toute-Puissance de l'amour*. 1920 *les Quatre Diables*, nouvelle version. 1921 *les Grandes Espérances*, *from* Dickens. 1922 *David Copperfield*. 1924 *la Petite Dorritt*. 1925 *Fra Piazza del Popolo*. 1926 *Clown*, nouvelle version. 1927 *Fromont jeune et Risler aîné*. 1928 *Un mariage sous la Terreur*, troisième version. 1936 *Enfants de millionnaires*.

SANDER-BRAHMS Helma RÉ RFA (Allemagne, 1940 |) C'est une interview avec Pasolini alors qu'elle est journaliste, qui la décide à faire du cinéma. « Un coup de foudre », a-t-elle dit. Et cette passion durera, avec des films âpres sur l'Allemagne d'aujourd'hui, des fictions désespérées. « Toute la morale du cinéma est là, dit-elle dans un entretien avec Alain Charbonnet pour « Cinéma » : ne pas fermer les yeux devant la vérité, ne pas faire un film plus beau que la vie, rendre compte de la complexité. »
RÉ : 1969 *Angelika Urban*. 1971 *l'Armée industrielle de réserve, Gewalt*. 1972 *l'Employé*. 1973 *la Machine*. 1974 *les Derniers Jours de Gomorrhe, Tremblement de terre au Chili*. 1975 *Sous les pavés la plage*. 1976 *les Noces de Shirin*. 1977 *Heinrich* (sur Heinrich von Kleist). 1980 *Allemagne, mère blafarde, le Triptyque de Vringsveedel*. 1981 *la Fille offerte*. 1983 *Conte pour Anna*. 1984 *l'Avenir d'Émile*. 1985 *Vieil Amour*. 1986 *Laputa*. 1987 *Felix*. 1988 *Manœuvres*.

SANDOR Pal RÉ HONG (1939 |) Cinéaste expressionniste au trait souvent outré, il a donné un film où ses préoccupations formelles rencontraient un sujet en soi baroque et dramatique : *Un rôle étrange*, histoire d'un révolutionnaire obligé, pour échapper à la repression qui suivit l'écrasement de la « République des conseils » en 1919, de rester caché, déguisé en infirmière, dans une pension pour vieilles bourgeoises très riches. Et il a, parmi les premiers, abordé la révolte de 1956, avec *Daniel prend le train*. Il travaille également pour le théâtre et la télévision.
RÉ : 1967 *Des clowns au mur*. 1969 *Aimez Émilia*. 1971 *Charlotte chérie*. 1973 *Cette belle époque du foot, Un rôle étrange*. 1978 *Délivrez-nous du mal*. 1980 *Salamon and Stock Show*. 1982 *Daniel prend le train*. 1984 *Ce n'est qu'un film*. 1988 *Miss Arizona*.

SANDRICH Mark RÉ US (New York 26 oct. 1900 | 5 mars 1945) Spécialiste des comédies musicales, surtout connu par les films dont Fred Astaire fut la vedette : *la Gaie Divorcée, Suivez la flotte, Top Hat*.

SANJINES Jorge RÉ BOL (La Paz 1936 |) Formé à l'école du documentaire, aux débuts du gouvernement Paz Estenssero qui pratiquait alors une politique libérale, Sanjines a donné en 1966 à la Bolivie (en rupture avec le gouvernement qui, a-t-il dit, ne tenait pas ses promesses) son premier long métrage, *Ukamau*, sur la coexistence des cultures indienne et métisse. En 1969, *Yawar Mallku (le Sang du condor)* évoquait plus directement la misère indienne et la stérilisation des femmes par une « mission » nord-américaine. Après le coup d'État militaire du général Banzer (1971) Sanjines dut s'exiler au Pérou, laissant inachevé *El Corage del Pueblo*. Il ne devait rentrer au pays qu'en 1981.
RÉ : 1961 *Sueños y realidades* CM. 1965 *Revolucion* CM CO-RÉ Oscar Soria et Ricardo Rada Sanjines). 1969 *Los Ca-*

minos de la muerte. 1970 *El Corage del Pueblo* (inachevé). 1974 *El Enemigo principal (l'Ennemi principal).* 1976 *Fuera de aqui (Hors d'ici).* 1982 *El Amanacer no se detiene (l'Aurore n'attend pas/les Bannières de l'aube).* 1989 *la Nation clandestine.*

SANTIAGO Hugo RÉ ARG FR (1930|) Ce cinéaste argentin, émigré en France a écrit ses deux premiers longs métrages avec J.-L. Borges et A. Bioy Casares, avant de collaborer avec Claude Ollier pour *Écoute voir*; c'est dire toute la complexité des fictions fantastiques qu'il met en scène avec une virtuosité technique très maîtrisée. A noter la collaboration technique de l'opérateur Aronovich pour ses trois films qu'il nimbe d'une lumière onirique et le brio exceptionnel de la bande sonore où il applique sa conception de la « simultanéité audiovisuelle » : « J'ai fait tous mes films avec Aranovich. Nous avons cherché à obtenir une constante de couleurs froides très contrôlées, pour des films en clair-obscur, qui essayent cependant de valoriser tous les plans, chacun de façon spécifique. »
RÉ : 1969 *Invasion.* 1974 *les Autres.* 1978 *Écoute voir.* 1985 *les Trottoirs de Saturne.*

Hugo Santiago

SARA Sandor PH RÉ HONG (1933|) Cet opérateur lyrique (pour les films de Kosa et Istvan Szabo notamment) a dirigé lui-même de nombreux courts métrages et, en 1969, une chronique des années de la « déstalinisation » *(la Pierre lancée)* et des tensions qui déchiraient encore la campagne hongroise d'où l'on retiendra la scène de la « tonte » des Tsiganes, où passe toute la générosité du réalisateur. Dans les années 80, il a entrepris, tant pour le cinéma que pour la télévision, un colossal travail d'investigation sur l'histoire récente et le présent de la Hongrie.
RÉ CM : 1960 *la Fleur et le Soleil.* 1962 *Tsiganes.* 1963 *Solitude.* 1967 *l'Epiphanie.* 1970 *Pro Patria.*
LM : 1968 *la Pierre lancée.* 1974 *Faisan pour demain.* 1978 *Quatre-Vingts Hussards.* 1981 *le Maître d'école* DOC. 1982 *Feu roulant,* série de DOC. 1983 *les Haras royaux de l'Etat hongrois* DOC. 1985 *Babolna,* série de DOC. 1987 *les Sans Pays* DOC, *l'Épine sous les ongles.*

SARACENI Paulo César RÉ BRÉS (Rio de Janeiro 1933|) Le plus « urbain » des réalisateurs du « cinéma nôvo » brésilien, Saraceni, qui fut acteur et critique de cinéma, a tourné en 1965 (après deux documentaires en 1962 *Porto das Caixas* et *Integracao racial*) un amer et douloureux constat des désarrois de la jeunesse intellectuelle de la capitale : *O Desafio (le Défi).*
RÉ : 1958 *Caminho* CM. 1959 *Arraial do Cabo* CM. 1962 *Porto dos Caixas.* 1964 *Integração racial* MM. 1965 *O Desafio (le Défi).* 1968 *Capitu.* 1971 *A Casa assassinada.* 1972 *Amor, Carnaval e Sonhos.* 1978 *Anchieta Jose do Brasil.* 1983 *Ao sul do meu corpo.* 1988 *Natal da Portelo.*

SASLAVSKY Luis RÉ ARG (Buenos Aires 29 avril 1906|) Un des artisans de la renaissance argentine de 1938-1944. Il réalisa alors, sur des sujets parfois conventionnels, des mises en scène délicates et de bon goût, comme *la Dame fantôme* (1945). Exilé en France, puis en Espagne dans les années 50, il travaillera dans le même registre à des adaptations (Simenon, Boileau-Narcejac) avant de diriger à nouveau à Buenos Aires *Las Ratas* (1963).

SAUGUET Henri MUS FR (Bordeaux 18 mai 1901|2 mai 1989) Cet excellent musicien a souvent écrit pour le cinéma, et ses partitions furent toujours intéressantes. RÉ L'Herbier : 1933 *l'Épervier.* 1941 *Péchés de jeunesse.* 1942 *l'Honorable Catherine.* RÉ Daquin : 1944 *Premier de cordée.* RÉ Rouquier : 1943 *le Charron.* 1947 *Farrebique.* RÉ Boisrond : 1956 *Lorsque l'enfant paraît.* RÉ Rouleau : 1962 *les Amants de Teruel.*

SAURA Carlos RÉ ESP (1930|) Révélé au festival de Cannes 1960 par *Los Golfos (les Voyous),* ce cinéaste de l'âpre violence est resté à peu près totalement inconnu en France jusqu'à ce que sorte enfin en 1973 *Peppermint frappé* et que, plus encore, *Cria Cuervos* connaisse un large succès qui entraîne la sortie commerciale de quelques-uns de ses films antérieurs. Il a pourtant réalisé huit films importants dans des conditions extrêmement difficiles en Espagne, disant de cette situation : « J'ai découvert [...] la nécessité de s'exprimer par le biais de la mise en scène de l'imagi-

naire en faisant du cinéma, en me heurtant à l'impossibilité dans l'Espagne d'aujourd'hui d'affronter la réalité présente, à cette même nécessité de s'exprimer en échappant au côté physique de cette réalité pour en saisir les autres aspects plus concrets, comme les fantasmes, les obsessions, les rêves. »
RÉ : 1969 *Los Golfos.* 1963 *Llanto por un bandido.* 1965 *la Caza.* 1967 *Peppermint frappé.* 1968 *Stress es tres, tres.* 1969 *la Madriguera.* 1970 *El jardin de las Delicias.* 1972 *Ana et los lobos (Anna et les loups).* 1976 *Cria Cuervos.* 1977 *Elisa, vida mia (Elisa mon amour).* 1978 *les Yeux bandés.* 1979 *Maman a cent ans.* 1980 *Vivre vite.* 1981 *Noces de sang, Doux Moments du passé.* 1982 *Antonieta.* 1983 *Carmen.* 1984 *Los Zancos.* 1986 *El Amor brujo (l'Amour sorcier).* 1988 *la Noche oscura (la Nuit obscure).*

SAUTET Claude SCÉ RÉ FR (Montrouge 1924 |) Assistant scénariste, on l'a un temps pris (1960 *Classes tous risques.* 1965 *l'Arme à gauche*) pour le Howard Hawks français. La dramaturgie très traditionnelle renvoyant directement, comme l'indique l'un de ses titres, à une conception du cinéma « psychologique », reflet immédiat de la vie, de ses films suivants (1970 *les Choses de la vie.* 1972 *Max et les Ferrailleurs, César et Rosalie*) inclineraient plutôt à le ranger dans la tradition du « cinéma français de qualité ».
1974 *Vincent, François, Paul et les Autres.* 1976 *Mado.* 1978 *Une histoire simple.* 1980 *Un mauvais fils.* 1983 *Garçon.* 1988 *Quelques Jours avec moi.*

SAVTCHENKO Igor RÉ URSS (Ukraine 15 sept. 1906 | Moscou 14 déc. 1950) Ce bon réalisateur ukrainien, qui avait le sens du grand spectacle : *Bogdan Khmelnistky, le Troisième Coup,* montra beaucoup de sensibllité et d'humanité dans son dernier film, consacré au grand poète de son Ukraine natale, *Tarass Chevtchenko.*
RÉ : 1931 *Nikita Ivanovitch et le Socialisme.* 1934 *l'Accordéon.* 1936 *Une rencontre imprévue.* 1937 *le Chant du cosaque Golota.* 1939 *les Chevaliers.* 1941 *Bogdan Khmelnitsky, les Jeunes Années.* 1942 *Levko.* 1943 *Ivan Nikhouline marin russe.* 1946 *Polka d'amour.* 1948 *le Troisième Coup.* 1951 *Tarass Chevtchenko.*

SCHAEFFER Pierre MUS FR (Nancy 14 août 1911 |) Fondateur et directeur du service de la recherche de l'ORTF, créateur de la musique concrète, il a poursuivi et suscité d'intéressantes expériences cinématographiques.

SCHARY Dore PR US (Newark 1905 | 1980) Directeur de production chez RKO (1947-1948). Ensuite vice-président de la MGM. En 1956 il travaille comme producteur indépendant. A produit notamment : 1959 *Lonely hearts.* 1961 *Sunrise at Campobello.* 1963 *Act One.*

SCHATZBERG Jerry RÉ US (New York, 1927 |) Ce photographe qui fut parmi les plus grands des années 60 a fait, venant au cinéma, tout le contraire de ce qu'on appelle, parce que toute l'attention est portée à la composition du plan, au cadrage, des « films de photographe ». Constamment en recherche d'une écriture souple, n'hésitant pas à varier l'approche suivant les sujets, il a, à travers divers milieux, des drogués aux politiciens, des vagabonds aux musiciens, tenté le bilan désenchanté des déboires du « rêve américain ». Cela sans se départir d'une élégance de trait qui est sa marque, même sur les sujets les plus sordides.
RÉ : 1970 *Puzzle of a Downfall Child.* 1971 *Panic in Needle Park (Panique à Needle Park).* 1973 *Scarecrow (l'Épouvantail).* 1976 *Sweet Revenge, Dandy, the All American Girl (Vol à la tire).* 1979 *The Seduction of Joe Tynan (la Vie privée d'un sénateur).* 1980 *Honeysuckle Rose (Show Bus).* 1983 *Misunderstood (Besoin d'amour).* 1984 *No Small Affair* (id.). 1987 *Street Smart (la Rue).* 1988 *Reunion (l'Ami retrouvé).*

SCHENCK Joseph M. PR URSS Russie 25 déc. 1882 | 22 oct. 1961) Le type de ces pauvres émigrants, d'abord garçons de courses ou potards (ce fut son cas) qui devinrent les fondateurs et les magnats d'Hollywood, grâce à leurs succès commerciaux et à de solides appuis financiers.

SCHEUMANN Gerhard VOIR HEYNOWSKI.

SCHIFFER Pal RÉ HONG (1939 |) Il fut longtemps un des piliers du studio documentaire Bela Balazs, avant de développer dans des longs métrages sa pratique du « documentaire de situation ». Mettant, avec leur accord, les personnes qu'il interviewe dans des situations qu'ils ont vécues ou pourraient vivre (ainsi pour son premier long métrage, *Gyuri,* un tsigane cherchant du travail à Budapest) il filme ces situations, ces rencontres. Le résultat est saisissant, et c'est sans doute un des tableaux les plus justes - parce qu'il ne s'agit pas d'un simple constat, mais d'un travail de « révélation », chaque personnage, agissant, mettant en jeu des mécanismes sociaux de rejet ou d'acceptation - que le cinéaste propose, de la société hongroise de son temps.
RÉ : 1977 *Gyuri.* 1981 *Liberté provisoire.* 1982 *Que je repose en paix.* 1983 *le*

Jardinier modèle. 1984 *Cowboys.* 1987 *Histoires magyares* CO-RÉ Balint Magyar, *Un cowboy hongrois* CO-RÉ Gabor Havas.

SCHLESINGER John RÉ GB US (Londres 1926 |) Acteur, puis réalisateur de plusieurs courts métrages pour la télévision. C'est un moyen métrage qui le révèle en 1961, *Terminus* ; ce film est primé. Son premier long métrage *Un amour pas comme les autres* a autant de succès puisqu'il reçoit l'Ours d'or à Berlin en 1962. Le choix des sujets de la première partie de sa filmographie, la facture anticonformiste de sa mise en scène, son goût des personnages révoltés l'apparentent à ses confrères du Free Cinema. Le thème de l'homosexualité déjà évident dans *Macadam Cowboy* devient déterminant dans *Un dimanche comme les autres.* La lucidité corrosive de sa critique de la société traditionnelle fait de lui le cinéaste de la destruction. Mais la précision, la délicatesse et la froideur de ses images relèvent du plus grand art. Ses deux derniers films ont été tournés aux USA.
RÉ : 1962 *Un amour pas comme les autres.* 1963 *Billy le menteur.* 1965 *Darling.* 1967 *Loin de la foule déchaînée.* 1968 *Macadam Cowboy.* 1971 *Un dimanche comme les autres.* 1974 *le Jour du fléau* (USA). 1976 *Marathon man* (USA). 1978 *Yanks* (GB). 1981 *Honky Tonk Freeway* (US). 1983 *An Englishman Abroad.* 1985 *The Falcon and the Snowman* (US) *(le Jeu du faucon).* 1986 *The believers (Envoûtés)* (US). 1988 *Madame Souzaka* (GB).

SCHLESINGER Léon ANIM US (Philadelphie 1883 | Hollywood 1949) Produisit les séries *Looney Tunes* et des *Merry Melodies* reprises en 1942 par la Warner.

SCHLONDORFF Volker RÉ RFA (Wiesbaden, 1939 |) Jeunesse en Allemagne, études en France, IDHEC, assistant (Resnais, Melville). C'est en Allemagne qu'il réalise son premier film, une intelligente et sensible adaptation d'un roman de Musil.
RÉ : 1965 *les Désarrois de l'élève Torless.* 1966 *Mord und Totschlag (Vivre à tout prix).* 1968 *Michael Kohlhaas, from* Kleist. 1969 *Baal, from* Bertolt Brecht. 1970 *la Soudaine Richesse des pauvres gens de Kombach,* d'après une chronique de 1820. 1971 *Ehegattin* (inédit en France, en 1973). 1972 *Feu de paille.* 1975 *l'Honneur perdu de Katharina Blum* CO-RÉ Margarethe von Trotta. 1976 *le Coup de grâce.* 1977-1978 *l'Allemagne en automne* (participation : reportage sur les obsèques et séquence « Antigone » d'après Heinrich Böll). 1979 *le Tambour.* 1980 *le Candidat.* 1981 *le Faussaire.* 1983 *Guerre et Paix.* 1984 *Un amour de Swann, from* Proust. 1987 *Colère en Louisiane.* 1988 *Mort d'un commis voyageur.*

Volker Schlondorff

SCHMIDT Daniel RÉ SUISSE (1941 |) Cinéaste du baroque, profondément influencé par l'Allemagne des années vingt Schmid bâtit ses films comme des machines à rêver, plus attentif à l'expression d'une morbidité précieuse qu'à la linéarité du récit. Freddy Buache a dit de lui à propos de *la Paloma* ceci, qui vaut pour toute son œuvre : « Pour lui, plus rien ne vit dans le cinéma depuis la fin de la Seconde Guerre mondiale, et plutôt que de participer à une entreprise de simulation révolutionnaire, il plonge dans un passé dont le parfum doucereux et âcre à la fois reste enivrant ; il en tire les figures-clichés et les subvertit. (in « le Cinéma suisse », Ed. l'Age d'Homme).
RÉ : 1970 *Tut alles in Finstern, euren Herren das Licht zu ersparen* (ce titre est une phrase de Jonathan Swift

« l'Ombre des anges », de Daniel Schmidt.

extraite des « Instructions aux domestiques » (1745) qui peut se traduire ainsi : « Faites tout dans l'obscurité pour épargner les chandelles de votre maître » MM. 1972 *Heute Nacht oder nie.* 1974 *la Paloma (le Temps d'un regard).* 1976 *Schatten der Engel (l'Ombre des anges)* SC D. Schmidt, R. W. Fassbinder. 1977 Violanta. 1981 *Notre-Dame de la Croisette.* 1982 *Hecate.* 1985 *le Baiser de Tosca.* 1986 *Jenatsch.*

SCHOEDSACK Ernest Beaumont RÉ PR US (Council Bluff 8 juin 1893 | 23 déc. 1979) Parti d'un documentarisme à la Flaherty avec *Transhumance* et *Chang,* à vrai dire très mis en scène, il aboutit aux grandes productions, aux truquages extravagants jusqu'au lyrisme, qui firent le succès de son fameux *King Kong.*

Schoedsack

CO-RÉ avec Merian Cooper : 1925 *Grass (Exode).* 1927 *Chang.* 1929 *les Quatre Plumes blanches.* 1931 *Rango.* 1932 *The Most Dangerous Game (les Chasses du comte Zaroff).* 1933 *King Kong, Son of Kong, Blind Adventure.* 1934 *Long Lost Father.* 1935 *les Derniers Jours de Pompéi.* 1937 *Trouble in Morocco.* 1940 *le Docteur Cyclops,* PH Henry Sharp et Winston Rock. 1949 *Mighty Joe Young (Monsieur Joe).* 1952 *C'est le cinérama.*

SCHROEDER Barbet RÉ FR (Téhéran, 26 août 1941 |) Critique de cinéma devenu producteur avec la création des Films du Losange pour la production des premiers films d'Éric Rohmer, il réalise en 1969 son premier film *More,* itinéraire d'une jeune femme vers la chaleur du soleil et le froid mortel de la drogue, film à mi-chemin entre fiction et documentaire. Et c'est cet « entre-deux » cinématographique qu'il ne cessera dès lors, avec bonheur, d'explorer, bâtissant sur des passions dévorantes (la drogue, le jeu, le pouvoir, l'alcool) des fictions dramatiques largement nourries d'observation documentée. Ainsi, de ce qui peut paraître un « document brut » comme *Général Idi Amin Dada* à l'adaptation d'un roman « Barfly » de Bukowski, c'est une œuvre qui se développe en continuité, sur le fond de la morale exigeante d'un cinéaste qui ne craint pas d'affronter la part de ténèbres de l'homme.
RÉ : 1969 *More.* 1971 *Sing Sing* MM. 1972 *la Vallée.* 1974 *Général Idi Amin Dada.* 1975 *Maîtresse.* 1977 *Koko le gorille qui parle.* 1982-1984 *Charles Bukowski* (TV 50 × 4 mn). 1983 *Tricheurs.* 1987 *Barfly.*

SCHROETER Werner RÉ RFA (Georgenthal 1945 |) En cinq ans, de 1968 à 1973, ce jeune Allemand fou de cinéma a déjà réalisé une vingtaine de films et bâti une œuvre très personnelle, alliant la fièvre d'un tournage extrêmement rapide au retour de l'expressionnisme des années vingt. Après ses premiers films en 8 mm il a notamment réalisé (en 16 mm) 1968 *Eika Katappa.* 1970 *Dez Bomberpilot.* 1971 *Salomé, Macbeth, Hit Parade.* 1972 *la Mort de Maria Malibran, Willow Springs.* 1973 *les Flocons d'or.* 1975 *l'Ange noir.* 1978 *le Règne de Naples.* 1974 *Palermo oder Wolfsburg (Palerme). 1980 le Voyage blanc, la Répétition générale.* 1982 *le Concile d'amour, le Jour des idiots.* 1983 *Der lachen de Stein.* 1985 *De l'Argentine.*

SCHULBERG Budd W. SC US (New York 1914 |) Dirigea la publicité à la Paramount (1930-1932).
SC : RÉ Kazan : 1954 *Sur les quais.* 1957 *Un homme dans la foule* RÉ : Nicholas Ray. 1958 *la Forêt interdite.* Écrivit « Qu'est-ce qui fait courir Sammy ? », critique des milieux de Hollywood.

SCOLA Ettore RÉ ITAL (Trévico 1931 |) Il faisait des films depuis longtemps. On découvrit en France, l'engouement venant pour la comédie italienne, son âpre comique et sa tendresse, avec *Drame de la jalousie,* et surtout avec *Nous nous sommes tant aimés.* Avant de passer lui-même à la mise en scène, il avait dès 1948, alors qu'il était journaliste, commencé à écrire des scénarios, dont plusieurs pour Toto. Il en écrivit au total une cinquantaine, notamment pour Risi et Antonio Pietrangeli.
RÉ : 1964 *Se permette, Parliamo di donge, La Congiuntura.* 1966 *L'Arcidiavolo.* 1968 *Riusciranno, nostri eroi a retrovare l'amico misteriosamente scomparso in Africa ?* 1969 *Il commissario Pepe.* 1970 *Drame de la jalousie,*

Ettore Scola, « Passion d'amour ».

Permette ? Rocco papaleo. 1971 *La piu bella serata della mia vita.* 1973 *Trevico-Torino.* 1975 *Nous nous sommes tant aimés.* 1976 *Affreux, sales et méchants.* 1977 *Une journée particulière, les Nouveaux Monstres* CO-RÉ Monicelli, Risi. 1980 *la Terrasse.* 1981 *Passion d'amour, la Nuit de Varennes.* 1983 *le Bal.* 1985 *Macche Zoni* (id.). 1986 *la Famille.* 1989 *Splendor* (id.) *Che ora e ? (Quelle heure est-il ?)* De 1970 à 1980, il a réalisé une dizaine de films militants, notamment pour le PCI.

SCORSESE Martin RÉ US (Flushing, Long Island, 17 nov. 1942|) Il est peut-être le cinéaste le plus confirmé de la génération des années 70. Son inspiration à la fois romantique et désespérée en fait un des jeunes réalisateurs les plus typiques des thèmes actuels : nostalgie des origines *(American Boy, New York, New York),* solitude et violence urbaine *(Taxi Driver, Mean Streets),* recherche d'identité, désir d'évasion *(Alice).* Scorsese ne recule pas devant les effets de mise en scène *(New York, New York)* et un jeu d'acteur souvent sophistiqué *(Taxi Driver, Mean Streets, New York, New York).*
RÉ : 1969 *Who's that knocking at my Door ?.* 1972 *Boxar Bertha.* 1973 *Mean Streets.* 1975 *Alice n'est plus ici.* 1976 *Taxi Driver.* 1977 *New York, New York.* 1978 *la Dernière Valse, American Boy* DOC. 1979 *Raging Bull.* 1980 *l'Album de Martin Scorsese* (reprise de 2 courts métrages : *Italianamerican,* 48 mn et *American Boy,* 55 mn). 1982 *The King of Comedy (la Valse des pantins).* 1985 *After Hours* (id.). 1986 *The Colour of Money (la Couleur de l'argent).* 1987 *The Last Temptation of Christ (la Dernière Tentation du Christ).* 1988 *Apprentissage* (sketch de *New York Stories*).

Martin Scorsese

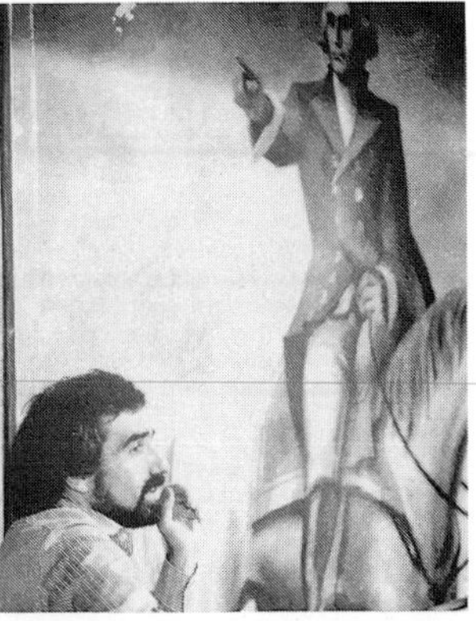

SCOTT Ridley RÉ US (1939|) Après avoir travaillé pendant dix ans à la réalisation de films publicitaires et de story-boards il a donné coup sur coup deux films qui, bien que d'inspiration différente, témoignent d'une perfection technique, d'un sens aigu du style, portant la marque de la maîtrise acquise dans les activités antérieures. Si *Duellistes* n'a pas eu le retentissement d'*Alien,* qui doit beaucoup au collectif de scénaristes, maquettistes, « designers », décorateurs qui ont contribué à sa réalisation, il rend sans doute mieux compte du talent personnel de Ridley Scott : beauté hiératique des images, rigueur de la construction, sens spectaculaire de la mise en scène.
1978 *Duellistes.* 1979 *Alien.* 1983 *Blade Runner.* 1985 *Legend.* 1987 *Traquée.* 1989 *Black Rain.*

SCOTTO Vincent MUS FR (Marseille 1876|Paris 15 nov. 1952) Le fameux auteur des grands succès 1900, comme « Ma Tonkinoise », écrivit des partitions pour le cinéma et interpréta avec un talent certain *Jofroi* (1933), pour Marcel Pagnol.
RÉ Pagnol : 1935 *Merlusse.* 1940 *la Fille du puisatier.* 1945 *Naïs.* RÉ Duvivier : 1935 *l'Homme du jour.* 1937 *Pépé le Moko.* RÉ Dréville : 1942-1945 *les Cadets de l'Océan.* RÉ Daniel Norman : 1947 *le Diamant de cent sous.* RÉ Grémillon : 1950 *l'Étrange Madame X.*

SÉCHAN Edmond PH RÉ FR (Montpellier 20 sept. 1919|) Bon opérateur français aimant la découverte des pays peu connus. Passé depuis 1959 à la réalisation avec *Niok* et *le Poisson rouge.* IDHEC, puis PH.

RÉ Jacques Dupont : 1946 *Pirogues sur l'Ogoué.* 1947-1955 Nombreux CM DOC : RÉ Cousteau et Malle : 1956 *le Monde du silence.* RÉ Becker : 1957 *Arsène Lupin.* RÉ Berry : 1958 *Tamango.* RÉ Mocky : 1959 *les Dragueurs.* RÉ : 1957 *Niok le petit éléphant.* 1960 *le Poisson rouge* CM, *l'Ours.* 1963 *le Haricot* CM.

SEEBER Guido PH ALL (Chemnitz 22 juin 1879 | 1940) Excellent opérateur allemand de la période 1920-1930.
RÉ Pick Lupi : 1923 *la Nuit de la Saint-Sylvestre.* RÉ Pabst : 1925 *la Rue sans joie.* 1926 *les Mystères d'une âme.* RÉ Galeen et Wegener : 1926 *l'Étudiant de Prague.* Après 1930, films médiocres et nombreux DOC.

SELIM Kamal RÉ ÉG (1912 | 1946) Le meilleur cinéaste égyptien de la période 1930-1945, le seul qui ait alors pu aborder la réalité sociale de son pays dans *Al Azima*, son chef-d'œuvre.
RÉ : 1937 *Derrière le rideau (Wara el Sittar).* 1940 *la Volonté (Al Azima).* 1941 *Pour toujours (Ilal Abbad).* 1944 *les Misérables (El Boassa), les Victimes de l'amour (Chahadaa Elqharam* ou *Roméo et Juliette).* 1945 *le Soir du vendredi (Lailet Elgomaha).*

SELZNICK David Oliver PR US (Pittsburgh 10 mai 1902 | 22 juin 1965) « Champion des productions champions ». Son plus beau titre de gloire : *Autant en emporte le vent* (1939), dont il est l'auteur autant et davantage que ses réalisateurs successifs.

SEMBENE Ousmane RÉ SÉNÉGAL (Dakar 1923 |) Docker à Marseille, puis romancier, formé à Moscou par Donskoï, il devient cinéaste avec son émouvant *Borom Sarret* CM 1963, et *Niaye* CM 1964, avant de donner à son pays le premier LM négro-africain de valeur jamais réalisé : *la Noire de...* (1967), déchirant tableau de la solitude et de l'aliénation. 1968 *le Mandat.* Il est le premier et le plus grand des cinéastes africains utilisant un langage direct : le cinéma comme forme de témoignage et outil de réflexion qui reprend de plus en plus en compte le riche passé culturel de son peuple et aborde, à partir de *Xala* les problèmes de pays africains confrontés au néo-colonialisme. « Souvent », dit-il, « on nous demande de faire des films où nous sommes vainqueurs, de nous tourner sur le passé africain, en montrant que nos ancêtres étaient ceci ou étaient cela, c'est peut-être vrai mais actuellement nous sommes contemporains d'une Afrique qui nous préoccupe davantage, elle et son avenir ». (Interview *in* « Aujourd'hui l'Afrique », n° 6).
RÉ : 1962 *Borom Sharett.* 1964 *Niaye.* 1966 *la Noire de...* 1968 *le Mandat.* 1971 *Emitai (Dieu du tonnerre).* 1974 *Xala.* 1977 *Ceddo.* 1987 *Camp de Thiaroye.*

SEN Mrinal RÉ INDE (1923 |) Critique de cinéma passé à la réalisation en 1955, Mrinal Sen se définissait dès 1965 comme « un cinéaste en lutte continuelle contre le conformisme qui domine notre cinéma ». C'est *Monsieur Shome*, présenté en 1970 au festival de Venise qui le fit connaître en Europe. Après cette alerte satire sur l'époque victorienne, on devait découvrir que ce qui l'intéressait d'abord, c'était le Bengale contemporain. Cinéaste au style nerveux, à l'opposé d'un Satijajit Ray, aussi vigoureux dans la parabole que dans le témoignage direct *(Calcutta 71)* il donne à chacun de ses films valeur d'engagement dans le combat social.
RÉ : 1956 *Raat Bhore (l'Aurore).* 1959 *Neel Akasher Neechey (Sous le ciel bleu).* 1960 *Baishey Shravana (le Jour des noces).* 1961 *Punasha (De nouveau).* 1962 *Abasheshey (Enfin...).* 1964 *Protinidhi (le Chef).* 1965 *Akash Kusum (Là-haut dans les nuages).* 1966 *Matira Manisha (Deux Frères).* 1967 *Moving Perspectives* DOC. 1969 *Buvan Shome (Monsieur Shomé), Ichhapuran (Un souhait exaucé).* 1971 *Interview.* 1972 *Calcutta, El Adhuri Kahani (Une histoire inachevée).* 1973 *Padatîk (le Fantassin).* 1974 *Chorus (le Chœur).* 1976 *Mrigaya (la Chasse royale).* 1977 *Oka Oorie Katha (les Marginaux).* 1978 *Parashuram (l'Homme à la hache).* 1979 *Ekdin Pratidin (Un jour comme les autres).* 1980 *Akhaler Sandhane (A la recherche de la famine).* 1981 *Chaalchitra (Kaléidoscope).* 1982 *Kharij (Affaire classée).* 1984 *Khandar (les Ruines).* 1986 *Genesis.* 1989 *Ek din Achanak (Soudain un jour).*

Mrinal Sen avec Carlo Varini.

Mack Sennett

Mack Sennett, « Barney Oldfield's Race for a Life », 1913.

SENNETT Mack (Michael Sinnott) RÉ PR ACT US (Richmond, Canada, 17 janv. 1880 | Richmond 5 nov. 1960) Un des trois grands, avec Ince et Griffith, qui firent du cinéma américain après 1914 un grand art. Il fut moins un metteur en scène qu'un animateur exceptionnel, surveillant chaque film produit, du scénario, qu'il ébauchait lui-même très souvent, au montage. L'art de Thomas Ince, comme lui directeur artistique de la production, se fondait sur le découpage. Pour lui, le montage était l'essentiel. Il eut un sens prodigieux du comique fondé sur le non-sens, l'excès en tout, un recours délirant à l'absurde, un irrespect apparent de tout et de tous. Il créa vers 1914 ses « Keystone Cops », flics burlesques lancés dans de folles poursuites. Puis vinrent ses « Bathing Girls » vêtues de costumes de bain affriolants (sur le sable, jamais dans la mer). Divers animaux leur succédèrent. Ce diable d'homme découvrit et fit débuter Chaplin, Buster Keaton, Fatty, Mabel Normand, Chester Conklin, Mack Swain, Gloria Swanson, Louise Fazenda, Wallace Beery, Harry Langdon et jusqu'à Bing Crosby. Entre 1912 et 1920, ses comiques Keystone furent une suite d'éblouissants feux d'artifice. Et puis il se lassa un peu. Après 1930, Hollywood le réduisit à des besognes. Il fut éliminé en 1935. Il était ruiné. 25 ans durant, il attendit en vain de pouvoir réaliser de nouveaux films. Il était en 1923, pour Louis Delluc : « L'inventeur peut-être et au moins le plus grand virtuose de cette science sans laquelle il n'y a pas de film digne d'être appelé film : le rythme des images. J'ai souvent parlé à propos de lui d'Igor Stravinsky. Le rythme de ses productions est de la plus haute et de la plus hardie qualité, non pas composé sur un arbitraire baroque, mais né de thèmes simples, classiques, vieux comme le monde qu'il syncope hardiment, comme le maître symphoniste russe. Avec sa précision de jongleur quasi génial, il joue avec les « Bathing Girls » et en cherche non le charme, mais le mouvement. Si son idée est bonne, si ses partenaires sont bonnes, si le rythme est bon, le charme restera, voilà tout son secret. »

1902 : ACT de TH. - 1908-1912 : ACT à la Biograph avec Griffith.

RÉ 1910-1912 une centaine de CM comiques, avec Fred Mace et Mabel Normand notamment. - 1912 : Fonde la Cie Keystone avec les capitaux des bookmakers Kessel et Bauman.

RÉ 23 sept. 1912 : *Cohen collects a Debt (Cohen recouvre une dette* et non pas, comme on l'a répété, *Cohen à Coney Island)*, INT Fred Mace et Ford Sterling, *The Water Nymph (la Nymphe des eaux)*, INT Mabel Normand, Fred Mace. RÉ une trentaine de films cette année-là.

1913 : environ 140 CM dont 30 ou 40 DOC. Mack Sennett ne dirige plus lui-même beaucoup de films, mais supervise leur scénario, réalisation et montage. Il engage Fatty dont c'était le 1er film : *le Gangster*, 29 mai 1913. Parmi cette production, *Her Birthday Present, Deux bons copains (Heinze Resurrection)*, INT Ford Sterling, Mabel Normand, RÉ M. Sennett, *Red Hot Romance, His New Beau*, RÉ INT M. Sennett, *Their First Execution, Barney Oldfied's Race for a Life*, SC RÉ INT M. Sennett, Mabel Normand, Ford Sterling, *Barney Oldfield's Race (la Course de Barney Oldfield)* (nom d'un jockey célèbre), PH Lee Bartholomew et Walter Wright, *Fatty's Day off, Mabel's Dramatic Carreer, A Quiet Little Wedding*, INT Fatty, *Zuzu, The Band Leader*. - 1914 : Chaplin, engagé fin 1913, commence à tourner pour la

Keystone, remplaçant Ford Sterling comme vedette de la troupe composée de Fatty, Mabel Normand, Mack Swain, Harry McCoy, Alice Davenport, Chester Conklin, Minta Durfee, Phyllis Allen, Hank Mann, Minta Durfee, Al St-John, Charley Chase, Slim Summerville, Fritz Schade, Charles Murray. Environ 150 CM Keystone dirigés par Henry « Pathé » Lehrman, Robert Thornly, Ch. Chaplin, etc. M. Sennett dirige quelques CM et le LM *Tillies Puncture Romance (les Folles Amours de Charlot et de Charlotte)*, série des *Charlot, Fatty, Mabel*. - 1915 : Une centaine de films. A partir de juil., les films Keystone sont produits pour la Triangle. Série des *Mabel, Fatty, Ambrose*, INT Mack Swain, *Hogan*, INT Charles Murray, *Gussle*, INT Syd. Chaplin, *Wabrus*, INT Chester Conklin. Autres vedettes de la troupe, Raymond Hitchcock, Slim Summerville. Parmi les films : *Love, Speed and Thrills, Mabel and Fatty married Life, Hogan out West, Love in Armor, Do Ré Mi Bain, The Little Teacher, My Valet*, INT Hitchcock, *Saved by Wireless, A Village Scandal, Great Vacuum Robbery, Submarine Pirate*, RÉ Dick Jones, Edwin Frazee, Walter C. Reed, Ch. Avery, Ch. Parrot, Walter Wright, Dell Henderson. - 1916 : 66 films avec Fatty, Mack Swain, Mabel Normand, Harry McCoy, Al St-John, Fred Mace, Minta Durfee comme principaux INT de la Keystone. Ensuite, Louise Fazenda, Wallace Beery, Gloria Swanson, Joe Bordeaux, Mae Bush sont venus augmenter la troupe, que Ford Sterling a rejointe en 1915. Parmi les PR, *The Great Pearl Tangle, A Modern Enoch Anden, Perils of the Park, A Movie Star, A Village Vampire, His Last Laugh, Gypsy Joe, Snow Cure, The Other Man, Bathtup Peril, Moonshiner, Social Club*. RÉ, en plus des précédents, Victor Heerman, Clarence Badger, Glenn Cavender, Arvid E. Gillstrom, Eddie Cline, Frank Griffin. - 1917 : Une quarantaine de films, dont une trentaine pour la Triangle avec Ch. Murray, Louise Fazenda, Wallace Beery, Ford Sterling, Billy Armstrong, Polly Moran, Slim Summerville, Mack Swain, Chester Conklin, Gloria Swanson, Marie Prévost, Ora Carew. Parmi ces films : *la Noce à Boursoufle (Pullman Bride)*, RÉ Clarence Badger, INT Gloria Swanson, Mack Swain, Chester Conklin, Polly Moran, *Dangers of a Bride, Whose Baby ?, A Royal Rogue, Oriental Love, Her Circus Knight, Her Nature Dance, Secrets of a Beauty Parlor*, RÉ Edward Cline, Fred Fischback, Clarence Badger, etc. - 1918 : 25 films dont *Mickey* LM, RÉ Richard Jones, INT Mabel Normand, George Nichols, Laura La Varnie, Minta Durfee (comédie dramatique). - 1919 :

« Charlot et Fatty font la bombe ». Production Mack Sennett.

Mack Sennett : Conklin et les Bathing Beauties, 1917.

25 films avec Ben Turpin, Phillys Haver, Louise Fazenda, Chester Conklin, Marie Prévost, Ford Sterling, Charles Murray, RÉ Malcolm St-Clair, Erle Kenton, Richard Jones, Eddie Cline, etc., dont *Relly's Wash Day, Yankee Doodle in Berlin, Why Beachus are popular ?, Uncle Tom without Cabin, Salome Versus Shenan Doach*. - 1920 : 23 films dont les LM *Down on the Farm* et *Married Life* RÉ Erle Kenton, INT Louise Fazendah, *Love Honor and Behave* RÉ Richard Jones, INT Ch. Murray, Ford Sterling, Marie Prévost. - 1921 : 13 films dont *Small Town Idol* LM, RÉ Erle Kenton, INT Ben Turpin, Marie Prévost, James Finlaysin, Charles Murray. - 1922 : 13 films dirigés par Malcolm St-Clair, Roy del Ruth, Fred Jackman. - 1923 : 13 films dont *Suzanna* et *Extra Girl* LM, RÉ Richard Jones, INT Mabel Normand. Des CM, INT Ben Turpin, Andy Clide, Billy Bevan. - 1924 : 33 films dont plusieurs CM, INT Harry Langdon.

- 1925 : 40 films RÉ ou SC Lloyd Bacon, Frank Capra, Eddie Cline, Henry Edwards, Arthur Ripley, Tay Garnett. Une douzaine de CM, INT Harry Langdon. - 1926 : Une cinquantaine de films. - 1927 : Une trentaine, dont *Molly O*, RÉ Richard Jones, INT Mabel Normand LM. Derniers Harry Langdon. Hors Eddy Cline et Ben Turpin, la troupe est réduite à des comédiens sans avenir. - 1928 : Une trentaine de films. Essai infructueux de la série des *Smith* avec Raymond McKee. - 1929 : Une quinzaine de films. - 1930 : Une vingtaine de films : Sennett redevient RÉ. - 1931 : 25 films, RÉ W. Beaudine, Eddie Cline, M. Sennett, INT Harry McCoy, Andy Clyde, etc., et Bing Crosby que M. Sennett fait débuter au cinéma. - 1932 : 27 films. - 1933 : Deux films. - 1934 : Aucun. - 1935 : Une demi-douzaine. Mack Sennett doit alors jusqu'à sa mort cesser de produire ou de diriger.

SERREAU Coline RÉ FR (Paris, 1947|) Enfant du théâtre et de Jean-Marie et Geneviève Serreau, elle sera comédienne mais aura vite envie de diriger les autres, ce qu'elle fera à merveille, une subtile direction d'acteurs faisant le prix de ses films, où passe joliment « l'air du temps », et auxquels, plus d'une fois, le public a fait fête.
RÉ : 1975 *Mais qu'est-ce qu'elles veulent ?* (sorti en 1978). 1977 *Pourquoi pas ?* 1982 *Qu'est-ce qu'on attend pour être heureux ?* 1985 *Trois Hommes et un couffin.* 1988 *Romuald et Juliette.*

SHANKAR Uday RÉ INDE (Udaipur 8 déc. 1900|Calcutta 26 déc. 1977) Célèbre danseur et chorégraphe indien, frère du musicien Ravi Shankar, il dirigea en 1948 un assez curieux et très foisonnant film-ballet : *Kalpana* dont Guru Dutt avait écrit le scénario. Satiyajit Ray dit que ce film, qu'il a vu plus de trente fois, a contribué à sa vocation de cinéaste.

SHANTARAM V. RÉ INDE (Kolhapur 18 nov. 1901|) Le meilleur cinéaste indien, pour la région de Bombay, entre 1930 et 1950. Dans ses films, il aborda, même au temps de la colonisation, des sujets sociaux, polémiquant contre les mariages d'enfants : *Dunyano Mane*, ou l'hostilité entretenue entre les musulmans et les hindous : *Pardosi*. Certains de ses films, comme *la Flamme immortelle*, furent avant guerre présentés au Festival de Venise. ACT RÉ PR, formé par Painter Baburao.
RÉ (principaux films) : 1926 *Nethaji Palkar*. 1928-1930 *Adomi*, *Amar*, *Bhoopali*, *Parchain*, etc. 1936 *Amar Jyoti (la Flamme immortelle)*. 1937 *Dunya no Mane (Mariage d'enfants)*. 1938 *l'Inattendu*. 1941 *Pardosi (les Voisins)*. 1943 *Sakountala*. 1946 *le Dr Kotnis*. 1948 *Paijal Baujee*. 1955 *Jhanak*. 1958 *Deux Yeux, douze mains*. 1966 *Sonnez, sonnez, les pierres*. 1972 *Pinjra*.

Shantaram

SHEN FU RÉ CHINE (1905|) Bon cinéaste de Shanghaï où il dirigea deux films intéressants : *Dix Mille Foyers de lumière* et *l'Espoir demeure*. Il devait également participer à l'écriture du scénario de *Corbeaux et Moineaux* (*Zheng Junli*, 1949) et mettre en scène de nombreux films dont *Nouvelle Histoire d'un vieux soldat* (1959), avant d'être réduit au silence par la « révolution culturelle ». Il ne retrouva le chemin des studios qu'avec *l'Aurore* (1979), son dernier film.

SHI HUI ACT RÉ CHINE (Tianjin 1915|1957) Un des plus grands et des plus célèbres acteurs du théâtre, puis du cinéma chinois, il devait lui-même réaliser plusieurs films dont *Ma vie*, qu'il interprète, d'après le roman de Laoshe, picaresque fresque sur l'histoire chinoise. Mis à l'écart, critiqué au cours de la « campagne anti droitière » de 1957, il se suicidera. Il a été « réhabilité » en 1979.

SHINDO Kaneto SC RÉ JAP (Seta 1912|) Un des plus grands cinéastes japonais de l'après-guerre. Formé notamment par Mizoguchi, il se distingue par une extrême pudeur, une délicatesse qui mise sur les allusions bien plus que sur une expression violente. Scénariste réputé, devenu réalisateur, il donna une œuvre déchirante avec *les Enfants d'Hiroshima*, voyage au bout de l'horreur, et un triomphe international avec *l'Ile nue*, qui est le tableau de sa propre enfance.
1935 DÉC et SC. Travaille avec Mizoguchi. Après la guerre, SC très connu et

apprécié, notamment par Kosaburo Yoshimura, et ASS de Mizoguchi : *la Vie d'O'Haru, Contes de la lune vague après la pluie.*
Rejoint les Indépendants, débute pour eux comme RÉ : 1953 *les Enfants d'Hiroshima.* 1953-1959 *Une carrière, le Loup, Shukuzu (la Geisha Ginko), Vie d'une femme, le Bateau heureux (Dragon no).* 1961 *l'Ile nue (Hakada no Shima).* 1962 *l'Homme (Ningen).* 1963 *Mère (Haha).* 1964 *Oni Baba.* 1967 *Libido (Sei no kigen).* 1968 *Kuroneko.* 1969 *Étrange Affinité (Shokkaku).* 1970 *l'Ile de la canicule (Kagero), Amour interdit.* 1978 *Chizukan le baladin aveugle.* 1979 *l'Étranglement (Kosatsu).*

Kaneto Shindo, « l'Ile nue ».

SHUFTAN Eugen PH ALL FR (Breslau 21 juil. 1893 | sept. 1977) Un des plus grands opérateurs du cinéma contemporain. Il créa en 1925 « l'Effet Schuftan », permettant, par l'emploi d'une glace ou de maquettes, d'intégrer aux images des décors en format très réduit, qui donnent une impression monumentale. Il participa en 1929 à l'intéressant essai de cinéma-vérité : *les Hommes le dimanche.* En France, apprte son réalisme un peu fantastique à Carné pour *Quai des brumes* et à Franju pour *la Tête contre les murs.*
RÉ Wilder : 1921 *Alschied, Gestenhauer.* 1929 *les Hommes le dimanche.* - EN FR : RÉ Pabst : 1932 *l'Atlantide.* 1937 *Mademoiselle Docteur.* RÉ Feher : 1937 *la Symphonie des brigands.* RÉ Carné : 1937 *Drôle de drame.* 1938 *Quai des brumes.* - AUX US : RÉ Clair : 1944 *C'est arrivé demain.* - EN FR : RÉ Astruc : 1953 *le Rideau cramoisi.* RÉ Duvivier : 1955 *Marianne de ma jeunesse.* RÉ Franju : 1959 *la Tête contre les murs* ; 1960 *les Yeux sans visage.* RÉ Mocky : 1960 *Un couple* ; 1963 *les Vierges.*

SIDNEY George RÉ US (New York 1916 |) Assez bon spécialiste des comédies musicales, adaptant souvent divers succès de Broadway. Ses meilleurs films, datant de 1945 : *Escale à Hollywood (Anchors aweigh),* et de 1948 : *les Trois Mousquetaires,* eurent pour auteur véritable Gene Kelly. *Le Bal des sirènes (Bathing Beauty),* 1944, qui eut beaucoup de succès, fut typique du ciné-ballet MGM. Sidney était toujours en forme pour *Bye Bye Birdie* (1963). 1964 *l'Amour en quatrième vitesse.* 1966 *The Swinger.* 1968 *Half a Six Pence.*

SIEGEL Don (Donald) RÉ US (Chicago oct. 1912 |) Après des études chez les jésuites, il fréquente la Royal Academy of Dramatic Arts de Londres, puis The Contemporary Group d'Hollywood. Il entre en 1933 à la Warner, où il est successivement assistant puis responsable du montage de nombreux films importants. Il réalise son premier film en 1945, et en a signé depuis une quarantaine, dont quelques-uns méritent d'être qualifiés de chefs-d'œuvre : *l'Invasion des profanateurs de sépulture* (1956), ou *l'Ennemi public* (1957) à propos duquel Jacques Rivette écrivait en 1963 dans les « Cahiers du Cinéma » « *l'Ennemi public* est un chef-d'œuvre : l'accord absolu d'un sujet, d'une matière, d'une écriture et des comédiens, tous suffisants et nécessaires, d'où une sécheresse qui est poésie pure. Ailleurs la même précision sans doute, mais sans objet et qui révèle autant de je m'en-foutisme poli que de savoir-faire. *L'Ennemi public* est une énigme, mais il n'y a pas de sphinx. » Ainsi se trouvaient résumés les points de vues contradictoires portés sur Don Siegel, regardé par certains comme le « prince de la série B » et, par d'autres, comme un bon artisan sans personnalité. Quoi qu'il en soit, outre ces deux films de grande classe on lui doit d'autres excellentes mises en scène d'action dont : 1954 *Ici brigade criminelle.* 1960 *les Rôdeurs de la plaine (Flaming Star).* 1964 *A bout portant (The Killers).* 1970 *les Proies.* 1979 *l'Évadé d'Alcatraz.* 1980 *le Lion sort ses griffes.* 1982 *la Flambeuse de Las Vegas.*

SIJAN Slobodan RÉ YOUG (Belgrade, 16 nov. 1946 |) Observateur lucide de la société, c'est par l'humour qu'il a décidé de traiter les situations les plus noires. Après quelques années de travail à la télévision, il a débuté au cinéma par un coup d'éclat : *Qui chante là-bas,* épopée pitoyable d'une fuite devant la guerre, et a poursuivi dans cette voie du burlesque amer.
RÉ : 1980 *Qui chante là-bas.* 1982 *la Famille marathon.* 1983 *Comment ai-je été ruiné par des idiots ?* 1984 *l'Étrangleur.*

SIODMAK Robert RÉ US ALL FR (Memphis 8 août 1900 | 10 mars 1973) Il faillit plusieurs fois passer en première catégorie avec : *Mister Flow* (1936), *les Tueurs* (1946), *les Rats* (1955), mais n'y parvint jamais vraiment, malgré son incontestable métier.

SIRK Douglas RÉ US (26 avril 1900 | 1987) Non pas un auteur de films, mais un fort honnête adaptateur, dont les films ont valu ce que valent les best-sellers ou les scénarios qui en ont été tirés. Sa meilleure réussite : *Écrit sur le vent.*

De son vrai nom Sierck Detlef, il est né à Hambourg de parents danois. Ce prince du mélodrame était un des cinéastes américains les plus cultivés. Son origine danoise et sa carrière de metteur en scène en Allemagne lui ont donné une formation intellectuelle exceptionnelle à Hollywood, mais ce n'est qu'avec *The Tarnished Angels (la Ronde de l'aube)* qu'il eut l'occasion de porter à l'écran une œuvre appartenant à la « grande » littérature, ici Faulkner, dont c'est la meilleure adaptation. C'est à partir de ses films en couleurs que son talent s'exerce pleinement grâce à l'opérateur Russell Metty. Prenant appui sur des fictions conventionnelles, l'univers sirkien allie une morbidité très romanesque à un maniérisme convulsif. Ses héros sont « précipités dans une machine infernale dont les rouages sont mis en place au moment précis où commence le récit ». Des couleurs folles les enveloppent alors dans un tourbillon infernal jusqu'au plan final. On retiendra d'autre part l'obsessionnel thème de la cécité, matrice mélodramatique de plusieurs de ses films mais aussi référence à la vision du spectateur susceptible d'être aveuglé par les fulgurances sirkiennes.
RÉ : 1935 *April, April (Das Mädchen Moorhof)* version hollandaise. 1943 *Hitler's madman.* 1944 *Summer storm (l'Aveu).* 1946 *A scandal in Paris (Des filles disparaissent).* 1948 *Sleep my love (l'Homme aux lunettes d'écaille).* 1949 *Shockproof (Jenny femme marquée), Slighty French.* 1950 *Mystery Submarine (le Sous-marin mystérieux).* 1951 *The First Legion (la Première Légion), Thunder on the hill (Tempête sur la colline), The Lady pays off, Week-end with Father.* 1952 *Has anybody seen my gal (Qui donc a vu ma belle ?), No room for the groom.* 1953 *Heet me at the fair, Take me to town, All I desire.* 1954 *Magnificent Obsession (le Secret magnifique), Taza, son of Cochise, Sign of the pagan (le Signe du païen).* 1955 *Captain Lightfoot (Capitaine Mystère).* 1956 *All that Heavens allows (Tout ce que le ciel permet), There's always to-morrow.* 1957 *Battle Hymn (les Ailes de l'espérance), Written on the wind (Écrit sur du vent), Interlude (les Amants de Salzbourg).* 1958 *Tarnished Angels (la Ronde de l'aube), A time to love and a time to die (le Temps d'aimer et le temps de mourir).* 1959 *Imitation of life (le Mirage de la vie).*
De 1975 à 1978, en Allemagne, il a dirigé de nombreux courts métrages à la Hochschule fuïr Fernsehen und Film de Munich, où il enseignait.

SITU HUIMIN RÉ CHINE (Canton 1910 |) Réalisateur chinois de l'école de Shanghaï, il signa plusieurs films intéressants, de 1933 à 1945. Il est devenu en 1955 directeur du cinéma chinois. Il a ensuite occupé au ministère de la Culture, divers postes jusqu'au début des années 80.
RÉ : A SHANGHAI : 1935 *la Statue de la liberté.* 1936 *Symphonie de Lianhua ;* et un sketch (le 3e) de *Scènes de la vie d'artiste.* 1937 *les Comédiens de la porte de l'amour, Fleurs jaunes par un jour de pluie.* - A HONG KONG : 1938 *le Sang éclabousse la ville de Baoshang* CO-RÉ Cai Chusheng, *la Marche des partisans* DOC. 1940 *la Patrie appelle.*

SJÖBERG Alf RÉ SUÈDE (Stockholm 22 juin 1903 | 1981) Sans valoir les « trois grands » : Sjöström, Stiller et Bergman, il est un cinéaste contemporain important. Ses erreurs : *Barabbas, le Juge,* n'ont pas empêché qu'il ait donné au moins trois grandes œuvres : le féerique *Chemin du ciel,* le premier film des années quarante à se référer à la grande tradition suédoise muette ; son oppressant *Tourments,* qui donna sa première vraie chance au jeune scénariste Ingmar Bergman : *Mademoiselle Julie* enfin, parfaite adaptation de Strindberg. Ce réalisateur qui est aussi, comme Bergman, homme de théâtre, a le sens du cinéma et aborde parfois une juste critique sociale.

Sjöberg

RÉ : 1926 *Des Starkaste (le Plus Fort)* CO-RÉ Axel Lindholm. 1940 *Met Livet Som Insats (Avec la vie pour enjeu).* 1941 *Den Blomertid (le Temps des fleurs), Hem Frân Babylon (le Retour de Babylone).* 1942 *le Chemin du ciel (Himlaspelet).* 1944 *Tourments (Hets), Hungajagt (Chasse royale).* 1945 *Resan Bort (Voyage au lointain).* 1946 *Iris och Ljötnanthjartä (Iris et le Cœur du lieutenant).* 1949 *Bara En Mor (Rien qu'une mère), from* R Ivar Lo-Johansson. 1950-1951 *Mademoiselle Julie, from* TH Strindberg. 1953 *Barabbas, from* R Pär Lagerkvist, INT Ulf Palme. 1954 *Karin Mansdotter.* 1955 *Vidfaglar (les Oiseaux sauvages).* 1956 *Sista Paret Ut (le Dernier Couple qui court),* SC Ingmar Bergman. 1961 *Domaren (le Juge),* SC Wilhelm Moberg et Sjöberg, PH Sven Nykvist, INT Ingrid Thulin, Gunnar Hellström, Per Myrberg, Georg Rydeberg. 1964 *l'Ile.* 1968 *le Père.*

SJÖMAN Vilgot RÉ SUÈDE (Stockholm déc. 1924 |) Écrivain, scénariste, collaborateur de Bergman, il allia dans des films « curieux » l'érotisme provocateur à la contestation sociale.
RÉ : 1962 *la Maîtresse.* 1964 *491, la Robe.* 1966 *Ma sœur, mon amour.* 1967 *Je suis curieuse - version jaune.* 1968 *Je suis curieuse - version bleue.* 1969 *Vous mentez.* 1970 *Joyeuses Pâques.* 1974 *Une poignée d'amour.* 1976 *le Garage.* 1977 *Tabou.* 1979 *Linus.* 1981 *Je rougis.* 1989 *le Piège.*

SJÖSTRÖM Victor ACT RÉ SUÈDE US GB (Arjäng 20 sept. 1879 | Stockholm 3 janv. 1960) Il a été le plus grand réalisateur suédois, surpassant son contemporain Stiller, ou Ingmar Bergman pour qui, dans *les Fraises sauvages,* il parut une dernière fois à l'écran. L'acteur ressemble aux films qu'il réalisa : un peu lourd et gauche peut-être, mais profond, puissant, viril, imprégné d'une profonde et très diverse humanité. Venu du théâtre, il a compris par instinct le cinéma. Dès 1913, avec *Ingeborg Holm,* sans possibilité alors d'une influence d'Ince et de la Triangle, il avait prouvé qu'il était un grand maître, imposant la présence de ses personnages, du décor et du paysage avec un minimum de moyens. Sa personnalité s'épanouit en 1916 par *Terje Vingen,* d'après Ibsen, et *Dodkyssen,* avec emploi systématique de retours en arrière. Il entreprit alors une suite de grandes sagas nordiques, dominée par *les Proscrits,* salués par Delluc comme « le plus beau film du monde ». Selma Lagerlöf lui inspira *la Fille de la tourbière, la Voix des ancêtres, la Montre brisée,* et son œuvre la plus célèbre, mais non la meilleure : *la*

Sjöström, 1928.

Charrette fantôme, où il joua en grand maître des surimpressions, des retours en arrière, du fantastique intervenant dans une réalité saisissante. Léon Moussinac disait alors de lui : « Il a atteint à un lyrisme large, inconnu jusque-là à l'écran : calme tragique, sérénité noble et puissante de quelques scènes. S'il cherche à nous halluciner avec le rêve tragique de sa *Charrette fantôme* ou à nous émouvoir par la grandeur du bûcher passionné et mystique de *l'Épreuve du feu,* il ne manque jamais de tirer parti de la force douce et pénétrante de l'intimité familiale et des nuances du sentiment extériorisé par un geste ou la lumière d'un regard. Ses films sont pour la plupart des eaux-fortes largement poussées. » Il dut ensuite accepter l'exil doré de Hollywood. Il dut y accepter des sujets médiocres, mais la réalité américaine lui inspira *la Lettre rouge* et *le Vent,* qui valut ses plus grandes réussites suédoises. En 1930, il retourne dans sa patrie, mais il ne sera plus qu'un acteur.
RÉ : 1912 *Tradgardsmastaren (le Jardinier),* INT Sjöström, Lily Beck, Gösta Ekman, *Ett Hemlight Giftermal (Un mariage secret),* INT Hilda Borgström, Einar Fröberg, Anna Norie, Richard Lund, *Lojen Och Tarar (Rire et larmes),* INT Victor Lundberg, Richard Lund, *En Sommarsaga (Conte d'été),* INT Hilda Borgström, Axel Ringwall, *Aktenskapsbyran (le Bureau des mariages), Lady Margon,* INT Hilda Borgström, Richard Lund. - 1913 : *Blodets Rost (la Voix du sang),* INT Sjöström, Raga Wettergren, Greta Almroth, *Pa Livets Odesvagar,* INT Clara Wieth, Carlo Wieth, Stina Berg, *Ingeborg Holm, Prasten (le Pasteur),* INT Egil Eide, Clara Wieth, Richard Lund ; *Streyken (la Grève),* SC Sjöström et Adolf Osterberg, INT Sjöström, Greta Almroth,

Sjöström, « les Proscrits », avec V. Sjöström.

« la Charrette fantôme », avec V. Sjöström.

Karlek Starkare An Hat (l'Amour plus fort que la haine), INT John Ekman, Doris Nelson, Richard Lund, *Halvblod (Sang mêlé)*, INT Gunnar Tolnaes, Greta Pfeil, John Ekman, *Det Var I Mai (C'était en mai)*, *Miraklet (le Miracle)*, *le Rêve*, *from* R Zola, INT Carlo et Clara Wieth, John Ekman. - 1914 : *Domen Icke (Ne juge pas)*, INT Hilda Borgström, Greta Almroth, John Ekman, Richard Lund, *Bra Flicka Reder Sig Sjalv (Une brave fille doit se débrouiller seule)*, INT Clara Wieth, Richard Lund ; *Gatans Barn (les Enfants de la rue)*, INT Lily Beck, Gunnar Tolnaes, *Hogfjallets Dotter (la Fille des neiges)*, INT Lily Beck, Greta Almroth, Sjöström ; *Hjartan Son Motas (Chauffeurs* ou *Cœurs à la mode)*, INT Karin Molander, Carlo Wieth, *En Av De Manga (Un parmi d'autres)*, INT Lily Beck, Gunnar Tolnaes, Greta Almroth, *Sonad Skuld (le Rachat d'une faute)*, INT Lily Beck, Carlo Wieth. - 1915 : *Skomakare Blid Vid Din Last (A chacun son métier)*, INT Richard Lund, Stina Berg, Greta Almroth, *Judaspengar (l'Argent de Judas)*, INT Egil Eide, John Ekman, *Landshovdingens Dottrar (les Filles du gouverneur)*, INT Alfred Lundberg, Jenny Tschernichin-Larsson, Lily Beck, *Havsgamar (l'Aigle des mers)*, INT Richard Lund, Greta Almroth, John Ekman. - 1916 : *Hon Segrade (Elle triomphait)*, INT Sjöström, Lily Beck, *Skepp Som Motas (Rencontre de bateaux)*, INT August Warberg, Lily Beck, Egil Eide, *I Provningens Stund (l'Heure des épreuves)*, INT Sjöström, Greta Pfeil, Richard Lund ; *Thérèse*, INT Albin Lavèn, Robert Sterling, Mathias Taube, Lars Hanson, Lily Beck, *Dödkyssen (l'Étrange aventure de l'ingérieur Lebel)*, *Terje Vigen*, *from* POÈME Ibsen, PH Julius Jaenzon, DÉC Jeno Wang, INT Sjöström, Bergliot Husber, August Falk. - 1917 : *Tosen Fran Stormyrtotpet (la Fille de la tourbière)*, *from* Selma Lagerlöf, INT Greta Almroth, Karin Molander, Lars Hanson, *les Proscrits*. - 1918 : *Ingmarssonerna (la Voix des ancêtres)*, *from* Selma Lagerlöf, PH J. Julius et Henrik Jaenzon, INT Sjöström, Harriett Bosse, Torre Svennberg, Hildur Carberg, *la Montre brisée*. - 1919 : *Hans Nads Testamente (le Testament de Sa Seigneurie)*, INT Karl Mantzius, Augusta Lindberg, Nils Arehn, Greta Almroth, *Klostret I Sendomir (le Monastère de Sandomir)*, *from* Franz Grillparzer, INT Tore Svennberg, Tora Teje, Richard Lund, Renée Björling. - 1920 *Masterman (Maître Samuel)*, INT Sjöström, Concordia Selander, Greta Almroth, *Körkarlen (la Charrette fantôme)*. - 1921 : *l'Épreuve du feu*. - 1922 : *Eld Ombord (le Vaisseau tragique)*, INT Sjöström, Matheson Lang, Jenny Hasselqvist, *Det Omringade Huset (la Maison cernée)*, *from* Pierre Frondaie, INT Meggie Albanesi, Sjöström, Uno Henning, Richard Lund. - AUX US : 1924 *Name the Man (le Glaive de la loi)*, INT Mae Busch, Conrad Nagel, *He who gets slapped (Larmes de clown* ou *Celui qui reçoit des gifles)*, *from* TH Andreiev, PH Milton Moore, INT Lon Chaney, Norma Shearer, John Gilbert, Clyde Cook. - 1925 : *Confessions d'une reine*, *from* Alphonse Daudet, INT Lewis Stone, Alice Terry, *The Tower of Lies (l'Empereur du Portugal* ou *la Tour des mensonges)*, *from* Selma Lagerlöf, INT Lon Chaney, Claire McDowell, Norma Shearer. - 1926 : *The Scarlett Letter (la Lettre écarlate)*. - 1928 : *The Divine Woman (la Femme divine)*, INT Greta Garbo, Lars Hanson ; *le Vent*, *The Masks of the Devil (les Masques du diable)*, SC Frances Maria, INT John Gilbert, Alma Rubens. - 1930 : *A Lady to love (une Fenne à aimer)*, INT Vilma Banky, Edward G. Robinson. - EN GB pour Korda : 1937 *Under the Red Robe*, INT Conrad Veidt, Annabella, Raymond Massey.

ACT de 1912 à 1960 dans les films de Mauritz Stiller, Gustaf Edgren, Gustaf Molander, Ingmar Bergman.

SKALADANOWSKI INV ALL (Berlin 30 avril 1863 | Berlin 30 nov. 1939) Il précéda incontestablement Louis Lumière en Europe par les présentations publiques et payantes de son Bioskop, Berlin, nov. 1895.

SKOLIMOWSKY Jerzy RÉ POL BELG GB ITAL (1936 |) Acteur, scénariste (1960 *les Innocents Charmeurs*, de Wajda et 1963 *le Couteau dans l'eau*, de Polanski), poète, journaliste, il impose dès son premier film *(Signes particuliers, néant)* un style : un désespoir poli dans la description de la banalité du quotidien. Son quatrième long métrage polonais interdit par la censure, il doit s'exiler et, après quelques tentatives en Belgique, en Italie et en France, une carrière internationale s'ouvre à lui en Angleterre, où il peut donner toute la mesure de son sens aigu du rythme cinématographique, de sa finesse dans l'usage de la parabole. Travaillant en effet, avec la même élégante et sèche écriture, un matériau fictionnel de plus en plus dense, il s'attaquera avec le même bonheur à des sujets plongés dans l'actualité la plus brûlante *(Moonlighting)*, ou à l'adaptation de grandes œuvres *(le Bateau-phare, les Eaux printanières)*.
RÉ : 1961 *Boxer* MM. 1964 *Rysopis (Signes particuliers, néant)*. 1965 *Walkover* (id.). 1967 *Haut les mains !* (censuré, sorti en 1981), *le Départ* CO-PR FR-BELG. 1968 *Dialogue 20-40-60* (un sketch TS). 1969 *les Aventures de Gérard* (ITAL inédit en France). 1970 *Deep End* CO-PR GB-RFA. 1972 *Roi, Dame, Valet*. 1978 *The Shout (le Cri du sorcier)* GB. 1980 *Succes is the Best Revenge (le Succès à tout prix)* GB. 1982 *Moonlighting (Travail au noir)* GB. 1985 *The Lightship (le Bateau-phare)* GB. 1988 *Torrents of Spring (les Eaux printanières)* ITAL-GB, *from* Tourgueniev.

SKOURAS Spyros PR US (Skourohorion, Grèce, 28 mars 1893 | 16 août 1971) Comme président de la Fox, il réussit admirablement l'opération Cinémascope. 1952-1953, mais fut incapable ensuite de maintenir la pleine prospérité de cette grande firme ; il dut démissionner en 1962 après avoir laissé dépenser dix milliards pour la production de *Cléopâtre*. Ainsi fut-il victime du Star System sur lequel il avait édifié sa toute-puissance.

SMITH George Albert RÉ GB (1864 | Brighton 1959) Le plus remarquable réalisateur de l'école de Brighton. Il a été, dès 1900, le premier à utiliser systématiquement dans ses films : *la Loupe de grand-mère, le Petit docteur, Cette sale dent*, etc., les séquences comprises comme une alternance de gros plans et de plans généraux dans une même scène, précédant de loin D. W. Griffith et Stuart Blackton. 1897-1898 : ACTUAL et plein air. Films de truquage en studio. *Corsican Brothers, Cinderella, Faust, Photographying a Ghost, Santa Claus. The Mesmerist, Comic Faces*. 1900 *Let me dream again, la Loupe de grand-mère (Grand Ma's Reading Glass), As seen through a Telescop, The House that Jack built*. 1901 *The Little Doctor, Two Old Boys in a Music Hall*. 1902 *The Mouse in the Art School. At least this Awful Tooth !*. 1903 *Mary Jane's Mishan, Dorothy's Dream*. 1904 *The Free Trade Branch*. 1905 *The Little Witness*. 1902-1908 Met au point le procédé Kinemacolor, largement exploité commercialement en 1909-1914.

SNOW Michaël PH RÉ PR CAN (Toronto 1929 |) Dans un cinéma - le canadien - voué au réel, une voix venue d'ailleurs, celle d'un fou d'« art total » qui, musicien et peintre autant que cinéaste, expérimente ses « machines cinématographiques ».
RÉ : Principaux films : 1964 *New York Eye and Ear control*. 1971 *la Région centrale*. 1971 *Rameau's Nephew from*, Diderot, *(Thank to Dennis Young) from, Wilma Schœn*. 1980 *Présent*. 1982 *So is this*.

SOFFICI Mario RÉ ARG (Florence 14 mai 1900 | 1977) Le meilleur cinéaste argentin des années 1935-1945. Il a réalisé en 1937 *Viento Norte*, en 1939 *Prisonniers de la terre*, et en 1940 *Heroes sin Fama*, qui exprimaient la réalité argentine avec une authenticité et un certain sens social, exceptionnels dans son pays, puis se contenta, dans les années 60 de mélos médiocres.

SOLANAS Fernando RÉ ARG (Buenos Aires 16 fév. 1936 |) Des courts métrages et un long métrage (4 h 15 mn pour la version intégrale) *La Hora de los Hornos*, mêlant le document et la reconstitution pour démontrer, sur le mode incantatoire, qu'une seule voie est ouverte au peuple : la lutte armée, le firent connaître hors de l'Amérique latine et surtout en Europe où ce dernier film devint une œuvre de référence tiers-mondiste. Chassé d'Argentine par le coup d'État militaire de 1976, il devait terminer en France (où il avait vécu jusqu'en 1984) son film *Los Hijos de Fierro*, dont il avait commencé le tournage dans son pays. Et c'est à Paris qu'il donna un beau film de réflexion sur le déracinement qu'il vivait alors, avec *Tangos, l'exil de Gardel*, à l'écriture apaisée, tout de nostalgique sensibilité.

RÉ : 1962 *Seguir andando* CM, *Réflexion ciudadina* CM. 1966-68 *la Hora de los Hornos (l'Heure des brasiers)* CO-RÉ Octavio Getino. 1971 *La Revolucion justicialista ; Actualijacion politica y doctrinaria* CM. 1974-1978 *Los Hijos de Fierro (les Fils de Fierro), from* poème Jose Hernandez. 1980 *le Regard des autres* FR. 1985 *Tangos, el exilo de Gardel (Tangos, l'exil de Gardel)* FR. 1988 *Sur (le Sud)* ARG-FR.

SOLAS Humberto RÉ Cuba (1942|). De la génération des cinéastes « d'après la Révolution », Humberto Solas s'est signalé d'abord par de très beaux portraits de femmes, une attention au quotidien de la vie, avant de se tourner, avec *Cantate du Chili*, vers l'épopée. RÉ 1966 *Manuela*. 1968 *Lucia*. 1972 *Un jour de novembre*. 1976 *Cantate du Chili*.

SOLDATI Mario RÉ ITAL (Turin 17 nov. 1906|). Il contribua beaucoup à la renaissance du cinéma italien en 1940-1944 avec *Piccolo Mondo antico* et *Malombra*, alors qu'il était un des plus notables « calligraphes ». Il n'a pas toujours donné depuis des films en rapport avec sa vive intelligence, son talent d'écrivain et son amour du cinéma, mais *la Provinciale* (1952) fut une réelle réussite. Après quoi il abandonna le cinéma pour la littérature.

SOUTTER Michel RÉ SUISSE (Genève juin 1932|). Poète, chanteur de cabaret, maçon, une rencontre avec Tanner lui fait découvrir la télévision, puis le cinéma et ainsi naît le jeune cinéma suisse, un cinéma d'observation et de remise en question ironique d'une société feutrée.
RÉ de 1963 à 1972 : des dramatiques et des « portraits » à la TV romande. De 1962 à 1972 : des CM cinéma dont *la Pomme*. 1970 *James ou pas*. 1972 *les Arpenteurs*. 1974 *l'Escapade*. 1977 *Repérages*. 1981 *l'Amour des femmes*. 1985 *A toi pour la vie, Signé Renart*.

Charles Spaak

SPAAK Charles SC FR (Bruxelles 25 avril 1903|4 fév. 1975). Il est avec Jacques Prévert le scénariste qui contribua le plus à l'essor du réalisme poétique en écrivant pour Feyder : *le Grand Jeu, la Kermesse héroïque*, etc. ; Renoir : *la Grande Illusion* ; Grémillon : *la petite Lise* ; Duvivier : *la Bandera, la Belle Équipe*. Il a dit lui-même : « J'ai travaillé avec plus de 40 metteurs en scène différents. J'ai fait une centaine de films réalisés et une quarantaine qui n'ont pas été tournés. Ce qui vous donne la proportion des sujets qu'on abandonne. Je regrette qu'aucune histoire du cinéma n'ait consacré un chapitre aux œuvres non réalisées. Je vous assure que c'est ce que Prévert, Jeanson, Aurenche ou moi avons imaginé de meilleur. » « J'ai toujours soutenu qu'il fallait faire des scénarios originaux et non des adaptations. Nous pensions qu'il n'y a ni secrets ni théories. Seuls les critiques et les mauvais cinéastes en ont. Chacun réagit suivant ses émotions. C'est un jeu qui se passe entre les auteurs, les réalisateurs, les acteurs et en fin de compte le public. Il y a des gens qui jouent bien, avec élégance, des gens qui jouent mal, des gens qui trichent. » « Je n'ai pas écrit de films d'amour. Je me suis toujours attaché à l'homme de bonne volonté mis en présence de problèmes qui le dépassent : *la Grande Illusion* en est le type. »
RÉ Feyder : 1929 *les Nouveaux Messieurs*. 1934 *le Grand Jeu*. 1935 *Pension Mimosas, la Kermesse héroïque*. RÉ Jean Renoir : 1936 *les Bas-Fonds, from* Gorki. 1937 *la Grande Illusion*. RÉ Duvivier : 1935 *la Bandera*, 1936 *la Belle Équipe*, 1939 *la Fin du jour*. 1940 *Un tel père et fils* CO-SC M. Achard. RÉ Grémillon : 1930 *la Petite Lise*. 1937 *Gueule d'amour*. 1938 *l'Étrange Monsieur Victor*. 1943 *le Ciel est à vous*. RÉ Carné : 1953 *Thérèse Raquin*. RÉ Daquin : 1945 *Patrie*. RÉ Christian-Jaque : 1941 *l'Assassinat du Père Noël*. 1948 *D'homme à hommes*. 1952 *Adorables créatures*. RÉ Cayatte : 1950 *Justice est faite*. 1952 *Nous sommes tous des assassins*. 1954 *Avant le déluge* ; 1955 *le Dossier noir*. RÉ Jean Dréville : 1960 *Normandie-Niémen* CO-SC Elsa Triolet et Constantin Simonov. Spaak est à l'origine du scénario des *Tricheurs* RÉ M. Carné.

SPIELBERG Steven RÉ US (Ohio 1941|). Études à la Californian State University où il réalise son premier court métrage en 35 mm, *Amblin*.

Embauché à la télévision il y travaillera trois ans, notamment sur des séries *(Columbo)* ; il y tourne également plusieurs films. C'est *Duel* qui le révélera au public français (film fantastique sur un automobiliste poursuivi par un énorme camion). Spielberg est issu, comme Lucas, de la culture californienne. En raison de l'aspect essentiellement narratif et optimiste de ses œuvres il recueille très vite l'adhésion du grand public. En 1975 *Jaws (les Dents de la mer)* est un énorme succès commercial. Spielberg est alors voué, mais avec brio, à la superproduction. Son film suivant confirme son goût de la science-fiction. C'est *Rencontre du troisième type*, le plus élaboré du point de vue narratif. RÉ : 1974 *The Sugarland Express.* 1975 *les Dents de la mer.* 1977 *Rencontres du troisième type.* 1979 *1941.* 1981 *les Aventuriers de l'arche perdue.* 1982 *E.T., l'extra-terrestre.* 1984 *Indiana Jones et le Temple maudit.* 1985 *la Couleur pourpre.* 1987 *l'Empire du soleil.* 1989 *Indiana Jones et la Dernière Croisade.*

Steven Spielberg

STAHL John M. RÉ US (New York 21 janv. 1886 | 1950). Quarante ans de carrière, depuis 1914. Une centaine de films. Il fit beaucoup pleurer avec *Back Street* (1932), et bâiller avec *les Clefs du royaume* (1944).

STALLONE Sylvester ACT SC RÉ US (New York 1946 |) Qui se souvient que cet athlète soufflé au regard noyé de rocker triste a débuté dans *Bananas* de Woody Allen ? C'est pourtant vrai, et d'ailleurs Stallone, scénariste, réalisateur vaut beaucoup mieux que cette caricature de justicier décervelé nommé Rambo à qui il a fini par s'identifier. Une enfance misérable dans une famille nombreuse d'immigrés récents, une forte soif de revanche : c'est cela sans doute qui donne à ses premiers scénarios et mises en scène une force souvent émouvante. Mais après tant de truquages musculaires, de fausse gloire, pourra-t-il revenir à la convaincante simplicité de ce cinéma-là ?
RÉ : 1978 *Paradise Alley.* 1979 *Rocky II, la revanche.* 1981 *Rocky III, l'œil du tigre.* 1983 *Staying Alive.* 1985 *Rocky IV.*

STAMPFER Général Simon Ritter von INV AUTR (1792 | 1864) Géomètre, inventeur avec Plateau de l'image animée. Il présenta en même temps que lui - et indépendamment - son Stroboscope, appareil de dessins animés sur disque.

STAREVITCH Ladislas ANIM URSS FR (Moscou 1892 | Paris mars 1965.) Il eut le grand mérite de maintenir l'animation en trois dimensions entre les deux guerres alors que les « cartoons » à la Walt Disney dominaient le marché. Il a dépensé beaucoup d'art et d'ingéniosité dans ses films de marionnettes, dont les personnages et les décors furent un peu maniérés et touffus.
RÉ 1911-1917 A MOSCOU : des LM, dont *Russalka, la Nuit de Noël, Yola, Ruslan et Ludmilla*, etc. 1912 *l'Amour se venge, le Noël des habitants de la forêt, les Engrenages joyeux.* 1913 *la Libellule* et *les Fourmis* CM D'ANIM, avec notamment des insectes morts utilisés comme des marionnettes. - EN FR : *Les grenouilles qui demandent un roi, la Petite Chanteuse des rues, la Voix du rossignol.* 1924 *le Rat de ville et le Rat des champs, la Cigale et la Fourmi* CO-RÉ Azaroff. 1925-1928 *l'Horloge magique, Amour noir et blanc, la Reine des papillons, le Lion et le Moucheron, les Yeux du dragon, le Mariage de Babylas.* 1929 *la Petite Parade.* 1933 *Fétiche*, avec personnages humains et marionnettes. 1928-1939 *le Roman de Renart* LM. 1949 *Zanzabelle à Paris.* 1950 *Fleur de Fougère.*

STAUDTE Wolfgang RÉ ALL (Sarrebruck 9 oct. 1906 | 1984). Le meilleur réalisateur allemand contemporain avec Käutner et Düdow. Robuste, convaincu, il a le sens de la satire (mais un peu moins de l'humour), et l'a prouvé en RDA avec *Pour le roi de Prusse*, en RFA avec *Des roses pour le procureur général.* Sitôt après la guerre, il amorça une renaissance du cinéma allemand avec son fameux *les Assassins sont parmi nous* et *Rotation*, histoire d'un ouvrier berlinois de 1930 à 1945, à travers le nazisme et la guerre. Ses réussites sont fort inégales, mais il est un créateur estimable. D'abord TH avec Reinhardt et Piscator. RÉ : 1943 *Akrobat Schön.* 1945 *Die Mädchen Juanita.* - EN RDA : 1946 *les Assassins sont parmi*

Staudte

nous. 1948 *les Aventures de M. Fridolin.* 1949 *Rotation.* 1951 *Pour le roi de Prusse (Der Untertan).* 1953 *le Petit Mück.* - EN HOL : 1955 *Ciske (Face de rat).* - EN RFA : 1957 *Rose (Rose Bernd),* INT Maria Schell, Raf Vallone, *Madeleine und der Legionnar.* - EN ITAL : *Kanonens Serenade.* 1959 *Des roses pour le procureur général.* 1960 *Kirmes (Je ne voulais pas être un nazi).* 1961 *le Dernier Témoin (Der Letzte Zeuge).* 1963 *l'Opéra de quat'sous.* 1965 *l'Honneur des voleurs.* 1966 *Petits Secrets* CO-PR BULG-RDA. 1970 *les Hommes aux vestes blanches.* 1971 *Vol pour St Pauli.* 1973 *Le Loup de mer.*

ŞTAWINSKY Jerzy SC POL (1921 |). Écrivain, scénariste, il collabora avec Wajda, pour *Kanal* et Munk pour *Eroïca* et réalisa en 1964 une comédie : *Pas de divorce.*

STEINER Max MUS US (Vienne 10 mai 1888 | 1971). Il était déjà connu comme pianiste et compositeur quand il devint, de 1929 à 1936, directeur musical de la RKO. Il multiplia alors les partitions en style imitatif, style dessins animés, dont Jaubert disait, parlant du *Mouchard,* que « d'harmonieux glouglous y imitaient la descente du whisky dans le gosier, chaque fois que le héros buvait un verre ».

STEINHOFF Hans RÉ ALL (Pfaffenhofen 10 mars 1882 | 1945). Il avait déjà un assez long passé de théâtre et de cinéma, lorsque, à la demande du Dr Gœbbels, il tenta - sans aucun succès - de donner au cinéma nazi son *Potemkine* avec *le Jeune Hitlérien Quex* (1933). Il avait plus de métier que son rival Veit Harlan, comme le prouvèrent ses films grandiloquents mais relativement solides : 1939 *la Lutte héroïque (Robert Koch).* 1940 *la Fille au vautour.* 1941 *Ohm Krüger* qui maudissait sans pudeur les camps de concentration alors qu'Hitler en faisait une institution.

STEKLY Karel RÉ TS (1903 | 1987) Il remporta le Grand Prix de Venise pour son émouvante *Sirena* (1947), mais ne retrouva pas ensuite le niveau de cette réussite.

STERN Kurt SC ALL (Berlin 18 sept. 1907 |) **et Jeanne** (Paris 20 août 1908 |). Scénaristes d'Allemagne démocratique, *Plus Fort que la nuit,* RÉ Dudow (1954), et un documentaire sur la guerre d'Espagne (1962).

STERNBERG Josef von RÉ US (Vienne 29 mai 1894 | Hollyvood 22 déc. 1969). Une des plus fortes personnalités du cinéma entre 1925 et 1935. « L'artiste, c'est le prêtre officiant qui administre la beauté, et son sens de la beauté peut se manifester de façon bizarre. » L'ange du bizarre fut la muse de ce Viennois dont certains films furent des hymnes à la femme, à une nouvelle Nana prodigieusement entretenue, à la divinité contournée et emplumée de Marlène Dietrich présentée dans des décors aussi délirants dans leurs lignes qu'une chapelle baroque autrichienne du XVIIe siècle, à la gloire de la Vierge Marie et des jésuites. Il avait débuté par un film expérimental, *Salvation Hunters,* qui employait les règles du Kammerspiel ; il parvint à la gloire avec le triomphe des *Nuits de Chicago,* imposant une nouvelle espèce de surhomme, le gangster. Apparente dans ce film, l'influence du Kammerspiel fut encore plus visible dans *les Damnés de l'océan,* brève rencontre, dans un bouge, d'un marin et d'une prostituée. Le seul film qu'il ait dirigé en Allemagne, *l'Ange bleu,* marqua un tournant dans sa carrière. Contant pour Jannings la déchéance d'un Herr Professor, il transforma en un nouveau type de vamp une obscure comédienne, Marlène Dietrich. Comme Frankenstein, l'inventeur devait être peu à peu anéanti par sa

Sternberg

Sternberg, « l'Ange bleu », avec Emil Jannings et Marlène Dietrich.

créature. Quittant pour elle le milieu quotidien, parfois populiste, il la fit, par divers avatars, aventurière, espionne, créature fatale, Vénus, impératrice, la femme enfin qui s'amuse d'un pantin et le brise : *Cœurs brûlés, Blonde Vénus, Shanghai Express, X 27, la Femme et le Pantin, l'Impératrice rouge.* Ses mises en scène fastueuses finirent par ne pas être profitables. La star fut confiée à d'autres réalisateurs, et son découvreur pratiquement éliminé. Le spectre de la superfemelle disparue continua de le hanter dans *Shanghai* ou *Anathan.* « Quand je m'aperçus que les meilleures intentions d'un cinéaste, a dit ce plasticien, sont contrecarrées par les êtres humains, je me dis que j'hésiterais à utiliser le cinéma, moyen d'expression utilisant les êtres humains, à la place des couleurs que le peintre emploie sur sa toile, les matériaux du réalisateur n'étant pas malléables, et souvent même rebelles. Je suis venu d'un tout autre monde que celui des films : celui de la littérature et des arts plastiques, que j'ai essayé de transposer dans mon travail. »
1921-1924 technicien de laboratoire, PH et parfois SC.
RÉ : 1925 *Salvation Hunters.* 1926 *The Seagull (la Mouette),* INT Edna Purviance, PR Chaplin, qui ne le mettra jamais en distribution, *The Exquisite Sinner, Escape,* INT Renée Adorée, Conrad Nagel. 1927 *Underworld (les Nuits de Chicago).* 1928 *The Dragnet,* INT William Powell, Evelyn Brent, *The Docks of New York (les Damnés de l'océan), The Last Command (Crépuscule de gloire),* SC Good-rich, PH Bert Glennon, INT Jannings. 1929 *Thunderbolt (la Rafle),* INT Bancroft, *The Case of Lena Smith,* INT Esther Ralston, George Hall. - A BERLIN : 1930 *l'Ange bleu.* - AUX US : 1930 *Morocco (Cœurs Brulés),* INT Gary Cooper, Marlène Dietrich. 1931 *Dishonored (X 27), Une tragédie américaine,* INT Sylvia Sydney. 1932 *Blonde Vénus,* INT Marlène Diétrich, Herbert Marshall, *Shanghai Express.* 1934 *l'Impératrice rouge,* INT Marlène Dietrich. 1935 *The Devil is a Woman (la Femme et le Pantin),* INT Marlène Dietrich, Lionel Atwill, *Crime et Châtiment,* INT Peter Lorre. 1936 *The King steps out.* 1939 *Sergeant Madden.* 1941 *Shanghaï Gesture.* 1946 DIR DE PR : *Duel au soleil,* RÉ King Vidor. 1952 *Macao,* INT Gloria Grahame, R. Mitchum. - AU JAPON : 1953 *The Saga of Anhatan.* 1957 *Jet Pilot,* INT Janet Leigh, John Wayne.

Sternberg, « la Rafle ».

STEVENS George RÉ US (Oakland 1905 | 8 mars 1975). Pas de question : pour les cinéphiles américains, il est le plus grand réalisateur vivant d'Hollywood. Pour les cinéphiles français, moins que rien ou presque. Entre ces deux opinions extrêmes, ce cinéaste mérite l'estime. Il n'est pas question de lui reprocher d'abuser du fondu enchaîné - procédé du passé ou de grand avenir. Chacun écrit ses films comme il le veut, avec les formes qui conviennent le mieux à son tempérament ou à son récit. Ce qui importe, c'est que cet homme aborde avec conscience et probité diverses questions contemporaines. S'il lui arrive de se tromper lourdement comme avec *le Journal d'Anne Frank,* en essayant de s'imager l'Europe, il a su décrire sa patrie avec vérité dans *Une place au soleil, Shane,* ou *Géant.*
1910 enfant ACT, avec son père. 1921-1930 PH. 1930-1932 série pour Hal

George Stevens et Millie Perkins (Anne Franck).

Roach : *Boy Friends* (et non pas *Our Gang*).
RÉ : 1933 *Cohens and Kelleys in Trouble.* 1935 *Alice Adams,* INT Katharine Hepburn, Fred McMurray ; *Annie Oakley,* INT Barbara Stanwyck. 1937 *A Damsel in Distress (Une demoiselle en détresse),* INT Joan Fontaine. 1938 *Vivacious Lady,* INT Ginger Rogers, James Stewart. 1939 *Gunga Din,* INT Cary Grant, Douglas Fairbanks Jr, Victor McLaglen. 1941 *La Chanson du passé (Penny Serenade),* INT Irène Dunne, Cary Grant, *la Justice des hommes (Talk of the Town),* INT Cary Grant, Joan Arthur. 1942 *la Femme de l'année (Woman of the Year),* INT Spencer Tracy, Katharine Hepburn. 1948 *Tendresse (I remember Mama),* INT Irène Dunne, Barbara Bel Geddes. 1951 *Une place au soleil.* 1952 *l'Ivresse et l'Amour (Something to live for),* INT Joan Fontaine, Ray Milland. 1953 *l'Homme des vallées perdues (Shane).* 1956 *Géant.* 1959 *The Diary of Anne Frank (le Journal d'Anne Frank),* PH William C. Mellor et Jack Cardiff, MUS A. Newman, INT Millie Perkins, Shelley Winters, Joseph Schildkraut. 1964 *The Greatest Story ever told.*

STIGLIC France (Se prononce Stieglitz) RÉ YS (Ljubljana 1919 |). Cinéaste slovène, il s'est classé comme un des meilleurs réalisateurs yougoslaves de l'après-guerre avec *la Vallée de la paix* et *le Neuvième Cercle.*
RÉ : 1955 *la Nuit des loups.* 1957 *la Vallée de la paix.* 1960 *le Neuvième Cercle.* 1961 *Ballade d'une trompette et d'un nuage.* 1962 *Les Chansons et les Chanteurs.* 1965 *Ne crie pas, Pierre.* 1966 *Amandus.* 1973 *Petits Bergers.* 1975 *Histoire des braves.* 1984 *Un joyeux mariage.*

STILLER Mauritz (Mosche) RÉ SUÈDE US (Helsinki 17 juil. 1883 | Stockholm 8 nov. 1928). Il égala son contemporain Sjöström quand il mit en scène, sur un tout autre ton, de grandes sagas nationales, adaptant le plus souvent Selma Lagerlöf : *le Vieux Manoir, Le Trésor d'Arne, Gösta Berling.* Il fut particulièrement grand quand il fut inspiré par les grands romans scandinaves où, tout autant que des héros bien typés et individualisés - aux sentiments assez subtils - , les décors furent des personnages du drame. Le navire pris dans les glaces et la forteresse ronde où sont enfermés les prisonniers du *Trésor d'Arne,* le troupeau de rennes dans la neige et le paysage où arrive en traîneau la Dame du chagrin hantant *le Vieux manoir,* le parc et l'atmosphère 1820 de *Gösta Berling* le placèrent au premier rang des meilleurs cinéastes. Il fut d'autre part, avec une élégante nervosité, un maître de la comédie légère, surtout dans *Erotikon,* brillant quadrille mondain venu du théâtre « boulevardier » d'Europe centrale, ainsi que des réussites américaines de C.B. De Mille ou Douglas Fairbanks. Cette Brillante réussite influença à son tour Hollywood. Il y fut appelé ; la capitale du cinéma américain ne lui réussit pas. Il y avait amené Garbo, mais il ne put diriger aucun de ses films et revint, très malade, mourir en Suède. Il était aussi délicat que Sjöström était massif, lui dont Delluc disait : « Il joue du blanc et du noir avec une attention subtile de troubadour. Il est un peu à l'art muet ce que furent Charles d'Orléans et Louise Collet à l'art rimé. Et, par instants, on se l'imagine arpégeant des lumières doucement sonores sur je ne sais quelles cordes chantantes. »
RÉ : 1912 *Mor och Dotter (Mère et fille),* INT Stiller, Anna Norrie, Lily Jacobson, *De Svarta Maskerna (les Masques noirs),* SC Magnusson et Stiller, INT Victor Sjöström, Lily Beck, *Vampyren Eller en Kvinnas Slav (La Vamp ou le Pouvoir d'une femme),* INT V. Sjöström, Lily Beck, Anna Norrie, *Barnet (l'Enfant), le Mari tyrannique,* INT V. Sjöström, Lily Beck, *Nar Karleken Dodar (Quand l'amour tue),* INT V. Sjöström. 1913 *Livets Konflikter,* INT V. Sjöström *Den Moderna Suffragetten (Suffragettes modernes),* INT Lily Ziedner, Richard Lund, Stina Berg, *Broderna (les Frères), Kammarjunkaren (le Grand Camérier), Nar Svarmor Regerar, Den Okanda (l'Inconnu), Gransfolken (Une querelle de frontière)* SC Lykke Seist, PH J. Julius, INT Egil Eide, Richard Lund, Edith Erastoff, *For Sin Karleks Skull (A cause de son amour).* 1914 *Stormfageln (l'Oiseau de la tempête),* INT Gustav Callmen, Richard Lund, Lily Beck, *Skottet (l'Abri), Det Roda Tornet*

Mauritz Stiller, 1923.

« le Trésor d'Arne »

« Erotikon ».

(l'Épine rouge), Dolken (Poignards), INT Lars Hanson, *Nar Konstnarer Alska (Quand les artistes sont amoureux),* INT Egil Eide, Lily Beck, *Lekkamraterna (Amis d'enfance),* INT Lily Beck, Richard Lund. 1915 *Hans Hustrus Forflutna (le Passé de son épouse),* INT Lily Beck, Greta Almroth, Richard Lund, *Masterjuven (le Roi des voleurs),* INT Egil Eide, Lily Beck ; *Madame de Thèbes,* INT Albin Lavén, Doris Nelson, *Hamnaren (les Portes), Dolken (le Couteau), Minlotsen (le Mouilleur de mines), Hans Brollopsnatt (Sa nuit de noce), from* « la Belle Aventure », de De Flers et Caillavet, INT Richard Lund, Erik Petschler. 1916 *Lyckonalen,* INT Oscar Winge, Richard Lund, *Karlek och Journalistik (Amour et Journalisme),* INT Jenny Tschernichin-Larsson, Richard Lund, *les Ailes (Vingarna),* INT Egil Eide, Albin Lavén, *Kampen Om Hans Hjarta (la Lutte pour son amour),* INT Richard Lund, Karin Molander, *Wolo (Balett-primadonnan),* INT Jenny Hasselqvist, Richard Lund, Lars Hanson. 1917 *Thomas Graals Basta Film (le Meilleur Film de Thomas Graal),* INT Albin Lavén, V. Sjöström, *Alexandre le Grand (Alexander den Store),* INT Hauk Aabel, Lilli Ziedner. 1918 *Thomas Graals Basta Barn (Leur premier-né),* INT V. Sjöström, Karin Molander ; *Sangen On den Eldroda Blomman (Dans les remous), le Chant de la fleur écarlate.* 1919 *Herr Arnes Pengar (le Trésor d'Arne), Fiskebyn (la Vengeance de Jacob Windas),* INT Karin Molander, Lars Hanson. 1920 *Erotikon, Johan (À travers les rapides),* INT Mathias Taube, Jenny Hasselqvist. 1921 *De Landsflyktiga (les Émigrés),* INT Jenny Hasselqvist, Lars Hanson. 1922 *Gunnar Hedes Saga (le Vieux Manoir).* 1924 *la Légende de Gösta Berling.* - AUX US : 1927 *Hôtel impérial,* PH Bert Glennon, SC Lajos Biro, INT Pola Negri, James Hall, *The Woman on Trial (Confession),* PH Bert Glennon, INT Pola Negri, Einar Hanson.
Dirige quelques courtes scènes de la *Tentatrice* RÉ Fred Niblo, 1926, INT Greta Garbo, et de *Barbered Wire (Fils de fer barbelés)* RÉ Rowland W. Lee, 1927, INT Pola Negri. Stiller dirige une partie de *Street of Sin (Roi de Soho)* RÉ Ludwig Berger, 1928, SC Sternberg, INT Jannings. Gravement malade, Stiller abandonne le tournage de ce film et rentre à Stockholm où il meurt.

STORCK Henri DOC BELG (Ostende 5 sept. 1907 |). Premier des documentaristes belges, il entreprit dès 1930, dans la ligne de Dziga Vertov, des films de montage : *le Soldat inconnu* (1932), ou de cinéma-œil : *Idylle à la plage* (1931). Réalisateur, avec Joris Ivens, de *Borinage.*

RÉ : 1929-1930 *Images d'Ostende* (muet). 1930 *Trains de plaisir* (muet), *Ostende, reine des plages.* 1931 *Une idylle à la plage.* 1932 *Histoire du Soldat inconnu, Sur les bords de la caméra* (muet). 1933 *Trois Vies et une corde, Misère au borinage* CO-RÉ Joris Ivens. 1935 *l'Ile de Pâques, le Trois-Mâts Mercator, Cap au sud* (pour ces trois films, reportage John Ferno). 1936 *les Carillons, Jeux de l'été et de la mer, Sur les routes de l'été, Regards sur la Belgique ancienne.* 1937 *les Maisons de la misère.* 1938 *Terre de Flandre, Vacances, le Patron est mort.* 1939 *Pour le droit à la liberté.* 1942-1944 *Symphonie paysanne* LM. 1944-1946 *le Monde de Paul Delvaux.* 1947 *la Joie de revivre.* 1947-1948 *Rubens* LM, CO-RÉ Paul Haesaerts. 1949 *Au carrefour de la vie.* 1951 *le Banquet des fraudeurs,* SC Charles Spaak. 1952 *la Fenêtre ouverte.* 1953 *Herman Teirlinck.* 1956 *Décembre, mois des enfants.* 1957-1960 *les Seigneurs de la forêt* LM. 1960 *les Gestes du silence.* 1961 *les Dieux de feu.* 1962 *Variations sur le geste, le Bonheur d'être aimée ou Félix Labisse, les Malheurs de la guerre.* 1965 *le Musée vivant.* 1970 *Paul Delvaux ou les femmes défendues.* 1970-1975 *Fêtes de Belgique* (carnavals et processions, 13 reportages). 1984-1985 *Permeke* LM, CO-RÉ Patrick Conrad.
Sauf indication particulière (LM), tous ces films sont des courts métrages.

STRADLING Harry PH GB FR US (Nesen 1903 | Hollywood 1970). Il a consenti à des besognes, mais a composé des images raffinées - pour Feyder : 1934 *le Grand Jeu.* 1935 *la Kermesse héroïque.* - Asquith : 1938 *Pygmalion.* - Lewin : 1945 *le Portrait de Dorian Gray.* - Kazan : 1951 *Un tramway nommé désir* - et souvent pour Hitchcock, Mankiewicz, Nicholas Ray, etc.

STRAND Paul RÉ PH US (New York 16 oct. 1890 | 31 mars 1976). Rigoureux, ayant un sens aigu de la réalité, ce grand photographe, disciple de Stieglitz, devint le principal fondateur et animateur de l'école de New York. Il lui donna deux œuvres d'une grande importance : *Native Land,* tableau de la réalité américaine et de ses luttes ouvrières, et *les Révoltés d'Alvarado.* Ce dernier film avait été réalisé au Mexique, en exécution du programme qu'il s'était tracé : « 1. choisir des sujets en rapport avec les réalités économiques du pays ; 2. donner à ces réalités une forme dramatique, pour en faire comprendre l'importance, non pas pour les seuls intellectuels new-yorkais, mais pour les gens les plus simples, y compris 16 millions d'Indiens ; 3. user de tous les moyens esthétiques, mais pour réaliser

Paul Strand, « Native Land ».

une œuvre très directe, compréhensible pour tous. » Ce programme était valable également pour les documentaristes de New York qui se groupèrent plus ou moins autour de Frontier Films, tels Ralf Steiner, Zinnemann, Irving Lerner, Willard Van Dyke, Sydney Meyers, David Wolf, Elia Kazan, Pare Lorentz, Herbert Kline, Leo Hurwitz, etc. Cet effort fut fécond, qu'interrompit la guerre puis le maccarthysme ; mais il porta de nouveaux fruits après 1955, avec d'autres hommes parfois.
RÉ Charles Sheeler : 1924 *Manhatta* DOC CM, PH Strand. 1923-1930 Opérateur « Free Lancer » de DOC et d'ACTUAL - AU MEX : 1934-1936 *les Révoltés d'Alvarado* RÉ et PH Strand. 1936 Fonde Frontier Film qui produit : RÉ Herber Kline : 1937 *Heart of Spain.* RÉ Kline et Cartier-Bresson : 1938 *Retour à la vie.* 1939 *China strikes back.* 1938-1942 *Native Land* et d'autres DOC de Ralph Steiner, Elia Kazan, Leo Hurwitz, Willard Van Dyke, Sydney Meyers, etc. Après 1948, il quitte les USA et le cinéma pour se consacrer à la seule photographie.

STRAUB Jean-Marie RÉ ALL ITAL (Metz 1933 |). Animateur de ciné-clubs dans sa jeunesse, assistant de Gance, Renoir, Astruc et Bresson, Jean-Marie Straub quitta la France pour ne pas faire son service militaire contre les Algériens et réalisa en Allemagne fédérale ses premier films, dont l'étonnant *Nicht Versöhnt,* lecture « téléscopée » du destin d'une famille de grande bourgeoisie allemande sur trois générations. Après ce premier film foisonnant, il s'achemine vers une écriture de plus en plus tendue, « nue », que sa collaboration, dès son troisième film, avec Danielle Huillet, lui permettra d'aigui-

ser sans cesse. Ainsi *Leçon d'histoire*, d'après « les Affaires de Monsieur Jules C. » de Brecht, est caractéristique de cette tension : la construction en « interviews », le hiératisme des acteurs, la mobilisation de la Rome moderne, tout concourt à d'abord servir un texte d'une glaciale clarté sur les « racines économiques » de l'ascension de Jules César. Il avait dit (In « Combat » 7 janvier 1972) de son précédent film, *Othon* : « Ici, tout est information, même la réalité purement sensuelle de l'espace, que les acteurs laissent vide à la fin de chaque acte : comme elle serait douce sans la tragédie du cynisme et de l'oppression, de l'impérialisme, de l'exploitation, notre terre : libérons-là ! »
RÉ : 1962 *Machorka Muff* CM, *from* Heinrich Böll. 1965 *Nicht Versöhnt (Non réconciliés).* 1967 *Chronik der Anna Magdalena Bach (la Chronique d'Anna Magdalena Bach).* 1968 *Der Brautigan, die Komödiantin und der Zuhalter (la Fiancée, la Comédienne et le Maquereau)* MM. *Les yeux ne veulent pas en tout temps se fermer* ou *Peut-être qu'un jour Rome se permettra de choisir à son tour, Othon, from* Corneille. 1972 *Geschichtenunterricht (Leçons d'histoire), from* Brecht « les Affaires de monsieur Jules César », *Arnold Schönberg* CM. 1975 *Moïse et Aaron, from* opéra Arnold Schönberg, *Fortini Cani, from* Franco Fortini « les Chiens du Sinaï ». 1977 *Toute révolution est un coup de dés, from* Mallarmé. 1979 *Della Nube alla Resistenza (De la nuée à la résistance), from* Pavese « Dialoghi con Leuco » et « la Lune e i Fali ». 1980 *Trop tôt, trop tard* (à partir de textes de Friedrich Engels et Mahmoud Hussein). 1982 *En rachachant* CM, *from* Marguerite Duras. 1984 *Amerika : Klassenverhältnisse (Amérique : rapports de classe), from* Kafka. 1986 *Der Tod des Empedokles (la Mort d'Empédocle), from* Hölderlin. 1989 *Noir Péché, from* Hölderlin.

STROHEIM Erich Oswald von RÉ ACT US (Vienne 22 sept. 1885 | Maurepas 12 mai 1957). Ce cinéaste, l'un des plus grands qui aient jamais vécu, posait avec une amère ironie, quelques années avant sa mort, la question : « Suis-je vraiment le metteur en scène le plus cher et le plus salaud du monde ? » Victime de sa légende, de la calomnie, de haines tenaces, de son indépendance, de son non-conformisme, de son légitime orgueil de créateur, cet homme, à 45 ans, à l'apogée de son talent, dut cesser de diriger des films. Ce Viennois avait émigré vers 1910 aux US où il fit tous les métiers avant d'échouer à Los Angeles où il fut figurant pour Griffith

Stroheim en 1938

Stroheim et Denise Vernac

dans *Naissance d'une nation*. Remarqué par John Emerson, il fut conseiller technique puis assistant de Griffith. Rapidement célèbre comme acteur, sa carrière de réalisateur commença après la guerre avec *la Loi des montagnes* que suivit bientôt le triomphe international de *Folies de femmes*, cruelle peinture de l'Europe en 1919. Malgré cela, Stroheim fut chassé en pleine réalisation des *Chevaux de bois* par le jeune Irving Thalberg, mais il put aussitôt après entreprendre *les Rapaces*. Il définissait ainsi ses aspirations : « Le plus gros handicap du cinéma américain est son étroitesse morale. Pourtant nous savons parfaitement que chacun de nous est mû par des aspirations et des faiblesses, par des tentations et des rêves, des illusions et des désillusions qui sont la trame même de l'existence. » (1921.) « Le grand public n'est pas le pauvre d'esprit qu'imaginent les producteurs. Il veut qu'on lui montre de la vie qui soit aussi vraie que celle vécue par les hommes :

Stroheim, « Queen Kelly », avec Gloria Swanson.

âpre, nue, désespérée, fatale. J'ai l'intention de tailler mes films dans l'étoffe rugueuse des conflits humains. Car tourner des films avec la régularité d'une machine à faire les saucisses vous oblige à les fabriquer ni meilleurs ni pires que des saucisses en chapelet. » (1925). La « machine à saucisses » hollywoodienne reprit bientôt le dessus. *Les Rapaces* furent dépecés par la charcutière June Mathis, et leur auteur contraint de de réaliser *la Veuve joyeuse* « en abandonnant totalement le réalisme, parce qu'il avait une femme et des enfants à nourrir » (Stroheim). Mais le gros succès commercial de ce film lui permit d'entreprende *la Symphonie nuptiale*, qui lui fut une fois encore retirée et montée par un autre : Sternberg. Sa dernière chance fut *Queen Kelly*, dont il ne put terminer que le prologue, sa productrice-vedette, Gloria Swanson, ayant été éliminée par le parlant. Avec ce film se termina en 1928 sa carrière de metteur en scène, qui eut pour but de « raconter par le film un grand sujet de telle façon que le spectateur croie que ce qu'il regarde est réel. C'est ainsi que Dickens, Maupassant, Zola ont pu saisir et refléter la vie dans leurs romans. J'ai suivi cette idée directrice ». Ses films sont des ciné-romans issus de la tradition littéraire du XIXe siècle. Et c'est pour cela qu'il fut bien, selon André Bazin, « le créateur d'un récit cinématographique virtuellement continu, tendant à l'intégration permanente de tout l'espace [...]. La division qu'il fait subir à l'événement ne procède pas des lois analytiques du montage ». Il y a certes chez lui une part de sadisme - et de masochisme. Mais il resta humain. S'il montra le crime, le vice, la misère, il s'indigna que l'on ait pu laisser y tomber les hommes. Son œuvre est un réquisitoire contre la société - surtout austro-hongroise - de cette « Belle Époque » dont il avait eu beaucoup à souffrir. Il dénonce l'oppression, le cynisme, la rapacité, et c'est un symbole de ses conceptions que le noble officier jeté dans l'égout au dénouement de *Folies de femmes*. Il appartenait à une famille de commerçants viennois et n'était pas noble. Il paraît bien avoir été élève officier, mais c'est abusivement qu'il prétendit être comte et fils d'une dame d'honneur attachée à l'impératrice Élisabeth.

RÉ 1919 *Blind Husbands (la Loi des montagnes)*. 1920 *The Devil's Pass Keys (les Passe-partout du diable)*. 1921 *Foolish Wives (Folies de femmes)*. 1923 *Merry-go-round (les Chevaux de bois)*, terminé par Rupert Julian. 1924 *Greed (les Rapaces)*. 1925 *la Veuve joyeuse*. 1927 *The Wedding March (la Symphonie nuptiale)*. 1928 *Queen Kelly*.

STROIEVA Vera RÉ URSS (Kiev 1903|). Bonne réalisatrice soviétique, spécialiste des opéras filmés et des films de danse : *la Kovantchina, Boris Godounov, le Grand Concert*. A souvent collaboré avec son mari, Grigori Rochal.

STURGES John RÉ US (Oak Park 1911|). Qu'on ne s'y trompe pas : le grand Sturges, c'est l'autre, Preston. Lui, quand il fut chargé de diriger de bons scénarios, on put le croire un auteur de westerns, genre qui lui doit plusieurs notables réussites : 1954 *Un homme est passé (Bad Day at Black Rock)*. 1956 *Coup de fouet en retour (Backlash)*. 1957 *Règlement de comptes à O. K. Corral*. 1958 *le Trésor du pendu (The Law and Jack Wade)*. 1960 *les Sept Mercenaires*. Sorti des grands espaces de l'Ouest, il tombe dans la médiocrité, comme dans les mauvaises illustrations que lui inspira *le Vieil Homme et la Mer* (1958). 1961 *Possédé par l'amour*. 1962 *les Trois Sergents*. 1963 *la Grande Evasion*. 1965 *Station 3 : ultra secret, Sur la piste de la grande caravane*. 1967 *Sept Secondes en enfer*. 1968 *Destination Zebra, Station polaire*. 1969 *les Naufragés de l'espace*. 1971 *Joe Kid*. 1972 *Chino !*. 1973 *Mac II (Un silencieux au bout du canon)*. 1976 *l'Aigle s'est envolé*.

STURGES Preston RÉ US (Chicago 1898|New York 6 août 1959.). Il renouvela en 1940 la comédie légère américaine par un recours à la tradition de Mack Sennett - gags visuels, grosses plaisanteries. On put le trouver cynique, un peu amer. En tout cas, il n'avait pas la naïveté de Frank Capra, et il faisait porter sa critique sur quelques aspects importants de la vie américaine : le culte de la richesse *(Christmas in July)*, l'héroïsme *(Héros d'occasion)*, les mœurs électorales *(Gouverneur malgré lui)*, la vie dans les campagnes *(Miracle au village)*. Dans son meilleur film, *les Voyages de Sullivan*, il se défendit d'apporter un message ou une critique sociale. N'était-ce pas un humoristique alibi ? En tout cas, sitôt la période rooseveltienne close, il fut assez vite éliminé d'Hollywood et dut accepter des besognes en Europe. Elève en Europe. D'abord auteur dramatique et scénariste.

Preston Sturges

RÉ sur ses SC : 1940 *The Great McGinty (Gouverneur malgré lui)*, PH William Mellor, INT Brian Donlevy, Achim Tamiroff, Murell Angelus, *Christmas in July*. 1941 *Lady Eve (Un cœur pris au piège)*, PH Victor Milner, INT Barbara Stanwyck, Henry Fonda, Eugène Pallette, *les Voyages de Sullivan*. 1942 *Palm Beach Story (Madame et ses flirts)*, INT Claudette Colbert, Joël McCrea. 1944 *Héros d'occasion*, *Miracle of Morgan's Creek (Miracle au village)*, PH John Seitz, INT Eddie Bracken, Betty Hutton. 1947 *Mad Wednesday (Oh ! quel mercredi !)*, INT Harold Lloyd. 1948 *Infidèlement vôtre*. 1949 *The Beautiful Blonde from Bashful Bend (Mam'zelle Mitraillette)*. - EN FR : 1956 *les Carnets du major Thompson*, *From* Daninos. - EN GB : 1956 *The Birds and the Bees*. 1958 *Paris Holiday*, *The Gentleman from Chicago*.

SÜCKSDORF F. Arne DOC SUÈDE (Stockholm 3 fév. 1917 |). Photographe, scénariste et monteur de tous ses longs et courts métrages, il est l'un des plus grands documentaristes contemporains, dont on retient surtout *Rythme de la ville* et *la Grande Aventure*. Il a, plus encore que le sens de la belle image,

Sücksdorf

celui du rythme, de l'art et de la vie : avec une attention passionnée, il s'émerveille devant les gestes ou les mouvements des oiseaux, des animaux sauvages, des hommes, des campagnes, des forêts, de la mer, de la ville. Il est comme ses meilleurs compatriotes, cinéastes ou écrivains, un poète lyrique de la nature.

RÉ : 1939 *Rhapsodie d'août (En Augustirapsodi)*. 1941 *Le Pays de ton avenir (Din Tillvaros Land)*. 1942 *le Vent d'ouest (Vinden fran Vaster)*, *le Temps des semailles (Sarvtid)*. 1943 *Une légende d'été (En Sommarsaga)*. 1944 *la Mouette (Trut)*, *l'Aube (Gryning)*. 1946 *Ombres sur la neige (Skuggor over snon)*. 1947 *Rythmes de la ville (Manniskor i Stad)*. 1948 *le Départ (Uppbrott)*, *la Vallée idéale (Den Dromda Dalen)*, *Un monde divisé (En Kluver Warld)*. 1949 *Plaisirs de l'été (Strandhugg)*. 1950 *The Living Stream (Ett Horn i Norr)*, *The Wind and the River (Vinden Och Floden)*, *Indisk By*. 1953 *la Grande Aventure (Det Stora Aventyret)* LM. 1957 *l'Arc et la Flûte* LM DOC. 1960 *le Garçon dans l'arbre (Pojken i Trädet)*. - AU BRÉS : 1965 *Chez moi à Copacabana*.

SUKARDI Kotot RÉ INDON Il donna au jeune cinéma indonésien une œuvre sincère et authentique, disant les malheurs apportés par une guerre coloniale : *l'Estropié (Si Pincang)*, 1952.

SULLIVAN Gardner SC US (Still Water 18 sept. 1879 | Hollywood 1965). Sans ce scénariste, Thomas Ince n'aurait pas été aussi grand ; il fut avec lui le créateur du western comme art. D'après son premier biographe, Pierre Henri, on lui doit « la boue de *Carmen du Klondyke*, la prison de *Painted Soul*, le bébé mort de *Celle qui paye*, la cloche de *la Mauvaise Étoile*. Il avait l'avantage d'avoir été journaliste ; il savait vivre avec ses personnages, combiner l'anecdote en une suite d'images, avant d'écrire le premier mot, employer le

moins possible de personnages et de complications, éveiller l'intérêt du public dans les personnages et les situations ».
D'abord journaliste et grand reporter. 1911 premier SC : *Her Polish Family.* 1914 principal SC de Thomas Ince : *la Bataille de Gettysburg, le Typhon, la Colère des dieux, The Cup of Life,* etc. 1915-1917 pour Ince-Triangle : *Civilisation, Richesse maudite, Châtiment, Painted Souls, la Mauvaise Étoile, Un lâche, Illusion, Pour sauver sa race, Peggy, Tourments d'amour, la Petite Servante, l'Autel de l'honneur, Carmen du Klondyke, le Lieutenant Danny, le Lourdaud, les Portes de l'enfer, la Patrouille de minuit.* 1918-1920 chef des SC de la Paramount. Pour W. S. Hart : *l'Homme aux yeux clairs, la Caravane, Behind the Door, Hail the Woman, Expiration.* Il continua d'être SC jusqu'en 1942, notamment pour Cecil B. De Mille.

SYBERBERG Hans Jürgen RÉ RFA (Poméranie 8 déc. 1935 |). Se passionne très tôt pour la photographie et le cinéma. A 17 ans, il filme en 8 mm les représentations du Berliner Ensemble. Il quitte ensuite la RDA pour Munich, et fait des études de littérature et d'histoire de l'art. Il rédige une thèse de doctorat sur la dramaturgie de Dürrenmatt. De 1963 à 1965, il tourne une centaine de films pour la télévision. En 1965, il crée sa propre société de production, et tourne des documentaires, notamment sur R. Schneider et F. Kortner. Il aborde la fiction en adaptant une nouvelle de Tolstoï avec *Scarabéa* (1968), puis une nouvelle de Kleist : *San Domingo* (1970). C'est en 1972 qu'il tourne en 10 jours son célèbre *Ludwig,* suivi des monumentaux *Karl May* (1974), *Winifried Wagner* (1975) et du *Hitler* (1978. La personnalité la plus originale, et de loin, du nouveau cinéma allemand. Les cinq derniers très longs mètrages forment une œuvre homogène, le langage cinématographique se trouve utilisé d'une manière encore totalement inusitée. Tous les films sont consacrés à l'analyse des rituels sociaux et de la mise en scène des mythes idéologiques. Mais Syberberg opte pour un antinaturalisme agressif, pour une théâtralisation radicale du filmage et de la représentation. Il écrit à propos de *Ludwig* : « Je voulais un langage en forme de monologue, en blocs à une voix, ou en chœur, des partitions de mots, des silences, des plans fixes appuyés, une clarté épique, l'aliénation, le pathos et l'ironie, le rêve et la vision ».
RÉ (filmographie abrégée) : 1965 *Fritz Kortner répète « Amour et privilège », Romy, anatomie d'un visage,* 1972 *Ludwig, requiem pour un roi vierge.* 1973 *le Cuisinier de Ludwig.* 1974 *Karl May,* 1975 *Winifried Wagner.* 1978 *Hitler, un film d'Allemagne.* 1982 *Parsifal.* 1985 *la Nuit.*

Syberberg

SZABO Istvan RÉ HONG (Budapest 1938 |). « L'intimiste » du cinéma hongrois, attentif aux implications individuelles de la marche vers une autre société et aux conflits moraux.
RÉ : 1964 *l'Age des illusions.* 1966 *Père.* 1970 *Un film d'amour.* 1977 *les Contes de Budapest.* 1981 *Mephisto.* 1985 *Colonel Redl.* 1987 *Hanussen.*

TACCHELLA Jean-Charles RÉ SC FR (23 sept. 1925 |). Il fait ses études à Marseille de 1934 à 1944 puis il est journaliste et critique de cinéma à l'Écran français et à Ciné Digest de 1945 à 1953. Cofondateur d'« Objectif 49 » avec André Bazin et Alexandre Astruc. Il débute dans le scénario comme gagman en 1950. Il sera scénariste de 1954 à 1962 de *la Loi c'est la loi* RÉ Christian-Jaque (1957), *Croquemitoufle* RÉ C. Barma et *les Honneurs de la guerre* RÉ J. Dewever (1960), film sur lequel il est également dialoguiste et premier assistant. En 1963 il abandonne le scénario pour essayer de réaliser ses propres films. L'un de ceux-ci, *Tous les jours dimanche,* pour lequel il avait obtenu l'avance sur recettes du CNC ne sera jamais monté. De 1965 à 1970 il écrit des feuilletons pour la télévision, dont la série *Vivre sa vie.* Il est également auteur de pièces de théâtre. Ce n'est qu'en 1973 qu'il réalise son premier long métrage produit par l'ORTF, *Voyage en Grande Tartarie.* Et c'est en 1975 que son film *Cousin, Cousine,* sort sur les écrans

Tacchella, « Escalier C ».

parisiens. Tachella le présentera ainsi : « Montrer ce qui réunit un couple, c'est-à-dire un tas de choses, le sexe et l'érotisme jouent un rôle mais pas le premier ». Scénariste confirmé, sa mise en scène est certes un divertissement charmeur, mais cependant toujours un peu superficielle.
RÉ 1969-1970 CM : 1969-1970 *les Derniers Hivers, Une belle journée.* LM : 1973 *Voyage en Grande Tartarie.* 1975 *Cousin, Cousine.* 1976 *le Pays bleu.* 1979 *Il y a longtemps que je t'aime.* 1981 *Croque-la-vie.* 1984 *Escalier C.* 1986 *Cour d'assises* TV. 1987 *Travelling avant.*

TANNER Alain RÉ SUISSE (1929|). « Père fondateur » avec Goretta du jeune cinéma suisse, il est passé de Londres (*Nice Time,* CO-RÉ Goretta, 1957, une des premières œuvres du « free cinema » anglais) à la TV suisse et au long métrage : 1969 *Charles mort ou vif.* 1971 *la Salamandre.* 1972 *le Retour d'Afrique.* 1974 *le Milieu du monde.* 1976 *Jonas qui aura 25 ans en l'an 2000.* 1979 *Messidor.* 1980 *les Années lumière. from* « la Côte sauvage » de Daniel Odier. 1983 *Dans la ville blanche.* 1985 *No Man's Land.* 1986 *Une place dans mon cœur.* 1987 *la Vallée fantôme.* 1989 *la Ferme de Rose Hill.*

Tanner, « Charles mort ou vif ».

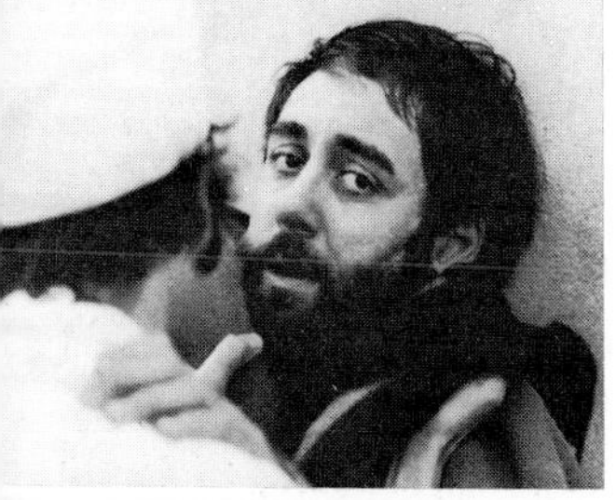

TARKOVSKI Andrei RÉ URSS (1932|1987). Parce qu'en 1969, lorsque après bien des déboires (écrit en 1964, tourné en 1967, présenté en 1969 à Moscou et immédiatement retiré de la circulation, pour être tenu sous le boisseau jusqu'à la fin de 1971) il arriva en France, son *Andrei Roublev* renouait avec la grande tradition lyrique du cinéma soviétique, on parla volontiers, à propos de Tarkovski, d'Eisenstein. On était assez loin du compte, et il le dit lui-même (interview à « Positif » nº 109) : « Il me semble que son esthétique m'est étrangère et franchement contre-indiquée. » La vision en effet des rapports du créateur avec son temps qu'il donnait dans ce Roublev, histoire du fameux peintre d'icônes du XVe siècle, privilégiait beaucoup trop, y compris dans ses meilleurs moments d'exaltation de la « fièvre créatrice » la notion idéalisée du « génie » pour qu'on n'y voie pas une démarche à l'opposé de celle d'Eisenstein. Ainsi se marquait avec éclat (mais non sans risque pour ses initiateurs) l'émergence au grand jour d'une thématique pour le cinéma soviétique : ce n'étaient plus les valeurs communes de la révolution qui étaient exaltées, mais celles dont l'individu était porteur. Avec *Solaris,* adapté d'un roman de science-fiction polonais, il marquait mieux encore l'originalité de sa démarche, posant un regard moral sur la société, excluant toute idée de compromission. Il devait dire, à propos d'un autre de ses films, *Stalker :* « La foi, c'est la foi. Sans elle l'homme est privé de toute racine spirituelle, il est comme aveugle. On a donné des contenus différents à la foi, à diverses époques. Mais dans cette période de destruction de la foi, ce qui importe au « Stalker » c'est d'allumer une étincelle, une conviction dans le cœur des hommes. » Il ajoutait, dans la même interview, parlant de ce personnage, le Stalker, qui donnait son nom au film : « ... c'est celui qui me plaît le plus. Il est la meilleure partie de moi-même, celle aussi qui est la moins réelle » (interview avec Aldo Tassone, in « Positif », octobre 1981). Contraint à l'exil en 1983, il vécut en Italie, en France et en Suède où, se sachant proche de la mort, il donna son plus beau film, un « Credo » d'homme torturé et espérant : *le Sacrifice.*
RÉ : 1959 *Il n'y aura pas de feuille ce soir* CM. 1960 *le Rouleau compresseur*

Andrei Tarkovski

et le Violon CM (film de diplôme au VGIK, Institut d'État du cinéma). 1962 *Ivanovo Dvosto (l'Enfance d'Ivan).* 1966 *Andreï Roublev* (id.), SC Andreï Mikhalkov - Konchalovski, A.Tarkovski. 1972 *Solaris* (id.), *from* Stanislas Lem. 1974 *Zerkalo (le Miroir).* 1979 *Stalker, from* Arcadi et Boris Strougatski. 1983 *Nostalghia* ITAL. 1986 *Offret (le Sacrifice)* SUÈDE.

TASHLIN Frank RÉ US (Weekhaven 19 sept. 1913 | Avril 1978). Ce bon auteur comique, venu des bandes dessinées, a gardé quelque chose de leur simplification et de leurs grands traits efficaces. Il a été souvent au service de champions comiques du Box Office comme Bob Hope : *la Môme Boule de gomme, le Fils de visage pâle* ; Jerry Lewis et Dean Martin (tant qu'il fut son partenaire) : *Artistes et modèles, Un vrai cinglé de cinéma, Trois bébés sur les bras, le Kid en kimono, Cinderella.* De l'opulente Jayne Mansfield, il sut faire, avec la *Blonde et Moi*, une caricature de la star, en prenant Marilyn Monroe pour modèle. Il est un « fou du roi » qui sait divertir les monarques et leur cour par d'amusantes et peu dangereuses audaces.

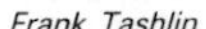

Frank Tashlin

D'abord auteur de DA et ANIM pour Léo Schlesinger et Walt Disney. Puis gagman et SC, 1945-1950.

RÉ : 1951 *la Môme Boule de gomme (Lemon Drop Kid)*, INT Bob Hope. 1952 *The First Time, le Fils de Visage pâle (Son of Pale Face)*, INT Bob Hope, Jane Russell. 1953 *Épousez-moi encore (Marry me again).* 1954 *Suzanne découche (Suzan slept here)*, INT Dick Powell, Debbie Reynolds, Arne Francs. 1955 *Artistes et Modèles*, INT Dean Martin, Jerry Lewis, Shirley McLaine. 1956 *Chéri, ne fais pas le zouave (The Lieutenant wore Skirts), Un vrai cinglé de cinéma (Hollywood or Bust)*, INT Jerry Lewis, Dean Martin ; *la Blonde et Moi.* 1957 *La Blonde explosive (Oh for a Man* ou *Will success Spoil Rock Hunter ?), from* TH George Axelrod, INT Jayne Mansfield, Tony Randall, Joan Blondell, Betsy Drake. 1958 *Trois bébés sur les bras (Rock-a-Bye Baby)*, INT Jerry Lewis, *le Kid en kimono (Geisha Boy)*, INT Jerry Lewis. 1960 *Stage Door, la Cendrillon aux grands pieds (Cinderella).* 1962 *l'Increvable Jerry (It's only Money)*, INT J. Lewis ; *Appartement pour homme seul (Bachelor Flat).* 1963 *les Pieds dans le plat (The Man from the Dinner's Club)*, INT Danny Kaye. 1964 *Hercule Poirot contre* ABC *(The* ABC *Murder).* 1963 *Un chef de rayon explosif.* 1964 *Jerry chez les cinoques.* 1966 *la Blonde défie le sherif (The Glass bottom boat).* 1967 *Opération Caprice, The Private Navy of Sgt, O'Farrel.*

TATI Jacques (Tatischeff) RÉ FR (Le Pecq 9 oct. 1908 | 29 oct. 1982). Le meilleur comique français depuis Max Linder. Parce que très français, il a eu un énorme succès dans le monde entier. Il possède un rare sens de l'observation, des gags, de l'atmosphère, de la poésie. On parle à peine dans ses films, mais leurs bandes sonores y sont presque aussi importantes que leurs images, par leur montage de bruits, de musiques, de conversations. Comme Max Linder, il a pris pour héros les « Français moyens » : ceux d'un village, *Jour de fête* ; d'une plage bon marché, *les Vacances de M. Hulot* ; d'une banlieue proche de Paris, *Mon oncle.* La gentillesse avec laquelle il les décrit n'exclut pas une cinglante férocité. Il n'a pourtant jamais « l'air d'y toucher ». Il a ainsi défini son comique : « Au fond,

Jacques Tati

Tati dans « Oscar champion de tennis » et « Mon oncle ».

Hulot n'est jamais dans le coup. Chaplin, devant une difficulté, un objet qui le gêne, a des idées, trouve quelque chose, modifie, interprète l'objet. Hulot, lui, ne fait jamais exprès, n'endosse rien, ne construit jamais. Dans la séquence du cimetière des *Vacances*, il arrive avec sa voiture et se trouve en panne. Il ouvre son coffre, prend une chambre à air, la laisse tomber, les feuilles s'y collent, elle se transforme en couronne. Arrive le cortège funèbre, on ramasse la chambre à air, on le remercie pour la couronne. Hulot ne l'a pas fait exprès. Si Chaplin avait accepté un pareil gag, il aurait lui-même collé les feuilles et tendu la couronne en faisant des moulinets avec sa canne. Les spectateurs y auraient trouvé l'intention comique. Hulot, lui, sort du cimetière sans même savoir pourquoi ces feuilles se sont collées ; il n'invente rien. » Le réalisateur n'écrit jamais de scénarios, mais les prépare minutieusement et prévoit tous ses gags. Il lui faut plusieurs années pour imaginer, réaliser et monter un film. Nul n'est plus exigeant que lui en France, sinon Robert Bresson. « Je ne peux pas fabriquer les films comme des petits pains. Je ne suis pas un boulanger. Je regarde vivre les gens, je me promène. J'écoute les dialogues, j'observe les tics, le détail, la manière d'être qui révèlent de chaque individu la personnalité. [...] Sans chercher de message, j'aimerais exprimer ce qui aboutit à la suppression de la personnalité dans un monde de plus en plus mécanisé. »

D'abord cabaret et music-hall. Un peu de cinéma : 1931 *Oscar chamion de tennis* CM. RÉ Barrois : 1934 *On demande une brute.* RÉ Clément : 1937 *Soigne ton gauche.*

RÉ : 1936 *Retour à la terre.* 1947 *l'École des facteurs.* 1948 *Jour de fête.* 1953 *les Vacances de M. Hulot.* 1958 *Mon oncle.* 1967 *Play Time,* 1970 *Trafic,* SC Tati, PH Edouard Van den Euden, Marcel Weiss, INT Tati, Maria Kimberley, MUS Charles Dumont. 1974 *Parade* SUÈDE-FR, PH Jean Badal, MUS Charles Dumont, INT Jacques Tati, Karl Kossmayer, les Vétérans, Pia Colombo, Pierre Bramma, 85 mn.

TAUROG Norman RÉ US (Chicago 23 févr. 1899 | 1981). Depuis quarante ans, ce vieux pilier d'Hollywood a dirigé un grand nombre de comiques pour Zigoto (Larry Semon), Harold Lloyd et plus tard Jerry Lewis. 1952-1960 *le Cabotin et son compère, Parachutiste malgré lui, Amour, délice et golf, Un pitre au pensionnat, le Trouillard du Far West, Tiens bon la barre matelot, Mince de planète.* Il a aussi donné des comédies musicales et abordé des sujets plus sérieux, tel le panégyrique du bombardement atomique d'Hiroshima : *Beginning of the End* (1947). Il a assez bien évoqué le XIXe siècle américain dans *Tom Sawyer* (1938) et *le Jeune Edison* (1939).

TAVERNIER Bertrand RÉ FR (Lyon 1935 |). Qu'il parle de l'histoire ou d'aujourd'hui, c'est un regard critique que porte sur la société française ce cinéaste venu à la mise en scène par la connaissance approfondie du cinéma américain.

RÉ : 1973 *l'Horloger de Saint-Paul.* 1974 *Que la fête commence.* 1975 *le Juge et l'Assassin.* 1977 *les Enfants gâtés.* 1980 *la Mort en direct, Une semaine de vacances.* 1981 *Coup de torchon.* 1983 *Portrait de Philippe Soupault* (vidéo). 1984 *Un dimanche à la campagne, Mississipi Blues* CO-RÉ Robert Parrish. 1986 *Autour de minuit.* 1987 *la Passion Béatrice.* 1989 *la Vie et Rien d'autre.*

Paolo et Vittorio Taviani

TAVIANI Vittorio RÉ ITAL (San Miniato de Pise 1929 |) et **Paolo** (S.M. de Pise 1931 |). Ces deux frères, qui « démarrèrent » en 1954 dans le documentaire (dont, en 1960, *l'Italie n'est pas un pays pauvre*, en collaboration avec Joris Ivens) et dans le prolongement d'un néo-réalisme « lucide », réalisèrent avec Orsini, en 1962, le très beau *Un homme à brûler*, ont aujourd'hui dans le cinéma italien une position absolument originale qu'éclairent ces propos (in « Cahiers du cinéma » n° 228) : « Regardons le cinéma que j'appelle subversif-de-consommation. Plus les thèmes traités sont désagréables, agressifs, plus les façons dont ils sont confectionnés sont agréables et consolantes. Le pouvoir autoritaire donne libre cours à l'audace des contenus, mais déclare la guerre à outrance aux modes de communication. Dans le film de consommation, la recherche d'un rythme audiovisuel castrateur est conduite avec une adresse et une opiniâtreté exemplaires. C'est toujours l'ennemi qui nous indique les vrais nœuds du conflit. Dans ce cas, il a repéré le vrai danger du cinéma : sa spécificité, son langage. « En conséquence de quoi, dans leurs derniers films, en un langage d'une extrême rigueur, c'est la communication en tant que phénomène social, que littéralement ils prennent pour sujet de leurs films : dans l'espace de la fable *(Sous le signe du Scorpion)*, dans le temps de la longue patience politique *(Saint Michel avait un coq)* ou de son apprentissage même *(Padre padrone)*.
RÉ : 1962 *Un homme à brûler*, INT Gian Maria Volonte. 1963 *les Hors-la-loi du mariage* (tous deux en collaboration avec V. Orsini), INT Ugo Tognazzi, Annie Girardot (inédit en France). 1964 *les Subversifs*, INT Giulio Brogi. 1968 *Sous le signe du Scorpion*, INT G.-M. Volonte, Lucia Bosé, Giulio Brogi. 1971 *Saint Michel avait un coq, from* « le Divin et l'Humain » *de Tolstoï*, PH Mario Masini, INT Giulio Brogi, Renato Scarpa, Vittorio Fantoni. 1975 *Allonsanfan*, SC P. et V. Taviani, MUS Ennio Morricone, INT Marcello Mastroianni, Lea Massari, Bruno Cirino, Laura Betti, Renato de Carmine. 1977 *Padre padrone*, SC P. et V. Taviani *from* récit autobiographique de Gavino Ledda : « Éducation d'un berger », PH Mario Masini, MUS Egisto Macchi, INT Saveiro Marconi, Fabrizio Forte, Omero Antonutti. 155 mn. 1979 *le Pré*. 1982 *la Nuit de San Lorenzo*. 1984 *Kaos (Contes siciliens), from* Pirandello. 1987 *Good Morning, Babylonia.*

TAZIEFF Haroun RÉ FR (Varsovie 11 mai 1914 |). Célèbre volcanologue qui réalisa deux LM : 1959 *les Rendez-vous du diable*. 1966 *le Volcan interdit*.

TCHIAOURELI Mikhaïl RÉ URSS (Tiflis 25 janv. 1894 | 1974). Au début de sa carrière, *Saba* et *Khabarda* furent des films presque néo-réalistes au ton direct et satirique, le dernier étant une vive attaque burlesque contre le culte de la personnalité, auquel ce cinéaste s'adonna sans mesure après 1938. Il eut, dans sa colossale *Chute de Berlin*, avec beaucoup d'emphase, un sens de la simplification et de grandes images cinématographiques.
Sculpteur. 1916 ACT de TH. 1921 INT ses premiers films, dont *Arsène Djodjavili*, RÉ Perestiani.
RÉ : 1928 *le Premier Cornette Strechnev* CO-RÉ Dzigane. 1929 *Saba*, PH Polikevitch, INT Djaliachvili, Andjaparidzé. 1931 *Khabarda* SC Tchiaourelli, PH Polikevitch, INT Zaritchev, Tchkonya. 1934 *la Dernière Mascarade (Posledty Maskarad)*. 1937 *Arsène*, INT Barachvili, Vatchnadzé. 1938 *le Grand Incendie (Velekoie Zarevo)*, INT Guelovany, Muffke, Bagachvili, 1942-1943 *Georges Saakadzé*, en deux parties. 1946 *le Serment (Kliatva)*, SC Pavlenko et Tchiaourelli, PH Kosmatov, DÉC Mamaladzé, INT Guelovany, Makarova, Pavlov, Guiantzinova, Bogolioulov. 1949 *la Chute de Berlin*. 1952 *l'Inoubliable Année 1919*. 1958 *la Veuve d'Otar*. 1960 *Histoire d'une jeune fille*.

TCHIRKOV Boris SC URSS (Stavropol 1904 | 1966). Surtout réputé pour *le Tournant décisif*, RÉ Frédéric Ermler, 1946, *le Chevalier à l'Étoile d'Or* RÉ Raizman 1950.

TCHKHEIDZÉ Rézo RÉ URSS (Tbilissi 1926 |). Cinéaste géorgien, réalisateur avec Abouladzé du *Petit Ane de Magdana* et, seul, d'un film de ton néo-réaliste : *Dans notre cour*. De la même veine, les aventures picaresques d'un vieux Géorgien *le Père du soldat* (1967) qui, pendant la guerre, s'engage pour retrouver son fils au front. Depuis le début des années 70 il dirige à Tbilissi les studios de Géorgie et il a réalisé *Notre jeunesse* (1970), *les Plants* (1973), *Terre, voici ton fils* (1980).

TCHOUKHRAÏ Gregori RÉ URSS (Ukraine 1921 |). La simplicité et la loyauté mêmes. Lui-même grande victime de la guerre, il a mis les souffrances de sa génération dans des films convaincus, brûlant sous la cendre.
Formé par Mikhaïl Romm, il fut le porte-parole le plus efficace d'une nouvelle génération soviétique qui avait profondément souffert de la guerre et de la dure période du « culte de la personnalité ». *Le Quarante et Unième*, reprenant un sujet et un film des années 1920, fut une sourde polémique contre le culte du héros ; *la Ballade du soldat* décrivit avec sincérité souffrance et idylles de la guerre ; *le Ciel pur* (moins parfait) fut une directe critique des années terribles, qui retentit comme un cri du cœur.

Tchoukhraï

RÉ : 1955 *Nazar Stodolio*, film-spectacle d'après TH Tarass Chevtchenko. 1957 *le Quarante et Unième*. 1959 *la Ballade du soldat*. 1961 *le Ciel pur*. 1965 *Il était une fois un vieux et une vieille*. 1970 *la Mémoire*. 1977 *Marion*. 1979 *la Vie est belle*.

TÉCHINÉ André RÉ FR (Valence d'Agen, 13 mars 1943 |) Critique aux « Cahiers du cinéma » de 1964 à 1967, puis assistant de Marc O et de Jacques Rivette. Il réalise en 1967 un premier long métrage *Paulina s'en va* qui restera longtemps inédit. Il s'impose avec *Souvenirs d'en France*, sélectionné pour le festival de Cannes en 1975, que Roland Barthes commente dans « le Monde » en ces termes : « Avec Téchiné commence la légèreté : avènement qui importe autant à la théorie du cinéaste qu'à la pratique du spectateur : l'art engagé change enfin son régime de langage et quelque chose de très quotidien se met en marche : le plaisir d'aller au cinéma. Un cinéma « qui ne transpire pas », ni politiquement, ni commercialement. ».
La fascination évacuée de *Souvenirs d'en France* revient en force avec *Barocco* où il recouvre Amsterdam d'un voile nocturne gris-bleu grâce à la somptueuse palette de Bruno Nuytten avant de filmer les crépuscules romantiques sur les landes anglaises chères aux sœurs Brontë. Avec Téchiné, le cinéma français possède assurément l'un de ses cinéastes les plus talentueux capable de réinvestir tout un acquis cinéphilique dans une nouvelle forme de spectaculaire cinématographique.
RE : 1969 *Paulina s'en va*. 1975 *Souvenirs d'en France*. 1976 *Barocco*. 1979 *Les Sœurs Brontë*. 1981 *Hôtel des Amériques*. 1982 *la Matiouette* MM. 1985 *Rendez-vous*. 1986 *le Lieu du crime*. 1987 *les Innocents*.

TEDESCO Jean RÉ FR (Londres 24 mars 1895 | Paris 1959) Fondateur, en 1924, au Vieux-Colombier, du premier cinéma d'avant-garde, directeur de « Cinéa-Ciné pour tous » de 1923 à 1930, producteur pour Jean Renoir de *la Petite Marchande d'allumettes* (1928), il fut possédé par l'amour du cinéma et réalisa une douzaine de courts métrages.

TERRY Paul ANIM US (San Matreo 19 fév. 1887 | nov. 1979). D'abord caricaturiste, il a fondé après 1930 la firme Terry-Toons qui a notamment pour héros The Mighty Mouse (la souris superman), les corbeaux Heckle et Jeckle, etc.

TESHIGAHARA Iroshi RÉ JAP 1930 |) Une trajectoire intéressante, d'un certain érotisme hiératisé (1963 : *la Femme de sable*), à la précision documentée de l'histoire d'un G.I. déserteur dans *Summer Soldier*.
RÉ : 1962 *le Traquenard*. 1963 *la Femme de sable*. 1965 *le Visage d'un autre*. 1968 *la Carte brûlée*. 1971 *Summer Soldier*. 1978 *le Nouveau Zatoichi* (TV).

THALBERG Irving PR US (Brooklyn 1899 | Hollywood 1937) Quand René Clair écrivait, parlant d'Hollywood 1940-1950 : « Les pionniers bottés ont fait place aux financiers à lunettes », et qu'il parlait du « producteur ignare et tyrannique », il pensait sans doute à celui-là. Il considère comme le début d'une nouvelle Hégire ce jour de 1922 où Thalberg, âgé de 23 ans, mais homme de confiance de Carl Laemmle (etc...) et des banques - prenait Stroheim par les épaules et jetait hors des studios Universal le réalisateur-acteur au sommet de sa gloire, lui interdisant de terminer *Merry-go-round*. Deux ans après, à la MGM, il l'obligea à tourner *la Veuve joyeuse* pour le punir d'avoir réalisé *les Rapaces*, qu'il fit mutiler par des tâcherons. A sa mémoire, Hollywood décerne chaque année un « Irving Thalberg Memorial » pour récompenser celui qui imite le mieux ce grand producer mort à la tâche.

THIELE Rolf RÉ ALL (7 mars 1918 |) D'abord producteur et, depuis 1950, réalisateur de nombreux films commerciaux parmi lesquels - par hasard - une ironique réussite : *la Fille Rose-Marie Nitribitt* (1955), inspirée par un fait divers fameux.

THIELE Wilhelm ou William RÉ ALL US (Vienne 10 mai 1890 | 1975) Une grosse réussite commerciale à Berlin, en 1930 : *le Chemin du paradis (Drei von der Tankstelle)*. Thiele s'établit en 1935 à Hollywood et y dirige plusieurs *Tarzan* avant son retour en Allemagne dans les années 60.

THIRARD Armand PH FR (Mantes 25 oct. 1899 | 21 nov. 1973) Excellent opérateur. Imprégné des grands peintres, il a usé en maître de la couleur. RÉ Grémillon : 1939-1941 *Remorques*. RÉ Christian-Jaque : 1941 *l'Assassinat du Père Noël* 1942. *la Symphonie fantastique*. 1956 *Si tous les gars du monde*. RÉ Clouzot : 1947 *Quai des Orfèvres*. 1949 *Manon*. 1953 *le Salaire de la peur*. 1955 *les Diaboliques*. 1960 *la Vérité*. RÉ Vadim : 1956 *Et Dieu créa la femme*. 1957 *Sait-on jamais ?*. 1958 *les Bijoutiers du clair de lune*. 1962 *le Repos du guerrier*.

THIRIET Maurice MUS FR (Meulan 2 mai 1906 | 1972) Initié par Jaubert à la musique de films, il collabora à de nombreux films, pas tous excellents dont on peut retenir : RÉ L'Herbier : *la Nuit fantastique*, RÉ Yves Allégret : *Une si jolie petite plage*. RÉ Carné : *les Visiteurs du soir, les Enfants du paradis, Thérèse Raquin, l'Air de Paris*.

THOME Rudolf RÉ RFA (Wallau/Lahn, aujourd'hui Biedenkopf, 14 nov. 1939 |) Critique, écrivain, auteur de scénarios extrêmement élaborés, il a traité sur un mode léger des sujets graves, la mort, l'amour, les morsures du temps, dans des films à l'écriture « joueuse », en ce sens que la fiction suspend le plaisir du spectateur pour l'amener à cet instant où les personnages – et le film – trouvant leur point d'équilibre, un sentiment d'harmonie apaisée fait place à ce qu'on avait pris pour une démarche tâtonnante, et qui était approche pudique et respectueuse de la complexité du réel et du rêve. « Il y a de l'ironie dans tous mes films, a dit Rudolf Thome, mais il s'agit toujours d'une sorte de distance affectueuse. Je m'identifie avec les gens, je tombe amoureux des acteurs pendant le travail et en même temps je demeure un observateur objectif qui enregistre le moindre détail » (in brochure de presse du *Philosophe*).

Rudolf Thome

RÉ : 1968 *Detektive*. 1969 *Rote Sonne (Soleil rouge)*. 1970 *Supergirl*. 1972 *Fremde Stadt (Ville étrangère)*. 1974 *Made in Germany and USA*. 1975 *Tagebuch (Journal)*. 1977-1979 *Beschreibung einer Insel (Description d'une île)*. 1980 *Berlin Chamissoplatz*. 1983 *System ohne Schatten (la Main dans l'ombre)*. 1985 *Tarot*. 1987 *Das Mikroskop (les Formes de l'amour)*. 1988 *Der Philosoph (le Philosophe)*. 1989 *Sieben Frauen (Sept Femmes)*.

THORNDIKE Andrew RÉ ALL (30 août 1909 | 14 déc. 1979) Documentariste d'Allemagne démocratique, excellent spécialiste des films de montage, en collaboration avec sa femme Annelie Thorndike (1925 |).
RÉ : 1943 *Der 13 Oktober*. 1949 *Von Hamburg bis Stralsund*. 1951 *Der Weg nach Oben*. 1953 *Wilhelm Pieck*. 1957 *Urlaub auf Sylt*. 1958 SC *Unternehmen Teutonenschwert (Opération glaive teutonique)*, RÉ Annelie Thorndike, 1962 *Das Russische Winder*. 1965 *Tito in Deutschland*. 1969 *Du bist mein, Ein Deutsches Tagesbuch*.

TIOMKIN Dimitri MUS US (1899 | 1979) Musicien possédant un incontestable métier, qui sut intégrer la partition à l'action dramatique, mais qui abuse parfois des gros effets.
RÉ Norman McLeod : 1933 *Alice au pays des merveilles.* Compose surtout pour Capra, notamment série *Pourquoi nous combattons.* RÉ Vidor : 1946 *Duel au soleil.* RÉ Hitchcock : 1942 *L'Ombre d'un doute ;* 1951 *l'Inconnu du Nord-Express.* 1953 *la Loi du silence.* RÉ Zinnemann : 1952 *le Train sifflera trois fois.* RÉ John Wayne : 1960 *Alamo.* RÉ Lee Thompson : 1961 *les Canons de Navarone.* RÉ J. Sturges : 1957 *Gunfight at O. K. Corral.*

TISSÉ Édouard PH URSS (Lituanie 1er avril 1897 | Moscou 1962) Le plus grand opérateur soviétique. Il fut pour Eisenstein un collaborateur incomparable. Il avait été formé à la rude école d'opérateur d'actualités pendant la guerre civile, où, braquant sa caméra sur le vif, il apprit à donner au réel, par le cadrage, sa forme la plus efficace et la plus frappante. Ces qualités s'accordèrent parfaitement avec *la Grève, Potemkine, Octobre, la Ligne générale* que, dans une certaine mesure, Eisenstein avait conçus comme des actualités reconstituées. Ce style n'excluait pas de rigoureuses recherches plastiques que les deux hommes portèrent à leur sommet avec *Que Viva Mexico* et qui les conduisirent à l'opéra d'images que fut *Alexandre Nevski.* Tissé n'atteignit pas la même perfection lorsqu'il travailla avec d'autres réalisateurs.
NB : Tissé n'a jamais été suédois, c'est un canular inventé par Eisenstein.
1914 Études de peinture. 1916-1917 DOC à paysages. 1917-1921 ACTUAL pendant la guerre.
RÉ Gardine : 1917 *le Signal Arkatov.* 1921 *la Faucille et le Marteau, Faim, Faim, Faim.* RÉ Tchaïkovski : 1921 *Il ne doit pas en être ainsi, le Vieillard Vassili Griazanov.* RÉ Feinberg : 1924 *Une bande d'amis, le Kremlin hier et demain* DOC. RÉ Eisenstein : 1924 *la Grève.* 1925 *Potemkine.* 1927 *Octobre.* 1929 *la Ligne générale.* Accompagne Eisenstein en Europe et en Amérique (1929-1931). A PARIS : 1930 *Romance sentimentale.* AU MEX : 1931-1932 *Que Viva Mexico.* - EN URSS : *le Pré de Bejine,* inachevé. 1938 *Alexandre Nevski.* 1943-1946 *Ivan le terrible* CO-PH Moskvine - A PH d'autre part : 1925 *le Bonheur des Juifs, la Réserve d'or, Face au village.* 1926 *la Noce de l'ours.* 1927 *Comment le minerai devient rail* DOC. - EN SUISSE : 1929 *Chagrin et Joie de la femme* DOC sur l'avortement. 1932 *Moscou Karakoum Moscou* DOC. 1934 *Moscou vu par un touriste* DOC. 1935 *Aerograd* RÉ Dovjenko. 1937 *le Pays des Soviets,* 1952 *Glinka* RÉ Alexandrov. RÉ 1956 *Garnison immortelle,* avec Agranenko.

Tissé

TODD Michael PR US (Minneapolis 22 juin 1907 | Accident d'avion aux US, 21 mars 1958) Un des plus extraordinaires batteurs d'estrade du cinéma. Fait tous les métiers. 1936 Monte des spectacles à Broadway. 1945 Devient producteur. 1953 Fonde avec Joseph Shenk la Magna Corp, lance le Todd-Ao, pellicule de 70 mm ; produit *Oklahoma* et *le tour du monde en 80 jours,* gagne plusieurs milliards, épouse Liz Taylor et disparaît spectaculairement. N'a rien raté, pas même sa mort.

TOLAND Gregg PH US (Charleston 29 mai 1904 | Hollywood 28 sept. 1948) Il s'affirma en 1939-1941 comme le plus grand opérateur américain avec *les Raisins de la colère* RÉ Ford, *Citizen Kane* RÉ Welles, *la Vipère,* RÉ Wyler. Il joua avec brio du clair-obscur et de la profondeur de champ. Il avait déclaré un peu avant sa mort prématurée : « L'opérateur devrait toujours collaborer étroitement avec le scénariste et le réalisateur, avant le tournage. Chaque film devrait avoir son style particulier. On ne devrait pas photographier de la même manière une comédie et une tragédie : *les Raisins de la colère,* film dur, *le Long Voyage,* film de caractère, *Citizen Kane,* histoire psychologique où les réalités extérieures étaient très importantes. Il a été merveilleux de tourner avec Orson Welles. Je lui ai suggéré et j'ai essayé des choses dont j'avais envie depuis longtemps. Les mouvements de caméra doivent passer inaperçus, car ils détournent l'attention des acteurs et de ce qui arrive. »
RÉ Eddie Cantor : 1932 *Kid of Spains.* 1933 *Roman Scandals,* INT Frank Tuttle. 1934 *Nana.* RÉ William Wyler : 1936 *Ils étaient trois.* 1937 *Rue sans issue.* 1939 *les Hauts de Hurlevent.* 1940

Gregg Toland

le Cavalier du désert. 1941 *la Vipère.* 1946 *les Plus Belles Années de notre vie.* RÉ John Ford : 1940 *les Raisins de la colère, le Long Voyage.* RÉ Orson Welles : 1941 *Citizen Kane.* RÉ Howard Hawks : 1948 *Si bémol, Fa dièse.* RÉ Irving Reis : 1948 *Enchantement.*

TOLBI Abdelaziz RÉ ALG (1937 |). La guerre d'indépendance dans l'armée de libération algérienne, une blessure, des études ensuites. Tolbi a été formé au cinéma en RFA. Il travaille quelques années à la télévision de Cologne et entre à la télévision algérienne en 1966. Quatre films TV et une série de cinq épisodes de 1966 à 1971 et il réalise son premier long métrage pour le cinéma (produit par la RTA), *Noua* en 16 mm et son direct, une épopée du quotidien sur les dernières années de la colonisation.

TONTI Aldo PH ITAL (Rome 2 mars 1910 | 7 août 1988) Il a contribué à l'éclosion du néo-réalisme italien par ses images d'*Ossessione*, RÉ Visconti, et s'il photographia beaucoup de films médiocres, il donna le meilleur de lui-même à Rossellini : *Europe 51, India.* Lattuada : *le Bandit, le Moulin du Pô.* Fellini : *les Nuits de Cabiria.* King Vidor : *Guerre et Paix.* Huston : *Reflets dans un œil d'or.*

TORRE-NILSSON Leopoldo RÉ ARG (Buenos Aires 5 mai 1924 | 8 sept. 1978) Le meilleur réalisateur argentin de sa génération. Adaptant souvent les romans de sa femme Beatriz Guido, il a excellé dans la peinture d'une bourgeoisie, riche ou moyenne, vivant recluse dans ses appartements, avec ses remords, ses obsessions, ses amours illicites ou passionnées : *la Maison de l'ange, la Caïda, le Séquestrateur, la Main dans le piège.* Il y a dans ses films une atmosphère souvent étrange et très personnelle. Leur réalisation et leur photographie sont intelligentes et soignées.
RÉ : 1947 *El Muro* CM. 1950 *El crimen de Oribe* CO-RÉ Leopoldo Torre-Rios. 1953 *El hijo del crack.* 1954 *Dias de odio, la Tigra.* 1955 *Para vestir santos, Graciela, El protegido.* 1957 *Precursores de la pintura argentina* CM DOC, *La Casa del angel (la Maison de l'ange).* 1958 *El secuestrador (le Séquestrateur).* 1959 *la Caïda (la Chute).* 1960 *Fin de fiesta, Un guapo de 1900 (Un gandin 1900).* 1961 *la Main dans le piège (La Mano en la trampa), Piel de verano (Peau d'été).* 1962 *Setenta veces siete (Soixante-dix fois sept).* 1965 *l'Œil dans la serrure.* 1967 *la Terrazza.* 1968 *Martin Fierro.* 1974 *Los siete locos.* 1976 *Piedra libre.*

Torre-Nilsson, 1962.

TORRE-RIOS Leopoldo RÉ ARG (Buenos Aires 1899 | Buenos Aires 1960). Délicat, modeste, discret, il fut durant les années 1920 un pionnier du cinéma argentin. Il est le père de Leopoldo Torre-Nilsson, qu'il fit débuter dans *le Crime d'Oribe.*

TOSCANO-BARAGAN Salvator RÉ MEX (Zapotlań 24 mars 1873 | Mexico 13 avril 1947) Enregistrant plus de vingt ans durant - de 1897 à 1920 - la vie quotidienne et les événements politiques de son pays, il recueillit ses étonnants *Souvenirs d'un Mexicain*, montés et présentés en 1956, qui montrèrent le tyran Porfirio Diaz, la révolution, Zapata, Villa, Madero, les peones en armes, les batailles, etc.

TOURINE Victor RÉ URSS (1895 | 1945) Connu pour un seul film, le remarquable documentaire *Turksib* (1929).

TOURNEUR Jacques RÉ US (Paris 12 nov. 1904 | 19 déc. 1977) « Director » americain de seconde catégorie, il a réussi quelques honorables westerns, tels : 1952 *le Gaucho* ou *Canyon Passage*. Il est le fils de Maurice Tourneur.

La réputation du père a peut être fait écran au talent du fils. Ce n'est que dans le courant des années soixante que l'œuvre si originale de ce « sourcier de l'invisible » aura été reconnue. Bien qu'ayant accepté tous les scénarios qu'on lui proposait, et abordé les genres les plus codifiés d'Hollywood (du film noir au western en passant par le peplum), Tourneur a marqué ses réalisations de ce style elliptique et allusif, si personnel et si troublant pour le spectateur. « Cette voix nous invite à traverser les apparences, à explorer le versant crépusculaire de l'esprit : le spectateur attentif y pressent, y entrevoit, même par échappées, un peu de la surréalité qui nous entoure... L'opacité des personnages, l'obscurité de leurs motivations, l'arbitraire de leur passion manifestent la relativité de tout jugement moral. Ses héros avancent sur un terrain piégé... L'expérience passée les a instruits de la noirceur et de l'hostilité d'un monde qu'ils traversent avec une démarche de somnambules (ou encore) avec une nonchalance suicidaire. » (In « Dossiers du cinéma », Michaël Henry). C'est sans doute ce sens d'un existentiel hasardeux et pessimiste, trop en avance sur les sensibilités de son époque, qui l'a fait méconnaître alors, et au contraire, reconnaître par les générations suivantes à travers des œuvres fascinantes comme :
RÉ (principaux films) : 1942 *la Féline (Cat People)*. 1943 *Vaudou*. 1944 *Angoisses*, *Pendez-moi haut et court*. 1951 *l'Enquête est close*, *la Flibustière des Antilles*. 1957 *Rendez-vous avec la peur*.

TOURNEUR Maurice (M. Thomas) RÉ FR US Paris 2 fév. 1878 | Paris 4 août 1961). En 1920, il était considéré aux US comme le pair de D. W. Griffith. Il avait apporté à l'Hollywood naissante de 1914 sa grande culture littéraire et théâtrale, le sens plastique d'un élève de Rodin et Puvis de Chavanne. Il dirigea aux US une soixantaine de films dont *Une pauvre petite riche* pour Mary Pickford, *l'Oiseau bleu*, où il appliqua les recherches de l'avant-garde théâtrale européenne, *la Casague verte*, *Trilby*, *le Dernier des Mohicans*, *l'Éternelle Tentatrice*, etc. Il disait en 1920 à Robert Florey : « Le cinéma est un moyen différent d'exprimer la pensée humaine d'une façon hiéroglyphique avec des images au lieu de mots, et avec une brutalité qu'aucun mode d'expression ne possède. Ça n'est pas plus un art que la presse imprimée ou l'alphabet. C'est l'instrument le plus profond pour réunir les nations et les classes, parce qu'il nous montre de la façon la plus rapide et la plus forte que les êtres humains se ressemblent tous ; que la couleur de leur peau, ou leur langage ou leur position sociale n'empêchent pas que leurs cœurs ne battent d'une façon semblable. Par le cinéma bien plus que par les efforts des diplomates, les hommes réaliseront leurs besoins, leurs aspirations, leurs joies, et cesseront de se considérer comme des étrangers. » Delluc le définissait comme « un artisan sincère et pensif qui façonne pour lui-même cette sorte d'atmosphère qui donne à l'œuvre une forme, un style, un caractère supérieur. Il ne transforme pas le thème choisi. Il s'y soumet. Sa valeur n'en éclate que davantage. Le meilleur instrument ne parle pas tout seul. Il a su faire parler le sien ». Il revint à Paris en 1927 et y donna une série d'œuvres aujourd'hui oubliées, mais qui contenaient souvent de remarquables réussites : *l'Équipage*, *les Gaîtés de l'escadron*, *Au nom de la loi*, *Accusée, levez-vous*, *la Main du diable*, et même

Maurice Tourneur, 1924.

« l'Ile des navires perdus ».

Impasse des deux anges. Sans doute redécouvrira-t-on un jour ce réalisateur important, pionnier de l'art du film. D'abord ACT et REGISS de TH, notamment avec André Antoine. EN FR : 1913-1914 *Rouletabille, le Dernier Pardon, Sœurette, le Mystère de la chambre jaune* - A HOLLYWOOD : 1914-1915 *Mother, The Man of the Hour, Alias Jimmy, Valentine, The Whip (la Casaque verte).* 1916 *Trilby,* - INT Clara Kimbal Young, 1917 *The Pride of the Clan (Fille d'Écosse),* INT Mary Pickford, *The Poor Little Rich Girl (Une pauvre petite fille riche),* INT Mary Pickford. 1918 *les Yeux morts, l'Oiseau bleu, from* Maeterlinck, *Maison de poupée, from* Ibsen, *Prunella, Sporting Life, Woman (l'Éternelle Tentatrice).* 1919 *Une victoire, from* Conrad. 1920 *l'Ile au trésor et The Withe Cirel, from* Stevenson. 1921 *The Bait (l'Appât).* 1922 *le Dernier des Mohicans,* INT Wallace Beery. 1923 *The Christian (Calvaire d'apôtre).* 1924 *l'Ile des navires perdus.* 1926 *Aloma of the South Sea, (l'Ile mystérieuse).* 1928 *l'Équipage, from* Kessel, INT Jean Davy, Camille Bert, Pierre Guigand. 1930 *Accusée, levez-vous,* 1931 *Partir, Maison de danses. 1932 les Gaîtés de l'escadron,* INT Raimu, Fernandel, *Au nom de la loi.* 1934 *les Deux orphelines. Kœnigsmark.* 1935 *Justin de Marseille.* 1936 *Sanson. Avec le sourire.* 1938 *le Patriote, Katia.* 1939-1941 *Volpone,* INT Charles Dullin, Louis Jouvet 1943 *la Main du diable.* 1948 *Après l'amour,* 1949 *Impasse des deux anges.*

TRAORE Mahama Johnson RÉ SÉN (Dakar, 1942|) Après des études à Paris (conservatoire indépendant du cinéma français) et un stage à l'ORTF, il a réalisé au Sénégal des films de témoignage social à partir de fictions malheureusement souvent peu consistantes.
RÉ : 1969 *Diankhabi (la Jeune Fille)* MM, *l'Enfer des innocents.* 1970 *Diegnebi (la Femme).* 1972 *Lambaye (Truanderie), Réou-Takh (Ville de bâtiments).* 1974 *Garga M'Bossé (Cactus).* 1975 *N'Diangane.* 1983 *Sarax-Si.*

TRAUBERG Ilya RÉ URSS (Odessa 1905|Berlin 1948) Frère cadet de Leonid Trauberg, il fut un réalisateur très doué, ayant le sens du rythme et du pittoresque, très attiré par l'Extrême-Orient. 1929 *Goloubol Express (l'Express bleu).* 1936 *Fils de Mongolie.*

TRAUBERG Leonid RÉ URSS (Odessa 1902|) Fondateur de la FEKS avec Kozintsev, et son collaborateur habituel jusqu'à 1947. Il paraît avoir été surtout le scénariste des excellents films qu'ils réalisèrent alors, la série des *Maxime* en premier lieu. Peut-être moins raffiné et moins artiste que son collaborateur, il semble avoir apporté à leurs films son sens de l'observation de la vie quotidienne, et une certaine émotion. Pour sa filmographie, voir Kozintsev.
RÉ seul : 1956 *Volnitza.* 1957 *les Soldats marchaient, les Ames mortes, from* Gogol, TV.
Livres : 1981 « Griffith ». 1984 « le Monde sens dessus dessous » (sur les burlesques américains).

TRAUNER Alexandre DÉC FR (Budapest 3 sept 1906|) Élève de Meerson, il poursuivit avec beaucoup de talent sa tradition du réalisme poétique. Il entama dès les années 50 une carrière internationale avec Billy Wilder, Huston, Welles, Hawks et à la fin des années 80 retrouvait en France de jeunes réalisateurs, de Tavernier à Luc Besson (pour qui il construisit le métro de *Subway,* quarante ans après celui des *Portes de la nuit* pour Carné).
ASS de Meerson pour : *le Million, le Grand Jeu, la Kermesse héroïque.*
RÉ Pierre Prévert : 1932 *l'Affaire est dans le sac.* RÉ Marc Allégret : 1937. *Gribouille.* 1955 *l'Amant de Lady Chatterley.* 1956 *En effeuillant la marguerite.* RÉ Carné : 1937 *Drôle de drame.* 1938 *Quai des brumes, Hôtel du Nord.* 1939 *le Jour se lève.* 1942 *les Visiteurs du soir.* 1943-1945 *les Enfants du paradis.* 1946 *les Portes de la nuit.* 1948 *la Fleur de l'âge.* 1950 *la Marie du port.* 1951 *Juliette ou la Clef des songes.* RÉ Grémillon : 1939-1941 *Remorques.* 1942 *Lumière d'été.* RÉ Welles : 1952 *Othello.* RÉ Yves Allégret : 1951 *les Miracles n'ont lieu qu'une fois.* 1952 *la Jeune Folle.*

TREILHOU Marie-Claude RÉ FR (Toulouse, 20 nov. 1948|) Fiction ou documentaire, c'est un cinéma « ethnographique » que pratique Marie-Claude Treilhou. Démarche originale, qu'avait ouverte Jean Eustache : l'écriture est froide, un rien ironique, les personnages, vrais ou inventés, émouvants. Ce contraste fait le charme ténu de ces histoires qu'on se racontait à la veillée, entre voisins, et ce n'est pas un hasard si, dans un de ses films *(Il était une fois la télé),* la cinéaste a fait de « ce qui se dit et se voit dans le poste » un élément à part entière de la vie de village.
RÉ : 1979 *Simone Barbès ou la vertu.* 1980 *Conseil de famille* TV. 1982 *Une histoire de sardines* TV. 1983 *Lourdes l'hiver* (sketch de *l'Archipel des amours*). 1986 *Il était une fois la télé.* 1987 *l'Ane qui a bu la lune.*

TRENKER Luis ACT RÉ ALL (Tyrol 4 oct. 1893|) Montagnard musclé, acteur puis réalisateur qui se rallia au

IIIe Reich. INT RÉ Fanck : 1926 *la Montagne sacrée.*
RÉ : 1930 *Montagnes en flammes.* 1932 *le Rebelle.* 1934 *le Fils prodigue (Der verlorene Sohn).* 1936 *l'Empereur de Californie.* - EN ITAL : 1937 *le Condottiere.* 1942 *Pastor Angelicus.* 1949 *Duel dans les montagnes.* 1956 *Flucht im Dolomiten.*

Nadine Trintignant

TRINTIGNANT Nadine RE FR (1934 |) Monteuse puis assistante, elle réalise en 1966 son premier court métrage : *Fragilité, ton nom est femme.* Puis des longs métrages : 1967 *Mon amour, mon amour.* 1969 *le Voleur de crimes.* 1971 *Ça n'arrive qu'aux autres.* 1973 *Défense de savoir.* 1980 *Premier Voyage.* Elle travailla ensuite pour la télévision avant de revenir au cinéma avec *la Maison de jade* (1988).

TRIVAS Victor RÉ ALL FR (Russie 1896 | USA 1970) Ancien opérateur. Ne réalisa à vrai dire qu'un seul film, mais important : *No Man's Land* (1931), où il dit son horreur de l'absurdité de la guerre. Émigra à Hollywood, où il fut pour Orson Welles le scénariste du *Criminel.*

TRNKA Jiri ANIM TS (Pilsen 1910 | 30 déc. 1969) Celui qui, après guerre, a rénové l'animation mondiale avec ses dessins animés, ses silhouettes de papier et surtout ses poupées. Dès son premier long métrage : *Spalicek,* il introduisit des motifs épiques, faisant des marionnettes des sculptures animées, en couleurs, évoluant dans des décors complexes et des éclairages expressifs. Ainsi réalisait-il le rêve des sculpteurs baroques tchèques : mettre la sculpture en mouvement. Il se souvint de leur style dans son un peu maniéré *Rossignol de l'empereur de Chine,* le très architectural *Prince Bayaya,* et surtout sa noble épopée, véritable opéra : *Vieilles légendes tchèques.* Vers 1955, il pouvait ainsi résumer ses expériences : « Le désir me vint d'envahir l'écran, où tout est possible par des figures à trois dimensions qui ne jouent pas sur un plan comme les dessins animés, mais dans l'espace. Et, dès le début de ma carrière de cinéaste, j'ai poursuivi ce but : le film lyrique. Les possibilités des films de marionnettes sont vraiment illimitées : elles peuvent s'exprimer avec le plus de force, là où l'expression réaliste de l'image cinématographique oppose souvent des obstacles insurmontables. Les plus grands succès des films de marionnettes ont été d'une part la satire, d'autre part les sujets d'un lyrisme poignant, et là aussi où le thème doit être exprimé par un pathos saisissant. Alliés au ballet et à l'opéra, ils pourraient conserver leur caractère poétique, leur lyrisme étant tellement appa-

Trnka

Trnka, esquisse de marionnette.

renté à leurs moyens d'expression. Ainsi pourrait-on accentuer comme il le faut leur côté dramatique jusqu'ici trop négligé. » Ainsi ce bon géant tchèque entendait-il ouvrir à l'animation les genres les plus nobles, créer des ciné-opéras et des ciné-ballets, ce qu'il fit avec les *Vieilles légendes*, avec *le Songe d'une nuit d'été*. Il a de cette façon ouvert les portes à un huitième art - distinct du septième. Élève du peintre et marionnettiste Josef Skupa. Débute comme peintre et illustrateur. Décors de théâtre. Fonde un guignol, le Théâtre de bois. Dessins animés, livres pour enfants ; crée le petit ours Micha.
RÉ : 1945 *Zasadil Dedek Repu (Grand-père plante une betterave)*, MUS Vailav Trojan. 1946 *Zviratka a Petrovsti (Animaux et Brigands)*, MUS Oskar Nedbal, *Darek (le Cadeau)*, *Perak A SS (le Diable à ressorts)*, MUS Jan Rychlik. 1948 *Spalicek (l'Année tchèque)*. 1949 *Cisaruv Slavik (le Rossignol de l'empereur de Chine)*, *Pisen Prerie (le Chant de la prairie)*, MUS Jan Rychlik, *Roman S Bason (le Roman de la contrebasse)*, *from* Tchekhov, MUS Vaclac Trojan. 1950 *le Prince Bayaya*. 1951 *le Cirque*, *Rybar A Zlata Rybka (le Pêcheur et le Poisson d'or)*, *from* Pouchkine, DES Trnka, COMM Jan Werich. 1953 *les Trois Malchanceux de grand-père*, *Vieilles légendes tchèques (Stare Povest Ceske)*. 1954 *Dva'mra Zici (les Deux Frimas)*, *le Brave Soldat Chveïk*. 1955 *le Cirque Hourvinek*. 1956 *Une histoire toute simple*, film de marionnettes pour l'UNESCO. 1959 *le Songe d'une nuit d'été*. 1961 *Passion*. 1962 *la Grand-mère cybernétique*. 1965 *la Main*.

TROTTA Margarethe von ACT RÉ FRA (Berlin, 1942|) Actrice de théâtre et de cinéma, scénariste, elle coréalise avec son mari Volker Schlöndorff *l'Honneur perdu de Katharina Blum* avant de diriger, seule, des films, histoires de destins personnels traversés par les préoccupations politiques et sociales du temps.
RÉ : 1975 *Die verlorene Ehre der Katharina Blum* CO-RÉ Volker Schlöndorff. 1977 *Das Zweite Erwachen der Krista Klages (le Second Éveil)*. 1979 *Schwestern, oder die Balance des Glücks (les Sœurs)*. 1981 *Die Bleierne Zeit (les Années de plomb)*. 1983 *Heller Wahn (l'Amie)*. 1986 *Rosa Luxemburg*. 1988 *les Trois Sœurs, from* Tchekkov.

TRUFFAUT François RÉ FR (Paris 6 fév. 1932|1984) Une des plus fortes personnalités de la Nouvelle Vague. S'est imposé par son premier film autobiographique, *les 400 Coups*, et a élargi avec *Jules et Jim* son registre sensible, un peu écorché, toujours sincère. Il a dit de lui-même : « Je fais des

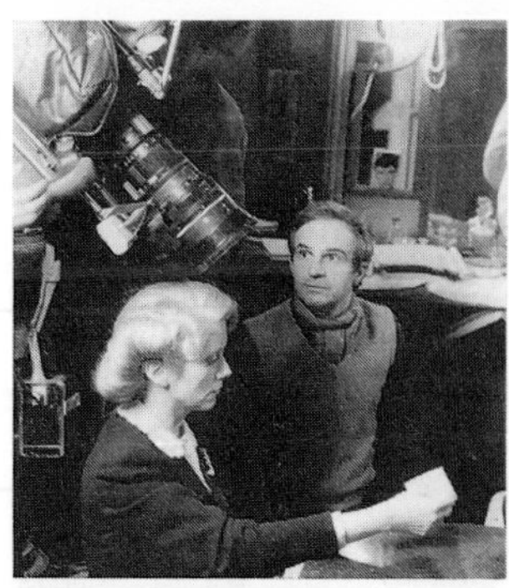
Truffaut et Catherine Deneuve

« l'Homme qui aimait les femmes »

films pour réaliser mes rêves d'adolescent, pour me faire du bien et si possible faire du bien aux autres. Pour beaucoup, le cinéma est une écriture ; pour moi, il sera toujours un spectacle, où il est interdit d'ennuyer son monde ou de ne s'adresser qu'à une partie de l'auditoire. Comme tous les autodidactes, j'entends d'abord convaincre. »
1957 *Une histoire d'eau* CO-RÉ J.-L. Godard. 1958 *les Mistons* CM. 1959 *les 400 Coups*. 1960 *Tirez sur le pianiste* SC Truffaut et Moussy, *from* R David Goodis, PH Coutard, MUS Jean Constantin, INT Aznavour, Albert Rémy, Nicole Berger, Daniel Boulanger, Alex Joffé. 1961 *Jules et Jim*. 1964 *la Peau douce*. 1966 *Farenheit 451*. 1967 *la Mariée était en noir*. 1968 *Baisers volés*. Donnant la vie d'Antoine Doinel (son héros des *Quatre Cents Coups*)

- des prolongements conjugaux, en forme de comédies aigres-douces, adaptant des romans « noirs » pour les teinter de mélancolie, Truffaut se jugeait, après *la Nuit américaine*, à un tournant de sa carrière : « Je sais en tout cas, a-t-il dit, ce que je ne veux plus faire. Je ne veux plus adapter de romans. *La Nuit américaine* m'a donné le courage de faire des scénarios originaux. Je me suis tellement amusé à construire cette histoire, à entrecroiser les fils, que cela m'a donné une certaine confiance. » Ce qui ne devait pas l'empêcher par la suite de donner de romans qui lui avaient plu sa lecture cinématographique personnelle.
RÉ : 1967 *la Mariée était en noir* SC Truffaut, J.-L. Richard, *from* William Irish, PH Raoul Coutard, INT Jeanne Moreau, Claude Rich, Brialy, Lonsdale, MUS (pour le film) Bernard Herman. 1968 *Baisers volés* SC Truffaut, de Givray, B. Revon, PH Denys Clerval, INT J.-P. Léaud, Claude Jade, Delphine Seyrig. 1969 *la Sirène du Mississippi*, SC Truffaut, *from* William Irish, PH Clerval, INT Belmondo, Catherine Deneuve. 1969 *l'Enfant sauvage*. 1970 *Domicile conjugal*. 1971 *les Deux Anglaises et le Continent*. 1972 *Une belle fille comme moi* SC Truffaut, J.-L. Dabadie, *from* Henry Farrell, PH Walter Bal, INT Bernadette Lafont. 1973 *la Nuit américaine*. 1975 *Histoire d'Adèle H.* 1976 *l'Argent de poche* SC F. Truffaut, Suzanne Schiffman, PH Pierre-William Glenn, MUS Maurice Jaubert. 1977 *l'Homme qui aimait les femmes*. 1978 *la Chambre verte*. 1979 *l'Amour en fuite*. 1980 *le Dernier Métro*. 1981 *la Femme d'à côté*. 1983 *Vivement dimanche !*

TRUMBO Dalton SC US (Montrose 9 déc. 1905 | Los Angeles 10 sept. 1976) Un des Dix d'Hollywood. Traduit devant la Commission des activités antiaméricaines, il refuse d'y répondre, est condamné à la prison. Il a recommencé à signer ses sénarios en 1960 avec *Spartacus* et *Exodus*. Cet « indomptable » a signé sa première mise en scène à soixante-cinq ans, *Johnny s'en va-t-en guerre (Johnny got his guns*, (1971), d'après le roman qu'il avait écrit trente-cinq ans auparavant, histoire traitée avec une lyrique sobriété d'un soldat réduit à l'état larvaire, pendant la Première Guerre mondiale, et qui ré-émerge à la conscience.
SC depuis 1936, RÉ Sam Wood : 1940 *Kitty Foyle*. RÉ Roy Rowland : 1943 *A Guy named Joe*. 1944 *Trente secondes sur Tokyo*. 1945 *Nos vignes ont de tendres grappes*. RÉ Stanley Kubrick : 1960 *Spartacus*. RÉ Preminger : 1961 *Exodus*. RÉ D. Miller : 1962 *Seuls sont les indomptés*.

TSAKI Brahim RÉ ALG (1946 |) Formé à l'INSAS (Bruxelles), Tsaki est l'un des rares cinéastes algériens à faire passer les valeurs formelles avant l'impératif de témoignage social. Ainsi son deuxième film sera-t-il lancé comme un pari - gagné avec maîtrise. C'est l'histoire de la rencontre entre un petit Algérien et une jeune Américaine, tous deux sourds-muets, près de l'exploitation pétrolière où le père de la fillette est ingénieur.
RÉ : 1981 *les Enfants du vent*. 1983 *Histoire d'une rencontre*.

TUCKER George Loane RÉ US (Hollywood 1881 | Chicago 1921) Un des pionniers du cinéma américain. Travailla à la Biograph et à Londres. Ses principaux films : *la Traite des Blanches* (1913), *The Christian* (1915), *from* Hal Cairre, *le Miracle* (1920), que Louis Delluc admira, et où il imposa Lon Chaney.

TYRLOVA Hermina ANIM TS (1900 |) Pionnier, avec Zeman, du film d'animation en Tchécoslovaquie dès 1940. Elle s'est spécialisée dans les films de poupées, destinés à l'enfance.

TZAVELLAS Georges RÉ GR (Athènes 1916 |) S'écrit parfois Zavelas et Dzavelas. Avec Cacoyannis et Kondouros, il est pour son pays un des trois grands qui, après guerre, réalisant leurs films dans des conditions modestes et difficiles, donnèrent au cinéma grec une place très honorable sur les écrans internationaux. Auteur dramatique (26 pièces de théâtre), il est aussi le scénariste de ses films, pleins de fantaisie et d'imagination. Il a excellé dans la comédie *(Marinos Kondaras)*, dans le drame *(l'Ivrogne)* et a fini, comme Cacoyannis, par aborder la tragédie

Tzavellas, 1961.

grecque classique avec son *Antigone*. RÉ : 1944 *Applaudissements*, INT Grec Ahic, Ginette Lacase, Dimitri Horn. 1948 *Marinos Kondaras*, SC *from* Arghiris Eftaliotts, INT Manos Katrakis, Billy Constanpoulo, Basil Diamantopoulo. 1950 *l'Ivrogne*, INT Oreste Makris, Dimitri Horn, Basil Diamantopoulo. 1952 *l'Agnès du port*. 1953 *Chauffeur de taxi*. 1955 *la Fausse Livre sterling*. 1956 *le Chat jaloux*. 1958 *Nous ne vivons qu'une seule fois*, INT Yvonne Sanson, Dimitri Horn, 1961 *Antigone*, *from* Sophocle, INT Manos Katrakis, Irène Papas.

UCHATIUS Franz von INV AUT Cet officier, qui s'illustra par le bombardement aérien, au moyen de ballons, de Venise insurgée en 1848, projeta des images animées sur écran avec son Cinésisticope (disque de dessins animés sur verre adaptés à une lanterne magique), construit en 1853 par l'opticien Prokesch, de Vienne.

UCHIDA Tomu RÉ JAP (26 avril 1897 | août 1970) Fondateur, avec ses amis Mizoguchi et Kinugasa, du mouvement d'avant-garde qui, après 1920, fonda l'art du film au Japon ; il participa aux films idéologiques avec une adaptation révolutionnaire de *l'Oiseau bleu* de Maeterlinck, et connut sa meilleure période en 1936-1939 avec le « nouveau réalisme » à qui il apporta en 1936 *la Ville nue (Hodaku no Machu)*, et surtout, en 1939, *la Terre*. Envoyé en Mandchourie vers 1942, il passa du côté des armées de Mao Tsé-Toung et les aida à organiser leurs services cinématographiques. Il revint au Japon après la guerre de Corée, mais ne paraît pas avoir retrouvé toute sa force. Il traita alors quelques sujets contemporains : *la Brasserie* (1955), mais se spécialisa surtout dans les films historiques, comme une curieuse adaptation du kabuki : *la Renarde folle* (1962), ou une transposition japonaise de *Guillaume Tell* (1956).

Tomu Uchida

1960 *Sake to onna to yari (Vin, Femme et Lance)*, *Hana no Yoshihara hyakurnin giri (Meurtre à Yoshihara)*. 1961 *Miyamoto musashi* (1re partie). 1962 *Koi ya koi nasuna koi (la Renarde folle)*, *Miyamoto musashi* (2e partie). 1963 *Miyamoto musashi* (3e partie). 1964 *Duel au temple d'Ichijoji* MM, 4e partie, *Kiga Kaikyo (Pour fuir le passé)*. 1965 *le Dernier Duel* MM 5e partie. 1968 *Shinken Shobei (Combat à l'épée)*.

ULMER Edgar George RÉ US (Vienne 17 sept. 1904 | 1972) Incontestablement un homme de goût, aimant le cinéma, et qui choisit pour ses débuts les meilleurs maîtres. Mais le réalisateur des *Hommes le dimanche* (Berlin, 1930) a dû accepter de diriger à Hollywood des films alimentaires où, de temps à autre pourtant, apparaissent son talent et sa personnalité. Sa meilleure réussite : *le Bandit (Naked Dawn)*, 1955.

URBAN Charles PR GB (Ohio 1870 | Brighton 1942) D'origine US, il produisit des actualités et des reportages (1902), puis des grands films (1912).

URUETA Chano RÉ MEX (1899 |) Très abondant réalisateur mexicain qui réalisa, parmi cinquante ou cent, deux ou trois bons films parmi lesquels *la Nuit des Mayas* en 1939 et *Ceux d'en bas (Los de abajo)* en 1940.

USMAR Ismaïl RÉ PR INDON (1921 | 1971) Cinéaste indonésien de talent à qui l'on doit notamment, en 1956 *Embun (la Rosée)*.
RÉ (principaux films) : 1949 *Harta Karun*. 1950 *Darah Dam Doa (le Long Chemin)*. 1951 *Dosa Tak Berampun (Péché inexpiable)*. 1953 *Krisis (Crise)*. 1954 *Lewat Djam malam (Après le couvre-feu)*. 1955 *Tam Agung (l'Hôte d'honneur)*. 1956 *Tigra Dara (Trois Femmes)*. 1970 *Ananda (le Grand Village)*. Il avait fondé en 1950, après l'accession à l'indépendance de l'Indonésie, une maison de production, qui sortit 42 films en vingt ans.

VADIM Roger (V. Plemmianikov) RÉ FR (Paris 26 janv. 1928 |) Son sincère : *Et Dieu créa la femme*, qui contribua à faire lever la Nouvelle Vague, contenait toute une part de cinéma commercial. Il conquit les États-Unis pour ses audaces et pour la découverte de Brigitte Bardot, mais peut-être aussi pour cette mauvaise part. Elle n'a cessé de croître dans l'œuvre d'un réalisateur

jadis recherché : *Sait-on jamais ?*, *les Bijoutiers du clair de lune*, mais que domina bientôt le souci de ses succès commerciaux : *les Liaisons dangereuses*, *le Repos du guerrier*, *le Vice et la Vertu*. De ses ambitions anciennes, il a gardé le goût d'un érotisme soigneusement mesuré dans sa hardiesse, et des belles photographies en couleurs. « Quand un cinéaste meurt, il devient photographe », disait Delluc, qui n'aimait pas les cartes postales.
D'abord journaliste à « Paris-Match », ASS, SC.
RÉ : 1956 *Et Dieu créa la femme*. 1957 *Sait-on jamais ?*, PH Thirard, INT Françoise Arnoul, Christian Marquand, Robert Hossein. 1958 *les Bijoutiers du clair de lune*, PH Thirard, INT Brigitte Bardot. 1959 *les Liaisons dangereuses*. 1960 *Et mourir de plaisir*, INT Annette Vadim. 1961 *la Bride sur le cou*, PH Robert Le Febvre, INT Brigitte Bardot, Michel Subor. 1962 *le Repos du guerrier*, INT Brigitte Bardot, Robert Hossein. 1963 *le Vice et la Vertu*, *Château en Suède*, *from* TH F. Sagan, INT F. Hardy, M. Vitti, M. Ronet, 1964 *la Ronde*. 1966 *la Curée*. 1967 *Histoires extraordinaires* (un sketch). 1968 *Barbarella*. 1971 *Pretty Maids in a Row (Si tu crois fillette)*. 1972 *Helle*. 1973 *Don Juan 73*. 1974 *la Jeune Fille assassinée*. 1976 *Une femme fidèle*. 1979 *Night Games*. 1982 *Surprise Party*. 1987 *And God created Woman* (remake de *Et Dieu créa la femme*).

VAILLAND Roger SC FR (1907 | mai 1965) Un des meilleurs écrivains révélés par l'après-guerre ; il est devenu scénariste pour Louis Daquin : *les Frères Bouquinquant*, *le Point du jour*, *Bel-Ami*, puis s'est associé à plusieurs succès commerciaux de Roger Vadim : *les Liaisons dangereuses 1960*, *le Vice et la Vertu*, *Et mourir de plaisir*. Il a écrit pour Clément *le Jour et l'Heure*.

VAJDA Ladislas RÉ (Budapest 18 août 1906 | 19 mars 1965) Il fit de mauvais films à Budapest, Paris, Berlin, Rome, Madrid, et remporta un énorme succès commercial avec son bêtifiant *Marcellino Pan y Vino* (1955), réalisé en Espagne.

VALTCHANOV Ranguel RÉ BULG (1928 |) Cinéaste de grand talent qui s'imposa par *la Petite Île* (1958), épisode révolutionnaire des années 1920.
RÉ (principaux films) : 1960 *Première Leçon*. 1962 *le Soleil et l'Ombre*. 1963 *l'Inspecteur et la Nuit*. 1965 *la Louve*. 1972 *Fuite au Ropotamo*. 1975 *le Juge d'instruction et la Forêt*. 1981 *les Souliers vernis du Soldat inconnu*. 1983 *Dernières Volontés*. 1985 *Partir pour aller où ?*

Van der Keuken, « Vers le Sud ».

VAN DER KEUKEN Johann RÉ HOL (Amsterdam, 1938 |) Photographe et cinéaste, deux activités qu'il mènera de front, Van der Keuken a d'abord fait du documentaire de reportage (il fut, notamment, caméraman de Louis van Gasteren en 1968 au Biafra) avant de signer, dans les années 70, les films qui en feront un des cinéastes importants de ce temps, étonnant et productif mélange de documentaire engagé et de réflexion sur le cinéma et sur le rapport du documentariste à ce qu'il enregistre.
Il a dit : « J'avais été formé par la tradition de l'œil vagabond et solitaire, un mythe que j'avais fait mien depuis l'adolescence... Faire du cinéma, je crois, c'est essayer d'organiser le plus véridiquement, le plus directement, un processus de pensée à partir d'images extraites de la réalité visible; une pensée qui, idéalement, ne pourrait pas avoir lieu dans un autre média, une pensée inséparable du fait qu'il s'agit d'images mouvantes avec du son. Le cinéma c'est en somme la tension entre cette liberté avec laquelle le regard (ou l'oreille) se promène dans le monde, et la volonté de s'affirmer par le discours » (*in* « les Films de Johann Van der Keuken », éd. Vidéo Ciné Troc).
RÉ (principaux films) : 1964 *Indonesian Boy*. 1965 *Quatre Murs*. 1967 *Un film pour Lucebert*. 1968 *l'Esprit du temps*. 1970 *Beauty*. 1972 *Journal* (premier volet du triptyque « Nord/Sud »). 1973 *la Forteresse blanche* (Nord/Sud). 1974 *le Nouvel Age glaciaire* (Nord/Sud). 1975 *les Palestiniens*. 1976 *Printemps*. 1978 *la Jungle plate*. 1980 *le Maître et le Géant*. 1981 *Vers le sud*. 1982 *Tempête d'images*. 1983 *le Temps*. 1988 *l'Œil au-dessus du puits*.

VAN DYKE W. S. RÉ US (1887|1943) Formé par Griffith, dont il fut l'assistant pour *Intolérance* (1916), il fut entre les deux guerres un solide réalisateur qui donna quelques films intéressants : *Ombres blanches* (1928), *Cuban Love Song* (1931), *Eskimo* (1933), *l'Introuvable* (1934), à côté d'une production de série.

VAN DYKE Willard DOC US (Denver 5 déc. 1906|1986) Bon documentariste de l'école de New York. Après 1948, fuyant le maccarthysme, il s'établit à Porto Rico où il forma une excellente école documentaire.
D'abord opérateur, RÉ : 1936 *The City*. 1941 *Design for Education, Valley Town*. 1946 *The Children must learn, Journey into Medecine*. 1965 *Frontline Camera* (montage d'extraits de son œuvre documentaire).

VAN GASTEREN Louis RÉ HOL (1922|) Venu du documentaire, il a réalisé d'intéressantes mises en scène : *la Maison* (1961). *Pourquoi suis-je en train de pleurer ?* (1970). *Pas de vol pour Zagreb* (1971).

VAN PARYS Georges MUS FR (Paris 7 juin 1902|janv. 1971) Excellent compositeur de chansons et de musique légère très entraînantes. Il s'est bien accordé avec René Clair et le *Fanfan la Tulipe* de Christian-Jaque. A écrit plus de 120 partitions pour des LM FR.
RÉ Clair : 1931 *le Million*. 1947 *le Silence est d'or*. 1952 *les Belles de nuit*. RÉ Lacombe : 1934 *Jeunesse*. RÉ Carlo-Rim : 1948 *l'Armoire volante*. RÉ Christian-Jaque : 1952 *Fanfan la Tulipe*. RÉ Becker : 1952 *Casque d'or*. RÉ Cayatte : 1954 *Avant le déluge*. RÉ Renoir : 1955 *French Cancan*. RÉ P. Sturges : 1956 *les Carnets du major Thompson*. RÉ Le Chanois : 1958 *les Misérables*. RÉ La Patellière : 1959 *Rue des prairies*.

VARDA Agnès RÉ FR (Bruxelles 30 mai 1928|) Une vision aiguë, très personnelle, des choses et des gens, le sens du drame éternel lié à l'actualité la plus directe : *la Pointe courte, Cléo de 5 à 7*. Une sarcastique tendresse : *Opéra Mouffe*. Bref, cette femme est quelqu'un, et l'une des meilleures révélations de la Nouvelle Vague.
RÉ : 1956 *la Pointe courte*. 1959 *Ô saisons, ô châteaux* CM. 1960 *Du côté de la Côte* CM, *Opéra Mouffe*. 1962 *Cléo de 5 à 7*. 1964 *le Bonheur*. 1966 *les Créatures* et collaboration à *Loin du Vietnam*. 1968 *Lion's Love*. 1969 *Black Panthers*. 1975 *Daguerréotype*. 1976 *L'une chante et l'autre pas*. 1981 *Murs murs* (DOC). 1982 *Ulysse* CM. 1984 *les Dites Cariatides* CM. 1985 *Sans toit ni loi*. 1986 *T'as de beaux escaliers, tu sais...* CM pour le cinquantenaire de la Cinémathèque. 1987 *Jane B. par Agnès V., Kung Fu Master*.

Agnès Varda

« L'une chante et l'autre pas ».

VARLAMOV Leonide RÉ URSS 1904|3 sept. 1962) Réalisa pendant la guerre d'intéressants longs métrages de bataille, notamment avec Kopaline.
RÉ : 1948 *Pologne populaire*. 1950 *la Victoire du peuple chinois*. 1951 *le Grand Cirque de Moscou*. 1953 *la République populaire roumaine*.

VASAN S. S. RÉ INDE (Tiruthiraipandu 1900|) Réalisateur du Dekkan (sud de l'Inde), il est devenu le spécialiste des films parlant tamil à grand spectacle, après son succès dans ce genre avec *Chandralekhat*.

VASSILIEV Georges RÉ URSS (1899|18 juin 1946) Ami et collaborateur de Serge Vassiliev, il dirigea avec lui tous ses films, jusqu'à sa mort.

VASSILIEV Serge RÉ URSS (Moscou 4 nov. 1900 | Moscou 16 déc. 1959) Ayant servi dans l'Armée rouge pendant la guerre civile et la période qui suivit, il ne débuta qu'assez tard au cinéma, avec son homonyme et ami Georges Vassiliev (1899 | 1945) ; leurs deux premiers films n'éveillèrent guère l'attention, mais soudain leur *Tchapaiev* marqua dans le cinéma soviétique un tournant qui n'a pas toujours été bien compris. Serge Youtkevitch a ainsi caractérisé le personnage de ce film important : « C'était un caractère intéressant et complexe, mais non un héros monté sur un piédestal ou un discoureur. On le présentait comme un révolutionnaire courageux mais qui avait besoin de se perfectionner. Et le film offrait un aspect typique des conflits de la guerre civile, car le héros entrait en opposition avec un représentant du gouvernement qui lui disait qu'il ne comprenait pas bien les intérêts de l'État. » Les deux hommes ne retrouvèrent pas un pareil bonheur avec *les Journées de Volotchaiev*, situées en Extrême-Orient et montrant la fin de la guerre contre les interventionnistes japonais, vers 1922. Plus tard, leur *Défense de Tsaritsine*, terminée peu avant que ne débute une autre bataille autour de la ville - ensuite baptisée Stalingrad -, fut une œuvre ample, noble, qui n'eut pas toute la carrière méritée. Après la mort de son ami Georges Vassiliev, Serge continua seul ses films. Longtemps absorbé par la direction des studios de Leningrad, il dirigea en Bulgarie *les Héros de Chipka (Hommes en guerre)* où il retrouva sa verve épique. Il mourut en pleine force créatrice. Avec Georges Vassiliev : 1929 *la Belle au bois dormant*. 1931 *Une affaire personnelle*. 1934 *Tchapaiev*. 1938 *les Journées de Volotchaiev*. 1942 *le Front*.

Vassiliev, « Tchapaiev ».

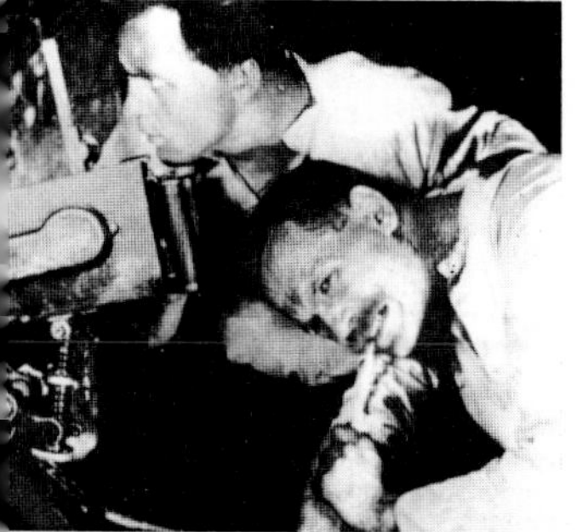

RÉ seul : 1954 *les Héros de Chipka (Hommes en guerre)*, SC Arcadi Perventzev, PH M. Kirilov, INT Eugène Samoilov, Ivan Pereversey, A. Temelkov, S. Peytchev. 1958 *Journées d'Octobre*, PH A Doudko, INT Tchestnokov.

VAUTIER René RÉ FR (Camaret 15 janv. 1928 |) Il contribua à l'essor des cinémas en Afrique noire par *Afrique 50*, réalisé en Côte d'Ivoire. 1958 *Algérie en flammes*, DOC tourné avec le FLN, en pleine guerre d'Algérie, et 1960 *les Anneaux d'or de Mahdia*, en Tunisie. Ce cinéaste militant qui, dès 1957, tournait avec Jean Lods, Sylvie Blanc et Eric Fuet un CM titré *Une nation, l'Algérie*, a donné en 1971 un témoignage direct et intéressant sur le corps expéditionnaire français en Algérie : *Avoir vingt ans dans les Aurès*. Il avait, à la fin de la guerre, dirigé jusqu'en 1965 le centre audiovisuel d'Alger et à son retour en France réalisé de nombreux courts et moyens métrages *(le Glas, les Trois Cousins, Mourir pour des images)*. Vient de créer l'Unité de prodution cinématographique Bretagne. 1973 *la Folle de Toujane*. 1976 *Quand tu disais Valéry* (pour ces deux derniers films, CO-RÉ Nicole le Garrec). 1978 *Quand les femmes ont pris la colère* (CO-RÉ Soisic Chappedelaine).

VAVRA Otakar RÉ TS 28 nov. 1911 |) Réalisateur tchèque abondant et expérimenté. Son meilleur film : *la Barricade muette*. Professeur à l'Académie du film dans les années 50.
RÉ 1937 *Histoire philosophique, Virginité*. 1938 *les Demoiselle de Kutna Hora*. 1939 *Humoresque*. 1942 *Amour masqué*. 1944 *Rozina la bâtarde*. 1946 *le Bachelier aventureux*. 1948 *Krakativ, le Pressentiment*. 1949 *la Barricade muette*. 1953 *Choisir son camp*. 1954 *Jean Huss*. 1955 *le Commandant hussite*. 1959 *la Première Équipe, Un dimanche d'août*. 1961 *Hôte d'une nuit*. 1965 *la Reinette d'or. 1966 Romance pour trompette*. 1969 *la Treizième Chambre*. 1972 *les Jours de la trahison*. 1983 *les Pérégrinations de Jan Amos*.

VECCHIALI Paul RÉ FR (Ajaccio 28 avril 1930 |) Diplômé de l'École polytechnique, critique aux « Cahiers du cinéma » (1963-1965) et à « la Revue du cinéma » notamment, réalisateur de courts métrages à partir de 1962 : *les Roses de la vie* (1962). *Le Récit de Rebecca* (1963). *Les Premières Vacances* (1969). *Les Jonquilles* (1972) et d'émissions de télévision. Également producteur avec *le Soldat Laforet* (Cavagnac), *le Théâtre des matières* (Biette), *les Belles Manières* (Guiguet). Ce fin connaisseur de l'histoire du cinéma français, grand admirateur de Jean

Grémillon, a mis plus d'une décennie à imposer l'originalité de sa démarche dans une production de plus en plus standardisée. Alternant les portraits de femmes et les grands sujets, il a su renouveler les structures du mélodrame dans des films comme *Corps à cœur* ou *Rosa la rose, fille publique,* prendre à bras-le-corps en dix jours de tournage et neufs plans séquences un thème aussi désespéré que le sida pour faire un film poignant où l'on meurt d'aimer et où l'amour se chante, refusant la peur. C'est qu'il a su se doter de moyens de production à sa mesure pour réaliser très vite les films qui lui tenaient à cœur au moment même où s'imposait pour lui leur urgence. La réunion de ces deux conditions - liberté de création, rapidité d'excécution - fait qu'on reconnaît entre toutes la « marque Vecchiali » : une écriture nerveuse au service d'une sensibilité qui non seulement ne craint pas le pathos, mais en fait même un atout de sa conquérante audace à toujours aller trop loin.

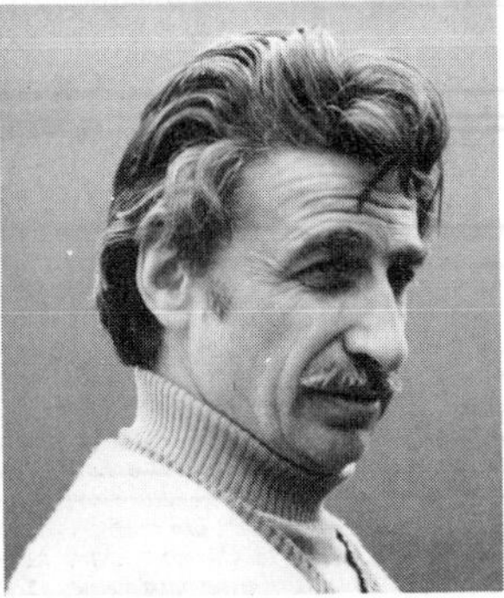

Paul Vecchiali

RÉ : 1965 *les Ruses du diable.* 1972 *l'Étrangleur.* 1974 *Femmes, femmes.* 1975 *Change pas de main.* 1977 *la Machine.* 1979 *C'est la vie.* 1983 *En haut des marches.* 1984 *Trous de mémoire, Cœur de hareng* TV. 1985 *Rosa la rose, fille publique.* 1988 *Encore (Once more), le Café des Jules, le Front dans les nuages* TV.

VEDRÈS Nicole RÉ FR (Paris 4 sept. 1911 | 20 nov. 1965) Elle posséda une rare personnalité, qui marqua son film de montage *Paris 1900,* corrosif et attendri, pittoresque et polémique. Elle a dit, avant d'abandonner le cinéma pour la télévision et la littérature : « On « achève » un taureau, dit Picasso. On n'« achève pas un tableau », ni un film. Et le jour où, cessant d'être à nous, il appartient au public, celui-ci va-t-il se reconnaître ? »

RÉ : 1947 *Paris 1900.* 1950 *la Vie commence demain,* INT André Gide, André Labarthe, Le Corbusier, Picasso, Jean Rostand, J.-P. Sartre, J.-P. Aumont. 1953 *Aux frontières de l'homme* CO-RÉ Jean Rostand.

VELLE Gaston RÉ FR (1872 | 194?) Pionnier du cinéma français ; d'abord prestidigitateur, il dirigea de 1903 à 1910 de nombreuses féeries.

VELO Carlos RÉ MEX (1905 |) Émigré républicain espagnol, il réalisa à Mexico un remarquable documentaire : *Toro,* et fut probablement davantage l'auteur de *Raices* que Benito Alazraki, qui signa sa réalisation.

VERGANO Aldo RÉ ITAL (Rome 27 août 1894 | Rome 21 sept. 1957) S'il ne put réaliser beaucoup de films sous le fascisme, il prépara l'éclosion du néoréalisme et lui donna l'un de ses premiers chefs-d'œuvre : *le Soleil se lève encore* (1946).

VERMOREL Claude RÉ FR (Villié-Morgon 1909 |) Auteur dramatique, il ne réussit pas à s'imposer, malgré les qualités de deux films qu'il réalisa en Afrique noire : 1952 *les Conquérants solitaires.* 1956 *la Plus Belle des vies.* 1972 *Animata.*

VERNEUIL Henri RÉ FR (Rodosto, Turquie 1920 |) Vingt courts métrages des films « régionalistes » : *la Table aux crevés,* 1951, *le Boulanger de Valorgues,* avec Fernandel, un « policier » aux grandes recettes, *Mélodie en sous-sol* en 1963, et une carrière internationale de « best-sellers » pour une trentaine de longs métrages au total. 1975 *Peur sur la ville.* 1976 *le Corps de mon ennemi.* 1979 *I ... comme Icare.* 1982 *Mille milliards de dollars.* 1984 *les Morfalous.*

VEROIU Mircea RÉ ROUM (Tirgujin, 29 août 1941 |) A peu près inconnu en Occident jusqu'à ce que, en 1985, le directeur du festival de San Remo arrachât des autorités roumaines l'autorisation de sortie de ses films, ce cinéaste avait pourtant derrière lui une longue carrière : treize films en treize ans. Et si ses films avaient été interdits à l'exportation, il n'en avait pas moins pu les tourner - et les montrer - dans son pays où un large public les avait vus, certains ayant toutefois vu leur sortie ajournée par la censure. Et c'est l'œuvre remarquable d'un cinéaste admirateur de Visconti, qu'on découvrait

Veroiu, « Noce de pierre ».

alors : touchant à des sujets fort divers, elle faisait preuve d'une remarquable cohérence plastique. Veroiu aimait conter, il aimait filmer, et cela se voyait sur les sujets les plus noirs, drames paysans dans l'ancienne Roumanie, ou « thrillers » plus proches dans le temps. Enfin, et c'était là la reconnaissance de la marque du cinéaste, tous ses films tournaient autour de la même préoccupation : la recherche entêtée, par les personnages, de leur vérité. À peine découverte, cette œuvre était interrompue : empêché d'aller en 1986 au festival de La Rochelle où un hommage lui était rendu, las des tracasseries administratives, Mircea Veroiu a quitté la Roumanie en 1987, contraint d'y laisser tous ses films qu'on ne peut plus voir. Et jusqu'en 1989 il n'a pu en réaliser d'autres en exil.
RÉ : 1971 *l'Eau telle un buffle noir* (un épisode d'un LM-DOC, CO-RÉ Dan Pita, Josif Demiau, Dinu Tanas). 1972 *Noce de pierre* CO-RÉ Dan Pita. 1973 *Sept Jours.* 1974 *le Maléfice de l'or* CO-RÉ Dan Pita. 1975 *Au-delà du pont, Hyperion.* 1977 *la Chronique de quelques empereurs aux pieds nus.* 1978 *À travers les miroirs.* 1979 *l'Actrice, les Dollars et les Transylvaniens.* 1981 *le Signe du serpent.* 1982 *En attendant le train, la Fin de la nuit.* 1983 *Mourir par amour de la vie.* 1984 *Adela.*

VERTOV Dziga (Denis Kaufman) INV DOC MONT RÉ URSS (Bialystok 12 janv. 1896 | Moscou 12 fév. 1954) Avec les années, l'importance de ce prophète du « cinéma-œil » ne cesse de grandir. Il posa en effet dès 1920 des principes qui pourront, après 1964, révolutionner le cinéma, les progrès techniques ayant rendu possible leur facile mise en pratique. Après avoir créé en 1916 un rudimentaire laboratoire de l'ouïe où il tente faire de la musique en montant des bruits enregistrés, il se consacre, après la révolution de 1917, aux actualités et réalise les premiers longs métrages de montage. En 1922, après avoir formé le groupe des Kinoks, il fonde le magazine filmé *« Kino-Pravda ».* Dans une série de manifestes, il proclame alors que le cinéma doit renoncer à la mise en scène, aux squelettes littéraires, aux acteurs, au studio, etc., pour ne plus montrer que la vie enregistrée par le ciné-œil (Kino-Glaz). Pour lui, le ciné-œil doit s'allier à la « radio-oreille », le montage des images au montage des sons. Il démontre dans les n°s 12 et 14 de la *Kino-Pravda* qu'on peut créer un récit cohérent avec des fragments d'actualités pris dans des lieux et à des époques très différents. Il considère l'espace et le temps, utilisant au besoin l'accéléré et le ralenti, comme une des matières premières que le cinéaste « kinok » doit façonner à son gré. Il est l'un des premiers à utiliser en URSS certains truquages et dessins animés. Bientôt, avec son frère Mikhail Kaufman, il préconise « la vie à l'improviste » (Jizn Vrasplokh), la prise de vues à l'insu des personnes filmées. Son premier long métrage, *En avant Soviet,* est un discours filmique dont le commentaire – en sous-titres – est aussi essentiel que les images. *La Sixième Partie du monde,* « ciné-poème lyrique » fut un « chant du monde » unanimiste, unissant par le montage la vie dans les pays capitalistes et plusieurs régions de l'URSS. Après *la Onzième Année,* il entreprend avec son frère Mikhail Kaufman *l'Homme à la caméra,* qui emploie, et critique, la méthode de la « vie à l'improviste » en montrant la vie d'une grande ville, et en utilisant de nombreux truquages expressifs. Avec *Enthousiasme,* qui plut beaucoup à Charles Chaplin et *Trois Chants sur Lénine,* la technique sonore lui a permis enfin d'unir le ciné-œil et la radio-oreille. Son influence internationale est considérable sur les avant-gardes française et allemande, sur l'école documentaire anglaise, sur l'école de New York. Elle suscite partout des recherches fondées sur le montage des images et du son, mais aussi orientées vers les sujets sociaux. Combattu dans son propre pays, il cesse peu à peu, après 1937, ses travaux de création cinématographique et finit par tomber dans un certain oubli. Mais après 1960, l'expression « cinéma-vérité », qu'il avait employée très tardivement dans un sens manifeste, est prise comme un drapeau par un groupe de documentaristes qui découvrent les possibilités d'une « caméra vivante », œil et oreille à la fois, pouvant saisir la vie à l'improviste. Ainsi s'accomplissaient au cinéma les prédictions d'un prophète lyrique.
1916 A PETROGRAD : Laboratoire de l'ouïe. 1918-1919 Rédaction et montage de l'hebdomadaire filmé « Kino-Nede-

Dziga Vertov

« Enthousiasme »

lia » (« Ciné-Semaine », 40 numéros). RÉ : 1919 *l'Anniversaire de la révolution* LM de montage. 1920 *les Combats devant Tsaritsyne, le Procès Mironov* CM. 1922 *Histoire de la guerre civile* LM de montage. 1923-1924 Magazine filmé « Kino-Pravda », 20 numéros. 1924 *Kino Glaz, Jizn Vrasplokh (Ciné-œil* ou *la Vie à l'improviste)*, PH Milkhail Kaufman. 1925 Trois derniers numéros de la « Kino-Pravda ». 1926 *Chagaï Soviet (En avant Soviet), Chestaia Tchast Mira (la Sixième Partie du monde)*. 1928 *la Onzième Année*. 1929 *l'Homme à la caméra*. 1930 *Enthousiasme* ou *la Symphonie du Donbass*. 1934 *Trois Chants sur Lénine*. 1937 *Kolybelnaia (Berceuse), Serge Ordjonikidzé*. 1938 *Trois héroïnes*. 1941 *la Hauteur N, Sang pour sang, Sur la ligne de feu*. 1942 *Toi au front*. 1943 *l'Art soviétique*. 1944 *Dans la montagne Ala Tau*. 1947 *le Serment de la Jeunesse* CO-RÉ Svilova.

VICHNEVSKY Vsevolod SC URSS (1900 | 1951) Auteur dramatique connu : « la Tragédie optimiste », « l'Inoubliable Année 1919 », il a été l'auteur de la remarquable réussite *les Marins de Cronstadt* (1936), RÉ Dzigane.

VIDOR Charles RÉ US (Budapest 27 juil. 1900 | Vienne 5 juin 1959) Honnête technicien hollywoodien qui dirigea avec conscience 30 ou 40 films, parfois à gros budget : *l'Adieu aux armes* (1957), mais sans grand succès artistique, et eut la chance de signer *Gilda* (1946).

VIDOR King RÉ US (Galveston 8 fév. 1894 | Paso Robles 1982) Un réalisateur important mais assez inégal. Il avait débuté modestement par d'assez nombreux films, souvent soumis aux volontés d'une vedette. Puis il s'affirma soudain avec *la Grande Parade*. Il déclarait alors : « Le film devrait de toute évidence être la traduction visuelle de la pensée de l'auteur. Si son idée passe par l'intermédiaire de plusieurs autres esprits et reçoit l'empreinte de diverses personnes, elle parvient à l'écran très différente de ce qu'elle était à l'origine. Je pose en fait que c'est une grave faute de composer un film avec une plume et du papier. La chose est tout simplement impossible. Un film doit être composé avec la caméra. La grande source des déboires vient de ce que l'on envisage un film sous l'aspect d'un roman ou d'un drame, alors qu'il n'est ni l'un ni l'autre. »
Pour appliquer ses théories, il finança et dirigea en toute indépendance *la Foule*, qui montra l'homme de la rue, « l'être humain avec ses imperfections et ses qualités, dans ses contacts avec les autres êtres humains, sans idéalisation ». Il donna au parlant son premier chef-d'œuvre avec *Hallelujah*, entièrement interprété par des Noirs, et qui fut pour cela une révélation, malgré certaines conventions. Plus tard, une nouvelle tentative de film indépendant, *Notre pain quotidien*, n'atteignit pas la réussite de *la Foule*. Les films de commande se multiplièrent : *Stella Dallas, la Citadelle*. Une assez violente brutalité, presque sadique, parut et s'affirma dans son œuvre : *le Grand Passage, Duel au soleil, Ruby Gentry*. Puis il donna une honorable adaptation de *Guerre et Paix*. Pour lui, l'homme, qu'il en soit conscient ou non, sait que le but de sa vie ne peut être sanctionné par un oubli final. Voilà pourquoi la Bible a toujours été à la tête des best-sellers. Adapta un épisode de *Salomon et la Reine de Saba*.
De 1913 à 1918, série de CM et DOC. 1919 *The Turn in The Road, Better*

Times, The Other Half, Poor Relations. 1920 *The Jack Knife Man, Family Honor.* 1921 *Sky Pilot, Love never dies.* 1922 *Woman wake up !, The Real Adventure.* 1923 *Conquering the Woman, Three Wise Fools, Peg of my Heart, The Woman of Bronze.* 1924 *Happiness, Wild Oranges, Wine of Youth, His Hour (Son heure),* INT John Gilbert, Aileen Pringle. 1925 *la Grande Parade, Wife of the Centaur, Proud Flesh.* 1926 *la Bohème, Bardelys le magnifique.* 1928 *Crowd (la Foule), Show People (Mirages),* INT Marion Davies, William Haines, Dell Henderson ; *The Patsy (Une gamine charmante).* 1929 *Hallelujah.* 1930 *Not so Dumb, Billy the Kid (Billy le Kid)* SC Wanda Tuchock, PH Gordon Avil, INT Johnny McBrown, Wallace Berry, Kay Johnson. 1931 *Street Scenes (Scènes de la rue)* SC ELMER L. RICE, PH George Barnes, MUS Alfred Newman, INT Sylvia Sydney, William Collier, Beulah Bondi, Max Montor, *The Champ (le Champion),* SC Leonard Praskins et Wanda Tuchock, PH Gordon Avil, INT Wallace Berry, Jackie Cooper, Irène Rich. 1932 *Bird of Paradise (l'Oiseau de paradis),* INT Dolorès del Rio, Joel McCrea, *Cynara.* 1933 *Stranger's Return.* 1934 *Our Dilly Bread (Notre pain quotidien).* 1935 *So Red the Rose, Wedding Night.* 1936 *The Texas Rangers (les Éclaireurs du Texas),* INT Fred McMurray, Jack Oakie, Jean Parker. 1937 *Stella Dallas.* 1938 *The Citadel.* 1940 *Northwest Passage (le Grand Passage), Comrade X,* SC Ben Hecht et Charles Lederer, INT Clark Gable, Heddy Lamarr, Oscar Homolka. 1941 *H. M. Pulham Esq.,* INT Heddy Lamarr, Robert Young, Ruth Hussey, Charles Coburn. 1944 *An American Romance,* INT Brian Donlevy, Ann Richards, Walter Abel. 1946 *Duel in the Sun (Duel au soleil),* 1949 *The Fountainhead (le Rebelle),* INT Gary Cooper, Patricia Neal, Raymond Massey, *Beyond the Forest (la Garce),* INT Bette Davis. 1952 *Ruby Gentry (la Furie du désir), Japanese War Bride.* 1955 *Man without a Star (L'homme qui n'a pas d'étoile)* SC Borden Chase, Daniel B. Beauchamp, PH Russel Metty, INT Kirk Douglas, Jeanne Crain, William Campbell, Claire Trevor. 1956 *War and Peace (Guerre et Paix).* 1959 *Salomon and Sheba (Salomon et la Reine de Saba)* SC Anthony Veiller, Paul Dudley, George Bruce et Crane Wilbur, PH Frederick A. Young, MUS Mario Nascimbene, INT Yul Brynner, Gina Lollobrigida, George Sanders, Marisa Pavan.

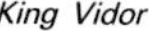

King Vidor

« le Grand Passage »

« Hallelujah »

VIEYRA Paulin RÉ SÉNÉGAL (Dahomey 30 janv. 1925|) Principal pionnier du cinéma au Sénégal, il dirigea à Paris, alors qu'il était élève de l'IDHEC, *Afrique-sur-Seine,* puis à Dakar, *Un homme, un idéal, une vie,* mettant en scène la vie d'un pêcheur. Il était dans les années soixante-dix directeur des actualités sénégalaises.

Jean Vigo

VIGO Jean (Bonaventure de) RÉ FR (Paris 26 avril 1905 | Paris 5 oct. 1934) Le Rimbaud du cinéma, par une œuvre trop brève, toute de colère et d'amour, de lyrisme et de vérité. Avec l'aide de Boris Kaufman, frère cadet de Dziga Vertov, il débuta par la violente satire poétique : *A propos de Nice*, où il mit en pratique le cinéma-œil qu'il caractérisait comme genre du documentaire social : « le point de vue documenté ». « Un appareil de prise de vues n'est pas une machine pneumatique à faire le vide, disait-il alors. Se diriger vers le cinéma social, ce serait consentir à exploiter une mine de succès que l'actualité viendrait sans cesse renouveler. [...] Ce serait éviter la subtilité trop artiste du cinéma pur. [...] Le monsieur qui fait du documentaire social est ce type assez mince pour se glisser dans le trou d'une serrure, [...] un bonhomme suffisamment petit pour se poster sous la chaise d'un croupier. Ce documentaire social exige que l'on prenne position, car il met les points sur les i. S'il n'engage pas un artiste, il engage du moins un homme. Bien entendu le jeu conscient ne peut être toléré. Le personnage aura été surpris par l'appareil, et l'on pourra parvenir à révéler la raison cachée d'un geste, à extraire d'une personne banale et du hasard sa beauté intérieure ou sa caricature, à révéler l'esprit d'une collectivité d'après une de ses manifestations purement physique. » Plus tard il put passer à la mise en scène avec *Zéro de conduite*. C'était « tellement sa vie de gosse », ce film qui racontait sous une forme réaliste et poétique les années qu'il avait passées comme interne dans de pauvres collèges provinciaux. L'attaque dépassait les souvenirs amers ou attendris, et la virulence de ce pamphlet le fit interdire sans appel par la censure. « Il dut attendre la Libération pour être libéré (en 1945). On a dit de lui qu'il était un révolté, un anarchiste. Il était au contraire un révolutionnaire, un constructeur. Mais pour construire il y avait à détruire d'abord. » (Claude Aveline.) Avec *l'Atalante*, il sut faire d'un sujet imposé, qu'il transforma profondément, sur la vie des mariniers, un poème d'amour fou unissant l'humour et l'émotion, les envolées lyriques et la réalité quotidienne. « On était intoxiqué par les paysages admirables des canaux parisiens, on construisait l'action sur l'arrière-fond des écluses, berges, guinguettes, terrains vagues. » (J. V.) Le réalisateur ne survécut pas à cette dernière création. Il mourut après avoir vu son œuvre mutilée et travestie, à l'âge de 29 ans, ayant démontré la grandeur de son génie.

RÉ : 1929-1930 *A propos de Nice*. 1931 *Taris roi de l'eau* CM. 1933 *Zéro de conduite* (interdit jusqu'en 1945). 1934 *l'Atalante*.

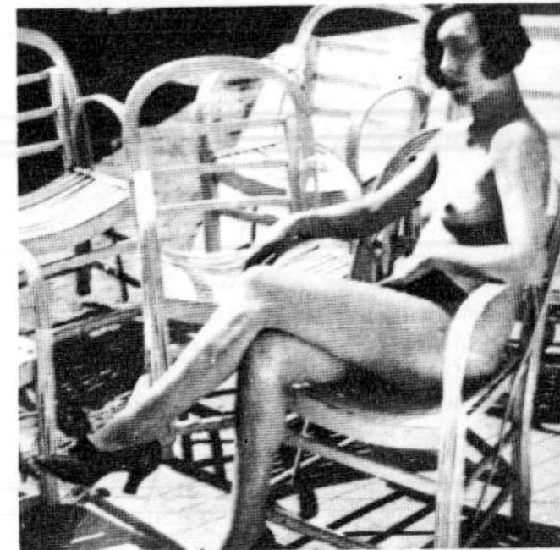

Jean Vigo, « A propos de Nice ».

« Zéro de conduite »

VISCONTI Luchino RÉ ITAL (Milan 2 nov. 1906 | Rome 17 mars 1976). Avec *Ossessione*, il donna son premier chef-d'œuvre au néo-réalisme, mais il se réclame plutôt du réalisme tout court. Fils d'une très ancienne et très noble famille, il ne se laissa monopoliser ni par son milieu - ou élélevage des chevaux de course -, ni même par la décoration théâtrale. Le cinéma l'ayant enthousiasmé, il devint l'assistant de Jean Renoir. L'influence de ce dernier et celle du cinéma français le conduisirent à diriger *Ossessione*, qui fut l'irruption de la réalité italienne dans un cinéma de propagande et de « téléphones blancs », à la grande irritation des fascistes et autres bien-pensants. Sitôt après la chute de Mussolini, il écrivit : « J'ai été poussé vers le cinéma avant tout par le besoin de raconter des histoires d'hommes vivants, d'hommes vivant dans les choses et non pas des choses en elles-mêmes. Le cinéma qui m'intéresse est un cinéma anthropomorphique. Les plus humbles gestes de l'homme, sa démarche, ses sensations et ses instincts suffisent à apporter une poésie et une vibration aux objets qui l'entourent. Le poids de l'être humain, sa présence, est la seule chose qui puisse dominer les images. L'ambiance qu'il crée et la présence vivante de ses passions leur donnent vie et relief. Et son absence momentanée du rectangle lumineux confère à chaque chose un aspect de nature morte. » (1943.) Après la guerre, il entreprit sur la Sicile une vaste trilogie, *La Terra trema*, dont il ne put réaliser que *l'Épisode de la mer*, qui se situa dans un tout autre secteur du néo-réalisme que *le Voleur de bicyclette*. Pour de longues années, il dut ensuite se consacrer au théâtre, où il était devenu le plus grand metteur en scène italien. Après l'intermède *Bellissima*, il revint en force au cinéma avec *Senso*, romantique et romanesque évocation du Risorgimento, véritable ciné-opéra qui se référa à la musique de Giuseppe Verdi, comme *La Terra trema* s'était référée aux romans de Giovanni Verga. « On dit que mes films sont un peu théâtraux et mon théâtre un peu cinématographique. Tous les moyens sont bons. Ni le théâtre ni le cinéma ne doivent éviter ce qui les sert. Peut-être ai-je exagéré en usant de procédés qui ne sont pas typiques pour le cinéma. Mais éviter de faire du théâtre n'est pas une règle, surtout si l'on songe aux origines, à Méliès par exemple. » (Visconti.) Après *les Nuits blanches*, *Rocco et ses frères* se référa à la tragédie grecque, mais fut d'abord un ciné-roman dans la grande tradition réaliste, et qui eut pour sujet la désagrégation d'une famille paysanne méridionale, seconde partie de la trilogie commencée avec *La Terra trema*. Puis il réussit une puissante et somptueuse adaptation du *Guépard*, de Lampedusa. Du *Guépard* au *Crépuscule des dieux*, ces dernières années ont vu naître la part sans doute la plus élaborée de son œuvre et la plus somptueuse dans l'axe d'une réflexion qui est allée sans cesse s'affirmant - jusqu'à la linéarité baroque du *Crépuscule* - sur les moyens de dire les rapports aliénants de l'homme, au monde en décomposition dans lequel il vit.

RÉ 1936-1940 ASS de Jean Renoir : 1936 *les Bas-Fonds, Une partie de campagne.* 1940 *la Tosca.*

RÉ : 1942 *Ossessione*, 1945 *A Giorni di Gloria* CO-RÉ G. de Santis et Serandrei, film de montage. 1948 *La Terra trema.* 1951 *Bellissima* SC Visconti, Suso Cecchi d'Amico, F. Rosi, PH Pietro Portalupi et Paul Ronald, INT Anna Magnani, Walter Chiari, Alessandro Blasetti, *Appunti su un Fatto di Cronaca (Notes sur un fait divers)* CM. 1952 *Siamo Donne (Nous les femmes)*, 5e

Visconti, « la Terra trema ».

Visconti dirigeant « le Guépard », avec Burt Lancaster.

Visconti, photo de travail de « l'Innocent ».

épisode, PH Gabor Pogany, INT Anna Magnani. 1953 *Senso.* 1957 *Le Notti Bianche (les Nuits blanches), from* Dostoïevsky, PH Giuseppe Rotunno, MUS Nino Rota, INT Maria Schell, Marcello Mastroianni, Jean Marais. 1960 *Rocco e i suoi Fratelli (Rocco et ses frères).* 1962 *Boccaccio 70* (sketch de *Boccace 70*) SC Suso Cecchi d'Amico et Visconti, sur une idée de Zavattini, d'après la nouvelle de Maupassant « Au bord du lit » PH Giuseppe Rotunno, INT Romy Schneider, Tomas Milian, MUS Nino Rota (46 mn). 1963 *le Guépard.* 1965 *Vaghe Stelle dell'Orsa (Sandra)* SC Suso Cecchi d'Amico, Visconti, Enrico Medioli, PH Armando Nannuzzi, INT Claudia Cardinale, Jean Sorel, Michael Craig, Marie Bell. 1966 *la Strega bruciata viva* (épisode de « le Streghe ») *(les Sorcières)* SC Patroni Griffi, Zavattini, PH Rotunno, INT Silvana Mangano, Annie Girardot, Francisco Rabal. 1967 *l'Étranger* SC Suso Cecchi d'Amico, Georges Conchon, Emmanuel Roblès, *from* Albert Camus, PH Giuseppe Rotunno, INT Marcello Mastroianni, Anna Karina, Bernard Blier, Georges Géret. 1969 *les Damnés* SC Nicolo Badalucco, Enrico Medioli Visconti, PH Armando Nannuzzi et Pasquale de Santis, INT Dirk Bogarde, Ingrid Thulin, Helmut Berger, MUS Maurice Jarre. 1971 *Mort à Venise.* 1972 *Ludwig (le Crépuscule des dieux).* 1983 Version intégrale du même. 1974 *Violence et Passion* (titre italien : *Gruppo di famiglia in un interno* ; titre anglais : *Conversation Piece*) SC Suso Cecchi d'Amico et L. Visconti, *from* Enrico Medioli, PH Pasqualino de Santis, MUS Franco Mannino, INT Burt Lancaster, Silvana Mangano, Helmut Berger, Stefano Patrizi, Claudia Cardinale, Dominique Sanda. 1976 *l'Innocent* SC Cecchi d'Amico, Enrico Medioli, Luchino Visconti, *from* roman de D'Annunzio, PH Pasqualino de Santis, MUS Franco Massimo, INT Giancarlo Giannini, Jennifer O'Neill, Marc Porel, Didier Haudepin, Marie Dubois.

VOLONTÉ Gian Maria ACT RÉ ITAL (Milan 1933 |) Outre la place prise dans le cinéma italien (et mondial) par cet acteur (« Ce que j'essaie, c'est que les films dans lesquels je joue disent quelque chose par rapport au mécanisme de la société qui est la nôtre ». Interview à « Écran 72 » nº 6), il faut ici signaler qu'il a dirigé en 1972 un documentaire d'une heure *(la Tenda in Piazza)* sur une occupation d'usine par des ouvriers à Rome.

VORKAPICH Slavko RÉ US YS (Yougoslavie 17 mars 1895 | 1976) D'abord peintre, émigra aux États-Unis où il réalisa avec Robert Florey le film d'avant-garde *les Amours de Zero,* devint un technicien des « effets spéciaux » pour la Paramount, dirigea quelques documentaires *(les Grottes de Fingall)* et retourna en 1952 dans son pays natal où il put produire un long métrage : *Hanka* (1955) et où il assuma la charge de directeur de l'Académie d'art dramatique de Belgrade pendant cinq ans. Dans les années soixante il donna une série de conférences à New York.

VUKOTIC Dusan (Se prononce Voukotitch) ANIM YS (1927 |) Auteur de dessins animés contemporains. Il a le sens du gag extravagant. A remporté un Oscar en 1960, à Hollywood, pour : *l'Ersatz (Surogat),* après avoir réalisé depuis 1952, notamment : *Cow-boy Jimmy, Abra-Kadabra, le Vengeur, Concerto pour mitraillette, Une vache sur la Lune* et, en 1963, *le Jeu.* 1968 *le Septième Continent.*

WAGNER Fritz-Arno PH ALL (Schmiedefeld 5 déc. 1894 | Berlin 18 août 1958) Grand opérateur expressionniste allemand qui apporta d'inoubliables images à Fritz Lang, Murnau, Pabst.

Débuta à 11 ans comme apprenti à Paris, chez Pathé. Pendant la guerre de 1914, actualités. Collabora à 200 films en quarante ans. RÉ Murnau : 1921 *le Château Vogelod.* 1922 *Nosferatu.* RÉ Robison : 1922 *le Montreur d'ombres.* RÉ Fritz Lang : 1921 *les Trois Lumières.* 1928 *les Espions.* RÉ Pabst : 1927 *Un amour de Jeanne Ney.* 1930 *Quatre de l'infanterie.* 1931 *l'Opéra de quat'sous.* RÉ Steinhoff : 1939 *Robert Koch.* 1941 *l'Oncle Kruger.* Dernier film : 1957 *la Fille sans pyjama.*

WAHBY Youssef ACT RÉ ÉG (1902|) Acteur et auteur dramatique à succès, fondateur de la troupe Ramsès, auteur et réalisateur de très nombreux mélodrames filmés, il contribua à l'essor du cinéma égyptien avec le succès commercial de *Zeinab*. Fait d'abord filmer par Mohammed Karim sa pièce : *Zeinab* (1930) et *Enfants d'aristocrates* (1931) ; puis réalise lui-même des mélos dansants et chantants comme : *Gawhara* (1942), *Berlanty* (1943), *Amour et Vengeance, les Villageoises* (1954), *Amina* (1950), etc.

WAJDA Andrzej (Se prononce Vaïda, et non Vachda) RÉ POL (Suwalki 9 mai 1926|) Le meilleur cinéaste polonais, avec le regretté Munk. Il révéla son tempérament direct et sincère dès son premier long métrage. *Génération*. Sitôt après n'ayant pas encore atteint la trentaine, il donna avec *Kanal* une œuvre importante des années 1950, où il peignit la bataille de Varsovie, avec de violentes antithèses, faisant contraster l'amour et la mort, l'héroïsme et la folie. Il se surpassa dans *Cendre et Diamant*, malgré une certaine surcharge baroque. Avec *Samson*, il passa du pittoresque à l'émotion. Il se considère comme « un violent romantique », mais estime que « ce mode de vie et de pensée est devenue difficile dans une société stabilisée. Munk et moi, nous avons tenté d'illustrer cette prise de conscience, qu'on ne peut accomplir des actes héroïques ou généreux s'ils sont inutiles, mais qu'il y a dans chaque homme une aspiration au mieux ».

Wajda, tournage de « l'Homme de fer ».

« l'Homme de fer ».

Dans les années 70, tout autant par ses films *(l'Homme de marbre)* que par le soutien qu'il apporta à de jeunes réalisateurs travaillant comme lui dans le « Groupe X » qu'il avait fondé, ou par ses prises de position politiques, il joua un rôle important dans l'évolution du cinéma polonais.

Quittant la Pologne (où il devait retourner en 1986) en décembre 1980, à la proclamation de l'« état d'urgence », il réalisa en France un *Danton* qui eut un grand succès mais où les préoccupations politiques (dénonciation du totalitarisme, parallèles soulignés entre personnages de la Révolution française et contemporains polonais) l'emportaient sur les préocupations historiques, voire stylistiques, le manichéisme de la démonstration induisant une écriture trop prompte à forcer le trait. Dans le même temps, avec l'adaptation sensible de grands romans, il développait son œuvre dans une autre direction, plus secrète, plus intimiste, mais non moins passionnante, et qu'on peut même préférer, comme *le Bois de bouleaux* ou *les Demoiselles de Wilko*.

RÉ : 1950 *le Mauvais Garçon, Quand tu dors* CM. 1951 *la Céramique d'Ilza* CM. 1954 *Une fille a parlé* ou *Génération*. 1955 *Vers le soleil* CM. 1957 *Kanal*. 1958 *Cendre et Diamant*. 1959 *Lotna*. 1960 *les Innocents charmeurs*. 1961 *Samson*. - EN YS : *Lady Macbeth de Sibérie*. 1962 Un sktech de *l'Amour à vingt ans*. 1965 *Cendres*. 1967 *les Portes du paradis* (en Angleterre) et *Tout est à vendre*. 1968 *Mélimélo* TV. 1969 *la Chasse aux mouches*. 1970 *Paysage après la bataille*. 1971 *le Bois de bouleaux*. 1972 *Pilate et les autres*. 1973 *les Noces*. 1974 *la Terre de la grande promesse*. 1975 *la Ligne d'ombre* TV. 1976 *l'Homme de marbre*. 1977 *la Classe morte* TV. *Invitation à l'intérieur* DOC. 1978 *les Demoiselles de Wilko*. 1979 *le Chef d'orchestre*. 1981 *l'Homme de fer*. Il a également réalisé des films pour la télévision et dirigé de nombreuses mises en scène de théâtre, dont une en France, *Ils*, en 1980. 1982 *Danton* POL-FR. 1983 *Un amour en Allemagne* RFA-POL. 1986 *Chronique des événements amoureux, from* Thadeus Konwicki POL. 1987 *les Possédés* POL.

WAKHÉVITCH Georges DÉC FR (Odessa 18 août 1907 | 1984) A l'imagination raffinée et exubérante, particulièrement doué pour les films d'époque. RÉ Renoir : 1934 *Madame Bovary*. 1937 *la Grande Illusion*. 1938 *la Marseillaise*. RÉ Carné : 1942 *les Visiteurs du soir*. RÉ Delannoy : 1943 *l'Éternel Retour*. RÉ Cocteau : 1948 *l'Aigle à deux têtes*. RÉ Billon : 1948 *Ruy Blas*. RÉ Becker : 1954 *Ali-Baba*.

WALLER Fred INV US (Brooklyn 1886 | New York 18 mai 1954) Inventeur du Cinérama, il avait déjà été un spécialiste des truquages pour la Paramount, en 1924, puis un des inventeurs du ski nautique. Il présenta en 1939, à l'Exposition internationale de New York, un spectacle sur un écran hémisphérique à l'intérieur de la « périsphère », puis utilisa des projections sur plusieurs écrans, pendant la guerre, pour l'entraînement des mitrailleurs aviateurs et réussit enfin à présenter en nov. 1952 à New York, avec un succès commercial considérable, le triple écran de la stéréophonie à plusieurs pistes de son Cinérama.

WALSH Raoul RÉ US (New York 11 mars 1892 | 1980) Il était, en 1960, comme Henry King, Norman Taurog, Clarence Brown ou Allan Dwan, un très honorable vétéran, survivant de la grande époque d'Hollywood, celle de Griffith - dont il fut l'assistant - et de Thomas Ince, dont il a retrouvé parfois le ton. Il débuta sous les ordres de Douglas Fairbanks pour *le Voleur de Bagdag* et, sans valoir ses contemporains John Ford, Frank Borzage ou Howard Hawks, il sut bien conter une histoire et les films de guerre (pour ou contre) : *What Price Glory ?*, *les Nus et les Morts*, *le Cri de la victoire*, *la Charge fantastique*. Dans plus de cent films, il

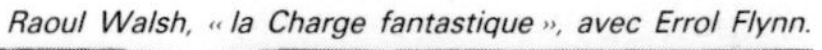
Raoul Walsh, « la Charge fantastique », avec Errol Flynn.

Raoul Walsh

a abordé beaucoup de genres, des exploits de corsaires aux mises en scène bibliques, passant par les « policiers » ou les mélodrames. Ce typique Américain a naturellement excellé dans les westerns : *la Vallée de la mort*, *la Fille du désert*, *la Grande Évasion*, *la Blonde et le Shérif*, etc.
RÉ (principaux films) : 1924 *The Thief of Bagdag (le Voleur de Bagdad)*. 1926 *What Price Glory ? (Au service de la gloire)*, INT Dolorès del Rio, Victor McLaglen. 1928 *Sadie Thompson (Faiblesse humaine)*, INT Gloria Swanson. 1933 *The Bowery (les Faubourgs de New York)*, INT Wallace Beery, George Raft. 1937 *Artists and Models*, INT Jack Benny. 1940 *They drive by night (Une femme dangereuse)*, *Dark Command (l'Escadron noir)*. 1941 *The Strawberry Blonde*, INT James Cagney, Olivia de Havilland, Rita Hayworth ; *Manpower (l'Entraîneuse fatale)*, INT Edward G. Robinson, Marlène Dietrich, *Nigh Sierra (la Grande Évasion)*, *They died with their Boots on (la Charge fantastique)*. 1942 *Gentleman Jim*, INT Errol Flynn, Alexis Smith, *Desperate Journey (Sabotage à Berlin)*. 1943 *Northern Pursuit (Du sang sur la neige)*. 1944 *Uncertain Glory (Saboteur sans gloire)*, *Objective Burma (Aventures en Birmanie)*. 1945 *Salty O'Rourke (Sa dernière course)*. 1947 *Pursued (la Vallée de la peur)*, *Cheyenne*. 1948 *Silver River (la Rivière d'argent)*, *Fighter Squadron (les Géants du ciel)*. 1949 *White Heat (l'Enfer est à lui)*. 1951 *Distant Drums (les Aventures du capitaine Wyatt)*, INT Gary Cooper ; *Captain Horatio Hornblower (le Capitaine sans peur)*, *Along the Great Divide (le Désert de la peur)*. 1952 *Glory Alley (la Ruelle du péché)*, *The World in his Arms (le Monde lui appartient)*, *Barbe-Noire le pirate*, *The Lawless Breed (Victime du destin)*. 1953

Sea Devils (la Belle Espionne), Gun Fury (Bataille sans merci). 1954 *Saskatchewan (la Brigade héroïque).* 1955 *Battle Cry (le Cri de la victoire), The Tall Men (les Implacables),* INT Clark Gable, Jane Russell, Robert Ryan. 1956 *The Revolt of Mamie Stover (Bungalow pour femmes).* 1957 *The King and Four Queens (le Roi et Quatre Reines), Band of Angels (l'Esclave libre).* 1958 *les Nus et les Morts, la Blonde et le Shérif.* 1959 *A Private's Affair (les Déchaînés).* 1960 *Esther et le Roi.* 1964 *A Distant Trumpet (la Charge de la huitième brigade).*

WALTERS Charles RÉ US (Pasadena US 17 nov. 1911 | août 1982) Bon spécialiste de la comédie musicale américaine, il contribua à son renouvellement aux environs de 1950, avec des films du genre ravissant et un peu sucré : *Parade de printemps* (1948), *Entrons dans la danse* (1950), *Lili* (1953). Puis l'âge venant, avec de moindres moyens, il évolua vers les comédies mondaines : *Haute Société* (1957), *Ne mangez pas les marguerites* (1959). *Rien ne sert de courir* (1966).

WARHOL Andy RÉ US (août 1928, Pittsburg | fév. 1987) Peintre (il fut l'un des pionniers et des maîtres du « pop'art »), romancier, il fut bientôt attiré par le cinéma et devint en 1963, après *Sleep*, long métrage muet et de six heures en plan fixe sur un homme dans son sommeil, un des chefs de file de l'« underground ». Après avoir réalisé une trentaine de films muets, il fonda en 1967 avec Paul Morrissey la « Film Makers Coopérative » (qui produisit et distribua *Flesh* et *Trash*). Parmi ses films les plus connus : 1967 *My Hustler.* 1968 *Lonesome Cowboy.* 1972 *Women in Revolt, Heat.*

WARNER [les frères] **Albert, Harry** (1881 | 1958), **Jack** (1892 | 1978) et **Samuel L.** (1888 | 1927) PR US Ces pauvres émigrants polonais, ayant ouvert en 1905 un Nickel-Odeon en Pennsylvanie, fondèrent en 1913 la Warner Bros qui, de la production, passa en 1923 à la distribution, absorbant en 1925 la Vitagraph, la First National et la chaîne de salles. La société faisant de mauvaises affaires, Sam convainquit ses frères d'acquérir un brevet permettant de remplacer les orchestres par des disques synchronisés avec les films. En 1926, avec *Don Juan*, puis en 1927, avec *le Chanteur de jazz*, ils se risquèrent à produire des films chantants et parlants. Ce fut un triomphe et une révolution. La Warner devint un des « Cinq Grands d'Hollywood », contrôlant, avant 1940, 360 salles aux USA, 400 à l'étranger, et produisant une centaine de longs métrages par an.

WATKINS Peter RÉ GB (1937 |) Spécialiste des films de politique-fiction. C'est avec un long métrage conçu pour la télévision *The War Game (la Bombe)* que ce jeune cinéaste a été révélé au public. Ce premier film se présentait comme une sorte de reportage anticipé sur les effets apocalyptiques d'un conflit nucléaire. Les films de Watkins doivent leur efficacité à une mise en forme dans le style du direct où se mêlent parfois interviews, reportages, documents réels et de fiction. La plupart de ses œuvres sont des dénonciations virulentes des effets potentiellement catastrophiques ou déshumanisants de notre civilisation.
RÉ : 1965 *The Battle of Culloden* TV. 1966 *la Bombe.* 1967 *Privilège.* 1969 *les Gladiateurs* SUÈDE. 1977 *Punishment Park* USA. 1974 *Edward Munch.* 1975 *The Seventie's People, The Trap.* 1980 *Aftenlandet* NORV. *The Journey* NORV..

WATT Harry RÉ GB (Édimbourg 10 oct. 1906 |) Formé par l'école documentaire de Grierson et Flaherty - dont il fut l'assistant pour *l'Homme d'Aran* -, il a dirigé avec honnêteté des longs métrages où il a suivi autant qu'il le pouvait l'idéal de sa jeunesse. Son chef-d'œuvre fut *The Overlanders (la Route est ouverte)*, odyssée d'un troupeau conduit à travers le continent australien.
RÉ : 1935 *Night Mail* CO-RÉ Basil Wright. 1937 *The Saving of Bill Blewitt.* 1938 *North Sea.* 1940-1942 *Squadron 292, Dover Front Line, Target for to-night, London can take it, Christmas under Fire* LM. 1943 *Nine Men.* - EN AUSTR : 1946 *The Overlanders (la Route est ouverte).* 1948 *la Dernière Barricade (Eureka Stockade).* - AU KENYA : 1953 *Où les vautours ne volent plus.* 1954 *A l'Ouest de Zanzibar.* 1959 *l'Ile des réprouvés (The Siege of Pindgut).*

WEGENER Paul RÉ ALL (Prusse Orientale 11 déc. 1874 | Berlin 14 sept. 1948) Cet acteur fameux, formé par Max Reinhardt, joua aussi un rôle important dans les origines du Golem, en écrivant en 1913 *l'Étudiant de Prague* et en coréalisant les deux versions du *Golem*, 1914 et 1920.

WEIR Peter RÉ AUSTR (Sidney, 1944 |) De films où le fantastique s'insinuait doucereusement aux superproductions internationales, Peter Weir est un de ceux qui révéla l'existence d'une cinématographie australienne vigoureuse, originale. Et son accession au statut de réalisateur international ne l'a pas empêché de choisir des sujets brûlants : ainsi le coup d'État indonésien de 1966 dans *l'Année de tous les dangers,* de manière délibérément spec-

taculaire. Il a également réalisé des films, de 1976 à 1982, pour la télévision australienne.
RÉ : 1973 *The Cars that ate Paris.* 1975 *Picnic at Hanging Rock (Pique-nique à Hanging Rock).* 1982 *The Year of living Dangerously (l'Année de tous les dangers).* 1985 *Witness* (id.). 1986 *The Mosquito Coast (Mosquito Coast).*

WEISS Jiri RÉ TS (Prague 1913|) Le meilleur cinéaste tchèque de sa génération ; il a été formé pendant la guerre, à Londres, par le documentarisme anglais. Il a le goût des décors naturels, de la précision dans les caractérisations et parfois une certaine verve amère. En 1968, à la « normalisation » du cinéma tchécoslovaque, il quitte son pays pour l'Italie.
1936-1938 DOC en TS. 1938-1945 Travaux en GB avec Grierson, Cavalcanti, Rotha.
RÉ : 1947 *le Pont.* 1948 *la Frontière volée.* 1949 *la Fête des Sokols* LM DOC. 1950 *le Dernier Coup de feu.* 1951 *D'autres combattants se lèveront.* 1954 *Cleb et ses amis.* 1956 *l'Enjeu de la vie.* 1957 *Mon ami Fabian.* 1958 *le Piège à loups.* 1960 *Roméo, Juliette et les Ténèbres.* 1963 *la Fougère d'or.* 1967 *Meurtre à la tchécoslovaque.*

WELLES Orson ACT RÉ US (Kenosha 6 mai 1915|Los Angeles 1985) Il manquerait quelque chose au cinéma s'il n'avait pas existé, cet enfant prodige qui aimait à se grimer en vieillard, cet homme vieilli avant l'âge qui garde quelque chose de son enfance dans son génie et dans son désordre. Cocteau en a donné ce portrait : « Il est une manière de géant au regard enfantin, un paresseux actif, un fou sage, une solitude entourée de monde, un étudiant qui dort en classe, un stratège qui fait semblant d'être ivre quand il veut qu'on lui foute la paix. Il semble avoir employé mieux que personne [...] cet air d'épave qu'il affecte parfois, et d'ours ensommeillé. » (1950). Il apparut comme un météore, à 24 ans, dans un Hollywood ensommeillé, après avoir, par son adaptation radiophonique de « la Guerre des mondes » de H. G. Wells, affolé l'Amérique qui, à la veille de la guerre, crut à une invasion. Il y eut - dit-on - plusieurs morts, mais l'auteur involontaire de cette panique devint célèbre. Il était déjà très connu dans les milieux théâtraux d'avant-garde, comme acteur et comme metteur en scène. La RKO, grande firme d'Hollywood, lui accorda par contrat des pouvoirs absolus sur les films qu'il réalisait : « Voilà le plus beau chemin de fer électrique dont un homme ait

Orson Welles et Rita Hayworth dans « la Dame de Shanghaï »

« le Procès », avec Anthony Perkins

Orson Welles dans « Citizen Kane ».

jamais pu rêver », dit-il, après être entré dans les studios où il devait réaliser *Citizen Kane*, prodigieux portrait de l'artiste par lui-même, mais aussi du milliardaire William Randolf Hearst. Ce magnat de la presse voulut interdire la sortie du film. Cet incident fut utilisé pour la publicité, et le film fut salué comme un chef-d'œuvre - qu'il était -, à New York et dans les grandes villes américaines, avant d'échouer lourdement en province. Alors qu'il tournait un semi-documentaire en trois épisodes, il fut rappelé à Hollywood, et fut mis à la porte de la RKO réorganisée. On remonta et on mutila sa *Splendeur des Amberson*. Il dut renoncer au cinéma pendant toute la guerre, où il participa activement à des campagnes progressistes. Revenu dans les studios comme réalisateur, il y dirigea son excellente *Dame de Shanghai*. Après avoir tourné *Macbeth* à Hollywood, il s'établit pour huit ans en Europe où il réalisa un *Othello*, et parut se consacrer aux adaptations shakespeariennes. « Même s'il ne tenait pas toutes les promesses contenues dans ses premiers films, ceux-ci suffiraient à sa gloire, écrivait alors André Bazin. Tout y aura été remis en question : le personnage, le récit et la mise en scène. »
Il avait révolutionné la technique du film en reprenant des moyens déjà connus : décors plafonnés, images en clair-obscur, « plans séquence », profondeur du champ, retours en arrière, etc., mais en les unissant et en les transformant pour leur donner un sens nouveau, et de la radio lui était venue une nouvelle conception de la piste sonore dont le rythme s'alliait à un montage d'images employant les ressources les plus diverses. Il revint aux sujets contemporains et, dans une certaine mesure, au héros de *Citizen Kane* avec *Monsieur Arkadin*. Puis, réalisant après quinze ans d'absence un nouveau film aux États-Unis, il fit d'un sujet policier un poignant soliloque avec *la Soif du mal*. Le désordre de sa vie avait paru, dix années durant, l'ensevelir, l'enliser même. Et puis soudain Lazare souleva la dalle de son tombeau : ce fut *le Procès*, le premier film qu'il ait, depuis *Citizen Kane*, terminé et monté lui-même, adaptation de Kafka mais aussi autobiographie. Il n'avait pas gaspillé sa vie et son talent. Il les avait magnifiquement dépensés, lui qui s'était choisi pour épitaphe : « Je ne pense pas qu'on se souvienne un jour de moi. Je trouve aussi vulgaire de travailler pour la postérité que de travailler pour de l'argent. »
1931 Débute comme ACT au Gate Theatre de Dublin. 1935 M EN SC au Federal Theatre, institution créée par l'Administration Roosevelt. 1937 Fonde avec Jane Houseman le Mercury Theatre. 1938 Émissions de radio, « la Guerre des mondes ». 1939 Engagé par la RKO.
RÉ : 1941 *Citizen Kane* (id.). 1942 *The Magnificent Ambersons (la Splendeur des Amberson), Journey into Fear (Voyage au pays de la peur)*, RÉ Norman Foster, SC et supervision O. Welles). 1946 *The Stranger (le Criminel)*. 1948 *The Lady from Shanghaï (la Dame de Shanghaï), Macbeth* (id.). 1952 *Othello* (id.). 1955 *Confidential Report (Monsieur Arkadin/Dossier secret)*. 1958 *Touch of Evil (la Soif du mal), The Fountain of Youth* TV. 1962 *le Procès* FR, *from* Kafka. 1966 *Falstaff (Chimes at Midnight/Campanas a medianoche)* FR-ESP. 1968 *Une histoire immortelle* FR. 1975 (F. for Fakes/Nothing but the Truth *Vérités et Mensonges* FR. 1978 *Filming Othello*. Films inachevés : 1939 *Heart of Darkness (Au cœur des ténèbres), from* Joseph Conrad. 1941-1942 *It's All True*. 1957-1975 *Don Quichotte*. 1967-1970 *The Deep*. 1970-1972 *The Over Side of the Wind*.

WELLMAN William A. RÉ US (Brooklyn 29 fév. 1896 | 9 déc. 1975) Un technicien capable d'honnêtes réussites comme : *le Président fantôme*. 1932 *Une étoile est née*, première version. 1937 *Nothing Sacred*, et surtout *Ox-Bow Incident (Étrange incident)*. (1943) réquisitoire contre le lynchage. Mais ce spécialiste des films de guerre *(les Forçats de la gloire), (G.I. Joe)*, (1945) est aussi capable des plus extravagantes sottises comme *la Voix que vous allez entendre*, (1950), ou *Dieu le Père prenait la parole à la radio*. Il est aussi l'auteur du *Rideau de fer* (1948).

WENDERS Wim RÉ RFA (1945 |) Le cinéaste allemand, le plus riche de la génération des années quatre-vingt. « La conscience », celui qui, transformant en langage ce qu'il y a de plus fuyant dans la sensibilité d'une époque, en révèle du même coup la pensée cachée » (Peter Kral). Wenders filme à travers ses œuvres l'agonie du vieil humanisme européen, par le biais de références au cinéma américain, et aux valeurs de sa civilisation. Cette agonie est médiatisée par une réflexion constante sur la fiction de l'image, de la photographie et du cinéma : ses personnages errent d'un cinéma à l'autre, qu'ils soient spectateurs : *le Gardien de but* ; projectionniste : *Au fil du temps*. Cette errance, recherche d'une histoire fictive et de ses origines, il devait en dessiner l'inquiète trajectoire à l'échelle du monde, des États-Unis à Tokyo, avant de retourner au cœur même de son pays, à Berlin, pour un poignant rendez-vous avec sa ville et son être déchirés.

Wim Wenders

« Au fil du temps »

« Paris, Texas »

RÉ CM : 1967 *Schauplatze.* 1968 *Same Player shoots Again.* 1969 *Silver City, Alabama : 2000 Light Years, Drei Amerikanische LPS.* 1970 *Politzeifilm.* 1982 *Quand je m'éveille...* CM-TV.
LM : 1970 *Summer in the City.* 1971 *Die Angst der Tormanns beim Elfmeter (l'Angoisse du gardien de but au moment du penalty).* 1972 *Der Scharlachrote Buchstabe (la Lettre écarlate).* 1973 *Alice in den Stadten (Alice dans les villes).* 1974 *Aus der Familie der Panzerechsen/Die Inseln* TV. 1975 *Falsche Bewegung (Faux Mouvement).* 1976 *Im Lauf der Zeit (Au fil du temps).* 1977 *Der Amerikanische Freund (l'Ami américain).* 1980 *Lightning over Water (Nick's Movie).* 1982 *Hammet* (id.), *Der Stand der Dinge (l'État des choses), Chambre 666 (N'importe quand)* MM. 1984 *Tokyo-Ga* (id.), *Paris, Texas* (id.). 1987 *Der Himmel über Berlin (les Ailes du désir).* 1989 *Carnet de notes sur vêtements et villes.*

WERNER Gosta (1908|) RÉ SUÈDE Débuta par d'intéressants documentaires comme *le Sacrifice du sang, le Train,* puis passa à la mise en scène de sombres mélodrames : *la Rue,* etc.
RÉ : 1945 *le Sacrifice du sang.* 1946 *le Train.* 1949 *la Rue.* 1950 *Au deuxième sur la cour.* 1952 *les Parias.*

WHALE James RÉ US GB (22 juill. 1898|Hollywood 29 mai 1957) Après Tod Browning, à Hollywood, il fut durant les années 30 le meilleur spécialiste des films de terreur, à qui l'on doit le premier *Frankenstein* (1931), avec Boris Karloff, *l'Homme invisible* (1933), *la Fiancée de Frankenstein* (1935). A coréalisé avec Howard Hugues : *les Anges de l'Enfer* (1930), et l'excellent *Coktail et Homicides* (1935). Pour le reste, « director » de série. Éliminé des studios depuis 1941.

WHEELER René SC FR (Paris 8 fév. 1912|) Auteur estimé de nombreux scénarios dont *Fanfan la Tulipe* RÉ Christian-Jaque, et *Jour de fête* RÉ Tati ; il a réalisé une excellente autobiographie : *Premières armes* (1950).

WICKI Bernhard ACT RÉ ALL (Autriche 28 oct. 1919|) Bon acteur, notamment pour Käutner ; il est devenu réalisateur avec *le Pont (Die Brücke),* un des meilleurs films faits en Allemagne fédérale dans les années 50. Il a aussi travaillé aux USA, notamment sur les séquences allemandes du *Jour le plus long* (1961).
RÉ (principaux films) : 1959 *le Pont.* 1964 *la Rancune.* 1965 *Morituri.* 1971 *la Fausse Importance.* 1976 *la Conquête de la citadelle.* 1988 *la Toile d'araignée.*

WIDERBERG Bô (1930 |) RÉ SUÈDE Romancier, il fit ses débuts de critique de cinéma par une remise en cause de Bergman, et essaya d'ancrer tous ses films - dont les plus connus tournent autour de la naissance du mouvement ouvrier - dans une réalité sociale décrite avec une minutie n'excluant pas le lyrisme.

« *Joe Hill* » de Widerberg.

RÉ : 1963 *le Péché suédois, le Quartier du corbeau.* 1965 *Amour 5.* 1966 *Allô Roland.* 1967 *Elvira Madigan.* 1969 *Adalen 31.* 1971 *Joe Hill.* 1974 *Tom Foot.* 1977 *Un flic sur le toit.* 1979 *Victoria.* 1986 *le Chemin du serpent.*

WIENE Robert RÉ ALL (1881 | Paris 17 juillet 1938) Bien qu'il ait signé un film clef de l'histoire du cinéma : *le Cabinet du docteur Caligari* (1920), il ne fut qu'un cinéaste de second ordre, la réussite de son chef-d'œuvre étant due, plus qu'à lui-même, à une exceptionnelle rencontre d'interprètes, de scénaristes et de décorateurs. *Genuine* (1920), *Raskolnikoff, I.N.R.I.* (1923), *les Mains d'Orlac* (1924) avaient encore un peu d'intérêt, mais le parlant acheva de le déclasser.

WIENER Jean MUS FR (Paris 19 mars 1896 | 1982) Venu de l'avant-garde musicale, cet excellent compositeur de films écrivit des partitions pour Bresson, Renoir, Becker, Daquin. RÉ Bresson : 1934 *les Affaires publiques.* RÉ Duvivier : 1935 *la Bandera.* RÉ Renoir : 1935 *le Crime de M. Lange.* 1936 *les Bas-Fonds, from* Gorki. RÉ Daquin : 1947 *les Frères Bouquinquant.* 1949 *le Point du jour.* 1951 *Maître après Dieu.* RÉ Becker : 1954 *Touchez pas au grisbi.* RÉ Paviot : 1960 *Pantalaskas.* RÉ Edouard Hofmann et Jean Effel : 1962 *la Création du monde.* 1966 *Au hasard Balthazar.*

WILCOX Herbert RÉ GB (Irlande 19 sept. 1891 | 15 mai 1977) Un des doyens du cinéma anglais, a dirigé des films depuis 1919, dont des « grandes machines » officielles : *Victoria the Great* et *Miss Edith Cawell,* des opérettes : *No, no, Nanette* (1940).

WILDER Billy RÉ US (Vienne 22 juin 1906 |) Ce boulevardier crépusculaire a bien réussi les comédies légères et les drames. S'il a le sens du ridicule, il ne s'est pas toujours rendu compte de ses propres ridicules : *les Cinq Secrets du désert.* Formé en Allemagne, il s'est parfois souvenu de l'expressionnisme et du style UFA. Cet ancien scénariste s'imposa après guerre par des films noirs « policiers » : *Assurance sur la mort* ; un drame de l'alcoolisme : *The Lost Week-End* ; un témoignage parfois dégradant sur le vieil Hollywood : *Boulevard du crépuscule* ; une satire de la grande presse et de ses mœurs : *le Gouffre aux chimères.* Puis il évolua vers les gros vaudevilles dans la vieille tradition européenne et remporta dans ce genre de très gros succès : *Sept ans de réflexion, Certains l'aiment chaud, la Garçonnière.* Il a souvent critiqué les mœurs privées ou publiques américainces en frappant toujours deux coups à gauche pour un coup à droite. S'il lui arrive d'être un peu méchant, il n'est pas si bête.
A BERLIN : 1929-1933 CO-SC : *les Hommes le dimanche, Émile et les Détectives.* RÉ EN FR : 1934 *Mauvaise Graine,* INT Danielle Darrieux. - AUX USA : 1935-1941 CO-SC : *la Huitième Femme de Barbe-Bleue, Ninotchka,* RÉ Lubitsch ; *la Boule de feu* RÉ H. Hawks, etc.
RÉ 1942 *The Major and the Minor (Uniformes et Jupons courts),* INT Ginger Rogers, Ray Milland. 1943 *Five Graves to Cairo (les Cinq Secrets du désert).* 1944 *Double Indemnity (Assurance sur la mort).* 1945 *The Lost Week-End.* 1948 *Emperor Waltz (la Valse de l'empereur), A Foreign Affair (la Scandaleuse de Berlin),* INT Marlène Dietrich. 1950 *Sunset Boulevard (Boulevard du crépuscule).* 1951 *The Big Carnival (le Gouffre aux chimères).* 1953 *Stalag 17,* INT William Holden, Dan Taylor, Otto Preminger. 1954 *Sabrina,* INT Audrey Hepburn. 1955 *Seven Years Itch (Sept Ans de réflexion).* 1957 *The Spirit of Saint Louis (l'Odyssée de Charles Lindbergh),* INT James Stewart, *Love in the Afternoon (Ariane).* 1958 *Whitness for Prosecution (Témoin à charge).* 1959 *Some like it hot (Certains l'aiment chaud),* INT Marylyn Monroe, Tony Curtis, Jack Lemon. 1960 *The Apartment (la Garçonnière),* INT Shirley McLaine, Jack Lemon, Fred McMurray. 1961 *One, Two, Three (Un, deux, trois).* 1963 *Irma la Douce,* INT Sh. MacLaine. 1964 *Kiss me Stupid*

Wilder, tournage de « A Foreign Affair ».

(Embrasse-moi, idiot). 1967 *The Fortune Cookie (la Grande Combine)*. 1970 *la Vie privée de Sherlock Holmes*. 1972 *Avanti*. 1974 *The Front Page (Spécial Première)*. 1977 *Fedora* ALL-FR. 1981 *Buddy Buddy*.

WILLIAMSON James RÉ GB (1855 | 1933) Primitif anglais. Utilisa dès 1901 le montage et les actions parallèles, notamment dans *Attaque d'une mission en Chine*, où l'on trouve en germe divers procédés cinématographiques, comme le montage parallèle, dont la création fut attribuée - bien plus tard - à D. W. Griffith.

WILSON Michael SC US (McAllister 1914 | 7 avril 1978) Un des meilleurs scénaristes américains qui prouva son sens de la vie et sa conviction dans *Une place au soleil*, RÉ G. Stevens, 1951, et *le Sel de la terre*, RÉ Biberman, 1953. Comme d'autres que le maccarthysme exila en Europe, il continua de collaborer à de nombreux films américains, mais sans les signer, jusqu'en 1964, où il fut à nouveau admis à Hollywood.

WISE Robert RÉ US (Winchester 10 sept. 1914 |) Modeste, acceptant souvent des besognes, mais ne cherchant pas la publicité et ne posant pas au génie, ce très honnête réalisateur réussit quelques excellents films : *la Tour des ambitieux*, *The Set up*, *le Jour où la Terre s'arrêta*, *le Coup de l'escalier*, avant de diriger avec brio et intelligence *West Side Story*, qui renouvela la comédie musicale américaine, beaucoup grâce à la chorégraphie de Jerome Robbins.
D'abord monteur, pour Orson Welles. RÉ 1944 *Curse of the Cat People*, INT Simone Simon, Kent Smith. 1947 *Né pour tuer*. 1948 *Blood on the Moon (Ciel rouge)*. 1949 *The Set up (Nous avons gagné ce soir)*. 1950 *Three Secrets (Secrets de femmes)*. 1951 *le Jour où la Terre s'arrêta*, *House on Telegraph Hill (la Maison sur la colline)*. 1953 *Destination Gobi*, *les Rats du désert*, *So Big (Mon grand)*. 1954 *Executive Suite (la Tour des ambitieux)*. 1955 *Hélène de Troie*. 1956 *Somebody up there likes me (Marqué par la haine)*, *Tribute to a Bad Man (la Loi de la prairie)*. 1957 *Until they sail (Femmes coupables)*, *This could be the Night (Cette nuit ou jamais)*. 1958 *Run Silent, Run Deep (l'Odyssée du sous-marin)*, *I Want to live (Je veux vivre)*. 1959 *Odds against To-morrow (le Coup de l'escalier)*. 1961 *West Side Story*. 1962 *Deux sur la balançoire*. 1965 *la Mélodie du bonheur (Sound of Music)*. 1966 *la Canonnière du Yang-Tsé*. 1968 *Star*. 1971 *le Mystère Andromède*. 1972 *Brève Rencontre à Paris*. 1975 *l'Odyssée du Hindenburg*. 1977 *Audrey Rose*. 1979 *Star Trek : le film*.

Robert Wise

WISEMAN Frédérick RÉ US (US 1930 |) « Je suis quelqu'un qui a fait du droit et qui fait des films. » « La structure pour moi, est la théorie des événements filmés. Si j'avais une idée préconçue avant le film que le tournage contredise, j'abandonnerais mon idée. » Ces deux citations, arbitrairement extraites d'une très longue interview (in « Écran 76 », nº 50) disent quel irremplaçable - et implacable - témoin est Wiseman pour la société américaine. Quel cinéaste, aussi, qui fait de ses « documentaires » sur l'école, la prison, l'hôpital, le tribunal, l'armée, des œuvres d'une extrême densité.
RÉ : 1967 *Titicut Folies*. 1968 *High School*. 1969 *Law and Order*. 1970 *Hospital*. 1971 *Basic Training*. 1972 *Essene*. 1973 *Juvenile Court*. 1975 *Primate*. 1976 *Welfare*. 1976 *Meat*. 1977 *Canal Zone*. 1983 *Deaf and Blind*.

WOLF Friedrich SC ALL (Berlin 23 déc. 1888 | Berlin 5 oct. 1953) Auteur dramatique contemporain et ami de Bertolt Brecht, il écrivit en URSS l'excellent scénario du *Professeur Mamlock,* dont il fut le principal auteur. Écrivit aussi pour K. Maetzig *le Conseil des dieux.*

WOLF Konrad RÉ ALL (Hekingen 20 oct. 1925 | 1982) Fils de Friedrich Wolf, il a réalisé un excellent film en Bulgarie, *les Étoiles.*
RÉ : 1955 *Einmal ist Keinmal.* 1956 *Genesung.* 1957 *Lissy.* 1959 *Sterne (les Étoiles).* 1960 *Leute mit Flugeln (les Hommes ailés).* 1961 *le Professeur Mamlock,* nouvelle version. 1966 *le Partage du ciel, le Petit Prince.* 1970 *J'étais quatre-vingt-dix, Goya,* CO-PR RDA-USA.

Sam Wood

WOOD Sam RÉ US (Philadelphie 10 juil. 1883 | Hollywood 22 sept. 1949) Réalisa des films médiocres à la douzaine, et finit par apprendre son métier. Ses meilleures réussites : *Good Bye Mr Chips* et *Pour qui sonne le glas* ; les deux productions : *Un jour aux courses, Une nuit à l'Opéra,* qu'il mit en film pour les Marx Brothers, ceux-ci étant les auteurs. D'abord ASS de C. B. De Mille.
RÉ : 1920 *Double Speed.* 1923 *la Huitième Femme de Barbe-Bleue.* 1935 *Une nuit à l'Opéra* et 1936 *Un jour aux courses,* INT Marx Brothers. 1939 *Good Bye Mr Chips.* 1940 *Our Town, Kitty Foyle.* 1943 *Pour qui sonne le glas.* 1944 *Casanova le petit.* 1949 *Un homme cherche son destin (Stratton Story).*

WRIGHT Basil DOC G (Londres 12 juin 1907 | 1987) Un des meilleurs cinéastes du documentarisme anglais. Il a le sens de l'humanité, du pittoresque, des belles images, du rythme. A donné ses œuvres les plus renommées avec *Night Mail* et *Song of Ceylon.*
RÉ : 1932 *Windmill in Barbados.* 1933 *Cargo from Jamaica.* 1934 *Song of Ceylon.* 1935 *Night Mail* CO-RÉ Harry Watt. 1936 *Children in School.* 1942 *Battle for Freedom.* 1943 *The Face of Scotland.* 1945 *Southern Rhodesia.* 1951 *Waters of Time.* 1956 *The Stained Glass at Fair Ford.* 1957 *The Immoral Land.* 1961 *A Place for Gold.*

WYLER William RÉ US (Mulhouse 1er juil. 1902 | 1981) Il fut pendant plus de dix ans un grand réalisateur, et ce ne fut pas par erreur qu'après la guerre Roger Leenhardt s'écria : « A bas Ford, Vive Wyler », tandis qu'André Bazin consacrait à son style de longues et pénétrantes analyses. Appelé à Hollywood auprès de son oncle Carl Laemmle, il y débuta par d'humbles besognes, et par des films série B, au début du parlant. Il a appris son métier avec lenteur et patience. Dans sa meilleure époque, il fut avant tout un adaptateur qui dut beaucoup à l'auteur dramatique Lilian Hellman : *Ils étaient trois, Rue sans issue, la Vipère.* Ainsi se trouvait-il donner un assez ample tableau critique des États-Unis, où l'on peut inscrire *le Vandale, Dodsworth* à l'ingénieux scénario, *l'Insoumise* et *le Cavalier du désert,* solide western. *Les Plus Belles Années de notre vie,* non exemptes de conventions commerciales, donnèrent un très sincère panorama de la « reconversion », avec le retour des soldats dans leurs foyers, leur inadaptation, leur inquiétude. Alors que ce film était couvert d'Oscars, la chasse aux sorcières se déchaîna. « Désormais, je ne pourrais plus faire *les Plus Belles Années de notre vie* », déclara alors le réalisateur, qui se tourna vers des adaptations académiques comme *l'Héritière,* ou *Carrie,* déjà précédée par *les Hauts de Hurlevent.* Il remporta un vif succès, dans un genre pour lui imprévu, avec *Vacances romaines,* montra une Amérique recluse et inquiète dans *Histoire de détectives* ou *la Maison des otages.* L'Amérique l'avait installé au pinacle et l'y laissait, affirmant : « Il n'a jamais fait un mauvais film. » *Ben Hur* ou *la Loi du Seigneur* prouvèrent le contraire. Il devait pourtant montrer avec *l'Obsédé* qu'il n'avait pas perdu toutes ses qualités.
RÉ : 1927-1928 *Lazy Lightning, Hard Fists, Thunder Riders, Desert Dust, Border Cavalier, Stolen Ranch.* 1929 *The Lone Trap, Anybody seen Kelly ?, The Shake Down, Hell's Heroes.* 1930 *The Storm.* - EN FR : 1931 *Papa sans le savoir.* 1932 *A House divided, The Old Dark House, Tom Brown of Culver.* 1933 *Counsellor at Law, Her First Mate.* 1934 *Glamour.* 1935 *The Gay Deception, The Good Fairy.* 1936 *These Three (Ils étaient trois), Come and get it (le*

William Wyler

« Vacances romaines »

Vandale), Dodsworth. 1937 *Dead End (Rue sans issue).* 1938 *Jezebel (l'Insoumise).* 1939 *Wuthering Heights (les Hauts de Hurlevent).* 1940 *The Westerner (le Cavalier du désert),* PH Gregg Toland, INT Gary Cooper ; *la Lettre, from* Somerset Maugham, INT Bette Davis. 1941 *Little Foxes (la Vipère).* 1942 *Mrs Minniver,* INT Greer Garson, Walter Pidgeon, Theresa Wright. 1944 *Memphis Belle, Thunderbolt* CM DOC. 1946 *The Best Years of our Lives (les Plus Belles Années de notre vie).* 1949 *The Heiress (l'Héritière), from* Henry James, INT Olivia de Havilland, Montgomery Clift. 1951 *Detective Story,* INT Kirk Douglas, Eleanor Parker. 1952 *Carrie.* 1953 *Roman Holiday (Vacances romaines).* 1955 *The Desperate Hours (la Maison des otages),* INT Humphrey Bogart, Fredric March. 1956 *Friendly Persuasion (la Loi du Seigneur),* INT Gary Cooper, Anthony Perkins, Dorothy McGuire. 1958 *The Big Country (les Grands Espaces).* 1959 *Ben Hur.* 1962 *The Children's Hour (la Rumeur).* 1965 *l'Obsédé (The Collector).* 1966 *Comment voler un million de dollars.* 1968 *Funny Girl.* 1970 *On n'achète pas le silence.*

XIE JIN RÉ CHINE (Shaoxing, 1923 |) A coup sûr le plus grand des réalisateurs chinois vivants, qui, en trente ans et dix-sept films, tous superbes d'amour du cinéma et des personnages dont il parle, a traversé tous les bouleversements de l'histoire chinoise, offrant le meilleur de son art à ses personnages féminins, basketteuses, partisanes ou actrices, écrivant pour elles des mélodrames frémissants de sensualité, guettant à la caméra le geste de leur métier, de leur passion qui les révèlera, au-delà du dialogue, au-delà de l'histoire. À une question (« Positif » n° 289) sur le choix de ses actrices, il a répondu : « Rodin a dit : "une personnalité affirmée, c'est ça le beau." » Et sur son art lui même, son écriture qui semble couler de source, le cinéaste, qui se réclame de Mikhaïl Romm le Soviétique, Mervin Le Roy l'Américain et Cai Chusheng le Chinois a dit (« Cahiers du Cinéma » n° 344) à Marco Muller : « Tu ne dois pas sentir le metteur en scène derrière chaque plan. Si tu perçois son intervention derrière tel travelling, ou derrière tel changement de plan, ça veut dire que le metteur en scène ne vaut pas grand-chose. Il faut faire le maximum pour que le découpage ne soit pas trop perceptible pour celui qui voit le film à l'écran. Je pense qu'il s'agit là d'une des clefs de l'esthétique chi-

Xie Jin

Xie Jin, « Sœurs de scène ».

noise : prenons les poésies de Li Bai, en les lisant, tu ne perçois pas les combinaisons, le dosage qui les sous-tendent. Ça, pour nous Chinois, c'est la réussite suprême. »
RÉ : 1954 *Une crise* CO-RÉ Lin Nong, *Rencontre sur le pont des orchidées,* MM. 1955 *Printemps au pays des eaux.* 1957 *la Basketteuse n° 5.* 1958 *Petits Patrons du grand bond* (1er épisode), *Petites Histoires d'une grande tempête* (un épisode), *Huang Baomei.* 1960 *le Détachement féminin rouge.* 1962 *le Grand Li, le Petit Li et le Vieux Li.* 1965 *Sœurs de scène.* 1972 *le Port* CO-RÉ Xie Tieli. 1975 *Pousses de printemps, la Baie des récifs.* 1977 *Jeunesse.* 1980 *O Berceau.* 1981 *le Conte extraordinaire du mont Tianynn.* 1982 *le Gardien de chevaux.* 1983 *Kiu Jin.* 1984 *Shanjiao de Huahuan.* 1986 *Furong Zhen.*

YAMAMOTO Satsuo RÉ JAP (15 juil. 1910 | 1974) Un des meilleurs réalisateurs indépendants japonais. On lui doit notamment deux films très engagés : *Quartier sans soleil* et *Vacuum Zone,* l'un et l'autre remarquablement mis en scène dans un style violent et personnel. Et, pour se dérouler au temps des samouraïs, *Tempête sur les monts Hakone* n'en traile pas moins un sujet paysan très actuel.
D'abord ACT.
RÉ : 1935 *la Symphonie pastorale, from* Gide. 1943 *Vent chaud (Neppu).* 1947 *Guerre et Paix (Senso to Heiwa)* CO-RÉ Fumio Kamei. 1951 *Ville de violence (Boryoku).* 1952 *Tempête sur les monts Hakone (Hakone Fuun Roku), Vacuum Zone (Shinku Chitai).* 1953 *Quartier sans soleil.* 1955 *la Fin du soleil levant (Ho no Hate), Journal d'une mauvaise herbe.* 1957 *le Quiproquo du typhon (Taifu Sodoki).* 1958 *Son manteau rouge.* 1961 *Une vie de combat.* Ce dernier film est la biographie d'un révolutionnaire, Nanne Yamamoto, mort vers 1936. Il ne faut pas plus le confondre avec le réalisateur que son autre homonyme Kajiro Yamamoto, réalisateur spécialiste pendant la guerre (et après) de films militaristes. 1962 *les Filles qui embrassent les mamelles (Chibusao idaku musume tachi), Shinobi no momo.* 1963 *l'Eau rouge (Akai mizu), Zoku shinobi no mono.* 1964 *Kizu darake no sanga (le Paysage déshonoré).* 1966 *Point de congélation.* 1967 *le Renfort du sabreur aveugle (Zato ichi Royaburi).* 1968 *le Pont de l'enfer (Botan doru).*

Satsuo Yamamoto.

YAMANAKA Sadao RÉ JAP (Tokyo 1907 | Chine 1938) Le spécialiste des films historiques, mort à la guerre au même âge que Jean Vigo, il fut l'un des plus grands cinéastes de l'avant-guerre par son style, sa sensibilité, sa fantaisie, et fut un peu pour les années 1930 un « René Clair japonais ». Il a laissé un chef-d'œuvre au moins : *Ballade des ballons de papier.* RÉ : 1932 *Dormir avec un long sabre, la Vie de Bangoku.* 1934 *l'Élégant sabreur (Furyo Katsujinken).* 1935 *le Villageois tatoué (Machi no Irezumi Mono).* 1936 *Ishimatsu de la forêt.* 1937 *Ballade des ballons de papier (Ninjo Kamifusen).*

YILMAZ Atif RÉ TUR (Mersin, 1925 |) Quand on lui demande combien de films il a réalisés, il dit : « Plus d'une centaine », mais en a perdu - et jamais tenu - le compte exact. Ce réalisateur abondant est pourtant loin d'être négligeable. S'il a abordé tous les genres,

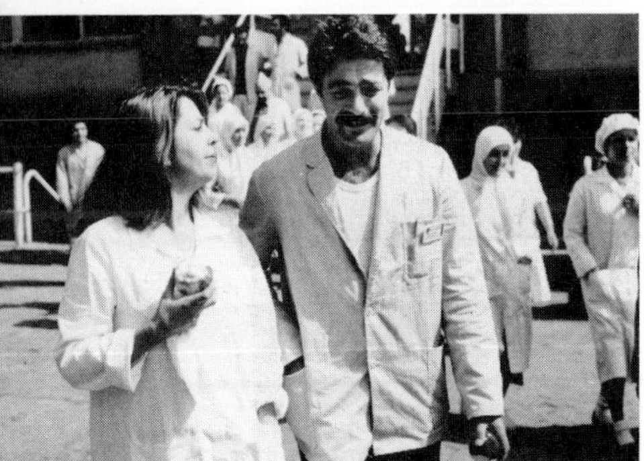

Atif Yilmaz, « Une goutte d'amour ».

mélodrames, « thrillers », comédie, adaptation d'œuvres littéraires, ses films ont une connotation sociale toujours marquée et un rythme bien tenu. C'est dans la peinture de milieux urbains, avec ses portraits d'anciens paysans venus travailler à la ville, qu'il a connu ses meilleures réussites, et il a souvent donné de très justes et sensibles portraits de femmes.
RÉ (principaux films) : 1951 *Un tombeau en pierre.* 1957 *le Rêve de la mariée.* 1966 *le Sang de la terre, Ah, belle Istanbul.* 1974 *la Seconde Femme.* 1979 *le Sacrifice.* 1982 *Miné.* 1984 *Une goutte d'amour.* 1985 *Son nom est Vasfiyé.* 1986 *Ah, Belinda.* 1987 *Mes chimères, mon amour et toi.*

YORDAN Philip SC US (Chicago 1912 |) Scénariste américain heureux et recherché, qui a déclaré : « Je suis contre tout ce qui dénature la liberté : la guerre, la violence, le maccarthysme, contre toutes les formes de gouvernement. Mais je ne suis pas un anarchiste. Je crois en Dieu et je vis en millionnaire. » Charitable, il a accepté de prêter son nom à certains de ses confrères empêchés de signer leurs travaux.
RÉ Anthony Mann : 1949 *le Livre noir.* 1955 *l'Homme de la plaine.* 1957 *Cote 465.* 1958 *le Petit Arpent du Bon Dieu.* 1960 *le Cid.* RÉ Wyler : 1951 *Detective Story.* 1958 *les Grands Espaces.* RÉ Nicholas Ray : 1954 *Johnny Guitar.* 1961 *le Roi des rois.*

YOSHIDA Kiju RÉ JAP (1933 |) Venu au cinéma (cinq ans d'assistanat à la compagnie Shochiku) après des études de littérature française, très influencé par le cinéma d'Antonioni et de Resnais, il est connu en France pour *Eros + Massacre,* étrange fable double sur un couple qui se déchire aux jeux de l'amour, et sur la mort d'un anarchiste.
RÉ (principaux films) : 1963 *Dix-huit jeunes gens marchent vers l'orage.* 1965 *Histoire écrite par l'eau.* 1967 *Flamme ardente.* 1968 *Adieu, lumière d'été.* 1969 *Eros + Massacre.* 1970 *Purgatoire, Eroïca.* 1971 *Aveux, Théories, Actrices.* 1973 *Coup d'État.* De 1973 à 1985, séries sur l'art pour la TV. 1979 *Histoire du numéro un de base-ball, Sodahari Ooh* DOC. 1985 *Promesse.* 1988 *Onimazu* (transposition, dans le Japon médiéval des « Hauts de Hurlevent », d'Emily Brontë).

YOSHIMURA Kosaburo RÉ JAP (9 sep. 1911 |) Suivant Donald Richie, il est l'un des meilleurs cinéastes japonais, parfois considéré comme un successeur de Mizoguchi, dont il termina *la Légende d'Osaka*, 1955. Il traita les sujets historiques : *le Roman du Gengi*, mais aussi les thèmes contemporains. Il a le goût d'une forme brillante. Durant sa meilleure période, 1946-1954, il eut comme collaborateur habituel le scénariste Kaneto Shindo, plus tard réalisateur de *l'Ile nue.*
RÉ 1960 *Jokyo, Onna no saka.* 1961 *l'Age de se marier (Konki), Décoration pour femme (Onna no kunsho).* 1962 *Circonstances de famille (Katei no jijo), Je n'oublie jamais cette nuit-là (Sono yo wa wasurenai).* 1963 *Mensonge (Uso),* dont le 3e sktech, *la Poupée de bambou d'Echizen (Echizen take ningyo).* 1966 *Au cœur des montagnes (Kokoro no sammyaku).* 1967 *Une femme corrompue (Daraku suru onna).* 1968 *la Maison des vierges endormies (Nemureri Bijo).* 1968 *Chaude Nuit (Atsui Yoru).*

YOUDINE Constantin RÉ URSS (Moscou 1896 | Moscou 20 mars 1957) Doué pour les films d'aventures, comme il le démontra dans *les Audacieux* (1950).

YOUTKEVITCH Serge RÉ URSS (Saint-Pétersbourg 15 sept. 1904 | 1985) Un des meilleurs réalisateurs de la première génération soviétique. Ayant débuté très jeune comme décorateur, metteur en scène de théâtre, fondateur de la Fabrique de l'acteur excentrique (FEKS) et animateur de divers groupes d'avant-garde, il ne réalisa ses deux premières mises en scène qu'à la fin du muet, et ce fut au début du parlant qu'il épanouit son talent. « En grande majorité, a-t-il dit, mes films ont été basés sur des sujets contemporains, à commencer par le premier, *les Dentelles. Montagnes d'or* montrait surtout le changement d'une psychologie, celle du paysan, du petit propriétaire arrivant à l'usine. Nous craignions à juste titre la dangereuse mentalité de ceux qui arri-

Serge Youtkevitch.

vent de leur village avec un esprit petit-bourgeois. *Contre-Plan*, *Ceux de la mine*, *l'Homme au fusil* étaient aussi des films contemporains. Le dernier était non conformiste, pour montrer Lénine non d'une façon épique, mais intime et même avec humour. » On retrouve toujours dans ses œuvres de la période 1928-1941 un type d'homme qui, par des vues diverses, parvenait à prendre sa place dans la société, devenait un novateur et un révolutionnaire : tels le contremaître de *Contre-Plan*, le soldat de *l'Homme au fusil*, les hommes transformés par l'influence et l'exemple de *Jacob Sverdlov*. Il chercha à montrer ses personnages de l'intérieur plutôt que par des figurations monumentales et héroïques, les caractères se révélant par des événements en apparence ordinaires, et non pas par des actes aux accents tonitruants. Tous ses films portaient enfin la marque de l'avant-garde et de ses recherches du FEKS, qui le conduisaient par exemple à combiner le comique et le tragique, ou à recourir au burlesque comme dans *les Nouvelles Aventures du brave soldat Chveïk*. En 1945, *la France libérée* fut un chant d'amour dédié à un pays qu'il aime et connaît bien. Pendant la mauvaise période de 1946-1953, il dut rester silencieux ou accepter des commandes comme son *Skander Beg*. Il put ensuite réaliser un ancien projet, l'adaptation d'*Othello*. Il devait, après *Trois récits sur Lénine* et *les Bains*, adaptation satirique de Maïakovski, atteindre une de ses meilleures réussites avec *Lénine en Pologne*.
Fondateur en 1920 à Pétrograd du FEKS avec Kozintsev et Trauberg. DÉC de TH avec S.M. Eisenstein, ASS de Romm pour *Trois dans un sous-sol*.
RÉ : 1928 *les Dentelles*. 1929 *la Voile noire*. 1931 *Montagnes d'or*. 1932 *Contre-Plan* CO-RÉ Ermler. 1934 *Ankara, cœur de la Turquie* DOC, CO-RÉ Arnstam. 1936 *Ceux de la mine (Chakhtiery)*, PH Martov, SC Kapler, MUS Goltz, INT B. Poslavsky, Y. Toloubejev, V. Loukine, N. Roussinova. 1938 *l'Homme au fusil*. 1940 *Jacob Sverdlov*. 1942 *Dans la vieille et bonne Prague*. 1943 *les Nouvelles Aventures du brave soldat Chveïk*. 1945 *la France libérée* LM DOC. 1946 *Salut, Moscou, la Parade des sports* DOC. 1952 *Prjevalsky*, SC Spechner, V. Schweitzer, PH Andrikanis, F. Firsov, INT S. Papov, V. Larionov, B. Tenine, G. Slaviansk. - EN ALB : 1954 *Skander Beg (Veliky Voin Albany Skander Beg)* SC Papaya, PH Andri Kanis et Chpinel, INT Khorava, Besa Imani, Adivié Alibali. 1956 *Othello*. 1958 *Récits sur Lénine* SC Volpine, Erdman, Gabrilovitch, PH Moskvine, Andrekanis, Akhmetova, Fastovitch, INT Strauch, Pastoukova, Lissianskaia, Efremov. 1960 *Rencontre avec la France* DOC sur le voyage de Khrouchtchev à Paris. 1962 *les Bains* ANIM. 1966 *Lénine en Pologne*. 1967 *Sur le plan humain*. 1969 *Un amour de Tchekhov*. 1972 *Maïakovski rit*.

YUAN Muzhi RÉ CHINE (1909 | 1978) Il dirigea en 1936, à Shanghai, un excellent film néo-réaliste, avant la lettre : *les Anges du boulevard*. Nommé directeur du Bureau du cinéma en mars 1949, il cessera toute activité en ce domaine en 1954.

ZAKHARIEV Edouard RÉ BULG (Moscou 1938 |) Une robuste santé, un ton narquois plus fréquent qu'on ne croit dans le cinéma bulgare des années 70, trop mal connu en France, marquent *le Recensement des lapins de garenne*, satire champêtre de la bureaucratie.
RÉ : 1967 *Si un train n'arrive pas*. 1973 *le Recensement des lapins de garenne*. 1974 *Zone de villas*. 1977 *Aux temps des hommes*. 1979 *Presque une histoire d'amour*. 1983 *Elégie*. 1986 *Ma chérie, mon chéri*.

ZAMPA Luigi RÉ ITAL (Rome 2 janv. 1905 |) Sans être un cinéaste de premier plan, il eut ses bons moments comme *Vivre en paix* (1946) ou *Années difficiles* (1947), qui furent portés par le courant néo-réaliste. On peut citer encore : 1967 *Le dolci signore*. 1970 *Contestation générale*. 1973 *Bisturi, la mafia bianca*. 1977 *Il Mostro*.

ZANUCK Darryl F RÉ PR US (Wahoo 5 sept. 1902 | 22 déc. 1979) On trouve assez peu de films importants dans les quelques 100 ou 150 productions de

1925 à 1962. Mais apparemment, ces films gagnèrent toujours, ou presque, beaucoup d'argent. Notons qu'il soutint certains bons films de John Ford vers 1940, ainsi que les débuts d'Elia Kazan, et qu'il dirigea lui-même la superproduction *le Jour le plus long*. A dirigé la Fox de 1962 à sa mort.

ZANUSSI Krzysztof RÉ POL (Varsovie, 17 juin 1939|) Le plus connu de la nouvelle génération des cinéastes polonais, une œuvre très élaborée d'une froide rigueur. A la sortie d'*Illumination*, il a déclaré : « On dit souvent que mes films sont difficiles. Qu'est-ce que cela veut dire ? Une instruction primaire suffit pour les comprendre. Point n'est besoin d'être versé dans la culture et dans l'art. Le langage que j'emploie n'est pas compliqué, j'évite les métaphores et les symboles qui pourraient n'être compréhensibles que pour les initiés. Ce qui limite mon public, c'est que je pose des questions qui ne sont ni générales ni faciles. Il se peut que je ne sache pas les poser. En tout cas j'espère que les spectateurs, eux, sauront se les poser. » (in « la Pologne », nº 6, 1973) Et c'est bien dans cette direction-là, hautement stimulante, qu'il a développé toute son œuvre.

Krzysztof Zanussi

RÉ : 1969 *Structure de cristal*. 1971 *Une chambre à côté, Vie de famille*. 1973 *Illumination*. 1974 *The Catamoung Killing (Acte de violence)* CO-PR RFA USA. 1975 *Bilan trimestriel*. 1977 *Camouflage*. 1978 *Spirale*. 1979 *les Chemins dans la nuit*. 1980 *la Constante*. 1981 *le Contrat*. 1981 *D'un pays lointain*. 1987 *l'Année du soleil calme*. 1988 *Au-delà du vertige*.

ZARKHI Alexandre RÉ URSS (Saint-Pétersbourg 1908|) Il fut, de 1930 à 1946, le collaborateur habituel de Kheifietz. Réalisateur direct et sensible, ayant le sens de la vie contemporaine et du détail typique. Pour sa filmographie, voir Kheifietz.
RÉ 1952 *Pavlinka*. 1955 *Nesterska*. 1957 *les Hauteurs*. 1962 *Mon frère cadet*. 1964 *Anna Karénine*. 1973 *les Villes et les Ans*. 1976 *Récit sur un acteur inconnu*.

ZAVATTINI Cesare SC ITAL (Luzzara 20 juil. 1902|13 oct. 1989) Longtemps journaliste, il donna dès 1942-1943, avec *Quatre pas dans les nuages* et *les Enfants nous regardent*, deux œuvres importantes au néo-réalisme italien. Sitôt après la guerre, il entreprit avec De Sica un vaste tableau de l'Italie contemporaine avec *Sciuscià, le Voleur de bicyclette, Umberto D.* Dans cette série, il avait employé l'enquête, base ensuite d'une intrigue romancée. Il réclamait des films « utiles à l'homme » pour « s'être aperçu, au milieu des ruines, que le cinéma avait employé trop peu d'images à ouvrir les yeux de nos prochains, à l'aider à comprendre (et à empêcher) de monstrueux événements ». Il appelait de « profonds examens de conscience » (1949). On pensa qu'il voulait créer une sorte de « néo-réalisme magique » quand parut *Miracle à Milan*. Mais ce film matérialisait un ancien projet. Dès 1949, il avait estimé que le néo-réalisme était un simple début. Il appelait « un jugement universel domestique, sans intervention céleste, d'homme à homme », poursuivant le procès intenté sitôt après la guerre au mensonge. Faute de quoi, le cinéma italien reviendrait à son passé. Il demandait alors « comme acte suprême d'humble confiance dans la réalité, qu'on filme quatre-vingts minutes consécutives de la vie d'un homme ». Et, projetant en 1951 de faire réaliser *Italia Mia* par De Sica, il lui écrivait : « Ce sera un film sans scénario, créé directement au premier contact avec la

Zavattini

réalité enregistrée par notre vue et notre ouïe. Voilà ce que deviendra le néo-réalisme, je pense : les faits sont là, il faut les saisir et les choisir comme ils se présentent ; quelquefois, il faudra mettre en scène, mais toujours en fonction du sujet. » Le projet d'*Italia Mia* n'aboutit ni avec De Sica ni avec Rossellini. Mais le scénariste fut l'âme et l'animateur de *L'Amore in Città*, qui entendait promouvoir, en 1952, une nouvelle vague italienne avec Antonioni, Fellini, Lizzani, Maselli et aussi un « cinéma-vérité » par la reconstitution minutieuse d'événements réels. Le tort de cette tentative fut d'être de plusieurs années en avance sur son temps. Revenu à ses anciennes formules, grandes mises en scène ou téléphones blancs dissimulés sous de pittoresques haillons « néo-réalistes », le cinéma italien connut une grave crise matérielle et artistique. Le scénariste dut pendant quelque années renoncer au cinéma. Plus tard, il dut se contenter de réaliser avec De Sica d'anciens projets ou d'accepter des commandes. Il avait dû laisser à d'autres le soin de matérialiser son programme de 1952 : « Mon idée fixe est de *déromancer* le cinéma ; je voudrais apprendre aux hommes à voir la vie quotidienne avec la même passion qu'ils éprouvent à lire un livre. »

D'abord journaliste, débute comme scénariste avec *Daro un Millione* (RÉ Camerini). Surtout célèbre par les films qu'il écrivit pour Vittorio De Sica : 1941 *Teresa Venerdi*. 1942 *les Enfants nous regardent*. 1944-1946 *la Porte du ciel*. 1946 *Sciuscià*. 1948 *le Voleur de bicyclette*. 1950 *Miracle à Milan*. 1954 *l'Or de Naples*. 1955 *le Toit*. 1960 *la Ciociara*. 1961 *le Jugement dernier*. 1962 *Boccace 70*. 1963 *les Séquestrés d'Altona*. 1964 *Hier, aujourd'hui, demain*.

Il a écrit d'autre part, seul ou avec d'autres, RÉ Blasetti : 1942 *Quatre pas dans les nuages*. 1946 *Un jour dans la vie*. RÉ Clément : 1948 *Au-delà des grilles*. RÉ Luciano Emmer : 1949 *Dimanche d'août*. RÉ De Santis : 1951 *Onze heures sonnaient*. RÉ Visconti : 1951 *Bellissima*. EN YS : RÉ Bulajic : 1960 *la Guerre*.

Il a d'autre part collaboré aux films collectifs : 1953 *L'Amore in Città*, *Nous les femmes*. 1962 *Les femmes accusent*. 1963 *les Mystères de Rome*.

ZECCA Ferdinand RÉ FR (Paris 1864 | Paris 1947) Un des fondateurs du cinéma français, qui contribua beaucoup à la fortune de Pathé par le succès de ses premières mises en scène : *les Victimes de l'alcoolisme*, *Histoire d'un crime*, *la Passion*, *la Baignade impossible*, etc.

Zecca

A la différence de Méliès, qu'il imita moins que ses rivaux anglais, il ne fut pas un artiste mais un commerçant très attentif, de 1901-1908, à la demande des principaux clients de Pathé, les forains. Ce roublard paraît aujourd'hui un naïf, et ses films, pleins de vitalité, ont leur charme.

Venu du caf'conc'. 1898 Pour Gaumont, *les Mésaventures d'une tête de veau* et peut-être *les Dangers de l'alcoolisme*. 1900 Pour Pathé, *le Muet mélodrame*, parlant. 1901 *l'Enfant prodigue*, *les Sept Châteaux du diable*, *Histoire d'un crime*, *le Coucher de la mariée*, *la Conquête de l'air*, *Comment Fabien devint architecte*, *Par le trou de la serrure*, *la Loupe de grand-mère*.

ZEMAN Karel ANIM TS (Moravie nov. 1910 |) A la différence de son ami Trnka, qui poursuivit ses recherches dans la direction d'un ciné-opéra, cet autre grand animateur tchèque n'a cessé de film en film d'expérimenter de nouvelles techniques et de s'orienter vers des genres nouveaux. La série de ses *Prokouk*, poupées de bois aux membres de fil de fer, s'apparentait encore aux films publicitaires de ses débuts, et ce style marquait encore son premier long métrage : *le Roi Lavra*. Déjà, avec *Inspiration*, il avait tenu une gageure : animer des personnages en verre. Dans *le Trésor de l'île aux oiseaux*, il combina dans certaines scènes diverses techniques de l'animation en deux et trois dimensions, puis, dans *les Temps préhistoriques*, les poupées et les acteurs enfants. Le didactisme qui alourdissait ce film ne se retrouva pas dans *Une invention diabolique*, où il combinait les acteurs vivants à l'animation des gravures sur bois illustrant les livres de Jules Verne. Et dans son étonnant *Baron de Crac*, il passa presque à la mise en scène, ces gravures étant surtout des décors.

Zeman, « Une invention diabolique ».

Moins intellectuel que Trnka, il possède beaucoup de verve, un sens de la cocasserie baroque et du gag poétique. Il s'est, dans ses derniers films, à juste titre réclamé de Méliès et il le rejoint parfois dans sa fantaisie ingénue et toujours ingénieuse. Il est, comme le vieux maître, un artisan passionné d'art, réalisant ses inventions non diaboliques avec des trésors de patience plutôt qu'avec des grands moyens.
L'égal de Trnka, il est un de ceux qui ont ouvert le plus de perspectives au 8e art, celui de l'animation.
RÉ : D'abord films publicitaires pour les usines Bata à Zlim. 1946 *Rêve de Noël,* CO-RÉ Borivoj Zeman, MUS Jiri Sust ; *le Fer à cheval porte-bonheur,* MUS Julius Kalas. 1947 *Monsieur Prokouk bureaucrate,* MUS Zdenek Liska ; *les Tentations de Monsieur Prokouk,* MUS Liska ; *Monsieur Prokouk en brigade,* MUS Liska. 1948 *Monsieur Prokouk cinéaste,* MUS Liska ; *Monsieur Prokouk inventeur,* MUS Liska. 1949 *Inspiration,* MUS Liska. 1950 *le Roi Lavra.* 1952 *le Trésor de l'île aux oiseaux.* 1955 *Voyage dans la Préhistoire,* SC Zeman, A. Novotny, PH Vaclav Pazdernick, A. Horak, MUS Burian, INT Vladimir Bejval, Petr Herrman, Zdenek Hustak, Josef Lukas ; *Monsieur Prokouk ami des animaux,* MUS Liska. 1958 *Une invention diabolique.* 1962 *le Baron de Crac.* 1966 *Chronique d'un fou.*

ZGOURIDI RÉ URSS (Saratov 1904 |) Le meilleur spécialiste contemporain des films d'animaux. Son chef-d'œuvre, le dramatique *Sables de mort.* Il s'est essayé à la mise en scène en adaptant *Croc-Blanc* de Jack London.
RÉ : 1942 *Sables de mort.* 1946 *Croc-Blanc.* 1948 *les Trois Petits Castors.* 1951 *Dans les glaces de l'océan.* 1959 *Sur la piste de la jungle.* 1970 *la Montagne noire.*

ZHU SHILIN (1899 | 1967) Le pionnier du néo-réalisme à Hong-Kong. Il donna au moins deux films intéressants : *la Chambre à la cloison de bois* (1952) et *le Festival de mi-automne* (a.t. *la Pendaison de la crémaillère*). Il réalisa à Hong-Kong en 1948 (sorti à Pékin en 1950) *Histoire secrète de la cour des Qing* qui, rapidement retiré de l'affiche et qualifié en 1954 de « film de trahison nationale », fut un des films qui allaient servir de prétexte à la « campagne antidroitière » contre les cinéastes chinois.

ZIDI Claude RÉ FR (Paris, 25 juil. 1934 |) De la folie des « bidasses » au drame psychologique de *Deux,* en passant par la satire bien enlevée des *Ripoux,* de grands pas vers la « reconnaissance sociale », car la reconnaissance populaire - celle du nombre d'entrées - n'a jamais manqué au cinéaste du comique à gros effets qu'il fut. Saura-t-il pour autant mieux nouer ses scénarios, mieux maîtriser ses effets pour faire un cinéma à la hauteur des nouvelles ambitions qu'il affichait dans les « Cahiers du Cinéma », nº 416 : « Si *Deux* marche, on ira un peu plus loin... [s'il] ne marche pas, je réfléchirai à deux fois. Ce n'est pas question d'argent, mais d'audace personnelle : j'aurais l'impression que le public veut me dire de ne pas le faire. Inversement, si ça marche cela m'encouragera à aller plus loin »? Heureux monde où, si les réalisateurs font n'importe quoi, c'est parce que le public n'a aucun talent.
RÉ : 1971 *les Bidasses en folie.* 1972 *les Fous du stade.* 1973 *le Grand Bazar.* 1974 *la Moutarde me monte au nez, les Bidasses s'en vont en guerre.* 1975 *la Course à l'échalote.* 1976 *l'Aile ou la cuisse.* 1977 *l'Animal.* 1978 *la Zizanie, Bête mais discipliné.* 1980 *les Sous-doués.* 1981 *Inspecteur la Bavure.* 1982 *les Sous-doués en vacances.* 1983 *Banzaï.* 1985 *les Ripoux, les Rois du gag.* 1987 *Association de malfaiteurs.* 1988 *Deux.*

ZINNEMANN Fred RÉ US (Vienne 29 avril 1907 |) Il a été un réalisateur américain important au lendemain de la guerre. Après avoir participé à l'avant-garde allemande, il s'établit après Hitler aux États-Unis et appartint à l'école de New York, réalisant plusieurs documentaires et, au Mexique, avec Paul Strand : *les Révoltés d'Alvarado.* Son premier long métrage américain, *la Septième Croix,* est l'adaptation d'un roman antifasciste d'Anna Seghers ; puis il dirigea en Europe *les Anges marqués,* semi-documentaire montrant avec rigueur la détresse des enfants dans les ruines allemandes. Le succès commercial (imprévu) de ce film l'intégra à Hollywood, pour lequel il réalisa *C'étaient des hommes,* film sur les

Fred Zinnemann

paralysés de guerre, qui révéla Marlon Brando, et *Teresa*, qui montrait les quartiers pauvres de New York vus par les yeux d'une jeune Italienne. Puis ce fut le triomphe international du *Train sifflera trois fois*, western utilisant un peu trop les ressorts de la tragédie, mais décrivant par métaphore, le désarroi de certains au plus noir du maccarthysme. *Tant qu'il y aura des hommes*, sujet qui ne fut qu'en apparence « courageux », marqua un net tournant dans son œuvre. Étouffé sous les Oscars, il fut pour la « génération perdue » un homme perdu - un de plus. Le temps d'un consciencieux académisme était venu. Ses erreurs ne légitiment pourtant pas l'indignité dont l'abreuvent certains, qui accablent d'honneurs Kazan ou Billy Wilder.
AU MEX : 1934-1936 *Redes (les Révoltés d'Alvarado)*. 1935-1941 Collaboration à la série *le Crime ne paie pas*, et plusieurs DOC. 1942 *Eyes in the Night (les Yeux dans les ténèbres)*, INT Edward Arnold, Ann Harding. 1944 *The Seventh Cross (la Septième Croix)*, SC *from* R Anna Seghers, PH Karl Freund, INT Spencer Tracy, Signe Hasso. 1948 *The Search (les Anges marqués)*, *Acts of Violence (Acte de violence)*, PH Robert Surtees, MUS Brouislan Kaper, INT Van Heflin, Robert Ryan, Janet Leigh. 1950 *The Men (C'étaient des hommes)*. 1951 *Teresa*. 1952 *High Noon (le Train sifflera trois fois)*. 1953 *From here to Eternity (Tant qu'il y aura des hommes)*. 1955 *Oklahoma*, *from* TH Rodgers et Hammerstein, INT Gordon McRae, Gloria Grahame, Rod Steiger. 1957 *A Hatful of Rain (Une poignée de neige)*, *from* TH Vincente Gazzo, PH Joe Mac Donald, INT Don Murray, Eva Marie Saint. 1959 *The Nun's Story (Au risque de se perdre)*, SC Robert Anderson, *from* R Kathryn C. Hulme, PH Franz Planer, INT Audrey Hepburn, Peter Finch. 1960 *The Sundowners (Horizons sans frontières)*, PH Jack Hildyard, MUS Dimitri Tiomkin, INT Deborah Kerr, Robert Mitchum, Peter Ustinov, Glynis Johns. 1964 *Et Vient le jour de la vengeance (Behold a Pale Horse)*. 1966 *A Man for all seasons*. 1973 *Chacal*. 1978 *Julia*.

ZUKOR Adolph PR US (Hongrie 1873 | 12 juin 1976) Le plus pittoresque peut-être des producteurs américains. Pauvre émigrant, d'abord marchand de peaux de lapin, il ouvre un Nickel Odeon, contrôle bientôt des circuits et, grâce à Sarah Bernhardt - sur celluloïd -, fonde la toute-puissante Paramount qui, depuis 40 ans, domine le cinéma américain, solidement appuyée sur Wall Street.
1903 S'associe à Marcus Loew pour ouvrir une « Penny Arcade » (kermesse). 1905 Ouvre son premier cinéma. 1909 Contrôle avec Loew une chaîne de Nickel Odeons. S'oriente, après le succès de *la Passion*, chez Pathé, 1907, vers les exclusivités. 1912 Achète en Europe *Queen Elisabeth*, INT Sarah Bernhardt, pour 18 000 dollars. Gagne à l'opération plusieurs dizaines de milliers de dollars. 1913 S'associe avec Selznick et fonde la Famous Players sous la devise : « Fameux acteurs dans pièces fameuses ». Engage Mary Pickford et diverses vedettes de la scène et de l'écran. 1914 S'associe à Jesse Lasky pour des films distribués par la Paramount, tout juste fondée par Hodkinson. 1919 Après fusion de la Famous Players-Lasky et de la Paramount, avec l'appui de la banque Morgan, il constitue une puissante chaîne de grandes salles aux US et partout à l'étranger.

ZURLINI Valerio RÉ ITAL (Bologne 1926 | 1982) Avec son sens plastique et sa profonde sensibilité, il est un des espoirs de la nouvelle génération italienne. S'est imposé par *Un été violent* (1959) et *Journal intime (Cronaca familiare)*.
RÉ : 1954 *Le Ragazze di San Frediano*, *from* R Vasco Pratolini. 1959 *Estate violente (Un été violent)*. 1960 *La Ragazza con la Valigia (la Fille à la valise)*. 1962 *Cronaza Familiare (Journal intime)*, *from* RÉCIT Pratolini. 1965 *le Soldatesse (Des filles pour l'armée*. 1967 Sketch de *Vangelo 70*. 1968 *Seduto alla sua destra (Assis à sa droite)*. 1972 *La Prima Notte di quiete (le Professeur)*. 1977 *le Désert des Tartares*, *from* Dino Buzzati.

ZWOBADA André RÉ FR (Paris 3 mars 1910 |) Assistant de Jean Renoir, il réalisa au Maroc un excellent film d'inspiration arabe : *Noces de sable* (1948).

Sternberg, vers 1932, dirigeant un film avec Marlène Dietrich.

BIBLIOGRAPHIE

RÉPERTOIRE DES FILMS PAR PAYS

La date retenue pour un film étant celle de sa « sortie » (première représentation publique), nous avons adopté comme référence les livres ou publications suivantes, qui nous ont aussi servi, dans beaucoup de cas, pour établir le générique des films, et adopté la date qui était la leur.

Établir en 1989 une bibliographie aussi complète que la rêvait – et que la réalisa – Georges Sadoul dans les années 60 demanderait un volume supplémentaire tant l'édition de livres de et sur le cinéma a pris de l'extension en France. Ce volume d'ailleurs existe, c'est *Cinéma pleine page,* coédition Lherminier – Flammarion – BPI – Centre Georges Pompidou, 1985.
Outre la bibliographie établie par Georges Sadoul, et complétée en 1981, nous voulons signaler les grandes collections auxquelles le lecteur pourra se reporter pour des informations plus précises sur un pays ou un cinéaste donnés :

Sur les cinématographies nationales

– la collection « Cinéma/pluriel », dirigée par Jean-Loup Passek et éditée par le Centre Georges Pompidou, a notamment publié de forts ouvrages collectifs sur les cinémas danois, hongrois, allemand (1913-1933), russe et soviétique, portugais, indien, chinois, yougoslave, italien (1905-1945).

– la collection « CinéAction », dirigée par Guy Hennebelle et éditée par les Éditions du Cerf, a publié, au rythme de quatre numéros par an depuis 1979 – parmi d'autres ouvrages thématiques ou sur des auteurs – des études sur les cinémas d'Afrique noire, d'Amérique latine, d'Allemagne, de l'Inde, du Maghreb, du Québec, d'Afrique du Sud, etc.

– Et l'on ne saurait oublier, pour la découverte des cinématographies du monde entier, le rôle joué par les festivals thématiques dont les principaux sont, pour la France : ceux de La Rochelle, de Nantes (Cinémas du tiers-monde), Créteil (Cinéma des femmes), Centre Georges Pompidou à Paris (Cinéma « du réel »), Montpellier et Bastia (Cinéma de la Méditerranée), Amiens, Strasbourg, Quimper.

Signalons, en ce qui concerne le cinéma français, l'irremplaçable – pour sa bénédictine précision – *Filmographie des longs métrages sonores du cinéma français* de Vincent Pinel, publié par la Cinémathèque française.

Les monographies de réalisateurs ou d'acteurs se sont multipliées, de l'édition de poche à l'édition de luxe, et deux éditeurs ont particulièrement contribué à cette floraison : Pierre Lherminier jusqu'en 1987 et Ramsay depuis le début des années 80.

Pour les travaux théoriques et les écrits de cinéastes, la part la plus importante – et la plus riche – a été assurée par les *Cahiers du cinéma.* On consultera les catalogues de ces divers éditeurs.

Enfin, on pourra utilement se référer au *Dictionnaire du cinéma,* publié par la Librairie Larousse sous la direction de Jean-Loup Passek, qui a rassemblé autour de lui une soixantaine de collaborateurs.

Allemagne
PR. A. BAUER, *Deutscher Spielfilm Almanach 1929-1950,* répertoire des films parlants, complété après 1950 par *Die Deutschen Spielfilm.* – Publication annuelle du *Filmblätter.*

Autriche
Verzeichnis Osterreichischer Film 1946-1957, Vienne, 1958.

Argentine
DOMINGO DI NUBILA, *Historia del Cine Argentino*, Buenos Aires, 2 vol., 1959-1961. – Filmographie du cinéma parlant après 1930.

Belgique
J. A. ROBBERECHTS, *De Film in Belgie*, Anvers, 1954.

Brésil
ALEX VIANY, *Introduçao Ao Cinema Brasiliero*, Rio de Janeiro, 1959, index alphabétique des films et des auteurs.

Chine
TCHEN KI WHA, *Histoire du cinéma chinois 1906-1949*, Pékin, 1963, 2 vol. en chinois.

Danemark
50 Aar I Dansk Film, Copenhague, 1958, Film index 1906-1956.

Égypte
GALAL ELCHARKAWY, *Histoire du cinéma dans la RAU* (Égypte), mémoire de l'IDHEC ronéoté 1962, chronologie 1927-1960.
Almanach du cinéma pour le Moyen-Orient publié par Gabriel Pascal (éditions de 1946, 1954, 1956).

Espagne
Annuario del Cine Español 1955-1956, chronologie 1939-1954.

États-Unis
Year Book of Motion Pictures publié par le Film Daily, New York. Édition de 1963 contenant la date de sortie de 30 887 films édités aux US. Cet annuaire publie depuis 1918 la liste alphabétique et le générique des films édités aux US chaque année. Je remercie très vivement mon ami Buisine de m'avoir prêté pour ce travail les *Year Books* des années 1927 à 1935.
International Motion Picture Almanac 1946-1963, Quingley Publication, New York, 18 vol. A la rubrique « Feature Pictures », liste alphabétique des titres des films édités aux US en 1937-1946 (éd. 1946-1947), en 1944-1963 (éd. 1964).

France
G. SADOUL, *le Cinéma français*, Paris, 1962. Chronologie 1905-1962. Complète après 1930, établie d'après l'hebdomadaire *la Cinématographie française.*
Index de la Cinématographie française, contenant le générique de tous les longs métrages édités en France depuis 1946.
RAYMOND CLUZAT, *Catalogue des films français de long métrage 1940-1949*, Luxembourg, Éditions Saint Paul, 1981.
Saison cinématographique, à partir de 1966, un volume par an (parution en octobre) contenant une fiche filmographique et critique sur tous les films édités en France dans l'année (Éditions de la Revue du cinéma, I.S.).
DANIELE HEYMANN, ALAIN LACOMBE, *l'Année du cinéma*, un volume par année de référence, nombreuses illustrations, Calmann-Lévy.

Grande-Bretagne
The British Film and Television Year Book. 8 éditions de 1947 à 1963. Contient un précieux *Who's Who* des auteurs et des acteurs, mais leurs films ne sont pas datés, et cet annuaire ne donne pas la liste des films anglais édités dans l'année.

Grèce
CHRISTOS KYRIACOPOULOS, *le Cinéma grec*, IDHEC, dactylographié, 1956.

Hongrie
Magyar Filmografia 1931-1958. 294 génériques de longs métrages par ordre alphabétique, Budapest, 1959.

Inde
Indian Motion Picture Almanac and Who's Who, Bombay, 1953. – *Indian Film Directory*, Madras, 1957.

Italie
Annuario del Cinema Italiano, 1961. Chronologie de la production italienne, avec génériques, 1930-1961. – CARLO LIZZANI, *Storia del Cinema Italiano 1895-1961*, nouvelle édition, Florence, 1961. En appendice, filmographie de 58 cinéastes italiens.

Japon
Initiation au cinéma japonais, Cinémathèque française, 1963, avec en appendice les 10 meilleurs films japonais année par année, 1926-1956. – *Japanese Films*, édités par Unijapan, 10 vol., 1953-1963.

Mexique
Enciclopedia Cinematografia Mexicana 1897-1955, Mexico, 1956. Filmographie complète de la production sonore 1931-1955.

Pologne
DR. WLADDISLAW JEWSIEWICKI, *Materialy do Dziejow Filmu W. Polsce*, Varsovie, 1952. Filmographie complète 1908-1939.
La Cinématographie polonaise, Varsovie, 1962. Filmographie complète 1947-1962.
POLISH FEATURE FILMS. Catalogue annuel, Varsovie.

Suède
JEAN BÉRANGER, *la Grande Aventure du cinéma suédois*, Paris, 1960. Filmographie des grands réalisateurs suédois.

Suisse
DR. MARTIN, SCHLAPPNER, JACQUES RIAL, *Cinéma suisse*, Zurich, 1958.

Tchécoslovaquie
J. S. KOLAR, M. FRIDA, *Ceskoslovensky Nemy Film 1890-1930*, ronéoté. Prague, 1957. Filmographie de la production muette. – JAROSLAV BROZ, M. FRIDA, *Histoire Ceskoslovenskeho Filmu V Obrazech*, Prague, 1959. Filmographie alphabétique 1898-1930.

URSS
VEN VICHNIEVSKY, *les Films mis en scène de la Russie prérévolutionnaire*, en russe, Moscou, 1945. Chronologie de 2 016 films 1908-1917. – *Films de mise en scène soviétiques*, Sovietskie Khoudojestvennye Filmy, I : 1 124 films muets 1918-1935. II : 2 502 films sonores 1930-1957. Chronologie contenant les mises en scène de longs et courts métrages ainsi que les dessins animés, à l'exclusion de tous documentaires ou assimilés.
Sovexportfilm. Catalogue annuel.

Yougoslavie
Dix ans de cinéma yougoslave 1946-1956, Belgrade, 1956.

ANIMATION

LO DUCA, *le Dessin animé*, Paris, 1948.
R. BENAYOUN, *le Dessin animé depuis Disney*, Paris, 1961.

RÉPERTOIRES INTERNATIONAUX

CLARENCE WINCHESTER, *The World Film Encyclopedia*, Londres, 1933 : Who's Who and 500 Casts of Famous Films 1922-1932.
Winchester Screen Encylopedia, Londres, 1948 : Who's Who and 500 Famous Films, 1915-1947.

OVE BRUSENDORFF, *Filmen*, Copenhague, 1939-1940, 3 vol., I : *Dictionnaire des films*. II : *Dictionnaire des auteurs, acteurs*, etc.
FRANCESCO PASINETTI, CHARLES REINERT, *Film Lexicon*, Milan, 1948.
L. AMMANATI, DI GIAMMATTEO, etc., *Film Lexicon degli Autori*, Rome, 1959-1963.
CHARLES REINERT, *Wir Vom Film*. 1 300 Kurtzbiographien, Fribourg, Bâle, Vienne, 1960.

BIOFILMOGRAPHIES D'AUTEURS

Beaucoup de ces monographies ont retenu pour la date d'un film celle de sa réalisation, non celle de sa « sortie ». Nos dates peuvent donc être différentes des leurs. Mais faute d'autres sources, nous sommes parfois partis de ces biofilmographies et avons donné ainsi une date autre que celle de la « sortie ».

Abréviations utilisées

ÉDITEURS

C.I.C.	Club du Livre du Cinéma
E.C.	Éditions du Cerf
E.U.	Éditions Universitaires
P.P.	Premier Plan (Lyon)
P.S.	Éditions Pierre Seghers
S.S.	Index Sight and Sound (Londres)

REVUES AYANT PUBLIÉ DES BIOFILMOGRAPHIES

C. 58, 59, etc.	Cinéma 58, 59, etc.
C.C.	Ciné Club (1945-1950)
C. d C.	Cahiers du Cinéma
I.S.	Image et Son
M. M.	Midi-Minuit

– *Aldrich :* C.L.C. 1957. – C. d C. 1956.
– *Antonioni :* C. d C. 1960. – P.P. 1960. – Pierre Leprohon, P.S. 1961.
– *Astruc :* Raymond Bellour, P.S. 1963.
– *Autant-Lara :* C.C. 1947.
– *Avery (Tex) :* la Folie du Cartoon, Artefact, 1981.
– *Bardem :* Marcel Oms, P.P. 1962.
– *Becker :* Jean Queval, P.S.
– *Bergman :* F.-D. Guyon, P.P. 1959. – Jean Béranger, « Bergman et ses films », le Terrain vague. – Jacques Siclier, E.U. 1960. – Denis Marion, Gallimard, 1978.
– *Bresson :* Jean Semolué, E.U. 1959. – Michel Estève, P.S. 1962.
– *Browning :* J. Durand, I.S. 1962.
– *Buñuel :* M.M. 1962. – L. Moullet, C.L.C. 1957. – F. Buache, etc., P.P. 1960. – L'Âge d'homme, 1976.
– *Capra :* Richard Griffith, S.S. 1950.
– *Carné :* Jean Queval, S.S. 1949. – Bernard G. Landry, Paris, 1952. – Jean Queval, E.C. 1952.
– *Cavalcanti :* « Filmo E. Realidade », Martins Sao Paulo, 1954. – « Cavalcanti », recueil rédigé par Wolfgang Klaue, Berlin, 1962.
– *Chaplin :* Louis Delluc, « Charlot », 1921. – Théodore Huff, S.S. 1944. – Théodore Huff, C.C. trad. fr. 1953. – Jean Mitry, « Tous ses films », I.S. 1957. – Georges Sadoul, « Vie de Charlot », nouvelle édition, 250 illustrations, Lherminier/Filméditions, 1978. – P. Leprohon, « Chaplin », 4e éd. 1957.
– *Clair :* Glouco Viazzi, « Clair », Milan, 1946. – C.C. 1947. – Jacques Bourgeois, « Clair », Paris, 1949. – Charensol et Régent, « Un maître du cinéma, René Clair », Paris, 1952. – Catherine de La Roche, S.S. 1957. – Gilbert Salachas, C.L.C. 1957. – Jean Mitry, E.U. 1960. – B. Amengual, P.S. 1963.
– *Clément :* J. Siclier, C.L.C. 1958.
– *Clouzot :* Pietro Bianchi, « Clouzot », Parme 1961. – François Chalais, « Clouzot », Paris, 1951.
– *Cocteau :* R. Gilson, P.S., 1964.
– *Cukor :* C. d C. janvier 1961.

– *Curtiz :* Yves Boisset, C. 62.

– *Dassin :* Adelio Ferrero, Parme, 1960. – Truffaut, C. d. C., mai 1956.

– *Delluc :* « Drames de cinéma », Paris, 1923.

– *B. De Mille :* Fernandez Cuenca, « Hommage à B. De Mille », Madrid, 1959.

– *De Sica :* André Bazin, « De Sica », Parme, 1955. – Henri Agel, E.U. 1955.

– *Disney :* Robert D. Field, « The Art of Disney », New York, 1942.

– *Dovjenko :* Jay Leyda, S.S. 1947. – Georges Sadoul, C. d C. 1960. – Youreniev, « Dovjenko », Moscou, 1959.

– *Dreyer :* Ebbe Neergaard, S.S. 1946. – Jean Semolué, E.U. 1962.

– *Duvivier :* F. Cuenca, filmographie ronéotée, Madrid, février 1959.

– *Eisenstein :* Georges Sadoul, C. C. 1948. – Marie Seton, « Eisenstein », Le Seuil 1957. – « Réflexions d'un cinéaste », en fr., Moscou, 1958. – Barthélemy Amengual, P.P. 1962. – Jean Mitry, E.U. 1952. – Léon Moussinac, P.S. 1964. Livres de S.M.E., trad. Jay Leyda, 1957, « Film Sense », New York, 1945 ; « Films Forum », New York, 1949. Traduits en français, Albatros, 1980. Jacques Aumont, « Montage Eisenstein », Albatros, 1979. – Dominique Fernandez, « Eisenstein », Grasset, 1975. – Barthélémy Amengual, l'Âge d'homme, 1981.

– *Epstein :* André Rossi, C. d C. juin 1953. – Gavrak, « Epstein », en polonais, Varsovie, 1963.

– *Ermler :* Georges Sadoul, C. d C. 1960.

– *Fellini :* Geneviève Agel, « les Chemins de Fellini », E.C. 1956. – Renzo Renzi, P.P.1960. – G. Salachas, P.S. 1963.

– *Feuillade :* Lacassin P.S. 1964.

– *Ferreyra :* Cinematica Argentina, Buenos Aires, 1961.

– *Fescourt :* « la Foi et les Montagnes », Paris, 1959.

– *Feyder :* C.C. 1948. – « Dix filmographies de Feyder », Cinémathèque française 1959. – « Feyder ou le Cinéma concret », Bruxelles, 1949. – Jacques Feyder et Françoise Rosay, « le Cinéma, notre métier », Genève, 1944.

– *Figueroa :* Figueroa Mexican Cinematographer, Washington, 1950.

– *Flaherty :* H. S. Weinberg, S.S. 1946. – Mario Gromo, « Flaherty », Parme, 1953. – F. Quintar, « Flaherty », Études cinématographiques 1960.

– *Ford (John) :* W. P. Wootten, S.S. 1948. – Jean Mitry, E.U. 2 vol. 1954. – Jean Roy, « Pour John Ford », E.C. 1976.

– *Franju :* Freddy Buache, etc., P.P. 1959.

– *Gance :* Roger Icart, « Gance », Institut pédagogique national, 1960. – René Jeanne et Ch. Ford, P.S. 1963.

– *Gelabert :* Carlos Fernandez Cuenca, « Gelabert », Madrid, 1957.

– *Godard :* Jean Collet, P.S. 1964.

– *Grémillon :* Pierre Boulanger, Filmographie de Grémillon, Cinémathèque française 1949. – Henri Agel, C.L.C. 1958. – Pierre Kast, P.P. 1960. – « Ricordo di Grémillon », Venise, 1960.

– *Grierson :* « Grierson on Documentary compiled by Forsith Hardy », Londres, 1957.

– *Griffith :* Seymour Stern, S.S. 1944-1947. – Jean Mitry, C.C. 1948.

– *Hawks :* C.d C. 1962.

– *Hitchcock :* Peter Noble, S.S. 1949. – P.P. 1956. – « Hitchcock », Cine Club Nucleo, Buenos Aires, 1960. – Chabrol et Rohmer, E.U. 1958. – François Truffaut, « le Cinéma selon Hitchcock », dernière édition Lherminier/Filméditions, 1980. – Numéro hors série des C. d C., 1980.

– *Huston :* J.-C. Allais, P.P. 1960.

– *Ince :* Jean Mitry, « Un maître du cinéma », Cinémathèque française, 1956.

– *Ivens :* « Muestra Retrospective », Santiago du Chili, 1963. – Salzman et Sadoul, P.S. 1964. – « Ivens », Berlin, 1964. – Robert Grelier, « Ivens », E.F.R. 1965.

– *Jancso :* Yvette Biro, Albatros, 1977.

– *Kast :* C. 60.

– *Kazan :* Michel Ciment, « Kazan par Kazan », Stock, 1973.

– *Kubrick :* Norman Kagan, « le Cinéma de Stanley Kubrick », l'Âge d'homme, 1979. – Michel Ciment, « Kubrick », Calmann-Lévy, 1980.

– *Kurosawa :* Sacha Ezraty, E.U. 1964.

– *Lang :* H. C. Weinberg, S.S. 1945. – C. d C., septembre 1959. – Luc Moullet, P.S. 1963. – F. Courtade, « Lang », le Terrain vague, 1963. – Textes choisis par Alf Eibel, Présence du cinéma, 1964.

– *Lattuada :* M. de Sanctis, Parme, 1961.

– *L'Herbier :* Jaque-Catelain, Paris, 1950.

– *Losey :* Christian Ledieu, P.S. 1963. – Michel Ciment, « le Livre de Losey », Stock, 1979.

– *Lubitsch :* Théodore Huff, S.S. 1947.

– *Lumière :* Bessy et Lo Duca, « Lumière inventeur », Paris, 1947. – G. Sadoul, « Louis Lumière », P.S. 1964.

– *Malle :* H. Chapier, P.S. 1964.

– *Mann :* Luc Moullet, C. d C. 1957.

– *Méliès :* Georges Sadoul, S.S. 1947. – Bessy et Lo Duca, « Méliès mage », 1945 et 1961. – Georges Sadoul, P.S. 1963.

– *Minnelli :* C. 59. – C. d C. 1957.

– *Mizoguchi :* « Rétrospective de Mizoguchi », Venise, 1957. – C. d C. 1959. – Hô Xich-Vê, « Mizoguchi », E.U. 1964.

– *Murnau :* Théodore Huff, S.S. 1948. Lotte H. Eisner, le Terrain vague, Paris, 1964. – Eric Tohmer, « l'Organisation de l'espace dans le Faust de Murnau », UGE – 10/18, 1977.

– *Ophüls :* Claude Beylie, P.S. 1963.

– *Ozu :* Donald Richie, Terre du Blanc, Genève, 1980.

– *Pabst :* S.S. 1948.

– *Pasolini :* Laura Betti, « Pasolini, chronique judiciaire, persécution, exécution, P.S. 1979.

– *Poudovkine :* R. et G. Sadoul, C. d C. 1953. – Protozanov, en russe, Moscou, 1957.

– *Prévert (Jacques) :* Guy Jacob, A. Heinrich, B. Chardère, P.P. 1960.

– *Rank :* Alan Wood, « Mr Rank », Londres, 1952.

– *Ray :* Luc Moullet, C. d C. n° 89.

– *Renoir (Jean) :* C.C. 1948. – J. Davay, C.L.C. 1957. – N° spécial C. d C. 1957. – Armand Cauliez, E.U. 1962. – Bernard Chardère, etc., P.P. 1962. – André Bazin, « Jean Renoir », avant-propos de Jean Renoir, préface de François Truffaut, Champ libre, 1971. – Claude Gauteur, « Renoir ou la double méprise », Éditeurs Français Réunis, 1980.

– *Resnais :* P.P. 1961. – Gabriel Bonhoure, P.S. 1962. – Robert Benayoun, Stock, 1981.

– *Reynaud :* « Reynaud peintre en films », Cinémathèque française, 1946.

– *Rosi :* Jean A. Gili, « Francesco Rosi cinéma et pouvoir », E.C. 1977. – Michel Ciment, « le Dossier Rosi, cinéma et politique », Stock, 1976.

– *Rossellini :* P. Hovald, C.L.C. 1958. – Truffaut, C. d C. 1959. – Massimo Mida, « Rossellini », Parme, 1953. – Mario Verdone, P.S. 1953.

– *Savtchenko :* M. Zak, A. Parfenov, en russe, Moscou, 1959.

– *Sennett :* « King of Comedy », autobiographie, Londres, 1959. – David Turconi, « Sennett », Rome, 1960.

– *Schmidt :* Freddy Buache, « Portrait de David Schmidt en magicien », l'Âge d'homme, 1975.

– *Schoedsack et Cooper :* M.M. 1963.

– *Siodmak :* Hervé Dumont, l'Âge d'homme, 1981.

- *Sjöström :* F. Cuenca, Madrid, 1959. – C. 60. – René Jeanne et Ch. Ford, P.U. 1964.
- *Soffici :* Biofilmo., Buenos Aires, 1951.
- *Sternberg :* Curtis Harrington, S.S. 1949.
- *Storck :* Jean Queval, « Henri Storck ou la traversée du cinéma », Festival national du film belge, 1976, diffusion Filméditions.
- *Stroheim :* Herman C. Weinberg, S.S. 1943. – Pierre Robin, C.C. 1949. – Denis Marion, C.L.C. 1959. – Bob Bergut, « Stroheim », le Terrain vague, 1960. – G.C. Castello, P.P. 1963.
- *Tati :* A.-J. Cauliez, P.S. 1962.
- *Torre-Nilsson :* P.P. 1963.
- *Trnka :* I.S. 1960.
- *Vadim :* Mardore, P.P. 1959. – Fryland, P.S. 1963.
- *Vertov :* « Vertov, Publizist und Poet des Dokumentar Film », Berlin, 1960. – Abramov, « Vertov », Moscou 1962. – Georges Sadoul, C. d C. 1963. – Georges Sadoul, C. d C. 1963. – Georges Sadoul, « Dziga Vertov », préface de Jean Rouch, Champ libre, 1971.
- *Vidor :* C. d C. 1960. – « A Tree is a Tree », autobiographie, 1954.
- *Vigo :* C.C. 1948. – Sales Gomès, « Vigo », Le Seuil 1957. – Hommage à Vigo, Cinémathèque suisse 1962.
- *Visconti :* G.C. Castello, P.P. 1961.
- *Wajda :* Adelin Trinon, P.S. 1964.
- *Walsh :* C. d C. 1962.
- *Welles :* Peter Fowler, « Welles, a Forst Biography », 1946. – Georges Sadoul, C.C. 1948. – Cocteau et Bazin, « Welles », Chavanes 1950. – Peter Noble, « Welles le magnifique », trad. fr. 1957. – J.-C. Allais, P.P. 1961. – Maurice Bessy, P.S. 1963. – « Welles », Études cinématographiques 1963. – André Bazin, « Orson Welles », E.C. 1972.
- *Wilder :* C. d C. 1961.
- *Youtkevitch :* Luda et Jean Schnitzler, « Serge Youtkevitch ou la permanence de l'avant-garde », l'Âge d'homme, 1976.
- *Zeman :* L. Koslovinsky, film tchécoslovaque 1960.

Signalons enfin les nombreuses études sur des cinéastes parues dans les Dossiers du cinéma, 3 volumes parus en 1981 sous la direction de Jean-Louis Bory et Claude Michel Cluny chez Casterman. », « L'Anthologie du cinéma », 10 volumes parus de 1964 à 1981 à L'Avant-Scène, et « Études cinématographiques », aux Lettres Modernes/Minard.

HISTOIRE DES CINÉMAS NATIONAUX

N.B. Voir également la rubrique « Répertoire des films par pays ».

Allemagne

OSKAR KALBUS, *Von werden Deutscher Filmkunst*, 2 vol., Berlin, 1935-1937.
SIEGFRIED KRACAUER, *From Caligari to Hitler*, New York, 1947.
LOTTE EISNER, *L'Écran démoniaque,* Paris, 1952.
RAYMOND BORDE, FREDDY BUACHE, FRANCIS COURATDE, *le Cinéma réaliste allemand*, Serdoc, 1965.
JEAN-LOUP PASSEK, *20 ans de cinéma allemand, 1913-1933,* Centre Pompidou, 1978, diffusion Flammarion.

Afrique

BATAILLE, VEILLOT, *Caméras sous le soleil,* Alger, 1956.
CLAUDE-MICHEL CLUNY, *Dictionnaire des nouveaux cinémas arabes*, Sinbad, 1978.
GUY HENNEBELLE, CATHERINE RUELLE, *Cinéastes d'Afrique Noire*, l'Afrique littéraire et artistique, 1972.

PAULIN SOUMANOU VIEYRA, *le Cinéma africain des origines à 1973*, Présence Africaine, 1975. Collectif, *Cinémas du Maghreb*, Cinémaction n° 14, 1980.

Argentine
CONSELO, *La Epoca Muda del Cine Argentino*, Buenos Aires, 1958.

Brésil
F. SILVA NOBRE, *Pequeña Historia do Cinema Brasiliero*. Collectif *le Cinema Novo brésilien*, études cinématographiques n° 93-96, Minard, 1972.

Bulgarie
ALBERT CERVONI, *les Écrans de Sofia*, Lherminier/Filméditions, 1976.

Canada
Film Weekly Year Book of the Canadian Motion Picture, Toronto, 1951.
LÉO BONNEVALLE, *le Cinéma québécois par ceux qui le font*, Paulines et Ade, Montréal, 1979.
PIERRE VERONNEAU, *les Cinémas canadiens*, Lherminier/Filméditions, 1978.

Chine
UGO CASIRAGHI, *Il Cinema Cinese Questo Sconosciuto*, Turin, 1960.
RÉGIS BERGERON, *le Cinéma chinois*, tome I, 1905-1949, Alfred Eibel, 1977.

Danemark
JEAN-LOUP PASSEK, *le Cinéma danois*, Centre Pompidou, 1979, diffusion Flammarion.

Espagne
J. GARCIA ESCUDERO, *La Historia en cien Palabras del Cine Español*, Salamanque, 1954.

États-Unis
J.-P. COURSODON, YVES BOISSET, *Vingt ans de cinéma américain*, Paris, 1961.
ROBERT FLOREY, *Filmland*, Paris, 1923. – *Hollywood hier et aujourd'hui*, Paris, 1948.
RICHARD GRIFFITH, ARTHUR MAYER, *The Movies*, New York, *1957*.
LEWIS JACOB, *The Rise of American Film*, New York, 1939.
DEEMS TAYLOR, *A Picturial History of the Movies*, New York, 1943.
FREDDY BUACHE, *le Cinéma américain 1955-1970*, l'Âge d'homme, 1974.
JEAN DOMARCHI, OLIVIER EYQUEM, *Actualité du cinéma américain*, Lherminier/Filméditions, 1979.
Collectif-Situation du cinéma américain I et II, C. d C., 1955 et 1963-1964, réédition 1979.
Collectif-Hollywood, Les Cahiers de la Cinémathèque n° 20, 1976.
KEVIN BRONLOW, *Hollywood, les pionniers*, Calmann-Lévy, 1980.
RAYMOND BELLOUR, *le Cinéma américain, analyse de films*, 2 vol., Flammarion, 1981.

France
PIERRE LEPROHON, *Cinquante ans de cinéma français*, Paris, 1957.
Présences contemporaines, *Cinéma*, Paris, 1957, biofilmo. de 25 réalisateurs.
ROGER RÉGENT, *Cinéma de France 1940-1945*, Paris, 1949.
GOERGES SADOUL, *le Cinéma français 1895-1962*, Paris, 1962.
JEAN-PIERRE JEANCOLAS, *le Cinéma des Français 1958-1978*, Stock, 1979.
PAUL LEGLISE, *Histoire de la politique du cinéma français*, 2 tomes, Lherminier/Filméditions, 1976.
GEORGES SADOUL, *Chroniques du cinéma français, Ecrits I*, choix et notes de Bernard Eisenschitz, UGE-10/18, 1979.
JACQUES SICLIER, *la France de Pétain et son cinéma*, Henry Veyrier, 1981.
Collectif, *Situation du cinéma français*, C. d C. n° 323-324 et n° 335, 1981.

Grande-Bretagne
M. BALCON, LINDGREN, F. HARDY, R. MANWELL, *20 Years of British Film 1925-1945*, Londres, 1946.

RACHALL LOW, *History of the British Film 1896-1919*, 3 vol., Londres, 1948-1951.
RAYMOND LEFEVRE, ROLAND LACOMBE, *Trente ans de cinéma britannique*, Cinéma 76, 1976.
OLIVIER BARROT, *l'Angleterre et son cinéma, le courant documentaire 1927-1966*, Lherminier/Filméditions, 1977.

Hongrie
Collectif, *le Cinéma hongrois*, Centre Georges Pompidou, 1979, diffusion Flammarion.

Inde
MME PANNA SHAH, *The Indian Film*, Bombay, 1951.
PHILIPPE PARRAIN, *Regards sur le cinéma indien*, E.C. 1969.

Italie
MARIO PROLO, *Storia del Cinema Muto Italiano 1904-1915*, Milan, 1951.
FREDDY BUACHE, *le Cinéma italien 1945-1979*, l'Âge d'homme, 1979.
JEAN A. GILLI, *le Cinéma italien*, UGE-10/18, 1979.

Japon
M. GUIGLIARIS, SHENOBU, *le Cinéma japonais 1896-1955*, Paris, 1956.
J. L. ANDERSON, DONALD RICHIE, *The Japanese Film*, Tokyo, 1959.
NOËL BURCH, *To the Distant Observer*, Scolar, Londres, 1979.
MAX TESSIER, *Images du cinéma japonais*, Henry Veyrier, 1981.
Collectif, *le Cinéma japonais au présent*, Lherminier/Filméditions, 1980.

Mexique
E. GARCIA RIERA, *El Cine Mexicano*, Mexico, 1963.

Suisse
FREDDY BUACHE, *le Cinéma suisse*, l'Âge d'homme, 1978.

Tchécoslovaquie
MARIE-MAGDELEINE BRUMAGNE, *Jeune Cinéma tchécoslovaque*, Serdoc, 1969.

URSS
MOUSSINAC, *le Cinéma soviétique*, Paris, 1928.
N. LEBEDEV, *Esquisse d'une histoire du cinéma en URSS 1917-1930*, en russe, Moscou, 1947.
JAY LEYDA, *Kino*, Londres, 1960. Édition française, l'Âge d'homme, 1976.
FROELICH, YOURENEEV, POGOGEVA, LEBEDEV, *Esquisse d'une histoire du cinéma soviétique*, 3 volumes en russe, Moscou, 1956-1960.
LUDA et JEAN SCHNITZER, MARCEL MARTIN, *le Cinéma soviétique par ceux qui l'ont fait*, Éditeurs Français Réunis, 1966.
LUDA et JEAN SCHNITZER, *Histoire du cinéma soviétique*, Pygmalion, 1979.

HISTOIRE DU CINÉMA INTERNATIONAL

En français
BARDÈCHE ET BRASILLACH, *Histoire du cinéma*, Paris, 1935, 1943, 1948, 1953, 1964-1965.
GEORGES CHARENSOL, *Panorama du cinéma*, Paris, 1930.
M. COISSAC, *Histoire du cinématographe*, 1925.
LOUIS DELLUC, *Cinéma et Cie*, Paris, 1919.
PHILIPPE ESNAULT, *Chronologie du cinéma mondial 1895-1960*, Paris, 1962. Dates de réalisation des films, non des « sorties ».
RENÉ JEANNE, CHARLES FORD, *Histoire encyclopédique du cinéma*, 6 vol., 1947-1962.
MARCEL LAPIERRE, *les Cent visages du cinéma*, Paris, 1948.
PIERRE LEPROHON, *Histoire du cinéma*, 2 vol. Paris, 1961-1963.
LO DUCA, *Histoire du cinéma*, Paris, 1942.

LÉON MOUSSINAC, *Naissance du cinéma*, Paris, 1924. – *Panoramique du cinéma*, Paris, 1929.
GEORGES SADOUL, *Histoire de l'art du cinéma des origines à nos jours*, 1948-1963. – *Histoire générale du cinéma*, 6 vol. dernière édition 1975.
CARL VINCENT, *Histoire de l'art cinématographique*, Bruxelles, 1939.
JEAN MITRY, Histoire du cinéma muet, 3 volumes, J.-P. Delarge, 1967-1970. – *Le Cinéma des origines*. – Filmographie universelle, 16 volumes, IDHEC, 1981.
ROGER BOUSSINOT, *Encyclopédie du cinéma*, 2 volumes, 1980.

En allemand
GUNTHER PETER, *Straschk Handbuch Wider das kino*, 1978.

En anglais
PAUL ROTHA, RICHARD GRIFFITH, *The film till now*, Londres, 1949.

En espagnol
FERNANDEZ CUENCA, *Historia del cine*, 5 vol., Madrid, 1945.
ANGEL ZUNICA, *Une Historia del cine*, Barcelone, 1945.

En italien
FRANCESCO PRASINETTI, *Storia del cinema, Rome*, 1939. – *Mezzo Secolo del cinema*, Milan, 1946.

OUVRAGES DE CINÉASTES

WOODY ALLEN, Opus I et 2, *Dieu, Shakespeare et moi*, Solar, 1979.

NESTOR ALMENDROS, *Un homme à la caméra*, Les Cinq Continents/Hatier, 1980.

ROBERT BRESSON, *Notes sur le cinématographe*, Gallimard, 1975.

FRANK CAPRA, *Hollywood Story*, Stock, 1976.

MARCEL CARNE, *la Vie à belles dents*, Jean Vuarnet, 1979.

LOUIS DAQUIN, *On ne tait pas ses silences*, Éditeurs Français Réunis, 1979.

MARGUERITE DURAS, XAVIÈRE GAUTHIER, *les Parleuses*, Minuit, 1974.

S.M. EISENSTEIN, *la Non-Indifférente Nature*, UGE-10/18, 1976. – *Mémoires*, UGE-10/18, 1978. – *Le Film, sa forme, son sens*, Christian Bourgois, 1976.

JEAN EPSTEIN, *Écrits sur le cinéma*, P.S. 1975.

JEAN-LUC GODARD, *Cahiers du Cinéma n° 300*, C. d. C. 1979.

MARCEL L'HERBIER, *la Tête qui tourne*, Pierre Belfond, 1979.

NAGISA OSHIMA, *Écrits 1956-1978*, Gallimard, 1980.

PIER PAOLO PASOLINI, *l'Expérience hérétique*, Payot, 1976.

JEAN RENOIR, *Ma vie et mes films*, Flammarion, 1974. – *Écrits 1926-1971*, Pierre Belfond, 1974.

KING VIDOR, *la Grande Parade*, Flammarion, 1981.

RAOUL WALSH, *Un demi-siècle à Hollywood*, Calmann-Lévy, 1976.

ÉTUDES GÉNÉRALES

BELA BALAZS, *l'Esprit du cinéma*, Payot, 1977. – *Le Cinéma, nature et évolution d'un art*, Payot, 1979.

ANDRÉ BAZIN, *le Cinéma de la cruauté*, Flammarion, 1975. – *Qu'est-ce que le cinéma ?*, édition définitive en un volume, E.C. 1975.

RAYMOND BELLOUR, *l'Analyse du film*, Albatros, 1980.

BERTOLT BRECHT, *Sur le cinéma. Sur le réalisme,* L'Arche, 1970.

JEAN MITRY, *Esthétique et psychologie du cinéma,* 2 volumes, J.-P. Delarge, 1964-1965.

IOURI LOTMAN, *Esthétique et sémiotique du cinéma,* traduit du russe, Éditions Sociales, 1977.

CHRISTIAN METZ, *Essais sur la signification au cinéma,* 2 volumes, Klincksieck, 1975-1976.

PIERRE SORBIER, *Sociologie du cinéma,* Aubier-Montaigne, 1977.

Illustrations

Le présent ouvrage a été écrit en 1962/1963 et mis à jour successivement en 1968, 1974, 1975, 1977 et 1981. Son texte a été établi d'après une rédaction préliminaire qui contenait 2 000 articles environ et, pour chaque auteur important, une filmographie complète.

L'auteur remercie ceux qui ont collaboré à la présentation et à la mise au point de ce volume : Mme Nadine Hazé-Crichton qui a établi quatre à cinq cents filmographies de base, Mme Eon Humbert qui a dactylographié les quelque 2 000 articles rédigés par moi, Yvonne Baby, Gaffary, Claude Olivier, qui ont relu le manuscrit et les épreuves pour me signaler de nombreuses inexactitudes ou coquilles. Je dois aussi un grand merci à tous les auteurs dont on trouvera les noms et les ouvrages dans la bibliographie rédigée en 1964 et publiée ci-dessus. Il m'aurait été impossible, sans leurs travaux, de rédiger ce dictionnaire.

L'auteur et les éditeurs expriment leur profonde gratitude à Claude Olivier qui a bien voulu rassembler les documents aimablement prêtés par « les Lettres françaises ».

De plus, les éditeurs sont particulièrement reconnaissants envers Guy Braucourt de la revue « Écran », pour son aide précieuse.

Les autres documents proviennent :

– des collections : Ringart, Georges Sadoul, Georges Sirot, Luce Vigo, Émile Breton.
– des archives Adep, Agip, Alcaine, A.L.P., Argos Films, Artistes associés l'Avant-Scène, Baulard, Cahiers du Cinéma, Camera Press, C.I.C., Corbeau, Desche, Grünberg, Jeanneret, Kermadec, Keystone, Lattès, Taconis/Magnum, Manciet, Chris Marker, Masour, Misrahi, Morin, Muller, Office du film canadien, Parimage/Bailey, Paris, Rodrigue, Ronald, Claude Schwartz, Toussaint, Viollet, Varda. Spadem (298).

Pour cette nouvelle édition de 1989 je tiens à remercier tous ceux, amis, directeurs de cinémathèques ou responsables de festivals qui m'ont communiqué des renseignements ou aidé de leurs conseils, et plus particulièrement Mmes Amala Devi et Marilyne Fellous, ainsi que Bernard Eisenschitz et Farookh Gaffary.

Les *Cahiers du cinéma* pour les photos des pages 15, 35, 45, 57, 63, 76, 85, 100, 122, 128, 133, 139, 149, 150, 164, 168, 211 h, 217, 226, 263, 265, 298, 307, 326, 327, 328. Page 223 photo INA/Deleskiewicz.

ACHEVÉ D'IMPRIMER PAR MAURY-IMPRIMEUR S.A. À MALESHERBES
DÉPÔT LÉGAL FÉVRIER 1990. N° 11516 (J89/28275 D).

collections microcosme
ÉCRIVAINS DE TOUJOURS

1 Hugo
2 Stendhal
3 Montaigne
4 Flaubert
5 Colette
6 Pascal
7 Zola
8 Giraudoux
9 Baudelaire
10 Montesquieu
11 Proust
12 Malraux
13 Diderot
14 Mauriac
15 Saint-Simon
16 Laclos
17 Montherlant
18 Corneille
19 Michelet
20 Apollinaire
21 Bernanos
22 Shakespeare
23 Gorki
24 Anatole France
25 Barrès
26 Marivaux
27 Goethe
28 Voltaire
29 Sartre
30 Tchekhov
31 Romain Rolland
32 Giono
33 Balzac
34 Saint-Exupéry
35 Virginia Woolf
36 Descartes
37 Jules Renard
38 Machiavel
39 Joyce
40 Molière
41 Cocteau
42 Horace
43 Homère
44 Melville
45 Mme de La Fayette
46 Hemingway
47 Virgile
48 Rabelais
49 Edgar Poe
50 Ronsard
51 Beaumarchais
52 Cicéron
53 Rousseau
54 Rimbaud
55 La Fontaine
56 Maïakovski
57 Dostoïevski
58 Teilhard de Chardin
59 Kierkegaard
60 Aristophane
61 Maupassant
62 Gide
63 Claudel
64 Camus
65 Faulkner
66 Pasternak
67 Mallarmé
68 Nerval
69 Vigny
70 Érasme
71 Chateaubriand
72 Verlaine
73 Pouchkine
74 Lautréamont
75 Mme de Sévigné
76 Julien Green
77 Bergson
78 Benjamin Constant
79 Paul Eluard
80 Hegel
81 Kafka
82 Freud
83 Beckett
84 Sophocle
85 Tacite
86 Borgès
87 Rilke
88 Maine de Biran
89 Cervantès
90 Breton
91 Mounier
92 Le Nouveau Roman
93 Les Surréalistes
94 Bachelard
95 Heidegger
96 Barthes
97 Spinoza
98 Fourier
99 Dickens
100 Ronceraille
101 Bataille
102 Schopenhauer
103 Péguy
104 Soljénitsyne
105 Romantiques allemands
106 Racine

LE TEMPS QUI COURT

GROUPES SOCIAUX

7 Les juges
8 Les officiers
22 Les courtisans
31 Les prêtres
41 Les Vendéens de 93

CIVILISATIONS

30 Les Byzantins
33 Les Khmers
42 Les Québécois
43 Les Aztèques

BIOGRAPHIES

15 Lénine
27 La reine Victoria
28 Catherine II
34 Pétain
37 Lincoln

collections microcosme
PETITE PLANÈTE

1 Autriche
2 Suède
3 Italie
4 Pays-Bas
5 Irlande
6 Grèce
7 Allemagne
8 Tunisie
9 Suisse
10 Espagne
11 Turquie
12 Chine
13 Iran
14 Israël
15 Danemark
16 Portugal
17 Tahiti
18 Belgique
19 Inde
20 Brésil
21 Japon
22 Sahara
23 URSS
24 Grande-Bretagne
25 Yougoslavie
26 Finlande
27 Norvège
28 Madagascar
29 Venezuela
30 Égypte
31 Maroc
32 Pologne
33 Australie
34 Mexique
35 Tchécoslovaquie
36 Argentine
37 Canada
38 Kenya/Afrique des Grands Lacs
39 Liban
40 Chypre
41 Haïti
42 Colombie
44 Indonésie
45 Roumanie
46 Hongrie
47 Afghanistan
48 Birmanie
49 Yémen
50 Népal
51 Antilles
52 Thaïlande
53 Pérou
54 Pakistan
55 Mongolie
56 Libye
57 Iles grecques
58 Syrie
59 Soudan
60 Québec
61 Écosse
62 Sénégal
63 Bolivie

PETITE PLANÈTE / VILLES

101 New York
102 Hong Kong
103 Amsterdam
104 Venise
105 Athènes
106 Rome
107 Pékin
108 Naples

SOLFÈGES

1 Couperin
2 Schumann
3 Ravel
4 Schubert
5 Chopin
6 Haydn
7 Honegger
8 Mozart
10 Verdi
11 Tchaïkovski
12 Stravinsky
13 Falla
14 Monteverdi
15 Liszt
16 Prokofiev
17 Wagner
18 Rameau
19 Bach
20 Puccini
21 Moussorgsky
22 Debussy
23 Beethoven
24 Bartok
25 Brahms
26 Mahler
27 Franck
28 Vivaldi
29 Berlioz
30 Schoenberg
31 Richard Strauss
32 Bruckner
33 Fauré
34 Varèse
35 Satie
36 Mendelssohn
37 Messiaen
38 Berg
39 Haendel
40 Bizet

collections microcosme

DICTIONNAIRES

* Ouverture pour une discothèque
1 Dictionnaire de musique
3 Dictionnaire des musiciens
4 Dictionnaire des cinéastes
5 Dictionnaire des films
6 Dictionnaire du ski
7 Dictionnaire de la voile
8 Dictionnaire de la montagne
9 Jazz

MAITRES SPIRITUELS

1 Mahomet et la tradition islamique
2 Saint Augustin et l'augustinisme
4 George Fox et les Quakers
5 Saint Paul et le mystère du Christ
6 Le Bouddha et le bouddhisme
7 Maître Eckhart et la mystique rhénane
8 Moïse et la vocation juive
10 Saint François d'Assise et l'esprit franciscain
11 Fénelon et le pur amour
14 Confucius et l'humanisme chinois
15 Charles de Foucauld et la fraternité
16 Saint Serge et la spiritualité russe
17 Saint Thomas d'Aquin et la théologie.
18 Râmakrishna et la vitalité de l'hindouisme
19 Saint Benoît et la vie monastique
20 Saint Grégoire Palamas et la mystique orthodoxe
21 Saint Vincent de Paul et la charité
22 Saint Jean de la Croix et la nuit mystique
26 Rabbi Siméon bar Yochaï et la Cabbale
27 Patañjali et le Yoga
30 Saint Bonaventure et la sagesse chrétienne
31 Bérulle et l'École française
33 Épictète et la spiritualité stoïcienne
34 Lao tseu et le taoïsme
35 Zarathushtra et la tradition mazdéenne
36 Saint Bernard et l'esprit cistercien
37 Gandhi et la non-violence
38 Sainte Thérèse d'Avila et l'expérience mystique
39 Çankara et le Vedânta
40 Mani et la tradition manichéenne
41 Rûmî et le soufisme